AF565040

Transatlantischer Sklavenhandel 1501–1866

Umfang und Ziele / koloniale Herrschaftsgebiete in Amerika um 17

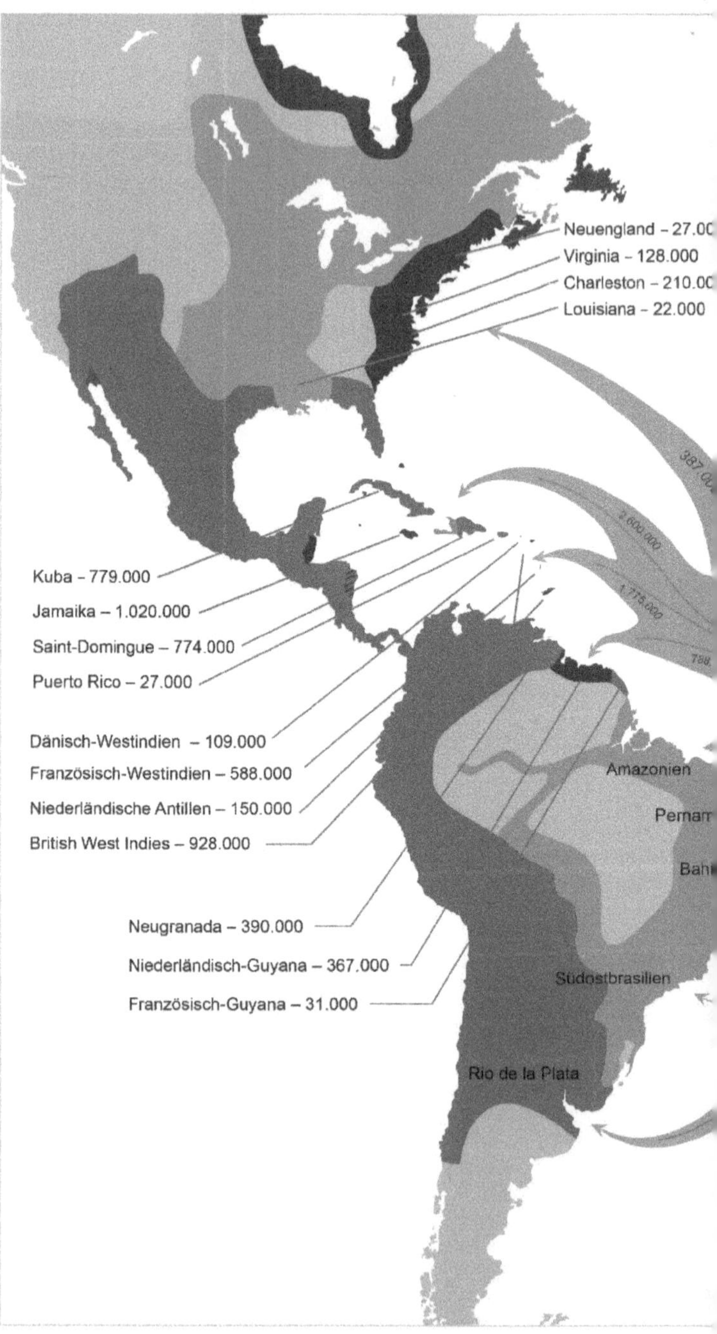

Die angebenen Zahlen beruhen auf Schätzungen. Die Anzahl der in A
stimmt aufgrund der hohen Sterblichkeit nicht überein.

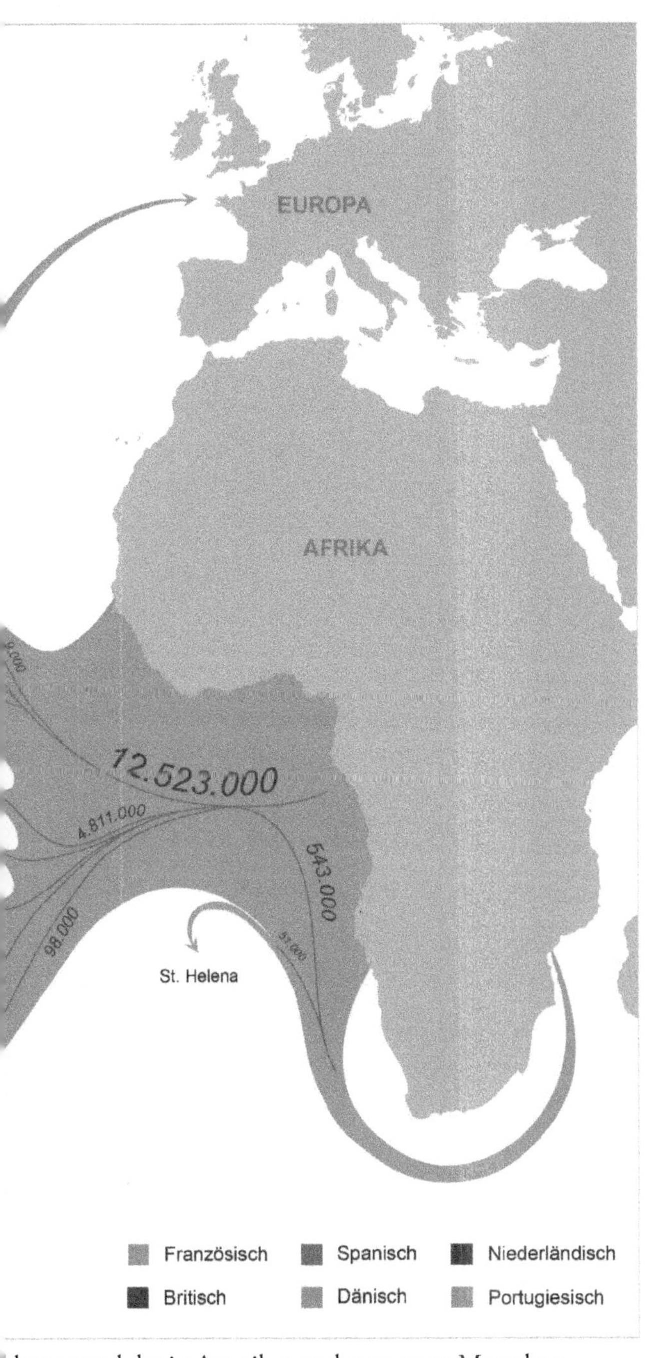

klavten und der in Amerika angekommenen Menschen

MARCUS REDIKER

DAS SKLAVENSCHIFF

EINE MENSCHHEITSGESCHICHTE

Marcus Rediker, geboren 1951 in Owensboro/Kentucky, entstammt einer Arbeiterklassenfamilie, die in den Minen und Fabriken von Kentucky, Tennessee und Virginia zu Hause war. Er verließ vorzeitig die Schule, arbeitete drei Jahre lang in einer Fabrik, bis er sein Studium wieder aufnahm und an der Universität von Pennsylvania als Dr. Phil in Geschichte abschloss. Heute arbeitet er als Professor und Vorsitzender des Fachbereichs Geschichte der Universität von Pittsburgh.

Er ist seit Jahren in verschiedenen sozialen und Protestbewegungen aktiv und sagt über sich selbst: »I am, by generation, of the New Left; I am, by choice, a citizen of the world.« Seine sozialgeschichtlichen Arbeiten verstehen sich als ein Studium der »Geschichte von unten« und bezeugen den fortgesetzten, immer wieder neu aufflammenden Widerstand der unterdrückten und ausgebeuteten sozialen Schichten, ihre Kraft und kreativen Momente im Machen der Geschichte.

Von Marcus Rediker sind u. a. folgende Bücher erschienen:

Between the Devil and the Deep Blue Sea: Merchant Seamen, Pirates, and the Anglo-American Maritime World, 1700–1750 (1987)

Who Built America? Working People and the Nation's Economy, Politics, Culture, and Society, Volume 1 (1989)

The Many-Headed Hydra: Sailors, Slaves, Commoners, and the Hidden History of the Revolutionary Atlantic (2000, with Peter Linebaugh); Die vielköpfige Hydra. Die verborgene Geschichte des Revolutionären Atlantiks (Assoziation A, 2008)

Villains of All Nations: Atlantic Pirates in the Golden Age (2004)

Mutiny and Maritime Radicalism in the Age of Revolution (2013)

Outlaws of the Atlantic (2014)

The Fearless Benjamin Lay (2017)

A Global History of Runaways (2019)

Prophet against Slavery (2021, with David Lester and Paul Buhle).

Für seine Arbeiten hat er eine Vielzahl von Auszeichnungen erhalten, u. a. den International Labor History Book Prize im Jahr 2001.

MARCUS REDIKER

DAS SKLAVENSCHIFF

EINE MENSCHHEITSGESCHICHTE

Aus dem Englischen von
Sabine Bartel

ASSOZIATION A

Die Originalausgabe erschien 2007 unter dem Titel:
The Slave Ship – A human History.

Assoziation A | Gneisenaustr. 2a | 10961 Berlin
www.assoziation-a.de

Umschlaggestaltung: Andreas Homann
Coverfoto: Library of Congress's Prints and Photographs (ID cph.3a34658)
Satz: elemer
Druck CPI, Leck

ISBN 978-3-86241-499-4

Für Wendy, Zeke und Eva
mit Liebe und Hoffnung

Inhalt

EINFÜHRUNG

Die Frau lag auf dem Boden des Kanus, eine geflochtene Matte über ihren reisemüden Körper geworfen. Sie konnte den rhythmischen Paddelschlag der Bonny-Kanufahrer spüren, aber nicht sehen, wohin sie sie brachten. Sie hatte eine drei Monde lange Reise aus dem Landesinneren hinter sich, die meiste Zeit davon mit dem Kanu die Flüsse hinunter und durch die Sümpfe. Unterwegs war sie mehrere Male verkauft worden. In der Baracke des Kanuhauses, in der sie zusammen mit Dutzenden von anderen Gefangenen mehrere Tage lang festgehalten worden waren, hatte sie herausgefunden, dass sich diese Etappe der Reise ihrem Ende näherte. Jetzt drückte sie sich gegen den nassen Oberkörper eines anderen auf dem Bauch liegenden Gefangenen und schob sich an der Seite des Kanus hoch, um den Kopf heben und einen Blick über den Bug werfen zu können. Vor ihr lag das *owba coocoo*, das gefürchtete Schiff, das zur Überquerung des »großen Wasser« gebaut worden war. Sie hatte in den hitzigsten Debatten im Dorf davon gehört, den Drohungen, es sei die schlimmste vorstellbare Strafe, an die weißen Männer verkauft und an Bord des *owba coocoo* gebracht zu werden.[1]

Immer wieder hob und senkte sich das Kanu auf der schäumenden Brandung, und immer, wenn der Bug sich senkte, sah sie das Schiff wie eine seltsam geformte Insel am Horizont auftauchen. Aus geringerer Entfernung wirkte es eher wie eine große Holzkiste mit drei hoch aufragenden Spitzen. Der Wind frischte auf und ihr stieg ein eigentümlicher, aber nicht unbekannter Schweißgeruch in die Nase, der stechende Geruch von Angst mit einer säuerlichen Spur von Übelkeit. Ein Schauer durchlief ihren Körper.

Links vom Kanu sah sie eine Sandbank und fasste einen Entschluss. Die Paddel plätscherten sanft im Wasser – zwei, drei, vier Mal – und sie sprang über Bord und schwamm mit aller Kraft, um ihren Häschern zu entkommen. Sie hörte das Platschen, als einige der Kanufahrer ihr nachsprangen. Aber kaum waren sie im Wasser, brach ein neuer Tumult los. Sie blickte über ihre Schulter und sah, wie sie sich wieder an Bord zogen. Als sie watend den Rand der Sandbank erreichte, sah sie einen großen, gedrungenen, etwa zweieinhalb Meter langen grauen Hai mit stumpfem, abgerundetem Maul und kleinen Augen neben dem Kanu entlanggleiten, das direkt auf sie zu hielt. Fluchend schlugen die Männer mit ihren Paddeln auf den Hai ein, setzten das Boot auf die Sandbank, sprangen heraus und setzten ihr nach, erst watend, dann im Laufschritt. Die Sandbank bot keinen Schutz, und der Hai machte es ihr unmöglich, ins Wasser zurückzukehren. Sie kämpfte vergeblich. Die Männer fesselten sie mit rauen Lianen an Händen und Füßen, warfen sie erneut auf den Boden des Kanus. Sie paddelten weiter und fingen wenig später an zu singen. Nach einer Weile konnte sie andere Geräusche ausmachen, zunächst schwach, dann mit zunehmender Deutlichkeit – die Wellen, die gegen den Rumpf des großen Schiffes schlugen, das knarrende Holzwerk. Dann gedämpfte Schreie in einer fremden Sprache.

Mit jedem kräftigen Paddelschlag wurde das Schiff größer und furchterregender. Die Gerüche wurden stärker, die Geräusche lauter – Weinen und Wehklagen von der einen Seite, leiser, klagender Gesang von der anderen; anarchischer Kinderlärm wurde untermalt von auf Holz trommelnden Händen. Hier und da war ein verständliches Wort auszumachen: Jemand bat um *menney*, Wasser, jemand anderes sprach unter Anrufung der Geister, *myabecca*, einen Fluch aus. Als die Paddler ihr Boot längsseits manövrierten, sah sie aufmerksame dunkle Gesichter herabstarren, gerahmt von kleinen runden Öffnungen in der Bordwand oberhalb der Wasserlinie. Über ihr spähten Dutzende von schwarzen Frauen und Kindern und einige rotgesichtige Männer über die Reling. Sie hatten den Fluchtversuch auf der Sandbank gesehen. Die Männer hatten Entermesser und bellten mit harschen, rauen Stimmen Befehle. Sie war auf dem Sklavenschiff angekommen.

Die Kanufahrer lösten die Laschung und schoben die Frau auf eine Strickleiter zu, die sie zusammen mit fünfzehn anderen Gefangenen aus ihrem Kanu hinaufkletterte, alle nackt wie sie selbst. Einige der Männer kletterten mit ihnen nach oben, ebenso der schwarze Händler mit dem goldgeränderten Hut, der sie vom Kanuhaus zum *owba coocoo* eskortiert hatte. Die meisten in ihrer Gruppe, sie selbst eingeschlossen, waren erstaunt über den Anblick, der sich ihnen bot, aber einige der männlichen Gefangenen schienen seltsam gelassen zu sein und sprachen sogar mit den weißen Männern in deren Sprache. Dies war eine Welt für sich, mit hohen, geschälten, astlosen Bäumen, seltsamen Gerätschaften und einem hoch in die Luft aufragenden Netzwerk von Tauen. Schweine, Ziegen und Federvieh liefen auf dem Hauptdeck umher. Einer der weißen Männer hatte einen einheimischen Papagei, ein anderer einen Affen. Das *owba coocoo* war so groß, dass es sogar ein eigenes *ewba wanta* (kleines Boot) an Bord hatte. Ein anderer, völlig verdreckter weißer Mann, grinste sie schmierig an, machte eine obszöne Geste und versuchte sie anzugrapschen. Sie stürzte sich auf ihn, grub ihre Fingernägel in sein Gesicht und brachte ihm mehrere blutige Kratzer bei, bevor er sich von ihr losmachte und dreimal scharf mit einer kleinen Peitsche, die er bei sich trug, auf sie einschlug. Der schwarze Händler ging dazwischen und schob sie weg.

Als sie ihre Fassung wiedererlangt hatte, ließ sie ihren Blick über die Gesichter der anderen Gefangenen auf dem Hauptdeck schweifen. Alle waren jung, einige noch Kinder. In ihrem Dorf galt sie als Frau mittleren Alters, aber hier war sie eine der Ältesten. Sie war nur gekauft worden, weil der gewitzte schwarze Händler eine große Gruppe in einem Los verkauft und damit dem Kapitän nur die Wahl gelassen hatte, zu nehmen, was ihm angeboten wurde: alles oder nichts. Auf diesem Schiff würde sie eine Älteste sein.

Viele der Menschen an Deck schienen ihre eigene Sprache, Igbo, zu sprechen, viele von ihnen allerdings etwas anders als sie. Sie erkannte einige der Gruppen aus ihrer Heimatregion: die einfachen Appas, die dunkleren, robusteren Ottams. Viele der Gefangenen waren, wie sie später erfuhr, seit Monaten an Bord. Die beiden ersten waren von den Seeleuten Adam und Eva genannt worden. Drei oder vier der Gefangenen schrubbten das Deck; viele waren mit Abwaschen beschäftigt. Matrosen teilten kleine Holzschalen für die Nachmittagsmahlzeit aus. Einigen wurde vom Schiffskoch Rindfleisch und Brot zugeteilt, anderen die vertrauteren Yamswurzeln mit Palmöl.

Auf dem Hauptdeck herrschte lärmende Geschäftigkeit. Ein weißer Mann mit schwarzer Haut, ein Seemann, schrie *Domona*! (Ruhe) gegen das Getöse an. Zwei andere weiße Männer schienen bei allem, was vor sich ging, besonders wichtig zu sein. Der starke Mann an Bord war der Kapitän; wenn er etwas sagte, spurten die anderen weißen Männer. Er und der Arzt waren emsig damit beschäftigt, die Neuankömmlinge zu untersuchen: Köpfe, Augen, Zähne, Gliedmaßen, Bäuche. Sie inspizierten eine Familie, die aus Mann, Frau und Kind bestand und mit ihr zusammen an Bord gekommen war. Der Mann wurde mit Tränen in den Augen durch die Barricado-Tür in den vorderen Teil des Schiffes verbracht. Von jenseits der Barriere hörte sie die Schreie eines anderen Mannes, der *pem pem*, eine Tracht Prügel, bekam. Sie erkannte seine Schmerzenslaute als Ibibio.

Kurz nachdem sie untersucht worden war, wurde sie von einem weißen Mann angeherrscht: »Ab nach unten! Jetzt! Schnell!«, wobei er sie auf eine große quadratische Öffnung im Deck zuschob. Eine junge Frau, die in ihrer Nähe stand und fürchtete, dass sie den Befehl nicht verstanden hatte, flüsterte eindringlich: *Gemalla! Geyen gwango*! Als sie die Sprossen einer Leiter zum Unterdeck hinabstieg, stieg ihr ein entsetzlicher Gestank in die Nase, von dem ihr schlagartig schwindlig, unwohl und übel wurde. Sie wusste sofort, es roch nach *awawo*, Tod. Der Geruch ging von zwei kranken Frauen aus, die allein und unbeachtet in einer dunklen Ecke in der Nähe des *athasa*, der Essensbottiche, wie die weißen Männer sie nannten, lagen. Die Frauen starben am nächsten Tag, ihre Leichen wurden über Bord geworfen. Fast augenblicklich strudelte das Wasser auf und färbte sich rot: Der Hai, der ihrem Kanu gefolgt war, kam endlich zu seiner Mahlzeit.

***

Die Geschichte dieser Frau war nur ein Akt in dem, was der große afroamerikanische Wissenschaftler und Aktivist W. E. B. DuBois das »grandioseste Drama der letzten tausend Jahre der Menschheitsgeschichte« nannte – »den Transport von zehn Millionen Menschen aus der dunklen Schönheit ihres Mutterkontinents in das neu entdeckte Eldorado des Westens. Sie stiegen hinab in die Hölle«. Diese Frau wurde aus ihrer Heimat geraubt und mit Gewalt an Bord eines Sklavenschiffes verschleppt, um in eine neue Welt der Arbeit und Ausbeutung transportiert zu werden, in der sie wahrscheinlich in der Zucker- Tabak- oder Reisproduktion arbeiten und ihren Besitzer reich machen würde. Dieses Buch folgt ihr und anderen Menschen wie ihr auf die großen Schiffe, diese seltsamen, mächtigen europäischen Maschinen, die all dies möglich machten.[2]

Dieses monumentale Drama entfaltete sich über einen langen Zeitraum hinweg an unzähligen Schauplätzen, und in seinem Mittelpunkt stand nicht eine einzelne Person, sondern Millionen von Akteur*innen. In den fast vierhundert Jahren des Sklavenhandels, vom späten 15. bis ins späte 19. Jahrhundert, wurden 12,4 Millionen Menschen auf Sklavenschiffe verladen und über die sogenannte *Middle Passage* über den Atlantik hinweg an Hunderte von Bestimmungsorten transportiert, die sich über Tausende von Kilometern erstreckten. 1,8 Millionen von ihnen starben auf der grauenhaften Überfahrt. Ihre Leichen wurden den Haien vorgeworfen, die den Schiffen folgten. Die meisten der 10,6 Millionen Menschen, die überlebten, wurden in den blutigen Rachen eines mörderischen Plantagensystems geworfen, dem sie sich auf jede nur erdenkliche Weise widersetzen sollten.[3]

Aber selbst diese außerordentlichen Zahlen vermitteln das Ausmaß des Dramas nicht. Viele der in Afrika gefangengenommenen Menschen starben bereits auf dem Marsch in Gruppen und *coffles* – Zügen von aneinandergeketteten Menschen – zu den Sklavenschiffen, wobei es aufgrund fehlender Aufzeichnungen unmöglich ist, ihre genaue Anzahl zu ermitteln. Derzeit wird von Forscher*innen geschätzt, dass je nach Zeit und Ort zwischen einem Zehntel und der Hälfte der Gefangenen zwischen dem Zeitpunkt ihrer Versklavung und ihrer Ankunft auf dem Sklavenschiff umkamen. Bei einer konservativen Schätzung von 15 Prozent, die die Menschen einschließt, die den Transport zu und den Aufenthalt in den Sklavenbaracken und Faktoreien an der Küste nicht überlebten, starben 1,8 Millionen Menschen in Afrika. Weitere 15 Prozent (oder mehr, je nach Region), anderthalb Millionen Menschen, kamen während des ersten Jahres harter Zwangsarbeit in der Neuen Welt um. Auf allen Etappen zusammen – der Gefangennahme in Afrika, der *Middle Passage*, dem Beginn der Ausbeutung in Amerika – starben etwa 5 Millionen Männer, Frauen und Kinder. Anders betrachtet, lässt sich dieser Verlust von Menschenleben so ausdrücken, dass für einen »Ertrag« von 9 Millionen von länger überlebenden versklavten atlantischen Arbeitskräften schätzungsweise 14 Millionen Menschen versklavt wurden. DuBois' »grandioses Drama« war eine Tragödie.[4]

Das sogenannte goldene Zeitalter dieses Dramas war die Periode zwischen 1700 und 1808, in der mehr Gefangene transportiert wurden – etwa zwei Drittel der Gesamtzahl – als in jedem anderen Zeitraum. Mehr als 40 Prozent dieser Menschen, insgesamt 3 Millionen, wurden auf britischen und amerikanischen Schiffen transportiert. Diese Ära mit ihren Schiffen, ihren Besatzungen und ihren Gefangenen sind das Thema dieses Buches. Innerhalb dieses Zeitraums sank die Sterblichkeitsrate auf den Schiffen, aber die schiere Anzahl der Toten ist dennoch erschütternd: Fast eine Million Menschen starben während der Zeit des Sklavenhandels, knapp die Hälfte von ihnen im von britischen und amerikanischen Häfen aus organisierten Handel. Diese Zahlen sind umso grauenhafter, als diejenigen, die den Menschenhandel organisierten, die Sterberaten kannten und trotzdem weiter ihrem Gewerbe nachgingen. Menschlicher »Schwund« war schlicht Teil des Geschäfts, etwas, das bei allen Planungen mit einkalkuliert werden musste. Der afrikanische Schriftsteller Ottobah Cugoano, selbst ein Überlebender der *Middle Passage*, und andere, die in den 1780er Jahren eine transatlantische Bewegung zur Abschaffung des Sklavenhandels aufbauten, verurteilten diese Praxis schlicht und einfach als Mord.[5]

Woher kamen die Menschen, die in dieses Drama verwickelt waren, und wohin ging ihre Reise? Zwischen 1700 und 1808 entsandten britische und amerikanische Kaufleute Schiffe zur Beschaffung von Versklavten in sechs

Hauptregionen Afrikas: Senegambia, Sierra Leone/die Windward-Küste, die Goldküste, die Bucht von Benin, die Bucht von Biafra und das westliche Zentralafrika (Kongo, Angola). Diese Schiffe transportierten ihre Gefangenen vorwiegend zu den britischen Zuckerinseln, wo mehr als 70 Prozent aller Versklavten gekauft wurden, fast die Hälfte von ihnen auf Jamaika. Aber aufgrund besonderer Vertragsvereinbarungen namens *Asiento* gelangte auch eine recht große Anzahl von ihnen an französische und spanische Käufer. Etwa jede zehnte versklavte Person wurde an nordamerikanische Bestimmungsorte verschifft, die meisten von ihnen nach South Carolina und Georgia, aber eine beträchtliche Anzahl auch in die Chesapeake-Region. Sobald die Gefangenen von den Schiffen gestolpert waren, begann der nächste Akt des Dramas.[6]

Auf den schlingernden Decks des Sklavenschiffes spielten sich im Laufe des langen 18. Jahrhunderts ein ums andere Mal vier verschiedene, aber miteinander verwobene menschliche Dramen ab. Jedes dieser Dramen war zu seiner Zeit von großer Bedeutung und ist es heute erneut.

Die Akteure in diesen Dramen waren der Kapitän des Schiffes, die zusammengewürfelte Besatzung, die versklavten Menschen unterschiedlicher ethnischer Herkunft sowie – gegen Ende der Ära – Abolitionist*innen aus der Mittelklasse und das lesende Publikum der Großstädte, an das diese sowohl in Großbritannien als auch in Amerika ihre Appelle richteten.

Im Mittelpunkt des ersten Dramas stand die Beziehung zwischen dem Kapitän des Sklavenschiffes und seiner Besatzung, Männern, die – da sie ein in fast jedem erdenklichen Sinne schmutziges Geschäft betrieben – in der Sprache der Zeit weder »zarte Finger noch zarte Nasen« haben durften.[7] Die Kapitäne der Sklavenschiffe waren zähe Antreiber, die für ihre konzentrierte Macht, den schnellen Griff zur Peitsche und die Fähigkeit, eine große Anzahl von Menschen unter Kontrolle zu halten, bekannt waren. Ihrem gewalttätigen Kommando waren die rauen Besatzungen der Sklavenschiffe fast ebenso sehr unterworfen wie die Hunderte von Gefangenen, die sie transportierten. Die Disziplinierungsmaßnahmen waren oft brutal, und nicht wenige Matrosen wurden zu Tode gepeitscht. Darüber hinaus waren die Essensrationen der im Sklavenhandel beschäftigten Seeleute armselig, die Heuer für gewöhnlich niedrig und die Sterblichkeitsrate hoch – so hoch wie die der Versklavten, wie die moderne Forschung gezeigt hat. Diese tödliche Wahrheit wurde von Seeleuten in einem Spruch festgehalten:

In der Bucht von Benin
Muss man vorsichtig sein;
Für einen jeden, der ausfährt,
Fahren vierzig hinein.[8]

Viele Seeleute starben, einige erblindeten und zahllose andere erlitten bleibende Behinderungen. Vor diesem Hintergrund gerieten Kapitäne und Besatzungen immer wieder aneinander, worauf mitunter schon ihre Namen hindeuteten: Samuel Pain war ein gewalttätiger Sklavenschiffskapitän; Arthur Fuse war ein Seemann und Meuterer. Wie gelang es den Kapitänen, Seeleute für dieses tödliche Gewerbe zu rekrutieren, und wie gestalteten sich diese Beziehungen? Und wie veränderte sich das Verhältnis zwischen Kapitän und Besatzung, nachdem die Versklavten an Bord gekommen waren?[9]

Die Beziehung zwischen Seeleuten und Versklavten – die auf brutaler Zwangsernährung, Auspeitschungen, achtloser Gewalt jeglicher Art und der Vergewaltigung weiblicher Gefangener beruhte – stellte das zweite Drama dar. Der Kapitän hatte das Kommando in dieser Wechselbeziehung, aber es waren die Seeleute, die auf seine Befehle hin die Versklavten an Bord brachten, unter Deck verstauten, mit Essen versorgten, zu Körperübungen (›Tanzen‹) zwangen, gesund erhielten, disziplinierten und bestraften – kurz, sie nach und nach zur tauglichen Ware für den internationalen Arbeitsmarkt zurichteten. Auch der unablässige kreative Widerstand der transportierten Menschen – von Hungerstreiks über Selbstmord bis hin zu offener Revolte – aber auch die selektive Aneignung der Kultur ihrer Entführer, insbesondere von Sprach- und technischen Kenntnissen (zum Beispiel über die Funktionsweise und Abläufe an Bord des Schiffes), waren Bestandteil dieses Dramas.

Ein drittes, parallel stattfindendes Drama erwuchs aus den Konflikten und der Kooperation der Versklavten untereinander – Menschen unterschiedlicher Klassen und Ethnien und unterschiedlichen Geschlechts, die auf dem grauenhaften Unterdeck des Sklavenschiffes zusammengepfercht waren. Wie würde diese »Menge von aneinandergeketteten schwarzen Menschen jeglicher Art« miteinander kommunizieren? Sie fanden Mittel und Wege, wertvolle Informationen über alle Aspekte ihrer entsetzlichen Lage auszutauschen, darüber, wohin sie gebracht wurden und welches Schicksal ihnen bevorstand. Es gelang ihnen, brutaler Gefangenschaft, Schrecken und vorzeitigem Tod auf kreative und lebensbejahende Weise zu begegnen: An Bord des Schiffes entwickelten sie neue Sprachen, neue kulturelle Praktiken, neue Bindungen und die Anfänge einer neuen Gemeinschaft. Sie nannten sich gegenseitig *shipmates*, »Schiffskamerad*innen«, das Äquivalent zu Bruder und Schwester, und begründeten damit ein »fiktives«, aber sehr reales Verwandtschaftsverhältnis, das an die Stelle derjenigen treten sollte, die durch die Verschleppung und Versklavung in Afrika zerstört worden waren. Ihre Kreativität und ihr Widerstand machten sie kollektiv unzerstörbar, und hierin lag der »grandioseste« Aspekt dieses Dramas.[10]

Das vierte und letzte dieser Dramen entfaltete sich nicht auf dem Schiff, sondern in den Zivilgesellschaften Großbritanniens und US-Amerikas, wo die Abolitionist*innen für die lesende Öffentlichkeit der Großstädte ein grauenhaftes Bild der *Middle Passage* nach dem anderen zeichneten. Im Mittelpunkt dieses Dramas stand das Bild des Sklavenschiffes. Thomas Clarkson besuchte die Docks von Bristol und Liverpool, um Informationen über den Sklavenhandel zu sammeln, aber nachdem seine Ablehnung der Sklaverei bekannt geworden war, wurde er von Sklavenhändlern und Kapitänen gemieden. Daraufhin begann der in Cambridge ausgebildete junge Mann aus gutem Hause, Matrosen zu befragen – Menschen mit persönlicher Erfahrung in diesem Gewerbe, die Geschichten zu erzählen und Beschwerden vorzubringen hatten. Das so zusammengetragene Beweismaterial benutzte Clarkson, um Kaufleute, Plantagenbesitzer, Bankiers und Regierungsbedienstete zu bekämpfen – kurz, alle, die ein Eigeninteresse am Sklavenhandel und der Institution der Sklaverei im Allgemeinen hatten. Der Erfolg der Abolitionsbewegung bestand darin, dass sie den allgegenwärtigen, durch und durch kalkulierten Terror des Sklavenschiffes, der letzten Endes sein bestimmendes Merkmal war, für die Menschen in Großbritannien und Amerika real werden ließ. Das »grandioseste Drama« hatte einen eindringlichen letzten Akt: Eine schematische Zeichnung des Sklavenschiffes *Brooks*, die 482 versklavte Menschen »dicht gepackt« über die Schiffsdecks verteilt zeigte, trug dazu bei, dass es der Bewegung schließlich gelang, den Sklavenhandel abzuschaffen.

Das Jahr 1700 markierte sowohl in Großbritannien als auch in Amerika den symbolischen Beginn des Dramas. Kaufleute wie Seeleute waren bereits seit langem in den Sklavenhandel involviert, aber dies war das Jahr der ersten dokumentierten Sklavenfahrten aus Rhode Island, das zum Zentrum des amerikanischen Sklavenhandels werden sollte, und aus Liverpool, das zu seinem britischen Zentrum und bis zum Ende des Jahrhunderts zum Zentrum des gesamten atlantischen Handels werden sollte. Ende Mai 1700 segelte die *Eliza* unter Kapitän John Dunn von Liverpool zu einem nicht angegebenen Bestimmungshafen nach Afrika und von dort aus weiter nach Barbados, wo 180 Versklavte abgeliefert wurden. Im August segelte Kapitän Nicholas Hilgrove die *Thomas and John* von Newport, Rhode Island, zu einem namentlich nicht genannten Zielhafen in Afrika und weiter nach Barbados, wo er und seine Mannschaft 71 Gefangene aus dem kleinen Schiff entluden. Hunderte von Sklavenschiffen sollten ihnen im Laufe des Jahrhunderts von diesen und anderen Häfen aus folgen.[11]

Obwohl sowohl die Anzahl der verschifften Menschen als auch ihre Herkunfts- und Bestimmungsorte Wandlungen unterlag, veränderte sich das Sklavenschiff selbst zwischen 1700 und 1808 nur relativ wenig. Die Schiffe wurden im Laufe der Zeit etwas größer und effizienter, womit die Besatzungen im Verhältnis zur Anzahl der verschifften versklavten Menschen kleiner wurden. Die Anzahl der Schiffe selbst wiederum wuchs, um das größere Volumen der zu transportierenden menschlichen Körper bewältigen zu können. Und die Lebensumstände an Bord wurden etwas weniger gesundheitsschädlich: Die Sterblichkeitsrate unter den Seeleuten und Versklavten ging zurück, vor allem im späten 18. Jahrhundert. Aber die wesentlichen Elemente der Führung eines Sklavenschiffes, vom Segeln bis zur Unterbringung, Verpflegung und erzwungenen körperlichen Ertüchtigung der menschlichen Fracht, änderten sich im Laufe der Zeit wenig. Mit anderen Worten: Ein Kapitän, ein Seemann oder ein versklavter afrikanischer Mensch, der die Verhältnisse auf einem Sklavenschiff im Jahr 1700 erlebt hatte, hätte ein Jahrhundert später wenig vorgefunden, was ihr oder ihm fremd gewesen wäre.[12]

Was alle gleichermaßen auf dem Sklavenschiff vorfanden, war eine seltsame, machtvolle Kombination aus Kriegsmaschine, mobilem Gefängnis und Fabrik. Die Kriegstauglichkeit dieser mit Kanonen bestückten, mit außerordentlicher Zerstörungskraft ausgestatteten Schiffe konnte in einem traditionellen Krieg zwischen Nationen gegen andere europäische Schiffe, Forts und Häfen eingesetzt werden, oder sie konnte sich im imperialen Handel oder Eroberungskrieg gegen nichteuropäische Schiffe und Häfen richten. Außerdem war das Sklavenschiff Schauplatz eines internen Krieges, in dem die Besatzungsmitglieder (nunmehr als Gefängniswärter) gegen die Versklavten (die Gefangenen) kämpften und die einen ihre Waffen gegen die anderen richteten, die ihrerseits Flucht und Aufstand planten. Darüber hinaus »produzierten« die Seeleute innerhalb des Schiffes in seiner Eigenschaft als Fabrik Versklavte – in dem Sinne, dass sie deren wirtschaftlichen Wert im Zuge des Transports von einem Markt im östlichen zu einem anderen im westlichen Atlantik verdoppelten und damit dazu beitrugen, die Arbeitskraft zu schaffen, die im 18. Jahrhundert und darüber hinaus eine wachsende Weltwirtschaft antrieb.

Indem diese Schiffsfabrik Arbeitskräfte für die Plantagen produzierte, produzierte sie auch ›Rasse‹: Vor Beginn der Reise heuerten die Kapitäne eine bunt zusammengewürfelte Mannschaft von Seeleuten an, die an der Küste Afrikas zu »Weißen« wurden, und vor Beginn der *Middle Passage* nahmen sie eine multiethnische Gruppe von Afrikaner*innen an Bord, die im amerikanischen Hafen zu »schwarzen Menschen« oder einer »Negerrasse« wurden. Damit transformierte diese Reise alle, die sie durchlebten. Kriegsführung, Gefangenschaft und die Fabrikproduktion von Arbeitskraft und ›Rasse‹ beruhten allesamt auf Gewalt.

Nach vielen Reisen und zuverlässigen Diensten für die atlantische Ökonomie geriet das Sklavenschiff schließlich in stürmische See. Die Gegner*innen des Sklavenhandels starteten eine intensive transatlantische Kampagne und erreichten schließlich, dass die Sklavenschiffe nicht mehr fahren durften – oder, nachdem die britische und die amerikanische Regierung 1807 bzw. 1808 neue Gesetze erlassen hatten, zumindest nicht mehr unter legalen Bedingungen segeln durften. Zwar ging der illegale Handel noch viele Jahre weiter, aber dennoch war ein entscheidender Moment in der Menschheitsgeschichte erreicht worden. Die Abschaffung des Sklavenhandels in Verbindung mit der Haitianischen Revolution – ein etwa zeitgleich stattfindendes Ereignis, das ebenfalls tiefgreifende Auswirkungen hatte – markierte den Anfang vom Ende der Sklaverei.

***

Erstaunlicherweise sind viele der bitteren Geschichten, die Teil dieses großen Dramas waren, noch nie erzählt worden, und auch das Sklavenschiff selbst blieb innerhalb der reichhaltigen geschichtswissenschaftlichen Literatur zum atlantischen Sklavenhandel ein vernachlässigtes Thema. Über die Ursprünge, die zeitliche Entwicklung, das Ausmaß, die Ströme und die Profite des Sklavenhandels liegen hervorragende Forschungsarbeiten vor, aber es gibt keine umfassende Studie über die Schiffe, die diesen weltverändernden Handel möglich machten. Es gibt keine Darstellung des Mechanismus, mittels dessen die größte Zwangsmigration in der Geschichte durchgeführt wurde, die ihrerseits in vielerlei Hinsicht der Schlüssel zu einer ganzen Phase der Globalisierung war. Es gibt keine Analyse des Instruments, das Europas »kommerzielle Revolution«, den

Aufbau von Plantagen und globalen Imperien, die Entwicklung des Kapitalismus und schließlich die Industrialisierung möglich machte. Kurz, das Sklavenschiff und die auf ihm herrschenden sozialen Beziehungen haben die moderne Welt geprägt, aber ihre Geschichte ist in vieler Hinsicht noch immer unbekannt.[13]

Die Forschung zum Sklavenschiff mag begrenzt sein, aber die Forschung zum Sklavenhandel ist, wie der Atlantik selbst, breit und tief. Zu ihren Höhepunkten gehören Philip Curtins wegweisende Studie *The African Slave Trade: A Census* (1969); Joseph Millers Klassiker *Way of Death: Merchant Capitalism and the Angolan Slave Trade, 1730–1830* (1988), der den portugiesischen Sklavenhandel vom 17. bis zum 19. Jahrhundert untersucht; Hugh Thomas' großangelegte Synthese *The Slave Trade: The Story of the Atlantic – author Slave Trade, 1440–1870* (1999); und Robert Harms' elegante mikrogeschichtliche Darstellung *The Diligent: A Voyage through the Worlds of the Slave Trade,* die eine einzige Reise der *Diligent* von Frankreich über Whydah nach Martinique in den Jahren 1734–35 behandelt. Die Veröffentlichung von *The Trans-Atlantic Slave Trade: A Database,* zusammengestellt, herausgegeben und mit einer Einführung versehen von David Eltis, Stephen D. Behrendt, David Richardson und Herbert S. Klein, stellt eine herausragende wissenschaftliche Leistung dar.[14] Weitere wichtige Studien zum Sklavenhandel sind literarischer Art, so zum Beispiel Werke von Schriftsteller*innen wie Toni Morrison, Charles Johnson, Barry Unsworth, Fred D'Aguiar, Caryl Phillips und Manu Herbstein.[15]

Das Folgende ist keine neue Geschichte des Sklavenhandels. Es ist etwas Bescheideneres: eine Darstellung, die sowohl die reichhaltige Forschung als auch neues Material dazu nutzt, das Thema von einem anderen Blickwinkel aus zu betrachten, nämlich von den Decks eines Sklavenschiffes aus. Es handelt sich auch nicht um eine erschöpfende Darstellung des Themas. Eine umfassendere Geschichte, die die Sklavenschiffe aller atlantischen Mächte – nicht nur die Großbritanniens und der amerikanischen Kolonien, sondern auch Portugals, Frankreichs, der Niederlande, Spaniens, Dänemarks und Schwedens – miteinander vergleicht und verbindet, muss erst noch geschrieben werden. Auch den Verbindungsgliedern zwischen den afrikanischen Gesellschaften und dem Sklavenschiff im östlichen sowie dem Sklavenschiff und den Plantagengesellschaften der Amerikas im westlichen Atlantik muss noch mehr Aufmerksamkeit gewidmet werden. Über das »grandioseste Drama der letzten tausend Jahre der Menschheitsgeschichte« gibt es noch viel zu lernen.[16]

Mit der Verlagerung des Augenmerks auf das Sklavenschiff erweitert sich die Zahl und Vielfalt der Akteure in diesem Drama, und das Drama selbst – vom Prolog bis zum Epilog – wird komplexer. Waren seine Hauptakteure bis dato relativ kleine, aber mächtige Gruppen von Kaufleuten, Pflanzern, Politikern und Abolitionist*innen, so umfasst die Besetzung nun Tausende von Kapitänen, Hunderttausende von Seeleuten und Millionen von versklavten Menschen. Mehr noch, die Versklavten rücken nun als die ersten, führenden Abolitionist*innen ins Blickfeld: Sie waren es, die Tag für Tag gegen die Bedingungen ihrer Versklavung an Bord der Schiffe kämpften; sie waren es, die im Laufe der Zeit Verbündete unter Großstadtaktivist*innen, rebellischen Seeleuten, bürgerlichen Heiligen und proletarischen Sünder*innen gewannen. Weitere wichtige Akteure waren afrikanische Herrscher*innen und Kaufleute sowie Arbeiter*innen in England und Amerika, die sich der Sache der Abolition nicht nur anschlossen, sondern sie zu einer erfolgreichen Massenbewegung machten.[17]

Warum eine Geschichte, die die Menschen in den Mittelpunkt stellt? Einen der Gründe hierfür beleuchtet Barry Unsworth in seinem epischen Roman *Das Sklavenschiff*. Darin unterhält sich der Liverpooler Kaufmann William Kemp mit seinem Sohn Erasmus über sein Sklavenschiff, das, wie er gerade per Brief erfahren hat, seine menschliche Fracht in Westafrika an Bord genommen hat und nach der Neuen Welt in See gestochen ist:

> In diesem stillen Raum mit seiner Eichentäfelung und seinem türkischen Teppich, seinen Regalen mit Kassenbüchern und Almanachen wäre es für diese beiden Männer schwierig gewesen, sich ein wahrheitsgetreues Bild von den Verhältnissen auf dem Schiff oder der Art des Handels an der Guineaküste zu machen, selbst wenn sie geneigt gewesen wären, es zu versuchen. Schwierig und ohnehin überflüssig. Um effizient arbeiten zu können – um überhaupt zu funktionieren – müssen wir unsere Vermögenswerte konzentrieren. Sich Dinge auszumalen, ist schlecht fürs Geschäft, es ist undynamisch. Wenn man nicht damit aufhört, kann es den Geist mit Grauen ersticken. Wir haben Grafiken und Tabellen und Bilanzen und Erklärungen zur Unternehmensphilosophie, die uns dabei helfen, geschäftig und sicher im Bereich des Abstrakten zu bleiben und uns das beruhigende Gefühl rechtmäßiger Unternehmungen und rechtmäßiger Gewinne geben. Und wir haben Karten.[18]

Unsworth beschreibt hier eine »Gewalt der Abstraktion«, mit der die Erforschung des Sklavenhandels von Anfang an zu kämpfen gehabt hat. Es ist, als ob die Heranziehung von Hauptbüchern, Almanachen, Bilanzen, Grafiken und Tabellen – das beruhigend vertraute Handwerkszeug der Kaufmannschaft – eine Realität abstrahiert und damit entmenschlicht hat, die aus moralischen und politischen Gründen konkret verstanden werden muss. Eine Ethnographie des Sklavenschiffes trägt dazu bei, nicht nur die grausame Wahrheit dessen aufzuzeigen, was eine Gruppe von Menschen (oder mehrere) bereit war, anderen für Geld – oder besser gesagt, Kapital – anzutun, sondern auch, wie es ihnen in wesentlichen Aspekten gelang, die Realität und Konsequenzen ihres Handelns vor sich selbst und der Nachwelt verborgen zu halten. Zahlen können die allgegenwärtige Folter und den Terror verschleiern, aber die Gesellschaften Europas, Afrikas und der Amerikas leben immer noch mit ihren Folgen, mit den vielfältigen Hinterlassenschaften von ›Rasse‹, Klasse und Sklaverei. Das Sklavenschiff ist ein Geisterschiff, das an den Rändern des modernen Bewusstseins segelt.[19]

Eine persönliche Bemerkung zum Schluss. Es war schmerzlich, dieses Buch zu schreiben, und wenn ich dem Thema im Geringsten gerecht geworden bin, ist es auch schmerzlich zu lesen. Das lässt sich nicht vermeiden, und es sollte sich auch nicht vermeiden lassen. Ich lege diese Studie mit der größten Ehrfurcht gegenüber den Menschen vor, die fast unvorstellbare Gewalt, Terror und Tod erlitten haben – in der festen Überzeugung, dass wir uns vergegenwärtigen müssen, dass solcher Horror immer schon wesentlich für den Fortbestand des globalen Kapitalismus war und es immer noch ist.

Anmerkungen

1 Diese Rekonstruktion der Erfahrungen einer Frau basiert lose auf einem Bericht des Seemanns William Butterworth über eine Gefangene, die 1786 in Old Calabar in der Bucht von Biafra auf sein Schiff, die *Hudibras*, gebracht wurde. Weitere Einzelheiten sind zahlreichen Primärquellen entnommen, in denen der Transport von Gefangenen per Kanu zu den Sklavenschiffen geschildert wird. Die Igbo-Wörter stammen aus einer Vokabelliste, die Kapitän Hugh Crow auf seinen Reisen nach Bonny, einem anderen Hafen in derselben Region, zusammenstellte. Siehe *Three Years Adventures*, S. 81–82, und *Memoirs of Crow*, S. 229–30. Siehe auch Smith, Robert: »The Canoe in West African History«, in: *Journal of African History* 11 (1970), S. 515–33. Ein »Mond« war eine in Westafrika weit verbreitete Zeiteinheit, die etwa einem Monat entsprach.

2 DuBois, W. E. B.: *Black Reconstruction in America: An Essay toward a History of the Part Which Black Folk Played in the Attempt to Reconstruct Democracy in America, 1860–1880*. Harcourt, Brace and Company, New York 1935, S. 727. Peter Linebaugh hebt die Bedeutung dieses Zitats von DuBois hervor; siehe Linebaugh, Peter: »All the Atlantic Mountains Shook«, in: *Labour/Le Travailleur* 19 (1982), S. 63–121. Viele der grundlegenden Ideen in diesem Buch verdanke ich diesem Artikel und unserer gemeinsamen Arbeit. Siehe auch Linebaugh, Peter / Rediker, Marcus: *The Many-Headed Hydra: Sailors, Slaves, Commoners, and the Hidden History of the Revolutionary Atlantic*. Beacon Press, Boston 2000.

3 Diese und andere in diesem Buch zitierten Zahlen basieren auf der aktualisierten, aber noch nicht abgeschlossenen und veröffentlichten Neuausgabe der *TSTD*, die mir freundlicherweise von David Eltis zur Verfügung gestellt wurde. Zu den Ursprüngen und dem Wachstum des atlantischen Sklavensystems siehe Eltis, David: *The Rise of African Slavery in the Americas*. Cambridge University Press, Cambridge 2000, und Blackburn, Robin: *The Making of New World Slavery: From the Baroque to the Modern, 1492–1800*. Verso, London 1997. Jerome S. Handler hat hervorgehoben, wie wenige Berichte aus erster Hand von Afrikaner*innen erhalten geblieben sind. Siehe sein »Survivors of the Middle Passage: Life Histories of Enslaved Africans in British America«, in: *Slavery and Abolition* 23 (2002), S. 25–56.

4 Die Schätzungen über die Sterberate vor Erreichen des Schiffes gehen weit auseinander. In Bezug auf Angola schätzt Joseph Miller, dass 25 Prozent der Versklavten auf dem Weg zur Küste und weitere 15 Prozent nach ihrer Ankunft dort starben. Siehe Miller, Joseph: *Way of Death: Merchant Capitalism and the Angolan Slave Trade, 1730–1830*. University of Wisconsin Press, Madison 1988, S, 384–85. Patrick Manning setzt die Spanne mit 5 bis 25 Prozent niedriger an; siehe Manning, Patrick: *The African Diaspora: A History Through Culture*. Columbia University Press, New York 2010. Paul Lovejoy geht von einer engeren Spanne von 9 bis 15 Prozent aus; siehe sein Buch *Transformations in Slavery: A History of Slavery in Africa*. Cambridge University Press, Cambridge 2000, 2. Aufl., S. 63–64. Herbert S. Klein nimmt ebenfalls an, dass die Sterberate an der Küste so hoch wie oder niedriger war als die auf der *Middle Passage* (d. h. etwa 12 Prozent oder niedriger). Siehe sein *The Atlantic Slave Trade*. Cambridge University Press, Cambridge 1999, S. 155.

5 Cugoano, Ottobah: *Thoughts and Sentiments on the Evil of Slavery*. Erstveröffentlichung London 1787; Neudr. Penguin, London 1999, S. 46, 85.

6 In den 1780er Jahren wurden einige tausend Gefangene aus Ostafrika (einschließlich Madagaskar) verschleppt, aber insgesamt war die Region während dieses Zeitalters keine wichtige Handelszone.

7 Dalby Thomas an die *Royal African Company*, 15. Februar 1707, zit. in Jay Coughtry: *The Notorious Triangle: Rhode Island and the African Slave Trade, 1700–1807*. Temple University Press, Philadelphia 1981, S. 43.

8 Beware and take care / Of the Bight of Benin; / For the one that comes out, / There are forty go in.

9 Steckel, Richard H. / Jensen, Richard A.: »New Evidence on the Causes of Slave and Crew Mortality in the Atlantic Slave Trade«, in: *Journal of Economic History* 46 (1986), S. 57–77; Behrendt, Stephen D.: »Crew Mortality in the Transatlantic Slave Trade in the Eighteenth Century«, in: *Slavery and Abolition* 18 (1997), S. 49–71. Der Reim über Benin wird zitiert in Rediker, Marcus: *Between the Devil and the Deep Blue Sea: Merchant Seamen, Pirates, and the Anglo-American Maritime World, 1700–1750*. Cambridge University Press, Cambridge 1987, S. 47. Aus der *TSTD* geht hervor, dass die Sterberate auf britischen Schiffen zwischen 1700 und 1725 bei 12,1 Prozent lag und im Zeitraum von 1775 bis 1800 auf 7,95 Prozent gesunken war.

10 Mintz, Sidney W. / Price, Richard: *The Birth of African-American Culture: An Anthropological Perspective*. Erstveröffentlichung 1976; Beacon Press, Boston 1992. Die Zahl der kreativen Arbeiten zum Thema der kulturellen Verbindungen zwischen Afrika und den Amerikas wächst rapide und beinhaltet unter anderem: Thornton, John: *Africa and Africans in the Making of the Atlantic World, 1400–1800*. Cambridge University Press, Cambridge 1992, 2. Aufl. 1998; Carney, Judith A.: *Black Rice: The African Origins of Rice Cultivation in the Americas*. Harvard University Press, Cambridge, Mass. 2001; Heywood, Linda M. (Hg.): *Central Africans and Cultural Transformations in the American Diaspora*. Cambridge University Press, Cambridge 2002; Sweet, James H.: *Recreating Africa: Culture, Kinship, and Religion in the African-Portuguese World, 1441–1770*. University of North Carolina Press, Chapel Hill 2003; Falola, Toyin / Childs, Matt D. (Hg.): *The Yoruba Diaspora in the Atlantic World*. Indiana University Press, Bloomington 2004; Curto, José C. / Lovejoy, Paul E. (Hg.): *Enslaving Connections: Changing Cultures of Africa and Brazil during the Era of Slavery*. Africa World Press, Trenton, N.J. 2005; Matory, James Lorand: *Black Atlantic Religion: Tradition, Transnationalism, and Matriarchy in the Afro-Brazilian Candomblé*. Princeton University Press, Princeton, N.J. 2005.

11 *TSTD* #15123, #20211.

12 Davis, Ralph: *The Rise of the English Shipping Industry in the Seventeenth and Eighteenth Centuries*. Macmillan, London 1962, S. 71, 73; Lamb, D.P.: »Volume and Tonnage of the Liverpool Slave Trade, 1772–1807«, in: Anstey, Roger / Hair, P.E.H. (Hg.): *Liverpool, the African Slave Trade, and Abolition*. Antony Rowe for the Historical Society of Lancashire and Cheshire, Chippenham, England 1976, Neuaufl. 1989, S. 98–99. Die Kontinuität im Betrieb der Sklavenschiffe macht es möglich, ihrer Geschichte auf den folgenden Seiten thematisch nachzugehen.

13 Als Ausnahmen dieser Vernachlässigung sind zu nennen: Dow, George Francis: *Slave Ships and Slaving*. Marine Research Society, Salem, Mass. 1927, eine Mischung aus narrativen und Primärquellen; Villiers, Patrick: *Traite des noirs et navires negriers au*

XVIII siècle. Éditions des 4 Seigneurs, Grenoble 1982, eine begrenzte, aber nützliche Untersuchung; und Boudriot, Jean: *Traite et Navire Negrier,* Eigenverlag 1984, eine Studie über ein einzelnes Schiff, die *Aurore.* Ein Beitrag aus jüngerer Zeit ist Gail Swanson: *Slave Ship Guerrero.* Infinity Publishing, West Conshohocken, PA 2005.

14 Curtin, Philip D.: *The African Slave Trade: A Census.* University of Wisconsin Press, Madison 1969; Miller, Joseph Calder: *Way of Death: Merchant Capitalism and the Angolan Slave Trade, 1730–1830.* University of Wisconsin Press, Madison 1988; Thomas, Hugh: *The Slave Trade: The Story of the African Slave Trade, 1440–1870.* Simon and Schuster, New York 1999; Harms, Robert: *The Diligent: A Voyage Through the Worlds of the Slave Trade.* Basic Books, New York 2002; Eltis, David et al.: *TSTD.* Weitere wichtige Werke sind DuBois, W. E. B.: *The Suppression of the African Slave-Trade in the United States of America, 1638–1870.* Erstveröffentlichung Mineola, N.Y. 1896; Dover Publications Inc., New York 1970; Davidson, Basil: *The African Slave Trade.* Little, Brown, Boston 1961; Mannix, Daniel P. / Cowley, Malcolm: *Black Cargoes: A History of the Atlantic Slave Trade, 1518–1865.* Longmans, London 1963; Rawley, James A.: *The Transatlantic Slave Trade: A History.* W. W. Norton, New York 1981; und aus jüngerer Zeit Bailey, Anne C.: *African Voices of the Atlantic Slave Trade: Beyond the Silence and the Shame.* Beacon Press, Boston 2005.

15 Morrison, Toni: *Beloved.* Alfred A. Knopf, New York 1987; Johnson, Charles: *Middle Passage.* Plume, New York 1991; Unsworth, Barry: *Sacred Hunger.* W. W. Norton, New York 1993; D'Aguiar, Fred: *Feeding the Ghosts.* Chatto & Windus, London 1997; Phillips, Caryl: *The Atlantic Sound.* Alfred A. Knopf, New York 2000; Herbstein, Manu: *Ama: A Novel of the Atlantic Slave Trade.* Picador Africa, Capetown 2005.

16 Viele der neuen Beiträge zur Forschung stammen von jüngeren Wissenschaftler*innen, deren Arbeiten ich viel verdanke: Christopher, Emma: *Slave Ship Sailors and their Captive Cargoes, 1730–1807.* Cambridge University Press, New York 2005; Smallwood, Stephanie E.: *Saltwater Slavery: A Middle Passage from Africa to American Diaspora.* Harvard University Press, Cambridge, Mass. 2006; Taylor, Eric Robert: *If We Must Die: Shipboard Insurrections in the Era of the Atlantic Slave Trade.* Louisiana State University Press, Baton Rouge 2006; Brown, Vincent: *The Reaper's Garden: Death and Power in the World of Atlantic Slavery.* Harvard University Press, Cambridge, Mass. 2008; Byrd, Alexander Xavier: »Captives and Voyagers: Black Migrants Across the Eighteenth-Century World of Olaudah Equiano«. Dissertation, Duke University 2001; Jackson, Maurice: »Ethiopia shall soon stretch her hands unto God«: Anthony Benezet and the Atlantic Antislavery Revolution«. Dissertation, Georgetown University 2001.

17 Drescher, Seymour: »Whose Abolition? Popular Pressure and the Ending of the British Slave Trade«, in *Past & Present* 143, 1994, S. 136–66.

18 Unsworth, *Sacred Hunger*, S. 353. Mein Dank gilt Gesa Mackenthun für ihren Konferenzbeitrag »Body Counts: Violence and Its Occlusion in Writing the Atlantic Slave Trade«, vorgestellt auf der Francis Barker Memorial Conference 2001.

19 Derek Sayer: *The Violence of Abstraction: The Analytic Foundations of Historical Materialism.* Basil Blackwell, Oxford 1987.

I. KAPITEL

LEBEN, TOD UND TERROR IM SKLAVENHANDEL

Die Reise in diese ganz besondere Hölle beginnt mit dem menschlichen Meerespanorama – mit Geschichten über die Menschen, deren Leben vom Sklavenhandel geprägt wurde. Einige von ihnen wurden wohlhabend und mächtig, andere arm und schwach. Die überwältigende Mehrheit von ihnen durchlitt extreme Gräuel, und viele starben unter entsetzlichen Umständen. Die unterschiedlichsten Menschen – Männer, Frauen und Kinder, Menschen schwarzer und weißer und aller anderen Hautfarben, Menschen aus Afrika, Europa und Amerika – wurden in den surrealen Strudel dieses Handels hineingezogen. Am unteren Ende stand ein riesiges niederes Proletariat, Hunderttausende von Seeleuten, die in ihren Teerhosen die Webleinen der Sklavenschiffe auf und ab kletterten, und Millionen von Versklavten, die nackt unter Deck kauerten. Am oberen Ende stand eine kleine, hochgestellte, mächtige atlantische Herrscherklasse von Kaufherren, Pflanzern und politischen Führern, die in ihrem Putz und Prunk im amerikanischen Kontinentalkongress oder im britischen Parlament saßen. Die Besetzung des »grandiosen Dramas« des Menschenhandels umfasste darüber hinaus Piraten und Krieger*innen, Kleinhändler*innen und Hungerstreikende, Mörder und Visionäre. Sie alle waren häufig von Haien umgeben.

CAPTAIN TOMBA

Aus einer Gruppe niedergeschlagener, in einen Pferch gesperrter Gefangener, die an ein Sklavenschiff verkauft werden sollten, stach ein Mann hervor. Er war »von großer, kräftiger Gestalt, und kühner, ernster Erscheinung«. Sein Blick war auf eine Gruppe weißer Männer gerichtet, die, wie es ihm schien, mit »der Absicht zu kaufen« die Baracke beobachteten. Als seine Mitgefangenen potenziellen Käufern zur Untersuchung vorgeführt wurden, drückte er seine Verachtung ihnen gegenüber aus. John Leadstine, ›Old Cracker‹, der Leiter der Sklavenfaktorei – des Verschiffungsortes auf Bance Island in Sierra Leone – befahl dem Mann aufzustehen und »seine Gliedmaßen zu strecken«. Doch er weigerte sich. Für diese Unverfrorenheit wurde er mit einem »schneidenden Seekuh-Riemen« brutal ausgepeitscht. Er ertrug die Auspeitschung mit Fassung und zuckte wenig vor den Hieben zurück. Ein Beobachter schrieb, dass er »ein oder zwei Tränen [vergoss], welche er zu verbergen suchte, als ob er sich ihrer schämte.«[1]

Dieser große, starke, aufsässige Mann war Captain Tomba, wie Leadstine den Besuchern erklärte, die von seinem Mut beeindruckt und begierig darauf waren zu erfahren, wer er war und wie er gefangengenommen worden war. Er war das Oberhaupt einer Gruppe von wahrscheinlich von Baga bewohnten Dörfern rund um den Rio Nuñez gewesen, die sich dem Sklavenhandel widersetzten. Unter Captain Tombas Führung brannten die Dorfbewohner*innen Hütten nieder und töteten diejenigen Nachbarn, die mit Leadstine und anderen Sklavenhändlern zusammenarbeiteten. Entschlossen, seinen Widerstand zu brechen, organisierte Leadstine seinerseits eine mitternächtliche Expedition, um diesen gefährlichen Anführer gefangenzunehmen, der zwei seiner Angreifer tötete, bevor er schließlich ergriffen wurde.

Captain Tomba wurde schließlich von Kapitän Richard Harding gekauft und an Bord der *Robert* aus Bristol gebracht. In Ketten gelegt und unter Deck geworfen, begann er auf der Stelle seine Flucht zu planen. Er schloss sich mit »drei oder vier der kräftigsten seiner Landsleute« und einer versklavten Frau zusammen, die sich freier auf dem Schiff bewegen und daher besser einschätzen konnte, wann es möglich sein würde, den Plan in die Tat umzusetzen. Eines Nachts fand die Frau, deren Name nicht überliefert ist, nur fünf weiße Männer an Deck vor, die allesamt schliefen. Durch die Grätings ließ sie Captain Tomba einen Hammer zum Abschlagen der Fesseln und »alle Waffen, die sie finden konnte«, zukommen.

Captain Tomba spornte die Männer unter Deck »mit der Aussicht auf Freiheit« an, aber nur einer von ihnen und die Frau auf dem Hauptdeck waren bereit, sich ihm anzuschließen. Als er auf drei schlafende Matrosen stieß, tötete er zwei von ihnen sofort mit »einem einzigen Hieb auf die Schläfe«. Beim Töten des Dritten entstand ein Lärm, der die beiden anderen Wachen und die restlichen Besatzungsmitglieder weckte, die woanders schliefen. Kapitän Harding selbst griff nach einer Spake, mit der er auf Tomba eindrosch, schlug ihn bewusstlos und »legte ihn schließlich flach aufs Deck«. Die Besatzung legte alle drei Rebell*innen in Eisen.

Als der Zeitpunkt der Bestrafung gekommen war, wog Kapitän Harding »die Stärke und den Wert« der beiden männlichen Rebellen ab und kam zu dem Schluss, dass es in seinem wirtschaftlichen Interesse lag, »sie nur auszupeitschen und ihre Haut zu ritzen«. Dann griff er sich drei weitere Männer heraus, die nur am Rande an der Verschwörung beteiligt gewesen, aber auch weniger ›wertvoll‹ waren, um den übrigen Versklavten an Bord Angst und Schrecken einzujagen. Diese verurteilte er zu einem »grausamen Tod«. Einen von ihnen tötete er sofort und zwang die anderen, sein Herz und seine Leber zu essen. Die Frau »zog er an den Daumen hoch, peitschte sie aus und schlitzte sie vor den anderen Sklaven mit Messern auf, bis sie starb«. Captain Tomba wurde anscheinend zusammen mit 189 anderen versklavten Menschen in Kingston, Jamaika, an Land gebracht und zu einem hohen Preis verkauft. Sein weiteres Schicksal ist unbekannt.[2]

»DER BOOTSMANN«

Die Anführer*innen unter den Gefangenen rekrutierten sich während der *Middle Passage* aus den Unterdecks. Ein Matrose auf der *Nightingale* berichtete von einer versklavten Frau, deren richtiger Name uns nicht überliefert ist, die aber auf dem Schiff als »der Bootsmann« bekannt war, weil sie unter ihren weiblichen Mitgefangenen für Ordnung sorgte – wahrscheinlich grimmig entschlossen zu tun, was sie konnte, damit sie alle die Tortur der Überfahrt überlebten. Sie »pflegte sie in den Räumen ruhig zu halten, und ebenso an Deck«.

Eines Tages im Frühjahr 1769 geriet sie in ihrer selbst zuerkannten Autorität mit der der Schiffsoffiziere aneinander. Sie war dem Zweiten Steuermann »ungefällig«, der ihr »einen oder zwei Hiebe« mit der neunschwänzigen Katze versetzte. Diese Behandlung versetzte sie in rasende Wut; sie wehrte sich und griff den Steuermann an. Dieser wiederum stieß sie weg und versetzte ihr drei oder vier weitere scharfe Peitschenhiebe. Als ihr klar wurde, dass sie unterlegen war und nicht »ihre Rache an ihm haben« konnte, sprang sie auf der Stelle »zwei oder drei Fuß auf dem Deck, und stürzte tot zu Boden«. Ihr Leichnam wurde etwa eine halbe Stunde später über Bord geworfen und von Haien in Stücke gerissen.[3]

NAME UNBEKANNT

Der Mann kam Ende 1783 oder Anfang 1784 mit seiner gesamten Familie – seiner Frau, Mutter und zwei Töchtern – an Bord des Sklavenschiffes *Brooks*. Sie alle waren der Hexerei schuldig gesprochen worden. Der Mann war Händler gewesen, möglicherweise Sklavenhändler; er stammte aus einem Dorf namens Saltpan an der Goldküste. Wahrscheinlich war er Fante. Er sprach Englisch, und obwohl er es anscheinend verächtlich ablehnte, mit dem Kapitän zu reden, sprach er mit Mitgliedern der Besatzung und erklärte, wie es dazu gekommen war, dass er versklavt wurde: Er hatte sich mit dem Dorfvorsteher, dem ›Caboceer‹, gestritten, der sich gerächt hatte, indem er ihn der Hexerei beschuldigt und dafür gesorgt hatte, dass er und seine Familie verurteilt und an das Schiff verkauft worden waren. Nun sollten sie nach Kingston, Jamaika, gebracht werden.[4]

Als die Familie an Bord kam, zeigte der Mann »alle Anzeichen einer düsteren Melancholie«, wie der Schiffsarzt Thomas Trotter später berichtete. Er war traurig, niedergeschlagen, unter Schock. Der Rest der Familie zeigte »alle Anzeichen von Betrübnis«. Mutlosigkeit, Verzweiflung und sogar »benommene Gefühllosigkeit« waren unter den Versklavten bei ihrer Ankunft auf dem Sklavenschiff weit verbreitet. Die Besatzung rechnete damit, dass sich die Stimmung des Mannes und seiner Familie im Laufe der Zeit und mit zunehmender Vertrautheit mit dieser seltsamen neuen Welt aus Holz aufhellen würde.

Der Mann verweigerte sofort jegliche Nahrung. Vom Beginn seiner Gefangenschaft an Bord des Schiffes an, weigerte er sich rundheraus zu essen. Auch diese Reaktion war nicht ungewöhnlich, aber der Mann ging noch weiter. Als die Matrosen eines frühen Morgens unter Deck gingen, um nach den Gefangenen zu sehen, fanden sie ihn blutüberströmt und in furchtbarem Zustand vor. In großer Eile wurde der Arzt geholt. Der Mann hatte versucht, sich selbst die Kehle durchzuschneiden, doch es war ihm nur gelungen, »die äußere Drosselvene zu durchtrennen«. Er hatte mehr als einen halben Liter Blut verloren. Trotter nähte die Wunde und zog anscheinend in Erwägung, den Mann zwangszuernähren. Aber durch die Halswunde »entzog es sich unserer Macht, Zwangsmittel zu gebrauchen«, die auf Sklavenschiffen natürlich gang und gäbe waren. Er bezog sich hier auf das *speculum oris*, die lange, dünne mechanische Vorrichtung, die dazu benutzt wurde, die Kiefer widerstrebender Gefangener mit Gewalt zu öffnen, um ihnen Brei und damit stärkende Nahrung einzuflößen.

In der folgenden Nacht unternahm der Mann einen zweiten Versuch, sich das Leben zu nehmen. Er riss sich die Wundfäden heraus und schlitzte sich die Kehle auf der anderen Seite auf. Trotter, der herbeigeholt worden war, um sich dieses neuen Notfalls anzunehmen, war dabei, die blutige Wunde zu säubern, als der Mann anfing, mit ihm zu sprechen. Er erklärte einfach und geradeheraus, dass »er niemals mit weißen Männern mitgehen würde«. Dann »schaute er wehmütig zum Himmel« und stieß mehrere Sätze hervor, die Trotter nicht verstand. Er hatte sich lieber für den Tod als für die Versklavung entschieden.

Der junge Arzt versorgte ihn, so gut er konnte, und ordnete eine »sorgfältige Durchsuchung« der Unterkunft der versklavten Männer nach dem Gegenstand an, mit dem er sich die Kehle durchschnitten hatte. Die Matrosen fanden nichts. Trotter sah sich den Mann genauer an, fand Blut an seinen Fingerspitzen und »ausgezackte Ränder« um die Wunde herum und schloss, dass er sich die Kehle mit den eigenen Fingernägeln aufgerissen hatte.

Doch der Mann überlebte. Seine Hände wurden gefesselt, »um jeden weiteren Versuch zu verhindern«, aber gegen die Willenskraft des namenlosen Mannes waren alle Disziplinarmaßnahmen vergebens. Trotter erklärte später, dass »er jedoch nach wie vor an seinem Vorsatz festhielt, jegliche Nahrung verweigerte und etwa eine Woche oder zehn Tage später an bloßem Nahrungsmangel starb«. Auch der Kapitän des Schiffes war über die Situation informiert worden. Kapitän Clement Noble sagte, der Mann »tobte und machte ein großes Getöse, wirtschaftete mit den Händen und warf sich in außerordentlicher Manier umher, und zeigte alle Anzeichen von Tollheit.«

Als Thomas Trotter im Jahr 1790 die Geschichte dieses Mannes vor einem Parlamentsausschuss zur Untersuchung des Sklavenhandels erzählte, löste sein Bericht eine Flut von Fragen und sogar eine Art Debatte aus. Parlamentsmitglieder, die die Sklaverei befürworteten, stellten sich auf Kapitän Nobles Seite und versuchten, Trotter zu diskreditieren, indem sie leugneten, dass die Moral dieser Geschichte vorsätzlicher Widerstand durch Suizid sein könne; die Gegner der Sklaverei unter den Abgeordneten unterstützten Trotter und griffen Noble an. Ein Abgeordneter fragte Trotter: »Glaubt Ihr, dass der Mann, der versuchte, sich mit seinen Nägeln die Kehle durchzuschneiden, wahnsinnig war?« Trotter hatte in diesem Punkt keine Zweifel. Er antwortete: »Keineswegs wahnsinnig; ich glaube, dass ein gewisses Maß an Delirium eingetreten [sein] könnte, bevor er verschied, aber als er an Bord kam, war er, wie ich glaube, vollkommen bei Sinnen.« Die Entscheidung des Mannes, sich mit seinen eigenen Fingernägeln die Kehle aufzureißen, war eine völlig rationale Reaktion auf die Verschleppung auf ein Sklavenschiff. Und nun debattierten die mächtigsten Menschen der Welt über die Bedeutung seines Widerstands.

»SARAH«

Die junge Frau, die 1785 in Old Calabar an Bord des Liverpooler Sklavenschiffes *Hudibras* kam, zog sofort alle Blicke auf sich. Sie war schön, anmutig und charismatisch: »Munterkeit lag in jeder ihrer Gebärden, und Gutmütigkeit glänzte in ihren Augen.« Wenn die afrikanischen Musizierenden mit ihren Instrumenten zum ›Tanzen‹, den zweimal täglich stattfindenden erzwungenen Körperübungen der Versklavten, auf das Hauptdeck kamen, machte sie »einen vorzüglichen Eindruck, wenn sie zu den rohen Klängen afrikanischer Melodie über das Achterdeck sprang«, wie ein vernarrter Seemann namens William Butterworth später berichtete. Sie war die beste Tänzerin und die beste Sängerin auf dem Schiff. Ihre Ausstrahlung schien sich mit den Worten »immer lebhaft! immer fröhlich!« zusammenfassen zu lassen – selbst unter dem extremen Druck von Versklavung und Exil.[5]

Butterworths Bewunderung für diese Frau wurde nicht nur von anderen Matrosen, sondern auch von Kapitän Jenkin Evans geteilt, der diese und eine weitere junge Frau zu seinen »Favoritinnen« machte, denen er »größere Gunst bezeigte als dem Rest«, wahrscheinlich als kleine Entschädigung für erzwungene sexuelle Dienste. Sklavenschiffsmatrosen wie Butterworth pflegten die Lieblinge des Kapitäns zu hassen, weil sie zu Spitzeldiensten für den Kapitän gezwungen wurden. Aber die flinke Sängerin und Tänzerin genoss bei den Matrosen höchste. Sie wurde »vom ganzen Schiffsvolk respektiert«.

Kapitän Evans nannte die Frau Sarah. Mit diesem biblischen Namen stellte er eine Verbindung zwischen der versklavten Frau (die wahrscheinlich Igbo war) und einer Prinzessin her, der schönen Frau Abrahams. Vielleicht hoffte der Kapitän, dass sie mit der biblischen Sarah – die ihrem Ehemann gegenüber auf der langen Reise nach Kanaan unterwürfig und gehorsam blieb – auch andere Eigenschaften teilte.

Es dauerte nicht lange, bis auf der *Hudibras* ein Aufstand der versklavten Männer ausbrach. Ihr Ziel war es, »das Schiffsvolk niederzumetzeln, und sich des Schiffes zu bemächtigen«. Die Erhebung wurde niedergeschlagen; blutige Strafen wurden verhängt. In der Folge vermuteten Kapitän Evans und andere Offiziere, dass Sarah und ihre Mutter, die ebenfalls an Bord war, in irgendeiner Weise an dem Aufstand beteiligt gewesen waren, obwohl die Frauen sich den Männern bei der eigentlichen Revolte nicht angeschlossen hatten. Als sie eingehend und unter Androhung von Gewalt befragt wurden, leugneten sie, irgendetwas darüber zu wissen, aber »Angst oder Schuld zeichneten sich stark in ihren Mienen ab«. Später in derselben Nacht, als die männlichen und weiblichen Gefangenen sich im Gefolge ihrer gerade erlittenen Niederlage über das Schiff hinweg wütende Beschuldigungen zuriefen, stellte sich heraus, dass sowohl Sarah als auch ihre Mutter nicht nur von der Verschwörung gewusst hatten, sondern selbst daran beteiligt gewesen waren. Es ist wahrscheinlich, dass Sarah ihre privilegierte Stellung als Favoritin und die damit verbundene große Bewegungsfreiheit dazu genutzt hatte, bei der Planung mitzuhelfen und möglicherweise sogar Werkzeuge an die Männer weiterzugeben, mit denen sie sich von ihren Hand- und Fußschellen befreien konnten.

Sarah überlebte die *Middle Passage* und die Bestrafung – worin auch immer sie bestanden haben mag – für ihre Beteiligung an dem Aufstand. 1787 wurde sie zusammen mit fast dreihundert anderen Versklavten in Grenada verkauft. Sie durfte länger als die meisten anderen auf dem Schiff bleiben, wahrscheinlich mit Kapitän Evans' besonderer Erlaubnis. Als sie das Schiff verließ, kamen afrikanische Traditionen von Tanz, Gesang und Widerstand mit ihr an Land.[6]

DER SCHIFFSJUNGE SAMUEL ROBINSON

Samuel Robinson war etwa dreizehn Jahre alt, als er 1801 an Bord der *Lady Neilson* ging, um mit seinem Onkel, Kapitän Alexander Cowan, und einer bunt zusammengewürfelten fünfunddreißigköpfigen Besatzung von Liverpool aus an die Goldküste und von dort weiter nach Demerara zu segeln. Der kräftige junge Schotte unternahm im Jahr 1802 eine weitere Reise mit seinem Onkel, dieses Mal auf der *Crescent* an die Goldküste und nach Jamaika. Bei seinen Reisen führte er Tagebücher, auf die er sich stützte, als er in den 1860er Jahren beschloss, seine Erinnerungen an diese Zeit niederzuschreiben. Der erklärte Zweck dieses Unterfangens war es, der abolitionistischen Propaganda seiner Zeit etwas entgegenzusetzen. Er räumte ein, dass der Sklavenhandel falsch, ja sogar unvertretbar sei, aber er habe »so viele gröblich falsche Behauptungen bezüglich der westindischen Sklaverei und des Grauens der ›Middle Passage‹ gehört, dass er »den Geist wohlmeinender

Menschen, welche nur eine Seite dieser Frage gesehen haben mögen, eines Besseren belehren« wolle. Als er seine Lebensgeschichte fertiggestellt hatte, konnte er sich brüsten: »Ich bin der einzige noch lebende Mensch, der eine Lehre im Sklavenhandel gemacht hat.«[7]

Robinson wuchs in Garlieston auf, einem Küstendorf im Südwesten Schottlands, wo er hörte, wie ein älterer Junge aus der Gegend Seemannsgeschichten über eine Reise nach Westindien erzählte. Robinson war fasziniert. Er beschrieb seinen Weg zum Sklavenschiff folgendermaßen: »Ein unwiderstehliches Verlangen nach dem Seefahrerleben riss mich so vollständig mit, dass es mir völlig gleichgültig war, wohin das Schiff ging, solange es nicht der Meeresgrund war, sofern ich nur an Bord war, oder in welchem Geschäft es tätig war, solange es kein Piratenschiff war.« Da ihm jedes Schiff recht war, gab die Beteiligung seines Onkels am Sklavenhandel den Ausschlag.

Robinson scheint an Bord des Sklavenschiffes die für einen Schiffsjungen typischen Erfahrungen gemacht zu haben. Er wurde seekrank, er wurde von den altgedienten Seeleuten ausgelacht und schikaniert und er prügelte sich mit den anderen Jungen. Eines Tages, als er in die Marsen geschickt wurde, schwang er »durch das Rollen des Schiffes sechzig oder siebzig Fuß in die eine und dann wieder ebenso weit in die entgegengesetzte Richtung«. In diesem Moment fühlte er sich, wie er sich später erinnerte, »ohne Frage weit weg von zu Hause«. Er hatte eine Todesangst vor den Haien, die das Sklavenschiff umkreisten, und als die *Lady Neilson* den Rio Sestos in der Nähe von Sierra Leone erreichte, war er wie gebannt vom Anblick einer großen Flotte von Kanus, die von nackten afrikanischen Männern gepaddelt wurden: »Ich betrachtete dieses wundervolle Schauspiel in einem Zustand vollkommener Verwirrung. Es war eine Szene, welche den weiten Weg wert gewesen war.« Als die Versklavten aufs Schiff gebracht wurden, scheint er wenig Interesse an ihnen gezeigt zu haben, nicht einmal an den Jungen seines Alters. Eine seiner wichtigsten Begegnungen war die mit John Ward, dem betrunkenen, tyrannischen Kapitän des Sklavenschiffes *Expedition*, auf dem Robinson gezwungen war, sich die Heimreise zu erarbeiten, nachdem sein Schiff in Demerara für seeuntüchtig erklärt worden war. Eines Tages fand Ward, der Junge arbeite nicht hart oder schnell genug, und beschloss, ihn mit einem zwei Zoll dicken Stück Tau zu peitschen, um »ihn in Fahrt zu bringen«. Um seinem Zorn zu entgehen, sprang Robinson von den Besanwanten auf das Hauptdeck und verletzte sich schwer am Knöchel, was in der Folge seinem Seemannsleben ein Ende bereiten sollte.

Als Robinson auf seine ursprünglichen Beweggründe zur See zu gehen zurückblickte, sinnierte er: »Das Meeresparadies, welches sich in meiner Vorstellung so leuchtend abzeichnete, scheint nun beträchtlich seiner Strahlen beraubt.« Er führte die »brutale Tyrannei« der Offiziere (einschließlich seines Onkels) an, die »armselige« Qualität von Essen und Wasser und die Abgeschnittenheit von »moralischer oder religiöser Unterweisung oder gutem Beispiel«. Als stämmiger Junge war er zur See gefahren, und am Ende seiner zweiten Reise auf einem Sklavenschiff fragte er sich: »Was bin ich jetzt? Ein armseliges, fahles Gerippe, welches einen Stock braucht, um die Straße entlangkriechen zu können; meine Hoffnungen, den Beruf meiner Wahl auszuüben, sind im Keim erstickt, und meine Zukunftsaussichten wahrlich düster.«

DER SEEMANN UND PIRAT BARTHOLOMEW ROBERTS

Bartholomew Roberts war ein junger Waliser, der als Zweiter Steuermann auf der *Princess*, einem 140-Tonnen-Guineafahrer (wie die Sklavenschiffe genannt wurden) von London nach Sierra Leone fuhr. Er hatte offenbar schon eine Weile im Sklavenhandel gearbeitet. Er hatte Navigationskenntnisse, weil die Steuerleute auf Sklavenschiffen in der Lage sein mussten, für den nicht ungewöhnlichen Fall, dass der Kapitän starb, das Kommando zu übernehmen. Die *Princess* wurde im Juni 1719 von Howell Davis und einer ungehobelten Piratenbande aufgebracht, die Roberts und seine Kameraden auf dem Prisenschiff fragten, ob jemand unter ihnen sich der »Bruderschaft« anschließen wolle. Roberts zögerte zunächst: Er wusste, dass die britische Regierung in den vergangenen Jahren die Leichen hingerichteter Piraten an den Hafeneinfahrten einer atlantischen Hafenstadt nach der anderen hatte baumeln lassen. Aber bald beschloss er, tatsächlich unter schwarzer Flagge zu segeln.[8]

Es war eine schicksalsschwere Entscheidung. Als Davis kurz danach von portugiesischen Sklavenhändlern getötet wurde, wurde »Black Bart«, wie man ihn später nannte, zum Kapitän des Schiffes gewählt und entwickelte sich schon bald zum erfolgreichsten Seeräuber seiner Zeit. Er befehligte eine kleine Flottille von Schiffen und mehrere hundert Mann, die innerhalb von drei Jahren, auf dem Höhepunkt des ›goldenen Zeitalters der Piraterie‹, mehr als vierhundert Handelsschiffe aufbrachten. Roberts war weithin bekannt und ebenso weithin gefürchtet. Patrouillierende Marineoffiziere,

»Black Bart« Roberts war Maat auf einem Sklavenschiff, als er 1719 von Piraten gefangengenommen wurde. Er schloss sich ihnen an und wurde bald der berüchtigtste Kapitän des »goldenen Zeitalters der Piraterie«. Seine Störung des Sklavenhandels veranlasste das Parlament, die Seepatrouillen in Westafrika zu verstärken, von denen eine Roberts im Jahr 1722 im Kampf tötete. Zweiundfünfzig Mitglieder seiner multiethnischen Besatzung wurden in Cape Coast Castle gehängt.

die ihn ausmachten, segelten in die entgegengesetzte Richtung. Königliche Beamte befestigten ihre Küsten gegen den Mann, den sie »den großen Piraten Roberts« nannten. Er präsentierte sich seinem Ruf entsprechend: Gekleidet nach Art eines Dandys, in einer opulenten Damastweste, mit einer roten Feder am Hut und einem goldenen Zahnstocher im Mund schlenderte er auf den Decks seines Schiffes umher. Sein Motto als Pirat war »ein fröhliches und kurzes Leben«.

Roberts terrorisierte die afrikanische Küste und versetzte die dortigen Händler »in Panik«. Er verabscheute die brutalen Methoden der Sklavenhandelskapitäne so sehr, dass er und seine Mannschaft ein blutiges Ritual namens »Austeilung der Gerechtigkeit« durchführten, bei dem jeder gefangene Kapitän, dessen Besatzungsmitglieder über ihre Behandlung klagten, heftig ausgepeitscht wurde. Einige dieser Bestrafungen verabreichte Roberts selbst. Die im Sklavenhandel tätigen Kaufleute reagierten auf diese Bedrohung ihrer Profite, indem sie das Parlament dazu bewegten, die Seepatrouillen an der westafrikanischen Küste zu verstärken. Im Februar 1722 spürte die *HMS Swallow* Roberts auf und ging auf Angriffskurs. Roberts blieb an Deck, um die Schlacht anzuführen und seine Leute anzufeuern, wurde aber von einer Kartätschensalve in die Kehle getötet. Seine Schiffskameraden lösten ein altes Versprechen ein und warfen seinen voll bewaffneten Leichnam über Bord. Das Kriegsschiff besiegte die Piraten, nahm die Überlebenden gefangen und brachte sie zum Sklavenhandelsposten Cape Coast Castle, wo sie massenhaft vor Gericht gestellt und gehängt wurden. Hinterher wurden ihre Leichen von Kapitän Challoner Ogle entlang der afrikanischen Küste verteilt, so dass örtliche Sklavenhändler sie als abschreckendes Beispiel für Seeleute aufhängen konnten. Besonders wichtig war es Ogle, dem König von Whydah einen Besuch abzustatten, der ihm sechsundfünfzig Pfund Goldstaub versprochen hatte, »wenn es ihm gelingen sollte, diesen Schurken *Roberts* festzusetzen, welcher schon seit langem seine Küste unsicher machte«.

DER SEEMANN UND KLEINE SKLAVENHÄNDLER THOMAS OWEN

Nicholas Owen war ein echter Robinson Crusoe, ein schelmenhafter irischer Matrose, der zur See ging, nachdem sein verschwenderischer Vater das Familienvermögen verprasst hatte. Fünfmal überquerte er den Atlantik, dreimal davon auf Sklavenschiffen, zweimal mit katastrophalem Ausgang. Eine seiner Reisen gipfelte in einer Meuterei, als Owen und vier seiner Schiffskameraden die »strenge Behandlung« seitens ihres Kapitäns satthatten und das ergriffen, was Owen »jene Freiheit« nannte, »zu der jeder Europeer berechtich is«. In der Nähe von Cape Mount, südlich von Sierra Leone, gelang es den Matrosen, bewaffnet zu entkommen. Monatelang waren sie auf der Flucht und lebten von Wildreis, Austern und der Gastfreundschaft der Einheimischen. Die zweite Katastrophe ereignete sich etwa ein Jahr später, als andere Afrikaner*innen sich als weniger freundlich erwiesen und Owens Schiff, aus Rache für eine vor kurzem erfolgte Entführung durch ein holländisches Sklavenschiff, abfingen. Owen wurde gefangengenommen und sein Schiff geplündert. Damit verlor er alles, was er besaß: seine Heuer für vier Jahre in Gold und die Handelswaren, die er verkaufen wollte, um seinen Lohn aufzubessern. Weil die Einheimischen wussten, dass ihre Gefangenen keine Niederländer, sondern Engländer waren, ließen sie sie am Leben. Schließlich überließen sie sie einem örtlichen weißen Sklavenhändler namens Hall, für den Owen zu arbeiten begann. Schon bald machte er sich selbstständig, ließ sich in den Ruinen eines kleinen Sklavenhandelsposten auf York Island im Sherbro River nieder und betätigte sich als Mittelsmann zwischen örtlichen afrikanischen Gruppen und europäischen Händlern.[9]

Owen begann ein Tagebuch zu führen, um »der Welt die vielen Gefahren eines Seefahrerlebens zu offenbaren«. Er selbst war das beste Beispiel dafür: Während er »auf diesem zornigen Element« gelebt und gearbeitet hatte, war er den Naturgewalten ausgesetzt gewesen. Das konnte er hinnehmen, weil das Meer »die Person nicht ansieht«; es konnte einen Prinzen genauso töten wie eine gewöhnliche Teerjacke. Das tieferliegende Problem war, dass »ein Sehmann keine anderen Mittel hat, die Bedürfnisse dieses Lebens zu befriedigen, als um Lohn die Mehre zu befahren«. Er war für sein Auskommen vollständig auf Geld angewiesen. Owen verdeutlichte diesen Punkt mittels eines Vergleichs: »Ich sehe ihn für erbärmlicher an als einen armen Bauern, welcher von seiner Arbeit lebt, welcher nachts im Dunkeln auf einem Lager aus Stroh ruhen kann, während ein Sehmann sich in einer frostiegen Nacht im Großmars tröstet, indem er sich auf die Finger bläst.« Er wetterte dagegen, »die Welt nach Geld, diesem allumfassenden Gott der Menschheit, auszukratzen, bis der Tod uns ereilt«.

Owen versuchte, der Lohnsklaverei zu entkommen, indem er selbst ein kleiner Sklavenhändler wurde. Er hätte wieder zur See fahren oder sogar zu einem Leben »unter Cristen und meinem heimatlichen Volk« zurückkehren können. Stattdessen entschied er sich dafür, unter einem, wie er es nannte, »barbarischen Volk [zu leben], welches weder Gott noch Gutes im Menschen kennt«. Er räumte ein, dass dies seine eigene Entscheidung war: »Manche mögen es seltsam finden, dass wir uns so lange unter Menschen von oben beschriebenem Karakter aufhalten, wo wir doch so viele Gelegenheiten haben, von der Küste nach Hause zu fahren.« Er befürchtete, dass es zu Hause Gerede geben und man ihn »den Mallaten [Mulatten], welcher gerade aus Guinea gekommen ist«, nennen würde. So entschied er sich stattdessen für ein Leben am Rande des Empires, das er selbst als müßig und träge ansah, und unterwarf seinerseits andere der mitleidlosen Herrschaft des »allumfassenden Gottes der Menschheit«. Der Versuch scheiterte, wie Owen sehr wohl klar war und wie aus seinem trübsinnigen Tagebuch hervorgeht. Er starb 1759 an einer Fieberkrankheit, mittellos und allein. Bereits seit Langem war er »sehr der Melankolie zugeneigt« gewesen.

KAPITÄN WILLIAM SNELGRAVE

Kapitän William Snelgrave hielt sich an der ›Sklavenküste‹ Benins auf, um eine Ladung von für Antigua bestimmten Afrikaner*innen zu beschaffen, als er zu seiner Überraschung eine Einladung des Königs von Ardra (auch Allada genannt) erhielt. Dies stellte Snelgrave vor ein Dilemma. Einerseits wagte er es nicht, die Einladung abzulehnen, um sich im Hinblick auf zukünftige Lieferungen von Versklavten die Gunst des Königs nicht zu verscherzen, andererseits betrachtete er den König und seine Leute als »grimmige, viehische Kannibalen«. Der Kapitän löste dieses Dilemma, indem er beschloss, der Einladung zwar nachzukommen, allerdings begleitet von einer aus zehn Matrosen bestehenden Wache, »wohlbewaffnet mit Musketen und Pistolen, vor denen diese wilden Leute, wie ich wusste, große Angst hatten«.[10]

Eine Eskorte brachte Snelgrave per Kanu eine Viertelmeile flussaufwärts. Bei seiner Ankunft traf er den König »unter einigen schattigen Bäumen auf einem Schemel sitzend« an, mit etwa fünfzig Höflingen und einem großen Trupp von Kriegern in seiner Nähe, letztere bewaffnet mit Pfeil und Bogen, sowie Schwertern und Lanzen mit Widerhaken. Die bewaffneten Seeleute hielten sich »ihnen gegenüber, in einer Entfernung von etwa zwanzig Schritt« in Wachstellung bereit, während Snelgrave dem hocherfreuten König Geschenke überreichte.

Nach kurzer Zeit bemerkte Snelgrave »ein kleines Negerkind, welches am Bein an einen in den Boden getriebenen Pflock gebunden war«. Zwei afrikanische Priester standen in der Nähe. Das Kind war »ein kräftiger, etwa 18 Monate alter Junge«, dem es offensichtlich nicht gut ging; sein Körper war mit Fliegen und Ungeziefer übersät. Der beunruhigte Sklavenkapitän fragte den König: »Aus welchem Grund ist das Kind auf diese Weise festgebunden?« Der König antwortete, dass »es in der nämlichen Nacht seinem Gott *Egbo* geopfert werden solle, um seinen Wohlstand zu sichern«. Snelgrave, aufgebracht über diese Antwort, befahl einem seiner Matrosen, »das Kind vom Boden aufzuheben, um sein Leben zu erhalten«. Als der Matrose diesem Befehl nachkam, rannte eine der königlichen Wachen lanzenschwingend auf ihn zu, woraufhin Snelgrave aufstand und seine Pistole zog, was den Mann zum Stehen brachte, den König in Angst und die gesamte Versammlung in Aufruhr versetzte.

Nachdem die Ordnung wiederhergestellt war, beschwerte sich Snelgrave gegenüber dem König über die Drohgebärde der Wache. Dieser antwortete, dass Snelgrave selbst »nicht gut gehandelt« habe, als er dem Seemann befohlen habe, das Kind zu ergreifen, »da es sein Eigentum sei«. Der Kapitän rechtfertigte sein Handeln mit der Erklärung, dass seine Religion »eine so abscheuliche Sache, wie die Hinrichtung eines armen unschuldigen Kindes, ausdrücklich verbietet«, und führte die Goldene Regel an: »Das erhabene Gesetz der menschlichen Natur sei es, anderen ebenso zu tun, wie wir wollen, dass Andere uns tun.« Letzten Endes wurde der Konflikt nicht mit den Mitteln der Theologie, sondern mittels der Sprache des Geldes beigelegt: Snelgrave bot an, das Kind zu kaufen. Sein Angebot belief sich auf »eine Handvoll himmelblauer Perlen im Wert von etwa einer halben Krone Sterling«, was der König annahm. Snelgrave war überrascht, dass der Preis so niedrig war, da Händler wie der König normalerweise »sehr bereit waren, bei jeder außergewöhnlichen Gelegenheit ihren Vorteil aus uns zu ziehen«.

Der Rest des Treffens war der Konsumierung der von Snelgrave für den König mitgebrachten europäischen Speisen und alkoholischen Getränke gewidmet. Auch afrikanischer Palmwein wurde angeboten, doch Snelgrave weigerte sich, ihn zu trinken, da unter Sklavenschiffskapitänen allgemein angenommen wurde, er könne »geschickt vergiftet« sein. Die Matrosen hatten keine derartigen Bedenken und tranken mit Hingabe. Beim Abschied erklärte sich der König »sehr zufrieden« mit dem Besuch, was bedeutete, dass mit weiteren Lieferungen von Versklavten zu rechnen sei. Als die Europäer zu ihrem Schiff zurückpaddelten, wandte sich Snelgrave an ein Mitglied seiner Besatzung und sagte, man solle »eine mütterliche Frau [unter den Versklavten, die sich bereits an Bord befanden] dazu bestimmen, sich um dieses arme Kind zu kümmern«. Der Seemann antwortete, er habe »schon eine im Auge«, eine Frau, die »viel Milch in den Brüsten« habe.

Als Snelgrave und die Matrosen an Bord kamen, sah die Frau, über die sie gesprochen hatten, den kleinen Jungen und rannte »mit großem Eifer auf sie zu und riss ihn aus den Armen des weißen Mannes, welcher ihn hielt«. Der Junge war ihr eigenes Kind. Kapitän Snelgrave hatte sie bereits gekauft, aber den Zusammenhang nicht realisiert. Er bemerkte: »Ich glaube, es gab noch nie einen bewegenderen Anblick als bei diesem Ereignis zwischen der Mutter und ihrem kleinen Sohn.«

Der Schiffsdolmetscher erzählte der Frau, was passiert war – dass, wie Snelgrave schrieb, »ich ihr Kind davor bewahrt hatte, geopfert zu werden«. Die Geschichte sprach sich auf dem Schiff herum, und bald brachten die mehr als dreihundert Gefangenen an Bord Snelgrave »ihre Dankbarkeit zum Ausdruck, indem sie in die Hände klatschten und ein Lied zu meinem Lob sangen«. Aber wie Snelgrave schrieb, hatte die Dankbarkeit damit noch kein

Ende: »Dieser Vorfall erwies sich als großer Dienst für uns, denn er brachte ihnen eine gute Meinung von den Weißen Menschen bei; so dass wir während der ganzen Reise keine Meuterei auf dem Schiff hatten.« Snelgraves Großherzigkeit setzte sich auch nach der Ankunft auf Antigua fort. Sobald er einem gewissen Mr. Studely, einem Sklavenhalter, die Geschichte von Mutter und Kind erzählt hatte, »kaufte er die Mutter und ihren Sohn, und war ihnen ein gütiger Herr.«

So konnte William Snelgrave afrikanische Menschen als »grimmige, viehische Kannibalen« und sich selbst als tugendhaften, zivilisierten Erlöser sehen, als guten Christen mit Eigenschaften, die selbst bei den Wilden Anerkennung und Beifall finden mussten. Er konnte sich als Retter von Familien betrachten, während er sie gerade auseinanderriss. Er konnte sich einen menschenwürdigen Ausgang für zwei Menschen vorstellen und gleichzeitig Hunderte dem Schicksal der Plantagensklaverei, endloser Schinderei und vorzeitigem Tod überantworten. Ausgestattet mit all diesen Rechtfertigungen konnte er sich sogar auf die Goldene Regel berufen, die wenig später zu einem zentralen Grundsatz der Antisklaverei-Bewegung werden sollte.

KAPITÄN WILLIAM WATKINS

Während die *Africa*, ein Guineafahrer aus Bristol unter dem Befehl von Kapitän William Watkins, Ende der 1760er Jahre im Old Calabar River vor Anker lag, waren die Gefangenen unten im Laderaum des Schiffes emsig damit beschäftigt, so leise wie möglich ihre Ketten abzuschlagen. Einem Großteil von ihnen gelang es, sich von den Fesseln zu befreien, die Grätings anzuheben und auf das Hauptdeck zu klettern. Ihr Plan war es, die Waffenkammer achtern zu erreichen, um mit Hilfe der dort befindlichen Waffen ihre verlorene Freiheit zurückzugewinnen. Es war, wie der Seemann Henry Ellison erklärte, nicht ungewöhnlich für Versklavte, sich zu erheben, sei es aus »Liebe zur Freiheit«, wegen »schlechter Behandlung« oder »im Geiste der Rache«.[11]

Für die Besatzungsmitglieder der *Africa* kam der Angriff völlig überraschend. Sie schienen keine Ahnung gehabt zu haben, dass buchstäblich unter ihren Füßen ein Aufstand vorbereitet wurde. Aber genau in dem Moment, als die Meuterer »die Barricado-Tür aufbrachen«, kamen Ellison und sieben seiner Mannschaftskameraden, »wohlbewaffnet mit Pistolen und Entermessern«, von einem benachbarten Sklavenschiff, der *Nightingale*, zurück an Bord. Sie sahen, was vor sich ging, kletterten auf das Barricado und feuerten Schüsse über die Köpfe der Rebellen hinweg, in der Hoffnung, sie auf diese Weise zu verängstigen und zur Aufgabe zu zwingen. Als die Aufständischen sich davon nicht abschrecken ließen, begannen die Matrosen niedriger zu zielen und in die Menge zu schießen, wobei eine Person getötet wurde. Die Gefangenen machten einen zweiten Versuch, die Barricado-Tür zu öffnen, aber die Matrosen hielten die Stellung, zwangen sie, sich nach vorn zurückzuziehen, und setzten den Zurückweichenden nach. Während die bewaffneten Seeleute vorwärts drängten, sprangen einige der Rebellen über Bord, andere rannten unter Deck, und wieder andere blieben auf dem Hauptdeck und kämpften weiter. Die Matrosen feuerten erneut und töteten zwei weitere Aufständische.

Sobald die Besatzung die Lage wieder unter Kontrolle hatte, machte sich Kapitän Watkins daran, die Ordnung wiederherzustellen. Er griff acht der Meuterer heraus, um »ein Exempel« an ihnen zu statuieren. Sie wurden gefesselt, und den Matrosen – der regulären Besatzung der *Africa* sowie den acht Männern von der *Nightingale* – wurde befohlen, sie abwechselnd auszupeitschen. Die Matrosen »peitschten sie aus, bis sie vor Ermüdung nicht mehr peitschen konnten«. Dann wandte Kapitän Watkins sich einem Gerät zu, das sich »Peiniger« nannte, einer Kombination aus einer Küchenzange und einem medizinischen Instrument zum Auflegen von Pflastern. Er ließ es weißglühend erhitzen und das Fleisch der acht Rebellen damit sengen. »Nachdem diese Operation beendet war«, erklärte Ellison, »wurden sie eingesperrt und nach unten gebracht«. Anscheinend überlebten alle.

Aber die Folter war damit nicht vorbei. Kapitän Watkins hegte den Verdacht, dass einer seiner eigenen Leute in die Verschwörung verwickelt gewesen sei und »die Sklaven ermutigt [habe], sich zu erheben«. Er beschuldigte den Schiffskoch, einen namentlich nicht genannten schwarzen Seemann, die Revolte unterstützt zu haben: »dass er sie mit den Werkzeugen des Böttchers versorgt habe, so dass sie sich selbst die Ketten würden abschlagen können«. Ellison bezweifelte dies; er bezeichnete es als »bloße Vermutung, ohne jeglichen Beweis«.

Nichtsdestotrotz befahl Kapitän Watkins, dem schwarzen Seemann ein Halseisen anzulegen, eine Art der Fesselung, der gewöhnlich nur die rebellischsten Versklavten unterworfen wurden. Dann ließ er ihn »an den Großmasttopp ketten«, wo er auf unbestimmte Zeit Tag und Nacht bleiben und »nur eine Kochbanane und ein Pint Wasser am Tag« erhalten sollte. Seine Kleidung bestand ausschließlich aus einer langen Hose, die wenig dazu geeignet war, »ihn vor der Härte der Nacht zu schützen«. Drei Wochen lang blieb der Seemann an den Großmars gekettet, dem allmählichen Verhungern preisgegeben.

Als die *Africa* ihre volle Ladung von 310 Versklavten an Bord genommen hatte und die Besatzung sich bereit machte, die Bucht von Biafra zu verlassen, beschloss Kapitän Watkins, die Bestrafung des Kochs fortzusetzen. Er traf eine Vereinbarung mit Kapitän Joseph Carter und schickte ihn auf dessen *Nightingale*, wo er erneut an den Großmars gekettet wurde und die gleichen kargen Essens- und Wasserrationen erhielt. Nach weiteren zehn Tagen war der schwarze Seemann ins Delirium gefallen. »Hunger und Unterdrückung«, sagte Ellison, »hatten ihn bis aufs Skelett abmagern lassen.« Drei Tage lang mühte er sich wie rasend ab, sich von seinen Fesseln zu befreien, was dazu führte, dass die Ketten »die Haut von mehreren Stellen seines Körpers« abschürften. Das Halseisen »war bis zum Knochen vorgedrungen«. Der »unglückselige Mann« habe mittlerweile, so Ellison, »einen höchst erschütternden Anblick« geboten. Nachdem er fünf Wochen auf beiden Schiffen gelitten und »auf beiden unbegreifliches Elend erlebt hatte, wurde er durch den Tod erlöst«. Ellison war einer der Matrosen, die damit beauftragt wurden, den Leichnam des schwarzen Seemanns vom Vormars in den Fluss zu werfen. Das Wenige, was noch von ihm übrig war, wurde »sofort von den Haien verschlungen«.

KAPITÄN JAMES FRASER

Als Thomas Clarkson im Juli 1787 den Sklavenhandelshafen von Bristol besuchte, um Beweismaterial für die Abolitionsbewegung zusammenzutragen, zog er einen Mann namens Richard Burges zu Rate, einen Anwalt, der ein Gegner des Menschenhandels war. Das Gespräch wandte sich den Kapitänen von Sklavenschiffen zu, was den ungeduldigen Burges dazu veranlasste, lauthals zu erklären, dass sie alle es »schon lange« verdient hätten, »gehängt zu werden« – bis auf einen. Dieser eine war James Fraser, ein Kapitän aus Bristol, der zwanzig Jahre lang im Sklavenhandel tätig gewesen und fünfmal nach Bonny gefahren war, viermal nach Angola und jeweils einmal nach Calabar, an die Windward-Küste und an die Goldküste. Burges war nicht der einzige Abolitionist, der Fraser pries. Der Arzt Alexander Falconbridge, der eine flammende Anklage gegen den Sklavenhandel verfasste hatte, war mit Fraser gesegelt, kannte ihn gut und sagte: »Ich halte ihn für einen der besten Männer in diesem Gewerbe.« Auch Clarkson stimmte schließlich in den Lobgesang ein.[12]

Auf Kapitän Frasers Schiffen herrschten Ordnung und ein Minimum an Zwang. Jedenfalls gab er das 1790 vor einem parlamentarischen Ausschuss zu Protokoll: »Da die Angola-Sklaven sehr friedfertig sind, es ist selten notwendig, sie in Ketten zu legen; und es ist ihnen gestattet, auf das Zwischendeck hinabzugehen, und an Deck zu kommen, je nachdem, ob sie das Wetter warm oder kalt finden.«

Infolgedessen seien sie »fröhlich« an Bord. Er fügte hinzu, dass er die Versklavten aus Bonny und Calabar anders behandle, da sie »bösartiger« seien und zur Revolte neigten. Aber auch hier galt er den Maßstäben der damaligen Zeit entsprechend als gemäßigt: »Sobald das Schiff außer Sichtweite des Landes ist, nahm ich ihnen gewöhnlich die Handschellen ab, und wenig später die Fußeisen – ich hatte die Sklaven während der Middle Passage nie in Eisen, nicht einmal von der Gold- und Windward-Küste, einige Missetäter ausgenommen, die auf dem Schiff störend waren und bestrebt, die Sklaven dazu zu überreden, die Weißen Männer zu vernichten.« Er stelle den Versklavten immer saubere Unterkünfte zur Verfügung, gebe ihnen die Möglichkeit, sich zu bewegen, und lasse »häufige Vergnügungen, wie sie ihrem eigenen Land eigentümlich sind«, zu. Er versorge sie reichlich mit Essen, das sie aus ihrer Heimat gewöhnt seien. Was die Gefangenen betraf, die das Essen verweigerten, so erklärte Fraser: »Ich habe mich immer der Überredung bedient – Gewalt ist immer fruchtlos.« Für Versklavte, die krank wurden, gebe es eine besondere Krankenbucht, und »die Schiffsärzte hatten stets Anweisung, sowie freie Erlaubnis, ihnen alles zu geben, was auf dem Schiff vorhanden war«.

Die möglicherweise ungewöhnlichste Aussage, die Fraser vor dem parlamentarischen Ausschuss machte, war folgende: »Wir bestellen im Allgemeinen die Menschenfreundlichsten und Wohlwollendsten unter dem Schiffsvolk dazu, sich um die Sklaven zu kümmern, und den Proviant auszuteilen.« Misshandlungen dulde er nicht: »Ich habe Matrosen eigenhändig dafür bestraft, dass sie die Neger übel behandelten.« Als logische Folge dieser Praktiken sei die Sterblichkeit unter Seeleuten und Versklavten auf seinen Schiffen (mit Ausnahme einer Epidemie) gering gewesen. Er bestand darauf, dass er seine Matrosen immer mit »Menschlichkeit und Milde« behandle. Als Beweis für diese Behauptung führte er die Anzahl der Seeleute an, die auf späteren Fahrten wieder bei ihm anmusterten – einige, wie er sich erinnerte, drei- oder viermal. Falconbridge fuhr in der Tat dreimal mit ihm.[13]

Falconbridge widersprach Frasers Aussage in mehreren zentralen Punkten: Seiner Meinung nach sei ein größerer Anteil der Versklavten gekidnappt worden, als Fraser bereit war zuzugeben, und Fraser selbst würde die Verschleppten kaufen, ohne Fragen zu stellen. Die materiellen Bedingungen auf dem Schiff seien schlechter, als von Fraser dargestellt, und die Versklavten seien weder fröhlich noch friedlich, wie zahlreiche Selbstmorde belegten. Er fügte jedoch auch hinzu, dass Kapitän Fraser »den Pflanzern immer empfahl, niemals Verwandte oder Freunde voneinander zu trennen«. Und Frasers Behauptungen in Bezug auf die Behandlung seiner Besatzung seien keine leeren Worte: Er behandle sie »außerordentlich gut; er gestatte ihnen immer einen Schluck Schnaps am Morgen, und Grog am Abend; wenn welche von ihnen krank waren, sandte er ihnen stets Esswaren von seinem eigenen Tisch und erkundigte sich jeden Tag nach ihrem Befinden.«

DER KAPITÄN UND KAUFMANN ROBERT NORRIS

Robert Norris war ein Mann mit vielen Talenten. Er war ein erfahrener, erfolgreicher Liverpooler Sklavenschiffskapitän, der genug Geld verdient hatte, um sich von der Seefahrt zurückzuziehen und sich – ebenfalls mit Erfolg – als Kaufmann im Sklavenhandel zu betätigen. Er war darüber hinaus ein Schriftsteller, ein Polemiker für die Sache des Sklavenhandels und eine Art Historiker. 1788 schrieb und veröffentlichte er anonym *A Short Account of the African Slave Trade, Collected from Local Knowledge.* Ein Jahr später verfasste er eine Geschichte einer Region Westafrikas, *Memoirs of the Reign of Bossa Ahádee, King of Dahomy, an Inland Country of Guiney*, die auf seinen persönlichen Kenntnissen beruhte. In diesem Buch beklagte er den Mangel an historischer Literatur über Afrika, wofür er seine ganz eigene Erklärung lieferte: »Die Dummheit der Eingeborenen ist ein unüberwindliches Hindernis gegen die Erlangung von Kenntnissen seitens des Forschenden.« Norris vertrat die Interessen Liverpools bei den parlamentarischen Anhörungen, die zwischen 1788 und 1791 stattfanden. Er erwies sich als einer der besten öffentlichen Befürworter des Sklavenhandels.[14]

Norris war der erste Zeuge, der im Juni 1788 vor dem Ausschuss des Gesamten Unterhauses aussagte, und lieferte eine detailreiche Beschreibung der *Middle Passage.* Die Versklavten hätten gute Quartiere unter Deck, die von den Matrosen gründlich und regelmäßig gereinigt würden. Ihre Unterkünfte würden mittels Luftpforten und Windsäcken gelüftet, die für eine

»freie Zirkulation frischer Luft« sorgten. Sie hätten mehr als genug Platz. Sie schliefen auf »sauberen Planken«, die gesünder seien als »Betten oder Hängematten«. Sie erhielten reichlich Essen von guter Qualität. Die Männer und Jungen spielten Musikinstrumente, tanzten und sangen, während die Frauen und Mädchen »sich damit vergnügen, fantasiereichen Zierat für ihre Körper mit Perlen zu gestalten, mit welchen sie reichlich versorgt werden«. Die Versklavten erhielten den »Luxus von Pfeifen und Tabak« und gelegentlich sogar einen Schluck Branntwein, besonders bei kaltem Wetter. Es liege im eigenen Interesse des Kapitäns, erklärte Norris, die Gefangenen gut zu behandeln, da ihm eine Provision von sechs Prozent über sein Gehalt hinaus auf alle gesund und lebendig auf der Westseite des Atlantiks abgelieferten Versklavten in Aussicht stehe. Wie Norris den Abgeordneten erklärte, standen »Interesse« und »Menschlichkeit« im Sklavenhandel in perfektem Einklang.

Aber das einzige erhaltene Dokument aus Norris' Feder, das nicht zur Veröffentlichung bestimmt war, zeichnet ein anderes, sehr viel weniger idyllisches Bild. Als Kapitän der *Unity* führte Norris zwischen 1769 und 1771 ein Logbuch über seine Reise von Liverpool über Whydah nach Jamaika und zurück nach Liverpool. Eine Woche, nachdem das Schiff in Whydah die Anker gelichtet und die Segel für die Atlantiküberquerung gesetzt hatte, notierte Norris: »[D]ie Sklaven haben einen Aufstand gemacht, welcher schnell mit dem Verlust [von] zwei Frauen unterdrückt wurde.« Zwei Wochen später erhoben sich die Versklavten erneut, wieder unter Führung der Frauen, die deshalb einer besonders harten Strafe unterzogen wurden: Norris »gab den betreffenden Frauen 24 Peitschenhiebe«. Drei Tage später unternahmen die Gefangenen einen dritten Versuch, nachdem mehrere von ihnen »ihre Handschellen losgekriegt« hatten, aber Norris und seiner Besatzung gelang es schnell, sie wieder in Eisen zu legen. Am nächsten Morgen folgte der vierte Versuch: »Die Sklaven versuchten in der Nacht, die Grätings aufzubrechen, mit der Absicht, die Weißen zu ermorden oder sich selbst zu ertränken.« Er fügte hinzu, dass sie »ihre Absichten gestanden und dass sowohl die Frauen als auch die Männer entschlossen waren, über Bord zu springen, wenn es ihnen nicht gelänge, die Weißen umzubringen, aber im Falle, dass sie von ihren Eisen daran gehindert würden, festen Willens waren, als letztes Unternehmen das Schiff zu verbrennen«. Ihre Entschlossenheit war so groß, dass sie für den Fall des Scheiterns den gemeinsamen Suizid durch Ertrinken oder Selbstverbrennung planten. »Ihre Hartnäckigkeit«, schrieb Norris, »setzte mich der Notwendigkeit aus, den Rädelsführer zu erschießen.« Aber auch damit war der Widerstand noch nicht zu Ende.

Ein Mann, den Norris »Nr. 3« und eine Frau, die er »Nr. 4« nannte, die beide schon lange auf dem Schiff waren, widersetzten sich weiter und starben in Anfällen von Wahnsinn. »Sie hatten häufig versucht, sich zu ertränken, da ihre Absichten bei dem Aufstand vereitelt wurden.«

DER KAUFMANN HUMPHRY MORICE

Wie Kapitän John Dagge in den Jahren 1727/28 vermerkte, starben die Versklavten auf der *Katherine*, dem Schiff von Humphry Morice, aus vielen verschiedenen Gründen. Ein Mann und eine Frau sprangen über Bord und ertranken, eine*r an der afrikanischen Küste und eine*r während der *Middle Passage*. Eine Frau ging an »Schlagfluss und verlor den Gebrauch ihrer Glieder«. Ein Mann starb »Mürrisch und Melancholisch«, ein weiterer »Mürrisch (und als Tor)«. »Mürrisch« bedeutete normalerweise, dass die neunschwänzige Katze bei dieser Person ihre Wirkung verfehlte. Andere starben plötzlich an Fieber, mit »Schwellungen und Schmerzen in den Gliedern«, an Schlafsucht und Blutfluss, an Wassersucht, an Schwindsucht. Eine Person magerte ab (wurde »dürre«) und verschied. Weitere neunzehn starben, hauptsächlich an Ruhr. Einem Jungen gelang es, »Wegzulaufen, als die Doihmes Kamen«. Vielleicht gehörte er selbst zu ihrer Gemeinschaft.[15]

All diese namenlosen Menschen sowie die enorme Anzahl von weiteren 678 Versklavten, die Kapitän Dagge lebend in Antigua ablieferte, waren im Besitz von Humphry Morice, Spross einer führenden Kaufmannsfamilie in London, Parlamentsabgeordneter, Freund und enger Mitarbeiter von Premierminister Robert Walpole, und Gouverneur der Bank von England. Er war auf höchster Ebene in den globalen Handel, den Kapitalmarkt und die Wirtschaft des Britischen Empire involviert. Er besaß einen prächtigen Familiensitz auf dem Land in Cornwall und ein prunkvolles Haus in London. Dienstboten kamen jedem Wunsch ihres Herrn nach. Durch Heirat hatte er strategische Beziehungen zu anderen mächtigen Kaufmannsfamilien geknüpft. Er war durch und durch ein Mitglied der herrschenden Klasse.

Darüber hinaus war Morice einer der Verfechter des Freihandels, die im frühen 18. Jahrhundert den Kampf gegen das Monopol der mit einem königlichen Freibrief ausgestatteten *Royal African Company* anführten. Er war der Arbeitgeber des Sklavenhandelskapitäns William Snelgrave. Es war hauptsächlich sein Einfluss, der das Parlament dazu bewog, die HMS *Swallow* zu entsenden, die im Februar 1722 an der Küste Afrikas den Piraten Bartholomew Roberts besiegte. Morice hatte Handelsbeziehungen zum europäischen Kontinent (vor allem in die Niederlande), nach Russland, den Westindischen Inseln und Nordamerika, aber das Herzstück seines Handelsimperiums lag in Afrika. Er war Londons führender Sklavenhändler im frühen 18. Jahrhundert.

Die *Katherine* war Teil einer kleinen Flotte von Sklavenschiffen in Morices Besitz, die allesamt nach seiner Frau und seinen Töchtern benannt waren. (Man fragt sich, was seine Frau Katherine oder seine Tochter Sarah wohl davon gehalten haben mögen – falls sie es wussten – dass den Versklavten auf den nach ihnen benannten Schiffen der Buchstabe *K* oder *S* ins Gesäß gebrannt wurde.) Zu einer Zeit, als London mehr Guineafahrer als Liverpool und fast so viele wie Bristol hatte, machten Morices Schiffe fast 10 Prozent der Handelskapazität der Stadt im Sklavenhandel aus. Sie machten zweiundsechzig Fahrten, beförderten gut sortierte Fracht im Wert von 6.000 bis 12.000 Pfund nach Afrika und transportierten fast zwanzigtausend Menschen zu den Plantagen der Neuen Welt. Diese Zahl beinhaltet nicht die vielen versklavten Menschen, die von Morices Kapitänen für Gold an portugiesische Schiffe vor der afrikanischen Küste verkauft wurden. Gold, wie Morice zu sagen pflegte, starb nicht auf der *Middle Passage.*

Morice war ein engagierter Kaufmann und Schiffseigner, der sich mit sämtlichen Einzelheiten seines Geschäfts vertraut machte, was sich in sorgfältigen Anweisungen an seine Kapitäne niederschlug. Er erklärte, wie sich die Handelspraktiken von einem afrikanischen Hafen zum anderen unterschieden. Er wusste, dass ein zu langer Aufenthalt an der Küste in dem Versuch, eine volle Ladung zusammenzubekommen, das Sterblichkeitsrisiko erhöhte, und arbeitete daher ein System der Zusammenarbeit unter seinen Schiffen aus, um die Versklavten schnell abtransportieren zu können. Er wies seine Kapitäne an, Versklavte im Alter zwischen zwölf und fünfundzwanzig Jahren zu kaufen, im Verhältnis von zwei Männern auf eine Frau, »Gut & gesund, und nicht blind lahm oder makelbehaftet«. Ohne Frage befolgte er den Rat seiner jamaikanischen Faktoristen bezüglich der »sorgfältig zu vermeidenden Mängel«:

- Zwergen- oder riesenhafter Wuchs, wche gleicher Maßen unangenehm sind
- Hässliche Gesichter
- Lange Kaldaunenartige Brüste wche die Spanier hassen wie den Tod
- Gelbliche Haut

- Schwarzblaue Flecken auf der Haut wche zu einem unheilbaren Übel werden
- Häutchen auf den Augen
- Fehlende Finger, Zehen oder Zähne
- Hervorstehende Nabel
- Leistenbrüche zu wchen die Gambia-Sklaven sehr neigen
- Krumme Beine
- Dünne Schienbeine
- Verrückte
- Schwachsinnige
- Schlafsüchtige[16]

Er erklärte auch, wie die Versklavten ernährt werden sollten und wie ihr Essen zubereitet werden solle. Er verlangte, dass sowohl die Seeleute als auch die Versklavten gut zu behandeln seien. Auf seinen Schiffen gab es Schiffsärzte sowie Limonen (zur Skorbutbekämpfung), beides, bevor dies allgemein üblich war. Er forderte seine Kapitäne auf, darauf zu achten, dass »Eure Neger rasiert und gesäubert sind, damit sie gut aussehen und einen guten Eindruck bei den Pflanzern und Käufern machen«.

Es ist unmöglich, genau zu ermitteln, wie viel von Morices großem Vermögen an Immobilien, Land, Schiffen, Aktien und Geldmitteln aus dem Sklavenhandel stammte. Was wir allerdings wissen, ist, dass er seine Profite – wie hoch sie auch gewesen sein mögen – für unzureichend für die Aufrechterhaltung seines Lebensstils hielt. Er begann, die Bank von England mittels Ausstellung falscher Wechselbriefe für den Umtausch ausländischer Währungen zu betrügen (alles in allem um etwa 29.000 Pfund, fast 7,5 Millionen US-Dollar bezogen auf das Jahr 2007) und Treuhandgelder zu missbrauchen. Als Morice am 16. November 1731 starb, war sein Ruf zwar ruiniert, allerdings befand er sich in einer völlig anderen Situation als die Menschen, die an Bord der *Katherine* oder eines seiner anderen Schiffe starben. Dennoch: Der Tod dieses legendären Sklavenhändlers war auf seine eigene Weise furchtbar. »Er soll Gift genommen haben«, flüsterten sich die Leute zu.

DER KAUFMANN HENRY LAURENS

Im April 1769 schrieb Henry Laurens, einer der reichsten Kaufleute des kolonialen Nordamerikas, einen Brief an Kapitän Hinson Todd, der auf der Suche nach einer Ladung zum Transport von Jamaika nach Charleston, South Carolina, war. Laurens war ein erfahrener Sklavenhändler, Todd hingegen nicht, und dies bereitete Laurens Sorgen. Er warnte daher den Kaufmann aus Jamaika, er solle, wenn »Ihr Neger auf Eurer Sloop verschiffen solltet, große Sorge tragen, Euch gegen Aufstände zu schützen. Gebt Euer Leben nicht für einen Augenblick in ihre Macht. Denn ein Augenblick reicht hin, um es Euch zu nehmen & den Weg für die Vernichtung all Eurer Männer zu bereiten & dennoch könnt Ihr solche Neger mit großer Menschlichkeit behandeln.« Es war eine seltsame, aber aufschlussreiche Bemerkung. Laurens wies den Kapitän an, genau die Leute mit »großer Menschlichkeit« zu behandeln, die ihn und seine gesamte Besatzung auslöschen würden, wenn sie die geringste Gelegenheit dazu bekämen. Dies war die Art von Widerspruch, mit der Laurens konfrontiert war, und nicht nur er allein. Er wusste um die brutalen Realitäten des Sklavenhandels und den Widerstand, den sie hervorriefen, versuchte aber trotzdem, den Verhältnissen ein menschliches Gepräge zu geben. Vielleicht befürchtete er aber auch, den Kapitän so erschreckt zu haben, dass dieser möglicherweise überreagieren und sein gefährliches, aber wertvolles Eigentum beschädigen würde.[17]

Zu dieser Zeit hatte Laurens sich bereits ein Vermögen im blühenden Transatlantikhandel, insbesondere im Sklavenhandel, verdient. 1749, im jungen Alter von 25 Jahren, hatte er die Handelspartnerschaft Austin & Laurens gegründet, die zehn Jahre später um einen dritten Partner, George Appleby, erweitert wurde. Mehr als die Hälfte aller Versklavten, die in die amerikanischen Kolonien bzw. die USA »importiert« wurden, kamen über Charleston, das als Umschlagplatz für den gesamten Südosten Nordamerikas diente. Laurens' Firma spielte hierbei eine führende Rolle, und er selbst eignete sich umfangreiche Kenntnisse über die diversen afrikanischen ethnischen Gruppen an, deren Mitglieder auf die Sklavenschiffe verschleppt wurden. In Bezug auf ihre Tauglichkeit als Plantagenarbeiter*innen hatte er eine ausgeprägte Vorliebe für Menschen aus Gambia und von der Goldküste und eine entschiedene Abneigung gegen Igbo und Angolaner*innen.[18]

Wie Humphry Morice eine Generation vor ihm, organisierte Laurens die Einfuhr von etwa sechzig Ladungen von Versklavten. Aber anders als Morice, der bei seinen Fahrten normalerweise der alleinige Eigentümer und Investor war, streute Laurens das Risiko, indem er Partnerschaften zur Bündelung von Geldmitteln einging. Er schrieb: »Der Afrika-Handel ist solchen Zufälligkeiten mehr unterworfen als jeder andere uns bekannte, daher ist es für solche, welche Abenteurer in diesem Gewerbe werden, sehr wichtig, sich gegen jegliches Ungemach zu wappnen, welches dem Handel eigen ist.« Der Handel war riskant, wie er Kapitän Todd warnte, aber auch lukrativ – »einträglich« oder, wie er es bei einer Gelegenheit ausdrückte, »der gewinnreichste«. Um 1760 war Laurens zu einem der reichsten Kaufleute nicht nur South Carolinas, sondern aller amerikanischen Kolonien geworden.

Etwa um 1763 traf Laurens die bewusste Entscheidung, sich weitgehend aus dem Sklavenhandel zurückzuziehen, wobei er allerdings weiterhin darin involviert blieb, indem er zahlreiche Ladungen von Versklavten in Kommission nahm, wie aus seinem Brief an Kapitän Todd hervorgeht. Er hatte sowohl einen Partner als auch einen reichen Geldgeber verloren, was es ihm erschwert haben mag, Risiken abzusichern. Vielleicht wollte er als reicher Kaufmann auch einfach kein »Abenteurer« mehr sein. Jedenfalls wandte er seine Aufmerksamkeit – und seine Gewinne aus dem Sklavenhandel – einer Karriere als Pflanzer, Bodenspekulant und Politiker zu. Er häufte enormen Grundbesitz an und kaufte im Laufe der Zeit sechs Plantagen. Zwei davon, Broughton Island und New Hope, lagen in Georgia, die übrigen vier in South Carolina: Wambaw, Wrights Savannah, Mount Tacitus und Mepkin. Letztere, sein Hauptwohnsitz, umfasste fast 1.272 Hektar, auf denen mehrere hundert Versklavte Reis und andere Waren für den Export anbauten, die dann dreißig Meilen den Cooper River hinunter nach Charleston verschifft und von dort aus in die atlantische Wirtschaft gepumpt wurden.

Laurens setzte seine wirtschaftliche Macht in politische Macht um. Er wurde siebzehn Mal in öffentliche Ämter gewählt. Er war Mitglied sowohl

Henry Laurens war Mitte des achtzehnten Jahrhunderts der führende Sklavenhändler in Britisch-Nordamerika. Er nutzte das im Sklavenhandel angehäufte Kapital, um in die höchsten Ebenen der frühen amerikanischen Gesellschaft und Politik aufzusteigen. Er wurde Präsident des Kontinentalkongresses im Jahr 1777.

des Kolonialparlaments (der *assembly*) von South Carolina als auch des Kontinentalkongresses, dessen Präsident er nach kurzer Zeit wurde. Er war an der Aushandlung des Friedens von Paris beteiligt, durch den die amerikanischen Kolonien ihre Unabhängigkeit gewannen, und wurde beim Verfassungskonvent von 1787 zum Vertreter South Carolinas ernannt (was er allerdings ablehnte). Dieser Mann, der Kapitän Todd den Rat gegeben hatte, sein Leben niemals der Macht versklavter Afrikaner*innen auszuliefern, verdankte seinen Reichtum, sein Ansehen und seinen eleganten Lebensstil seiner Entscheidung, Hunderte, ja Tausende von Leben seiner eigenen Macht als Pflanzer und Sklavenhändler zu unterwerfen.

»GIERIGE RÄUBER«

Sobald die Sklavenschiffe die Küste von Guinea erreichten, begannen ihnen die Haie zu folgen. Von Senegambia entlang der Windward-, Gold- und Sklavenküste bis hinunter zum Kongo und nach Angola konnten die Seeleute sie sehen, wenn ihre Schiffe vor Anker lagen oder langsam fuhren, am deutlichsten bei völliger Flaute.[19] Angelockt wurden sie (wie andere Fische auch) von den menschlichen Exkrementen, Innereien und Abfällen, die ständig über Bord geworfen wurden. Wie ein »gieriger Räuber« begleitete der Hai »die Schiffe, in Erwartung dessen, was über Bord fallen mag. Ein Mann, der zu einem solchen Zeitpunkt unglücklicherweise ins Meer fällt, kommt mit Gewissheit um, ohne Gnade.« Der junge Samuel Robinson erinnerte sich an die kalten Schauer, die ihn angesichts des gefräßigen Raubtiers überlaufen hatten: »Der bloße Anblick, wie er sich langsam um das Schiff bewegt, mit seiner schwarzen Flosse zwei Fuß über dem Wasser, seiner breiten Schnauze und den kleinen Augen und dem ganz und gar schurkischen Aussehen des Burschen, macht einen schauern, selbst aus sicherer Entfernung.« Wenn Waren bei hoher Brandung in Booten und Kanus zwischen den vor der Küste ankernden Sklavenschiffen und den Handelsposten oder Dörfern an Land transportiert wurden, stellten Haie eine besondere Gefahr dar. Sie umschwärmten die kleineren Boote und stürzten bei Gelegenheit aus dem Wasser hervor, um ein Ruder zu zerbeißen – in der ständigen Hoffnung, dass, wie ein nervöser Händler es ausdrückte, »der Boden unseres Kanus sich in die Höhe kehren möge«. Haie waren als »Schrecken der Seeleute« bekannt.[20]

Ihr Schrecken wurde noch größer, wenn Besatzungsmitglieder starben. Manchmal versuchten Kapitäne, die verstorbenen Seeleute an Land begraben zu lassen, wie beispielsweise in Bonny, wo Leichname in flachen Gräbern auf einer sandigen Landspitze etwa 400 Meter von der eigentlichen Handelsstadt entfernt beerdigt wurden. Aber wenn das Wasser im Tidefluss stieg, spülte die Strömung mitunter den Sand von den Leichen, und der so freigesetzte üble Gestank lockte hungrige Haie an. An den meisten Küstenabschnitten hatten Sklavenschiffe kein Bestattungsrecht, was zu Szenen wie der von Silas Todd beschriebenen führte, der gegen 1735 mit ansah, was mit dem Leichnam eines seiner ehemaligen Kameraden im Wasser des Hafens von São Tomé geschah: »Der erste [Hai] erfasste eines seiner unteren Glieder, und riss es mit dem ersten Ruck ab; ein zweiter schnappte das andere und zog auch dieses fort, als ein dritter wütend den Rest des Leichnams angriff und das Ganze gierig verschlang.« Besatzungen versuchten, die Haie zu überlisten, indem sie einen toten Matrosen zusammen mit einer Kanonenkugel in seine Hängematte oder ein altes Stück Segeltuch einnähten in der Hoffnung, der Leichnam möge ungefressen auf den Grund sinken. Diese Strategie schlug oft fehl, wie ein Schiffsarzt berichtete: »Ich habe häufig gesehen, wie [Haie] einen Leichnam ergriffen, sobald er dem Meer übergeben wurde; und diesen und die Hängematte, in welche er gehüllt war, zerrissen und verschlangen, ohne ihn ein einziges Mal untergehen zu lassen, obgleich ein großes Gewicht von Ballast darin war.«[21]

Die Haie mochten der Schrecken der Seeleute sein, aber für die Versklavten waren sie nichts weniger als das größte Grauen. Es wurden keine Anstrengungen unternommen, die Leichen afrikanischer Gefangener, die auf den Sklavenschiffen starben, zu schützen oder zu bestatten. Ein zeitgenössischer Berichterstatter nach dem anderen bekräftigte Alexander Falconbridges Schilderung von Bonny, wo die Haie »in fast unglaublicher Zahl um die Sklavenschiffe [herumschwärmen] und mit großer Eile die Leichname der Neger verschlingen, sobald sie über Bord geworfen werden«.[22] Der niederländische Kaufmann Willem Bosman beschrieb einen Vorfall, bei dem vier oder fünf Haie im Fressrausch einen Leichnam so vollständig verschlangen, dass nichts von ihm übrigblieb. Die zu spät Gekommenen gingen mit derart wütenden Hieben auf die anderen los, dass sie »das Meer rundum zittern machten«. Die Vernichtung von Leichen durch Haie war ein öffentliches Spektakel und Teil der Erniedrigungen, denen die Versklavten ausgesetzt waren.[23]

Die Haie folgten den Sklavenschiffen quer über den Atlantik bis in amerikanische Häfen, wie aus einer Meldung hervorgeht, die 1785 in mehreren Zeitungen in Kingston, Jamaika erschien: »Die vielen Guineafahrer, welche jüngst hier angelangt sind, haben eine solche Anzahl übermäßig großer

Haie eingeführt (Die beständigen Begleiter der Schiffe von den Küsten), dass das Baden im Fluss höchst gefährlich geworden ist, sogar oberhalb der Stadt. Ein sehr großes Exemplar wurde am Sonntag längsseits der *Hibberts*, Kapt. Boyd, gefangen.« Die Abolitionist*innen sollten später viel dafür tun, die grauenhafte Rolle der Haie im Sklavenhandel an die Öffentlichkeit zu tragen, aber dieser Beleg stammt aus einer Sklavenhaltergesellschaft aus der Zeit vor dem Aufstieg der Abolitionsbewegung. Ein weiteres Zeugnis stammt von Kapitän Hugh Crow, der zehn Sklavenfahrten unternahm und auf Grundlage eigener Beobachtung schrieb, es käme vor, dass Haie »Schiffen über den Ozean folgen, da sie die Leichname der Toten verschlingen mögen, wenn sie über Bord geworfen werden«.[24]

Während der gesamten Reise setzten Sklavenschiffskapitäne Haie bewusst zur Erzeugung von Terror ein. Sie verließen sich darauf, dass die Haie während der langen Aufenthalte an der afrikanischen Küste, die erforderlich waren, um eine menschliche ›Fracht‹ zusammenzubekommen, die Seeleute am Desertieren und die Versklavten an der Flucht hindern würden. Auch Marineoffiziere machten sich die Angst vor Haien zunutze. In den späten 1780er Jahren tötete ein afrikanischer Seemann aus Cape Coast, der von einem Liverpooler Guineafahrer nach Jamaika gebracht worden war und es irgendwie geschafft hatte, der Sklaverei zu entkommen und eine Koje auf einem Kriegsschiff zu ergattern, einen Hai, der es für die Matrosen gefährlich gemacht hatte, um das Schiff herumzuschwimmen oder zu baden. Für seine Kameraden mochte er ein Held sein, aber der befehlshabende Offizier war anderer Ansicht. Wie es sich traf, hatte dieser Hai »eine Anzahl von Desertionen verhindert«, und der afrikanische Seemann erhielt »eine gnadenlose Geißelung« dafür, dass er ihn getötet hatte. Es hieß, dass Marineoffiziere sogar Haie fütterten, um sie in der Nähe ihrer Schiffe zu halten.[25]

Dass Sklavenschiffskapitäne bewusst Terror einsetzten, um soziale Disziplin herzustellen, war so allgemein bekannt, dass Oliver Goldsmith sich, als er 1774 eine Naturgeschichte der Haie schrieb, stark auf Geschichten aus dem Sklavenhandel stützte. Hier schnitt sich die Geschichte des Terrorismus mit der Geschichte der Zoologie. Goldsmith nannte zwei Vorfälle:

> Der Kapitän eines Guinea-Schiffes fand unter seinen Sklaven ein heftiges Verlangen nach dem Selbstmord, von einer Idee herrührend, welche die unglücklichen Geschöpfe hatten, dass sie nach ihrem Tode zu ihren Familien und Freunden und ihrem Land zurückgebracht werden würden; und um sie zum Wenigsten davon zu überzeugen, dass ihnen hienieden eine

> Entehrung zuteil werden würde, befahl er sofort, einen ihrer Leichname an den Fersen an ein Seil zu binden und so ins Meer niederzulassen; und obgleich er mit großer Schnelligkeit wieder hochgezogen wurde, so hatten die Haie doch in dieser kurzen Weile alles außer den Füßen abgebissen.

Ein zweiter Fall war noch entsetzlicher. Ein anderer Kapitän, der sich ebenfalls mit einem »heftigen Verlangen nach dem Selbstmord« konfrontiert sah, griff eine Frau »als taugliches Exempel für den Rest« heraus und befahl, die Frau mit einem Seil unter den Achseln zu fesseln und ins Wasser zu lassen: »Als das arme Geschöpf nun so ins Wasser getaucht ward, und etwa zur Hälfte darinnen, so hörte man sie einen schrecklichen Schrei ausstoßen, welcher anfangs ihrer Furcht vor dem Ertrinken beigemessen wurde; aber bald darauf, als das Wasser um sie her sich rot zeigte, wurde sie hochgezogen, und es fand sich, dass ein Hai, welcher dem Schiff gefolgt war, sie in der Mitte abgebissen hatte.« Andere Sklavenschiffskapitäne betrieben eine Art Terrorsport; sie benutzten menschliche Überreste an Schleppangeln dazu, Haie zu fangen: »Unser Mittel, sie anzulocken, bestand darin, einen toten Neger hinter uns her zu Schleppen, welchem sie folgten, bis sie ihn aufgefressen hatten.«[26]

Anmerkungen

1 Atkins, John: *A Voyage to Guinea, Brasil, and the West Indies; In His Majesty's Ships, the Swallow and Weymouth*. London 1735; Neudr. Frank Cass & Co. Ltd., London 1970, S. 41–42, 72–73.

2 *TSTD* #16303.

3 Aussage von Henry Ellison, 1790, *HCSP* 73:376. Siehe *TSTD* #17707.

4 Aussage von Thomas Trotter, 1790, *HCSP* 73:83, 88, 92; Aussage von Clement Noble, 1790, ebd., S. 111, 114–15. Trotter schreibt in seiner Studie *Observations on the Scurvy, with a Review of the Theories lately advanced on that Disease; and the Theories of Dr. Milman refuted from Practice* (London 1785; Philadelphia 1793), S. 23, die beiden Hauptgruppen auf dem Schiff seien Fante und ›Dunco‹ (d.h. Chamba). Die Fante waren ein Küstenvolk und sprachen eher Englisch als die Chamba.

5 *Three Years Adventures*, S. 80–81, 108–9, 111–12.

6 *TSTD* #81890.

7 Robinson, Samuel: *A Sailor Boy's Experience Aboard a Slave Ship in the Beginning of the Present Century*. Erstveröffentlichung William Naismith, Hamilton, Schottland 1867; Neudr. G.C. Book Publishers Ltd., Wigtown, Schottland 1996; *TSTD* #88216 (*Lady Neilson* oder *Nelson*), #80928 (*Crescent*).

8 Captain Charles Johnson: *A General History of the Pyrates*. London 1724, 1728; Neudr. Schonhorn, Manuel (Hg.), University of South Carolina Press, Columbia 1972, S. 194–287; *TSTD* #76602; Norris, Robert: *Memoirs of the Reign of Bossa Ahádee, King of Dahomy, an Inland Country of Guiney, to which are added the Author's Journey to Abomey, the Capital, and a Short Account of the African Slave Trade*. Erstveröffentlichung London 1789; Neudr. Frank Cass & Co. Ltd., London 1968, S. 67–68. Für Hintergrundinformationen über Roberts' Piratengeneration siehe Rediker, Marcus: *Villains of All Nations: Atlantic Pirates in the Golden Age*. Beacon Press, Boston 2004.

9 Owen, Nicholas: *Journal of a Slave-Dealer: A View of Some Remarkable Axedents in the Life of Nics. Owen on the Coast of Africa and America from the Year 1746 to the Year 1757*. Martin, Eveline (Hg.), Houghton Mifflin, Boston 1930. Owen machte eine seiner Reisen auf der *Prince Shurborough* unter Kapitän William Brown, *TSTD* #36152.

10 Captain William Snelgrave: *A New Account of Some Parts of Guinea and the Slave Trade*. London 1734; Neudr. Frank Cass & Co. Ltd., London 1971, Einleitung; *TSTD* #25657.

11 Befragung Henry Ellisons, in: *Substance*, S. 224–25; *TSTD* #17686.

12 Aussage von James Fraser, 1790, *HCSP* 71:5–58; Aussage von Alexander Falconbridge, 1790, *HCSP* 72:293–344. Das Zitat von Burges stammt aus Clarkson: *History*, Bd. I, S. 318.

13 Auf seinen frühen Reisen blieben Fraser nur wenige Besatzungsmitglieder von einer Reise zur nächsten erhalten, aber in den späten 1780er Jahren heuerten bis zu zwei Drittel seiner Männer nach einer früheren Reise wieder an – eine außergewöhnliche Anzahl. Siehe »A Muster Roll for the Ship Alexander, James Fraser Master from Bris-

tol to Africa and America«, S. 1777–78; »A Muster Roll for the Ship Valiant, James Fraser Master from Africa and Jamaica«, 1777–78; »A Muster Roll for the Ship Tartar, James Fraser Master from Bristol to Africa and America«, 1780–81; »A Muster Roll for the Ship Emilia, James Fraser Master from Dominica«, 1783–84; »A Muster Roll for the Ship Emilia, James Fraser Master from Jamaica«, 1784–85; »A Muster Roll for the Ship Emilia, James Fraser Master from Jamaica«, 1785–86; »A Muster Roll for the Ship Emilia, James Fraser Master from Africa«, 1786–87; »A Muster Roll for the Ship Emilia, James Fraser Master from Africa«, 1787–88; Muster Rolls 1754–94, Bd. 8 und 9, Society of Merchant Venturers Archives, Bristol Record Office; *TSTD* #17888, #17895, #17902, #17920, #17933, #17952, #17967, #17990.

14 Anon.: *A Short Account of the African Slave Trade, Collected from Local Knowledge*. Liverpool 1788; Norris: *Memoirs of the Reign of Bossa Ahádee*, S. v; Aussage von Robert Norris, 1788, *HCSP* 68:3–19; Aussage von Robert Norris, 1790, *HCSP* 69:118–20, 202–3; »The Log of the *Unity*, 1769–1771«. Earle Family Papers, D/ EARLE/1/4, MMM; TSTD #91567.

15 »List of the Slaves that Dyed on Board the Katharine Galley, John Dagge Commander«, 1728, »Trading Accounts and Personal Papers of Humphry Morice«, Bd. 5; Humphry Morice an William Clinch, 13. September 1722, M7/7; Humphry Morice an Kapitän William Boyle, 11. Mai 1724, M7/10. Humphry Morice Papers, Bank of England Archives, London; *TSTD* #76558. Für die Informationen in diesem Abschnitt bin ich James A. Rawley zu Dank verpflichtet für seinen Aufsatz »Humphry Morice: Foremost London Slave Merchant of his Time« in seinem Buch *London: Metropolis of the Slave Trade*. University of Missouri Press, Columbia und London 2003, S. 40–56. Siehe auch Lee, Sidney (Hg.): »Humphry Morice«, Dictionary of National Biography, Oxford University Press, London 1921–22, 13: 941.

16 Basnett, Miller und Mill an Humphry Morice, Kingston, 9. November 1722, fol. 29–30, Correspondence of Humphry Morice, Miscellaneous Letters and Papers, Add. Ms. 48590B, BL.

17 Henry Laurens an Hinson Todd, 14. April 1769, in: Rogers, George C. / Chesnutt, David / Clark, Peggy J. (Hg.): *The Papers of Henry Laurens*. University of South Carolina Press, Columbia 1978, Bd. 6, S. 438 (erstes Zitat); siehe auch Bd. 1, S. 259 (zweites Zitat). Dieser Abschnitt stützt sich auf Material aus Rawley, James A.: »Henry Laurens and the Atlantic Slave Trade« in seinem Buch *London: Metropolis of the Slave Trade*, S. 82–97, und Taylor, C. James (Hg.): »Laurens, Henry«, *American National Biography Online*, Februar 2000, http://www.anb.org/articles/01/01-00495.html. Siehe auch Littlefield, Daniel C.: *Rice and Slaves: Ethnicity and the Slave Trade in Colonial South Carolina*. University of Illinois Press, Champaign-Urbana, Ill. 1981; McMillan, James A.: *The Final Victims: Foreign Slave Trade to North America, 1783–1810*. University of South Carolina Press, Columbia 2004.

18 Zwischen 1701 und 1810 wurden 264.536 Versklavte auf 1.382 Sklavenfahrten in die amerikanischen Kolonien/Vereinigten Staaten gebracht. 761 dieser Fahrten mit 151.647 Gefangenen an Bord gingen nach Häfen in den Carolinas, zum allergrößten Teil nach Charleston. Diese Zahlen machen 55 Prozent aller Fahrten und 57 Prozent der dort an Land gebrachten Versklavten aus. (Berechnungen auf Grundlage der *TSTD*.)

19 Zu Haien im Gambia-Fluss siehe Park, Mungo: *Travels into the Interior of Africa, Performed Under the Direction and Patronage of the African Association, in the Years 1795, 1796, and 1797.* Erstveröffentlichung 1799; Neudr. Marsters, Kate Ferguson (Hg.), Duke University Press, Durham, N.C., und London 2000, S. 28; zu Haien im Sierra Leone River siehe Matthews, John: *A Voyage to the River Sierra Leone, on the Coast of Africa, containing an Account of the Trade and Productions of the Country, and of the Civil and Religious Customs and Manners of the People; in a Series of Letters to a Friend in England.* B. White and Son, London 1788, S. 50; zu Haien im Bonny-Fluss siehe Falconbridge, Alexander: *An Account of the Slave Trade on the Coast of Africa.* London 1788, S. 51–52, 67; zu Haien im Kongo siehe »A Battle Between a Tiger and an Alligator; Or, wonderful instance of Providential Preservation, described in a letter from the Captain of the Davenport Guineaman.« *Connecticut Herald*, 28. Juni 1808. Für einen Überblick über afrikanische Haie siehe Fowler, Henry W.: »The Marine Fishes of West Africa, Based on the Collection of the American Museum Congo Expedition, 1909–1915«, in: *Bulletin of the American Museum of Natural History*, American Museum of Natural History, New York 1936, Bd. 70, Nr. 1, S.23–92. S. a. Cadenat, J. / Blache, J.: *Requins de Mediterranée et d'Atlantique (plus Particulièrement de la Côte Occidentale d'Afrique).* Éditions de l'Office de la Recherche Scientifique et Technique Outre-Mer, Paris 1981. Zum Ursprung des englischen Wortes ›shark‹ auf den Sklavenfahrten Kapitän John Hawkins' in den 1560er Jahren siehe *Oxford English Dictionary*, Stichwort ›Shark‹, Zitat aus *Ballads & Broadsides*, 1867, S. 147, BL. S. a. Castro, José I.: »On the Origins of the Spanish Word Tiburón and the English Word ›Shark‹«, in: *Environmental Biology of Fishes* 65 (2002), S. 249–53.

20 »Natural History of the Shark, from Dr. Goldsmith and other eminent Writers«, in: Universal Magazine 43, 1778, S. 231; Robinson, *A Sailor Boy's Experience*, S. 29–32; *Memoirs of Crow*, S. 264; Smith, William: *A New Voyage to Guinea: Describing the Customs, Manners, Soil, Climate, Habits, Buildings, Education, Manual Arts, Agriculture, Trade, Employments, Languages, Ranks of Distinction, Habitations, Diversions, Marriages, and whatever else is memorable among the Inhabitants.* London 1744; Neudr. Frank Cass & Co. Ltd., London 1967, S. 239. S. a. Aussage von James Fraser, *HCSP* 71:24.

21 *An Account of the Life*, S. 40; Atkins, *A Voyage to Guinea*, S. 46. Told erwähnt nicht, ob der Mann ein Versklavter oder ein Seemann war. Letzteres ist anzunehmen, weil er die Geschichte im Zusammenhang mit von der Besatzung verrichteten gefährlichen Arbeiten erzählt. S. a. Falconbridge: *Account of the Slave Trade*, S. 67, der schreibt, dass die Afrikaner*innen ihre Toten in einiger »Entfernung vom Meer« begraben würden, »so dass die Haie sie nicht riechen können«.

22 Falconbridge, *Account of the Slave Trade*, S. 67; Smith, *New Voyage*, S. 239. S. a. »Voyage to Guinea, Antego, Bay of Campeachy, Cuba, Barbadoes, &c.«, 1714–23, Add. Ms. 39946, BL; [Wells, John]: »Journal of a Voyage to the Coast of Guinea, 1802«, Add. Ms. 3871, Cambridge University Library; Schiffslogbuch, Schiff unbekannt, 1777–78, *Royal African Company*, T70/1218, NA.

23 Willem Bosman: *A New and Accurate Description of the Coast of Guinea.* London 1705, S. 282. Die Westafrikaner*innen kannten sich hervorragend mit den örtlichen Haien aus und hatten ihre eigene Beziehung zu ihnen. Es hieß, dass der Hai den Menschen von New Calabar als heilig galt, nicht aber den benachbarten Bonny oder den Fante,

die ihn *samya* nannten und – wie anscheinend viele andere Küstenvölker auch – mit Begeisterung aßen. Von Befürwortern des Sklavenhandels wurde oft betont, dass die Afrikaner selbst Haie als Mittel gesellschaftlicher Disziplinierung einsetzten: In einigen Gegenden wurden wegen eines Verbrechens verurteilte Menschen in von Haien wimmelndes Wasser geworfen, und diejenigen, die die ›Haiprobe‹ überlebten, was vorkam, wurden für unschuldig befunden. Siehe Captain John Adams: *Sketches taken during Ten Voyages to Africa, Between the Years 1786 and 1800; including Observations on the Country between Cape Palmas and the River Congo; and Cursory Remarks on the Physical and Moral Character of the Inhabitants.* London 1823, Neuaufl. Johnson Reprint Corporation, New York 1970, S. 67; Winterbottom, Thomas: *An Account of the Native Africans in the Neighbourhood of Sierra Leone, to which is added An Account of the Present State of Medicine among them.* London 1803; Neudr. Frank Cass & Co. Ltd., London 1969, S. 256; »From a speech given by Mr. Shirley to legislature of Jamaica«, *City Gazette and Daily Advertiser*, 19. Dezember 1788; Aussage von James Fraser, 1790, *HCSP* 71:18; *Memoirs of Crow* S. 36, 44, 84.

24 *Norwich Packet or, the Country Journal*, 14. April 1785; *Memoirs of Crow*, S. 266. Es gibt heute weltweit etwa 350 Haiarten, von denen etwa ein Viertel in westafrikanischen Gewässern zu finden ist. Die beiden am häufigsten um die Sklavenschiffe herum anzutreffenden Arten waren vermutlich der Bullenhai und der Tigerhai. Beide sind von Senegal bis Angola verbreitet und halten sich häufig in Brack- und Süßwasserbuchten und in Lagunen, Flussmündungen und Flüssen auf. Sie finden sich sowohl in klarem als auch in trübem und flachem, nur einen Meter tiefem Wasser und dringen bis in die Häfen vor, wo sie sich rund um Anleger und Kais in der Nähe der Menschen aufhalten. Beide Arten sind nicht wählerisch, was ihre Nahrung angeht. John Atkins schrieb 1735 über die Haie, die er im Sierra Leone River sah: »Kurz, sie verschmähen nichts in ihrer Gefräßigkeit; Segeltuch, Kabelgarn, Knochen, Decken, *&c.*« Atkins, *A Voyage to Guinea*, S. 46. Bullen- und Tigerhaie hätten, wenn sie erst einmal gelernt hatten (in einigen Fällen im Zuge mehrere Monate), das Schiff als Nahrungsquelle zu betrachten, den Atlantik überqueren können. Aber das Sklavenschiff als ein großes schwimmendes Objekt, eine Art treibendes Riff in tiefen Meeresgewässern, lockte auch Tiefseehaie an – Blauhaie, Seidenhaie, Kurzflossen-Makos und Hochsee-Weißflossenhaie – die schlanker und schneller waren und ebenfalls Menschen fraßen. Man kann davon ausgehen, dass die Anzahl der Haie in den amerikanischen Küstengewässern zunahm, weil dort auch die Bullen- und Tigerhaie des westlichen Atlantiks dem blutigen Kielwasser zu folgen begannen. Das heißt, dass die Haie den Schiffen sowohl kontinuierlich folgten als auch einander ablösten. Siehe Compagna, Leonard J. V. (Zsstg.): *Sharks of the World: An Annotated and Illustrated Catalogue of Sharks Known to Date.* United Nations Development Programme, Rom 1984, 2. Teil, S. 478–81, 503–6.

25 *Connecticut Gazette*, 30. Januar 1789; *Memoirs of Crow*, S. 266. Für eine Schilderung eines Haiangriffs vor den Westindischen Inseln im Jahr 1704 von einem Seemann, der zum Zeitpunkt des Angriffs gerade dabei war, von seinem Schiff zu desertieren, siehe *A narrative of the wonderful deliverance of Samuel Jennings, Esq.* O.O. 1765.

26 »Natural History of the Shark«, S. 222–23, 231–33; Thomas Pennant: *British Zoology.* Eliza Adams, Chester 1768–70, Bd. III, S. 82–83.

2. KAPITEL

DIE ENTWICKLUNG DES SKLAVENSCHIFFES

Thomas Gordon leitete sein Buch *Principles of Naval Architecture* (1784) mit einer Pauschalaussage ein: »Da ein Schiff unzweifelhaft die edelste, und eine der nützlichsten Maschinen ist, welche jemals erfunden wurde, wird jeder Versuch, es zu verbessern, zu einer Angelegenheit von Belang, und verdient Beachtung seitens der Menschheit.« Damit fasste er, wie es sich für einen Schiffbauer gehörte, die Kombination aus Erhabenheit und Nutzwert zusammen, die die Großsegler auszeichnete, und wies gleichzeitig auf die Bedeutung ihrer technischen Raffinesse und Spezialisierung hin. Er merkte an, dass Fortschritte im Schiffbau nicht auf diese oder jene Nation beschränkt werden könnten, sondern von Rechts wegen Besitz der gesamten Menschheit seien, die nun mit Hilfe des Schiffes rund um den Erdball miteinander verbunden sei. Am wichtigsten war vielleicht, dass er das Schiff als eine Maschine betrachtete, und zwar als eine der nützlichsten, die je erfunden wurden. Er wusste natürlich, dass das europäische Hochseesegelschiff – der Schiffstyp, zu dem auch das Sklavenschiff gehörte – in der Zeit zwischen der Ära Christoph Kolumbus' und seinem eigenen Zeitalter dazu beigetragen hatte, die Welt zu verändern. Es war das historische Vehikel für die Entstehung des Kapitalismus, eines beispiellosen neuen Gesellschafts- und Wirtschaftssystems, das ab dem späten 16. Jahrhundert große Teile der Welt neugestaltete. Darüber hinaus war es die physische Umgebung, die Bühne, auf der sich das gewaltige menschliche Drama des Sklavenhandels abspielte.[1]

Der Ursprung und die Entstehungsgeschichte des Sklavenschiffes als Maschine, die die Welt veränderte, reicht bis ins späte 15. Jahrhundert zurück, als die Portugiesen ihre historischen Reisen an die Westküste Afrikas unternahmen, wo sie Gold, Elfenbein und Menschen kauften. Diese frühen ›Erkundungen‹ markierten den Beginn des atlantischen Sklavenhandels. Möglich gemacht wurden sie durch eine neue Form des Segelschiffs, die voll getakelte dreimastige Karacke, den Vorläufer der Schiffe, die später Europäer*innen in alle Winkel der Welt befördern, dann Millionen von europäischen und afrikanischen Menschen in die Neue Welt transportieren und schließlich die Bewunderung von Thomas Gordon erregen sollten.[2]

Wie Carlo Cipolla in seinem klassischen Werk *Guns, Sails, and Empires* ausführte, waren es zwei separate, aber bald mit machtvollem Ergebnis miteinander kombinierte technologische Entwicklungen, die es den herrschenden Klassen der westeuropäischen Staaten zwischen 1400 und 1700 möglich machten, die Welt zu erobern. Die erste dieser Entwicklungen war die von englischen Handwerkern hergestellte gusseiserne Kanone, die sich schnell unter den Armeen ganz Europas verbreitete. Die zweite war das hochseetaugliche, segelbestückte nordeuropäische ›Rundschiff‹, das allmählich das geruderte ›Langschiff‹, die Galeere, des Mittelmeerraums verdrängte. Europäische Herrscher mit maritimen Ambitionen wiesen ihre Schiffbauer an, Luken für große, schwere Kanonen in die Rümpfe dieser robusten, seetüchtigen Schiffe zu sägen. Segel und Geschütze wurden hinzugefügt, an die Stelle von Ruderern und Kriegern traten kleinere, effizientere Mannschaften, und entsprechend änderte sich die Seekriegsführung. Menschliche Energie wurde durch Segelkraft ersetzt und so eine Maschine geschaffen, die beispiellose Mobilität, Geschwindigkeit und Zerstörungskraft besaß. Wenn das mit Vorderladerkanonen bestückte Vollschiff an den Küsten Afrikas, Asiens und Amerikas auftauchte, war es allen Berichten zufolge ein Wunderwerk, wenn nicht ein Quell des Schreckens. Allein der Lärm der Kanonen war furchterregend. Er reichte sogar aus, Nichteuropäer*innen dazu zu bringen, Jesus Christus anzubeten, wie ein *empire builder* erklärte.[3]

Europäische Herrscher*innen sollten diese revolutionäre Technologie, diese neue Meeresmaschine, dazu nutzen, die Ozeane zu befahren, zu erkunden und zu beherrschen, um Handel zu treiben, Kriege zu führen, neue Territorien zu erobern, zu plündern und Imperien aufzubauen. Dabei bekämpften sie sich untereinander nicht weniger unerbittlich, als sie Bevölkerungen außerhalb Europas bekämpften. Zum großen Teil dank der Karacke, der Galeone und schließlich des voll getakelten, kanonenbestückten Dreimasters errichteten sie eine neue kapitalistische Ordnung. Binnen kurzem machten sie sich zu Herren des Planeten – ein Umstand, der dem afrikanischen König Holiday von Bonny nicht entging, wie seine Äußerung gegenüber dem Sklavenschiffskapitän Hugh Crow belegt: »Gott macht dein weises Buch und macht großes Schiff.«[4]

Somit wurde das Schiff zu einem zentralen Bestandteil einer Reihe tiefgreifender, miteinander verknüpfter wirtschaftlicher Veränderungen, die für den Aufstieg des Kapitalismus unverzichtbar waren: die Eroberung neuer Territorien, die Verschleppung von Millionen von Menschen, die dann in wachsenden, marktorientierten Wirtschaftssektoren eingesetzt wurden, der Abbau von Gold und Silber, der Anbau von Tabak und Zuckerrohr, der damit einhergehende Aufstieg des Fernhandels, und schließlich eine methodische Anhäufung von Reichtum und Kapital, die über alles hinausging, was die Welt bis dahin gesehen hatte. Langsam, sprunghaft und ungleichmäßig, aber mit unbezweifelbarer Macht entstanden ein Weltmarkt und ein internationales kapitalistisches System. Jede Phase dieses Prozesses, von der Erkundung über die Besiedelung und Produktion bis hin zum Handel und dem Aufbau einer neuen Wirtschaftsordnung, erforderte riesige Flotten mit der Kapazität, sowohl die verschleppten Arbeitskräfte als auch die neuen Wirtschaftsgüter zu transportieren. Der Guineafahrer war ein Kernstück dieses Systems.

Eng verknüpft mit der spezifischen Bedeutung des Sklavenschiffes war die andere grundlegende Institution der modernen Sklaverei: die Plantage, eine wirtschaftliche Organisationsform, die ursprünglich bereits im Mittelalter im mediterranen Raum auftauchte, sich von dort aus auf die Inseln des östlichen Atlantiks (die Azoren, Madeira, die Kanarischen Inseln und die Kapverdischen Inseln) ausbreitete und im 17. Jahrhundert in völlig neuartiger Form in der Neuen Welt in Erscheinung trat, vor allem in Brasilien, der Karibik und Nordamerika.[5] Die Ausbreitung der Zuckerproduktion in den 1650er Jahren entfesselte eine ungeheure Nachfrage nach Arbeitskräften. Im Laufe der nächsten zwei Jahrhunderte spie ein Schiff nach dem anderen seine menschliche Fracht aus, die zunächst vielerorts aus europäischen Schuldknechten und später aus einer weitaus größeren Anzahl afrikanischer Versklavter bestand, die von Pflanzern gekauft, in großen Produktionseinheiten zusammengefasst und unter enger und brutaler Überwachung zur massenhaften Produktion von Gütern für den Weltmarkt gezwungen wurden. Wie C. L. R, James zutreffend über Arbeiter*innen in San Domingue (das moderne Haiti) schrieb: »So wie sie in Hunderte von Arbeitern umfassenden Kolonnen in den riesigen Zuckerfaktoreien, die die Nordebene überzogen, zusammenarbeiteten und -lebten, waren sie einem modernen Proletariat ähnlicher als jede andere Gruppe von Arbeitern zu dieser Zeit.« Spätestens um 1713 war die Sklavenplantage zum »charakteristischsten Produkt von Europas Kapitalismus und Kolonialismus sowie seiner Seemacht« geworden.[6]

Ein Rad griff ins andere. Ein westindischer Pflanzer schrieb im Jahr 1773, die Plantage sollte eine »wohlkonstruierte Maschine sein, aus verschiedenen

Rädern zusammengesetzt, welche sich in verschiedene Richtungen drehen und dennoch alle zu dem angestrebten großen Endzweck beitragen«.

Diejenigen, die die Räder drehten, waren Afrikaner*innen, und der »große Endzweck« war die beispiellose Akkumulation von Kapital in globalem Maßstab. Als unverzichtbarer Bestandteil des ›Plantagenkomplexes‹ half das Sklavenschiff den nordeuropäischen Staaten, insbesondere Großbritannien, ihre nationalökonomischen Grenzen zu durchbrechen und, in den Worten Robin Blackburns, »eine industrielle, globale Zukunft zu entdecken«.

Mit seiner großen Reichweite und seiner hervorragenden Bewaffnung war das Sklavenschiff eine leistungsstarke Segelmaschine, und war darüber hinaus, wie Thomas Gordon und seine Zeitgenossen sehr wohl wussten, mehr als das. Etwas von ganz eigener Art: Es war auch eine Fabrik und ein Gefängnis, und in dieser Kombination lagen seine Genialität und sein Schrecken. Das Wort factory – Faktorei oder Fabrik – kam Ende des 16. Jahrhunderts in Gebrauch, zu einer Zeit, als der Welthandel expandierte. Es geht auf das Wort factor zurück, im damaligen englischen Sprachgebrauch ein Synonym für ›Kaufmann‹. Eine Faktorei war somit »eine Niederlassung für Kaufleute, die im Ausland Handel treiben«. Sie war die Handelsstation eines Kaufmanns.

Die Forts und Handelsstützpunkte, die an der westafrikanischen Küste entstanden, wie Cape Coast Castle an der Goldküste und Fort James auf Bance Island in Sierra Leone, waren somit ›Faktoreien‹. Aber das gleiche galt auch für die Schiffe selbst, da sie in anderen, weniger entwickelten Handelsregionen oft permanent in Küstennähe ankerten und als Standorte zur Abwicklung von Geschäften genutzt wurden. Ihre Decks waren der Knotenpunkt im Austausch von für Afrika bestimmte Fracht wie Textilien und Schusswaffen, für Europa bestimmte Fracht wie Gold und Elfenbein und für Amerika bestimmte Fracht wie Versklavte. Der Seemann James Field Stanfield fuhr 1774 auf dem Sklavenschiff *Eagle* von Liverpool nach Benin, wo das Schiff »als schwimmende Faktorei an der Küste zurückgelassen werden« sollte.

Das Schiff war eine Faktorei im ursprünglichen Sinne des Wortes, aber es war auch eine Fabrik im modernen Sinne. Das Hochseesegelschiff des 18. Jahrhunderts war ein historischer Arbeitsplatz, an dem kapitalistische Kaufleute eine große Anzahl besitzloser Arbeitskräfte an einem Ort versammelten, einsperrten und Vorarbeiter (Kapitäne und Offiziere) dazu einsetzten, ihre Zusammenarbeit untereinander zu organisieren – mehr noch zu synchronisieren. Die Matrosen bedienten in orchestrierter Zusammenarbeit und unter strenger Disziplin und Überwachung mechanische Geräte, alles im Austausch für einen Geldlohn, der auf einem internationalen Arbeitsmarkt verdient wurde. Wie Emma Christopher gezeigt hat, arbeiteten die Seeleute nicht nur in einem globalen Markt, sie produzierten auch für ihn und halfen dabei, die Ware namens ›Sklave‹ zu schaffen, die in den amerikanischen Plantagengesellschaften verkauft werden sollte.[11]

Darüber hinaus war das Sklavenschiff ein mobiles, seetüchtiges Gefängnis zu einer Zeit, als das moderne Gefängnis an Land noch nicht existierte. Dieser Umstand drückte sich auf unterschiedliche Weise aus, nicht zuletzt deshalb, weil die Einkerkerung (in Baracken, Festungen, Gefängnissen) für den Sklavenhandel von entscheidender Bedeutung war. Das Schiff selbst war nur ein Glied in einer Kette der Versklavung. Stanfield nannte es einen »schwimmenden Kerker«, während ein anonymer Verteidiger des Sklavenhandels es treffend als »bewegliches Gefängnis« bezeichnete. Liverpooler Seeleute stellten häufig fest, dass sie, wenn sie von Gastwirten wegen Schulden ins Gefängnis gesteckt und dann von Schiffskapitänen ausgelöst wurden, die im Austausch für ihre Arbeitskraft ihre Rechnungen bezahlten, schlicht ein Gefängnis gegen ein anderes eintauschten. Und wenn das Sklavenschiff schon einem Seemann wie ein Gefängnis vorkam, wie muss es dann wohl einem versklavten Menschen vorgekommen sein, der täglich sechzehn Stunden und mehr unter Deck eingesperrt war? Ganz offensichtlich profitierten einige Teile der Menschheit mehr als andere von der von Thomas Gordon beschriebenen edlen und nützlichen Maschine.[12]

MALACHY POSTLETHWAYT: DIE POLITISCHE ARITHMETIK DES SKLAVENHANDELS, 1745

Malachy Postlethwayt war ein britischer Kaufmann und Lobbyist für die *Royal African Company*, der Mitte der 1740er Jahre das Parlament dazu zu überreden versuchte, mittels Zahlung der Unterhaltskosten für die Forts und Faktoreien in Westafrika den Sklavenhandel zu subventionieren, und damit die zentrale Bedeutung des Sklavenhandels für das britische Empire bekräftigte. Seine eigene Position und seine wirtschaftlichen Interessen mögen ihn zu übertriebenen Behauptungen zugunsten dieses Handels veranlasst haben. Aber wie sich rückblickend vom Ende des 18. Jahrhunderts aus erkennen lässt – einer Zeit, als der Sklavenhandel dramatisch über jedes Ausmaß hin-

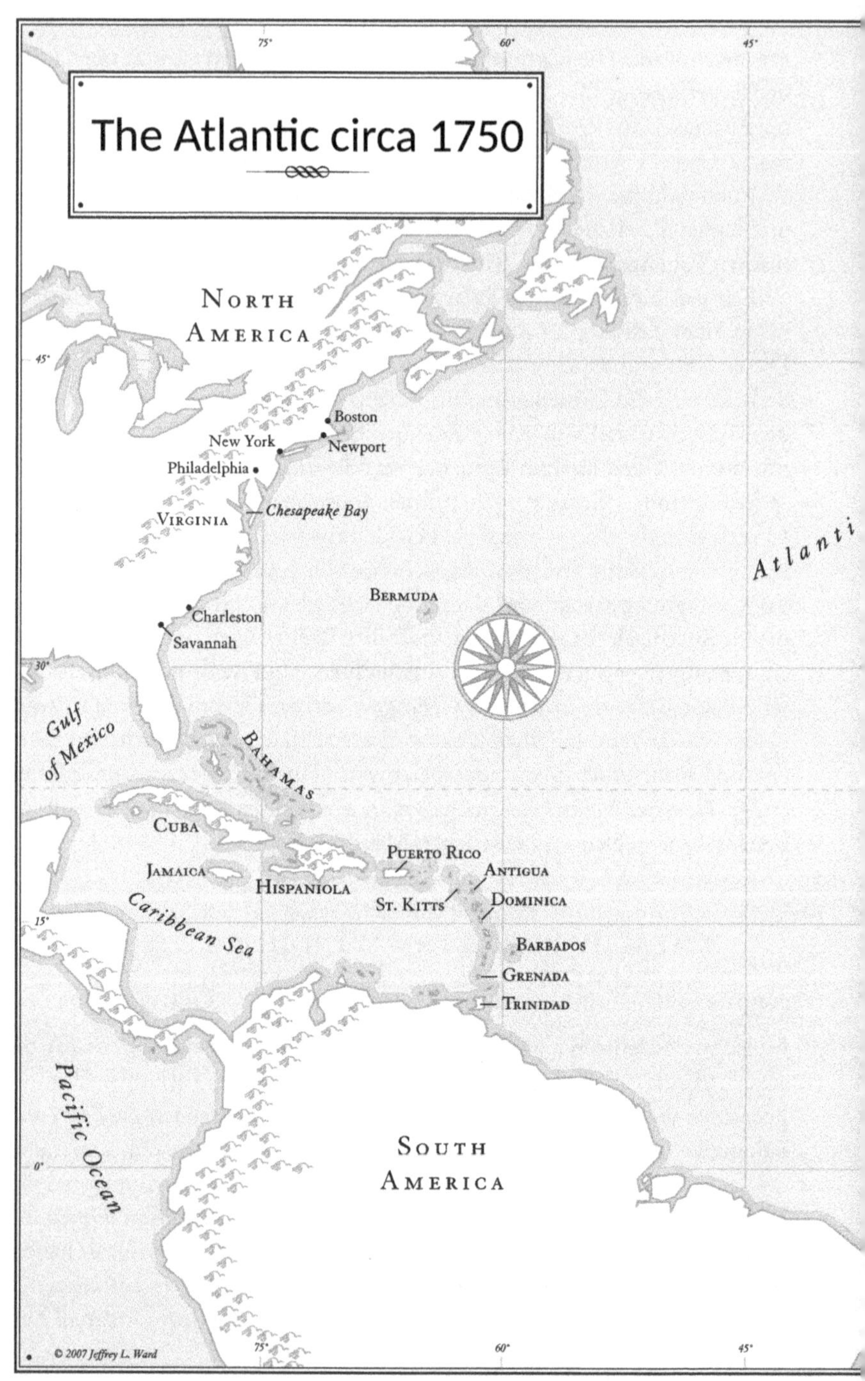
The Atlantic circa 1750
North America
Boston
New York
Newport
Philadelphia
Virginia
Chesapeake Bay
Charleston
Savannah
Bermuda
Atlanti
Gulf of Mexico
Bahamas
Cuba
Jamaica
Hispaniola
Puerto Rico
Antigua
St. Kitts
Dominica
Barbados
Grenada
Trinidad
Caribbean Sea
Pacific Ocean
South America
75°
60°
45°
30°
15°
0°
© 2007 Jeffrey L. Ward

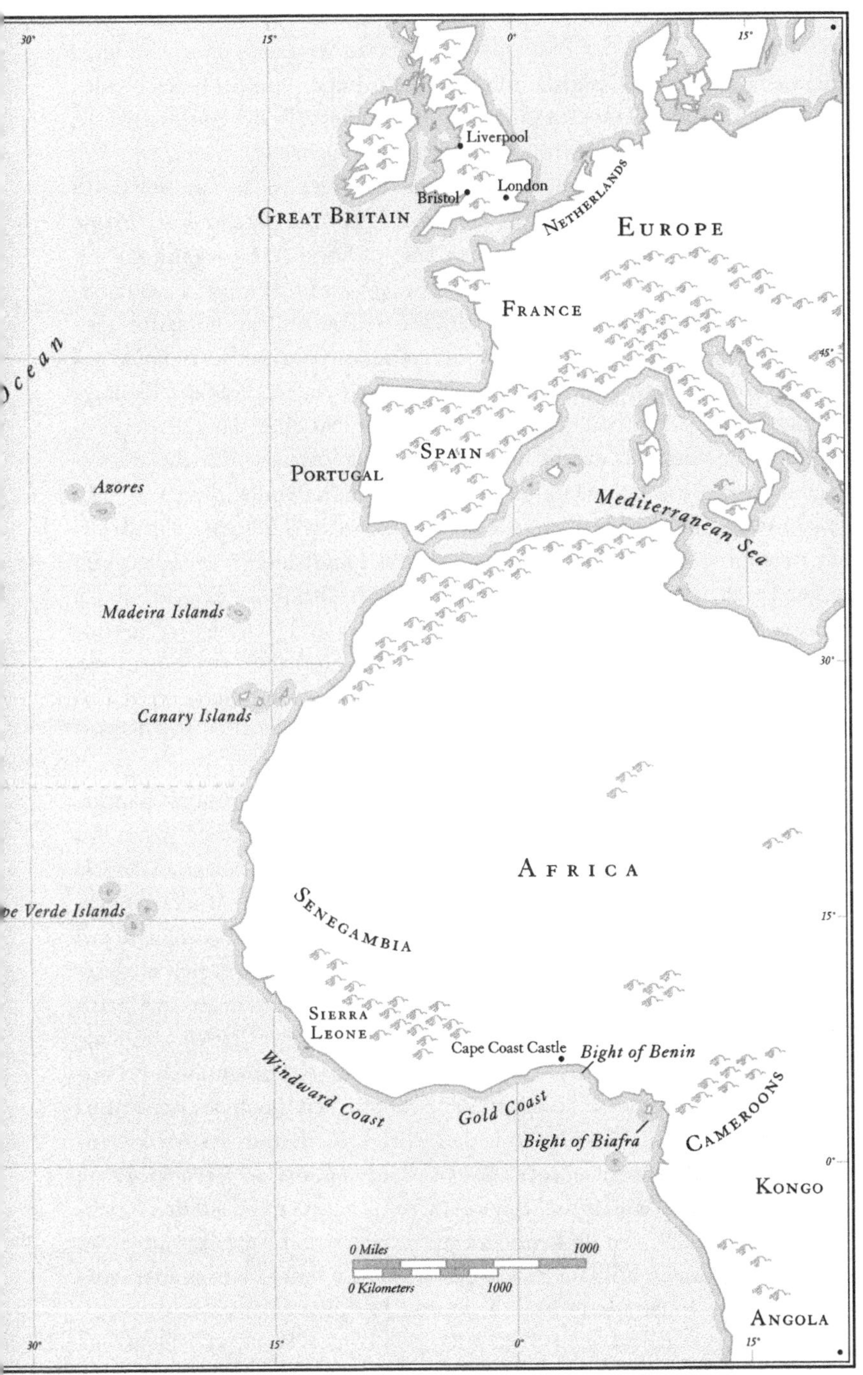
Liverpool
London
Bristol
GREAT BRITAIN
NETHERLANDS
EUROPE
FRANCE
Ocean
SPAIN
PORTUGAL
Azores
Mediterranean Sea
Madeira Islands
Canary Islands
AFRICA
Cape Verde Islands
SENEGAMBIA
SIERRA
LEONE
Cape Coast Castle
Bight of Benin
Windward Coast
Gold Coast
Bight of Biafra
CAMEROONS
KONGO
0 Miles
1000
0 Kilometers
1000
ANGOLA

aus angewachsen war, das Postlethwayt hätte vorhersehen können – sollten einige seiner Ideen in das gedankliche Standardrepertoire der herrschenden Klasse über diesen Handel und seinen Platz innerhalb der umfassenderen ›politischen Arithmetik‹ des britischen Empire eingehen.[13]

Postlethwayts Hauptargument ist im Titel seines ersten Pamphlets zusammengefasst: *The African Trade, the Great Pillar and Support of the British Plantation Trade in America*, erschienen 1745 in London. Es begann mit der Behauptung, dass »unser *west-indischer* und *afrikanischer Handel* der national vorteilhafteste ist, welchen wir betreiben«. Postlethwayt verstand, dass die Plantagenrevolution das Empire umgestaltet hatte und dass beide auf den Seetransport von Arbeitskräften angewiesen waren. Was die Plantage und das Sklavenschiff betraf, so »kann das eine nicht ohne das andere bestehen«. Er wies ebenfalls darauf hin, dass der Sklavenhandel für die aufstrebenden kapitalistischen Manufakturen Großbritanniens wichtig war: Die »Fracht eines Sklavenschiffes, recht für Afrika sortiert, besteht zu etwa sieben Achteln aus *britischen* Manufaktur- und Landbau-Erzeugnissen; und sie gewähren uns einen nicht unbeträchtlichen Gewinn.« Er wiederholte ein altes Argument, das später, in den Debatten der 1780er Jahre, kontrovers diskutiert werden sollte: Der Sklavenhandel schuf eine »große Brut von Seeleuten« und war daher eine »imposante Kinderstube der Seemacht«. Das heißt, das Sklavenschiff produzierte sowohl versklavte als auch seefahrende Arbeitskräfte.

Postlethwayt verteidigte das, was er höflich den »Afrikahandel« nannte, weil er wusste, dass sich bereits in den 1740er Jahren Menschen gegen das aussprachen, was sie aufgebracht als »Sklavenhandel« anprangerten: »Viele sind gegen diesen Handel voreingenommen und halten es für ein *barbarisches, unmenschliches* und *rechtswidriges Geschäft für ein Christliches Land, mit Schwarzen zu handeln.*« Aber wie alle Sklavenhändler hatte er sich eingeredet, dass es für die Afrikaner*innen besser sei, »in einem zivilisierten Christlichen Land zu leben« als unter »Wilden«. Und ohnehin hatten nationale wirtschaftliche und militärische Interessen Vorrang vor humanitären Bedenken: Der Sklavenhandel stelle »einen unerschöpflichen Quell des Reichtums und der Seemacht für diese Nation« dar. Mittels Förderung des Afrikahandels würde das Parlament *»das Glück und den Wohlstand des Königreiches im Ganzen«* fördern. Das atlantische System Großbritanniens sei auf den Reichtum und die Ressourcen und Arbeitskräfte Afrikas und Amerikas angewiesen. Damit nahm er William Blakes berühmte, ein halbes Jahrhundert später entstandene Illustration *Europe Supported by Africa & America* vorweg.[14]

Postlethwayts Auffassung eines »Dreieckshandels«, in dem Schiffe von einem europäischen (oder amerikanischen) Hafen mit einer Ladung Manufakturwaren erst nach Westafrika in See stachen, wo sie gegen Versklavte gehandelt wurden, und von dort aus weiter nach Amerika fuhren, wo diese wiederum gegen Plantagenerzeugnisse wie Zucker, Tabak oder Reis eingehandelt wurden, wurde für die nächsten zweieinhalb Jahrhunderte zur vorherrschenden Betrachtungsweise des Sklavenhandels. In jüngster Zeit haben Wissenschaftler*innen herausgefunden, dass dieser Handel strenggenommen nicht in einem Dreieck verlief, weil viele Sklavenschiffe auf den Westindischen Inseln oder in Nordamerika keine Rückfracht fanden. Dennoch ist die Idee des Dreieckshandels weiterhin nützlich, weil sie eine bildliche Vorstellung von den drei wesentlichen Eckpunkten und Komponenten des Handels ermöglicht: britisches oder amerikanisches Kapital und Manufakturerzeugnisse, westafrikanische Arbeitskraft und amerikanische Waren (und mitunter Rohstoffe).

Zum Zeitpunkt der Entstehung von Postlethwayts Schriften waren bereits etwa vier Millionen Afrikaner*innen auf Sklavenschiffen zu den Häfen des Westatlantiks transportiert worden. Wie fast alle anderen europäischen Seestaaten spielte auch Großbritannien eine wichtige Rolle in der Frühphase des Sklavenhandels, unter anderem, indem es 1672 Postlethwayts eigenen Arbeitgeber, die *Royal African Company*, mit einem Freibrief für ein Handelsmonopol ausstattete und subventionierte. Der Handel mit Versklavten war so kostspielig und erforderte eine derartige Konzentration von Ressourcen, dass privates Kapital allein anfangs nicht ausreichte, ihn zu finanzieren. Zu Beginn des 18. Jahrhunderts setzten sich schließlich die sogenannten Freihändler gegen die regulierten Monopole durch, allerdings erst, nachdem der Staat sich am Aufbau der Infrastruktur für den Handel beteiligt hatte. Genau das war es, was Postlethwayt dazu veranlasst hatte, in einem Zeitalter der Deregulierung um Kompensation und Unterstützung zu ersuchen.[15]

Britische und amerikanische Kaufleute riskierten ihr Glück in einem Geschäftszweig, in dem die Einstiegskosten hoch und die Risiken enorm waren. In der Frühphase des Handels konnten Kleininvestoren – Angehörige der Mittelschicht, Handwerker eingeschlossen – noch Gewinne machen, indem sie einen Teilanteil kauften oder einem Guineafahrer ein wenig Fracht mitgaben, aber Anfang des 18. Jahrhunderts war der Handel bereits fest in den Händen von Kaufleuten, die über riesige Summen an Kapital und in den meisten Fällen über umfassende Erfahrungen und Branchenkenntnisse verfügten. Wie John Lord Sheffield 1790 schrieb, bedeutete dies, dass der Sklavenhandel von »Männern von Kapital« betrieben wurde und »unbeständige Abenteurer davon abgeschreckt werden, sich darin zu betätigen«. Die Gewinne dieser Großkaufleute konnten enorm sein – bis zu 100 Prozent Kapitalertrag, wenn alles gut ging – aber auch die Verluste konnten immens sein: Es drohten Krankheiten, Aufstände, Schiffbruch und Gefangennahme durch feindliche Freibeuter. Die durchschnittliche Profitrate der Investoren im Sklavenhandel im 18. Jahrhundert betrug 9 bis 10 Prozent, was nach damaligen Maßstäben beträchtlich, aber nicht immens war. Es waren Profite dieser Größenordnung und ein größeres imperiales System, die Postlethwayt im Sinn hatte, als er schrieb, dass nicht nur Großbritannien, sondern alle Seemächte Europas dabei seien, »einen prächtigen Aufbau *amerikanischer Handels- und Seemacht* auf einer *afrikanischen Grundlage*« zu errichten.[16]

JOSEPH MANESTY: DER BAU EINES SKLAVENSCHIFFES

Der Liverpooler Kaufmann Joseph Manesty wollte zwei Schiffe »für den Affrika-Handel«, und er hatte eine sehr klare Vorstellung davon, wie sie gebaut werden sollten. Am 2. August 1745 schrieb er an John Bannister in Newport, Rhode Island, um ihm einen transatlantischen Auftrag zu erteilen. Es war eine riskante Zeit für Kaufleute: England befand sich sowohl mit Frankreich als auch mit Spanien im Krieg, und tatsächlich hatte Manesty nur wenige Monate zuvor ein neues Sklavenschiff mit dem treffenden Namen *Chance* an einen französischen Freibeuter verloren. Dennoch: Es winkten Profite im Sklavenhandel, und es waren Männer wie Manesty, die dafür sorgten, dass das aufstrebende Liverpool London und Bristol als wichtigsten Sklavenhandelshafen im britischen Atlantik ablöste.[17] Zwischen 1745 und 1758 trieb Manesty als Haupteigentümer von mindestens neun Schiffen (sowie Minderheitseigentümer mehrerer anderer) und Arbeitgeber von Kapitän John Newton lebhaften Handel mit Westafrika.[18] Er schrieb an Bannister, dass »kein Handel mit so viel Eifer befördert [wird] wie der affrikanische, und mit gutem Grund« – hohe Gewinne! – fügte aber auch hinzu, dass »Schiffe hier so knapp sind, dass um keinen Betrag welche zu haben sind, sonst hätte ich in diesem Frühjahr eins verpflichtet«.[19]

Die erste Anweisung Manestys lautete, dass seine Gefängnisschiffe aus »dem besten Weißeichenholz« gebaut werden sollten. Die Wälder Neuenglands waren reich an hochwertiger, relativ fäulnisbeständiger Weißeiche, und dies war das Holz, dass Manesty verwenden wollte. Im Weiteren verlangte er, es möge sorgfältig auf die Qualität der Masten geachtet werden. Fünf Wochen später schrieb er: »Da beide Schiffe für Guinea bestimmt sind, muss überhaupt der Güte ihrer Masten große Aufmerksamkeit gewidmet werden.« Ein gebrochener Mast ließ sich an der afrikanischen Küste nicht so einfach ersetzen und konnte das Ende – und damit das finanzielle Scheitern – einer Reise bedeuten.[20]

Die Schiffe sollten, wie Manesty detailliert ausführte, »ein plattes Heck« haben, 58 Fuß lang und 22 Fuß breit sein, mit einem 10 Fuß tiefen Laderaum und einer Höhe von »5 Fuß zwischen den Decks«, wo die Versklavten eingesperrt werden sollten. Der Großmast sollte 60 Fuß lang sein, die Großrahe 44 Fuß, die Großmarsstenge 30 Fuß, »alle anderen Masten und Rahen im Verhältnis«. Sklavenhandelsschiffe mussten robust und langlebig sein, deshalb bestand Manesty darauf, dass beide Schiffe aus schweren »2½ und 3 Zoll Planken mit guten, kräftigen Biegungen oder Berghölzern« (dicken Holzversteifungen, die mit Bolzen an die Schiffswand montiert wurden) gebaut wurden. Die Schotten sollten aus einem »massiven Balken« bestehen und »der Schandeckel auf dem Hauptdeck 14 Zoll massiv« sein. Die Schiffe sollten gut bewaffnet sein, um sich gegen Freibeuter verteidigen zu können, wobei die Anzahl der Kanonen nicht spezifiziert wurde. In einem Nachtrag zu seinem Brief fügte Manesty hinzu: »2 Geschützpforten Heck.«[21]

Die Rümpfe seiner Sklavenschiffe sollten, so Manesty, »mittlerer Art« sein, das heißt, »scharf« genug, um eine hohe Geschwindigkeit zu ermöglichen und so die Dauer der *Middle Passage* und damit die Sterblichkeitsrate unter den Versklavten zu verringern, und »voll« genug, um ausreichend Stabilität und Ladekapazität für die Bordwaffen und die mitunter sperrigen Güter zu bieten, die an die afrikanische Küste und von den Plantagen Amerikas zurück nach Europa transportiert werden sollten. Er wollte ein breites Schiff, das wenig stampfte, um die Auswirkungen heftiger Bewegungen auf die menschliche Fracht zu reduzieren. Er wollte einen sich nach oben verbreiternden Rumpf, »um die Neger bequemer zwischen den Decks stauen zu können«. Des Weiteren wünschte er eine »Rundung des Ober- wie auch der anderen Decks für die Fütterung der Neger auf dem unteren Deck vorn und hinten«. Die Spanten oder das Rippenwerk sollten »hoch genug sein, um Geländer rund um das Schiff befestigen zu können«, wahrscheinlich teilweise, um das Anbringen von Netzen zu ermöglichen, die verhindern sollen, dass Versklavte über Bord sprangen, um Selbstmord zu begehen. Und schließlich wünschte er eine Ummantelung zum Schutz gegen die Würmer, die sich in den tropischen Gewässern Afrikas durch die Schiffsrümpfe bohrten. Er gab eine zusätzliche Lage Weichholzbretter in Auftrag, die, wie es üblich war, mit Teer und Rosshaar beschichtet wurden und noch auf den Helgen angebracht werden sollten. (Später wurden die Schiffe mit Kupfer beschlagen.)[22]

Wahrscheinlich wegen des Krieges und der Gefahr, aufgebracht zu werden, schrieb Manesty, dass er »so wenig Geld wie möglich für die Schiffe anlegen« wolle. Er wollte »einfache Hecks«, keine Heckfenster und wenige oder gar keine Tischlerarbeiten in der Kapitänskajüte. Er wollte alles in einer »sparsamen, angemessenen Art und Weise« ausgeführt haben. Es ist nicht bekannt, wie viel Manesty für seine Schiffe bezahlte, aber Elizabeth Donnan schreibt, dass 1747 ein Schiff aus Rhode Island für 24 *Old Tenor*-Pfund (das heißt zum Wert des Pfundes in Connecticut bis 1740) pro Tonne zu haben war.[23] 1752 war der Preis auf 27 Pfund pro Tonne für eine Sloop und auf 34 Pfund pro Tonne für einen ›Doppeldecker‹ angestiegen. In Swansea im nahegelegenen Massachusetts, wo das Schiff möglicherweise gebaut wurde, waren die Preise um etwa ein Fünftel niedriger. Wenn man davon ausgeht, dass sieben *Old Tenor*-Pfund einem Pfund Sterling entsprachen und Manestys Zweideckschiffe eine geschätzte Tragfähigkeit von etwa hundert Tonnen hatten, hätte jedes von ihnen etwas über 500 Pfund (etwa 130.000 US-Dollar im Jahr 2007) gekostet. Größere Schiffe kosteten um die 700 Pfund (182.000 US-Dollar), einige weit über 1.000 Pfund (260.000 US-Dollar), aber im Verhältnis zum Wert der Fracht, die auf ihnen transportiert wurde, waren diese Baukosten bescheiden.[24]

Manesty wusste, dass einige notwendige Teile für das Schiff in Liverpool billiger zu bekommen waren, und veranlasste die Verschiffung von »Tauwerk, Segeln, Ankern, Nägeln« sowie einer Ladung Handelsgüter nach Nordamerika. Im Juni hatte er bereits einen Teil dieser Materialien – »Hautspieker und einzelne Spieker« – versandt, und er hoffte, dass die Zimmerleute, die an den Schiffen arbeiteten, bereit sein würden, »Waren für diese Schiffe in Zahlung zu nehmen«, zweifellos, weil die Löhne in den amerikanischen Kolonien relativ hoch waren. Manesty wusste, dass der Schiffbauer etwa ein Jahr für die Fertigstellung der Schiffe brauchen würde, was bedeutete, dass sie im August 1746 vom Stapel laufen würden. Im April dieses Jahres würde er einen Kapitän dort hinschicken, um die letzten Feinarbeiten am ersten Schiff zu beaufsichtigen und es direkt nach seiner Fertigstellung nach Afrika zu segeln. In seinem Eifer, mit dem Sklavenhandel anfangen zu können, fügte er hinzu: »Sollte es sich ergeben, dass ein Schiff mit genau oder ungefähr den Abmessungen eines der in Auftrag gegebenen oder in einer anderen für Affrika geeigneten Größe sogleich Wohlfeil bei Euch zu kaufen ist, so würde ich dies vorziehen und nur eines bauen, wenn dies möglich ist.«[25]

Es gab viele Orte, an denen Manesty seine Sklavenschiffe hätte bauen lassen können. Er hätte auch einfach ein oder zwei für andere Gewerbe gebaute Schiffe kaufen und für den Sklavenhandel umrüsten lassen können. Die meisten Kaufleute hätten sich für letztere Lösung entschieden: Die wenigsten im Sklavenhandel eingesetzten Schiffe waren speziell zu diesem Zweck gebaut worden. Die weiter unten im Einzelnen beschriebenen Schiffstypen – Sloops, Schoner, Briggs, Schnauen und Vollschiffe mit drei oder mehr Masten – wurden in den 1720er Jahren alle mehr oder weniger standardisiert. Rumpfform, Segel und Takelage sollten sich im Verlauf der nächsten hundert Jahre relativ wenig ändern, wobei im frühen 19. Jahrhundert allerdings schärfere, schnellere Schiffe beliebter wurden.[26]

Hätte Manesty seine Schiffe einige Jahre früher in Auftrag gegeben, wäre er vielleicht nach London oder Bristol gegangen, die dominierenden Sklavenhandelshäfen des frühen 18. Jahrhunderts. Aber als er an Bannister schrieb, hatte Liverpool bereits begonnen, diesen Städten sowohl im Sklavenhandel als auch beim Bau von Sklavenschiffen den Rang abzulaufen. Als das Bauholz knapp wurde, begannen einige Kaufleute sich an Schiffbauer in den amerikanischen Kolonien zu wenden, wo die Preise niedriger waren. Für den Afrikahandel bestimmte Schiffe waren zunehmend, wie englische Kaufleute es ausdrückten, »plantagengebaut«. Sie wurden in New England gebaut – vor allem in Rhode Island und Massachusetts – im *upper South*, in Maryland und Virginia, und nach den 1760er Jahren im *lower South*, vor allem in South Carolina. Besonders beliebt bei im Sklavenhandel tätigen Schiffseignern war die Bermuda-Sloop, die aus einheimischer virginischer Rotzeder gebaut wurde, einem leichten, stabilen und fäulnisbeständigen Holz. Mit der Dezimierung der Eichenwaldbestände im Nordosten Amerikas im Laufe des 18. Jahrhunderts und dem Anstieg der Kosten für den Transport von Holz an die Küste wurde die Weihrauch-Kiefer des südlichen Nordamerika zu einem beliebten Bauholz, was bedeutete, dass ein großer Teil des Holzes für die Sklavenschiffe von Versklavten gefällt wurde, von denen viele den Atlantik auf eben solchen Schiffen überquert hatten. Liverpooler Schiffbauer importierten sogar Kiefernholz aus den Sklavenhalterkolonien Virginia und Carolina, um damit Guineafahrer auf ihren eigenen Werften zu bauen. Dies verdeutlicht einen der Mechanismen, mittels derer der Sklavenhandel sich in internationalem Maßstab reproduzierte: Die Schiffe transportierten die Arbeitskräfte, und die Arbeitskräfte fällten das Holz, mit dem weitere Schiffe gebaut wurden.[27]

Gegen 1750 begannen die Schiffbauer Liverpools – das bald zur Hauptstadt des Sklavenhandels werden sollte – mit dem Bau von Sklavenschiffen nach den spezifischen Anweisungen ihrer Auftraggeber. Der Schiffbau war schon seit langem ein zentraler Wirtschaftszweig der Stadt, und nun, als die Liverpooler Kaufleute mehr und mehr in den Afrikahandel investierten, gaben sie Schiffe bei örtlichen Schiffbauern in Auftrag. 1792 gab es in der Stadt neun Werften für den Schiffs- und drei weitere für den Bootsbau. Die meisten Schiffe wurden im ›Pool‹, einem Gezeitenzufluss des Flusses Mersey, gebaut. In den letzten zwei Jahrzehnten vor der Abschaffung des Sklavenhandels, zwischen 1787 und 1808, bauten Liverpooler Schiffbauer 469 Schiffe, im Schnitt 21 pro Jahr. (Die Reederei mit dem fraglos besten – und für Kaufleute beruhigendsten – Namen war *Humble and Hurry*, benannt nach den Schiffbauern Michael Humble und William Hurry.) Zu Beginn der 1780er Jahre war es der Abolitionsbewegung schließlich gelungen, den Schiffbau in der stärksten Bastion der Sklavenhändler zu politisieren. Der führende Kaufmann und Quäker William Rathbone weigerte sich, Holz an Werften zu verkaufen, die Sklavenschiffe bauten. Dennoch liefen in Liverpool bis zum Moment der Abschaffung des Sklavenhandels Sklavenschiffe vom Stapel. Danach mussten sie für andere Zwecke umgerüstet werden.[28]

Im Jahr 1760 fertigte der Künstler und ehemalige Seemann Nicholas Pocock eine Zeichnung einer Werft in Bristol an, die im Besitz des Schiffbaumeisters Sydenham Teast war. Es ist nicht klar, ob eins der auf diesem Bild abgebildeten Schiffe ein Sklavenschiff war; klar ist allerdings, dass Bristol zu dieser Zeit tief in den Sklavenhandel verwickelt war und dass Teast selbst in ihn investierte. Auf Grundlage seiner Arbeit kann man sich ein Bild von der enormen Anzahl von Arbeitern machen, die benötigt wurden, um ein Sklavenschiff zu bauen, insbesondere ein Schiff durchschnittlicher Größe (etwa 200 Tonnen). Der Schiffbaumeister führte die Regie bei dem komplexen Bauvorgang, an dem eine enorme Anzahl von Arbeitern beteiligt war und der mit der Kiellegung und dem Setzen der Spanten begann. Gerüste wurden um den wachsenden Schiffsrumpf herum errichtet, damit die innere und äußere Beplankung angebracht und geglättet werden konnte. Kalfaterer dichteten die Nähte zwischen den Planken mit Werg (Hanffasern) ab. Sobald der Rumpf fertig war, trafen neue Handwerker ein, und auf der Werft wurde es noch geschäftiger. Zimmerleute bauten Relinge und stellten den Innenausbau fertig. Schmiede führten die Eisenarbeiten aus (und brach-

Der ehemalige Seemann und Künstler Nicholas Pocock zeichnete 1760 die Werft von Sydenham Teast in Bristol. Es zeigt drei große Hochseeschiffe, vielleicht Sklavenschiffe, die sich alle in unterschiedlichen Bauphasen befinden umringt von Handwerkern und Arbeitern, von denen einige offenbar afrikanischer Abstammung waren.

ten später die Anker an Bord). Maurer setzten die Backsteine für die Kombüse (Sklavenschiffe benötigten besondere Öfen und Herde); ein Blechschläger kleidete die Speigatten aus; ein Glaser baute gläserne Heckfenster ein. Für Masten, Blöcke und Tauwerk wurden Mast- und Spierenbauer benötigt, die mit Blockmachern und Reepschlägern zusammenarbeiteten. Dann kamen die Takler, die das ganze System verspannten. Segelmacher lieferten die Leinwand, und Bootsbauer brachten die Jolle und die Barkasse an Bord, deren Riemen von Rudermachern geschnitzt worden waren. Böttcher lieferten die Fässer für Fracht, Proviant und Wasser. Je nachdem, wie viel Dekoration und Luxus der Käufer des Schiffes wünschte, kamen nun die Maler, Holzschnitzer und Veredler an Bord. Und schließlich kamen die Metzger, Bäcker und Brauer, um das Schiff mit Proviant zu bestücken.[29]

Der Schiffbau war ein uraltes Handwerk, in dem hochspezialisiertes Wissen über Jahrhunderte hinweg mittels eines Meistersystems weitergegeben wurde. Während des größten Teils des 18. Jahrhunderts bauten Schiffbauer noch ›nach Augenmaß‹ oder nach Modellen, was zur Folge hat, dass verhältnismäßig wenige maßstabsgetreue Zeichnungen von Schiffen dieser Zeit erhalten sind. Schiffbauer griffen auf bereits veröffentlichte Bücher wie

William Sutherlands *The Shipbuilder's Assistant* (1711) und *Britain's Glory; or, Ship-Building Unvail'd, being a General Director for Building and Compleating the said Machines* (1729) zurück, beides einflussreiche Werke. Weitere viel gelesene Autoren waren John Hardingham, Mungo Murray, Fredrik Henrik af Chapman, Marmaduke Stalkartt, William Hutchinson, David Steel und Thomas Gordon.[30] Der Schiffbau war ein wahrhaft internationales Handwerk: Schiffbauer pflegten umherzuziehen, sehr zur Sorge der Obrigkeit. Mehr noch, auch die Schiffe »zogen« umher, was eine relativ einfache Weitergabe von Handwerk, Wissen und Technologie ermöglichte. Schiffbauer pflegten in anderen Ländern gebaute Schiffe zu inspizieren, um sich einen aktuellen Eindruck vom Stand der Technik zu verschaffen. Dies trug dazu bei, dass sich eine gewisse Einheitlichkeit in Design und Fertigung durchsetzte. Im 18. Jahrhundert waren die Sklavenschiffe aller europäischen Nationen in Design und Konstruktion mehr oder weniger gleich.[31]

Aber dennoch fand die ›Wissenschaft‹ allmählich Einzug in die Branche und führte zu Wandlungen im Schiffbauhandwerk, wie sowohl aus dem Eintrag »Schiffbau« (*naval architecture*) in der 1780er Auflage von William Falconers *Universal Dictionary of the Marine* als auch aus der Gründung der *Society for the Improvement of Naval Architecture* im Jahr 1791 ersichtlich wird, die zum Zweck der Sammlung und Verbreitung wissenschaftlicher Informationen zu einer Vielzahl von Themen über nationale Grenzen hinweg gegründet wurde. Die Gesellschaft veröffentlichte Arbeiten zu Themen, die von Marineangelegenheiten und -taktik über militärische Verteidigung bis hin zu Physik (flüssige und feste Stoffe) und Mathematik (Tabellen) reichten. Sie schrieb Wettbewerbe aus und vergab Preise für wissenschaftliche Vorschläge zur Berechnung der Tonnage von Schiffen, der Verstärkung von Schiffsrumpfkonstruktionen, der Beseitigung von Bilgenwasser, der Proportionierung von Masten und Rahen, der Verhütung und Bekämpfung von Schiffsbränden und Methoden zur Rettung sinkender Schiffe. Sie wollte zum Nachdenken anregen über »die Gesetze betreffend feste Körper, welche sich mit unterschiedlicher Geschwindigkeit durch das Wasser bewegen«. Der Einzug der Wissenschaft drückte sich auch grafisch aus: Die Schiffszeichnungen wurden akkurater in den Proportionen und perspektivischer, wie die Zeichnung der *Brooks* erkennen lässt.[32]

KAPITÄN ANTHONY FOX: DIE BESATZUNG EINES SKLAVENSCHIFFES, 1748

Ein ungewöhnliches Dokument, das im Archiv der *Society of Merchant Venturers* in Bristol erhalten geblieben ist, zeichnet ein recht umfassendes Bild einer Sklavenschiffsbesatzung: der Arbeitskräfte, die am 13. August 1748 aufbrachen, um die Maschine namens *Peggy* nach Afrika zu segeln. Der Kapitän des Schiffes, Anthony Fox, erstellte »Ein[en] Bericht über die Männer, welche zur Schnau Peggy gehören« (ein zweimastiger Rahsegler), ein Dokument, das uns eine Fülle von Informationen über ihn und seine achtunddreißig Männer liefert. Ihr Alter lag zwischen fünfzehn und zweiundvierzig Jahren; Kapitän Fox und zwei weitere Männer waren die Ältesten an Bord. Das Durchschnittsalter lag bei sechsundzwanzig Jahren, und für gemeine Matrosen würde sich ein noch niedrigeres Alter ergeben, wenn wir das Alter der Offiziere, die für gewöhnlich älter waren, herausrechnen könnten. Aber trotz aller Informationen, die Fox aufzeichnete, machte er keine Angaben über den Rang seiner Besatzungsmitglieder. Trotz ihres relativ jungen Alters sollte fast ein Drittel der Besatzungsmitglieder – zwölf von neununddreißig Männern – auf dieser Reise sterben. Kapitän Fox vermerkte auch ihr »Maß«, womit er ihre Körpergröße meinte. Vielleicht fand er dies erwähnenswert, weil er mit 1,77 Meter die größte Person an Bord war. Der Durchschnitt lag bei 1,67 Meter.[33]

Die Männer auf der *Peggy* waren weit gereist. Eine der Rubriken in Kapitän Fox' Bericht lautete »wo geboren«, statt des üblichen »Wohnort«. Die meisten Besatzungsmitglieder der *Peggy* stammten aus den Hafenstädten Großbritanniens, allerdings im weitesten Sinne: aus England, Wales, Schottland und Irland. Einige kamen vom Kontinent und aus Übersee. Es waren vier Schweden an Bord; andere Männer kamen aus Holland, Genua und Guinea. Kapitän Fox selbst war in Montserrat geboren. Die Besatzungsmitglieder waren auf diversen Handels- und Kriegsschiffen von Großbritannien aus nach Afrika, Nordamerika, Ostindien, zu den Westindischen Inseln und in den Mittelmeerraum, vor allem in die Türkei, gesegelt. Einige waren 1748 nach dem Ende des Österreichischen Erbfolgekrieges aus dem Kriegsdienst entlassen worden. Zu den Schiffen, auf denen sie gefahren waren, gehörten Kriegsschiffe wie die HMS *Russell*, die HMS *Devonshire*, die HMS *Torbay* und die HMS *Launceston*. Ein Mann hatte auf der *Salamander Bomb* gedient. Der afrikanische Seemann John Goodboy war auf dem »Kriegsschiff *Defiance*« gesegelt.

Kapitän Fox vermerkte auch die »Hautfarbe«, wahrscheinlich, um flüchtige Besatzungsmitglieder leichter identifizieren zu können, falls dies während der Reise nötig werden sollte. In dieser Hinsicht benutzte er nur zwei Kategorien: »braun« und »schwarz«. Die meisten Männer, einschließlich des Kapitäns selbst, waren »braun«. Zu denen, die er als »schwarz« bezeichnete, gehörten der Schotte Robert Murray, der Ire Peter Dunfry, der Genuese Perato Bartholomew und der Afrikaner John Goodboy.

Die Arbeitsteilung auf Fox' Guineafahrer wird sich jenseits einiger Besonderheiten wenig von der auf allen anderen Hochseesegelschiffen des 18. Jahrhunderts unterschieden haben. Ein typisches Sklavenschiff hatte einen Kapitän, einen Ersten und Zweiten Steuermann, einen Schiffsarzt, einen Zimmermann, einen Bootsmann, einen Kanonier (oder Waffenmeister), oft einen Böttcher (Fassmacher), einen Koch, zehn bis zwölf Matrosen, eine Handvoll Landratten und einen oder zwei Schiffsjungen. Größere Schiffe hatten einen dritten, möglicherweise sogar einen vierten Steuermann sowie Gehilfen für den Schiffsarzt und die Handwerker, vor allem für den Zimmermann und den Kanonier, und einige Matrosen und Landratten mehr. Ungewöhnlich an dieser Besatzungsaufstellung waren die Anzahl der Steuerleute, die Notwendigkeit eines Schiffsarztes und die Anzahl der Matrosen und Landratten. Die Anwesenheit dieser zusätzlichen Besatzungsmitglieder spiegelte die besonderen Gefahren des Sklavenhandels wider: Angesichts der Sterblichkeitsrate an der afrikanischen Küste und auf der *Middle Passage* und der Notwendigkeit, die Versklavten zu bewachen, wurde eine größere Anzahl von Menschen gebraucht. Die Arbeitsteilung sorgte für klare Zuständigkeiten und strukturierte die Arbeitsbeziehungen innerhalb der Besatzung, indem sie eine Hierarchie von Arbeitsrollen und eine damit einhergehende Lohnskala schuf. Wie auf einem Kriegsschiff wurde auf einem Sklavenschiff eine große Bandbreite von Fähigkeiten benötigt. Es war »eine zu große und unlenksame Maschine«, um von Neulingen bedient zu werden.[34]

An der Spitze der Arbeitsorganisation auf dem Sklavenschiff stand der Kapitän, die erste Person, die vom Schiffseigner angeheuert und die letzte, die am Ende der Reise entlassen wurde. Während der gesamten Reise war er der Repräsentant des Kaufmanns und seines Kapitals. Seine Aufgabe war es, »die Schiffsführung und alles die Ladung [des Schiffes], die Reise, die Seeleute & c. Betreffende zu verwalten«. Er heuerte die Besatzung an, beschaffte den Proviant, beaufsichtigte das Laden der ausgehenden Fracht und führte während der Reise sämtliche Geschäfte, vom Kauf der Versklavten in Afrika bis zu ihrem Verkauf in Amerika. Er war für die Navigation des Schiffes zuständig, behielt die Kompasse im Auge und gab die Arbeitsanweisungen. Auf kleineren Schiffen befehligte er eine der beiden Wachen. Auf seiner hölzernen Welt war er der Herrscher; seine Autorität war nahezu absolut, und er setzte sie ein, wie er es für nötig hielt, um die soziale Ordnung an Bord aufrechtzuerhalten.

Die meisten Sklavenschiffe fuhren mit mindestens zwei Steuerleuten, weil das hohe Sterblichkeitsrisiko es erforderlich machte, mehrere Personen mit Navigationskenntnissen an Bord zu haben. Der zweite Befehlshaber war der Erste Steuermann, der allerdings mit sehr viel weniger Macht ausgestattet war als der Kapitän. Er hatte den Befehl über eine der Wachen und kümmerte sich ansonsten um das grundlegende Funktionieren des Schiffes. Er beaufsichtigte die alltäglichen Arbeitsabläufe und wies den Besatzungsmitgliedern ihre Arbeit zu. Er kümmerte sich um die Sicherheit des Schiffes; seine Aufgabe war es, dafür zu sorgen, dass die Gefangenen unter Kontrolle waren. Auch Essen, Bewegung und Gesundheit der Versklavten unterlagen seiner Aufsicht. Oft war er auch für das ›Verstauen‹ der Gefangenen unter Deck zuständig. In den Regionen Afrikas, in denen der Warenverkehr per Boot abgewickelt wurde, übernahm er die Führung eines der Boote, was bedeutete, dass er häufig Geschäfte tätigte, Versklavte kaufte und sie zum Schiff zurückbeförderte.

Kapitän William Snelgrave erwähnte die meisten dieser Aufgaben in seinen »Instructions for a first mate when in the road att Whydah«, die er 1727 für den Ersten Steuermann John Magnus schrieb. Seine Hauptsorge galt der Sicherheit. Er empfahl strenge Überwachung vor allem der »starken, derben Sklavenmänner«. Ihre Ketten sollten sorgfältig kontrolliert werden; es sollten Wachen aufgestellt und angewiesen werden, beim Abendessen ihre Waffen abzufeuern (um einem »Aufruhr« vorzubeugen); es sollte sichergestellt werden, dass niemand das Beiboot entführte oder über Bord sprang. Lebensmittel sollten sicher und sauber aufbewahrt und der »dab-a-dab« (ein Brei aus Saubohnen, Reis und Mais) für die Versklavten gut gekocht werden, um Krankheiten vorzubeugen. Dreimal am Tag sollten die Versklavten Wasser, einmal in der Woche Tabak und an kalten Morgen einen Schluck Maisschnaps erhalten. Abends sollten sie mit Musik und Tanz zerstreut werden. Snelgrave schlug vor, einige der Versklavten beim Putzen der Zwischendecks einzusetzen und ihnen »jeden Tag einen Schluck Schnaps [zu geben], wenn sie ihre Sache gut machen«. Sollten unter den Versklavten die Pocken ausbrechen, müsse die kranke Person sofort isoliert werden, um Ansteckungen zu vermeiden. Wenn Matrosen krank würden, sollte ihnen besonderes Essen gegeben werden – Zucker, Butter, Haferbrei. Er fügte hinzu: »Wenn ein Sklave stirbt, sorgt dafür, dass Mr. Willson mit einem Offizier anwesend ist, wenn er dem Wasser übergeben wird, und notiert den Monatstag und die Krankheit, an welcher er gestorben ist.« Im Falle des Todes eines Seemanns »macht ein Inventarium dessen, was er hinterlässt; und nagelt diese Dinge in seine Kiste ein«. Der Erste Steuermann hatte eine Vielzahl von Aufgaben, und das Gleiche galt – in absteigendem Maße – für den Zweiten, Dritten und Vierten Steuermann.[35]

Die schwierige Aufgabe des Schiffsarztes bestand darin, die Versklavten und die Besatzung auf der Reise von der einen zur anderen Seite des Atlantiks am Leben zu erhalten. Er assistierte beim Kauf von Versklavten, indem er jede einzelne Person eingehend auf Anzeichen von Krankheit oder Schwäche untersuchte: Gesunde Menschen hatten die besten Chancen, den Aufenthalt an der afrikanischen Küste und die *Middle Passage* zu überleben, und sie erzielten in Amerika die höchsten Preise. Nachdem die Versklavten an Bord gebracht worden waren, war es Aufgabe des Arztes, sie täglich in Augenschein zu nehmen, sich mit ihren Beschwerden zu befassen, Krankheiten zu diagnostizieren und Medikamente zu verordnen. Er behandelte auch die Besatzungsmitglieder, die selbst an einer Vielzahl von Krankheiten litten, wenn sie erst einmal das ›Barriereriff‹ von Krankheitserregern vor Westafrika überquert hatten.

Im frühen 18. Jahrhundert hatten nur die größeren Schiffe einen Arzt an Bord. Die kleineren, schnelleren amerikanischen Sklavenschiffe, die größtenteils von Rhode Island aus fuhren, hatten während des gesamten Jahrhunderts nur selten einen Arzt an Bord und nahmen stattdessen ein »Rezeptbuch« für Medikamente mit, das der Kapitän bei Bedarf konsultieren sollte. Nach der Verabschiedung des ›Dolben Act‹ oder Sklaventransportgesetzes von 1788 mussten alle britischen Sklavenschiffe einen Arzt an Bord haben; dieser seinerseits war verpflichtet, über Krankheiten und Tod auf der Reise Buch zu führen.[36]

Der Zimmermann, ein wichtiger Facharbeiter in dieser hölzernen Welt, war dafür verantwortlich, das Schiff und seine vielen Einzelteile strukturell in einwandfreiem Zustand zu halten. Er kontrollierte regelmäßig den Schiffsrumpf und stopfte Werg und Holzpfropfen in die Nähte zwischen den Planken, um das Schiff dicht zu halten. Er reparierte auch die Masten, Rahen und Blöcke. Einige der charakteristischen Merkmale des Sklavenschiffes waren das Ergebnis seiner Arbeit: Während der Hinreise baute er das Barricado auf dem Hauptdeck und die Schotten und Plattformen auf dem Unterdeck und verwandelte damit ein gewöhnliches Handelsschiff in ein Sklavenschiff. Besondere Aufmerksamkeit widmete er der Barkasse und der Jolle, besonders dann, wenn diese, wie an der Windward-Küste, für den Handelsverkehr wichtig waren. Der Zimmermann hatte sein Handwerk im Rahmen einer Lehre gelernt und bildete mitunter einen Gehilfen auf dem Schiff aus.

Der Bootsmann, der Kanonier, der Böttcher und der Koch gehörten ebenfalls zu den niederen Offizieren und ausgebildeten Handwerkern. Der Bootsmann war – wie der Steuermann auch – eine Art Vorarbeiter. Er war für die Takelage verantwortlich, hielt die Ankertaue und Anker instand und hatte auf einigen Schiffen auch die Aufsicht über die versklavten Frauen. Der Kanonier oder Waffenmeister war für die Schusswaffen, die Munition und die Artillerie sowie für die Schlösser und Ketten verantwortlich. In einem Zeitalter, in dem der Handel selbst von vielen Menschen als eine Form von Krieg betrachtet wurde, und auf einem Schiff, das im Prinzip nichts anderes als ein schwimmendes Gefängnis war, war er unersetzlich. Der Böttcher baute und reparierte die unterschiedlichen Fässer, in denen viele der Waren (insbesondere Zucker und Tabak) sowie Lebensmittel und vor allem Wasser transportiert und konserviert wurden, und führte unter Umständen auch andere Holzarbeiten aus. Der Koch war auf dem Sklavenschiff, wie auf anderen Schiffen auch, oft ein älterer Seemann, der schon bessere Zeiten gesehen hatte und nicht mehr in der Lage war, in die Takelage aufzuentern oder schwere körperliche Arbeiten zu verrichten. Er konnte auch ein Afroamerikaner sein: Im 18. Jahrhundert wurde der ›schwarze Koch‹ zu einer vertrauten Figur, nicht nur auf Sklavenschiffen, sondern auf Schiffen aller Art. Seine Arbeit war hart; er musste zweimal am Tag drei- bis vierhundert Leute mit Essen versorgen. In den Augen der Besatzung – und wahrscheinlich auch in denen der Versklavten, zu deren Meinung hierzu uns allerdings keine Belege überliefert sind – galt er allerdings nicht als ›Fachkraft‹.

Der Vollmatrose war jemand, der gelernt hatte, ein Schiff zu segeln – *hand, reef, and steer*, wie es in einer alten Redewendung hieß, das heißt, die Segel zu bedienen, Knoten zu binden und nach Anweisungen das Schiff zu steuern. Er konnte die Webeleinen auf und ab klettern, Segel setzen, Leinen knoten und spleißen und Ruder gehen. Spätestens um 1700 herum war die Seemannsarbeit überall mehr oder weniger die gleiche. Seeleute zogen von Schiff zu Schiff und fanden im Wesentlichen überall die gleichen Aufgaben und Anforderungen vor. Ein Vollmatrose kannte sich mit allen Aspekten der Arbeit an Bord aus. Auf den Sklavenschiffen arbeiteten auch schlechter bezahlte Leichtmatrosen, gewöhnlich jüngere Männer mit weniger Borderfahrung, die noch dabei waren, sich die geheimnisvollen Kenntnisse dieses gefährlichen Berufes anzueignen. Ein Matrose auf einem Sklavenschiff war auch ein Gefängniswärter: Er verbrachte einen großen Teil seiner Zeit damit, die Versklavten zu beaufsichtigen und zu bewachen, während sie sich wuschen, aßen, ›tanzten‹ oder auf dem Hauptdeck saßen. Dies war die auf dem Schiff anfallende Reproduktionsarbeit.

Vor allem nach 1750 hatten die meisten Sklavenschiffe auch eine Reihe von Landratten an Bord. Dies waren junge, ungelernte Arbeitskräfte, einige vom Land, andere aus der Stadt, die auf Guineafahrern anheuerten, wenn – was in Friedenszeiten oft der Fall war – Handlangerarbeit im Hafen schwer zu finden war. Ihre Arbeit bestand hauptsächlich darin, die Versklavten zu bewachen, wobei sie allerdings auch für diverse auf dem Schiff anfallende Hilfsarbeiten eingesetzt wurden. So lernten sie im Verlauf der Reise das Seemannshandwerk und stiegen nach zwei oder drei Reisen zu Leichtmatrosen auf. Bis dahin standen nur die Schiffsjungen in der Arbeitshierarchie noch unter ihnen. Diese Jungen, von denen es einen bis drei an Bord gab, und die normalerweise zwischen acht und vierzehn Jahre alt waren, absolvierten eine Lehre – gewöhnlich beim Kapitän selbst – und wurden so »für die See erzogen«. Wie Samuel Robinson verrichteten sie diverse untergeordnete Arbeiten und waren einem erheblichen Maß an grober Behandlung und sogar Grausamkeit ausgesetzt.

THOMAS CLARKSON: DIE VIELFALT DER SKLAVENSCHIFFE, 1787

Wie der Abolitionist Thomas Clarkson im Juni 1787 zu seinem großen Erstaunen herausfand, konnte ein Sklavenschiff fast jede beliebige Größe haben. Clarkson war von London nach Bristol gereist, um Fakten über den Sklavenhandel zusammenzutragen. Besonders interessierten ihn »Konstruktion und Maße« der Schiffe und die Verstauung der zukünftigen Plantagenarbeiter*innen. Einige Monate zuvor war Clarkson an Bord von Kapitän Colleys *Fly* gewesen, einem mehr oder weniger typischen Zweihundert-Tonnen-Schiff, das in der Themse vor Anker lag, und hatte demzufolge eine klare Vorstellung davon, wie ein Sklavenschiff aussah. In Bristol fand er »zwei kleine Sloops«, die für Afrika ausgerüstet wurden, und war schockiert.

Eins der Schiffe war nur ein Fünfundzwanzig-Tonnen-Schiff; sein Kapitän beabsichtigte, siebzig Versklavte unterzubringen. Das andere war noch kleiner – elf Tonnen – und würde nur dreißig Versklavte an Bord nehmen. Einer von Clarksons Begleitern erklärte ihm, dass Schiffe dieser Größe manchmal als Beiboote benutzt wurden, die die Küstenflüsse Westafrikas auf und ab fuhren, drei oder vier Versklavte auf einmal an Bord nahmen und sie zu den großen Schiffen transportierten, die vor der Küste vor Anker lagen und in die Neue Welt fuhren. Aber die winzigen Schiffe, die Clarkson hier vor sich hatte, waren angeblich tatsächlich Sklavenschiffe, mit denen Gefangene zu den Westindischen Inseln transportiert werden sollten.[37]

Clarkson konnte dies nur schwerlich glauben. Er fragte sich sogar, ob seine Informanten ihn zu absurden, leicht widerlegbaren Behauptungen über den Sklavenhandel zu verleiten versuchten, um so »der großen Sache, die ich unternommen hatte, Schaden zu tun«. Er erfuhr, dass eins der Schiffe als »Lustboot zur Beherbergung von nur sechs Personen« auf dem Fluss Severn gebaut worden war und dass zumindest eins von ihnen nach Ablieferung seiner menschlichen Fracht auf den Westindischen Inseln als Vergnügungsschiff verkauft werden sollte. Clarkson beschloss, beide Schiffe zu vermessen und einen seiner Begleiter zu bitten, den Erbauer der Schiffe ausfindig zu machen und dessen eigene Maßangaben in Erfahrung zu bringen. Die offiziellen Angaben deckten sich mit Clarksons eigenen Zahlen. Auf dem größeren der beiden Schiffe war der Bereich, in dem die Versklavten eingesperrt werden sollten, 9,5 Meter lang und etwas über drei Meter breit und verengte sich an beiden Enden auf 1,5 Meter. Damit würde, so rechnete Clarkson aus, jeder versklavten Person etwas mehr als ein Viertelquadratmeter Platz zur Verfügung stehen. Auf dem kleineren Schiff war der Raum für die Versklavten 6,70 Meter lang und 2,40 Meter breit (mit einer Verjüngung auf 1,20 Meter). Die Höhe vom Kiel bis zum Deckenbalken betrug etwas über 1,70 Meter, aber 90 Zentimeter davon wurden von »Ballast, Fracht und Proviant« eingenommen, so dass für dreißig Versklavte jeweils 0,37 Quadratmeter bei einer Höhe von 80 Zentimetern blieben. Clarkson war nach wie vor skeptisch und ließ vier Personen unabhängig voneinander Nachforschungen anstellen, um herauszufinden, ob diese Schiffe wirklich nach Afrika fahren sollten. Alle vier meldeten zurück, dass dies tatsächlich der Fall war, und Clarkson selbst fand es wenig später durch offizielle Dokumente im Zollhaus von Bristol bestätigt.[38]

Clarkson wäre noch erstaunter gewesen, wenn er gewusst hätte, dass dieses Elf-Tonnen-Schiff noch nicht einmal das kleinste Schiff war, das nachweislich als Sklavenschiff gedient hatte. 1761 fuhr ein Zehn-Tonnen-Schiff namens *Hesketh* von Liverpool an die Windward-Küste und brachte von dort dreißig versklavte Menschen nach St. Kitts. Mitte des 19. Jahrhunderts transportierten Schiffe der gleichen Größe Versklavte nach Kuba und Brasilien. 1764 und 1770 machten zwei Elf-Tonnen-Schiffe, die *Sally* und die *Adventure*, Fahrten von Rhode Island nach Afrika. Wie Clarkson herausfand, konnte selbst das kleinste Schiff als Sklavenschiff genutzt werden.[39]

Am anderen Ende des Spektrums stand die *Parr*, ein 566 Tonnen großes Ungetüm, das 1797 von dem Schiffbauer John Wright in Liverpool gebaut und nach seinen Eignern Thomas und John Parr, Mitgliedern einer angesehenen örtlichen Sklavenhändlerfamilie, benannt worden war. Die *Parr* war ein Zweidecker mit plattem Heck, etwas unter 10 Meter breit und auf der Höhe des Hauptdecks fast 39 Meter lang, mit drei Masten, Heckgalerien und einer weiblichen Galionsfigur am Bug. Das Schiff war schwer bewaffnet; es hatte zwanzig Achtzehnpfünder-Kanonen und zwölf Achtzehnpfünder-Karronnaden an Bord. Ein Zeitgenosse schrieb: »Sie wird von Kennern für ein sehr schönes Schiff angesehen und das größte aus diesem Hafen, welches in dem Afrikahandel verwendet wird, für den es entworfen wurde.« Die *Parr*, die für siebenhundert Versklavte gebaut worden war und eine hundertköpfige Besatzung benötigte, war nicht nur das größte Liverpooler Sklavenschiff, sondern das größte im gesamten Britischen Atlantik, fand aber ein bitteres und unerwartetes Ende, nicht lange, nachdem Wright und seine Werftmitarbeiter sie vom Stapel gelassen hatten. In einer für menschliche Katastrophen berüchtigten Branche erlitt die *Parr* eine der größten überhaupt: Im Jahr 1798, auf ihrer allerersten Fahrt, die nach Bonny an der Bucht von Biafra ging, flog sie in die Luft, nachdem Kapitän David Christian die Küste erreicht und etwa 200 Versklavte an Bord genommen hatte. Niemand an Bord überlebte. Die Ursache der Explosion ist unbekannt.[40]

Wenn die winzige Elf-Tonnen-Sloop, die Clarkson fand, am einen Ende des Spektrums stand und die gewaltige *Parr* am anderen, wie sah dann in Bezug auf Bauweise und Größe ein typisches Schiff aus? Die von Sklavenhändlern in Großbritannien und Amerika am meisten benutzten Schiffe waren die Sloop, der Schoner, die Brigg, die Brigantine, die Schnau, die Bark und das sogenannte Schiff (ein Wort, das sowohl Schiffe im Allgemeinen als auch einen bestimmten Schiffstyp bezeichnen konnte). Guineafahrer waren in der Regel Schiffe mittlerer Größe und Ladekapazität: Sie waren kleiner als die Schiffe, die im Ost- und Westindienhandel eingesetzt wurden, aber größer als diejenigen, die im Nordeuropa- und Küstenhandel eingesetzt wurden – ungefähr so groß wie die, die das Mittelmeer befuhren. Wie in fast allen anderen Handelszweigen auch wurden die Schiffe im Sklavenhandel im Verlauf des 18. Jahrhunderts größer, wobei dieser Trend in Bristol, London und vor allem Liverpool ausgeprägter war als in der Neuen Welt. Amerika-

Liverpool war der größte Sklavenhandelshafen Großbritaniens und im späten 18. Jahrhundert tatsächlich der größte der Welt. Die dortigen Händler verfügten über Dutzende Dreimaster, wie diese von William Jackson circa 1780 gezeichnete.

Im gesamten Sklavenhandel waren kleinere Schiffe wie die Schaluppe und der Schoner, insbesondere bei nordamerikanischen Händlern beliebt waren, und größere zweimastige Schiffe wie die Brigantine.

nische im Sklavenhandel tätige Schiffseigner und Kapitäne bevorzugten kleinere Schiffe, in erster Linie Sloops und Schoner, die mit einer kleineren Besatzung auskamen und eine geringere Anzahl von versklavten Afrikaner*innen transportierten, sodass die Schiffe schneller beladen und die Aufenthalte an der afrikanischen Küste verkürzt werden konnten. Britische Kaufleute bevorzugten etwas größere Schiffe, die mehr logistische Koordination erforderten, aber auch größere Gewinne versprachen und gleichzeitig einige der Vorzüge der kleineren amerikanischen Schiffe hatten. Schiffe, die für einen bestimmten Hafen gebaut worden waren, mochten sich nicht für einen anderen eignen, wie zwei Liverpooler Sklavenhandelskaufleute deutlich machten, die das amerikanische Sklavenschiff *Deborah* im Jahr 1774 wie folgt beurteilten: »[O]bwohl sie auf die gewöhnliche Weise für den Handel von Rhode Island nach Afrika gebaut wurde« – vermutlich, um Rum zu transportieren – »würde sie sich keineswegs für den Handel aus Liverpool eignen«.[41]

Das kleinste Schiff, das Clarkson sah, war eine Sloop, was im Sklavenhandel (besonders von dem aus amerikanischen Häfen ausgehenden) nicht ungewöhnlich war. Sloops waren im Allgemeinen zwischen 25 und 75 Tonnen groß, nur mit Schratsegeln getakelt und hatten einen einzelnen Mast und ein Großsegel, das »an der vordersten Ecke am Mast und unten an einem langen Ausleger« befestigt war, »mit welchem es gelegentlich nach jeder Seite gewendet [wurde]«. Die Sloop war schnell und leicht zu manövrieren; sie hatte wenig Tiefgang, eine geringe Verdrängung und kam mit einer fünf- bis zehnköpfigen Besatzung aus. Ein Exemplar dieses Schiffstyps wurde am 7. Januar 1765 auf den Seiten des *Newport Mercury* (Rhode Island) erwähnt: Zum Verkauf angeboten wurde »eine SLOOP von etwa 50 Tonnen, vollständig als Guineafahrer ausgerüstet, mit all ihrem Takelwerk. Gleichfalls ein paar Negerjungen.«[42] Kapitän William Shearer lieferte eine detailliertere Beschreibung dieses Schiffstyps, nachdem sich eine meuternde Besatzung im April 1753 auf dem Gambia-Fluss seiner Sloop *Nancy* bemächtigt hatte. Die *Nancy* war nur neun Monate zuvor in Connecticut gebaut worden. Sie war 70 Tonnen groß, hatte ein plattes Heck, eine tiefe Kuhl und sechs Luftpforten auf jeder Seite. Sie hatte vier kleine Kanonen an Bord, war radgesteuert und von außen größtenteils schwarz gestrichen. Das Heck war gelb, passend zu den Vorhängen in der Kajüte und einer kleinen Verzierungsleiste in Hecknähe. Eine weitere Verzierungsleiste war perlmuttfarben gestrichen, und um die Bullaugen und das Deckshaus herum hatte die *Nancy* zinnoberrote Streifen. Kapitän Shearer setzte hinzu, dass das Schiff »keine Register- oder Zollhauspapiere bezüglich der Ladung hat«, vielleicht, weil die Besatzung sie vernichtet hatte. Sein abschließender Kommentar war, dass die *Nancy* »ein überaus gut laufendes Schiff ist und sowohl am Wind als auch raumschots äußerst gut segelt«.[43]

Zweimaster waren im Sklavenhandel weit verbreitet. Ein Beispiel für einen typischen Schoner – ein Schiffstyp, der ab dem frühen 18. Jahrhundert auf amerikanischen Werften gebaut wurde – war die *Betsey*, die 1796 bei einer öffentlichen Auktion auf der Crafts North Wharf in Charleston, South Carolina, versteigert wurde. Sie wurde als »ein gutes Doppeldeckerschiff« beschrieben, »gut geeignet als Guineafahrer, etwa 90 Tonnen Tragfähigkeit und in gutem Zustand; kann sofort auf See geschickt werden«. Die Brigantine oder Brigg und die Schnau, die die gleiche Rumpfform hatten, aber unterschiedlich getakelt waren, waren im Sklavenhandel vor allem wegen ihrer mittleren Größe besonders beliebt. Sie waren zwischen 30 und 150 Tonnen groß; die durchschnittliche Größe eines Sklavenschiffes lag bei etwa 100 Tonnen. Wie der Mediziner Sir Jeremiah Fitzpatrick im Jahr 1797 anmerkte, hatten Schiffe dieser Größenordnung oft mehr Deck- und Stauraum pro Tonne als größere Schiffe.[44]

Laut William Falconer, der eines der bedeutendsten maritimen Wörterbücher des 18. Jahrhunderts zusammenstellte, stand das Vollschiff »an vorderster Stelle unter den Schiffen, welche den Ozean befahren«. Es war der größte im Sklavenhandel eingesetzte Schiffstyp und verband eine gute Geschwindigkeit mit hoher Ladekapazität. Es hatte drei Masten, die jeweils aus einem Untermast, einer Marsstenge und in den meisten Fällen einer Bramstenge bestanden. Als Kriegsschiffe waren die Vollschiffe eine Art »bewegliche Festung oder Zitadelle«; sie waren mit Kanonenbatterien bestückt und hatten eine enorme Zerstörungskraft. Als Handelsschiffe hatten sie weniger einheitliche Größen, sondern variierten zwischen 100 und – in einigen Fällen – 500 Tonnen oder mehr (wie die *Parr*) und konnten sieben- bis achthundert Versklavte transportieren. Ein durchschnittliches Sklavenschiff war mit etwa 200 Tonnen so groß wie die *Fly*, das erste Schiff, das Clarkson gesehen hatte. Ein recht typisches Schiff war die *Eliza*, die am 7. Mai 1800 im Carolina Coffee House in Charleston öffentlich zur Versteigerung kommen sollte. Sie lag mit »all ihrem Zubehör« an der Goyer's Wharf vor Anker, wo sie von potenziellen Käufern inspiziert werden konnte: ein 230-Tonnen-Schiff mit Kupferboden, »ausgerüstet für 12 Kanonen, ein bemerkenswert schneller Segler, gut geeignet für den Westindien- oder Afrikahandel, außerordentlich gut mit Vorrat versehen, und kann für geringe Kosten auf See geschickt werden«.[45]

Mit dem Anwachsen und Wandel des Sklavenhandels entwickelte sich auch der Guineafahrer weiter. Die meisten Sklavenschiffe waren für ihre Zeit typische Segelschiffe, und die wenigsten von ihnen waren eigens für diesen Handel gebaut worden. Während der gesamten Periode zwischen 1700 und 1808 wurde eine große Bandbreite von Schiffstypen und -größen im Sklavenhandel eingesetzt, aber nach 1750 erschien auch ein spezialisierteres Sklavenschiff auf der Bildfläche, das vor allem auf Liverpooler Werften gebaut wurde. Es war größer und hatte mehr Besonderheiten: Luftpforten, Kupferböden, mehr Platz zwischen den Decks. In den späten 1780er Jahren wurde dieser Schiffstyp weiter modifiziert; dies geschah in Reaktion auf Druck seitens der Abolitionsbewegung und die Verabschiedung von Reformgesetzen im Parlament zur Verbesserung der Gesundheit und Behandlung von Seeleuten und Versklavten. Das Sklavenschiff war – wie Malachy Postlethwayt, Joseph Manesty, Abraham Fox und Thomas Clarkson aus ihren jeweiligen Blickwinkeln bestätigen konnten – eine der wichtigsten technologischen Entwicklungen seiner Zeit.

JOHN RILAND: DIE BESCHREIBUNG EINES SKLAVENSCHIFFES, 1801

John Riland las den Brief seines Vaters mit wachsendem Entsetzen. Man schrieb das Jahr 1801, und nach seinem Studium an der Christ Church-Universität in Oxford war es für den jungen Mann Zeit, auf die Familienplantage auf Jamaika zurückzukehren. Sein Vater gab ihm genaue Anweisungen: Er sollte von Oxford nach Liverpool reisen und sich dort eine Kabine als Passagier auf einem Sklavenschiff nehmen; von dort aus sollte er an die afrikanische Windward-Küste segeln, den Ankauf und die Verladung einer »lebenden Fracht« von Versklavten überwachen und schließlich mit ihnen über den Atlantik nach Port Royal, Jamaika reisen. Der junge Riland war mit abolitionistischem Gedankengut in Berührung gekommen und hatte nun ernsthafte Bedenken gegenüber dem Geschäft mit menschlichen Körpern entwickelt; er hatte, wie er es ausdrückte, nicht das geringste Verlangen, »in einem schwimmenden Leprosenhaus mit einem Haufen kranker, elender Sklaven eingesperrt zu sein«. Er tröstete sich mit der Bemerkung eines Studienkameraden, derzufolge jüngste Berichte der Abolitionisten über die *Middle Passage* und die Sklavenschiffe »schändlich übertrieben« seien.[46]

Wie es sich traf, hatte auch Riland Senior begonnen, Zweifel an der Sklaverei zu hegen. Anscheinend hatte ihm sein christliches Gewissen den Gedanken eingegeben, der junge Mann, der das Familienvermögen erben würde, solle sich mit eigenen Augen ein Bild davon machen, wie es im Sklavenhandel zuging. Dieser tat pflichtschuldig, was ihm das Familienoberhaupt befohlen hatte: Er reiste nach Liverpool und schiffte sich als bevorzugter Passagier bei einem gewissen »Kapitän Y—« auf dessen Schiff, der *Liberty*, ein. Auf Grundlage seiner Erfahrungen verfasste er einen der detailliertesten Berichte über das Sklavenschiff, die jemals geschrieben wurden.[47]

Als Riland das Deck des Schiffes betrat, das ihn nach Afrika und von dort aus über den Atlantik bringen sollte, wusste der Kapitän – der Mann, der in dieser hölzernen Welt das Sagen hatte – offensichtlich schon, dass er kein Freund des Sklavenhandels war, und bemühte sich folglich, das Schiff und die auf ihm herrschenden Bedingungen im bestmöglichen Licht darzustellen. Wie Riland schrieb, versuchte er, »die abscheulichen Zustände zu mildern, welche sich, wie er wohl sah, bei unserer Landung [in Afrika] offenbaren würden; so wie auch während unseres Aufenthalts an der Küste und bei unserer nachherigen Reise nach Jamaika«. Er bezog sich hier auf den Kauf von mehr als zweihundert Gefangenen, die Überfüllung, die unvermeidlichen Krankheiten und Todesfälle. Der Kapitän machte es sich zur Aufgabe, seinen jungen Passagier über die wahren Zustände aufzuklären. Abend für Abend saß er mit ihm in der Kapitänskajüte (wo Riland aß und schlief), unterhielt sich mit ihm im schwachen Schein der schaukelnden Lampen und erklärte ihm geduldig, dass und warum es für »die Kinder Hams«[48] nur gut sei, auf amerikanische Plantagen wie die von Riland Senior geschickt zu werden.

Bald nachdem der Kapitän an der afrikanischen Küste seine ›lebende Fracht‹ an Bord genommen hatte, teilte er Riland mit, dass dieser nun sehen werde, dass »ein Sklavenschiff sehr anders sei, als es dargestellt werde«. Damit bezog er sich auf die abolitionistische Propaganda, die einen Wandel in der öffentlichen Meinung in England und darüber hinaus bewirkt hatte. Er würde seinem Passagier zeigen, dass sich die Versklavten ganz im Gegenteil »ihres glücklichen Zustandes erfreu[t]en«. Um diese Behauptung zu veranschaulichen, ging er zu den versklavten Frauen an Bord und sagte ein paar Worte zu ihnen, »welche sie mit einem dreifachem Hurraruf und lautem Gelächter erwiderten«. Dann ging er auf den vorderen Teil des Hauptdecks und »sprach die selben Worte zu den Männern, welche auf die selbe Weise antworteten«. Daraufhin wandte sich der Kapitän triumphierend zu Riland und sagte: »Nun, seid Ihr nicht davon überzeugt, dass Mr. Wilberforce eine sehr unzutreffende Vorstellung von den Sklavenschiffen hat?« – eine Anspielung auf den Parlamentsabgeordneten, der lautstark die Gräuel der Versklaventransporte angeprangert hatte. Riland war nicht überzeugt. Aber er war fasziniert und sehr daran interessiert herauszufinden, ob der Kapitän möglicherweise die Wahrheit sagte, und beobachtete daher mit großer Aufmerksamkeit »die Haushaltung auf diesem Sklavenschiff«.[49]

Riland begann die Beschreibung des Schiffes – offenbar eine Bark oder ein anderes Schiff mittlerer Größe von ungefähr 140 Tonnen – mit dem Unterdeck, dem Bereich, in dem 240 versklavte Menschen (170 Männer und 70 Frauen) sechzehn Stunden am Tag und manchmal länger eingesperrt waren. Riland wurde des verliesartigen Charakters des Schiffes gewahr: Die etwa 140 Männer waren paarweise an Hand- und Fußgelenken aneinandergekettet und direkt unter dem Hauptdeck in einem Raum untergebracht, der sich vom Großmast bis ganz nach vorne erstreckte. Der Abstand zwischen dem Unterdeck und den Balken darüber betrug 1,37 Meter, so dass es den Männern nicht möglich gewesen wäre, aufrecht zu stehen. Plattformen, die normalerweise auf Sklavenschiffen zu finden waren, werden von Riland nicht erwähnt. Sie ragten von der inneren Bordwand des Unterdecks etwa 1,80 Meter nach innen, um die Unterbringung einer größeren Anzahl von Versklavten zu ermöglichen. Es ist anzunehmen, dass das Schiff so viele Menschen geladen hatte, wie es der Dolben Act von 1788 zuließ, der die Höchstzahl der von Sklavenschiffen beförderten Gefangenen auf fünf versklavte Menschen pro drei Tonnen Ladekapazität festlegte.

Der Zugang zum Raum für die Männer war mit einer großen hölzernen Gräting auf dem Hauptdeck abgedeckt, deren Gitterwerk »hinreichend Luft« hereinlassen sollte. Dem gleichen Zweck dienten zwei oder drei in die Bordwand geschnittene kleine Luken, die allerdings nicht immer offen waren. Am hinteren Ende der Männerunterkunft befand sich ein »sehr starkes Schott«, das vom Schiffszimmermann so konstruiert worden war, dass die Luftzirkulation auf dem Unterdeck nicht behindert wurde. Riland hielt die Belüftung unter Deck dennoch für schlecht. Er schrieb, dass die Männer einer »höchst unreinen und erstickenden Atmosphäre« ausgesetzt seien. Schlimmer noch war, dass sie zu wenig Platz hatten: Der ihnen zugewiesene Raum war »viel zu klein sowohl für das Wohlsein als auch die Gesundheit«. Riland stellte fest, dass die Männer, wenn sie von unten an Deck gebracht wurden, »ganz und gar grausig und gespenstisch sowie trübsinnig und niedergeschlagen« aussahen. Jeden Morgen blinzelten sie nach den vielen Stunden der Gefangenschaft im Dunkeln heftig gegen das Sonnenlicht an.[50]

Der mittlere Teil des Unterdecks, von der Nähe des Großmastes bis zum Besanmast, war der Bereich für die Frauen. Im Gegensatz zu den meisten Sklavenschiffen hatte die *Liberty* keinen separaten Bereich für Jungen. Um Männer und Frauen getrennt zu halten, war daher zwischen dem Männer- und dem Frauenbereich ein etwa drei Meter breiter Durchgang freigelassen worden, der der Besatzung als Zugang zum Laderaum diente, in dem Handelswaren, Schiffsbedarf sowie Essens- und Wasservorräte gelagert wurden, wahrscheinlich in übergroßen sogenannten ›Guinea-Fässern‹. Vorn und hinten war der Frauenbereich durch stabile Schotten abgetrennt. Die Frauen, die größtenteils nicht in Ketten gelegt wurden, hatten mehr Platz und Bewegungsfreiheit als die Männer: Nur etwa fünfundvierzig von ihnen schliefen hier. Die Gräting lag kastenartig etwa einen Meter über dem Hauptdeck und ließ Riland zufolge »eine reichliche Menge Luft ein«. Die darunter eingesperrten Menschen mochten anderer Meinung gewesen sein.[51]

Unter dem Achterdeck, das etwa zwei Meter höher als das Hauptdeck lag und sich bis zum Heck des Schiffes erstreckte, waren zwei weitere Räume abgetrennt worden. Der hintere dieser Räume war die Kajüte, wo die Hängematten des Kapitäns und Rilands hingen. Aber selbst diese beiden privilegiertesten Menschen an Bord teilten ihren Schlafplatz mit anderen: Jeden Abend legten sich fünfundzwanzig kleine afrikanische Mädchen unter ihnen zum Schlafen hin. Der Kapitän warnte seinen Kajütengenossen, dass »der Geruch einige Tage lang unangenehm sein würde«, versicherte ihm aber, dass er, »wenn wir in die Passatwinde kämen, nicht mehr wahrgenommen werden würde«. Wie es scheint, erholte sich Rilands zartes Gentleman-Gemüt nie wieder von dieser Erfahrung, denn später schrieb er: »Während der Nacht hing ich über einer Schar von auf dem Boden zusammengedrängten Sklaven, deren Gestank zuzeiten fast nicht auszuhalten war.«

Ähnlich sah es im anderen, angrenzenden Raum aus, dessen Eingang auf das Hauptdeck hinausging. Hier schliefen der Schiffsarzt und der Erste Steuermann, die den Raum ebenfalls nicht für sich allein hatten: Unter ihnen lagen jede Nacht neunundzwanzig Jungen. Andere Bereiche auf dem Hauptdeck waren für Kranke reserviert, vor allem für diejenigen, die an der Ruhr litten und »von den anderen abgesondert gehalten wurden«. Kranke Männer wurden auf die Barkasse gebracht, über die eine Persenning als Sonnensegel gespannt worden war; kranke Frauen wurden unter dem Halbdeck untergebracht. Für die Besatzungsmitglieder blieb nur sehr wenig Platz. Sie hängten ihre Hängematten unter der Barkasse in der Nähe der Kranken auf, in der Hoffnung, dass das Sonnensegel ihnen Schutz vor den Elementen bieten würde, insbesondere vor dem Nachttau an der afrikanischen Küste.

Riland hob in seiner Schilderung eine weitere Besonderheit hervor, die für die soziale Organisation des Hauptdecks buchstäblich von zentraler Bedeutung war: das Barricado, eine schwere, drei Meter hohe Absperrung, die in der Nähe des Hauptmastes quer über das Schiff verlief und auf beiden Seiten einen guten halben Meter über die Bordwand hinausragte. Diese Absperrung, mit der sich jedes Schiff in ein Sklavenschiff umwandeln ließ, trennte die männlichen von den weiblichen Gefangenen und diente als Verteidigungsbarriere, hinter die sich die Besatzung (auf der Frauenseite) im Fall eines Aufstands der Versklavten zurückziehen konnte. Gleichzeitig war es eine Art militärische Vorrichtung, von der aus die Mannschaft die versklavten Menschen bewachen und unter Kontrolle halten konnte. In diese Barrikade war, wie Riland schrieb, eine kleine Tür eingelassen, durch die sich nur eine Person zur gleichen Zeit langsam hindurchzwängen konnte. Wenn die versklavten Männer auf dem Hauptdeck waren, wurde

Die Barrikade war ein Bollwerk, hinter das sich die Besatzungsmitglieder zurückziehen konnten, um einem Aufstand auszuweichen und die Ordnung wiederherzustellen. Diese unrealistische Darstellung eines französischen Sklavenschiffs aus dem frühen 19. Jahrhundert zeigt ein Barricado, das zu kurz, zu offen und zu zerbrechlich ist, aber es zeigt, wie Männer und Frauen auf dem Sklavenschiff getrennt und unterschiedlich behandelt wurden.

die Tür von zwei bewaffneten Posten bewacht, während »vier weitere mit geladenen Donnerbüchsen in den Händen auf der Barrikade über den Köpfen der Sklaven aufgestellt waren: zwei mit Schrot geladene Kanonen waren durch in die Barrikade gesägte Löcher auf das Hauptdeck gerichtet, um sie in Empfang zu nehmen«. Die Gefahr eines Aufstands war allgegenwärtig. Der Kapitän versicherte dem nervösen Riland, dass er »die Sklaven unter solcher Bewachung halte, sodass all ihre Bemühungen fehlschlagen würden, sollten sie versuchen, sich zu erheben«. Sie hatten bereits einen gescheiterten Versuch vor der afrikanischen Küste unternommen. Wenn die Versklavten nach oben gebracht wurden, wurde das Hauptdeck zu einem streng bewachten Gefängnishof.

Riland erwähnte zwar die Barkasse, in der die kranken versklavten Männer isoliert waren, aber er erklärte nicht, welche Bedeutung sie für das Schiff und seine Funktion hatte. Dieses starke einmastige Boot, das bis zu neun Meter lang sein konnte und oft eine Drehbasse (eine schwenkbare Kanone) an Bord hatte, konnte sowohl gesegelt als auch gerudert werden, und hatte eine beträchtliche Tragfähigkeit. Bei Flaute konnte es sogar dazu verwendet werden, das Schiff zu schleppen. Sklavenschiffe hatten im Allgemeinen auch ein kleines zweites Boot an Bord, eine Jolle, die zwar mit einem Segel ausgestattet war, aber häufiger von vier bis sechs Seeleuten gerudert wurde. Diese beiden Boote waren für die Sklavenschiffe unverzichtbar, da fast der gesamte Handel an der afrikanischen Küste vor Anker abgewickelt wurde, was einen ständigen Pendelverkehr zwischen Ufer und Schiff erforderte, bei dem Fertigwaren in die eine Richtung und versklavte Menschen – unter Umständen auch in afrikanischen Kanus – in die andere transportiert wurden. Beide Boote hatten für gewöhnlich wenig Tiefgang, damit sie leicht auf den Strand gesetzt werden konnten und beim Transport wertvoller Ladung stabil im Wasser lagen.[52]

Das Sklavenschiff besaß noch andere besondere Merkmale, die von Riland nicht erwähnt, aber dennoch wichtig waren. Die Konstabel- oder Pulverkammer, die normalerweise in der Nähe der Kapitänskajüte lag (so weit wie möglich vom Raum der versklavten Männer entfernt), stand unter der Aufsicht des Schiffskanoniers und wurde streng bewacht. In der Kombüse, die dem Schiffskoch unterstand, fanden sich spezielle große Eisen- oder Kupferkessel, in denen das Essen für etwa 270 Personen – Versklavte wie Besatzung – zubereitet wurde. Ein Netzwerk von Tauen zog sich rund um das Schiff, das von der Besatzung gespannt wurde, um Versklavte davon abzuhalten, über Bord zu springen.[53]

Weil Sklavenschiffe wie die *Liberty* verhältnismäßig lange vor der afrikanischen Küste lagen, während ihre menschliche Fracht gekauft und an Bord gebracht wurde, zeichnete sie im Allgemeinen eine weitere Besonderheit aus: ein kupferbeschlagener Rumpf zum Schutz gegen tropische Bohrwürmer (wie den Schiffsbohrwurm, *teredo navalis*) oder Bohrmuscheln. Um 1800 herum war die Verkupferung von Schiffen bereits üblich, obwohl es sich um eine relativ junge technische Entwicklung handelte. Im frühen 18. Jahrhundert wurden die Rümpfe von Schiffen, die für tropische Gewässer bestimmt waren, noch mit einer zusätzlichen, etwas über einen Zentimeter dicken Lage Weichholzbretter ummantelt, die (wie von Manesty in Auftrag gegeben) an den Rumpf genagelt wurden. 1761 begann die britische Royal Navy, die regelmäßig in den Tropen patrouillierte, erfolgreich mit Kupferbeschlag zu experimentieren, und binnen weniger Jahre wurden auch Sklavenschiffe ummantelt. Es wurde weiter experimentiert, und in den 1780er Jahren war Kupferbeschlag bereits üblich, vor allem bei größeren Schiffen.[54] Die 350 Tonnen große *Triumph*, ein in Liverpool gebautes ehemaliges Sklavenschiff namens *Nelly*, das 1809 in Newport, Rhode Island, zum Verkauf angeboten wurde, wurde als »bis zu den Planken gekupfert« und »mit Kupfer dichtgemacht« beschrieben.[55] Im letzten Vierteljahrhundert des Sklavenhandels, zwischen 1783 und 1808, war ein Kupferboden eins der Merkmale, die beim Verkauf von Sklavenschiffen am häufigsten hervorgehoben wurden.[56]

Gegen 1801, als Riland auf der *Liberty* fuhr, waren auf einigen der größeren Sklavenschiffe Windsäcke eingeführt worden, die der besseren Belüftung und damit der Gesundheit der versklavten Menschen unter Deck dienen sollten. Windsäcke waren oben offene Schläuche aus Segeltuch, die in vertikalen Abständen mit Reifen verstärkt und an den Luken befestigt waren, um »einen Strom frischer Luft niederwärts in die tieferen Räume eines Schiffes zu lenken«. Der Windsack war ursprünglich für die Besatzungen von Kriegsschiffen entwickelt worden und wurde nun, wenn auch inkonsequent, im Sklavenhandel eingesetzt. Einige Jahre zuvor hatte ein Beobachter geschrieben, dass nur eins von zwanzig Sklavenschiffen mit Windsäcken ausgerüstet sei, und man kann mit ziemlicher Sicherheit davon ausgehen, dass die *Liberty* zur überwältigenden Mehrheit derer gehörte, die keine hatten.[57]

Riland erwähnte auch die Ketten, mit denen die versklavten Männer auf der *Liberty* gefesselt waren, und sprach damit eine weitere wesentliche Komponente des Gefängnisschiffes an: die Gerätschaften der Gefangenschaft. Dazu gehörten Hand- und Fußschellen, Halseisen, verschiedene Arten von Ketten und möglicherweise ein Brenneisen. Viele Sklavenschiffe hatten Daumenschrauben an Bord, ein mittelalterliches Folterinstrument, bei dem – beispielsweise, um ein Geständnis zu erzwingen – die Daumen einer rebellischen versklavten Person in eine schraubstockähnliche Vorrichtung gesteckt und langsam zerquetscht wurden. In einer Meldung im *Connecticut Centinel* vom 2. August 1804 über einen Verkauf auf dem Sklavenschiff *John* wurden unter anderem folgende Posten erwähnt: »300 Paar gut gearbeitete Fußschellen« sowie »150 Halseisen zusammen mit einer Anzahl von Ringbolzen-Ketten & c. Von geeigneter Beschaffenheit für die Gefangenhaltung von Sklaven.«[58]

Aufgrund dieser charakteristischen Merkmale war es einfach, einen Guineafahrer nach einem Unglück zu identifizieren. Nachdem zum Beispiel im Jahr 1790 eine Brigg ohne Masten auf der Bahamas-Insel Grand Caicos »auf ein Riff gelaufen« war, war aufgrund der »Anzahl der in ihr gefundenen Handschellen« sofort ersichtlich, dass es sich um »einen alten Guineafahrer« handeln musste.[59] Ein paar Jahre später, 1800, stieß Kapitän Dalton von der *Mary-Ann* an der Küste Floridas ebenfalls auf ein Geisterschiff. Es war groß, segellos, lag auf der Seite und war voll mit Wasser. Besatzungsmitglieder waren nicht zu sehen. Wie sich herausstellte, handelte es sich um die *Greyhound* aus Portland, Maine, die der Kapitän »an den Grätings vorn und achtern« als Sklavenschiff erkannte. John Riland blieb ein derartiges Unglück erspart. Aber er war sich sehr wohl bewusst, dass das Schiff, das er betreten hatte, eine ganz besondere Maschine war. Die Fähigkeit dieser Maschine, afrikanische Menschen gefangen zu halten und zu transportieren, hatte dazu beigetragen, eine neue atlantische Welt der Arbeit, der Plantagen, des Handels, des Imperiums und des Kapitalismus ins Leben zu rufen.[60]

Anmerkungen

1 Gordon, Thomas: *Principles of Naval Architecture, with Proposals for Improving the Form of Ships, to which are added, some Observations on the Structure and Carriages for the Purposes of Inland Commerce, Agriculture, &c.* London 1784, S. 23. S. a. Blackburn, *The Making of New World Slavery*, S. 376. Zum Übergang zum Kapitalismus siehe Dobb, Maurice: *Studies in the Development of Capitalism*. International Publishers, New York 1964; Wallerstein, Immanuel: *The Modern World-System: Capitalist Agriculture and the Origins of the European World-Economy in the Sixteenth Century*. Academic Press, New York 1974; Hilton, Rodney (Hg.): *The Transition from Feudalism to Capitalism*. New Left Books, London 1976; Wolf, Eric: *Europe and the People Without History*. University of California Press, Berkeley 1982.

2 Anderson, Romola und R. C.: *The Sailing-Ship: Six Thousand Years of History*. Erstveröffentlichung 1926; W.W. Norton, New York 1963, S. 129; Greenhill, Basil: *The Evolution of the Wooden Ship*. Facts on File, New York 1988, S. 67–76. In jüngster Zeit ist faszinierende Arbeit von Unterwasserarchäolog*innen geleistet worden, die die materielle Kultur der Sklavenschiffe geborgen und analysiert haben. Siehe Burnside, Madeleine / Robotham, Rosemarie: *Spirits of the Passage: The Transatlantic Slave Trade in the Seventeenth Century*. New York: Simon & Schuster, New York 1997 (über die *Henrietta Marie*); Svalesen, Leif: *The Slave Ship Fredensborg*. Indiana University Press, Bloomington 2000. Für einen Überblick von einer Autorin, die selbst an einem wichtigen Buch zu diesem Thema arbeitet, siehe Webster, Jane: »Looking for the Material Culture of the Middle Passage«, in: *Journal of Maritime Research* (2005), online verfügbar unter http://www.jmr.nmm.ac.uk/server/show/ConJmrArticle.209.

3 Cipolla, Carlo: *Guns, Sails, and Empires: Technological Innovation and the Early Phases of European Expansion, 1400–1700*. Pantheon Books, New York 1965.

4 *Memoirs of Crow*, S. 137. König Holiday machte diese Bemerkung im Jahr 1807, erbost darüber, dass der Sklavenhandel sich dem Ende zuneigte. Weil der englische König das »große Schiff« hatte, konnte er »schlechte Menschen« weit wegschicken – zum Beispiel nach Botany Bay, Australien – aber König Holiday hatte diese Möglichkeit nun nicht mehr.

5 Curtin, Philip: *The Rise and Fall of the Plantation Complex: Essays in Atlantic History*. Cambridge University Press, Cambridge 1990, Kap. 2.

6 James, C. L. R. J: *The Black Jacobins: Toussaint L'Ouverture and the San Domingo Revolution*. Erstveröffentlichung1938; Vintage, New York 1989, S. 85–86; Blackburn, *The Making of New World Slavery*, S. 350.

7 Martin, Samuel: *An Essay on Plantership*. London 1773.

8 Blackburn: *The Making of New World Slavery*, S. 515. Wie und in welchem Ausmaß die Sklaverei zum Aufstieg des Kapitalismus beitrug, wird weiterhin heftig diskutiert. Zu den Höhepunkten und Beiträgen zu dieser Diskussion aus unterschiedlichen Perspektiven gehören Williams, Eric: *Capitalism and Slavery*. University of North Carolina Press, Chapel Hill 1944; Drescher, Seymour: *Econocide: British Slavery in the Era of Abolition*. University of Pittsburgh Press, Pittsburgh 1977; Eltis, David / Engerman, Stanley L.: »The Importance of Slavery and the Slave Trade to Industrializing Britain«, in: Journal of Economic History 60, 2000, S. 123–44; Morgan, Kenneth: *Slav-*

ery, Atlantic Trade and the British Economy, 1660–1800. Cambridge University Press, Cambridge 2001; Inikori, Joseph: *Africans and the Industrial Revolution in England: A Study in International Trade and Economic Development.* Cambridge University Press, Cambridge 2002.

9 Für Hintergrundinformationen zu den ›schwimmenden Faktoreien‹ siehe Gill, Conrad: *Merchants and Mariners in the 18th Century.* Edward Arnold, London 1961, S. 91–97.

10 Stanfield, James Field: *Observations on a Guinea Voyage, in a Series of Letters Addressed to the Rev. Thomas Clarkson.* James Phillips, London 1788, S. 5. Für zwei detaillierte Listen ausgehender Fracht siehe »Estimate of a Cargo for the *Hungerford* to New Calabar for 400 Negroes, May 1769« und »Estimate of a Cargo for 500 Negroes to Bynin, 1769«, beide D.M.15, Bristol University Library.

11 Rediker, Marcus: *Between the Devil and the Deep Blue Sea: Merchant Seamen, Pirates, and the Anglo-American Maritime World, 1700–1750.* Cambridge University Press, Cambridge 1987, Kap. 2; Christopher, *Slave Ship Sailors and Their Captive Cargoes,* Kap. 5.

12 Stanfield, James Field: *The Guinea Voyage, A Poem in Three Books.* James Phillips, London 1789, S. 26; *An Apology for Slavery; or, Six Cogent Arguments against the Immediate Abolition of the Slave Trade.* London 1792, S. 45.

13 Postlethwayt, Malachy: *The African Trade, the Great Pillar and Support of the British Plantation Trade in America,* London 1745, und vom gleichen Autor: *The National and Private Advantages of the African Trade Considered: Being an Enquiry, How Far It concerns the Trading Interests of Great Britain, Effectually to Support and Maintain the Forts and Settlements of Africa.* London 1746.

14 Für eine Diskussion der Frage, wie Postlethwayts Position sich im Verlauf der 1750er und 1760er Jahren wandelte – hin zu einer Ablehnung des Sklavenhandels und einer Verschiebung des Schwerpunkts auf den später so genannten ›legitimen Handel‹ – und damit Abolitionisten wie Thomas Clarkson ein Argument lieferte, siehe Brown, Christopher Leslie: *Moral Capital: Foundations of British Abolitionism.* University of North Carolina Press, Chapel Hill 2006, S. 272–74.

15 Davies., K. G.: *The Royal African Company.* Atheneum, New York 1970. Für Überblicke über die Sklavenhandelsforts und -faktoreien im späteren 18. Jhdt. siehe »Transcripts of Official Reports and Letters Relating to the State of British Settlements on the Western Coast of Africa in 1765«, King's MS #200, BL, und »Sundry Books and Papers Relative to the Commerce to and from Africa delivered to the Secretary of State of the African and American Department by John Roberts, Governor of Cape Coast Castle, 13th December 1779«, Egerton 1162A-B, BL. Siehe auch Martin, Eveline C.: *The British West African Settlements, 1750–1821.* Longmans, London 1927.

16 Lord Sheffield, John: *Observations on the Project for Abolishing the Slave Trade, and on the Reasonableness of attempting some Practicable Mode of Relieving the Negroes.* Erstveröffentlichung London 1790, 2. Aufl. London 1791, S. 21; Anstey, Roger: *The Atlantic Slave Trade and Abolition, 1760–1810.* MacMillan, London 1975, Kap. 2, bes. S. 48, 57; Richardson, David: »Profits in the Liverpool Slave Trade: The Accounts of William Davenport, 1757–1784«, in: Anstey, Roger / Hair, P. E. H. (Hg.): *Liver-*

pool, the African Slave Trade, and Abolition. Antony Rowe for the Historical Society of Lancashire and Cheshire, Chippenham, England 1976, Neuaufl. 1989, S. 60–90; Klein, Herbert S.: *The Atlantic Slave Trade*. Cambridge University Press, Cambridge 1999, S. 98–100; Morgan, Kenneth: »James Rogers and the Bristol Slave Trade«, in: *Historical Research* 76, 2003, S. 189–216.

17 Joseph Manesty an John Bannister, 2. August 1745, in: John Bannister Letter-Book Nr. 66, fol. 2, Newport Historical Society, Newport, Rhode Island. Der Brief ist im Faksimile abgedruckt in: Donnan III, S. 137. Zur *Chance* siehe *TSTD* #90018.

18 Die Buchführungsunterlagen von einer von Manestys Sklavenhandelsreisen sind erhalten. 1754–55 segelte die *Adlington* unter Kapitän John Perkins von Liverpool nach mehreren Zielhäfen an der afrikanischen Küste. Perkins lieferte 136 Versklavte (50 Männer, 25 Frauen, 38 Jungen und 23 Mädchen, einige von ihnen »Mager und Verwirrt«) an die Handelsfirma Case & Southworth in Kingston, Jamaika. Nach Zahlung der Provision an den Kapitän, des ›Kopfgeldes‹ für den Schiffsarzt und der Vergütung für den Handelsagenten verblieb Manesty die Summe von 5.047,15,6 Pfund (etwa eine Million US-Dollar im Jahr 2007), aus der er die Kosten für die ursprüngliche Handelsfracht und die Heuer für die Besatzung (beide Summen unbekannt) zu zahlen hatte. Siehe »Sales of 136 Negroes being the Ship Adlington's Cargoe John Perkins Master, from Africa on acct of Joseph Manesty & Co. Merchts in Liverpool«, Case & Southworth Papers, 1755, 380 MD 35, LRO.

19 Manesty an Bannister, 14. Juni 1747, Bannister Letter-Book, Nr. 66. Manesty war Haupteigner der Schiffe *Adlington*, *African*, *Anson*, *Bee*, *Chance*, *Duke of Argyle*, *June*, *Perfect* und *Spencer* und besaß kleinere Anteile an anderen Schiffen wie der *Swan* und der *Fortune*. Zwischen 1745 und 1758 investierte er in neunzehn Reisen. Siehe *TSTD* #90018, #90136–41, #90174, #90350, #90418–9, #90493–5, #90558, #90563, #90569, #90653, #90693. Elizabeth Donnan zufolge stammte John Bannister aus einer Bostoner Kaufmannsfamilie und kam nach 1733 nach Newport. Er war selbst ein Kaufmann und investierte in die Kaperei. Es scheint, dass er nicht selbst ein Schiffbauer war, sondern ein Zwischenhändler, der Kontakte zu Schiffbauern vermittelte. Bannister sollte bald sein eigenes Schiff für den Sklavenhandel in Auftrag geben. Er war Alleineigentümer der Schnau *Hardman* unter Kapitän Joseph Yowart, die zwischen 1749 und 1754 drei Reisen von Liverpool nach Afrika und zu den Westindischen Inseln unternahm (*TSTD* #90150–90152).

20 Joseph Manesty an Joseph Harrison, aus Liverpool, 10. September 1745, in: Donnan III, S. 138.

21 Für zwei weitere Aufträge für Schiffe, die wahrscheinlich als Sklavenschiffe konzipiert waren und von Mitgliedern der führenden Sklavenhändlerfamilie New Englands, den D'Wolfs aus Bristol, Rhode Island, in Auftrag gegeben wurden, siehe »Agreement between William and James D'Wolf and John, Joseph and Joseph Junr Kelly of Warren«, 8. Januar 1797, Folder B-10, Ship's Accounts; und »Memorandum of an Agreement between John and James D'Wolf and builder William Barton«, 13. März 1805, Folder B-3, Orozimbo, Captain Oliver Wilson, beide in den James D'Wolf Papers, Bristol Historical Society, Bristol, Rhode Island.

22 Stammers, M. K.: »›Guineamen‹: Some Technical Aspects of Slave Ships«, in: Tibbles, Anthony (Hg.): *Transatlantic Slavery: Against Human Dignity*. HMSO, London

1994, S. 40. Es sollte angemerkt werden, dass die Sklavenschiffe nach Abschaffung des Sklavenhandels kleiner, schneller und billiger wurden, damit sie weniger leicht entdeckt und von Marinepatrouillen abgefangen werden konnten und die Kosten sich in Grenzen hielten, wenn sie beschlagnahmt wurden. Was das Stampfen und Rollen der Schiffe angeht, siehe die Beschwerde des Kaufmanns John Guerard, derzufolge viele der Versklavten »durch Ermüdung und Umherkollern so arg gelitten haben, dass sie sich nun in einem höchst armseligen Zustand befinden«. Siehe John Guerard an William Jolliffe, 25. August 1753, John Guerard Letter Book, S. 164–67, South Carolina Historical Society, Charleston.

23 Hier, wie allgemein in diesem Buch, bezeichnet die Tonnage nicht das Gewicht, sondern die Ladekapazität eines Schiffes, und auch das nicht allzu genau. Die mittelalterliche ›tun‹ bezeichnete ein etwa 40 Kubikfuß fassendes Fass, in dem Wein zwischen Frankreich und England transportiert wurde. Ein Schiff, das hundert ›tuns‹ befördern konnte, war ein 100-Tonnen-Schiff. Aber im Laufe der Zeit nahm die ›Tonnage‹ andere Bedeutungen an und wurde je nach Land – und selbst innerhalb einzelner Länder – unterschiedlich berechnet. 1786 wurde per Parlamentsbeschluss eine Umstellung von der Registertonne (*registered ton*) auf die Frachttonne (*measured ton*) angeordnet. Ich habe keinen Versuch unternommen, die Tonnageangaben zu standardisieren und gebe sie durchweg in Übereinstimmung mit den Angaben in den Primärquellen an. Für einen Überblick zum Thema siehe Lane, Frederick C.: »Tonnages, Medieval and Modern«, in: *Economic History Review* 17, 1964, S. 213–33.

24 Eins dieser Schiffe war möglicherweise die *Anson*, die in Newburyport, Massachusetts gebaut und nach dem Admiral benannt wurde, der die Welt umsegelte und 1744–45 ein Schiff der spanischen Silberflotte kaperte, oder die *Swan*, die in Swansea, Massachusetts gebaut wurde. Siehe *TSTD* #90174, #90160–90162. Für die Baukosten anderer Sklavenschiffe siehe Ralph Inman an Peleg Clarke, Boston, 11. Mai 1772, in: Donnan III, S. 257; Terry, Roderick (Hg.): »Some Old Papers Relating to the Newport Slave Trade«, in: *Bulletin of the Newport Historical Society* 62, 1927, S. 12–13; *Wilson v. Sandys*: Accounts for the Slave Ships *Barbados Packet*, *Meredith*, *Snow Juno*, *Saville*, and *Cavendish*: Liverpool, St. Christophers, Grenada 1771, Chancery (C) 109/401, NA.

25 Manesty an Harrison, in: Donnan III, S. 138.

26 Parry, J. H.: *Trade and Dominion: The European Oversea Empires in the Eighteenth Century*. Weidenfeld and Nicolson, London 1971, S. 12; Anderson / Anderson: *The Sailing-Ship*, S. 178; Goldenberg, Joseph A.: *Shipbuilding in Colonial America*. University of Virginia Press, Charlottesville 1976, S. 32–33; Behrendt, Stephen D.: »Markets, Transaction Cycles, and Profits: Merchant Decision Making in the British Slave Trade«, in: *William and Mary Quarterly*, 1. Ser., 58 (2001), S. 171–204.

27 Stewart-Brown, Ronald: *Liverpool Ships in the Eighteenth Century, including the King's Ships built there with Notes on the Principal Shipwrights*. University of Liverpool Press, Liverpool 1932, S. 75.

28 Williams, David M.: »The Shipping of the British Slave Trade in its Final Years, 1798–1807«, *International Journal of Maritime History* 12, 2000, S. 1–25.

29 Dieser Absatz stützt sich in hohem Maße auf Goldenberg: *Shipbuilding in Colonial America*, S. 55–56, 89. Zu Öfen und Herden siehe John Fletcher an Kapitän Peleg

Clarke, London, 16. Oktober 1771, Peleg Clarke Letter-Book, Newport Historical Society, Nr. 75 A.

30 Siehe Sutherland, William: The Shipbuilder's Assistant, 1711; ders.: *Britain's Glory; or, Ship-Building Unvail'd, being a General Director for Building and Compleating the said Machines*, 1729; Hardingham, John: *The Accomplish'd Shipwright*, 1706; Murray, Mungo: *Elements of Naval Architecture*, 1764; af Chapman, Fredrik Henrik: *Architectura Mercatoria Navalis*, 1768; Stalkartt, Marmaduke: *Naval Architecture*, 1787; Hutchinson, William: *Treatise on Naval Architecture*, 1794; Steel, David: *The Elements and Practice of Rigging and Seamanship*, London 1794; ders.: *The Ship-Master's Assistant and Owner's Manual*, London 1803; ders.: *The Elements and Practice of Naval Architecture*, 1805; Gordon, Thomas: *Principles of Naval Architecture*. In Britisch-Nordamerika wurden im 18. Jhdt. keine Bücher über den Schiffbau veröffentlicht, daher verwendeten die dortigen Schiffbauer diese Bücher und hielten sich an die europäische Bauweise. Siehe Chapelle, Howard I.: *The Search for Speed Under Sail, 1700–1855*. W.W. Norton, New York 1967, S. 6–8.

31 Chapelle: *Search for Speed*, S. 412–14.

32 Falconer, William: *Universal Dictionary of the Marine*. T. Cadell, London 1769, überarbeitete Ausgabe 1784, Stichwort ›architecture (naval)‹; *Rules and Orders of the Society for the Improvement of Naval Architecture*, London 1791; *An Address to the Public, from the Society for the Improvement of Naval Architecture*, London 1791; *Catalogue of Books on Naval Architecture*, London 1791; *An Address to the Public, from the Society for the Improvement of Naval Architecture*, London 1792; *Report of the Committee for Conducting the Experiments of the Society for the Improvement of Naval Architecture*, London 1799, S. 1 (Zitat).

33 »An Account of Men Belonging to the Snow Peggy the 13th of August 1748«, Anthony Fox, Master, 1748–1749, Muster Rolls Bd. I (1748–1751), Society of Merchant Venturers Archives, BRO. Siehe *TSTD* #77579. Für Hintergrundinformationen siehe Davis, Ralph: *The Rise of the English Shipping Industry in the Seventeenth and Eighteenth Centuries*. Macmillan, London 1962, Kap. 6–7; Rediker, *Between the Devil and the Deep Blue Sea*, Kap. 2; Earle, Peter: *Sailors: English Merchant Seamen, 1650–1775*. Methuen, London 1998.

34 Slush, Barnaby: *The Navy Royal: or a Sea-Cook Turn'd Projector*. London 1709, S. viii. Für ein typisches Lohnschema für alle Besatzungsmitglieder eines Schiffes siehe »A List of the Seamen on board Ship Christopher Ent'd 19 June 1791«, in: »Ship Christopher's Book, 4th Voyage«, Rare Book, Manuscript and Special Collections Library, Duke University.

35 W.S. (Snelgrave, William): »Instructions for a First Mate When in the Road at Whydah«, o J. Humphrey Morice Papers, Bank of England Archive, London.

36 Der Steuermann Thomas Eldred aus Rhode Island sagte aus, es sei »auf Handelsschiffen, welche von Amerika nach Afrika fahren, gemeinhin üblich, keinen Schiffsarzt an Bord zu haben«. Medizin werde stattdessen auf Grundlage eines »Buches mit Anweisungen, welches sie an Bord hatten«, verabreicht. Siehe Aussage von Thomas Eldred, 1789, *HCSP* 69:166.

37 Die Zitate in diesem und dem folgenden Absatz stammen aus Clarkson: *History*, Bd. 1, S. 327–30. Eins dieser kleinen Schiffe war möglicherweise die *Fly*, ein Siebenundzwanzig-Tonnen-Schiff unter dem Kommando von Kapitän James Walker, das am 7. August 1787 von Bristol nach Sierra Leone auslief, wo es fünfunddreißig Gefangene an Bord nehmen und nach Tortola bringen sollte. Siehe *TSTD* #17783. Für Informationen über das größere Londoner Schiff desselben Namens siehe *TSTD* #81477.

38 Zu der Frage, wie viel Platz die Gefangenen unter Deck hatten, siehe Garland, Charles / Klein, Herbert: »The Allotment of Space for Slaves Aboard Eighteenth-Century British Slave Ships«, *William and Mary Quarterly*, 3. Ser., 42 (1985), S. 238–48.

39 *TSTD* #90950, #3777, #4405, #36299, #36406.

40 Stewart-Brown: *Liverpool Ships in the Eighteenth Century*, S. 29, 127–29. Siehe *TSTD* #83006. Für weitere Fälle großer Schiffsunglücke siehe *TSTD* #90157 (die *Marton* mit 420 Gefangenen an Bord, gemeldet in der *Georgia Gazette*, 3. Dezember 1766); #78101 (die *New Britannia* mit 330 Gefangenen an Bord, gemeldet im *Connecticut Journal*, 20. August 1773); #82704 (die *Mercury* mit 245 Gefangenen an Bord, gemeldet im *Enquirer*, 26. September 1804); #25648 (die *Independence* mit 200 Gefangenen an Bord, gemeldet im *American Mercury*, 20. August 1807).

41 Hayley und Hopkins an Aaron Lopez, London, 20. Juli 1774, in: Donnan III, S. 291; Minchinton, Walter: »Characteristics of British Slaving Vessels, 1698–1775«, in: *Journal of Interdisciplinary History* 20, 1989, S. 53–81. Den *TSTD*-Daten zufolge kamen die größten Sklavenschiffe des 18. Jhdts. mit einer durchschnittlichen Ladekapazität von 300 Tonnen aus den Niederlanden, gefolgt von französischen Sklavenschiffen mit 247 Tonnen. Aus Nordamerika fahrende Schiffe hatten im Durchschnitt etwa hundert Tonnen. Stephen D. Behrendt macht hierzu eine wichtige Anmerkung: »Im Allgemeinen schickten Kaufleute kleinere Guineafahrer zu politisch dezentralen Küstenmärkten, die nur zeitweilig Versklavte liefern konnten, und die größeren zu Häfen oder Orten mit Lagunen, die die notwendige politische Zentralisierung und kommerzielle Infrastruktur hatten, um Versklavtenlieferungen in großem Maßstab aufrechterhalten zu können.« Siehe sein »Markets, Transaction Cycles, and Profits«, S.188.

42 *Newport Mercury*, 7. Januar 1765.

43 *Pennsylvania Gazette*, 21. Juni 1753. Falconer: *Universal Dictionary of the Marine*, Stichwort ›sloop‹.

44 *City Gazette and Daily Advertiser*, 28. November 1796; Falconer: *Universal Dictionary of the Marine*, Stichwort ›ship‹.

45 *South-Carolina State Gazette and Timothy's Daily Adviser*, 7. Mai 1800; Fitzpatrick, M.D., Sir Jeremiah: *Suggestions on the Slave Trade, for the Consideration of the Legislature of Great Britain.* John Stockdale, London 1797, S. 6, 17, 62. Ein weiteres Dreimastschiff war die Bark, die rahgetakelte Fock- und Großmasten, aber einen schratgetakelten Besanmast und kein Kreuzmarssegel hatte. Barks waren sehr viel weniger weit verbreitet als Vollschiffe.

46 Reverend Riland, John: *Memoirs of a West-India Planter, Published from an Original MS. With a Preface and Additional Details.* Hamilton, Adams & Co., London 1827.

Riland wurde 1778 in Jamaika geboren und als Junge zur Erziehung nach England geschickt. Adam Hochschild hat darauf hingewiesen, dass die Herausgeber dieses posthum veröffentlichten Werkes plagiierte Passagen aus einem 1804 im *Christian Observer* erschienenen Bericht über eine Sklavenfahrt des Abolitionisten Zachary Macaulay in das Buch aufnahmen. Es wurde wiederveröffentlicht in: Viscountess Knutsford (Hg.): *Life and Letters of Zachary Macaulay.* Edward Arnold, London 1900, S. 86–89. Siehe Hochschild, Adam: *Bury the Chains: Prophets and Rebels in the Fight to Free an Empire's Slaves.* Houghton Mifflin, Boston 2005, S. 253–55, 398. Die Leser*in sollten bedenken, dass die für diesen Abschnitt herangezogenen Zeugnisse nicht einer, sondern zwei unterschiedlichen Reisen und Quellen entstammen.

47 Ich habe zwei Schiffe namens *Liberty* ausfindig gemacht, aber keins von beiden passt zeitlich in die Chronologie von Rilands Reisen. Das erste fuhr 1795–96 – wahrscheinlich von London aus – nach einem nicht identifizierten afrikanischen Hafen und von dort aus weiter nach Barbados. Das zweite segelte 1806–07 von Liverpool nach Angola und dann weiter nach St. Kitts. Macaulay fuhr 1794–95 auf der *Ann Phillipa* von Liverpool nach Sierra Leone und von dort nach Kingston. Für weitere Informationen zu all diesen Fahrten siehe *TSTD* #82252, #82254, #80291.

48 Ham wurde dem Alten Testament zufolge von seinem Vater Noah verflucht, und einer judäo-christlichen (allerdings nicht biblischen) Überlieferung zufolge, sind afrikanische Menschen die »Kinder Hams«, deren schwarze Haut Teil dieses Fluches ist. Die Geschichte von den Kindern Hams wurde in ›christlichen‹ Kreisen häufig zur Rechtfertigung der Sklaverei herangezogen (Anm. der Übersetzerin).

49 Als Riland auf dem Sklavenschiff fuhr, war er ein Mann, der nicht klar auf einer Seite stand. Einerseits hegte er Sympathien für die abolitionistische Sache, aber andererseits hatte er, wie er selbst bereitwillig zugab, ein starkes persönliches Interesse an der Aufrechterhaltung des Sklavensystems. Als er erst einmal auf dem Schiff war, wuchs seine Überzeugung, dass sein »Geschick mit dem geschäftlichen Gedeihen der Kolonien zusammenfalle«, was den Sklavenhandel einschloss. Er war sich auch dessen bewusst, dass seine Reise »ein sehr kommodes Exempel eines solchen Vorhabens« war.

50 Ich habe die Tonnage von Rilands Schiff aus dem im Dolben Act von 1788 spezifizierten Verhältnis (etwa 1,8 Versklavte pro Tonne Tragfähigkeit) abgeleitet. Macaulays Schiff (144 Tonnen) nahm 244 versklavte Afrikaner*innen an Bord, von denen 225 lebendig in Kingston ankamen.

51 William Falconers *Universal Dictionary of the Marine* zufolge waren Grätings »eine Art offene Deckel für die Luken, bestehend aus mehreren kleinen hölzernen Latten oder Leisten, welche einander im rechten Winkel kreuzen, so dass quadratische Öffnungen zwischen ihnen entstehen. Sie sind so beschaffen, dass sie Licht und Luft von oben in die unteren Räume eines Schiffes einlassen, besonders wenn raues Meer oder Wetter es erforderlich machen, die Pforten zwischen den Decks zu schließen.«

52 Falconer: *Universal Dictionary of the Marine*, Stichworte ›boat‹, ›long-boat‹, ›yawl‹; Stammers, »Guineamen«, S. 40.

53 Thomas Clarkson schrieb: »[D]as Heck ist zuvörderst der Teil des Schiffes, in welchem die Waffenkiste sich befindet, und zweitens derjenige, von welchem das Schiff vornehmlich geführt wird. Daher werden die schwächsten [Gefangenen, oft kleine Mädchen] in der Heck-Abteilung untergebracht.« Siehe Clarkson an den Comte de

Mirabeau, 17. November 1789, fol. 3–4, Papers of Thomas Clarkson, Huntington Library, San Marino, Kalifornien. Für eine öffentliche Versteigerung von »Vier großen EISERNEN KESSELN, geeignet für einen Guineaman oder ein Kriegsschiff« siehe die *South-Carolina State Gazette and Timothy's Daily Adviser*, 14. Juni 1799. Zu ›Guinea-Fässern‹ siehe Weeden, William B.: *Economic and Social History of New England, 1620–1789*. Hillary House Publishers, Ltd., London 1963, Bd. II, S. 458.

54 Zu Ummantelungsmethoden siehe die *Providence Gazette; and Country Journal*, 7. Juli 1770, 9. April 1774.

55 *Newport Mercury*, 25. März 1809. Der früheste Verweis auf Kupferummantelung, den ich gefunden habe, erscheint in den Aufzeichnungen der *Royal African Company* in den 1720er Jahren. Siehe Ship's Book (unidentified), 1722–24, Treasury (T) 70/1227, NA.

56 In einem Brief aus Liverpool vom 15. August 1791 heißt es: »Heute wurde für den selben achtbaren Kaufmann ein neues Schiff für den Afrikahandel namens Carnatic von einer Helling in der Nähe des King's Dock zu Wasser gelassen; sie ist nach einem neuen Prinzip mit Kupfer beschlagen – die Platten sind alle kalt gearbeitet, statt in der gewöhnlichen Weise mittels Feuer, wovon man sich große Vorzüge erwartet.« Siehe *City Gazette and Daily Advertiser*, 26. Oktober 1791, und *TSTD* #80733.

57 Falconer: *Universal Dictionary of the Marine*, Stichwort ›windsail‹.

58 *Connecticut Centinel*, 2. August 1804.

59 *Providence Gazette; and Country Journal*, 5. August 1790.

60 *Providence Gazette*, 19. Juli 1800.

3. KAPITEL

AFRIKANISCHE PFADE ZUR MIDDLE PASSAGE

Gegen Ende des Jahres 1794 wagten sich, etwa hundertsechzig Kilometer landeinwärts von der Windward-Küste am Rio Pongas, zwei Gruppen von Jägern aus den rivalisierenden Königreichen Gola und Ibau bei der Verfolgung des Wilds in ein umstrittenes Gebiet. Ein Ibau-Mann tötete das Tier mit einem Speerwurf – jedenfalls behauptete dies später einer seiner Landsleute –, aber die Gola beanspruchten die Beute für sich. Es kam zu einem Handgemenge, bei dem ein Gola getötet und mehrere Ibau schwer verletzt wurden. Die Gola ergriffen die Flucht, und die triumphierenden Ibau brachten die Beute nach Hause. Aber wenig später stellte der erboste König von Gola eine Armee auf, fiel in die seinem Territorium am nächsten gelegenen Ibau-Gebiete ein, zerstörte mehrere Dörfer und machte Gefangene, die er unverzüglich als Versklavte verkaufte. Überwältigt von seinem Erfolg, drang er in der Hoffnung auf Unterwerfung des gesamten Königreiches bis zur feindlichen Hauptstadt Quappa vor. Nach mehreren erbitterten Gefechten, gefolgt von einer taktischen Fehleinschätzung, die dazu führte, dass seine Krieger eingekesselt wurden, zog sich der König zurück und entkam, verlor allerdings siebenhundert seiner besten Kämpfer an die Ibau. Sobald die Gefangenen gefesselt und eingesperrt waren, ließ der König der Ibau die Nachricht flussabwärts an die Küste übermitteln, dass er mit den »Seeländern« Handel zu treiben wünsche. Als das Sklavenschiff *Charleston* an der Küste erschien, fand er einen Abnehmer. Der Kapitän des Schiffes, James Connolly, schickte Joseph Hawkins in Begleitung eines afrikanischen Führers mit dem Auftrag in den dichten Wald, hundert Gola-Krieger zu kaufen und an die Küste zu bringen.[1]

Mittlerweile lagen die »größten Krieger« der Gola eingesperrt und nackt auf dem Boden, »wahllos an Händen und Beinen aneinandergebunden, und die Stricke mit Pfählen am Boden befestigt«. Bei seiner Ankunft wurde Hawkins vom König der Ibau angewiesen, diejenigen auszuwählen, die er haben wollte. Ein Trupp von Ibau-Kriegern würde den Zug von aneinandergefesselten Gefangenen zum Meer treiben. Den Männern wurden Bänder aus Weidengeflecht um den Hals gelegt und die Ellenbogen hinter den Rücken gefesselt. Zudem wurden sie in Abständen von etwas über einem Meter in Reihen an Stangen festgebunden. Als der Marsch sich in Richtung Küste in Bewegung setzte, zeichnete sich in den Gesichtern der Gola-Gefangenen »trübe Schwermut« ab. Sie blieben stehen, drehten sich um und schauten zurück, und aus ihren »Augen flossen die Tränen«.[2]

Nach einem ereignislosen sechstägigen Marsch erreichte der Gefangenenzug das Flussufer, wo ein bedeutsamer Übergang stattfand: vom Land auf das Wasser, von afrikanischem in europäischen Besitz, von einer Technologie der Kontrolle zur einer anderen. Die Matrosen der *Charleston,* die mit eisernen Hand- und Fußfesseln ausgerüstet in einer kleinen Schaluppe flussaufwärts gekommen waren, ruderten mit zwei Booten ans Flussufer, um sie in Empfang zu nehmen. Damit schien nun jede Aussicht auf Flucht vergebens und jegliche Hoffnung zerschlagen. Die Gefangenen begannen laut zu klagen. Der »Wechsel von Stricken zu eisernen Fesseln«, schrieb Hawkins, »riss ihre Hoffnungen und Herzen entzwei«.

Als die Gola von den Booten auf die Schaluppe gebracht wurden, sprangen zwei von ihnen über Bord. Einer der beiden wurde von einem Matrosen mit einem kleinen Boot achtern wieder eingefangen, dem anderen wurde mit einem Ruder über den Kopf geschlagen. Die restlichen Versklavten, von denen vier ungefesselt an Deck und die übrigen unter Deck eingesperrt waren, »huben zu einem Schrei an«. Die ungefesselten Männer auf dem Hauptdeck versuchten, zwei der Matrosen über Bord zu werfen, aber der Schrei alarmierte die übrigen Besatzungsmitglieder, die mit Gewehren und Bajonetten an Deck stürmten. Mittlerweile hatten fünf der gefesselten Versklavten es geschafft, sich loszureißen, und kämpften nun mit aller Kraft, um die anderen zu befreien. Die unten eingesperrten Männer griffen durch die Grätings, packten die Matrosen an den Beinen, feuerten ihre Gefährten an und »schrien, wann immer diejenigen, die oben waren, irgend etwas taten, das geeignet schien, den einen oder anderen von uns zu überwältigen«. Schließlich gewannen die Matrosen die Oberhand, allerdings unter erheblichem Blutvergießen auf beiden Seiten. Einer der Versklavten wurde getötet, neun verwundet. Alle anderen wurden in Hand- und Fußschellen gelegt. Hawkins (der bei dem Kampf einen kleinen Finger verlor) und fünf weitere Besatzungsmitglieder wurden verletzt, keiner von ihnen tödlich. Die Versklavten wurden wenig später von der Schaluppe auf die *Charleston* verladen, wo bereits vierhundert andere Gefangene verstaut waren. Sie alle sollten nach South Carolina gebracht werden. Die Gola-Krieger hatten nicht im Geringsten ahnen können, dass eine Auseinandersetzung um Jagdrechte für sie 8.000 Kilometer weit entfernt, am anderen Ende der Welt, enden würde. Nun hatten sie eine andere Art von Krieg zu führen.[3]

Wie für Millionen andere auch begann die Versklavung für die Gola-Gefangenen im Inneren Afrikas, mit der Trennung von ihrer Familie, ihrem Land und ihrer Heimat. Die meisten Menschen, die auf einem Sklavenschiff landeten, waren gewaltsam versklavt worden: entweder – was am häufigsten war – als Gefangene in einem ›Krieg‹ irgendeiner Art, oder infolge einer juristischen Bestrafung in ihrer Herkunftsgesellschaft, das heißt, zur Strafe für ein Verbrechen. Damit setzte sich eine lange *Middle Passage*, wie der Fall der Gola zeigt, aus zwei Etappen zusammen: Die erste, die afrikanische Etappe, bestand aus einem Fußmarsch und häufig einer Reise auf Binnenwasserstraßen (in diesem Fall auf einer Schaluppe, aber häufiger per Kanu) zur Küste und zum Sklavenschiff. Die Sklavenhändler nannten dies einen ›Pfad‹, eine zuverlässige Route für die Verschiebung von Arbeitskräften aus Afrika hinaus und in die Weltwirtschaft hinein. Die zweite Etappe bestand aus der Überfahrt auf dem Sklavenschiff, der *Middle Passage* über das Meer, von einem afrikanischen zu einem amerikanischen Hafen. Beide zusammen verknüpften die Verschleppung und Entrechtung auf der einen Seite des Atlantiks mit der Ausbeutung auf der anderen. Die jeweiligen Pfade und Erfahrungen variierten innerhalb Afrikas von Region zu Region, je nachdem, aus welcher Art von Gesellschaft sowohl die Versklavten als auch die Sklavenhändler stammten. Wer die Versklavten waren, woher sie kamen und wie sie auf das Sklavenschiff gelangten, sollte nicht nur Auswirkungen darauf haben, wie sie auf die Verhältnisse dort reagierten, sondern auch darauf, wie diejenigen, die auf den Schiffen das Sagen hatten, versuchen würden, sie unter Kontrolle zu halten. Fast alle diese Gefangenen, mit Ausnahme einiger weniger, die als Seeleute zurückkehrten, verließen Afrika für immer. Wenn die Versklavten das Schiff erreichten, erreichten sie den Punkt ohne Wiederkehr.[4]

DER SKLAVENHANDEL IN AFRIKA

Im Jahr 1700 lebten in West- und Westzentralafrika etwa 25 Millionen Menschen in einer komplexen Vielfalt von auf Verwandtschaftsbeziehungen und Tributpflicht basierenden Gesellschaften entlang einer 6.500 Kilometer

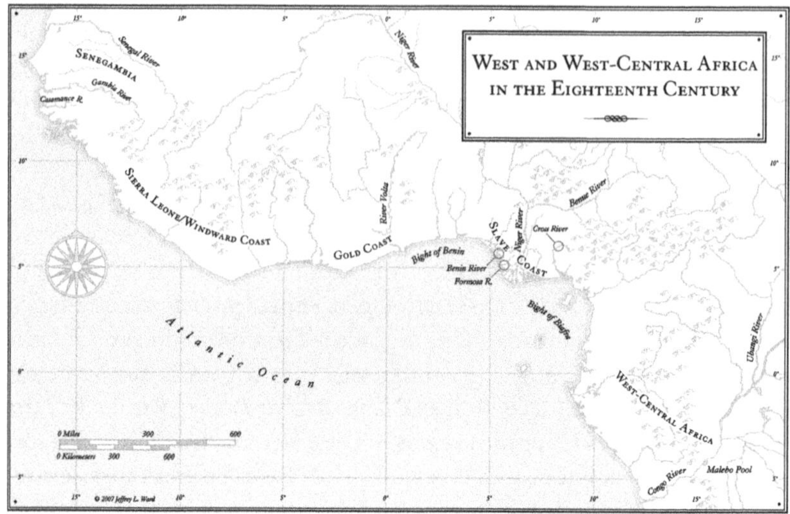

langen Küstenlinie, die sich von Senegambia bis nach Angola erstreckte. Die kleinsten dieser Gesellschaften bildeten keine Staaten; viele weitere waren von bescheidener Größe, hatten aber ein gewisses Maß an innerer Schichtung, und einige waren große, auf Klassensystemen basierende Staaten, die über ausgedehnte Territorien, lukrative Handelsbeziehungen und Massenarmeen verfügten. Letztere besaßen häufig die Vorherrschaft über die anderen und zwangen sie, Tribute zu zahlen und sich in Handels- und Kriegsangelegenheiten zu beugen, während sie ihnen gleichzeitig lokale Autonomie und die Kontrolle über Land und Arbeit zubilligten.[5]

In allen größeren Gesellschaften dieser Region war die Sklaverei eine alte und weithin akzeptierte Einrichtung, die üblicherweise auf Kriegsgefangene und Kriminelle beschränkt war. Sklavenhandel gab es seit Jahrhunderten. Zwischen dem 7. und dem 19. Jahrhundert wurden mehr als neun Millionen Menschen im Zuge des von arabischen Kaufleuten in Nordafrika und ihren islamischen Verbündeten organisierten Transsaharahandels nordwärts verschleppt und in hochentwickelten Handelsmärkten gehandelt. Als die europäischen Sklavenhändler eintrafen, traten sie in vielen Regionen einfach in bereits bestehende Tauschkreisläufe ein, ohne sie sofort zu verändern.[6]

Wie der Historiker Walter Rodney jedoch betont hat, entwickelten sich Sklavenhaltung und Klassendifferenzierung am schnellsten in denjenigen Gebieten Westafrikas, in denen der transatlantische Handel am intensivsten

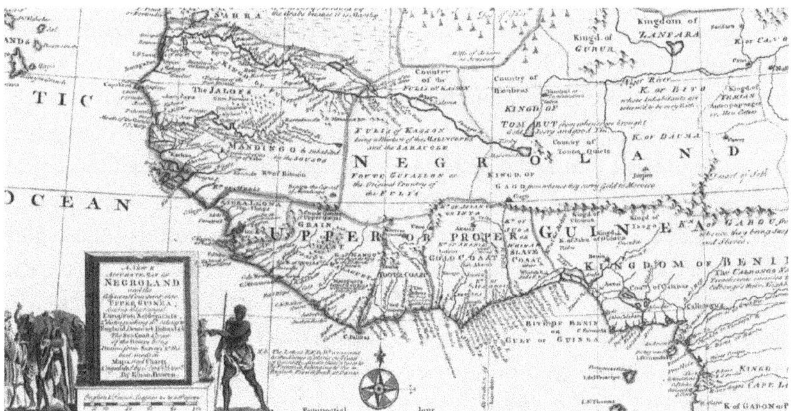

Neben der üblicherweise als »Guinea« bezeichneten wichtigsten Sklavenhandelsregion Afrikas fügte der Kartenmacher Emmanuel Bowen 1747 das noch rassistischer aufgeladene »Negroland« hinzu und zeigte damit, wie das atlantische Sklavensystem neue Denkweisen über die Ordnung der Menschheit hervorbrachte.

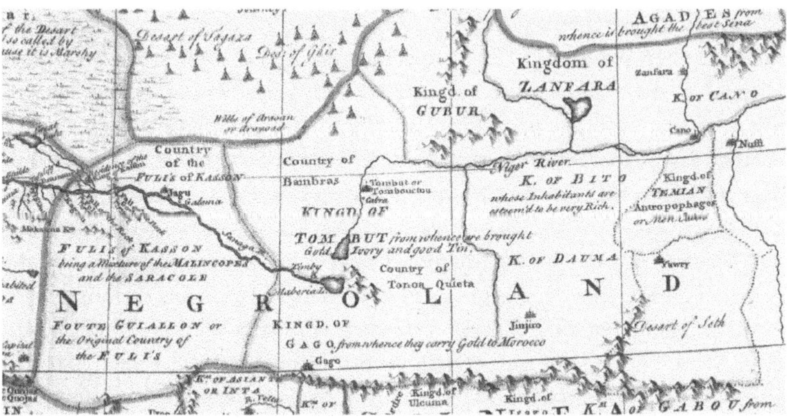

war. Dies lag zum einen daran, dass Sklavenschiffskapitäne mit herrschenden Gruppen und starken Anführern verhandeln wollten, mit Menschen, die über ein Arbeitskräftepotenzial verfügten und die zugesagte ›Ware‹ liefern konnten, und zum anderen daran, dass eben diese Menschen im Zuge des Handelsverkehrs in den Besitz von Reichtum und mächtigen Technologien (vor allem Waffen) gelangten. Kleinere, egalitärere Gesellschaften konnten sich in einigen Regionen zwar am Sklavenhandel beteiligen und taten dies auch, aber eher, indem sie landwirtschaftliche Produkte als Proviant verkauften. Größere Gruppen, die Gewehre und Schießpulver kauften, entwickelten sich häufig zu stärkeren, zentralisierten, militaristischen Staaten (z. B. die Aschanti, Dahomey, Oyo, die Niger-Stadtstaaten und der Kongo), die ihre Schusswaffen einsetzten, um sich ihre Nachbar*innen untertan zu machen, was unweigerlich den nächsten Zug von Versklavten produzierte, der gegen die nächste Kiste Musketen eingetauscht wurde. In den Gebieten, in denen der Sklavenhandel am weitesten verbreitet war, entstand eine neue Arbeitsteilung rund um die Gefangennahme, die Versorgung und den Transport versklavter Menschen. Die Kaufleute wurden zu einer mächtigen Klasse, die Ein- und Ausfuhr, Steuern, Preise und Gefangenenströme kontrollierte. In dem Maße, in dem der atlantische Sklavenhandel wuchs, wuchs auch die Anzahl der Versklavten und die Bedeutung der Sklaverei als Institution in afrikanischen Gesellschaften.[7]

Bei Anbruch des 18. Jahrhunderts hatten die Portugiesen, Schweden, Dänen, Niederländer, Franzosen und Engländer alle ihre jeweilige Einflusssphäre und bevorzugten Handelshäfen, aber es lag für gewöhnlich nicht im Interesse afrikanischer Kaufleute, irgendeiner europäischen Nation ein Monopol zu gewähren, obwohl sie durchaus von Zeit zu Zeit Abkommen mit einzelnen nationalen Gruppen schlossen. Aus diesem Grund blieb der Handel an der afrikanischen Küste relativ offen und wettbewerbsorientiert, wie britische Händler nach der Amerikanischen Revolution herausfinden sollten, als afrikanische Kaufleute in Anomabu auf ihrem Recht bestanden, weiterhin mit den jüngst unabhängig gewordenen Amerikanern Handel zu treiben. Darüber hinaus war der Handel Schwankungen unterworfen: Wachstum nach großen internen Kriegen; Rückgang, wenn das örtliche Angebot an Versklavten nach einer Phase intensiven Handels erschöpft war.[8]

Je nach Region und Handelspartnern nahm der Sklavenhandel unterschiedliche Formen an, die sich in zwei grundlegende Modelle einteilen lassen: Beim ›Fort-Handel‹ kauften Schiffskapitäne Versklavte von anderen Europäern, die ihren Sitz an Orten wie Cape Coast Castle an der Goldküste (im heutigen Ghana) hatten; beim ›Bootshandel‹, der in den vielen Gegenden betrieben wurde, in denen es keine Forts gab, wurden die Geschäfte oft auf dem Hauptdeck des Sklavenschiffes abgewickelt, nachdem die Kanus, Barkassen und Jollen ihre Fracht ans Ufer und zurück befördert hatten. Diese Form des Handels wurde mitunter »schwarzer Handel« genannt, weil er größtenteils von afrikanischen Kaufleuten kontrolliert wurde, von denen einige als Repräsentanten großer Handelsstaaten und andere – je nach Region – im Auftrag mittelgroßer oder sogar kleinerer Gruppen tätig waren. Manchmal existierten auch beide Handelsformen nebeneinander.

SENEGAMBIA

Der Mann, der von den Malinke-Händlern an Bord gebracht worden war, war groß – fast 1,80 Meter – und dünn, Ende zwanzig, mit geschorenem Kopf- und Barthaar nach Art eines Kriegsgefangenen. Kapitän Stephen Pike von der *Arabella* hatte ihn gekauft, aber offensichtlich, ohne seine Hände daraufhin zu begutachten, ob sie hart und rau und an körperliche Arbeit gewöhnt waren. Wie sich herausstellte, war dies nicht der Fall. Der Name des Mannes war Hyuba Boon Salumena Boon Hibrahema oder »Job, Sohn Solomons, Sohn Abrahams«.[9] Er war ein »Mohametaner«, ein Muslim, und darüber hinaus der Sohn des höchsten Priesters oder Imams einer Stadt namens Boonda in der Nähe des Senegal-Flusses im Königreich Futa Jallon. Er war gefangengenommen worden, während er sich selbst als Sklavenhändler betätigte: Er hatte versucht, »zwei Neger« zu verkaufen, zweifellos »Heiden«, für deren Erlös er Papier für sich und seine lese- und schreibkundigen Glaubensgenossen kaufen wollte. Irgendwie gelang es ihm, Kapitän Pike seine Lage zu erklären, und dieser bot ihm an, er könne sich von seinem Vater auslösen lassen, aber der Wohnsitz seiner Familie war weit entfernt, und das Schiff legte ab. In Maryland wurde ein teilnahmsvoller Anwalt auf ihn aufmerksam, der von seiner Gelehrsamkeit (mit fünfzehn Jahren konnte er bereits den Koran auswen-

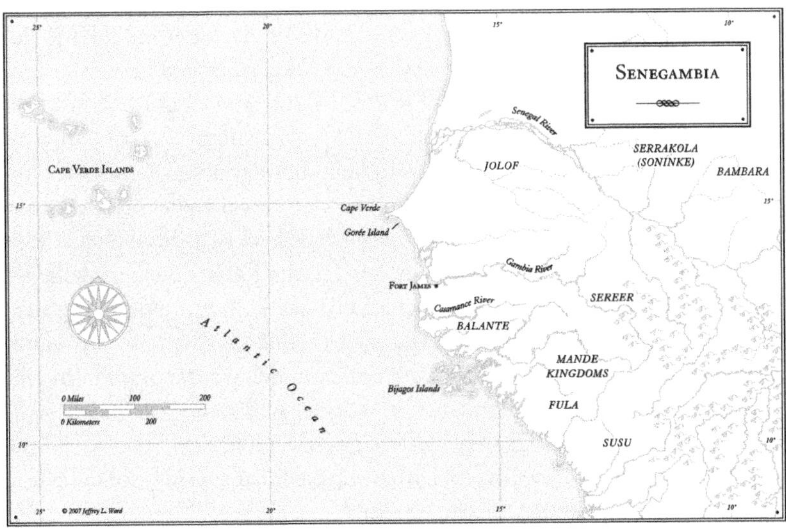

dig) und seiner hohen sozialen Stellung beeindruckt war: »Wir konnten erkennen, dass er kein gewöhnlicher Sklave war.« Er wurde nach England geschickt, wo eine Gruppe von Männern aus guter Familie ihn freikaufte, indem sie anteilige Summen für ihn zeichneten. Er wurde eine Cause célèbre (Berühmtheit); er wurde dem König, der Königin, dem Herzog von Montague und anderen Würdenträger*innen vorgestellt. Weniger als drei Jahre, nachdem er die *Arabella* betreten hatte, wurde dieser afrikanische Oberschichtsangehörige von der *Royal African Company* in seine Heimat zurückgebracht, genauer gesagt, nach James Fort am Gambia-Fluss, wo er umgehend eine Sklavin und zwei Pferde kaufte. Bei der Rückkehr zu seiner Familie in Boonda wurde er mit »Entzücken« und »Tränenströmen« begrüßt. Wie sich herausstellte, war sein Vater gestorben, und eine seiner Frauen hatte sich mit einem anderen Mann zusammengetan, aber alle seine fünf Kinder waren wohlauf. Die *Royal African Company* hatte gehofft, dass er sich nach seiner Rückkehr für ihre Interessen einsetzen würde, und sie wurde nicht enttäuscht.[10]

Job Ben Solomons Heimat Senegambia war der Europa am nächsten gelegene (subsaharische) Teil Afrikas und damit die Region mit der längsten Geschichte atlantischen Sklavenhandels. Senegambia erstreckte sich vom Senegal-Fluss nach Südwesten um die Kapverdischen Inseln herum, dann in südöstlicher Richtung zum Gambia-Fluss und weiter nach Süden zum Casamance-Fluss. Darin verbanden über eine Länge von knapp 500 Kilometern drei große Stromsysteme das Landesinnere mit der Küste. Entlang dieser Küste lebten vier Hauptgruppen der Wolof, darunter die Jolof (Solomons Gruppe), die den Handel zwischen der Küste und dem Landesinneren kontrollierten. Die meisten Herrscher dieser Gruppen waren Muslime, aber dies galt – zumindest bis zum Ende des 18. oder Anfang des 19. Jahrhunderts – nicht unbedingt für die gewöhnliche Bevölkerung. Weiter im Landesinneren lebten die Mande sprechenden Malinke, die ebenfalls Muslime waren; dahinter, in der Mitte des Senegal-Flussbeckens, die Fulbe (muslimische Viehhalter*innen) und am oberen Teil des Flusses die Serrakole. Im Landesinneren lebten die Bambara, die Ende des 17. Jahrhunderts von dem Kriegsherrn Kaladian Kulubali geeint und in eine Gesellschaft von Landwirtschaft betreibenden Krieger*innen umgewandelt worden waren. Im zentral-südlichen Teil der Region lebten die Sereer und weiter im Süden mehrere Malinke-Gruppen. Dazwischen verstreut, vor allem entlang der Küste, waren kleine kommunale Gesellschaften wie die Balante und – vor der Küste – die Bewohner*innen der Bijagos-Inseln.[11]

Der Islam hatte im 9. Jahrhundert begonnen, sich in Senegambia auszubreiten. Zu Beginn des 18. Jahrhundert war er eine bestimmende, wenn auch nach wie vor umstrittene Realität in der Region geworden. Im Zuge der Expansion der aristokratischen, militaristischen, auf Pferden reitenden Malinke wurden viele Angehörige der kleineren kulturellen Gruppen gefangengenommen und an Sklavenhändler verkauft. Es war bekannt, dass Männer von den Bijagos-Inseln Selbstmord begingen, wenn sie gefangengenommen wurden. In den 1720er Jahren begann ein Dschihad gegen nicht-islamische Gruppen (sowie lediglich dem Namen nach muslimische Führer), der bis in die 1740er Jahre andauerte und in den 1780er und 1790er Jahren erneut aufflammte. Infolge des von Futa Jallon geführten Dschihads stiegen die Exporte von Versklavten in beiden Perioden sprunghaft an, wenn auch der Prozess der Versklavung zeitlichen und örtlichen Schwankungen unterworfen war. So erhoben sich zum Beispiel in den 1720er Jahren Fula-Viehhirten gegen die Susu-Herrscher, wobei es ihnen gelang, etwas Land für sich selbst zu erobern. Der Widerstand gegen die Versklavung war erbittert und setzte sich auf den Sklavenschiffen fort.

Nach und nach konvertierten mehr Menschen jenseits der Führungselite zum Islam, nicht zuletzt – vor allem in der Gegend um den Gambia-Fluss –, um der Versklavung zu entgehen. Gleichzeitig verbreitete sich der Islam auch durch den Handel weiter: Kaufleute von der Gemeinschaft der Dyula, klassische mobile Zwischenhändler, trieben Handel, bekehrten Andersgläubige und gründeten neue Siedlungen. Die Versklavten stammten aus drei Ein-

Der Imam Job Ben Solomon aus der Region Senegambia wurde von afrikanischen Händlern gefangengenommen und 1730 an einen Sklavenhändler verkauft. Er zeichnete sich durch seine elitäre Haltung und Gelehrsamkeit aus, sodass er schließlich befreit und von der Royal African Company repatriiert wurde, um diese seinerseits bei ihren verschiedenen Geschäften zu unterstützen.

zugsgebieten:von der Küste, aus den Tälern des oberen Senegal und Gambia und aus der Region um den mittleren und oberen Niger. Sie waren größtenteils Ackerbauern und Hirten, deren Sprachen miteinander verwandt waren und der atlantischen Sprachgruppe angehörten. Mehr als irgendwo anders in Guinea begegneten sich in Senegambia islamisch-saharische und europäisch-atlantische Kräfte, prallten aufeinander, kooperierten miteinander und transformierten auf diese Weise die Region. Im Verlauf des 18. Jahrhunderts wurden hier etwa 400.000 versklavte Menschen an Sklavenschiffe verkauft und in die Neue Welt verschleppt, davon etwa die Hälfte auf britischen und amerikanischen Schiffen. Zu seiner Zeit war Job Ben Solomon einer von nur zwei Menschen, die, soweit bekannt, jemals die *Middle Passage* in umgekehrter Richtung zurücklegten und somit nach Hause zurückkehrten.[12]

SIERRA LEONE UND DIE WINDWARD-KÜSTE

In den 1750er Jahren war Henry Tucker ein Mann, um den man an der Küste von Sierra Leone nicht herumkam – ein *Big Man*, groß in Bezug auf Reichtum, Macht, Status und körperliche Statur. »Er ist ein dicker Mann von gefälligen Worten«, sagte der weiße Kleinhändler Nicholas Owen über seinen Chef. Tucker war der Spross eines mehrere Generationen umfassenden Clans von Küstenhändlern, der auf Peter Tucker, einen Agenten der *Royal African Company* auf York Island in den 1680er Jahren, und dessen afrikanische Frau zurückging. Der bikulturelle ›Mulatten‹-Kaufmann Henry hatte Reisen nach Spanien, Portugal und England unternommen. Er lebte »nach englischem Stil« und hatte sein Haus mit Zinntellern und Besteck eingerichtet. Er kleidete sich farbenfroh. Er hatte ein gewaltiges Vermögen im Sklavenhandel angehäuft und eine ganze Stadt um sich herum aufgebaut, in der er mit sechs oder sieben Frauen, einer großen Anzahl von Kindern und einer noch größeren Anzahl von Versklavten und Arbeitern (*grumettos*) lebte. Alle schienen ihm Geld zu schulden, was bedeutete, dass er mehr oder weder jede Person zu jeder Zeit zur Begleichung ihrer Schulden in die Sklaverei verkaufen konnte. Aus diesem Grund wurde er »geschätzt und gefürchtet von allen, welche das Unglück haben, sich in seiner Gewalt zu befinden«. Owen fügte hinzu, dass Tucker »unter den Europäern den Leumund eines ehrlichen Händlers hat, unter den Schwarzen aber das Gegenteil«. Kapitän John Newton hielt ihn für den einzigen ehrlichen Händler an der Windward-Küste. Tucker belieferte die Schiffe mit unzähligen Versklavten und wurde von ihren Kapitänen bewirtet und hofiert. Mitte der 1750er Jahre hatte er ein solches Vermögen angehäuft, dass er »über den Königen« der Region stand.[13]

Tuckers Region, Sierra Leone und die Windward-Küste, wurde manchmal als ›Obere Guineaküste‹ bezeichnet, wobei bestimmte Subregionen mitunter Pfefferküste, Elfenbeinküste und Malaguetaküste genannt wurden. Das Gebiet erstreckte sich vom Casamance-Fluß entlang eines Regenwaldgebietes, in dem es nur sehr wenige gute Häfen gab, bis zum Hafen von Assini am Rand der Goldküste, und umfasste damit die heutigen Länder Guinea-Bissau, Guinea, Sierra Leone, Liberia und die Elfenbeinküste. Im 18. Jahrhundert war der Handel in dieser Region etwas breiter gefächert als an anderen Abschnitten der Guineaküste. Er umfasste Versklavte, aber auch Kolanüsse, Bienenwachs, Camwood (ein rotes Färbeholz), Gold, Malagueta-Pfefferschoten und hochwertiges Elfenbein. Sklavenschiffskapitäne verbrachten hier viel Zeit mit dem Ankauf von Reis als Proviant für die *Middle Passage*.

Die Region war gekennzeichnet durch eine der komplexesten Humangeographien Westafrikas: Es gab nur wenige größere Staaten und ein vielfältiges Mosaik von Kleinstaaten und Kulturgruppen, von denen einige – allerdings die Minderheit – zum Islam konvertierten. Die Mehrheit der Bevölkerung lebte in kleinen, egalitären, gemeinschaftlich organisierten Dörfern und arbeitete als Bauern, Fischer und Jäger. Frauen scheinen in bestimmten Bereichen besondere Macht gehabt zu haben und gehörten Geheimgesellschaften wie Sande und Bundu an. Das Fehlen einer zentralen politischen Macht ermöglichte es Händlern wie Henry Tucker, sich entlang der Küste niederzulassen, die Produktion und den Austausch mit dem Hinterland zu organisieren und Reichtum und Macht anzuhäufen.

Eine Reihe kleinerer Gruppen wie die Baga, Bullom und Kru lebten entlang der Küste; weiter im Landesinneren lebten die größeren Gruppen der Susu, Temne und Mende sowie die zunehmend muslimischen Fulbe und Jalonke. Zu den kleineren Gruppen im Inneren gehörten die Gola und Kissi (die beide, wie es hieß, die gleiche Kultur hatten wie die Mende) und Dutzende andere wie die Ibau und die Limba. In den Mane-Kriegen des späten 16. und frühen 17. Jahrhunderts versklavten Mande-sprachige Invasoren Angehörige kleinerer Gruppen, wurden dann aber ihrerseits von den Susu und Fulbe überrannt. Der muslimische theokratische Staat Futa Jallon verübte Überfälle auf Angehörige indigener Religionen und verkaufte sie an muslimische Händler im Norden oder Küstenhändler im Süden und trug

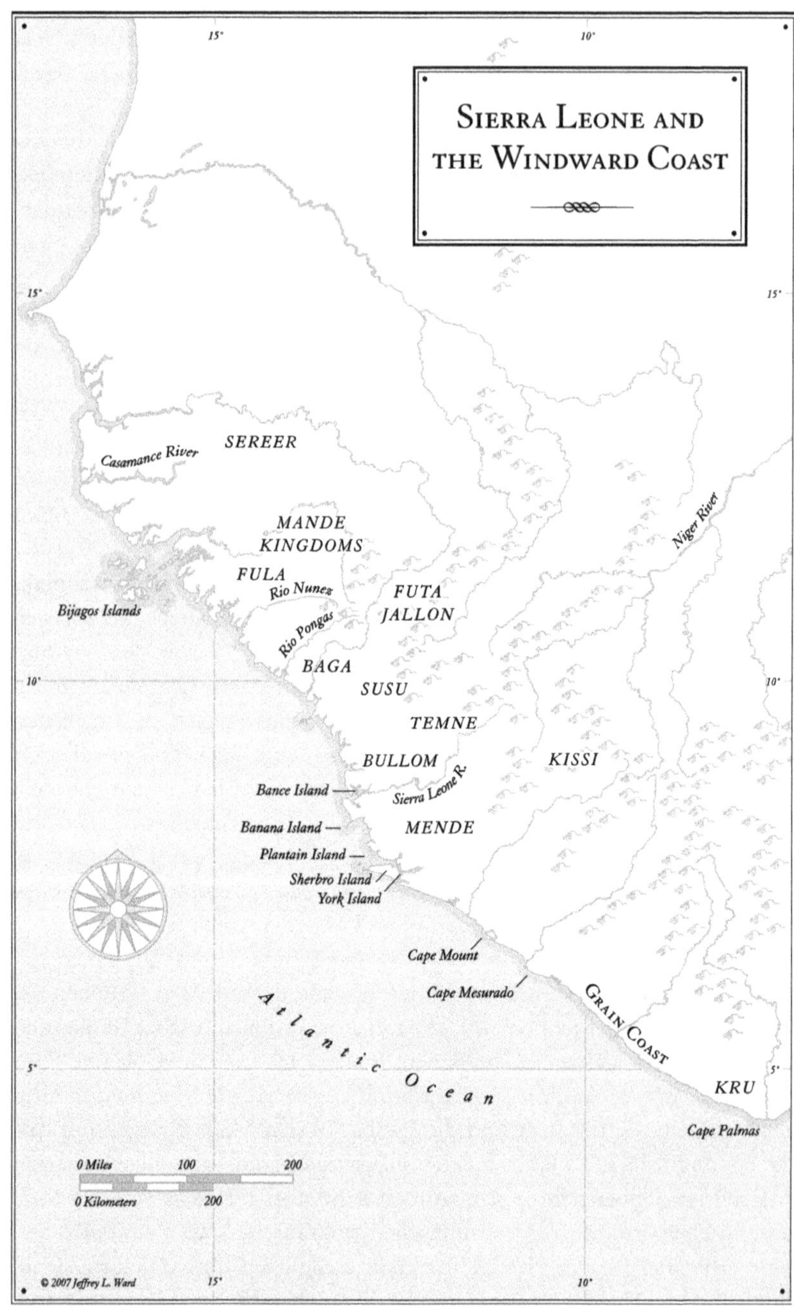
SIERRA LEONE AND THE WINDWARD COAST
15°
10°
5°
Casamance River
SEREER
MANDE KINGDOMS
FULA
Rio Nunez
Bijagos Islands
FUTA JALLON
Rio Pongas
BAGA
SUSU
TEMNE
BULLOM
KISSI
Niger River
Bance Island
Sierra Leone R.
Banana Island
MENDE
Plantain Island
Sherbro Island
York Island
Cape Mount
Cape Mesurado
GRAIN COAST
Atlantic Ocean
KRU
Cape Palmas
0 Miles 100 200
0 Kilometers 200
© 2007 Jeffrey L. Ward

damit zur Ausbreitung des Islam über Senegambia hinaus nach Sierra Leone und an die Windward-Küste bei. Etwa 460.000 Menschen wurden im 18. Jahrhundert in dieser ausgedehnten Region versklavt und auf Schiffe verschleppt, etwa 6,5 Prozent der Gesamtzahl in diesem Jahrhundert. Mehr als 80 Prozent von ihnen wurden auf britischen und amerikanischen Sklavenschiffen über den Atlantik gebracht.[14]

DIE GOLDKÜSTE

Bei seiner Ankunft in Fort Komenda schrie John Kabes die afrikanischen Händler aus dem Inneren der Goldküste an. Sie seien Narren, brüllte er. Sie wollten zu viel Geld für die Versklavten, die sie anzubieten hatten. Wie konnten sie es wagen, sechs Unzen Gold zu verlangen, statt der üblichen vier? Es war das Jahr 1714, und Kabes verhandelte so hart, wie er es bereits seit 1683 getan hatte, als er noch ein Zwischenhändler zwischen dem afrikanischen Staat Eguafo (oder Grand Commany) und europäischen Sklavenhändlern gewesen war. Von den Engländern, Holländern und Franzosen wurde er abwechselnd umworben und verflucht. Ohne Kabes »geschieht nichts«, sagte ein englischer Faktor; ein holländischer Faktor nannte ihn giftig einen Überläufer und »ausgemachten Feigling«, und ein hoffnungsvoller Franzose setzte hinzu, sie böten eine »hohe Belohnung«. Kabes arbeitete hauptsächlich mit den Engländern zusammen und war viele Jahre für die *Royal African Company* tätig, allerdings nicht – im Sprachgebrauch der Zeit – als ihr Bediensteter. Er war ein gewiefter Unternehmer in eigener Sache. Er sorgte dafür, dass drei *RAC*-Vertreter gefeuert wurden, weil sie nicht mit ihm zusammenarbeiten konnten. »Wenn wir ihn verlieren, ist unser Einfluss hier verloren«, schrieb ein *RAC*-Vertreter an seine Vorgesetzten im 25 Kilometer entfernten Cape Coast Castle. In der Tat war es Kabes gewesen, der die Arbeitskräfte aufgeboten hatte, von denen Fort Komenda *gebaut* worden war, die Männer, die die Steine gebrochen und das Holz für das massige imperiale Bauwerk gefällt hatten. Die Niederländer, die sich im nahegelegenen Fort Vredenburg niedergelassen hatten, lehnten den Bau des Forts ab, was Kabes dazu veranlasste, eine Reihe von Militärexpeditionen gegen sie anzuführen, um ihrer Zustimmung nachzuhelfen. In der Folge ließ er um das Fort herum eine ansehnliche Stadt erbauen. Aber vor allem handelte er mit Versklavten. Ein Sklavenschiff nach dem anderen füllte sich mit den Tausenden von Gefangenen, die die Tore von Fort Komenda passierten. Als Kabes 1722 starb, war er selbst ein souveräner

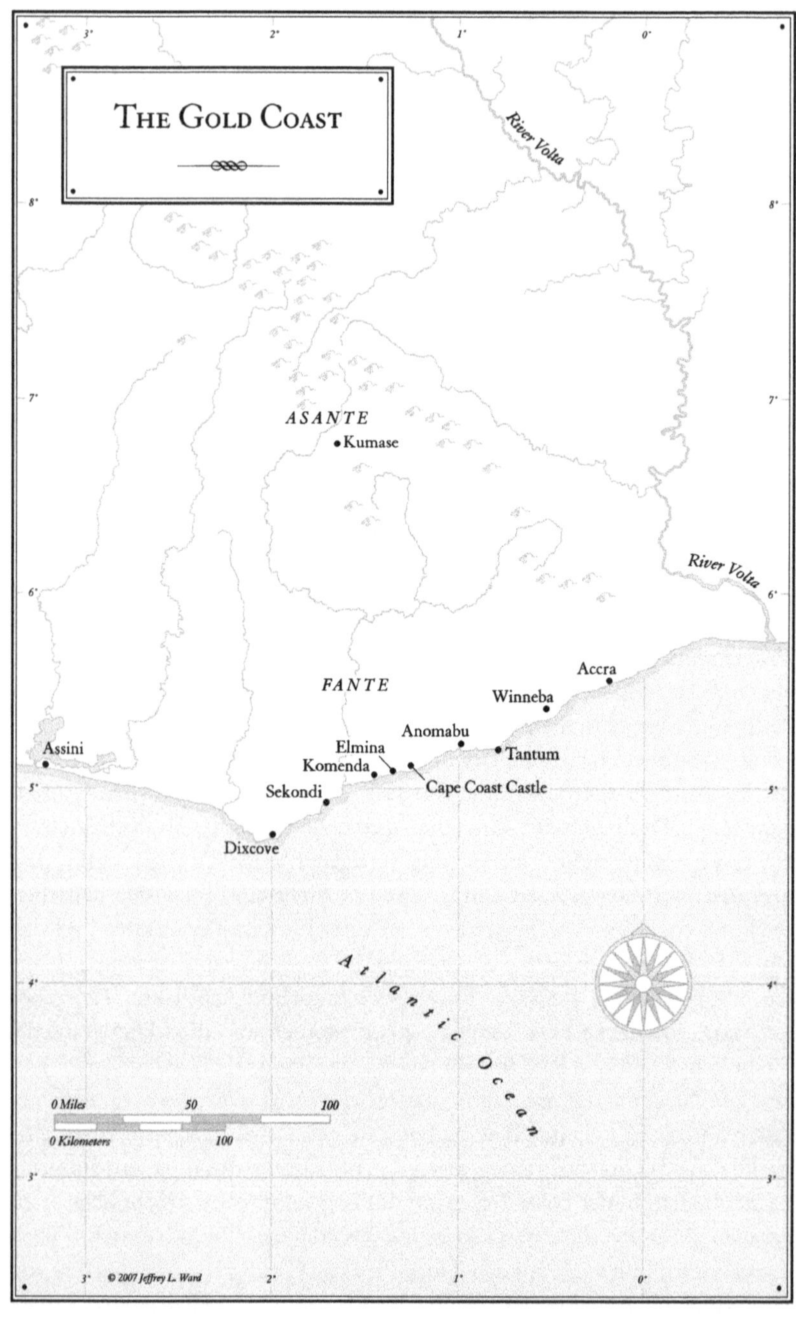
The Gold Coast
River Volta
ASANTE
Kumase
River Volta
FANTE
Accra
Winneba
Anomabu
Assini
Elmina
Komenda
Tantum
Sekondi
Cape Coast Castle
Dixcove
Atlantic Ocean
0 Miles
50
100
0 Kilometers
100
© 2007 Jeffrey L. Ward

Machthaber geworden, ein Handelsfürst, der seinen eigenen ›Stuhl‹ hatte, das höchste Symbol politischer Macht bei den Akan.[15]

Die Bewohner*innen der Goldküste trieben seit langem Handel mit Europäern, ursprünglich, wie schon der Name anklingen lässt, mit dem glänzenden Edelmetall, das Habgier und den Bau massiver Festungen im Gefolge hatte. Die erste dieser Festungen, Al Mina (das heutige Elmina), wurde 1482 von den Portugiesen erbaut, die ihre Goldvorräte vor der niederländischen, französischen und englischen Konkurrenz schützen wollten. Im Laufe der Zeit traten – unterstützt von Männern wie Kabes – weitere europäische Seemächte auf den Plan, die ihre eigenen Festungen bauten oder andere eroberten. Das Ergebnis war die Entstehung einer ganzen Reihe von Befestigungsanlagen entlang der achthundert Kilometer langen Küste, vom Hafen von Assini im Westen bis zum Fluss Volta im Osten. Ein Abschnitt, der den östlichen Teil der heutigen Elfenbeinküste und fast die gesamte Küste von Ghana umfasste.

Die Engländer unterhielten Forts und Handelsstationen in Dixcove, Sekondi, Komenda, Anomabu, Accra und Tantum; ihr Hauptsitz war Cape Coast Castle. Von diesen Außenposten aus wurden die Gefangenen – das schwarze Gold – von Händlern in die Unterdecks der Schiffe verladen. Der Bau der Festungen führte zur Entstehung von Kleinstaaten mit *abirempon*, ›big men‹ wie Kabes und John Konny. Viele der um 1700 in der Goldküstenregion lebenden Menschen gehörten zur größeren Kulturgruppe der Akan; andere waren Guan, Etsi oder Ga. Die Akan selbst waren in mehrere konkurrierende, oft verfeindete, Staaten gespalten, aber entlang der Küste gewannen Anfang des 18. Jahrhunderts mit Hilfe europäischer Schusswaffen die Denkyira, Akwamu und Akyem die Vorherrschaft. Die neue Elite wurde *awurafam* genannt, ›Beherrscher der Feuerkraft‹: Die politische Macht kam aus den Gewehrläufen.

Die mächtigste Gruppe in dieser Region waren die Aschanti, deren Aufstieg nach 1680 in die Entstehung eines der am stärksten sozial gegliederten und zentralisierten Staaten Westafrikas mündete. Osei Tutu schuf ein regionales Bündnis von *big men* und brachte nach und nach eine ganze Reihe von Kulturgruppen unter seine zentrale Autorität als *asantehene* oder höchster Führer, symbolisiert durch den goldenen Stuhl, *sika dwa*. Bis 1717 hatten die neuen Aschanti-Herren mehrere der Kleinstaaten entlang der Küste unter ihre Kontrolle gebracht (1742 kamen noch Accra und Adangme dazu) und setzten ihre Expansion im Norden fort, wo sie kleinere Gruppen besiegten und die Versklavten entweder mit Hausa-Kaufleuten nach Norden oder nach Süden an die Küste zu den wartenden Sklavenschiffen schickten. Die Aschanti waren bewandert in der Kriegsführung, wie schon ihr Name andeutete, der sich von *osa nit*, ›wegen des Krieges‹, ableitete. ›Echte‹ Aschanti, so hieß es, würden sich nicht in die Sklaverei verkaufen lassen. Im Jahr 1780 umfasste die mächtige Aschanti-Armee achtzigtausend Mann, die Hälfte von ihnen Musketiere. Ihre Betätigung im Sklavenhandel während des 18. Jahrhunderts war nicht die Triebfeder, sondern das Resultat ihrer Kriegs- und Staatsaufbau-Aktivitäten. Nichtsdestotrotz wurde es bald profitabler, Menschen zu fangen und zu versklaven, als Gold zu schürfen, und die Aschanti wurden trotz ihrer Unabhängigkeit zuverlässige Akteure und wertvolle Partner der Europäer im Sklavenhandel.[16]

Ein weiterer bedeutender Akteur waren die an der Küste lebenden Fante, deren aus neunzehn unabhängigen Gemeinwesen bestehende Konföderation in Reaktion auf die Dominanz der Aschanti entstand. Die Fante schlossen hin und wieder Verträge mit den Briten ab, trieben aber weiterhin Handel mit Sklavenhändlern unterschiedlicher Nationalitäten und betätigten sich auf unterschiedlichste Weise im Sklavenhandel: Sie verkauften Menschen

Die Geschichte des Handelsforts in Anomabu an der Goldküste spiegelt die imperiale Rivalität um Gold und Sklav*innen wider. Es wurde von den Holländern, den Schweden, den Dänen, den Anomabu selbst und schließlich den Engländern besetzt, die es im späten achtzehnten Jahrhundert zu einer ihrer sechs Hauptfestungen machten.

aus dem Landesinneren und verdingten Angehörige ihrer eigenen Gruppe gegen Lohn an die Sklavenschiffe. Ihre Gesellschaft war in matrilineare Clans gegliedert. Ihre beeindruckenden militärischen Fähigkeiten setzten sie zum Schutz der örtlichen Autonomie ein und unterhielten gleichzeitig ausgedehnte Handelsbeziehungen innerhalb ihrer Einflusssphäre. Sie fungierten als Zwischenhändler*innen und verbanden die Aschanti im Landesinneren mit den englischen Sklavenhändlern an der Küste. Sie sollten unabhängig bleiben, bis sie schließlich 1807, im Jahr der Abschaffung des Sklavenhandels in Großbritannien, von den Aschanti erobert wurden. Im Verlauf des 18. Jahrhunderts lieferte die Goldküste mehr als eine Million Versklavte, etwa 15 Prozent der insgesamt in diesem Jahrhundert aus Westafrika verschleppten Menschen. Etwa zwei Drittel von ihnen wurden auf britischen und amerikanischen Schiffen transportiert.[17]

DIE BUCHT VON BENIN

In dem Fischerdorf an der Mündung des Formosa-Flusses herrschte normalerweise rege Geschäftigkeit, aber an diesem Tag im Jahr 1763 war es gespenstisch ruhig. Drei Menschen in einem kleinen Kanu waren von weit hergekommen und wussten nicht, in welcher Gefahr sie schwebten. Vielleicht wunderten sie sich über das große Schiff, eine Brigantine, das umgeben von zehn Kriegskanus weit draußen in der Bucht von Benin vor Anker

Auf dem Weg von der Enteignung und Versklavung in Afrika zur Ausbeutung in den Amerikas wurden zwischen Küste und Schiff häufig Kanus eingesetzt, wie diese Abbildung vor der Goldküste des späten 17. Jahrhunderts zeigt.

lag. Das Schiff, die *Briton*, hatte eine noch weitere Reise zurückgelegt als sie. Es war das Eigentum der Herren John Welch (oder Welsh) und Edward Parr, Kaufleuten aus Liverpool, und wurde von Kapitän William Bagshaw befehligt. Die Kriegskanus, von denen einige groß genug waren, sechs bis acht Drehbassen (kleine, fest montierte schwenkbare Kanonen) zu führen, waren den Fluss heruntergekommen und gehörten einem Mann namens Kapitän Lemma Lemma, »einer Art Piratenadmiral«, der mit Versklavten handelte. Für die Menschen, die am Unterlauf des Flusses lebten, war Lemma Lemma ein »Menschenräuber oder -Dieb«. Sie alle hatten »außerordentliche Furcht, sich hinauszuwagen, wann immer eines seiner Kriegskanus in Sicht war«. Er war ein wichtiger Lieferant von Versklavten an die europäischen Guineafahrer, und aus diesem Grund hatte Kapitän Bagshaw ihn zehn Tage lang mit Essen, Trinken, Gastfreundschaft und *dashee* – Geschenken zur Förderung der Verkaufsverhandlungen – umworben.

Vom Hauptdeck des Sklavenschiffes aus sah Lemma Lemma die Fremden vorbeipaddeln und gab einer Gruppe seiner Kanufahrer den Befehl, sie gefangen zu nehmen. Die Paddler bestiegen gewandt ihre Kanus, ergriffen die drei Fremden – einen alten Mann, einen jungen Mann und eine junge Frau – brachten sie an Bord und boten sie Kapitän Bagshaw zum Kauf an. Dieser kaufte die beiden jüngeren, lehnte aber den älteren ab. Lemma Lemma ließ den alten Mann auf eins seiner Kanus bringen und gab einen

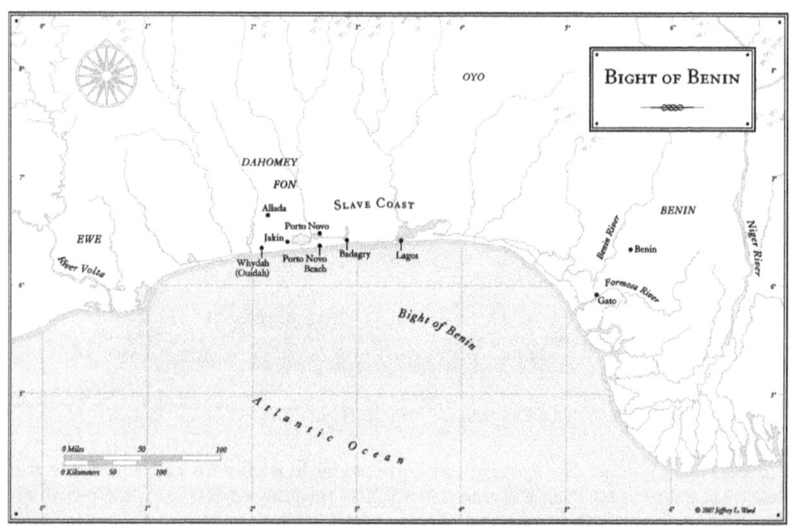

Befehl. »Sein Kopf wurde auf eine der Ruderbänke des Bootes gelegt und abgehackt«; Kopf und Körper wurden über Bord geworfen. Seine Kinder wurden von Kapitän Bagshaw nach Rappahannock, Virginia verschleppt.[18]

Die zwischen den Flüssen Volta und Benin (den Küsten des heutigen Togo, Benin und südwestlichen Nigeria) gelegene Bucht von Benin hatte im 18. Jahrhundert eine bewegte Geschichte als Sklavenhandelsregion. Benin war im vorhergehenden Jahrhundert eines der ersten Königreiche gewesen, die große Lieferungen europäischer Schusswaffen erhalten hatten. Aber im Gegensatz zu den Aschanti fehlte den Gesellschaften Benins die organisatorische Struktur, die notwendig gewesen wäre, um sie sich zunutze zu machen, und bald setzte ein Verfall ein: Ehemals florierende Regionen in Küstennähe entvölkerten sich, das Land lag brach. Dennoch blieb Benin der Kern einer Gruppe von Tributärstaaten und -gesellschaften, die über Männer wie Kapitän Lemma Lemma Verbindungen zu den Sklavenschiffen unterhielten.

Die Hauptkulturgruppen in dieser Region waren die Ewe im Westen, die in über hundert kleinen, autonomen Dorfgesellschaften lebten, die in der Zentralregion (ursprünglich nur im Landesinneren) lebenden Fon und die größere, mächtigere Gruppe der Yoruba im östlichen Landesinneren, die über das große Oyo-Reich herrschte. Whydah (Ouidah) und Jakin, der Hafen von Allada, waren im frühen 18. Jahrhundert die wichtigsten Sklavenhäfen. Diese Gemeinwesen waren unabhängig, bis sie in den 1720er und 1730er Jahren von den Fon erobert und in das Königreich Dahomey eingegliedert wurden. Nachdem dessen König Agaja auf diese Weise die Zwischenhändler ausgeschaltet hatte, bauten er und seine Nachfolger einen starken, zentralisierten und recht effizienten Staat auf, organisierten systematische Überfälle und manipulierten Rechtsprechungsverfahren, um Gefangene direkt an die Sklavenschiffe liefern zu können, wobei ihr begrenztes Hinterland allerdings langfristig der Anzahl der auf diese Weise Versklavten Grenzen setzte. Dahomey unterhielt eine stehende Armee mit einem legendären Regiment von Kriegerinnen, aber dennoch begann das Reich in den 1730er Jahren sporadisch (und nach 1747 regelmäßig) Tributzahlungen an das mächtigere benachbarte Oyo zu leisten, dessen militärische Stärke im Landesinneren sich auf seine Pferde, Kavallerie und Kontrolle über die Savanne gründete. Die Yoruba, die bereits seit langem mit den Nord-Süd-Karawanenrouten des Transsahara-Sklavenhandels vernetzt waren, hatten um 1770 herum die Kontrolle über die Häfen von Porto Novo, Badagry und – später im 18. Jahrhundert – Lagos erlangt, wobei der Umfang ihrer Lieferungen an all diese Häfen im Zuge ihres eigenen Niedergangs ab den 1790er Jahren zurückgehen sollte. Insgesamt wurden im 18. Jahrhundert fast 1,4 Millionen versklavte Menschen aus der Bucht von Benin exportiert, fast ein Fünftel des gesamten Handels aus Westafrika in diesem Jahrhundert, wobei britische und amerikanische Sklavenschiffe, die zunehmend weiter östlich gelegene Häfen anliefen, nur etwa 15 Prozent von ihnen transportierten.[19]

DIE BUCHT VON BIAFRA

Antera Duke war ein führender Händler von der Gemeinschaft der Efik, der im späten 18. Jahrhundert in Old Calabar in der Bucht von Biafra lebte. Sein Wohnsitz war das etwa zwanzig Meilen von der Mündung des Calabar-Flusses entfernte Duke Town. Sein Vermögen wuchs im Laufe der Jahre, und er wurde Mitglied der örtlichen Ekpe-(›Leoparden‹-)Gesellschaft, die enorme Macht im Sklavenhandel und in allgemeinen städtischen Angelegenheiten hatte. Er nahm an sogenannten »Spielen«, wie er sie nannte, teil: gemeinschaftlichen Zusammenkünften mit Musik, Gesang und Tanz. Er organisierte Bestattungsfeierlichkeiten, die – wenn es sich um angesehene Männer wie ihn selbst handelte – die rituelle Opferung von Versklavten beinhalteten,

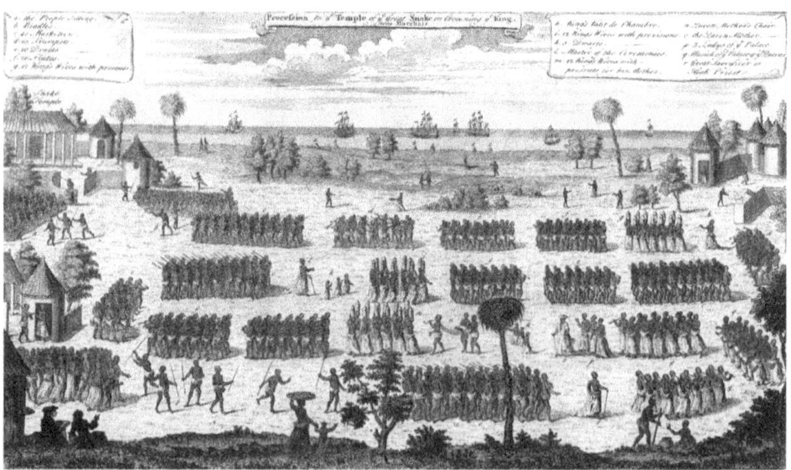

Dahomey war ein strategisch günstig gelegenes Königreich an der »Sklavenküste«, einer Region, die ihren Namen auch der versklavenden Macht der Armee zu verdanken hatte, die hier während einer religiösen Prozession zu sehen ist. Im Hintergrund lauern sieben europäische Schiffe, die zweifellos darauf warten, das große Geschäft mit den Sklavenhändlern wieder aufzunehmen.

die enthauptet wurden, um ihren Herrn in die Geisterwelt zu begleiten. Er vermittelte bei »Beleidigungen« und »Palavern«, kleinen Streitigkeiten und großen Debatten. Er organisierte sogar die Beerdigung des Sklavenschiffkapitäns Edward Aspinall »mit viel Zeremonie«. Er bewirtete eine endlose Reihe von Kapitänen in seinem Haus – mitunter fünf oder sechs gleichzeitig – die *mimbo* (Palmwein) tranken und bis spät in die Nacht feierten und schlemmten. Die Kapitäne wiederum schickten ihre Tischler und Schreiner zu ihm, um an seinem großen Haus zu arbeiten.[20]

Antera Duke horchte gewohnheitsmäßig auf den Kanonendonner vom Seven Fathoms Point: Dies bedeutete, dass ein Sklavenschiff oder sein Beiboot flussaufwärts unterwegs war, um Handel zu treiben. Eines »schönen Morgens«, wie er in seinem Tagebuch notierte, »haben wier 9 Schiffe in Fluss«. Er und andere Efik-Händler »kleideten sich wie weiße Männer« und gingen auf den Schiffen ein und aus. Sie tranken Tee und tätigten Geschäfte, nahmen Einfuhrzölle und *dashee*, handelten Kredite (sogenannte Trauen) aus, hinterließen Pfänder und lösten sie wieder aus, erhandelten Eisenbarren, Kupfermünzen und Schießpulver und verkauften Yamswurzeln als Proviant für die *Middle Passage*. Duke verkaufte Versklavte, die er manchmal selbst einfing: »Wier & Tom Aqua und John Aqua kommen zusammen Männer Fangen.« Bei einer anderen Gelegenheit beglich er eine alte Rechnung mit einem Kaufmann aus Bakassi, indem er ihn und zwei seiner Versklavten ergriff und – wie er stolz in seinem Tagebuch notierte – persönlich auf ein Sklavenschiff brachte. Bei anderen Gelegenheiten kaufte er Versklavte von Händlern aus entlegenen Regionen. Während der drei Jahre, in denen er sein Tagebuch führte (1785–88), vermerkte er die Abreise von zwanzig Schiffen, die er geholfen hatte zu »besklaven«. Jedes einzelne von ihnen kam aus Liverpool. Fast siebentausend Männer, Frauen und Kinder wurden auf diesen Schiffen zu den Plantagen der Neuen Welt transportiert. Ein typischer Eintrag, geschrieben am 27. Juni 1785, lautete: »Captin Tatum geh weg mit 395 Sklaven.«[21]

Die Bucht von Biafra erstreckte sich entlang einer Küste aus Mangrovensümpfen vom Benin-Fluss über das Nigerdelta hinweg bis zum Cross River und darüber hinaus nach Westen. Händler wie Antera Duke machten die Bucht zu einer der Hauptherkunftsregionen von versklavten Menschen. Gegen Ende des 18. Jahrhunderts war sie für britische und amerikanische Händler zu einer der wichtigsten Quellen für Versklavte überhaupt geworden. Es gab in dieser Region, die das heutige Ostnigeria und Westkamerun umfasste, keine größeren Territorialstaaten. Der Sklavenhandel lag in den Händen dreier großer konkurrierender, manchmal miteinander im Krieg lie-

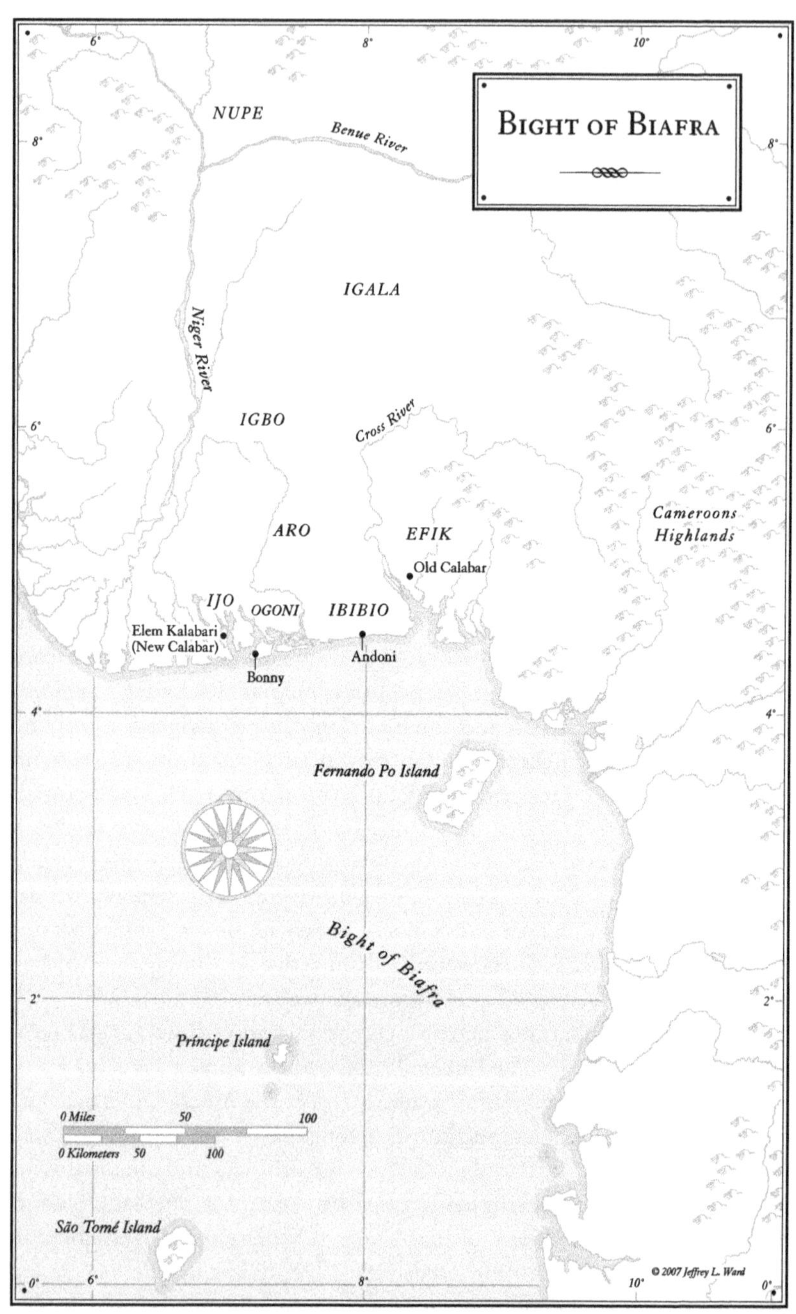

Bight of Biafra
NUPE
Benue River
IGALA
Niger River
IGBO
Cross River
ARO
EFIK
Cameroons Highlands
Old Calabar
IJO
OGONI
IBIBIO
Elem Kalabari (New Calabar)
Andoni
Bonny
Fernando Po Island
Bight of Biafra
Príncipe Island
0 Miles 50 100
0 Kilometers 50 100
São Tomé Island
© 2007 Jeffrey L. Ward

gender Stadtstaaten, die ihrerseits aus sogenannten ›Kanuhäusern‹ bestanden: New Calabar (auch Elem Kalabari genannt), Bonny und Old Calabar (wo Duke lebte). Erstere waren eine Art Monarchien; letztere war eher eine Republik, in der Efik-Gründerfamilien mittels der Ekpe-Gesellschaft Fremde und Versklavte in ein System von nicht auf Blutsbanden basierender Verwandtschaft und kommerzieller Arbeit einbanden. (›Väter‹ wie Duke nahmen ›Söhne‹ und ›Töchter‹ an.) Die Oberhäupter der Kanuhäuser wurden durch den Handel mit europäischen Kaufleuten reich und mächtig. Durch diese Kontakte waren sie möglicherweise stärker von europäischen Gebräuchen beeinflusst – insbesondere in Bezug auf Kleidung und Kultur – als die Menschen in jeder anderen Region Westafrikas. Händler wie Duke betraten die Sklavenschiffe in Kniebundhosen, Westen und goldgeränderten Hüten; sie sprachen Englisch, fluchten, dass sich die Balken bogen und kehrten abends in ihre im europäischen Stil erbauten Häuser zurück.[22]

Die Hauptkulturgruppen in der Bucht von Biafra waren die rund um den Hafen von Andoni dominierenden Ibibio und die zahlreicheren, dezentralisiert lebenden Igbo, deren Kultur geografisch weit ausgedehnt war und denen die große Mehrheit der Versklavten entstammte. Weitere bedeutende Gruppen waren die Igala (im nördlichen Landesinneren), die Ijo (entlang der Küste westwärts) und die Ogoni (rund um das Cross River-Delta). Die primäre gesellschaftliche Organisationsform der Gesellschaften in dieser Region war das autonome Dorf. Es gab ein gewisses Maß an Klassenunterschieden, aber wichtige örtliche Persönlichkeiten wurden im Allgemeinen als Erste unter Gleichen betrachtet. Sklaverei war nicht unbekannt, aber sie war milde und begrenzt. Die meisten Menschen, die nicht der Führungselite angehörten, bauten Yamswurzeln an. Eine der besten Beschreibungen der Lebensweise der Igbo lässt sich mit dem Ausdruck ›Dorfdemokratie‹ zusammenfassen.

Das Land entlang der Bucht von Biafra war sowohl an der Küste als auch für Hunderte von Kilometern landeinwärts dicht besiedelt. Vor allem die Igbo hatten im 17. Jahrhundert ein starkes Bevölkerungswachstum verzeichnet, unter anderem aufgrund ihres ertragreichen Yams-Anbaus. Die an der Küste und entlang der Flüsse lebenden Gemeinschaften lebten im Allgemeinen vom Fischfang. Breite, tiefe Flüsse zogen sich weit ins Landesinnere, weshalb Kanus eine zentrale Rolle bei der Kommunikation, der Fortbewegung und dem Transport versklavter Menschen spielten. Die meisten dieser Menschen wurden in den Regionen rund um die Flüsse Niger, Benue und Cross gekidnappt; einige wurden allerdings auch aus dem Hochland Kameruns nach Westen gebracht. Die meisten Versklavten wurden bei kleineren Überfällen gefangengenommen, da Kriege in großem Maßstab in dieser Region selten waren. Mitte des 18. Jahrhunderts lagen die Beschaffung und der Binnentransport von Versklavten zum großen Teil in Händen einer relativ neuen Kulturgruppe, der Aro, die ihren Zugang zu europäischen Schusswaffen und anderen Fertigwaren dazu nutzten, ein Handelsnetz aufzubauen, das die Kanuhäuser mit dem Landesinneren verband. Im Verlauf des 18. Jahrhunderts – vor allem nach den 1730er Jahren – verschifften die Händler der Bucht von Biafra mehr als eine Million Menschen, größtenteils Igbo, davon 86 Prozent auf britischen und amerikanischen Schiffen. Viele von ihnen wurden zwischen 1730 und 1770 nach Virginia gebracht, die meisten jedoch auf die britischen Westindischen Inseln.[23]

WESTLICHES ZENTRALAFRIKA

Ihrem eigenen Herkunftsmythos zufolge waren die Bobangi ursprünglich Fischer*innen gewesen, die sich von anderen Gruppen entlang des Ubangi-Flusses in der Kongo-Region im westlichen Zentralafrika abgespalten hatten. Im Laufe der Zeit zogen sie in höher gelegene Gebiete, wo sie begannen, auch Landwirtschaft zu betreiben (Kochbananen und vor allem Maniok), in begrenztem Umfang Fertigwaren herzustellen und schließlich über örtliche und regionale Wasserstraßen Handel zu treiben. Bis ins 18. Jahrhundert, als sie begannen, mit Versklavten zu handeln, waren sie jedoch in erster Linie Fischer. Sie transportierten Gefangene per Kanu in Richtung Südwesten zum Malebo Pool, einem wichtigen Umschlagplatz für den Handel mit der Küste, wo die Sklavenschiffe wie hungrige Bestien mit leeren Bäuchen vor Anker lagen. Die Bobangi unterschieden zwischen zwei Arten von Versklavten: Eine *montamba* war eine Person, die von ihrer sozialen Gruppe verkauft worden war, gewöhnlich nach einer Verurteilung für ein Verbrechen, manchmal auch aufgrund einer Hungersnot oder wirtschaftlichen Notlage. Die zweite und mit Fortschreiten des 18. Jahrhunderts möglicherweise häufigere Art der Versklavung war die als *montange*. Eine Person konnte auf drei Arten zum *montange* werden: in einem förmlichen Krieg, einem informellen Überfall oder durch Entführung. In dem Maße, in dem die Preise für Versklavte stiegen, nahmen die Bobangi-Kaufleute mehr und mehr Menschen gefangen und brachten sie auf Zwangsmärschen über Land auf unterschiedlichen Routen nach Loango, Boma und Ambriz an die Küste. Diese Zwischenhändler gewannen im Laufe der Zeit immer größere regionale Bedeutung und lieferten schließlich eine beträchtliche Minderheit der Versklavten, die im 18. Jahrhundert über Loango gehandelt wurden. Ihre Sprache wurde zur Verkehrssprache entlang des gesamten Ubangi-Flusses und seiner zahlreichen Nebenflüsse.[24]

Das westliche Zentralafrika bestand aus einem ausgedehnten Küstenstreifen mit zwei Hauptregionen, aus denen sich Versklavte rekrutierten, Kongo und Angola, in denen wiederum Hunderte von Kulturgruppen lebten. Das Gebiet war im fortschreitenden 18. Jahrhundert eine der bedeutendsten Sklavenhandelsregionen und wurde in den 1790er Jahren zur wichtigsten überhaupt. Sklavenschiffe liefen mit zunehmender Häufigkeit diesen etwa 1.900 Kilometer langen Küstenabschnitt an, der auf der Höhe der Insel Fernando Póo begann und sich in südlicher Richtung bis nach Benguela und Cabo Negro zog – ein Gebiet, das im heutigen Kamerun beginnt und sich über Äquatorialguinea, Gabun, die Republik Kongo, einen kleinen Küstenabschnitt der Demokratischen Republik Kongo und den größten Teil von Angola nach Süden erstreckt. Historisch war das westliche Zentralafrika von portugiesischer Kolonisierung und Einflussnahme geprägt, sowohl an der Küste als auch tief im Landesinneren. Im 17. Jahrhundert drückte sich dieser Einfluss unter anderem in einer Massenkonversion zum Christentum im Königreich Kongo aus, einem der wichtigsten am Sklavenhandel beteiligten Lieferstaaten. Britische und amerikanische Händler begannen Mitte des 18. Jahrhunderts dauerhaft dort Fuß zu fassen.

Der Hauptmotor der Versklavung in dieser Region war die Expansion des Lunda-Reiches im Inneren Angolas. Die meisten Versklavten wurden in Eroberungskriegen, formellen Schlachten oder bei schnellen Überraschungsangriffen gefangengenommen. Eine beträchtliche Anzahl von ihnen war Bestandteil der Tributleistungen, die die Lunda von den diversen von ihnen regierten Gruppen und Staaten erhoben. Die Lunda hatten ein hocheffizientes Verwaltungssystem und setzten Mittlerstaaten mittlerer Größe wie Kasanje und Matamba dazu ein, für den reibungslosen Transport der Versklavten zu den Schiffen an der Küste zu sorgen. Weitere Akteure in West-Zentralafrikas ausgedehntem Menschenhandel waren, neben den Bobangi, Kaufleute von der Gemeinschaft der Vili, die im 17. Jahrhundert die nördlichen Binnenregionen mit der kongolesischen Küste verbanden. Staaten im Süden wie die der Humbe und Ovimbundu dienten ebenfalls als Zwischenhändler in diesem ausgedehnten, lukrativen Handel.

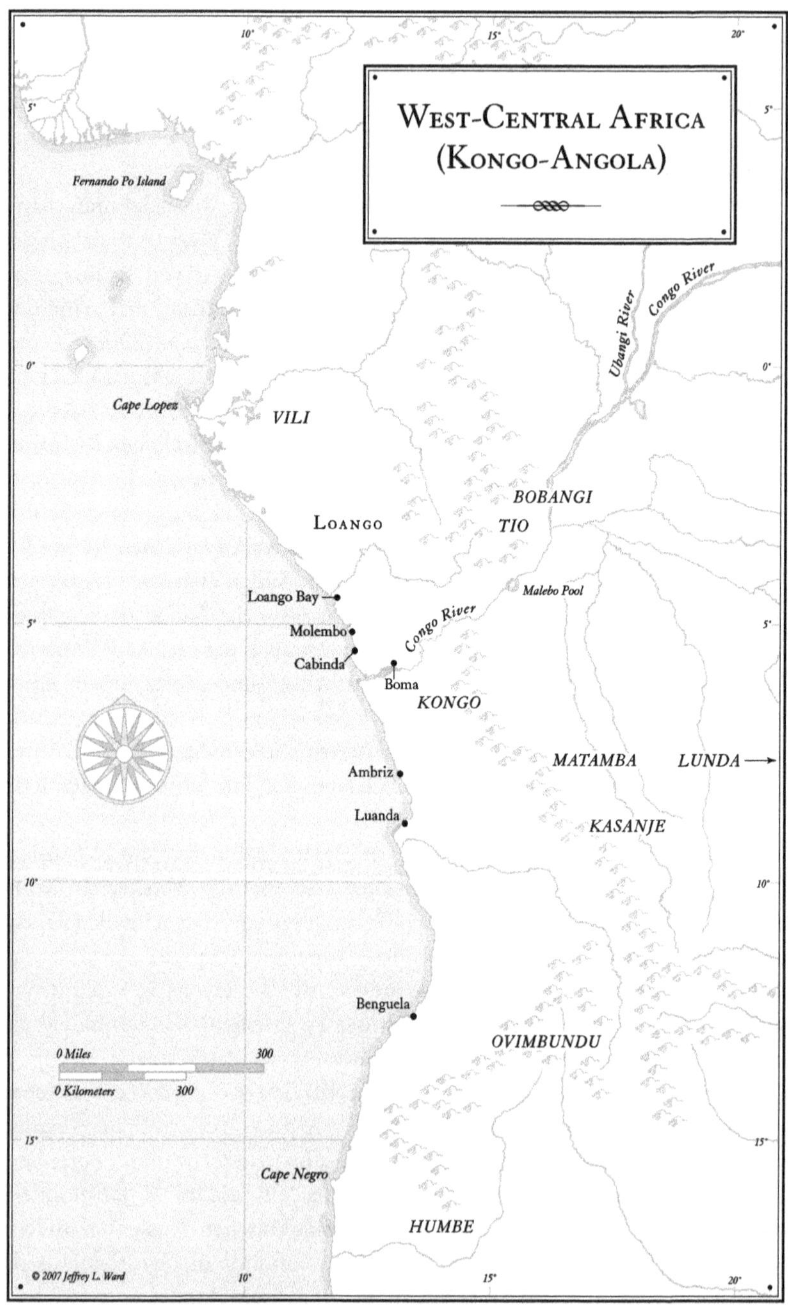
West-Central Africa
(Kongo-Angola)
Fernando Po Island
Cape Lopez
VILI
Ubangi River
Congo River
BOBANGI
Loango
TIO
Loango Bay
Malebo Pool
Molembo
Congo River
Cabinda
Boma
KONGO
Ambriz
MATAMBA
LUNDA
Luanda
KASANJE
Benguela
OVIMBUNDU
0 Miles
300
0 Kilometers
300
Cape Negro
HUMBE
© 2007 Jeffrey L. Ward

Das westliche Zentralafrika war eine Region von außergewöhnlicher kultureller Vielfalt, in der Dutzende von Sprachen gesprochen wurden, die allerdings alle auf Bantu zurückgingen, ein verbindendes Element, das den Menschen in der Diaspora zugutekommen sollte. Auch die politischen Organisationsformen umfassten ein breites Spektrum und reichten von kleinen autonomen Dörfern bis hin zu großen Königreichen (von denen Kongo, Loango und Tio die wichtigsten waren) und dem portugiesischen Kolonialstaat mit Sitz in Luanda. Die Lebensweise der Menschen, die nicht der Führungselite angehörten und daher am ehesten versklavt wurden, unterschied sich je nach der ökologischen Zone, die sie bewohnten. Anrainer*innen von Küsten, Flüssen und Sümpfen lebten zwangsläufig vom Wasser, gewöhnlich vom Fischfang, während die Bewohner*innen der Wald- und Savannenzonen eher Landwirtschaft (üblicherweise die Domäne der Frauen) in Verbindung mit Jagd (die der Männer) betrieben. Viele Gemeinschaften waren matrilinear organisiert. Wegen der Häufigkeit kriegerischer Auseinandersetzungen hatten viele Männer militärische Erfahrung der einen oder anderen Art. Je mehr die Tentakel des Sklavenhandels sich ausbreiteten, desto ausgeprägter wurde in vielen Gemeinschaften die Schichtenbildung, und es traten *kumu* – »big men« – auf den Plan, die für eine reibungslose Abwicklung des Handelsverkehrs sorgten. Die wichtigsten Häfen in dieser Region waren – von Norden nach Süden – Loango, Cabinda, Ambriz, Luanda und Benguela (letzterer war von den Portugiesen eigens für den Sklavenhandel gebaut worden). Zwischen 1700 und 1807 schleusten Kaufleute eine Million Menschen durch Loango, und nach 1750 wurden mehr und mehr versklavte Menschen nach Molembo und Cabinda, die Häfen nahe der Kongo-Mündung, gebracht. Allein im 18. Jahrhundert wurden mehr als 2,7 Millionen versklavte Menschen aus dieser Region verschifft, 38 Prozent der Gesamtzahl in diesem Jahrhundert. Damit war das westliche Zentralafrika die bei weitem wichtigste Sklavenhandelsregion überhaupt.[25]

SOZIALPORTRÄT DER GEFANGENEN

Wie sich schon den zusammenfassenden Beschreibungen der sechs wichtigsten Sklavenhandelsregionen entnehmen lässt, landeten die meisten Menschen im Gefolge eines Krieges auf einem Sklavenschiff, vor allem in Zeiten, in denen eine bestimmte Gruppe wie die Fon oder die Aschanti ihre politische Vorherrschaft über ihre Nachbarn ausweiten wollte. Eine weitere wichtige Quelle, aus der Versklavte »geschöpft« wurden, waren, in den Worten eines Beobachters, die »ewigen Kriege« kleinerer Gruppen untereinander. Wie beispielsweise der Konflikt zwischen den Gola und den Ibau hatten diese Kriege ihre eigenen geopolitischen Logiken und Ursachen und standen nicht unbedingt mit dem Sklavenhandel in Zusammenhang. Wie der Sklavenhandelskaufmann und Historiker Robert Norris anmerkte, gab es in Afrika schon lange vor der Ankunft der Europäer Kriege, deren Ursachen die gleichen waren, die überall und zu allen Zeiten Konflikten zugrunde lagen: »Ehrgeiz, Habsucht, Groll & c.«. Befürworter*innen wie Gegner*innen des Sklavenhandels waren sich darin einig, dass Kriege eine der Hauptquellen des Handels mit Versklavten in Westafrika waren.[26]

Worin sie sich allerdings entschieden uneinig waren, war die Frage, was genau einen Krieg ausmachte. Die meisten Befürworter des Sklavenhandels stimmten darin überein, dass ein ›Krieg‹ schlicht das war, was afrika-

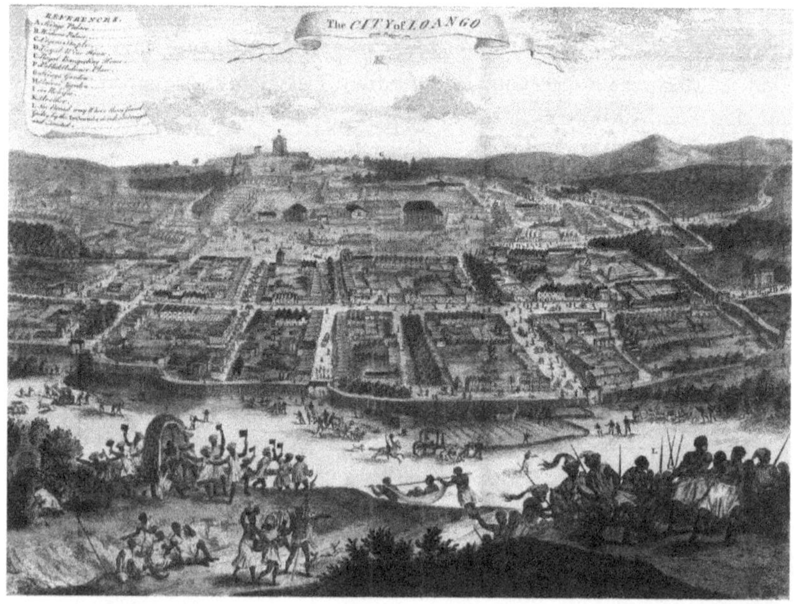

Das Vili-Königreich Loango in der Kongo-Region war eine der größten Quellen für Versklavte in ganz Afrika. Im Vordergrund ein Tross mit Versklavten, der die Gefangenen zur Küste und einen endlosen Zug von Sklavenschiffen verschleppt. Allein im achtzehnten Jahrhundert wurden schätzungsweise eine Million Menschen durch Loango geschleust.

nische Händler als solchen bezeichneten. Aber auch sie mussten zugeben, dass der Begriff eine Vielzahl von Aktivitäten umfasste. »Plünderungen ... werden Kriege genannt!«, rief 1784 ein Liverpooler Händler aus. John Matthews, ein vehementer Verfechter des Menschenhandels, kommentierte, dass in Sierra Leone jeder »unbedeutende Zank« als Krieg bezeichnet werde. Der Schiffsarzt John Atkins traf die Feststellung, dass Krieg in Westafrika nichts weiter als ein anderes Wort für den »Raub wehrloser Geschöpfe im Inneren des Landes« sei, und die Gegner*innen des Handels gingen noch weiter und erklärten mit Nachdruck, dass »Kriege« nichts anderes als »seeräuberische Unternehmungen« seien. Sie fanden sogar einen Zeugen für diese Behauptung: Der britische Seemann Isaac Parker hatte in den 1760er Jahren von New Town in Old Calabar aus selbst an derartigen Plünderzügen teilgenommen. Die Abolitionist*innen vertraten den Standpunkt, dass das, was hier ›Krieg‹ genannt wurde, meistens nichts weiter als Entführung war. Im Übrigen begannen ›Kriege‹ oft dann, wenn ein Sklavenschiff an der Küste auftauchte, woraufhin die örtlichen Händler mit der Hilfe (und den Gewehren) des jeweiligen Sklavenschiffskapitäns Gruppen von Kriegern (gewöhnlich Kanubesatzungen) ausrüsteten und landeinwärts schickten, um dort Krieg zu führen und Gefangene zu nehmen, die dann an den Kapitän verkauft wurden, der die Expedition überhaupt erst finanziert hatte. Wie ein Afrikaner einem Besatzungsmitglied eines Sklavenschiffes erklärte: »Wenn Schiff nicht kommt, Herr, wir nehmen nicht Sklaven.« Krieg war eine »beschönigende« Bezeichnung für organisierten Menschenraub.[27]

Der nach den Kriegen zweitwichtigste Mechanismus der Versklavung waren die Rechtsprechungsverfahren, mittels derer Menschen in afrikanischen Gesellschaften für Delikte verurteilt wurden, die von Mord über Diebstahl bis hin zu Ehebruch, »Hexerei« und Verschuldung reichten. Nach ihrer Verurteilung zur Sklaverei wurden sie an afrikanische Händler oder direkt an die Kapitäne der Sklavenschiffe verkauft. Dies war der Verfrachtung verurteilter englischer Straftäter in die amerikanischen Kolonien bis 1776, und nach Botany Bay in Australien ab 1786, nicht unähnlich. Viele Afrikaner*innen und (abolitionistische) Europäer*innen waren der Ansicht, dass die Rechtsprechung in Westafrika korrumpiert und Tausende zu Unrecht angeklagt und verurteilt worden waren, um so viele verkäufliche Menschen wie möglich zu produzieren. Der für die *Royal African Company* tätige Francis Moore kommentierte, dass bei Menschen, die um 1730 herum im Gambia-Gebiet eines Verbrechens für schuldig befunden wurden, »alle Strafen in Sklaverei umgewandelt« wurden. Walter Rodney schrieb, dass an der Küste von Oberguinea die örtlichen herrschenden Gruppen das Gesetz »zum Handlanger des Sklavenhandels« machten.[28]

Eine dritte wichtige Quelle war der Kauf von Versklavten im Landesinneren, in einiger Entfernung von der Küste, auf Märkten und Messen, die oft in die islamischen Sklavenhandelsnetzwerke im Norden, Osten und Westen eingebunden waren. In Senegambia, an der Goldküste und in der Bucht von Benin war diese Form des Verkaufs von Menschen (die größtenteils ehemals frei gewesen und weiter im Landesinneren versklavt worden waren) besonders üblich. In den 1780er Jahren waren viele der in New Calabar, Bonny und Old Calabar verkauften Versklavten hundertsechzig Kilometer oder mehr landeinwärts gekauft worden, und in anderen Häfen kamen Gefangene zum Teil aus noch größerer Entfernung. Die Sklavenschiffskapitäne gingen davon aus, dass die von ihnen gekauften Menschen infolge eines Krieges oder Rechtsspruchs zu Sklav*innen geworden waren, aber tatsächlich hatten sie keine Ahnung, auf welche Weise ihre ›Fracht‹ versklavt worden war, und es interessierte sie auch nicht. Wie ein Kapitän nach dem anderen bei den parlamentarischen Anhörungen zwischen 1788 und 1791 zu Protokoll gab, war das nicht ihre Angelegenheit.[29]

Im 17. Jahrhundert scheinen die meisten Gefangenen nicht weiter als 80 Kilometer von der Küste entfernt gekommen zu sein. Aber im frühen 18. Jahrhundert, vor allem nach der europäischen Deregulierung des Sklavenhandels (d. h. der Verdrängung der mit Freibriefen ausgestatteten Handelskompanien durch private Kaufleute) weiteten sich sowohl der Handel als auch die Einzugsgebiete aus, in einigen Fällen auf Hunderte von Kilometern ins Landesinnere. Die meisten Beobachter gingen davon aus, dass zwischen einem Zehntel und einem Drittel der Versklavten aus Küstenregionen und alle anderen aus dem Landesinneren stammten. Die »Masse« der Versklavten seien, so John Atkins über seine Erfahrungen in den frühen 1720er Jahren, »Bauern«, deren Verstand seiner herablassenden Ansicht nach umso schwächer sei, je weiter ihr Herkunftsort von der Küste entfernt lag. Die »Küstenneger« seien aufgeweckt, ja sogar schalkhaft, sprächen eher Englisch und wüssten mehr über die Sklavenschiffe und den Sklavenhandel. Die Gefangenen, die von der Küste kamen, waren meistens aufgrund eines Gerichtsurteils versklavt worden, während Menschen aus dem Landesinneren eher in einem ›Krieg‹ irgendeiner Art in Gefangenschaft geraten waren. Gegen Ende des Jahrhunderts kamen immer mehr Versklavte aus »sehr großer Entfernung«, waren »viele Monde« gereist und unterwegs viele Male weiterverkauft worden. Der Kapitän der *Sandown* war sich sicher, dass fünf Männer, die er im Oktober 1793 kaufte, eine Reise von 1.600 Kilometern hinter sich hatten.[30]

Versklavungsversuche lösten spontanen Widerstand aus, vor allem bei Überfällen oder Entführungen. Die Menschen wehrten sich, flohen und taten alles, was in ihrer Macht stand, um ihren Häschern zu entkommen. Wenn sie erst einmal gefangen und zu *coffles* zusammengeschlossen waren, war die Hauptform des Widerstands die Flucht, die ihre Entführer wiederum mittels Wachsamkeit, Waffen und diverser Kontrollmechanismen zu verhindern versuchten. Die neu Versklavten, vor allem die Männer, wurden manchmal erst einzeln mit Lianen, Stricken oder Ketten gefesselt, dann in Zweier- und Vierergruppen am Hals aneinandergebunden und schließlich an andere Gruppen der gleichen Größe gefesselt. Afrikanische Sklaventreiber banden die Männer manchmal an lange, schwere Baumstämme, um sie zu ermüden, in ihren Bewegungen zu behindern und vom Widerstand abzuhalten. Alle Gefangenen mussten auf diesen Märschen als Träger*innen arbeiten, das heißt, sie mussten Nahrungsmittel, Waren und mitunter große Elefantenstoßzähne schleppen. Eine besonders einfallsreiche Gruppe von Sklaventreibern hatte eine Vorrichtung entwickelt, die am Mund der Gefangenen angebracht wurde, um es ihnen während des langen Marsches unmöglich zu machen, zu schreien und damit die Aufmerksamkeit und möglicherweise das Mitgefühl potenzieller Helfer*innen zu wecken. Nahrungsverweigerung war eine weitere Form des Widerstands, und gelegentlich fanden koordinierte Aufstände statt. Manchmal gelang Versklavten die Flucht in den Wald, wo sie

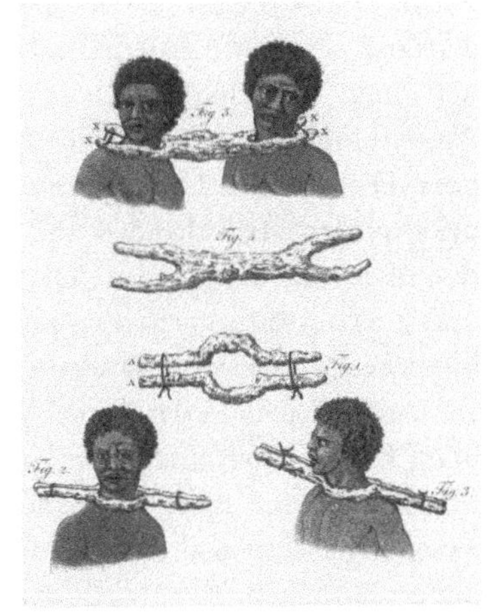

Als im 18. Jahrhundert immer mehr Guineafahrer an der westafrikanischen Küste auftauchten, dehnte sich das Einzugsgebiet des Sklavenhandels immer weiter ins Landesinnere aus, was zu längeren Fußmärschen zur Küste führte. Die abgebildeten knebelartigen Instrumente ermöglichten es den afrikanischen Händlern, die »coffles« (Sklavenzüge) zu kontrollieren und zu den Schiffen zu bringen.

in *maroon*-Gemeinschaften zusammenlebten. All diese Formen des Widerstands sollten sich auf den Sklavenschiffen und schließlich, nach beendeter Reise, in den Plantagengesellschaften der Neuen Welt fortsetzen.[31]

Die überwältigende Mehrheit der Versklavten waren Menschen niederen gesellschaftlichen Ranges, die in der einen oder anderen Form Landwirtschaft betrieben; einige wenige waren nomadische Viehhalter oder Jäger und Sammler. Aus den größeren Gesellschaften kamen Handwerker*innen, Hausbedienstete und Lohnarbeiter*innen. Zwei Drittel der Menschen, die nach Übersee transportiert wurden, waren Männer, die meisten jung, viele von ihnen ehemalige Soldaten, die eine militärische Ausbildung erhalten hatten. Frauen und Kinder machten ungefähr ein Drittel aus, wobei der Anteil dieser beiden Gruppen im späten 18. Jahrhundert zunahm. Nur sehr wenige Afrikaner*innen, die höherrangige Positionen bekleideten, wurden versklavt und an Bord eines Sklavenschiffes verschleppt. Unter afrikanischen Militäreliten war es nicht unüblich, die Mitglieder der gegnerischen Führungselite nach einer Schlacht hinzurichten, um zu verhindern, dass sie Widerstand gegen die neuen Machthaber schürten. Im Übrigen konzentrierten sich die Sklavenfänger im Allgemeinen auf »die Rauesten und Zähesten« und mieden die privilegierten »glatten Neger« (wie Job Ben Solomon), denen es schwerer fallen würde, sich an das Schiff und die Sklaverei zu gewöhnen. Und dass die Sklavenhändler junge Menschen bevorzugten, hatte zur Folge, dass ältere Menschen, die aufgrund ihres Alters und ihrer Weisheit in vielen afrikanischen Kulturen führende Rollen innehatten, weitaus seltener versklavt wurden.[32]

Als Ergebnis dieses Prozesses der Auslese, Versklavung und Verschiffung entstand eine tiefe, dauerhafte Kluft zwischen den ›gewöhnlichen‹ Afrikaner*innen und ihren herrschenden Eliten. Und dies wiederum hatte enorme Auswirkungen auf die kulturellen und politischen Praktiken in der Diaspora. Die vielen zu Unrecht Verurteilten und Versklavten verloren den Respekt vor den Herrschenden und ihren Institutionen, und das Fehlen einer dominierenden Klasse in der Diaspora bedeutete, dass Menschen ohne Rang und Titel notgedrungen ihren eigenen, freieren und kreativeren Umgang mit ihren neuen Lebensumständen entwickeln mussten, sowohl auf dem Sklavenschiff als auch in der Neuen Welt. Was nun erforderlich war, waren egalitäre Beziehungen und Praktiken, wie sie Hugh Crow auf seinen eigenen Schiffen bei den Igbo beobachtete: »Ich habe gesehen, wie sie, wenn ihre Zuteilung knapp ausfiel, Faser um Faser den letzten Bissen Fleisch untereinander aufteilten.«[33]

GRAND PILLAGE: LOUIS ASA-ASA

Eine der Hauptmethoden des Menschenfangs war das, was die Franzosen *grand pillage* nannten, ›große Plünderung‹: ein plötzlicher, organisierter Überfall auf ein Dorf, gewöhnlich mitten in der Nacht, bei dem die Plünderer Häuser niederbrannten, die verängstigt flüchtenden Dorfbewohner*innen gefangen nahmen, in Sklavenzügen an die Küste trieben und verkauften. Ein Mann namens Louis Asa-Asa, der als dreizehnjähriger Junge mittels *grand pillage* versklavt worden war, schilderte im Detail dieses Trauma und seinen eigenen Weg zum Sklavenschiff.[34]

Asa-Asa lebte mit seinen Eltern und fünf Brüdern und Schwestern »in einem Land namens Bycla, in der Nähe von Egie, einer großen Stadt« im Landesinneren, »in einiger Entfernung vom Meer«. Seine Familie war respektabel. Sein Vater, der Land und ein Pferd hatte, war keiner der »großen Männer« des Dorfes, wohl aber sein Onkel, der viel Land und Vieh besaß und »Männer kommen lassen konnte, um für ihn zu arbeiten«. Sein Vater bearbeitete zusammen mit dem ältesten Sohn das Land und stellte Holzkohle her, aber Asa-Asa war »zu klein«, um sich an dieser Arbeit zu beteiligen. Die stärkste Erinnerung, die er an seine afrikanische Familie und sein Leben vor der Sklaverei hatte, war simpel und aussagekräftig: »Wir waren alle sehr glücklich.«[35]

Dieses Glück sollte bald in Flammen aufgehen. Eines Morgens vor Tagesanbruch fielen »etwa tausend« Adinyé-Krieger in Egie ein, steckten die Hütten in Brand, verbreiteten Chaos, töteten mehrere Menschen und nahmen über einen Zeitraum von zwei Tagen viele weitere gefangen. Sie fesselten die Gefangenen an den Füßen, bis es an der Zeit war, sie aneinanderzuketten und den Zug von versklavten Menschen an die Küste zu treiben, woraufhin »sie sie losbanden; aber wenn sie Anstalten machten wegzulaufen, erschossen sie sie« – mit europäischen Gewehren. Die Adinyés waren erstklassige, geradezu professionelle Plünderer: »Sie brannten das ganze Land nieder, wo immer sie Dörfer fanden.« Sie nahmen alle und jeden mit, »Brüder, und Schwestern, und Ehemänner, und Ehefrauen; es kümmerte sie nicht«. Etwa ein Dutzend der bei diesem ersten Überfall Verschleppten waren Menschen, die Asa-Asa als »Freunde und Verwandte« bezeichnete. Alle Gekidnappten wurden als Sklav*innen an die Europäer verkauft, einige für »Stoff oder Schießpulver«, andere für »Salz oder Gewehre«. Manchmal »bekamen sie vier oder fünf Gewehre für einen Mann«. Asa-Asa erkannte diese Waffen als »englische Gewehre«.[36]

Asa-Asa und seine Familie sahen, wie ihr Haus in Brand gesteckt wurde, aber sie entkamen, indem sie zusammen aus dem Dorf flüchteten und zwei Tage im Wald lebten. Als die Adinyés abzogen, kehrten sie nach Hause zurück, wo sie »alles verbrannt vorfanden« und »mehrere unserer Nachbarn verwundet ringsum liegen [sahen]; sie waren niedergeschossen worden«. Asa-Asa selbst »sah die Leichen von vier oder fünf kleinen Kindern, die sie mit Schlägen auf den Kopf getötet hatten. Sie hatten ihre Väter und Mütter mitgenommen, aber die Kinder waren zu klein für Sklaven, und deshalb töteten sie sie. Sie hatten mehrere andere getötet, aber dies waren die Einzigen, die ich sah. Ich sah sie auf der Straße liegen wie tote Hunde.«

Die Familie baute eine »kleine Hütte« als Unterschlupf, und es begann ihnen allmählich »wieder wohl zu sein«, aber eine Woche später kehrten die Adinyés zurück und zündeten die Hütten und alle Häuser an, die den ersten Angriff überdauert hatten. Asa-Asa und seine Familie einschließlich eines Onkels flüchteten erneut in den Wald, aber am folgenden Tag folgten ihnen die Krieger und trieben sie tief in den Wald, wo sie »ungefähr vier Tage und Nächte« blieben. Sie ernährten sich von »ein paar Kartoffeln« und waren »halb verhungert«. Bald spürten die Adinyés sie auf. Asa-Asa erinnerte sich gut an den Moment: »Sie riefen meinem Onkel zu, er solle zu ihnen kommen; aber er weigerte sich, und sie schossen sofort auf ihn: Sie töteten ihn.« Die anderen rannten in Todesangst davon, aber Asa-Asa, der Jüngste der Gruppe, verlor den Anschluss. Er versuchte seinen Verfolgern zu entkommen, indem er auf einen Baum kletterte, aber vergebens: Er wurde entdeckt, gefangen und an den Füßen gefesselt. Traurig erinnerte er sich: »Ich weiß nicht, ob sie meinen Vater, und meine Mutter, und meine Brüder und Schwestern fanden: Sie waren schneller gerannt als ich, und waren mir eine halbe Meile voraus, als ich auf den Baum stieg: Ich habe sie seitdem nicht wiedergesehen.« Asa-Asa erinnerte sich auch an einen Mann, der mit ihm auf den Baum geklettert war: »Ich glaube, sie erschossen ihn, denn ich habe ihn nie wiedergesehen.«

Zusammen mit zwanzig anderen wurde der junge Asa-Asa ans Meer getrieben, wobei jede*r Gefangene eine Last tragen musste, die zum Teil aus der Verpflegung bestand, die sie unterwegs essen würden. Wie Asa-Asa erzählte, wurden die frisch Versklavten nicht geschlagen, aber ein Mann, einer seiner ehemaligen Nachbarn, wurde umgebracht: Er war krank und zu schwach, seine Last zu tragen, und so »stießen sie ihm ein Schwert durch den Leib«. Er war der einzige, der unterwegs starb.

Bald begann eine ganze Abfolge von Käufen und Verkäufen, wobei jeder Weiterverkauf Asa-Asa und seine Mitgefangenen dem Sklavenschiff ein

Stück näherbrachte. Der dreizehnjährige Junge wurde »sechsmal verkauft, das eine Mal für Geld, das andere Mal für Stoff, und wieder ein anderes Mal für ein Gewehr«. Selbst, nachdem er und seine Gefährt*innen in einem Zug von Gefangenen die Küste erreicht hatten, wurden sie weiterverkauft: »Wir wurden in einem Boot von Ort zu Ort gebracht und an jedem Ort verkauft, an dem wir Station machten.« Erst etwa sechs Monate nach seiner Gefangennahme kam Asa-Asa bei den »weißen Menschen« und ihrem »sehr großen Schiff« an.[37]

KIDNAPPING: UKAWSAW GRONNIOSAW

Eine weniger weit verbreitete, aber dennoch nicht unwichtige Methode der Versklavung war hinterlistige Täuschung, derer Sklavenhändler sich bedienten, um naive und ahnungslose Menschen hinters Licht zu führen. Bei den europäischen Seeleuten und Schuldknechten wurden die mit allen Wassern gewaschenen Matrosenmakler *spirits*, Geister, genannt, und der Vorgang selbst *spiriting* (jemanden verschwinden lassen), manchmal auch ›Trepanieren‹ (jemanden in die Falle locken) oder schlicht Kidnapping. In diesem Szenario begann der Weg zum Schiff mit einem gewissen Maß an Einverständnis, das später Zwang und Gewalt wich, wie ein Junge namens Ukawsaw Gronniosaw 1725 am eigenen Leib erfahren sollte.[38]

Der Kaufmann hatte eine weite Reise hinter sich, als er das Dorf Borno in der Nähe des Tschadsees im Nordosten des heutigen Nigeria erreichte, und als er dort ankam, erzählte er eine wundersame Geschichte. Er sprach von einem Ort am Meer, an dem »Häuser mit Flügeln darauf … auf dem Wasser gehen«. Er sprach auch von sonderbaren »weißen Leuten« auf diesen geflügelten Wohnstätten auf dem Wasser. Der jugendliche Gronniosaw, das jüngste von sechs Kindern und ein Enkel des Königs von Zaara, war fasziniert. Später erinnerte er sich: »Die Beschreibung dieses seltsamen Ortes gefiel mir überaus, und ich war begierig, dort hinzureisen.« Seine Familie gab ihre Einwilligung. So legte er eine Reise von über anderthalbtausend Kilometern mit dem Kaufmann zurück, dessen Verhalten sich änderte, als der Junge erst einmal außer Reichweite seiner Eltern und seines Dorfes war. Gronniosaw wurde »unglücklich und missvergnügt« und hatte Angst, umgebracht zu werden. Bei seiner Ankunft an der Goldküste fand er sich »ohne einen Freund oder Mittel, sich einen zu verschaffen«, wieder. Er wurde versklavt.

Der König der Küstenregion erklärte, Gronniosaw sei ein Spion und müsse getötet werden, aber der Junge protestierte: »Ich bin ... hierhergekommen, um Häuser mit Flügeln auf dem Wasser laufen zu sehen, und die weißen Leute.« Der König ließ sich erweichen und gewährte Gronniosaw seinen Wunsch, aber mit einem perfiden Haken: Er würde an den weißen Herrn eines dieser geflügelten Häuser verkauft werden. Der Junge wurde einem französischen Kapitän zum Kauf angeboten, der ihn allerdings ablehnte, weil er zu klein war. Er wurde auf einen holländischen Guineafahrer gebracht, und in panischer Angst, im Falle einer weiteren Ablehnung umgebracht zu werden, versuchte er den Kapitän zu erweichen und flehte ihn an, ihn zu nehmen. Dieser willigte ein und tauschte »zwei Yard [etwas unter zwei Meter] gewürfelten Tuches« gegen ihn ein. Während der *Middle Passage* war Gronniosaw »anfangs außerordentlich seekrank; aber nachdem ich mich mehr an das Meer gewöhnt hatte, ließ es nach«. Er sagte, dass er vom Kapitän gut behandelt worden sei, bis sie auf Barbados ankamen, wo er für »fünfzig Dollar« verkauft wurde.

Das Sklavenschiff – oder das »Haus mit Flügeln«, wie Gronniosaw es nannte – hätte jeden Menschen in Erstaunen versetzt, der so etwas noch nie gesehen hatte. Der Entdeckungsreisende Mungo Park beschrieb, wie er Zeuge einer solchen Reaktion wurde, als er und sein Führer Karfa 1797 am Ende ihrer Reise ins Innere Westafrikas am Gambia-Fluss ankamen, wo sie einen Schoner vor Anker liegen sahen. »Dies«, so schrieb Park, »war das erstaunlichste Objekt, das Karfa jemals gesehen hatte.« Der Afrikaner aus dem Binnenland inspizierte das Hochseeschiff genauestens. Er staunte über »die Weise, auf welche die verschiedenen Planken, aus denen das Schiff verfertigt war, aneinander befestigt und die Fugen ausgefüllt waren, um das Wasser draußen zu halten«. Er war fasziniert von »dem Gebrauch von Masten, Segeln und Takelage«. Aber am meisten erstaunte ihn, wie »es durch eine kunstreiche Erfindung möglich sein könne, einen so großen Körper mittels der gewöhnlichen Kraft des Windes vorwärts zu bewegen«. All dies, schrieb Park, »war vollkommen neu für ihn«. Park schloss mit den Worten, dass »der Schoner mit seiner Ankerkette und seinem Anker Karfa den größten Teil des Tages in tiefer Betrachtung gefangen hielt«.[39]

Von ganz anderem Schlag als Gronniosaw und Karfa waren die Afrikaner*innen, die an der Küste Handel trieben, wie Kapitän John Newton schrieb: »Sie sind so schnell darin, unsere kleinen örtlichen Unterschiede in der Sprache und der Gebräuche auf dem Schiff zu erkennen, dass sie nach weniger als fünf Minuten auf einem Schiff, und oft noch bevor sie an Bord kommen, mit Gewissheit zu sagen wissen, ob es aus Bristol, Liverpool oder London kommt.« Viele Afrikaner*innen, besonders Fante von der Goldküste, arbeiteten für längere Zeit auf Kanus, mitunter sogar auf den Sklavenschiffen selbst, und kannten sich sehr gut auf ihnen aus, nicht nur in Bezug auf nationale, sondern auch auf lokale Unterschiede. Einige hatten sogar als Seeleute auf Transatlantikfahrten gearbeitet und wussten daher genau, wie

Innerhalb dieser Darstellung eines Sklavenmarktes im Brasilien des frühen 19. Jahrhunderts wird gezeigt, wie genau die Versklavten das Sklavenschiff studierten. Ein Junge (linke Bildseite, Bild oben), zeichnet ein Graffiti – ein Sklavenschiff – an die Wand, das zweifellos dem entspricht, auf dem er und die anderen gerade den Atlantik überquert haben.

man diese großen Maschinen dazu brachte, sich durch das Wasser »vorwärts zu bewegen«. Aber unabhängig davon, ob ihr Weg zum Schiff mit einem Gefühl des Erstaunens oder der Vertrautheit endete: Es sollte bald dem Terror weichen.[40]

PUNKT OHNE WIEDERKEHR

Für die Gefangenen bedeutete der Prozess der Entführung und Entrechtung in Afrika das schlagartige Auseinanderbrechen der Institutionen von Familie und Verwandtschaft, Dorf und – in einigen Fällen – Nation und Staat, die ihr Leben bestimmt hatten. Viele erlebten die Vertreibung aus ihrer Heimat als Diebstahl. Wie einem Seemann auf einem Sklavenschiff während seiner Reisen in den 1760er Jahren von Afrikaner*innen wiederholt erklärt wurde, waren sie »alle gestohlen« worden, wenn auch auf sehr unterschiedliche Weise. Ukawsaw Gronniosaw wurde als Individuum in einer Abfolge von Ereignissen versklavt, die mit einer freien Entscheidung begann. Louis Asa-Asa schilderte die Erfahrung des Verlustes von Familie und Dorf durch gewaltsame Plünderung aus der Sicht eines dreizehnjährigen Jungen. Der Weg der Gola-Krieger zum Schiff war von kollektiven, militärischen und nationalen Faktoren geprägt. Die beiden letzteren machten die Erfahrung des *coffles*, des Zuges aneinandergeketteter versklavter Menschen – ein eigenartiges, in ständigem Wandel befindliches soziales Gebilde, das über mehrere Monate bestehen konnte, während derer Menschen starben oder verkauft wurden und andere auf dem Weg zur Küste hinzukamen. Sie alle waren gewalttätiger Disziplinierung und drohendem Tod ausgesetzt, und tatsächlich starben viele Menschen auf diesem Marsch. Die Gefangenen leisteten Widerstand – gegen andere Afrikaner und für ihr Weiterleben in Afrika –, aber selten mit Erfolg. Sie waren die Besiegten, die Verdammten dieser Erde.[41]

Es konnte noch schlimmer kommen, und es kam noch schlimmer. Der Moment, in dem das unheilverkündende Schiff betreten wurde, war, wie die Gola-Krieger herausfinden sollten, ein schreckenerregender Moment des Übergangs von afrikanischer in europäische Kontrolle. Vieles von dem, was die Gefangenen kannten und wussten, würden sie nun zurücklassen müssen. Afrikaner*innen und Afroamerikaner*innen haben in neuerer Zeit für diesen erschütternden Aufbruch das Symbol der ›Tür ohne Wiederkehr‹ benutzt. Ein berühmtes Beispiel hierfür findet sich in der Maison des Esclaves auf

Gorée Island in Senegal, ein weiteres in Cape Coast Castle in Ghana. Sobald die Versklavten diesen Punkt ohne Wiederkehr hinter sich gelassen hatten, wurde aus dem Übergang eine Transformation. In Ketten gelegt, gefangen im Bauch eines Sklavenschiffes, ohne Aussicht auf Rückkehr in ihre Heimat sollte den Gefangenen von nun an nichts anderes übrigbleiben, als in einem ständigen Kampf zu leben, einem unerbittlichen, nie endenden Kampf mit vielen Fronten, der nötig war, um zu überleben und – notgedrungen auf neue Weise – weiterzuleben. Das alte Leben war zerschlagen worden, und das neue würde leiderfüllt sein. Aber inmitten der Verwüstung fanden sich neue, erweiterte Möglichkeiten der Identifizierung, der Gemeinschaftsbildung und des Handelns.[42]

Anmerkungen

1 Dieser und die folgenden drei Absätze basieren auf Joseph Hawkins: *A History of a Voyage to the Coast of Africa, and Travels into the Interior of that Country; containing Particular Descriptions of the Climate and Inhabitants, particulars concerning the Slave Trade.* Luther Pratt, Troy, N.Y. 1797, 2. Aufl., S. 18–149. Hawkins war ein junger Mann ohne Vermögen, aber mit einem gewissen Maß an Bildung, der 1794–95 eine Reise auf dem Sklavenschiff *Charleston* als Frachtaufseher machte. Für einen Abriss über die Rio Pongas-Region während dieser Periode siehe Mouser, Bruce L.: »Trade, Coasters, and Conflict in the Rio Pongo from 1790 to 1808«, in: *Journal of African History* 14, 1973, S. 45–64.

2 Hawkins bezeichnete die verfeindeten Parteien in diesem Krieg als ›Galla‹ und ›Ebo‹. Der Schauplatz landeinwärts der Windward-Küste deutet darauf hin, dass erstere die Gola waren, letztere allerdings nicht die Igbo, die mehrere hundert Meilen weiter östlich im heutigen Nigeria lebten. Meiner vorläufigen Annahme nach handelt es sich bei den ›Ebo‹ um Ibau; diese Vermutung basiert auf Murdock, Peter George: *Africa: Its Peoples and Their Culture History.* MacGraw-Hill Book Company, New York 1959, S. 91.

3 J. D. Fage bezweifelte die Authentizität von Hawkins' Bericht (ohne sie allerdings letztendlich abzustreiten) in »Hawkins' Hoax? A Sequel to ›Drake's Fake‹«, in: *History in Africa* 18, 1991, S. 83–91. In jüngerer Zeit sind neue Fakten ans Tageslicht gekommen, die die Glaubwürdigkeit des Berichts untermauern. Zunächst einmal wusste Fage nichts von der Existenz der Ibau und nahm daher irrtümlich an, Hawkins habe die Igbo fälschlicherweise an der Windward-Küste lokalisiert. Zweitens wurde das Auslaufen der *Charleston* am 5. Januar 1795 in der *City Gazette and Daily Advertiser* und ihre Rückkehr im Juli 1795 in derselben Zeitung (24. Juli 1795, 5., 7. und 15. August 1795) sowie im *Columbian Herald or the Southern Star* (14. August 1795) gemeldet. Letzterer kündigte den Verkauf einer »Ladung Vortrefflicher Sklaven« an. Diese Daten stimmen mit Hawkins' Bericht überein. Drittens bewarb Hawkins sein Buch in der Charlestoner *City Gazette and Daily Advertiser* (14., 15. März 1797, 16. August 1797), was er wahrscheinlich nicht getan hätte, wenn es sich um einen Betrug gehandelt hätte.

4 Die Idee der *Middle Passage* als eines Konzepts, das Enteignung an einem Ort mit Ausbeutung an einem anderen verbindet, wurde vorgestellt in Linebaugh, Peter / Rediker, Marcus: *The Many-Headed Hydra: Sailors, Slaves, Commoners, and the Hidden History of the Revolutionary Atlantic.* Beacon Press, Boston 2000. Sie wurde in einer Reihe von Essays in unterschiedliche Richtungen weiterentwickelt, erschienen in Rediker, Marcus / Pybus, Cassandra / Christopher, Emma (Hg.): *Many Middle Passages: Forced Migration and the Making of the Modern World.* University of California Press, Berkeley 2007.

5 In diesem und den sechs folgenden (nach Haupthandelsregionen organisierten) Abschnitten habe ich auf folgende wichtige interpretierende Arbeiten zurückgegriffen: Rodney, Walter: »The Guinea Coast«, in: Fage, J. D. / Olivier, Roland (Hg.): *The Cambridge History of Africa.* Cambridge University Press, Cambridge 1975, Bd. 4, *From c. 1600 to c. 1790*; Fage, J. D.: *A History of West Africa.* Cambridge University Press, London 1969, 4. Aufl; Ajayi, J. F. / Crowder, Michael: *History of West Africa.* Longman, London 1971, 1974, 2 Bde.; Allo Isichei, Elizabeth: *A History of African*

Societies to 1870. Cambridge University Press, Cambridge 1997; Thornton, John: *Africa and Africans in the Making of the Atlantic World, 1400–1800.* Cambridge University Press, Cambridge 1992; 2. Aufl., 1998; Gomez, Michael A.: *Exchanging Our Country Marks: The Transformation of African Identities in the Colonial and Antebellum South.* University of North Carolina Press, Chapel Hill 1998; Lovejoy, Paul E.: *Transformations in Slavery: A History of Slavery in Africa.* Cambridge University Press, Cambridge 2000, 2. Aufl.; Ehret, Christopher: *The Civilizations of Africa: A History to 1800.* University of Virginia Press, Charlottesville 2002; Gomez, Michael A.: *Reversing Sail: A History of the African Diaspora.* Cambridge University Press, Cambridge 2005; und Manning, Patrick: *The African Diaspora: A History Through Culture.* Columbia University Press, New York 2009. Ebenfalls von großem Nutzen waren Klein, Herbert S.: *The Middle Passage: Comparative Studies in the Atlantic Slave Trade.* Princeton University Press, Princeton 1978; ders.: *The Atlantic Slave Trade.* Cambridge University Press, Cambridge 1999; Postma, Johannes: *The Atlantic Slave Trade.* Greenwood Press, Westport, Conn. 2003. Spezialisierte Studien über jede dieser Regionen werden in den jeweiligen Abschnitten aufgeführt.

6 Manning: *African Diaspora*; Wolf, Eric: *Europe and the People Without History.* University of California Press, Berkeley 1982, S. 206.

7 Rodney, Walter: *A History of the Upper Guinea Coast, 1545–1800.* Clarendon Press, Oxford 1970, S. 114.

8 *South Carolina Gazette*, 3. August 1784.

9 Modernere Transkriptionen wären Ayub ibn Suleiman ibn Ibrahim oder Ayuba Suleyman Diallo.

10 Bluett, Thomas: *Some Memoirs of the Life of Job, the Son of Solomon, the High Priest of Boonda in Africa, Who was a Slave about two years in Maryland; and afterwards being brought to England, was set free, and sent to his native Land in the year 1734.* London 1734, S. 12–17, 44–48; Job ben Solomon an Mr. Smith, 27. Januar 1735–36, in: Donnan II, S. 455; Moore, Francis: *Travels into the Inland Parts of Africa.* London 1738, S. 69, 204–9, 223–24. S. a. Middleton, Arthur Pierce: »The Strange Story of Job Ben Solomon«, *William and Mary Quarterly*, 3. Ser., 5 (1948), S. 342–50; Grant, Douglas: *The Fortunate Slave: An Illustration of African Slavery in the Early Eighteenth Century.* Oxford University Press, London 1968.

11 Roberts, Richard: *Warriors, Merchants, and Slaves: The State and the Economy in the Middle Niger Valley, 1700–1914.* Stanford University Press, Stanford, Calif. 1987, Kap. 3.

12 Diouf, Sylviane A.: *Servants of Allah: African Muslims Enslaved in the Americas.* New York University Press, New York 1998, S. 164–66; Gomez, Michael A.: *Black Crescent: The Experience and Legacy of African Muslims in the Americas.* Cambridge University Press, Cambridge 2005, S. 68–70; Searing, James F.: *West African Slavery and Atlantic Commerce: The Senegal River Valley, 1700–1860.* Cambridge University Press, New York 1993; Barry, Boubacar: *Senegambia and the Atlantic Slave Trade.* Cambridge University Press, Cambridge 1998; Wright, Donald R.: *The World and a Very Small Place in Africa.* ME Sharpe Inc., London 2004.

13 Owen, *Journal of a Slave-Dealer: A View of Some Remarkable Axedents*, S. 76; Newton, John: *Journal of a Slave Trader, 1750–1754*. Martin, Bernard / Spurrell, Mark (Hg.). Epworth Press, London 1962, S. 43.

14 Hawthorne, Walter: *Planting Rice and Harvesting Slaves: Transformations Along the Guinea-Bissau Coast, 1400–1900*. Heinemann, Portsmouth, N.H. 2003, Kap. 3; Brooks, George E.: *Eurafricans in Western Africa: Commerce, Social Status, Gender, and Religious Observance from the Sixteenth to the Eighteenth Century*. Ohio University Press, Athens 2003, S. 178, 246–47; Shaw, Rosalind: *Memories of the Slave Trade: Ritual and the Historical Imagination in Sierra Leone*. University of Chicago Press, Chicago 2002; Day, L.: »Afro-British Integration on the Sherbro Coast, 1665–1795«, in: *Africana Research Bulletin* 12, 1983, S. 82–107; Rodney, »The Rise of the Mulatto Traders«, in *History of the Upper Guinea Coast*.

15 Accounts of Fort Commenda, 23. Oktober 1714; »Diary and Accounts, Commenda Fort, In Charge of William Brainie, 1714–1718«, in: Donnan II, S. 186; Henige, David: »John Kabes of Kommenda: An Early African Entrepreneur and State Builder«, in: *Journal of African History* 13, 1977, S. 1–19. Henige schreibt: »Kabes war ein Angestellter der *Royal African Company* in dem Sinne, dass er auf ihrer Lohnliste stand und ihr ohne Frage nützliche Dienste leistete. Aber er war nicht – und sah sich auch nicht als – ihr ›Bediensteter‹.« (S. 10)

16 Boateng, Yaw M.: *The Return: A Novel of the Slave Trade in Africa*. Pantheon Books, New York 1977, S. vii.

17 Kea, Ray A.: *Settlements, Trade, and Polities in the Seventeenth-Century Gold Coast*. Johns Hopkins University Press, Baltimore 1982; Daaku, Kwame Yeboa: *Trade and Politics on the Gold Coast: 1600–1720: A Study of the African Reaction to European Trade*. Oxford University Press, New York 1970; Shumway, Rebecca: »Between the Castle and the Golden Stool: Transformations in Fante Society, 1700–1807.« Dissertation, Emory University 2004; St. Clair, William: *The Grand Slave Emporium: Cape Coast Castle and the British Slave Trade*. Profile Books, London 2006. S. a. zwei Artikel von Gutkind, Peter C.W.: »Trade and Labor in Early Precolonial African History: The Canoemen of Southern Ghana«, in: Coquery-Vidrovitch, Catherine / Lovejoy, Paul E. (Hg.): *The Workers of the African Trade*. Sage, Beverly Hills 1985, S. 25–50; »The Boatmen of Ghana: The Possibilities of a Pre-Colonial African Labor History«, in: Hanagan, Michael / Stephenson, Charles (Hg.): *Confrontation, Class Consciousness and the Labor Process*. Greenwood Press, New York 1986, S. 123–66.

18 Stansfield, James Field: *Observations on a Guinea Voyage, in a Series of Letters Addressed to the Rev. Thomas Clarkson*. James Phillips, London 1788, S. 20; Befragung Henry Ellisons, in: *Substance*, S. 218–19; Aussage von Henry Ellison, 1790, *HCSP* 368–69, 383.

19 Newbury, C.W.: *The Western Slave Coast and Its Rulers*. Clarendon Press, Oxford 1961; Manning, Patrick: *Slavery, Colonialism and Economic Growth in Dahomey, 1640– 1960*. Cambridge University Press, Cambridge 1982; Law, Robin: *The Slave Coast of West Africa 1550–1750: The Impact of the Atlantic Slave Trade on an African Society*. Clarendon Press, Oxford 1991; ders.: *The Oyo Empire, c. 1600–c. 1836: A West African Imperialism in the Era of the Atlantic Slave Trade*. Clarendon Press, Oxford 1977; Law, Robin / Mann, Kristin: »West Africa in the Atlantic Community:

The Case of the Slave Coast«, in: *William and Mary Quarterly*, 3. Ser., 54 (1999), S. 307–34.

20 Antera Dukes Tagebuch liegt in zwei Versionen vor, dem Originaltext in Pidgin-Englisch und einer »Version in modernem Englisch«, in: Forde, C. Daryl (Hg.): *Efik Traders of Old Calabar …; The Diary of Antera Duke, an Efik Slave-Trading Chief of the Eighteenth Century*. London 1956, S. 27–115. Siehe die Einträge für folgende Tage: 5. Juni 1787; 29. August 1785; 27. Januar 1788; 8. April 1785; 26. September 1785; 25. Dezember 1787 (eine Weihnachtsfeier); 9. Oktober 1786; 5. Oktober 1786; 26. Mai 1785; 23. Oktober 1785; 21. März 1785; 30. Januar 1785; 9. August 1786; 27. Juni 1785. Zu Beginn seiner Karriere, Ende 1769 und Anfang 1770, hatte Duke als einer von dreißig Händlern aus Old Calabar Versklavte an Kapitän John Potter von der *Dobson* verkauft. Duke selbst verkaufte siebenunddreißig Menschen sowie tausend Yams und erhielt dafür 4.400 Kupfermünzen im Gegenwert von 1.100 Eisenbarren oder 550 Fässern Schießpulver. Siehe Hair, P. E. H.: »Antera Duke of Old Calabar—A Little More About an African Entrepreneur«, in: *History in Africa* 17, 1990, S. 359–65.

21 Zwanzig der von Duke erwähnten Schiffe sind mit 25 Fahrten in der Datenbank zum Sklavenhandel zu finden. Insgesamt 10.285 versklavte Menschen wurden (auf Grundlage der realen bzw. – in acht Fällen – kalkulierten Zahlen) auf diesen Reisen verschifft, im Durchschnitt 411 pro Schiff, allerdings nicht alle aus Old Calabar. Siehe *TSTD* #81258, #82312, #81407, #81841, #82233, #82326, #83268, #83708, #81353, #81559, #81560, #81583, #82362, #82543, #83063, #81913, #82327, #83168, #83169, #83178, #84050, #83365, #83709, #84018, #84019.

22 Eine ausgezeichnete Studie über ein wichtiges Ereignis in der Geschichte dieser Region ist Sparks, Randy J.: *The Two Princes of Calabar: An Eighteenth-Century Atlantic Odyssey*. Harvard University Press, Cambridge, Mass. 2004.

23 Horton, Robin: »From Fishing Village to City-State: A Social History of New Calabar«, in: Douglas, Mary / Kaberry, Phyllis M. (Hg.): *Man in Africa*. London 1969, S. 37–61; Latham, A. J. H.: *Old Calabar, 1600–1891: The Impact of the International Economy upon a Traditional Society*. Clarendon Press, Oxford 1973; Northrup, David: *Trade Without Rulers: Pre-Colonial Economic Development in South-Eastern Nigeria*. Clarendon, Oxford 1978; Allo Isichei, Elizabeth: *A History of the Igbo People*. St. Martin's Press, New York 1976; Chambers, Douglas B.: »›My own nation‹: Igbo Exiles in the Diaspora«, in: *Slavery and Abolition* 18, 1997, S. 72–97; Northrup, David: »Igbo: Culture and Ethnicity in the Atlantic World«, in: *Slavery and Abolition* 71, 2000; Chambers, Douglas B.: »Ethnicity in the Diaspora: The Slave Trade and the Creation of African ›Nations‹ in the Americas«, in: *Slavery and Abolition* 22, 2001, S. 25–39; ders.: »The Significance of Igbo in the Bight of Biafra Slave-Trade: A Rejoinder to Northrup's ›Myth Igbo‹«, in: *Slavery and Abolition* 23, 2002, S. 101–20; ders.: *Murder at Montpelier: Igbo African in Virginia*. University of Mississippi Press, Jackson 2005.

24 Harms, Robert: *River of Wealth, River of Sorrow: The Central Zaire Basin in the Era of the Slave and Ivory Trade, 1500–1891*. Yale University Press, New Haven 1981, S. 7, 8, 27, 33, 35, 92.

25 Birmingham, David: *Trade and Conflict in Angola: The Mbundu and Their Neighbors Under the Influence of the Portuguese, 1483–1790*. Oxford University Press, Oxford

1966; Thornton, John K.: *The Kingdom of Kongo: Civil War and Transition, 1641–1718.* University of Wisconsin Press, Madison 1983; Harms: *River of Wealth, River of Sorrow*; Miller, Joseph: *Way of Death: Merchant Capitalism and the Angolan Slave Trade, 1730–1830.* University of Wisconsin Press, Madison 1988; Klein, Herbert S.: »The Portuguese Slave Trade from Angola in the Eighteenth Century«, in: *Journal of Economic History* 32, 1972, S. 894–918.

26 Aussage von Robert Norris, 1789, *HCSP* 69:38–39. S. a. Thornton, John: *Africa and Africans*, S. 99–105.

27 »Anonymous Account of the Society and Trade of the Canary Islands and West Africa, with Observations on the Slave Trade« (o J.; ca. 1784), Add. Ms. 59777B, fol. 42v, BL; Matthews, *A Voyage to the River Sierra Leone*, S. 85–86; Atkins, *A Voyage to Guinea*, S. 176; Aussage von Thomas Trotter, 1790, *HCSP* 73:83–84; Clarkson, Thomas: *An Essay on the Slavery and Commerce of the Human Species, particularly the African, translated from a Latin Dissertation, which was honoured with the First Prize in the University of Cambridge for the Year 1785, with Additions.* London 1786; Neudr. Mnemosyne Publishing Co., Miami, Fla. 1969, S. 45; Aussage von Henry Ellison, 1790, *HCSP* 73:381. S. a. Thornton, John: *Warfare in Atlantic Africa: 1500–1800.* Routledge, London 1999, S. 128. Zur Einfuhr von Waffen nach Westafrika, vor allem im Zeitraum zwischen 1750 und 1807, siehe Inikori, J. E.: »The Import of Firearms into West Africa 1750–1807: A Quantitative Analysis«, in: *Journal of African History* 18, 1977, S. 339–68, und Richards, W. A.: »The Import of Firearms into West Africa in the Eighteenth Century«, in: *Journal of African History* 21, 1980, S. 43–59.

28 Moore: *Travels into the Inland Parts of Africa*, S. 30; Rodney: *History of the Upper Guinea Coast*, S. 114.

29 Barry: *Senegambia and the Atlantic Slave Trade*, S. 6–7.

30 Atkins, *A Voyage to Guinea*, S. 180; Mouser, Bruce (Hg.): *A Slaving Voyage to Africa and Jamaica: The Log of the* Sandown, *1793–1794.* Indiana University Press, Bloomington 2002, S. 81–82; Clarkson, Thomas: *Letters on the Slave-Trade and the State of the Natives in those Parts of Africa which are Contiguous to Fort St. Louis and Goree.* London 1791.

31 Robert Norris schrieb, dass die »Mahees« sich in den 1750er und 1760er Jahren der Versklavung durch den König von Dahomey entzogen, indem sie in felsiges, unzugängliches Gebirgsterrain flohen, von dem aus sie sich verteidigten. Siehe seine *Memoirs of the Reign of Bossa Ahádee, King of Dahomy, an Inland Country of Guiney, to which are added the Author's Journey to Abomey, the Capital, and a Short Account of the African Slave Trade.* Erstveröffentlichung London 1789; Neudr. Frank Cass & Co. Ltd., London 1968, S. 21–22. S. a. Rashid, Ismail: »›A Devotion to the Idea of Liberty at Any Price‹: Rebellion and Antislavery in the Upper Guinea Coast in the Eighteenth and Nineteenth Centuries«, in: Diouf, Sylviane A. (Hg.): *Fighting the Slave Trade: West African Strategies.* Ohio University Press, Athens 2003, S. 137, 142.

32 Falconbridge, *An Account of the Slave Trade on the Coast of Africa*, S. 20. Zu Kindern siehe Diptee, Audra A.: »African Children in the British Slave Trade During the Late Eighteenth Century«, in: *Slavery and Abolition* 27, 2006, S. 183–96, und Lovejoy, Paul E.: »The Children of Slavery—the Transatlantic Phase«, ebd., S. 197–217.

33 Snelgrave, *A New Account*, S. 49; *Memoirs of Crow*, S. 199– 200; Manning, Patrick: »Primitive Art and Modern Times«, in: *Radical History Review* 33, 1985, S. 165–81.

34 In Clarkson, *Letters on the Slave-Trade* findet sich eine Beschreibung des *grand pillage*, die auf seinen Gesprächen mit Geoffrey de Villeneuve, dem Adjutanten des französischen Gouverneurs des Sklavenhandelshafens Goree in Senegambia, basiert. Siehe Letter II.

35 Louis Asa-Asa wurde wahrscheinlich geboren, kurz nachdem die Bewegungen zur Abschaffung des Sklavenhandels in Großbritannien und den USA ihr Ziel erreicht hatten, und auf einem französischen Schiff aus Westafrika verschleppt. Damit liegt seine Lebensgeschichte in beiderlei Hinsicht außerhalb des formalen Rahmens dieser Untersuchung. Aber was er berichtet, stimmt mit den aus der vorhergehenden Ära erhaltenen Zeugnissen über den britischen und amerikanischen Sklavenhandel überein, und im Übrigen gibt es so wenige Beschreibungen des Sklavenhandels aus afrikanischer Sicht, dass seine kurze, aber lebhafte Darstellung extrem wertvoll ist. Siehe »Narrative of Louis Asa-Asa, a Captured African«, in: *The History of Mary Prince, a West Indian Slave, Related by Herself.* Moira Ferguson (Hg.). Erstveröffentlichung London und Edinburgh 1831; Neudr. University of Michigan Press, Ann Arbor 1993, S. 121–24.

36 Es ist mir nicht gelungen herauszufinden, wer die Adinyé-Krieger waren.

37 Die Chronologie von Louis Asa-Asa's Lebenslaufs ist verworren, und es ist möglich, dass er auf einer Plantage in der Neuen Welt arbeitete, obwohl aus der von Thomas Pringle zusammengetragenen Darstellung implizit hervorgeht, dass er aus Sierra Leone direkt nach England kam. Im Anschluss an seine Angabe, »Freunde und Verwandte« in Egie seien von den Adinyé gefangengenommen und als Versklavte verschleppt worden, fügte er hinzu: »Ich weiß dies, weil ich sie später als Sklaven auf der anderen Seite des Meeres wiedersah.«

38 *Narrative of the Most Remarkable Particulars in the Life of James Albert Ukawsaw Gronniosaw, African Prince, As related by Himself.* Bath 1770.

39 Park, *Travels into the Interior of Africa*, S. 303.

40 Newton, John: *Thoughts upon the African Slave Trade*. London 1788, S. 23–24.

41 Aussage von Henry Ellison, *HCSP* 73:381.

42 Für Untersuchungen dieser Erfahrung siehe Diedrich, Maria / Gates Jr., Henry Louis / Pedersen, Carl (Hg.): *Black Imagination and the Middle Passage*. Oxford University Press, New York 1999.

4. KAPITEL

OLAUDAH EQUIANO: ERSTAUNEN UND SCHRECKEN

Als Olaudah Equianos Kinderblick zum ersten Mal auf das Sklavenschiff fiel, das ihn über den Atlantik tragen sollte, war er »von Erstaunen erfüllt, welches sich schon bald in Schrecken verwandelte«. Er wurde im Land der Igbo (im heutigen Nigeria) geboren, arbeitete als Versklavter in Amerika, erlangte seine Freiheit als Seemann auf einem Hochseeschiff und wurde schließlich zu einer führenden Figur in der Bewegung zur Abschaffung des Sklavenhandels in England. Was das Erstaunen und den Schrecken des Sklavenschiffes betraf, so habe er, wie er in seiner Autobiographie von 1789 schrieb, »bisher keine Worte gefunden, diese zu beschreiben«. Aber für sein Leben wie für das von Millionen von anderen Menschen war das Sklavenschiff von zentraler Bedeutung, und so beschrieb er es, so gut er konnte.[1]

Als der elfjährige Olaudah Anfang 1754 von afrikanischen Händlern auf das Schiff gebracht wurde, wurde er auf der Stelle von Besatzungsmitgliedern gepackt, »schrecklich anzusehenden weißen Männern mit roten Gesichtern und langen Haaren«, die ihn herumschleuderten, um herauszufinden, ob er körperlich robust war. Er hielt sie für »böse Geister« statt menschlicher Wesen. Nachdem er von ihnen abgesetzt worden war, schaute er sich auf dem Hauptdeck um und sah als erstes einen riesigen kupfernen Kochtopf und in dessen Nähe »eine große Menge von aneinandergeketteten schwarzen Menschen jeglicher Art, und in der Miene eines jeden malten sich Niedergeschlagenheit und Trauer«. In der Angst, hungrigen Kannibalen in die Hände gefallen zu sein, wurde er »von Grauen und Furcht überwältigt«. Er fiel in Ohnmacht.

Angsterfüllt kam er wieder zu sich, aber er sollte bald herausfinden, dass die Prozession der Schrecken gerade erst begonnen hatte. Er wurde auf das Unterdeck gebracht, wo ihm ein widerlicher Gestank entgegenschlug, von dem ihm auf der Stelle übel wurde. Als zwei Besatzungsmitglieder ihm Essen anboten, lehnte er kraftlos ab. Sie schleppten ihn zurück auf das Hauptdeck, fesselten ihn ans Ankerspill und peitschten ihn aus. Als der Schmerz seinen kleinen Körper durchschoss, war sein erster Gedanke, zu versuchen, mit einem Hechtsprung über die Reling zu entkommen, obwohl er nicht schwimmen konnte. Dann bemerkte er, dass das Schiff mit Netzen bespannt war, die genau diese verzweifelte Form des Widerstands verhindern sollten. So waren die erste Erfahrung des Sklavenschiffes und die Erinnerung daran für ihn von Gewalt, Terror und Widerstand durchzogen.

Equiano – zu seiner Zeit besser bekannt als Gustavus Vassa – war der Erste, der ausführlich aus der Perspektive der Versklavten über den Sklavenhandel schrieb. Er verfasste eine Autobiografie, die zu seiner Zeit das vielleicht größte literarische Werk der Abolitionsbewegung war und in den letzten Jahren zur berühmtesten Beschreibung des Sklavenschiffes und der *Middle Passage* in der Geschichte geworden ist. Aber in jüngster Zeit sind Kontroversen um seinen Geburtsort und damit um die Authentizität seiner Stimme aufgekommen. Wurde er tatsächlich, wie er behauptete, in Afrika geboren? Oder wurde er, wie der Literaturwissenschaftler Vincent Carretta als wahrscheinlich annimmt, in South Carolina geboren und legte sich später eine fiktive afrikanische Herkunft zu, um sich mit größerer moralischer Autorität dem Sklavenhandel entgegenstellen zu können?[2]

Die Diskussion um diese Frage wird weitergehen, aber für unsere Zwecke spielt sie keine Rolle. Wenn Equiano in Westafrika geboren wurde, sagt er die Wahrheit über seine Versklavung und Reise auf dem Sklavenschiff, gefärbt durch spätere Erfahrungen, aber nach bestem Wissen und Gewissen.

Olaudah Equiano, auch bekannt als Gustavus Vassa, war die »Stimme der Stummen« bezüglich des Sklavenhandel des 18. Jahrhunderts. Er verfasste das einflussreichste literarische Werk der abolitionistischen Bewegung aus afrikanischer Perspektive, der eines elfjährigen Jungen, der das »Erstaunen und Schrecken« des Sklavenschiffs erfährt.

Und wenn er in South Carolina geboren wurde, muss er alles, was er wusste, in Erfahrung gebracht haben, indem er die Überlieferungen und Erfahrungen von Menschen zusammentrug, die in Afrika geboren worden waren und die gefürchtete *Middle Passage* auf dem Sklavenschiff durchlebt hatten. Dies würde ihn zu einem Historiker mündlicher Überlieferung machen, einem Bewahrer gemeinsamer Geschichte, einer Art Griot des Sklavenhandels, womit seine Schilderung die ursprüngliche Erfahrung nicht weniger wahrheitstreu wiedergeben und sich lediglich in Bezug auf Quellen und Entstehungsgeschichte von einer Darstellung aus erster Hand unterscheiden würde. Alle, die Equianos Leben und Werk studiert haben, sind sich – ungeachtet ihres Standpunkts in dieser Debatte – darin einig, dass er für Millionen von Menschen sprach. Er schrieb seine Autobiografie und die darin enthaltene Schilderung des Erstaunens und Schreckens des Sklavenschiffes im »Interesse der Menschheit«. Er war »die Stimme der Stimmlosen«.[3]

EQUIANOS HEIMAT

Equiano schrieb, dass er »im Jahre 1745 in einem bezaubernden fruchtbaren Tal namens Essaka« geboren wurde – möglicherweise Isseke nahe Orlu in der Nri-Awka/Isuama-Region in Zentralnigeria.[4] Er war das jüngste von sieben Kindern in seiner Familie, die »das Erwachsenenalter erreichten«. Sein Vater war ein Mann von Gewicht, das Oberhaupt der erweiterten Familie (*okpala*), ein reicher Mann, (*ogaranya*), angesehener Ältester (*ndichie*) und Mitglied des Rates (*ama ala*), der Entscheidungen für das ganze Dorf traf. Equiano sollte in die Fußstapfen seines Vaters treten und erwartete mit einiger Angst die Ichi-Ritzungen auf der Stirn, die seinen gehobenen Stand signalisieren würden. Er hing besonders an seiner Mutter, die ihm half, die Künste der Landwirtschaft und der Kriegsführung (mit Gewehr und Speer, den er *javelin*, Wurfspieß, nannte) zu erlernen, und an seiner Schwester, die wie er die Tragödie der Versklavung erleben würde. Equiano fasste den Wohlstand und Status seiner Familie mit der Bemerkung zusammen, dass sein Vater »viele Sklaven« gehabt habe. (Er beeilte sich hinzuzufügen, dass diese Form der Sklaverei, in der die Versklavten mit den Familienmitgliedern zusammenlebten und wie diese behandelt wurden, nichts mit dem grausamen System gleichen Namens in den Amerikas gemeinsam hatte.) Sein Dorf lag so weit von der Küste entfernt, dass »ich noch nie von weißen Menschen oder Europäern noch vom Meer gehört hatte«.[5]

Equiano wurde in einer Zeit der Krisen geboren, in der Veränderungen durch sein Heimatland fegten, die schließlich den Jungen selbst mit sich reißen sollten. Die erste Hälfte des 18. Jahrhunderts war im Igbo-Land eine Zeit der Dürre, der Hungersnot und – ein auf lange Sicht noch schwerwiegenderer Umstand – des allmählichen Zusammenbruchs der Nri-Zivilisation, der Equiano und sein Dorf angehörten. All dies trug dazu bei, der Expansion der Aro in diese Region den Weg zu ebnen, eine kriegerische Gemeinschaft von Händlern aus dem Süden, die sich *umuchukwu*, »Kinder Gottes« nannten und mit Hilfe von Heirat, Bündnissen, Einschüchterung und Krieg ein ausgedehntes Handelsnetz aufbauten. Sie schleusten Tausende von Versklavten über die drei Flusssysteme des Niger, Imo und Cross River in die handeltreibenden Stadtstaaten Old Calabar, Bonny und New Calabar. Zwischen 1700 und 1807 wurden in der Großregion der Bucht von Biafra mehr als eine Million Menschen versklavt. Einige wurden vor Ort verkauft; viele sollten auf dem Weg an die Küste sterben. Fast 900.000 Menschen wurden auf größtenteils britische Schiffen verfrachtet, und mehr als eine Dreiviertelmillion – diejenigen, die die *Middle Passage* überlebten – wurde schließlich in den Häfen der Neuen Welt ausgeschifft. Zwischen einem Drittel und drei Viertel der Menschen, die in dieser Region versklavt und per Schiff verschleppt wurden (der Anteil ist strittig), stammten aus dem Igbo-Land. Einer von diesen Hunderttausenden war Equiano.[6]

Equiano stammte aus einer Gesellschaft, in der das Land gemeinsam besessen und bewirtschaftet wurde. Die Natur war fruchtbar und freundlich: Der Boden war, wie er erklärte, ergiebig und die Landwirtschaft produktiv. Die Umgangsformen waren einfach, und es gab wenige Luxusgüter, aber mehr als genug zu essen und, wie er hinzufügte, »keine Bettler«. In seinem Dorf verrichteten Männer und Frauen »alle zusammen« die Arbeit auf den gemeinschaftlichen Feldern und andere Arbeiten wie zum Beispiel Hausbau. Mit Hilfe von Hacken, Äxten, Schaufeln und Spitzhacken (die Equiano *beaks*, Schnäbel, nannte) bauten sie zahlreiche Nutzpflanzen an, allen voran die Yamswurzel, die gekocht, gestampft und zu ihrem Grundnahrungsmittel, *fufu*, verarbeitet wurde. Dem Historiker John Oriji zufolge waren die Igbo zu dieser Zeit die »begeistertsten Yam-Anbauer der Welt«. Darüber hinaus produzierten und konsumierten sie Taro, Kochbananen, Paprika, unterschiedliche Arten von Bohnen und Kürbissen, Hartmais, Kuhbohnen, Wassermelonen und Obst. Sie bauten Baumwolle und Tabak an, züchteten Vieh (Rinder, Ziegen und Geflügel) und stellten Fertigwaren her. Die Frauen spannen, webten Baumwolle, stellten Kleidung her und fertigten Töpferwaren wie Pfeifen und »irdene Gefäße«. Schmiede stellten Gerätschaften für Krieg und Landwirtschaft her; andere auf Metallbearbeitung spezialisierte Handwerker fertigten filigrane Ornamente und Schmuck an. Die meisten landwirtschaftlichen Güter wurden vor Ort konsumiert; der Handel bestand aus Tauschgeschäften, und Geld hatte »wenig Nutzen«. Dennoch war die Wirtschaft nicht isoliert oder autark: Einige Waren, hauptsächlich landwirtschaftliche Erzeugnisse, wurden innerhalb der Region gehandelt.[7]

Equianos Familie und erweiterte Verwandtschaft waren wie alle anderen auch als patrilinearer Clan (*umunne*) organisiert, an dessen Spitze ein männlicher Haushaltsvorstand stand und der von einem Ältestenrat kollektiv regiert wurde. Da das Land gemeinschaftlich besessen und bewirtschaftet wurde, waren Klassenunterschiede nicht ausgeprägt, aber nichtsdestotrotz gab es innerhalb des Dorfes eine klare Arbeitsteilung und Statusunterschiede, wie das Beispiel von Equianos eigenem Vater zeigt. Equiano erwähnte auch verschiedene ›Spezialist*innen‹ – Priester*innen, Zauber*innen, Weise, Ärzt*innen und Heiler*innen, die mitunter ein und dieselbe Person waren, die *dibia* genannt wurde: eine Mittler*in zur Geisterwelt, die oder der in der Igbo-Gesellschaft respektiert und gefürchtet wurde. Am anderen Ende der sozialen Skala standen Versklavte, Kriegsgefangene und Menschen, die eines Verbrechens für schuldig befunden worden waren (hier nennt Equiano Entführung und Ehebruch). Letzten Endes waren die Unterschiede gering und es herrschte mehr oder weniger Gleichberechtigung. Das Dorf hatte ein hohes Maß an Autonomie, und tatsächlich war es in erster Linie die Dorfgemeinschaft, nicht Klasse, Nation oder ethnische Zugehörigkeit, aus der ihre Mitglieder ihre Identifikation bezogen. Equiano erinnerte sich, dass »wir kaum mehr als dem Namen nach dem König von Benin untertan waren«, und in Wirklichkeit waren sie wahrscheinlich überhaupt niemandem untertan, weder dem König von Benin noch sonst jemandem. Die Menschen in seiner Region rühmten sich ihrer leidenschaftlichen Ortsverbundenheit und ihres Widerstands gegen politische Zentralisierung. Lange Zeit waren sie für das Sprichwort »*Igbo enwegh eze*« bekannt: »Die Igbo haben keinen König.«[8]

Über seine Herkunftsgemeinschaft schrieb Equiano: »Wir sind beinahe eine Nation von Tänzern, Musikern und Dichtern.« Rituelle Anlässe waren geprägt von komplexen künstlerischen und religiösen Zeremonien, die oft dem Zweck dienten, die Geister der Ahnen zu beschwören und zufriedenzustellen. Dem Glauben der Igbo zufolge war die Grenze zwischen der Welt der Menschen und der der Geister, der Lebenden und der Toten, dünn und durchlässig. Tatsächlich waren sowohl gute als auch böse Geister in der

Igbo-Gesellschaft immer gegenwärtig, wenn auch unsichtbar, und versprachen Hilfe oder drohten, den Menschen Steine in den Weg zu legen, je nachdem, wie sie behandelt wurden. Wenn man Glück im Leben haben wollte, war es unerlässlich, den Geistern Opfer (*aja*) in Form von Essen zu bringen. Der oder die *dibia* kommunizierte direkt mit den Geistern und verband so die beiden Welten miteinander. Die Igbo glaubten auch, dass ein vorzeitiger Tod durch böswillige Geister verursacht wurde und dass die Geister der Toten umherwandern und die Lebenden heimsuchen würden, bis die verstorbene Person ein ordnungsgemäßes Begräbnis erhalten hatte. Diese Überzeugungen sollten auf dem Sklavenschiff schwerwiegende Implikationen haben.[9]

Als Equiano elf Jahre alt war, waren, wie aus seiner Autobiographie hervorgeht, Sklav*innenraubzüge und der Handel mit Versklavten in seinem Teil des Igbo-Landes bereits weit verbreitet, was sich auf subtile und vielfältige Weise bemerkbar machte. Wenn die Erwachsenen des Dorfes zur Arbeit auf dem gemeinsam bewirtschafteten Land gingen, nahmen sie für den Fall eines Angriffs Waffen mit. Außerdem trafen sie besondere Vorsichtsmaßnahmen zum Schutz der zurückbleibenden Kinder: Sie wurden an einem Ort versammelt und angewiesen, die Augen offenzuhalten. Auf umherziehende Fremde wurde mit Angst reagiert, besonders dann, wenn es sich um Händler handelte, die Oye-Eboe genannt wurden, »rote Menschen, die in der Ferne leben«. Dies waren die Aro, »stämmige, mahagonifarbene Männer« aus dem Süden. Sie betrieben legitimen, einvernehmlichen Handel, und tatsächlich erwähnte Equiano, dass sein eigenes Dorf ihnen mitunter Versklavte im Austausch gegen europäische Handelsgüter – Schusswaffen, Schießpulver, Hüte und Perlen – anbot. Händler wie diese leisteten Plünderzügen des »einen kleinen Staates oder Bezirks gegen einen anderen« Vorschub: Ein örtlicher Anführer, der europäische Waren haben wollte, »fällt über seine Nachbarn her, und es entspinnt sich eine verzweifelte Schlacht«, in deren Gefolge die so Gefangenen verkauft wurden. Die Aro fingen auch selbst Menschen. Ihr Hauptgeschäft bestand darin – wie Equiano rückblickend feststellte, aber als Kind anscheinend nicht ganz verstand – »unsere Leute in die Falle zu locken«. Dass sie immer und überall »große Säcke« bei sich hatten, ließ nichts Gutes ahnen. Einen dieser Säcke sollte Equiano bald von innen sehen.[10]

GEKIDNAPPT

»Eines Tages, als alle unsere Leute wie üblich zum Arbeiten gegangen waren«, waren Equiano und seine Schwester allein zurückgeblieben, um auf das Haus aufzupassen. Aus unbekannten Gründen hatten die Erwachsenen nicht die üblichen Vorsichtsmaßnahmen getroffen. Zwei Männer und eine Frau machten sich dies zunutze, kletterten über den Erdwall, der das Wohngelände der Familie umgab, und »ergriffen uns beide in einem Augenblick«. Dies geschah so plötzlich, dass die Kinder keine Zeit hatten, »zu schreien oder Widerstand zu leisten«. Die Kidnapper hielten ihnen den Mund zu und »rannten mit uns davon in den nächstgelegenen Wald«, wo sie ihnen die Hände fesselten und sich beeilten, das Dorf vor Einbruch der Dunkelheit so weit wie möglich hinter sich zu lassen. Equiano schrieb nicht, wer seine Angreifer waren, aber er ließ durchblicken, dass es Aro gewesen waren. Schließlich kamen sie zu »einem kleinen Haus, wo die Räuber zur Erfrischung Rast machten und die Nacht zubrachten«. Den Kindern wurden die Stricke abgenommen, aber sie waren anscheinend zu verstört, um zu essen. »Überwältigt von Ermüdung und Gram war unsere einzige Erleichterung ein wenig Schlaf, welcher unser Unglück für kurze Zeit linderte.« Die lange, beschwerliche, traumatische Reise an die Küste hatte begonnen.[11]

Am nächsten Tag reiste die kleine Gruppe weiter – durch den Wald, um ein Zusammentreffen mit anderen Menschen zu vermeiden – und gelangte schließlich an eine Straße, die Equiano bekannt vorkam. Als er Menschen vorbeigehen sah, begann der Junge, »um ihre Hilfe zu schreien«. Aber ohne Erfolg: »Meine Schreie hatten keine andere Wirkung als diejenige, dass sie meine Fesseln fester anzogen, mir den Mund verstopften und dann stecken sie mich in einen großen Sack. Sie verstopften auch den Mund meiner Schwester und banden ihre Hände; und auf diese Weise setzten wir unseren Weg fort, bis wir außer Sichtweite dieser Menschen waren.« Am Ende eines weiteren erschöpfenden Reisetages wurde Equiano und seiner Schwester Essen angeboten, das sie allerdings verweigerten, womit sie eine Form des Widerstands leisteten, die später auf dem Sklavenschiff weit verbreitet sein sollte. Für Equiano – mit Gewalt seinem Dorf, fast seiner ganzen Familie und fast allem, was ihm lieb war, entrissen – war die Anwesenheit seiner Schwester zutiefst tröstlich. Der »einzige Trost, den wir hatten«, schrieb er, »war, dass wir uns die ganze Nacht in den Armen lagen und einander mit unseren Tränen badeten.«

Der nächste Tag sollte einen noch tieferen Einschnitt bringen. Er wurde zu einem »Tag größerer Betrübnis, als ich bis dorthin erlebt hatte«. Equianos Entführer*innen rissen ihn und seine Schwester auseinander, »während wir einander mit den Armen umfasst hielten«. Die Kinder flehten, nicht getrennt zu werden, aber vergeblich: »Sie wurde von mir gerissen und sofort fortgebracht, und ich blieb in einem Zustand unbeschreiblicher Seelenqual zurück.« Eine Zeitlang »weinte und trauerte« Equiano unablässig. Mehrere Tage lang »aß [ich] nichts als das, was sie mir in den Mund zwangen«. Der Trost des geteilten Leides, das »gemeinsame Weinen« mit dem letzten Familienmitglied, das ihm geblieben war, war ihm genommen worden. Nun war jede Verbindung mit seiner Familie und seinem Dorf abgerissen.

Wie um diesen Umstand noch zu unterstreichen, begann nun das endlose Kaufen und Verkaufen des jungen Gefangenen. Bald wurde Equiano an »einen Anführer« verkauft, einen Schmied, der »in einem sehr angenehmen Land« lebte. Equiano wurde nach afrikanischer Manier in die Familie aufgenommen und gut behandelt. Er tröstete sich mit der Tatsache, dass »ich viele Tagereisen vom Haus meines Vaters entfernt war, aber dennoch sprachen diese Menschen genau die nämliche Sprache wie wir.« Nach und nach gewann er größere Bewegungsfreiheit in seiner neuen Umgebung, die er dazu nutzte, Möglichkeiten auszukundschaften, wegrennen und in sein Dorf zurückkehren zu können. »Überwältigt und niedergedrückt vom Gram nach meiner Mutter und meinen Freunden« versuchte er sich zu orientieren und kam zu dem Schluss, dass seine Heimat vermutlich »in der Richtung des Sonnenaufgangs« lag. Dann tötete er eines Tages aus Versehen ein Huhn eines Dorfbewohners und versteckte sich aus Angst vor Strafe und mit der Absicht zu flüchten im Gebüsch. Er hörte Leute, die nach ihm suchten, sagen, dass er sich wahrscheinlich auf den Weg nach Hause gemacht habe, aber sein Dorf sei zu weit weg und er würde niemals dort ankommen. Dies versetzte den Jungen in »heftige Panik«, gefolgt von Verzweiflung über die Vorstellung, nie wieder nach Hause zurückkehren zu können. Er kehrte zu seinem Herrn zurück und wurde wenig später erneut verkauft. »Nun wurde ich nach linkerseits des Sonnenaufgangs gebracht, durch viele trostlose Einöden und trübe Wälder, umgeben vom abscheulichen Gebrüll wilder Tiere.« Hier schienen Überfälle zur Beschaffung von Versklavten gang und gäbe zu sein. Er bemerkte, dass die Menschen »stets wohlbewaffnet herumgehen«.

Dann geschah inmitten all dieses Unglücks etwas Freudiges und Unerwartetes. Auf dem Marsch zur Küste sah Equiano plötzlich seine Schwester wieder. Nach dem zu schließen, was er an dieser und anderer Stelle in seiner Autobiografie schrieb, war dies einer der bewegendsten Momente seines Lebens: »Sobald sie mich sah, stieß sie einen lauten Schrei aus und rannte in meine Arme. – Ich war ganz überwältigt: Keiner von uns vermochte zu sprechen; aber eine beträchtliche Zeitlang klammerten wir uns in gegenseitiger Umarmung aneinander, unfähig, irgendetwas anderes zu tun, als zu weinen.« Die tränenreiche Umarmung schien alle Anwesenden zu rühren, einschließlich des Mannes, der, wie Equiano annahm, ihr gemeinsamer Besitzer war. Der Mann erlaubte ihnen, links und rechts von ihm zu schlafen, und sie »hielten einander die ganze Nacht über seine Brust hinweg bei den Händen; und so vergaßen wir in der Freude des Zusammenseins für eine Weile unser Unglück.« Aber schließlich brach der »unglückselige Morgen« an, an dem die Geschwister erneut getrennt wurden, diesmal für immer. Equiano schrieb: »Ich war nun, wenn möglich, noch elender als zuvor.« Der Gedanke an das Schicksal seiner Schwester quälte ihn. »Dein Bild«, schrieb er Jahre später, »war immer in meinem Herzen verankert.«

Die Reise an die Küste ging weiter. Equiano wurde von einem Ort und Käufer zum nächsten weitergereicht und gelangte schließlich in den Besitz eines wohlhabenden Kaufmanns in der schönen Stadt Tinmah, die wahrscheinlich im Nigerdelta lag. Hier aß er zum ersten Mal Kokosnüsse und Zuckerrohr und kam mit Geld in Berührung, das er ›core‹ (*akori*) nannte. Er freundete sich mit dem Sohn einer wohlhabenden Witwe in der Nachbarschaft an, einem Jungen etwa seines Alters, und die Frau kaufte ihn dem Kaufmann ab. Nun wurde er so gut behandelt, dass er vergaß, dass er ein Sklave war. Er aß am Tisch seiner Besitzer*innen, wurde von anderen Versklavten bedient und spielte mit Pfeil und Bogen und mit anderen Jungen, »wie ich es von zuhause gewöhnt war«. Im Laufe der nächsten zwei Monate entwickelte er allmählich eine Bindung an seine neue Familie »und begann, mich in meine Lage zu finden und allmählich mein Unglück zu vergessen.« Aber eines Morgens wurde er unsanft geweckt und eilig aus dem Haus gebracht – zurück auf die Straße in Richtung Küste. Nun erlebte er den »neuen Kummer« einer weiteren Vertreibung.

Bis dahin waren Equiano fast alle Gemeinschaften, denen er auf seiner Reise begegnet war, kulturell vertraut gewesen. Sie hatten mehr oder weniger die gleichen »Sitten, Gebräuche und Sprache« gehabt; sie waren Igbo (oder würden es jedenfalls irgendwann werden). Aber nun gelangte er an einen Ort, an dem es mit der kulturellen Vertrautheit ein Ende hatte. Er war geradezu schockiert von der Kultur der Ibibio an der Küste, die, wie er feststellte, nicht beschnitten waren, sich nicht so wuschen, wie er es gewöhnt war, europäische Töpfe und Waffen benutzten und »untereinander mit den Fäusten kämpften«. Die Frauen der Gruppe hatten, wie er fand, keinen Anstand, weil sie »mit ihren Männern aßen, tranken und schliefen«. Sie schmückten sich mit sonderbaren Narben und feilten ihre Zähne scharf. Am erstaunlichsten war, dass sie den Göttern nicht die ihnen zustehenden Gaben oder Opfer brachten.

Equianos Erstaunen wuchs, als er das Ufer eines großen Flusses, möglicherweise des Bonny, erreichte. Überall waren Kanus, und die Menschen schienen mit ihren »Haushaltsgerätschaften und Vorräten jeglicher Art« auf ihnen zu leben. Der Junge hatte noch nie ein so großes Gewässer gesehen, geschweige denn Menschen, die auf diese Weise lebten und arbeiteten. Sein Staunen verwandelte sich in Angst, als er von seinen Entführern in ein Kanu gesetzt und den Fluss hinunter durch die Sümpfe und Mangrovenwälder transportiert wurde. Jeden Abend zogen sie ihre Kanus aufs Ufer, machten ein Feuer, bauten Zelte oder kleine Hütten auf, kochten eine Mahlzeit und schliefen, und am nächsten Morgen standen sie auf, aßen erneut, stiegen wieder in ihre Kanus und setzten die Reise flussabwärts fort. Ihm fiel auf, mit welcher Leichtigkeit diese Menschen im Wasser schwammen und tauchten. Die Reise ging weiter, mal zu Wasser, mal zu Land, durch »verschiedene Länder und verschiedene Nationen«. Sechs oder sieben Monate, nachdem er entführt worden war, »kam ich an der Meeresküste an« – wahrscheinlich in dem großen, geschäftigen Sklavenhandelshafen Bonny.

AUF DEM MAGISCHEN SCHIFF

Das Sklavenschiff, das Equiano bei seiner Ankunft an der Küste solch ehrfürchtiges Entsetzen einflößte, war eine Schnau, wahrscheinlich zwischen 18 und 21 Meter lang, mit einem etwa 18 Meter hohen Großmast und einer neun Meter hohen Großmarsstenge. Die *Ogden* lag mit acht Kanonen und einer zweiunddreißigköpfigen Besatzung vor Anker und »wartete auf ihre Fracht«, zu der der Junge, wie ihm plötzlich klar wurde, selbst gehören würde.[12] Die afrikanischen Händler werden ihn mit dem Kanu zum Schiff und – wahrscheinlich zusammen mit mehreren anderen Gefangenen – per Strickleiter die Bordwand hoch über die Reling auf das Hauptdeck gebracht haben. Hier sah Equiano die furchteinflößenden Seeleute, deren Sprache »völlig anders war als jede andere, welche ich jemals gehört hatte«. Er erblickte den kupfernen Kochtopf und die schwermütigen Gefangenen und fiel aus Angst vor Kannibalismus in Ohnmacht. Die schwarzen Händler, die ihn an Bord gebracht hatten, brachten ihn wieder zu sich und versuchten ihn aufzumuntern, »aber alles vergebens«. Er fragte, ob die abscheulich aussehenden weißen Männer ihn essen würden, und sie verneinten. Ein Besatzungsmitglied brachte Equiano einen Schnaps, um seine Lebensgeister zu wecken, aber der Junge hatte Angst vor dem Mann und wollte das Getränk nicht annehmen. Einer der schwarzen Händler nahm es für ihn an und gab es ihm; er trank es, aber der Alkohol hatte das Gegenteil der beabsichtigten Wirkung: Der Junge, der so etwas noch nie getrunken hatte, geriet »in eine ungemeine Bestürzung«. Bald sollte es noch schlimmer kommen. Sobald die schwarzen Händler ihr Geld bekommen hatten, verließen sie das Schiff, und ihr Aufbruch stürzte Equiano in Verzweiflung: »Ich sah mich nunmehr jeglicher Möglichkeit beraubt, in mein Heimatland zurückzukehren, ja, selbst des geringsten Hoffnungsschimmers, ans Ufer zu gelangen.« Nach dem Gestank des Unterdecks und den Peitschenhieben, die er erhalten hatte, weil er sich geweigert hatte zu essen, sehnte er sich danach, mit »dem geringsten Sklaven in meinem eigenen Land« tauschen zu können. Und schließlich wünschte er sich in höchster Verzweiflung, »dass mich der letzte Freund, der Tod, erlösen möge«.[13]

Der Sklavenhandel brachte ungewöhnlichen Gruppierungen von Menschen zusammen und ebnete die kulturellen Unterschiede zwischen ihnen bis zu einem gewissen Grad ein. Equiano fand seine »eigenen Landsleute« nicht sofort; er musste sie suchen. Neben den Igbo werden höchstwahrscheinlich Nupe, Igala, Idoma, Tiv und Agatu aus der Region nördlich von Equianos eigenem Dorf an Bord gewesen sein, außerdem Ijo aus dem Südwesten und Menschen einer ganzen Anzahl von Bevölkerungsgruppen aus dem Osten: Ibibio, Anang, Efik (die alle Efik sprachen), Ododop, Ekoi, Ejagham, Ekrikuk, Umon und Enyong. Wir können davon ausgehen, dass viele dieser Menschen mehrsprachig waren, und es ist wahrscheinlich, dass eine ganze Reihe, möglicherweise die meisten von ihnen, Igbo sprachen oder verstanden, die eine wichtige Verkehrssprache für den Handel in der gesamten Region, an der Küste und im Landesinneren war. Einige Gefangene werden Pidgin-Sprachen, Englisch und möglicherweise ein paar Brocken Portugiesisch gesprochen haben. Die Kommunikation auf der Schnau wird nicht einfach gewesen sein, aber es gab viele Mittel und Wege der Verständigung.[14] Erst auf dem Sklavenschiff fanden Equiano und viele andere heraus, dass sie Igbo waren. In Equianos Dorf wie überhaupt im gesamten Landesinneren wurde der Begriff ›Igbo‹ nicht zur Bezeichnung des Selbstverständnisses oder

der Identität benutzt. Dem berühmten nigerianischen/Igbo-Schriftsteller Chinua Achebe zufolge war ›Igbo‹ ursprünglich vielmehr »ein Schimpfwort; das waren die ›Anderen‹ da unten im Busch«. ›Igbo‹ war eine Beleidigung, eine Bezeichnung, die ausdrückte, dass jemand nicht zur Dorfgemeinschaft gehörte. Equiano selbst bediente sich dieser verachtungsvollen Sprache, als er die Aro »Oye-Eboe« nannte. Aber auf dem Sklavenschiff waren alle Gefangenen außerhalb ihrer Dorfgemeinschaft, und umfassendere Gemeinsamkeiten begannen plötzlich schwerer zu wiegen als lokale Unterschiede. Kulturelle Gemeinsamkeiten, vor allem die Sprache, waren offensichtlich entscheidende Voraussetzungen für Zusammenarbeit und die Schaffung von Gemeinschaft. Wie andere afrikanische Ethnien war ›Igbo‹ in vielerlei Hinsicht ein Produkt des Sklavenhandels. Mit anderen Worten, auf dem Schiff fand Ethnogenese statt.[15]

Equiano begann sich bald des systematischen Einsatzes von Terror auf dem Sklavenschiff bewusst zu werden. Die Weißen »waren in Äußerem und Gebaren, wie mich dünkte, überaus roh; denn ich hatte bei keinem Volk jemals solche Fälle von brutaler Grausamkeit gesehen«, wie sie auf dem Schiff gang und gäbe waren. Die »armen Afrikaner«, die es wagten, Widerstand zu leisten, die sich weigerten zu essen oder versuchten, über Bord zu springen, wurden mit Peitschen und Messern traktiert. Equiano selbst wurde mehrere Male ausgepeitscht, weil er die Nahrung verweigert hatte. Er bemerkte auch, dass der Terror sich nicht nur gegen die Versklavten richtete. Eines Tages, als er und andere Gefangene auf dem Hauptdeck waren, ließ der Kapitän einen weißen Matrosen »so unbarmherzig mit einem dicken Tau in der Nähe des Fockmastes auspeitschen, dass er infolgedessen starb; und sie warfen ihn über Bord, wie sie es mit einem Tier getan hätten«. Es war kein Zufall, dass diese Bestrafung öffentlich stattfand. Dass auch gegen die Besatzung Gewalt angewendet wurde, vervielfachte den Schrecken: »Dies ließ mich diese Menschen umso mehr fürchten; und ich erwartete nichts Geringeres, als auf die gleiche Weise behandelt zu werden.«

Eine der wertvollsten Passagen von Equianos Bericht über seine Zeit auf dem Sklavenschiff ist seine Zusammenfassung der Gespräche auf dem Unterdeck. Als jemand, der tief aus dem Landesinneren kam und zudem noch ein Kind war, war er einer derjenigen an Bord, die am wenigsten über die Europäer und ihre Gepflogenheiten wussten. In dem ständigen Bemühen um Kommunikation in einer Gruppe von Menschen aus unterschiedlichen Kulturen suchte und fand er unter »den armen angeketteten Männern« Menschen »seiner eigenen Nation«. Wegen seiner Angst vor Kannibalismus war seine dringendste Frage: »[W]as sollte mit uns geschehen?« Einige der männlichen Gefangenen »gaben mir zu verstehen, dass wir in das Land dieser weißen Menschen gebracht werden sollten, um für sie zu arbeiten«. Diese Antwort fand Equiano tröstlich, denn, wie er erklärte: »Wenn es nichts Schlimmeres war als arbeiten, war meine Lage nicht so verzweifelt.«

Dennoch: Seine Ängste vor den wilden Europäern blieben bestehen und warfen neue Fragen auf. Equiano fragte die Männer, »ob diese Menschen kein Land hätten, sondern an diesem hohlen Ort [dem Schiff] lebten«? Die Antwort lautete, »dass sie dies nicht täten, sondern von einem fernen Ort kämen«. Der Junge, immer noch verwirrt, fragte: »[W]ie kommt es, dass wir in unserem ganzen Land noch nie von ihnen gehört haben?« Dies läge daran, dass sie »so sehr weit entfernt lebten«. Wo waren ihre Frauen, fragte Equiano weiter »hatten sie welche ihrer eigenen Art?« Das täten sie, lautete die Antwort, aber »sie wurden zurückgelassen«.

Es folgten Fragen über das Schiff selbst, diesen Quell des Schreckens und Erstaunens. Immer noch überwältigt von dem, was er gesehen hatte, fragte Equiano, wie das Schiff fahren könne. Hier gingen den Männern die hieb- und stichfesten Erklärungen aus, aber ihre Antworten zeigten, dass sie das Schiff in dem Bemühen, es zu verstehen, einer eingehenden Betrachtung unterzogen hatten: »Sie sagten mir, sie wüssten es nicht zu sagen; aber dass es Tücher gebe, welche mit Hilfe der Taue, die ich sehe, an die Masten gehängt werden würden, und dann würde das Schiff fahren; und die weißen Männer hätten eine Art Zauberspruch oder Magie, welche sie in das Wasser täten werfen würden, wenn sie das Schiff anhalten wollten.« Equiano schrieb: »Ich war außerordentlich erstaunt über diese Erklärung, und glaubte wirklich, es seien Geister.« Seine Verwunderung steigerte sich noch, als er eines Tages, als er an Deck war, ein Schiff unter vollen Segeln auf sich zukommen sah. Er und alle anderen, die es sahen, waren voll des Staunens, »umso mehr, als das Schiff größer erschien, als es näher kam.« Als das näherkommende Schiff schließlich vor Anker ging, »waren ich und meine Landsleute, welche es sahen, entgeistert, als wir beobachteten, wie das Schiff zum Stillstand kam; und waren nun überzeugt, dass dies durch Zauberei bewirkt wurde.«

DIE MIDDLE PASSAGE

Equianos Atlantiküberquerung via *Middle Passage* sollte sich als ein Schauspiel von Grausamkeit, Erniedrigung und Tod herausstellen.[16] Sie begann mit der drastischen Maßnahme, alle Versklavten auf den Unterdecks einzuschließen, »damit wir nicht sehen konnten, wie sie das Schiff führten«. Vieles, worüber er geklagt hatte, während das Schiff vor der Küste vor Anker lag, wurde plötzlich noch schlimmer. Nun, da alle Gefangenen unter Deck zusammengepfercht waren, waren die Unterkünfte »so überfüllt, dass ein jeder kaum Platz hatte, sich umzudrehen«. Die Versklavten wurden auf engstem Raum zusammengedrängt; jede Person hatte etwa so viel Platz zur Verfügung wie ein Leichnam im Sarg. Das »Scheuern der Ketten« rieb das weiche Fleisch der Handgelenke, Knöchel und Hälse wund. Die Versklavten litten unter extremer Hitze und schlechter Belüftung, »reichlichem Schwitzen« und Seekrankheit. Der ohnehin schon »ekelhafte« Gestank wurde »vollends bestialisch«, und Schweiß, Blut, Erbrochenes und die »notwendigen Kübel« voller Exkremente »erstickten uns fast«. Die Schreie der Verängstigten mischten sich mit dem Stöhnen der Sterbenden in einem chaotischen Gewirr von Stimmen und Lärm.[17]

Während die Gefangenen, wahrscheinlich wegen des schlechten Wetters, tagelang unter Deck eingesperrt blieben, sah Equiano seine Schiffskamerad*innen sterben und »so der unbedachten Habsucht, wie ich es nennen möchte, ihrer Käufer zum Opfer fallen«. Das Schiff füllte sich mit den ruhelosen Geistern der Verstorbenen, die von den Lebenden weder anständig begraben noch mit Opfergaben bedacht werden konnten. Durch die Zustände an Bord waren »viele dahingerafft« worden, die meisten wahrscheinlich vom ›Blutfluss‹, der Ruhr. Die Bucht von Biafra hatte eine der höchsten Sterblichkeitsraten aller Sklavenhandelsregionen, und dass die *Ogden* acht Monate brauchte, um ihre versklavte ›Fracht‹ zusammenzubringen, machte alles noch schlimmer. Bald wurde Equiano ebenfalls krank und glaubte, dass er bald sterben würde. Wieder wünschte er sich den Tod, der, wie er hoffte, »meinem Elend ein Ende bereiten« würde. Über die über Bord geworfenen Toten sinnierte er: »Oft dünkten mich viele der Bewohner der Tiefe viel glücklicher als ich selbst. Ich neidete ihnen ihre Freiheit, und wünschte oft, ich könnte meine Umstände gegen die ihren tauschen.« In Equianos Vorstellung waren die Gefangenen, die mit einem Sprung über Bord Selbstmord begangen hatten, noch am Leben, glücklich und frei und anscheinend immer noch im Kontakt mit den Menschen auf dem Schiff.[18]

Dem Grauen und dem Todeswunsch stand das hartnäckiges, zähe Leben entgegen. Equiano kommunizierte weiterhin mit seinen Mitgefangenen, um zu überleben. Dieses Überleben verdankte er zum Teil den versklavten Frauen, die möglicherweise Igbo waren, vielleicht aber auch nicht, die ihn wuschen und sich mit mütterlicher Fürsorge um ihn kümmerten. Weil er ein Kind war, war er nicht in Ketten gelegt worden, und weil er kränkelte, wurde er »fast fortwährend an Deck« gehalten, wo er Zeuge einer zunehmend unerbittlichen Dialektik von Zwang und Widerstand wurde. Je mehr die Versklavten entschlossen waren, mit allen ihnen zur Verfügung stehenden Mitteln Widerstand zu leisten, umso grausamer wurde die Besatzung. Equiano sah mit an, wie einige seiner hungrigen Landsleute sich etwas Fisch nahmen und brutal dafür ausgepeitscht wurden. Wenig später, an einem Tag »an dem wir glatte See und mäßigen Wind hatten«, sah er von Nahem mit an, wie drei Gefangene der Mannschaft entkamen, über die Reling sprangen, es schafften, den Netzen auszuweichen, und platschend im Wasser landeten. Sofort kam Leben in die Besatzung; alle Gefangenen wurden unter Deck gebracht, um weitere Selbstmordversuche (die Equiano zufolge mit Sicherheit gefolgt wären) zu verhindern, und ein Boot wurde zu Wasser gelassen, um die über Bord Gesprungenen aus dem Wasser zu holen. Es gab »einen Lärm und eine Verwirrung unter den Schiffsleuten, wie ich sie noch nie gehört hatte«. Trotz aller Anstrengungen der Besatzung gelang es zwei der Rebellen, sich durch Ertrinken das Leben zu nehmen. Der dritte wurde wieder eingefangen, zurück an Deck gebracht und brutal ausgepeitscht, weil er »versucht hatte, dem Tod den Vorzug vor der Sklaverei zu geben«. So wurde Equiano Zeuge, wie sich unter den Versklavten eine Kultur des Widerstands entwickelte.

Ein Teil von Equianos eigener Widerstandsstrategie bestand darin, von den Seeleuten so viel wie möglich über die Funktionsweise des Schiffes zu lernen. Dies sollte sich auf lange Sicht als sein Weg in die Freiheit erweisen: Er sollte als Seemann arbeiten, seine Heuer sparen und sich im Alter von vierundzwanzig Jahren freikaufen. Er beschrieb sich selbst als einen der »geschäftigsten« Menschen an Bord, was im maritimen Sprachgebrauch des 18. Jahrhunderts bedeutete, dass er einer derjenigen war, die am meisten Energie und Einsatz bei den auf dem Schiff anfallenden Arbeiten an den Tag legten. Er beobachtete die Seeleute bei ihrer harten Arbeit und war fasziniert und gleichzeitig verblüfft von der Verwendung des Quadranten: »Ich hatte oft mit Erstaunen dabei zugesehen, wie die Matrosen damit Beobachtungen machten, und ich konnte nicht ersinnen, was dies bedeutete.« Die Seeleute bemerkten die Neugier des aufgeweckten Jungen, und eines Tages beschloss einer von ihnen, sie zu befriedigen. Er ließ Equiano durch das Visier sehen. »Dies steigerte mein Staunen; und ich war nun überzeugter denn je, dass ich in einer anderen Welt war, und dass alles um mich herum Zauberei war.«

Es war eine andere Welt, eine ganz eigene Gesellschaft von Seefahrenden, und die Zauberei, die dort betrieben wurde, konnte gelernt werden. Equiano hatte einen Anfang gemacht.[19]

BARBADOS

Bald tauchte eine weitere Welt am Horizont auf. Als die Besatzungsmitglieder Land sahen, »stießen sie ein großes Geschrei aus« und machten »viele Zeichen der Freude«. Aber Equiano und die übrigen Gefangenen, die nicht wussten, was sie davon halten sollten, teilten ihre Aufregung nicht. Vor ihnen lag Barbados, das Epizentrum der historischen Zuckerrevolution, Kronjuwel des britischen Kolonialsystems und eine der am vollständigsten realisierten – und damit brutalsten – Sklavengesellschaften der Welt. Die Plantagen dieser kleinen Insel sollten der Bestimmungsort der meisten Gefangenen an Bord des Schiffes werden.[20]

Als die Schnau inmitten eines Waldes von Schiffsmasten im geschäftigen Hafen von Bridgetown vor Anker ging, wurden Equiano und seine Mitgefangenen auf dem Unterdeck von neuen Ängsten ergriffen. Im Dunkel der Nacht kamen fremde neue Menschen an Bord, und alle Versklavten wurden zur Inspektion auf das Hauptdeck getrieben. Sofort begannen potenzielle Käufer – Kaufleute und Pflanzer – Equiano und seine Schiffskamerad*innen eingehend zu begutachten. »Sie ließen uns auch springen«, erinnerte sich Equiano, »und zeigten aufs Land, um uns zu verstehen zu geben, dass wir dorthin gehen würden«. Sie teilten die Gefangenen zum Verkauf in »getrennte Partien« ein.

All dies ließ Equiano und offensichtlich auch andere Gefangene »glauben, dass wir von diesen hässlichen Männern, wie sie uns schienen, gegessen werden würden.« Bald wurden alle Versklavten wieder unter Deck gebracht, aber wie Equiano schrieb, hatten neue Schrecken Wurzeln gefasst: »Es gab viel Furcht und Zittern unter uns, und die ganze Nacht hörte man nichts als bitteres Weinen ob dieser bangen Vorempfindungen.« Wie lange dieses Weinen anhielt, ist nicht klar, aber schließlich reagierten die weißen Besucher darauf, indem sie »einige alte Sklaven vom Land« kommen ließen, »um uns zu beschwichtigen«. Diese Veteranen der Plantagengesellschaft von Barbados »sagten uns, dass wir nicht gegessen werden, sondern arbeiten sollten und bald an Land gehen würden, wo wir viele unserer Landsleute sehen würden.« Diese Taktik schien zu funktionieren: »Diese Nachricht beruhigte uns sehr; und in der Tat kamen, bald nachdem wir an Land gegangen waren, Afrikaner aller Sprachen auf uns zu.«

Nun wurden Equiano und die anderen Gefangenen an Land gebracht, zum »Kaufmannshof«, wie er es nannte, einem Ort, an dem »wir alle zusammengesperrt waren wie Schafe im Pferch, ohne Betracht des Geschlechts oder Alters«, was nach der geschlechts- und altersspezifischen Trennung auf dem Schiff seltsam gewesen sein muss. Trotz der quälenden Ungewissheit seiner neuen Lage erfüllte der Anblick von Bridgetown Equiano mit neuem Staunen. Er sah, dass die Häuser hoch aufragten und mehrere Stockwerke hatten, etwas, das er in Afrika nie gesehen hatte. »Noch mehr erstaunte es mich«, schrieb er, »Menschen auf Pferderücken zu sehen. Ich wusste mir dies nicht zu erklären; in der Tat dünkte mich, diese Leute wären voll von nichts als Zauberkünsten.«[21] Aber nicht alle seine Schiffskamerad*innen waren überrascht. Einige seiner »Mitgefangenen« aus einem weit entfernten Teil Afrikas (zweifellos der nördlichen Savanne) sagten, dass die Pferde »von der gleichen Art seien, welche sie in ihrem Land hätten«. Dies wurde von anderen bestätigt, die hinzufügten, dass ihre eigenen Pferde »größer seien als diejenigen, welche ich damals sah«.[22]

Wenige Tage später fand der Verkauf in Form eines sogenannten *scramble* statt: Die Kaufleute ordneten ihre menschliche Ware im Hof an, und auf ein von ihnen gegebenes Signal in Form eines Trommelschlags hin stürmten die Käufer in wilder Eile herein, um sich diejenigen herauszugreifen, die sie kaufen wollten. Das »Geschrei und Getöse« dieser Szene versetzte die Afrikaner*innen in Schrecken; sie glaubten, dass die gierigen Käufer ihnen ans Leben wollten. Einige hatten immer noch Angst vor Kannibalismus. Die Angst war berechtigt: Die meisten der hier verkauften Menschen sollten tatsächlich bei lebendigem Leib verschlungen werden – zermalmt von der tödlichen Arbeit der Zuckerherstellung auf Barbados.

Nun fand eine dritte Trennung statt, die ein Licht auf die Beziehungen wirft, die geknüpft worden waren, während das Schiff an der afrikanischen Küste vor Anker lag und über die *Middle Passage* den Ozean überquerte. Equiano schrieb, dass in diesem Moment »Verwandte und Freunde« skrupellos »voneinander getrennt wurden, welche einander zum größten Teil nie wieder sehen würden«. Er erinnerte sich an das traurige Schicksal einer Gruppe von Brüdern, die zusammen im Männerbereich des Schiffes eingesperrt gewesen waren und nun in getrennten Partien an unterschiedliche Besitzer verkauft wurden. Er schrieb, dass »es bei dieser Gelegenheit sehr ergreifend war, ihr Weinen beim Abschied zu sehen und zu hören«. Ehemänner wurden von Ehefrauen getrennt, Eltern von Kindern, Brüder von Schwestern.

Aber es waren nicht nur Blutsverwandte, die angesichts dieser Trennung schrien und trauerten. Es waren auch »liebste Freunde und Gefährten«, Menschen, die schon einmal von ihren Verwandten und ihrer Gemeinschaft getrennt worden waren und nun »ihre Leiden und Betrübnisse« auf dem Schiff miteinander geteilt hatten. Einige von ihnen waren schon *vor* der *Middle Passage* bis zu acht Monate lang zusammen auf dem Schiff gewesen. Sie hatten einander inmitten der »Düsternis der Sklaverei« Mut zugesprochen. Sie hatten etwas gehabt, das Equiano »den kleinen Trost des Zusammenseins« nannte: Sie hatten zusammen geweint, Widerstand geleistet, versucht zu überleben. Nun wurde diese neue an Bord des Schiffes entstandene Gemeinschaft auseinandergerissen, und die Gefangenen würden gezwungen sein, »unterschiedliche Wege« zu gehen. Tieftraurig stellte Equiano fest, dass nun »jedes zarte Gefühl«, das sich an Bord des Schiffes entwickelt hatte, der Habsucht, dem Luxus und der »Gewinnsucht« geopfert werden würde.[23]

EINE LANGE ÜBERFAHRT

Für Equiano und einige seiner Schiffskamerad*innen endete die *Middle Passage* nicht auf Barbados. Einige wenige »waren nicht verkäuflich mit den Übrigen, weil sie zu sehr zermürbt waren«. Die traumatische Überfahrt hatte offensichtlich ihre Gesundheit angegriffen – sie waren abgemagert, krank, trübsinnig oder alles zusammen. Potenzielle Käufer werden ihr Überleben bezweifelt und es deshalb vermieden haben, sie zu kaufen. Sie wurden »Ausschusssklaven«. Sie blieben einige Tage lang auf der Insel und wurden dann auf ein kleineres Schiff gebracht, eine Sloop – möglicherweise die *Nancy* unter Kapitän Richard Wallis – deren Bestimmungsort der York River in Virginia war. Diese zweite Überfahrt war einfacher als die erste. Die Zahl der Versklavten an Bord war verglichen mit der auf dem Sklavenschiff viel kleiner, die Atmosphäre war weniger angespannt und gewalttätig, und die Verpflegung war besser, weil der Kapitän für den späteren Verkauf im Norden Fleisch auf die Rippen der Gefangenen bringen wollte. Equiano schrieb: »Auf dieser Überfahrt wurden wir besser behandelt als auf der Fahrt von Afrika, und wir hatten reichlich Reis und fettes Schweinefleisch.« Dennoch: Equiano machte der Verlust seiner Schiffskamerad*innen zu schaffen, die auf Barbados verkauft worden waren. »Ich hatte nun gänzlich den kleinen Rest an Trost verloren, welchen ich im Umgang mit meinen Landsleuten genossen hatte; auch die Frauen, welche mich gewaschen und für mich gesorgt hatten, waren alle in unterschiedliche Richtungen auseinandergegangen, und ich habe keine von ihnen je wiedergesehen.« Wenn er einer oder mehreren von ihnen wiederbegegnet wäre, wäre die durch die gemeinsamen Erfahrungen auf dem Schiff entstandene Bindung wieder aufgenommen und gefestigt worden.[24]

Offensichtlich knüpfte der Junge auf der Sloop neue Bindungen mit seinen afrikanischen Mitgefangenen an, obwohl sie seine Sprache nicht verstanden. Aber auch diese Bindungen wurden bei der Ankunft in Virginia zerrissen: »[A]m Ende wurden alle meine Gefährten in verschiedene Richtungen verteilt und ich allein blieb übrig«. Nun, da er ein weiteres Mal von allen Menschen, die er kannte, abgeschnitten war und selbst diejenigen beneidete, die in Partien verkauft worden waren, war er, wie er erklärte, »überaus unglücklich und erachtete mich für elender denn alle meine Gefährten; denn sie konnten miteinander reden, aber ich hatte niemanden, mit dem ich sprechen, den ich verstehen konnte.« In dieser Lage hoffte er ein weiteres Mal auf den Tod: »Ich trauerte und grämte mich unablässig und wünschte mir mehr als alles andere den Tod.«

Dieser einsame, trostlose Zustand dauerte an, bis ein Handelsschiffskapitän und ehemaliger Marineoffizier namens Michael Henry Pascal den Jungen als Geschenk für jemanden in England kaufte. Equiano wurde auf die *Industrious Bee* gebracht, »ein stattliches, großes Schiff, beladen mit Tabak & c. und gerade bereit zum Auslaufen.« Die *Middle Passage* muss ihm endlos vorgekommen sein, aber zumindest befand er sich nun auf einem Hochseeschiff, das nicht dafür bestimmt war, Versklavte zu transportieren. Entsprechend besser waren die Lebensbedingungen: »Ich hatte Segel, um darauf zu liegen, und reichlich guten Proviant zu essen; und jedermann an Bord behandelte mich« – zumindest am Anfang – »sehr freundlich, ganz im Gegensatz zu dem, was ich zuvor bei allen weißen Menschen beobachtet hatte.« Vielleicht waren sie doch keine bösen Geister. Jedenfalls begann die allumfassende, schreckenerregende Kategorie »Weiße« allmählich aufzubrechen: »Ich begann daher zu glauben, dass sie nicht alle von der gleichen Wesensart seien.« Außerdem begann er Englisch zu sprechen, unterhielt sich mit Besatzungsmitgliedern und lernte immer mehr über das Schiff und seine Handhabung.

Die vielleicht wichtigste Erfahrung, die Equiano auf dieser Reise machte, war seine Begegnung mit einem neuen Schiffskameraden, einem etwa fünfzehnjährigen Jungen namens Richard Baker. Baker war der Sohn eines amerikanischen Sklavenhalters (und selbst ebenfalls ein Sklavenbesitzer), gebildet, von »höchst angenehmer Gemütsart« und einer »Sinnesart, welche über Vorurteile erhaben war«. Er schloss Freundschaft mit dem afrikanischen Jungen, der später schrieb: »Er ließ mir sehr viel Vorzug und Aufmerksamkeit zuteil werden, und im Gegenzug gewann ich ihn sehr lieb.« Die beiden wurden unzertrennlich. Baker übersetzte für Equiano und brachte ihm viele nützliche Dinge bei.

Als Vorzugspassagier aß Baker auf dieser Reise am Tisch des Kapitäns, und als der Proviant mit fortschreitender Reise zusammenschrumpfte, begann Kapitän Pascal bei den Mahlzeiten den grausamen Witz zu machen, dass sie möglicherweise Equiano würden umbringen und essen müssen. Bei anderen Gelegenheiten machte er die gleiche Bemerkung Equiano selbst gegenüber, fügte allerdings hinzu, dass »man Schwarze nicht essen könne«, daher müssten sie Baker möglicherweise zuerst töten »und mich danach«. Pascal fragte Equiano auch, ob sein eigenes Volk in Afrika Kannibalen seien, was der Junge in heller Panik verneinte.

Wortwechsel wie diese ließen in Equiano die Schrecken der Überfahrt auf dem Sklavenschiff wieder lebendig werden, vor allem, nachdem der Kapitän alle an Bord auf Kurzration gesetzt hatte. »Zum Ende hin«, erinnerte sich Equiano, »hatten wir nur ein und ein halbes Pfund Brot in der Woche, und ungefähr die gleiche Menge Fleisch, und ein Quart Wasser am Tag.« Sie fingen Fische, um die Vorräte aufzubessern, aber das Essen blieb knapp. Die Witze wurden bedrohlicher: »Ich glaubte, dass sie es ernst meinten, und war über die Maßen niedergedrückt, und erwartete jeden Augenblick, dass mein letztes Stündlein geschlagen habe.« Seine Beunruhigung erstreckte sich auch auf seinen Freund und Schiffskameraden Baker: Immer, wenn vom Kapitän oder Steuermann nach ihm gerufen wurde, »spähte und lauerte« Equiano, »um zu sehen, ob sie ihn töten würden«.

Equiano glaubte an übernatürliche Geister und ihre Macht über die Natur und war daher besonders verängstigt, wenn die Wellen um ihn herum zu schäumen und höher zu schlagen begannen. Er glaubte, dass »der Herrscher der Meere zornig sei, und ich erwartete, als Opfer dargebracht zu werden, um ihn zu besänftigen«. Eines Tages sahen Besatzungsmitglieder in der Abenddämmerung einige Rundkopfdelfine in der Nähe des Schiffes. Equiano glaubte, dass dies die Meeresgeister seien und dass er ihnen womöglich geopfert werden würde. Auf dem späteren Teil der Reise wurde er von entsetzlichen Gedanken gequält. Vor dem Kapitän erschien er »weinend und zitternd«. Schließlich, nach dreizehn Wochen, sichteten die Matrosen der *Industrious Bee* Land. »Jedes Herz an Bord schien erfreut darüber, dass wir die Küste erreicht hatten«, erinnerte sich Equiano, »und keines mehr als das meine.« Der Schrecken des Sklavenschiffes, der auf der *Middle Passage* begonnen hatte, setzte sich fort, bis Equiano schließlich in Falmouth, England, von Bord seines dritten Schiffes ging.

SCHRECKEN IN SCHWARZWEISS

Equiano verstand den Übergangsprozess von der Verschleppung aus Afrika zur Ausbeutung in Amerika. Millionen von Menschen fielen wie er und seine Schwester »der Gewalttätigkeit des afrikanischen Händlers, dem bestialischen Gestank eines Guineafahrers, der Gewöhnung an die Härten der Sklaverei in den europäischen Kolonien oder der Peitsche und Begierde eines brutalen und unerbittlichen Aufsehers zum Opfer«. Er durchlebte eine Reihe von erschütternden Trennungen. Es muss aber auch betont werden, wie er auf diese vollständige Enteignung und Entrechtung reagierte, wie er Beziehungen zu anderen Menschen anknüpfte und mit ihnen zusammenarbeitete. Dieser Prozess begann in Afrika, auf der Reise vom Dorf zum Meer, und setzte sich auf den Sklavenschiffen, an der Küste und während der langen, mehrmals unterbrochenen *Middle Passage* fort.[25]

Für einen Teil der strapazenreichen Reise an die Küste blieb Equiano noch die Bindung an seine Schwester, das letzte Bindeglied zu seiner Familie und seinem Dorf. Zweimal wurde er in afrikanische Familien aufgenommen, das erste Mal für einen Monat in die des örtlichen Anführers und Schmieds, dann für zwei Monate in die der reichen Witwe und ihres Sohnes in Tinmah. Zwischen diesen Aufenthalten, jeweils vor und nach dem Verkauf, scheint er weder zu den zahlreichen afrikanischen Händlern, mit denen er reiste, noch zu anderen versklavten Menschen außer seiner Schwester eine mehr als oberflächliche Beziehung gehabt zu haben. Wie wäre dies auch möglich gewesen, während er wieder und wieder ge- und verkauft wurde? Er war eine Handelsware, ein Sklave, und damit einer radikalen Vereinzelung unterworfen.

Kulturell war er allerdings noch nicht entfremdet: Auf dem Weg zur Küste gehörte er nach wie vor zur Sprachgemeinschaft der Igbo. Er erwähnte, dass die Menschen um ihn herum auch »viele Tagereisen« nach seiner Entführung noch »die nämliche Sprache« sprachen. Das Gleiche galt für Tinmah.

Er schrieb ausdrücklich, dass er »von dem Augenblick an, als ich mein eigenes Land verließ, immer jemanden fand, der mich verstand, bis ich an die Meeresküste gelangte«. Es gab unterschiedliche Dialekte, die für ihn aber leicht zu lernen waren. Er fügte hinzu, dass er auf dem Weg an die Küste »zwei oder drei verschiedene Sprachen erlernte«. Obwohl Equiano »der Gewalttätigkeit des afrikanischen Händlers« ausgesetzt war, betonte er, dass er auf dem Weg zur Küste nicht grausam behandelt worden war. Er fühlte sich genötigt, seinen Leser*innen »zu Ehren dieser dunklen Vernichter der Menschenrechte« zu versichern, dass er »nie Misshandlung irgendeiner Art erfuhr noch sah, dass solche ihren Sklaven zuteil wurde, außer dass diese gefesselt wurden, wenn nötig, um sie am Davonlaufen zu hindern«.

Für Equiano wie für viele andere bedeutete das Betreten des erstaunlichen, furchterregenden Sklavenschiffes den traumatischen Übergang von afrikanischer zu europäischer Kontrolle. Dies war der Moment, in dem seine Entfremdung am extremsten und sein Todeswunsch (der zu- und abnehmen, ihn aber noch lange begleiten sollte) am heftigsten war. Das Schiff scheint eine nuancenlose, polare, rassifizierte Denk- und Wahrnehmungsweise hervorgebracht zu haben. Die Seeleute erschienen dem jungen Equiano als böse Geister und schrecklich anzusehende »weiße Leute«. Noch bezeichnender war, dass die afrikanischen Händler, von denen er auf das Schiff gebracht wurde, »schwarze Leute« waren, für die er plötzlich Wohlwollen empfand. Sie waren es, die versuchten, ihn zu beruhigen, als er auf dem Hauptdeck ohnmächtig wurde, und sie waren es, die die einzige ihm noch verbliebene Verbindung mit seiner Heimat darstellten. Als sie das Schiff verließen, »lieferten sie mich der Verzweiflung aus«, ohne jede Möglichkeit, »in mein Heimatland zurückzukehren«. An diesem Punkt ohne Wiederkehr wünschte er sich die beruhigende Vertrautheit der Sklaverei in Afrika zurück, weil er sich mit »schwarzen Leuten« identifizierte: Zumindest würden sie ihn nicht essen.

Von nun an benutzte Equiano, solange er auf dem Schiff war, die monolithische Kategorie »weiße Menschen«, die für ihn mehr oder weniger gleichbedeutend mit mysteriösem, repressivem Terror war. Die Gespräche mit seinen Landsleuten, die er später niederschrieb, drehten sich um diese seltsamen »weißen Menschen«: woher sie kamen, warum er nichts von ihnen gewusst hatte, ob sie Frauen hatten und was dieses Ding, das Schiff, war, auf dem sie gekommen waren. Die meisten seiner Beobachtungen über die Besatzungsmitglieder drehten sich um gewalttätige Disziplinierungsmaßnahmen, für gewöhnlich Auspeitschungen und die Verhinderung von Selbstmord. Das

Wort, das er am häufigsten zu ihrer Beschreibung benutzte, war »grausam«. An keiner Stelle erwähnte Equiano den Kapitän des Sklavenschiffes oder einen der Offiziere, und tatsächlich lässt er nur bei einer Gelegenheit erkennen, dass er sich irgendeiner Form von Hierarchie oder sozialer Gliederung innerhalb der Besatzung bewusst war: als der weiße Matrose, der mit einem Seil verprügelt wird, stirbt und ohne Umstände »wie ein Tier« über Bord geworfen wird.

Es gibt allerdings Momente in seiner Erzählung, in denen die Begegnungen mit den Europäern nicht von Gewalt und Grausamkeit geprägt sind. Er erwähnt den Seemann, der ihm einen Schluck Alkohol anbot, um ihn aufzumuntern (obwohl ihn dies nur noch mehr aus dem Gleichgewicht brachte). Bei einer anderen Gelegenheit kamen Matrosen von einem anderen Sklavenschiff an Bord seines eigenen Schiffes: »Mehrere dieser Fremden gaben uns Schwarzen auch die Hand, und machten Handbewegungen, die wohl bedeuten sollten, dass wir nach ihrem Land fahren würden; aber wir verstanden sie nicht.« Ein anderer Matrose ließ sich von Equianos Neugier erweichen und ließ ihn durch den Quadranten sehen. Aber erst an Bord der *Industrious Bee*, die kein Sklavenschiff war, begann seine monolithische Sicht der »weißen Menschen« Risse zu bekommen. Seine ersten Eindrücke standen in krassem Gegensatz zu dem radikalen, jeglicher Rassifizierung entgegenstehenden Bibelvers, mit dem er sein Buch einleitete, demzufolge alle Menschen »von einem Blut« seien.

Der Prozess der Enteignung und Entrechtung und der Anknüpfung neuer Beziehungen spiegelt sich in Equianos Verwendung und Nichtverwendung von Personennamen in seiner Beschreibung einer Welt von namenlosen Fremden wider, in der er sich zu behaupten versucht. In seiner gesamten Schilderung der Ereignisse, angefangen vom Moment der Entführung aus seinem Heimatdorf bis zu seiner Ankunft in Virginia – eine sechzehn Monate lange Reise zu Wasser und zu Land – nennt er nicht eine einzige Person, ob afrikanischer oder europäischer Herkunft, mit Namen und unterstreicht so seine eigene Einsamkeit und völlige Entfremdung. Er erwähnt nicht einmal die Namen seines Vaters, seiner Mutter oder seiner Schwester. Dies ist kein Zufall: Seine Schilderung zeigt, dass er sich dessen bewusst war, dass Namensgebung ein Akt der Macht war. Genauso wie der Verlust eines Namens Teil des *culture stripping*, der kulturellen Enteignung, war, die mit der Versklavung einherging, so konnte die Zuweisung eines neuen Namens ein Akt der Aggression und Herrschaftsausübung sein. Auf dem Sklavenschiff wurde Olaudah Equiano sein eigener Name genommen, und er blieb verloren, bis Equiano ihn sich fünfunddreißig Jahre später wieder zu eigen machte. Er schrieb: »Auf der afrikanischen Schnau wurde ich Michael genannt.« Auf seinem nächsten Schiff, der Sloop nach Virginia, bekam er erneut einen neuen Namen, Jacob. Auf der *Industrious Bee* schließlich erhielt er von seinem neuen Herrn, Kapitän Pascal, seinen vierten Namen: Gustavus Vassa. Equiano erinnerte sich mit einigem Stolz, dass er »sich weigerte, so genannt zu werden, und ihm so gut, als es mir möglich war, sagte, dass ich Jacob genannt werden wolle«. (Warum ihm dieser Name lieber war, schreibt er nicht.) Aber Kapitän Pascal bestand auf dem neuen Namen, auf den der Junge wiederum sich »weigerte zu hören«. Seine Widersetzlichkeit, schrieb Equiano, »trug mir so manche Schelle ein; und so ergab ich mich zuletzt.« So verlor er durch Gewalt seinen ursprünglichen Namen und gewann auf dieselbe Weise einen neuen.[26]

Equiano sah, dass seine Mitgefangenen – diese »Menge von aneinandergeketteten schwarzen Menschen jeglicher Art« – ein zusammengewürfelter Haufen von Angehörigen unterschiedlicher Klassen, Ethnien und Geschlechter war, die nun auf dem Sklavenschiff zusammen eingesperrt waren. Er sah die Anstrengungen, die unternommen wurden, sich um des Überlebens willen mitzuteilen und verständlich zu machen. Für Equiano begann diese Erfahrung mit den schwarzen Händlern, die ihn an Bord des Schiffes brachten. Dann fand er seine »eigenen Landsleute« in der Unterkunft der Männer auf dem Unterdeck. Und auf Barbados begegnete er Menschen, die Igbo sprachen – mehr noch, »Afrikanern aller Sprachen« – die von den Sklavenhaltern geholt worden waren, um die neu angekommenen sogenannten »Salzwasserneger« zu beruhigen. Auf seiner Reise nach Virginia betrauerte Equiano den Verlust seiner Landsleute und anderer Igbo-sprachiger Mitgefangener; er hatte »niemanden, der mit mir sprach«. Aber gleichzeitig verständigte er sich mit Menschen, die nicht seine eigene Muttersprache sprachen. Er schrieb, dass er sich mit jemandem »aus einem weit entfernten Teil Afrikas« unterhalten konnte, und er schrieb, dass er selbst Englisch lernte – hauptsächlich von Besatzungsmitgliedern der Schiffe, auf denen er fuhr. Auch dies sollte ihm die Kommunikation mit anderen Afrikaner*innen erleichtern, vor allem mit Menschen aus den Küstenregionen. Darüber hinaus war Equiano Zeuge der Entstehung einer neuen Sprache, eines Widerstands, der sich in Handlung ausdrückte – zum Beispiel in der Situation, in der drei Versklavte sich der Besatzung widersetzten und über Bord sprangen. Auch dies konnte zu einem Gefühl der Solidarität und Gemeinschaft an Bord des Sklavenschiffes beitragen.

Aus diesen fragilen Bindungen erwuchs eine neue Form der Verbundenheit unter Menschen, die sich gegenseitig ›Schiffskamerad*innen‹ nannten.[27] Obwohl Equiano dieses Wort nicht benutzte, brachte er das Phänomen, das es bezeichnete – die Schaffung neuer Bindungen – deutlich zum Ausdruck, und zwar überraschenderweise nicht in Bezug auf einen Menschen afrikanischer Herkunft wie er selbst, sondern auf seinen amerikanischen Schiffskameraden Richard Baker, einen Teenager wie er selbst, mit dem er eng verbunden war. Sie lebten auf beengtem Raum miteinander und durchlebten gemeinsam die Schwierigkeiten des Schiffslebens: »Er und ich erduldeten viele Leiden gemeinsam an Bord; und wir lagen viele Nächte am Busen des anderen, wenn unser Kummer groß war.« Diese Erfahrung hatten sie mit Hunderten von Menschen an Bord jedes Sklavenschiffes gemeinsam. So taten sich verschleppte Afrikaner*innen auf den Unterdecks der Sklavenschiffe in informellen Hilfsgemeinschaften, in manchen Fällen sogar in ›Nationen‹ zusammen. Wie seine vielen »Landsleute« sollte Equiano nach und nach eine neue Bedeutung des Igbo-Sprichworts *Igwe bu ke* verstehen lernen – »in der Menge liegt Stärke«.[28]

Anmerkungen

1 Equiano, Olaudah: *The Interesting Narrative of the Life of Olaudah Equiano, or Gustavus Vassa, the African. Written by Himself.* London 1789, Neudruck in Carretta, Vincent (Hg.): *The Interesting Narrative and Other Writings.* Penguin, New York 1995, S. 55–56 (im Folgenden zitiert als: Equiano, *Interesting Narrative*). Für Biographien über Equiano siehe Walvin, James: *An African's Life: The Life and Times of Olaudah Equiano, 1745–1797.* Cassell, London 1998, und Carretta, Vincent: *Equiano the African: Biography of a Self-Made Man.* University of Georgia Press, Athens und London 2005. S. a. den Aufsatz des herausragenden nigerianischen Historikers Adiele Afigbo »Through a Glass Darkly: Eighteenth- Century Igbo Society through Equiano's Narrative«, in: Afigbo, Adiele: *Ropes of Sand: Studies in Igbo History and Culture.* University Press Ltd., Ibadan 1981, S. 145–86.

2 Ich stimme mit Wissenschaftlern wie Paul Lovejoy und Alexander X. Byrd darin überein, dass Equianos tiefe Vertrautheit mit der Kultur der Igbo, einschließlich ihrer Sprache, die Annahme stützt, dass er tatsächlich da geboren wurde, wo er behauptete, geboren worden zu sein. Siehe Carretta: *Equiano the African*, S. xi–xix; Byrd, Alexander X.: »Eboe, Country, Nation, and Gustavus Vassa's *Interesting Narrative*«, *William and Mary Quarterly*, 3. Ser., 63 (2006), S. 123–48; Lovejoy, Paul: »Autobiography and Memory: Gustavus Vassa, alias Olaudah Equiano, the African«, in: *Slavery and Abolition* 27, 2006, S. 317–47. Byrd kommentiert, dass Equiano, wenn er tatsächlich in South Carolina geboren wurde und sich all seine Kenntnisse dort aneignete, ein »fantastischer Zuhörer« (S. 43) gewesen sein muss. Eine nützliche Studie über Equianos Verwendung afrikanischer Philosophie ist Edwards, Paul / Shaw, Rosalind: »The Invisible *Chi* in Equiano's *Interesting Narrative*«, in: *Journal of Religion in Africa* 19, 1989, S 146–56.

3 Die meisten würden Carretta darin zustimmen, dass Equiano, als er über die Versklavung und die *Middle Passage* schrieb, »für Millionen seiner Mitvertriebenen in der afrikanischen Diaspora gesprochen hat«. Siehe Carretta: *Equiano the African*, S. xix; Afigbo: »Through a Glass Darkly«, S. 147. Für eine nützliche Diskussion der wenigen von Afrikaner*innen stammenden Darstellungen aus erster Hand über die *Middle Passage* und den Sklavenhandel siehe Handler, Jerome S.: »Survivors of the Middle Passage: Life Histories of Enslaved Africans in British America«, in: *Slavery and Abolition* 23, 2002, S. 25–56. Wie Carretta betrachte ich Equianos Schilderung seiner frühen Lebensjahre als wahrheitsgemäße Darstellung und bitte die Leser*in zu bedenken, dass es sich bei seinem Bericht möglicherweise um ein Dokument kollektiver Überlieferung handelt.

4 Drei Orte sind als mögliche Geburtsorte Equianos genannt worden. G. I. Jones hat die nördliche Ika Igbo-Provinz zur Diskussion gestellt; Adiele Afigbo hat Nsukke im Norden des Igbo-Landes vorgeschlagen; und Catherine Obianju Acholonu und andere haben Isseke genannt. Siehe Jones, G. I.: »Olaudah Equiano of the Niger Ibo«, in: Curtin, Philip D. (Hg.): *Africa Remembered: Narratives by West Africans from the Era of the Slave Trade.* University of Wisconsin Press, Madison 1967, S. 61; Afigbo: »Through a Glass Darkly«, S, 156; und Obianju Acholonu, Catherine: »The Home of Olaudah Equiano–A Linguistic and Anthropological Survey«, in: *Journal of Commonwealth Literature* 22, 1987, S. 5–16.

5 Die Zitate in diesem Abschnitt stammen aus Equiano: *Interesting Narrative*, S. 32–33, 35, 37, 38, 46. S. a. Forde, Daryll/Jones, G.I.: *The Ibo and Ibibio-Speaking Peoples of South-Eastern Nigeria.* Oxford University Press, London 1950, S. 37; Jones, G.I.: *The Trading States of the Oil Rivers.* Oxford University Press, London 1962; Jones, G.I.: »Olaudah Equiano of the Niger Ibo«, S. 64. Equianos Vertrautheit mit Schusswaffen wirft die Frage auf, ob er wirklich so wenig über die Europäer und das Meer wusste, wie er behauptete.

6 Zu den Aro siehe Dike, Kenneth Onwuka/Ekejiuba, Felicia: *The Aro of Southeastern Nigeria, 1650–1980.* University Press Ltd., Ibadan 1990. Ich bin Douglas B. Chambers zu großem Dank verpflichtet für folgende Werke, die ich für den gesamten Abschnitt herangezogen habe: Chambers, Douglas B.: »›My own nation‹: Igbo Exiles in the Diaspora«, in: *Slavery and Abolition* 18, 1997, S. 72–97; »Ethnicity in the Diaspora: The Slave Trade and the Creation of African ›Nations‹ in the Americas«, in: *Slavery and Abolition* 22, 2001, S. 25–39; »The Significance of Igbo in the Bight of Biafra Slave-Trade: A Rejoinder to Northrup's ›Myth Igbo‹«, in: *Slavery and Abolition* 23, 2002, S. 101–20; und *Murder at Montpelier: Igbo Africans in Virginia.* University of Mississippi Press, Jackson 2005, bes. Kap. 2 und 3.

7 Afigbo: »Economic Foundations of Pre-Colonial Igbo Society«, in: *Ropes of Sand*, S. 123–44; Oriji, John N.: *Traditions of Igbo Origin: A Study of Pre-Colonial Population Movements in Africa.* Peter Lang, New York 1990, S. 4; Chambers: *Murder at Montpelier*, S. 39–40.

8 Northrup, David: *Trade Without Rulers: Pre-Colonial Economic Development in South-Eastern Nigeria.* Clarendon, Oxford 1978, S. 15; Chambers: *Murder at Montpelier*, S. 191; Afigbo: »Through a Glass Darkly«, S. 179.

9 Chambers: »My own nation«, S. 82; Chambers: *Murder at Montpelier*, S. 59–62.

10 Northrup: *Trade Without Rulers*, S. 65–76.

11 Die Zitate in diesem Abschnitt stammen aus Equiano: *Interesting Narrative*, S. 46–54.

12 Sowohl Carretta (*Equiano the African*, S. 34) als auch Lovejoy (»Autobiography and Memory«) nehmen als wahrscheinlich an, dass das Schiff, auf dem Equiano transportiert wurde, die *Ogden* war, und ich neige zu der gleichen Annahme. Für Einzelheiten über diese Reise siehe *TSTD* #90473.

13 Die Zitate in diesem Abschnitt stammen aus Equiano: *Interesting Narrative*, S. 55–57. Equianos Reaktion auf das Schiff hatte auffallende Ähnlichkeit mit der eines englischen Jungen, Jack Cremer, der 1708 im Alter von etwa acht Jahren zum ersten Mal ein Hochseeschiff betrat: »Einen oder zwei Tage lang wurde ich von niemandem bemerkt, noch konnte ich mir erklären, in welch einer Welt ich mich befand, ob unter Geistern oder Teufeln. Alles schien fremd; andere Sprachen und fremde Laute, so dass ich mich stets schlafend oder träumend wähnte, und niemals so recht wach. Jeden Morgen ein furchtbares Getöse zum Wecken des Schiffes, und des Abends in den Booten, dass ich mich ständig in großer Furcht fragte, was vor sich ging.« Siehe Cremer, John: *Ramblin' Jack: The Journal of Captain John Cremer, 1700–1774.* Bellamy, R. Reynall (Hg.), Jonathan Cape, London 1936, S. 43. Auch William Butterworth zeigte sich »erstaunt« über die »wundersamen Exemplare des Schiffbaus«, die er

als Teenager bei seinem ersten Besuch der Docks von Liverpool sah. Siehe *Three Years Adventures*, S. 4.

14 Kolapo, Femi J.: »The Igbo and Their Neighbours During the Era of the Atlantic Slave-Trade«, in: *Slavery and Abolition* 25, 2004, S. 114–33; Chambers: »Ethnicity in the Diaspora«, S. 26–27; Chambers: »Significance of Igbo«, S. 108–9; Northrup, David: »Igbo: Culture and Ethnicity in the Atlantic World«, in: *Slavery and Abolition* 21, 2000, S. 12. Eine wichtige Erkenntnis der Forschung zum Sklavenhandel aus jüngster Zeit ist, dass bei der Beschaffung von Versklavten weniger wahllos vorgegangen wurde (und die Mischung der Kulturen daher weniger ausgeprägt war), als bisher angenommen. Tatsächlich wurden Gefangene in den afrikanischen Sklavenhandelshäfen nach kulturellen Gruppen zusammengefasst, was die Kommunikation auf dem Schiff erleichterte. Für mehr zu diesem Thema siehe Kap. 9. Wichtige Arbeiten zu den Kulturströmen von Afrika nach Amerika sind unter anderem Gomez, Michael A.: *Exchanging Our Country Marks: The Transformation of African Identities in the Colonial and Antebellum South.* University of North Carlina Press, Chapel Hill 1998; Morgan, Philip D.:«The Cultural Implications of the Atlantic Slave Trade: African Regional Origins, American Destinations and New World Developments«, in: *Slavery and Abolition* 18, 1997, S. 122–45; Hall, Gwendolyn Midlo: *Slavery and African Ethnicities in the Americas: Restoring the Links.* University of North Carolina Press, Chapel Hill 2005.

15 Achebe, Chinua: »Handicaps of Writing in a Second Language«, in *Spear Magazine*, 1964, zitiert in Lovejoy: »Autobiography and Memory«. S. a. Byrd: »Eboe, Country, Nation«, S. 127, 132, 134, 137. Für eine ausführlichere Untersuchung des Wortes ›Igbo‹, das unter anderem ›die Menschen‹ und ›Waldbewohner*innen‹ bedeutet, siehe Oriji: *Traditions of Igbo Origins*, S. 2–4. Zur Ethnogenese der Igbo siehe Chambers: »My own nation«, S. 91, und »Ethnicity in the Diaspora«, S. 25–39.

16 Es ist nicht bekannt, wie viele Menschen starben, während das Schiff vor der Küste vor Anker lag und während es den Atlantik überquerte; wir wissen nur, dass der Kapitän der *Ogden* anscheinend plante, eine ›Fracht‹ von 400 Menschen an Bord zu nehmen und 243 tatsächlich abgeliefert wurden. Siehe *TSTD* #90473.

17 Die Zitate in diesem Abschnitt stammen aus Equiano: *Interesting Narrative*, S. 58–59.

18 Forde / Jones: *Ibo and Ibibio-Speaking Peoples*, S. 27; Afigbo: »Through a Glass Darkly«, S. 181. Suizid auf dem Sklavenschiff war bei den Igbo möglicherweise häufiger als bei anderen afrikanischen Gruppen. Michael Gomez hat die These vorgebracht, dass das unter den Pflanzern verbreitete Stereotyp, demzufolge die Igbo eine Neigung zum Selbstmord hätten, möglicherweise eine Grundlage in der gesellschaftlichen Realität hatte. Siehe seinen Beitrag »A Quality of Anguish: The Igbo Response to Enslavement in the Americas« in: Lovejoy, Paul E. / Trotman, David V. (Hg.): *Trans-Atlantic Dimensions of the African Diaspora.* Continuum, London 2003, S. 82–95.

19 Was Equianos Geburtsdatum (1742) und die Chronologie seiner Jugendjahre betrifft, richte ich mich nach den von Lovejoy in »Autobiography and Memory« vorgeschlagenen Daten.

20 Die Zitate in diesem Abschnitt stammen aus Equiano: *Interesting Narrative*, S. 60–61.

21 Zur Tendenz der Igbo, ihre Herren als Zauberer anzusehen, siehe Chambers: »My own nation«, S. 86.

22 Dass Equiano noch nie ein Pferd gesehen hatte, stützt die Annahme, dass er aus dem zentralen Igbo-Land stammte, wo es wegen der Tsetse-Fliegen keine Pferde gab, und nicht aus dem Norden, wo Pferde gehalten wurden. Siehe Forde / Jones: *Ibo and Ibibio-Speaking Peoples*, S. 14, und Afigbo, »Through a Glass Darkly«, S. 150.

23 Wie oben erwähnt, lag die *Ogden* acht Monate zum Ankauf menschlicher Fracht vor der Küste vor Anker.

24 Die Zitate in diesem Abschnitt stammen aus Equiano: *Interesting Narrative*, S. 62–67. Zur *Nancy* siehe Carretta: *Equiano the African*, S. 37.

25 Equiano: *Interesting Narrative*, S. 52. Die Welt des atlantischen Sklavenhandels war in mancher Hinsicht klein. Wenn Kapitän John Newton weiter nach Osten vorgedrungen wäre, wäre Equiano bei seiner Ankunft an der Küste zum Weitertransport nach Amerika möglicherweise unter seinem Kommando in die Neue Welt verschifft worden. Im Weiteren hatte Equiano, als er 1789 seine Memoiren schrieb, bereits James Field Stanfields *Observations on a Guinea Voyage* gelesen; er zitierte sogar eine Beobachtung daraus über den Charakter der Menschen in Benin. Es ist recht wahrscheinlich, dass Newton und Stanfield angesichts dessen, dass beide die Debatte um den Sklavenhandel genau verfolgten, Equianos spirituelle Autobiografie gelesen hatten. Für die Lebensgeschichten von Stanfield und Newton siehe Kap. 5 bzw. 6. Die Zitate in diesem Abschnitt stammen aus Equiano: *Interesting Narrative*, S. 51, 55, 56, 63, 64.

26 Afigbo: »Through a Glass Darkly«, S 152.

27 Mintz, Sidney W. / Price, Richard: *The Birth of African-American Culture: An Anthropological Perspective*. Beacon Press, Boston 1976, 1992. Chambers steht der Arbeit von Mintz und Price kritisch gegenüber, schreibt aber über die große Bedeutung der Igbo-Schiffskameradschaften in Virginia um die Mitte des 18. Jhdts. Siehe *Murder at Montpelier*, S. 94.

28 Byrd: »Eboe, Country, Nation«, S. 145–46; Afigbo: »Economic Foundations«, S. 129.

5. KAPITEL

JAMES FIELD STANFIELD UND DER SCHWIMMENDE KERKER

Wenige Menschen im 18. Jahrhundert waren besser qualifiziert, das Drama des Sklavenhandels zu dokumentieren, als James Field Stanfield. Zwischen 1774 und 1776 hatte er eine Sklavenfahrt – eine besonders grauenvolle – von Liverpool nach Benin und Jamaika und wieder zurück gemacht, und er hatte acht Monate in einer Sklavenhandelsfaktorei im Binnenland der Sklavenküste zugebracht. Er war ein gebildeter Mann und Schriftsteller und sollte sich im Laufe seines Lebens einen gewissen literarischen Ruf erwerben. Und er war, was vielleicht am meisten über ihn aussagt, ein Schauspieler – ein Wanderschauspieler, der mit seiner Arbeit auf der Bühne die Triumphe und Tragödien der Menschheit ausleuchtete. Als Stanfield, angespornt von der aufkeimenden Abolitionsbewegung, in den späten 1780er Jahren beschloss, über die Schrecken des Sklavenhandels zu schreiben, konnte er daher auf eine einzigartige Kombination aus Talent und Erfahrung zurückgreifen.[1]

Stanfield war einer der ersten, der einen Enthüllungsbericht über den Sklavenhandel in der ersten Person schrieb. Seine *Observations on a Guinea Voyage, in a Series of Letters Addressed to the Rev. Thomas Clarkson* wurden im Mai 1788 von der *Society for Effecting the Abolition of the Slave Trade* in London veröffentlicht.[2] Noch im selben Jahr wurde das Pamphlet in sieben Fortsetzungen in der *Providence Gazette and Country Journal* in den USA abgedruckt, zweifellos initiiert von örtlichen Abolitionist*innen.[3] Im folgenden Jahr griff Stanfield ein weiteres Mal auf seine Erfahrungen auf dem Sklavenschiff zurück und schrieb *The Guinea Voyage, A Poem in Three Books.*[4] 1795 veröffentlichte er im *Freemason's Magazine, or General Complete Library* ein kürzeres, offiziell unbetiteltes Gedicht unter dem Epigraph »Written on the Coast of Africa in the year 1776«.[5] Zusammen stellen diese Werke eine dramatische Darstellung seiner Erfahrungen auf dem Sklavenschiff dar. Die Decks waren eine Bühne und der Atlantik das Theater, in dem die »Unternehmung einer Guineafahrt« aufgeführt wurde.[6] 1789 kommentierte ein Rezensent im *Gentleman's Magazine, The Guinea Voyage* sei, wie schon die vorhergehenden *Observations*, ein »weiterer Beitrag zur Bühnenmaschinerie der Abschaffung des Sklavenhandels«.[7] Es war eine treffende Metapher.

Darüber hinaus war Stanfield auch der erste, der aus der Sicht des gemeinen Seemanns über den Sklavenhandel schrieb. Für ihn selbst war dies von enormer Bedeutung. Es erboste ihn, dass »über eine solche Anzahl von Jahren hinweg ... ein undurchdringlicher Schleier über diesen Handel geworfen worden ist« und dass wichtige Informationen »mittels jeglicher Anstrengung, welche Eigennutz, List und Einfluss ersinnen können, dem Licht der Öffentlichkeit entzogen worden sind«. Mit bitterem Sarkasmus fragte er:

> Von wem sollen diese Informationen herrühren? Wer sind die Personen, welche geeignet sind, glaubwürdige Aussagen beizubringen? Wird der barmherzige Sklavenhändler vortreten und das lange Verzeichnis von Raubgier, Mord und Zerstörung offenbaren, welches seine eigene Habgier hervorgebracht hat? Wird der menschenfreundliche Guinea-Kapitän seine fatale Heuerliste vorlegen – und dieses eine Mal, von Gerechtigkeit getrieben, diese *nützliche* Krankheit – *Ruhr, Ruhr, Ruhr,* welche bisher so kommod die Totenliste seiner dem Untergang geweihten Besatzung beschönigt hat, in die wahren, tödlichen Ursachen umändern, welche sein Schiff ausgedünnt haben? Werden die Maate in mutiger Verschmähung jeden Gedankens an Beförderung, unter Missachtung der Erwägungen von Eig-

James Field Stanfield segelte 1774 an Bord des Sklavenschiffs *Eagle* nach Benin. Als in den späten 1780er Jahren die Abolitionistenbewegung aufkam, schrieb Stanfield ein Exposé über den Sklavenhandel aus der Perspektive eines einfachen Seemanns und zeigte die Schrecken derer, die auf den Schiffen fuhren.

> nern und Agenten und in dem noblen Entschluss, ihr Leben in Arbeit, Elend und knechtischer Abhängigkeit zu verbringen – werden sie die gräulichen Szenen enthüllen, deren Zeugen sie waren – die Barbareien, deren Ausübung sie gesehen haben, und die Grausamkeiten, deren unwillige Werkzeuge sie vielleicht selbst gewesen sind?

Nein, lautete Stanfields Antwort, man könne niemals darauf vertrauen, dass Menschen, die ein materielles Interesse am Sklavenhandel hätten, die Wahrheit darüber sagen würden. Der Einzige, der »in schlichten, unvoreingenommenen Informationen die Wahrheit sagen« könne, sei der gemeine Seemann, der wie die anderen auch den Sklavenhandel aus erster Hand kenne. Das Problem sei, dass es so »dürftig wenige Überlebende« gebe, die über ihre Erfahrungen berichten könnten, weil viele Seeleute auf den Sklavenfahrten umkämen oder desertierten. Stanfield werde es daher selbst auf sich nehmen, in seinen Aufzeichnungen für die Toten und Vermissten zu sprechen – Aufzeichnungen, die in ihrer Anordnung und Erzählweise »den ganzen Kreis einer GUINEA-FAHRT zusammenknüpfen« und die dramatische Wahrheit über den Sklavenhandel und die Erfahrungen des gemeinen Seemanns darin schildern würden. Unter den Dutzenden von Menschen, die Gedichte über den Menschenhandel schrieben, gab es nur eine handvoll, die wie er tatsächlich das bereist hatten, was er »die düsteren Labyrinthe dieses *unmenschlichen Handels*« nannte. Stanfields Beschreibungen des Schiffes und des Sklavenhandels gehören zu den besten Schilderungen dieser Welt, die jemals von einem einfachen Seemann geschrieben wurden.[8]

WAS EINE ENGLISCHE TEERJACKE SEIN SOLLTE

Wie es scheint, begann Stanfield seine seemännische Laufbahn mit einem Akt der Rebellion. Er wurde 1749 oder 1750 im irischen Dublin geboren und erlebte ein säkulares Erwachen, als er sich – anscheinend in Frankreich in den späten 1760er Jahren – in der Ausbildung zum Priester befand. Wie er selbst schrieb: »Es war die Wissenschaft, welche mir den Blick öffnete.«[9] Er war auf der Suche nach den Freuden und Schönheiten der Natur und der Philosophie. Er war ein Mann von Gefühl, ein Romantiker vor der Zeit. Als junger, kräftiger, freier und ortsungebundener Mann entschied er sich für die Seefahrt und wählte damit einen Beruf, der in fast jeder Hinsicht das genaue Gegenteil des Priestertums darstellte: Unter Seeleuten hatten Mangel an Ehrerbietung, freies Denken, Sinnesfreude und praktisches Handeln einen sehr viel höheren Stellenwert als Frömmigkeit, Dogma, Zölibat und Kontemplation. Er besegelte große Teile der Welt, und seine Erfahrungen als Seemann sollten für den Rest seines Lebens ein bestimmender Teil seiner Identität bleiben. Einer seiner Schauspielerkollegen bemerkte 1795, Stanfield sei »zum Seemann erzogen worden und ist das, was eine englische Teerjacke sein sollte: ein Mann von Tapferkeit – unterstützt durch einen starken Geist und gute Einsicht«. Auf dem Porträt, das sein berühmterer Sohn, der Künstler Clarkson Stanfield (der nach dem Abolitionisten Thomas Clarkson benannt worden war) am Ende seines Lebens von ihm malte, trug Stanfield einen Seemannspullover unter seiner Weste.[10]

Stanfields Schauspielerlaufbahn scheint 1777 in Manchester begonnen zu haben, kurz nachdem er das Seemannsleben aufgegeben hatte. Wie viele Schauspieler*innen seiner Zeit war Stanfield häufig mittellos: Das Einkommen war bescheiden und unregelmäßig. Außerdem sollte er schließlich für zehn Kinder von zwei Frauen sorgen müssen, was noch zusätzlich zu einem Leben in »chronischer Finanznot« beitrug. Dennoch war Stanfield ein Mann von fröhlichem Gemüt. Er war bekannt für seine lebhafte Intelligenz, seinen unabhängigen Geist und sein unverwechselbares Äußeres (er galt als extrem unansehnlich). Der schottische Maler David Roberts, der sich in seinen späteren Jahren mit ihm anfreundete, nannte ihn »einen enthusiastischen, warmherzigen Iren«. In einer Kombination seines Seefahrts- und seines irischen Hintergrunds war er ein unterhaltsamer Geschichtenerzähler und ein begeisterter Sänger von Liedern, die er zum Teil selbst schrieb.[11]

Als Stanfield seine Sklavenfahrt unternahm, war er bereits ein erfahrener Seemann, der sein Handwerk verstand. Er hatte einige Jahre lang »ein Seefahrerleben« geführt und »fast alle Teile Europas, die Westindischen Inseln und Nordamerika« bereist. Auf und nach diesen Reisen unterhielt er sich mit anderen Seeleuten und verglich ihre Erfahrungen auf dem Guineafahrer mit seinen eigenen. Er kam zu dem Schluss, dass das Verhalten der Offiziere und die Arbeitsabläufe in diesem Gewerbe auf den meisten Reisen mehr oder weniger die gleichen waren. Einige Matrosen wurden besser behandelt, andere schlechter: »Ich habe nie auch nur von *einem* Guineaschiff gehört, auf welchem die Behandlung und das Betragen in irgendeinem Grade gemäßigt waren.«[12]

Stanfield war ein gemeiner, aber kein typischer Matrose. Er war gebildeter als andere Seeleute (so sprach er Latein) und anscheinend finanziell bessergestellt (in Liverpool logierte er in einem Kaffeehaus), aber er fuhr nicht als Offizier, aß nicht am Kapitänstisch. Am Ende seiner Atlantiküberquerung war er infolge der Sterberate auf dem Schiff trotz fehlender Qualifikation Steuermann und stellvertretender Schiffsarzt geworden, blieb in seiner eigenen Sichtweise jedoch unbeirrbar ein gemeiner Matrose. Er genoss das Vertrauen und den Respekt der anderen Teerjacken, die ihn baten, während der Reise ihre »kleinen Abrechnungen« – Geld und Ausgaben – im Auge zu behalten, um sich vor den betrügerischen Machenschaften des Kapitäns zu schützen. Auf der Heuerliste seines Schiffes erscheint sein Name neben denen der übrigen gewöhnlichen Teerjacken ohne Zusatz eines Ranges oder besonderer Qualifikationen.[13]

Stanfield verließ Liverpool in Richtung Benin am 7. September 1774 unter Kapitän David Wilson auf einem alten, lecken Schiff namens *Eagle*, das »als schwimmende Faktorei« – ein Umschlagplatz für den Sklavenhandel – »an der Küste zurückgelassen werden sollte«.[14] Fast vom gleichen Moment an, als das Schiff im November 1774 sein Ziel erreichte, begannen die Besatzungsmitglieder der *Eagle* krank zu werden und zu sterben. Stanfield entkam diesem Schicksal, indem er sich landeinwärts nach »Gatoe [Gato], viele Meilen vom Meer entfernt im Herzen des Landes« davonmachte, wo er acht Monate, bis Ende Juni 1775, in einem Sklavenhandelsposten lebte.[15] Schließlich traf ein »neues Schiff« ein, die *True Blue*, dessen Kapitän, John Webster, an Land ging, um Geschäfte im Auftrag des Kaufmanns Samuel Sandys zu tätigen, dem beide Schiffe gehörten. Wilson übernahm das Kommando über die *True Blue*, heuerte eine neue, fünfzehnköpfige Besatzung an, darunter Stanfield, nahm eine Ladung von Gefangenen an Bord und stach in Richtung Jamaika in See. Wobei mehr als die Hälfte (acht) der Besatzungsmitglieder auf der *Middle Passage* starben. Im Dezember verkaufte Kapitän Wilson 190 Versklavte auf Jamaika und trat die Rückreise nach Liverpool an, wo er am 12. April 1776 eintraf. Stanfield half wahrscheinlich beim Entladen des Schiffes, denn der letzte Tag, für den er Heuer erhielt, war der 15. April 1776. Er war einer von nur vier Seeleuten der *Eagle* – neben Kapitän Wilson, dem Zimmermann Henry Fousha und dem Matrosen Robert Woodward –, die ihren Ursprungshafen wiedersahen.[16]

DIE KETTE SCHMIEDEN

Nach Stanfields Verständnis begann das Drama der Guineafahrt nicht an der afrikanischen Küste und noch nicht einmal auf dem Sklavenschiff, sondern in der distinguierten Umgebung der Kaufmannsbörse oder des Kaffeehauses. Kurz, es begann mit Sklavenhändlern und ihrem Geld – mit dem Zusammenlegen von Kapital zum Zweck, ein Schiff und eine Ladung zu kaufen und einen Kapitän und eine Besatzung anzuheuern. Für Stanfield war dies das Schmieden des ersten Gliedes einer Kette, die von Liverpool über Westafrika bis zu den Westindischen Inseln reichte, eine Metapher, die sich durch sein gesamtes schriftstellerisches Werk zieht:

Schließlich schließen sich die verhärteten Kaufleute zusammen,
Und bei mitternächtlichem Rat wird der finstere Plan ausgebrütet,
Das erste Glied der entsetzlichen Kette geschmiedet,
Deren Erschütterung durch das ganze Reich der Schmerzen schwingt.

Für die Neigung zur Härte und zum Konspirieren machte er den »unstillbaren Durst der Habgier« und eine ganze Reihe sekundärer Ursachen verantwortlich: Launenhaftigkeit, Laster, Maßlosigkeit, Torheit und Stolz. Er beharrte von Anfang an auf dem Kausalzusammenhang zwischen der Gier einiger Weniger in den Hafenstädten und dem vielfältigen Elend der Massen rund um den Atlantik.[17]

Stanfield erkannte, dass das Kapital der Kaufleute viele Arten von Arbeit in Bewegung setzte, dass die Arbeiter auf den Kais von Liverpool neue Glieder an die Kette schmiedeten: »Der Klang des Ambosses erschüttert das weit entfernte Meer / als mit schweren Schlägen die verfluchte Kette geschmiedet wird.« Während das Schiff repariert und gewartet und inmitten all diesen Tumults die Fracht zusammengestellt wurde, waren der Kaufmann, der Kapitän und die Offiziere auf der Suche nach einer Gruppe von ›Neptuns Söhnen‹, die das Schiff nach Afrika segeln würden. »Nichts ist schwieriger«, schrieb Stanfield, »als eine hinreichende Anzahl von Männern für eine Guineafahrt zu beschaffen«.

James Stanfield kannte die Seeleute. Er hatte jahrelang mit ihnen zusammengelebt und -gearbeitet; er wusste, wie sie dachten und handelten; er kannte ihre Ansichten und Gebräuche, ihre guten, schlechten und skurrilen Eigenschaften. Er wusste, dass sie den Sklavenhandel nicht mochten. Er wusste auch, dass viele von ihnen »lustig« und oft »unbesonnen« waren und eine Neigung zum Tanzen, Trinken und Zechen im Hafenviertel hatten, besonders dann, wenn sie gerade von einer langen Reise mit den damit einhergehenden Entbehrungen zurückgekehrt waren. Wenn sie Geld in der Tasche hatten, waren sie die *Lords of Six Weeks*, Herren für sechs Wochen (und oft noch nicht einmal so lange). Sie drängten sich in den Hafenkneipen und gaben ihre schwer verdiente Heuer in wildem Überschwang mit vollen Händen und oft leichtsinnig aus. Dies war Ausdruck der »arglosen, gedankenlosen, zügellosen Neigung, welche den Charakter eines englischen Seemanns auszeichnet«. Stanfield wusste ebenfalls, dass die Guineahändler und -kapitäne in diesen Exzessen ihre Gelegenheit sahen, Seeleute auf ihre Schiffe zu bekommen. Er veranschaulichte, mit welchen Methoden die Arbeitgeber arbeiteten und wie der Arbeitsmarkt für den Sklavenhandel in den Häfen funktionierte. Mit seiner Schilderung beleuchtete er wie mit einer Laterne den Weg von der schäbigen Hafenkneipe über das Stadtgefängnis bis zu dem vor der Küste ankernden Guineafahrer.

Immer, wenn ein Sklavenschiff ausgerüstet wurde, erklärte Stanfield, durchstreiften Kaufleute und deren Kapitäne, Angestellte und sogenannte *crimps* (skrupellose Matrosenmakler) »unablässig« die Straßen von Liverpool. Ein Matrose nach dem anderen wurde von ihnen in Kneipen gelockt, deren Besitzer mit ihnen unter einer Decke steckten und in denen die Seeleute Musik, Prostituierte und Alkohol vorfanden. Stanfield selbst war »dreimal in [solche] Häuser gezerrt worden«, während er eine einzige Straße entlangging. Wenn das potenzielle Opfer erst einmal im Haus war, begann die Prellerei in Form von Mitgefühls- und Freundschaftsbekundungen und endlosen, freigiebig angebotenen Runden Rum oder Gin. Das Ziel war, die Seeleute sowohl in Schulden als auch in den Vollrausch zu treiben, beides wesentliche Praktiken bei der Bemannung eines Sklavenschiffes.

So manch betrunkener Matrose – möglicherweise auch Stanfield selbst – unterschrieb nach einem langen, exzessiven Trinkgelage einen Lohnvertrag, sogenannte ›Vertragsartikel‹, mit einem Guineahändler oder -kapitän. Viele von ihnen waren jung und unerfahren, auch wenn einige alte Hasen waren, die es besser hätten wissen müssen. Stanfield schrieb: »Ich habe viele Schiffsleute gekannt, welche sich durchtrieben genug wähnten, diesen Praktiken zu entgehen und mit den *crimps* zu einigen ihrer Häuser zu gehen, und dabei prahlten, dass sie den Kaufmann um eine fröhliche Nacht prellen würden, und fest entschlossen waren, jeder List zu widerstehen, welche versucht werden könnte.« Aber wenn sie erst einmal betrunken waren, »unterschrieben sie Artikel mit eben den Männern, derer Absichten sie gewärtig waren, und wurden in eine Lage gestürzt, deren Schrecken sie kannten«. Es war ein gefährliches Spiel. Seeleute, die spielten und verloren, zahlten oft mit ihrem Leben.

Während der bis tief in die Nacht und in den nächsten Morgen hinein andauernden Festivitäten malte der Wirt Kreidestriche an die Wand, um die wachsenden Schulden eines Seemanns anzuzeigen: »Vier Kreiden für einen Schilling«, hieß es in Liverpool. Je betrunkener ein Matrose wurde, umso kreativer wurde die Buchführung, und in kurzer Zeit vervielfachten sich sowohl die realen als auch die fiktiven Schulden. Diejenigen, die sich geweigert hatten, einen Vertrag zu unterschreiben, sahen sich nun mit einer neuen Situation konfrontiert. Der Wirt schlug den heillos bezechten, verschuldeten Seeleuten ein Geschäft vor: Wenn sie sich bereit erklärten, auf einem Sklavenschiff anzumustern, konnten sie ihre Vorauszahlung dazu benutzen, ihre Schulden zu begleichen. Wenn ein Matrose dieses Angebot ablehnte, holte der Wirt den Konstabler und ließ ihn ins Gefängnis stecken. Stanfield hielt diesen Prozess in Versen fest. Die Kaufleute, so schrieb er,

Überwältigen den arglosen Geist mit trügerischer List
Und ziehen dann ihr Netz zusammen und binden ihre Opfer.
Zuletzt klagen sie ihre Beute erdichteter Schulden an,
So dass ihnen ein Kerker ins Antlitz starrt.

Einige Matrosen willigten in den Handel ein und musterten an; andere entschieden sich für den Kerker. Aber wenn ein Seemann erst einmal dort war, stellte er fest, dass »von diesem Ort aus kein anderes Schiff ihn anwerben wird; Schiffe in jedem anderen Geschäft finden Seeleute, welche bereit sind, ihre Dienste *anzubieten*: und die Kapitäne dieser Schiffe haben einen natürlichen Widerstand gegen diejenigen, welche sie *jail-birds* nennen«. Der Matrose war

Nun von jedem Trost abgeschnitten, gequält von Gram,
Ohne Hoffnung auf Gerechtigkeit oder Erleichterung –
Nur eine Pforte öffnet sich nach dem düsteren Weg;
Nur eine gräuliche Bedingung sprengt die trostlose Stätte.
Der dunkle Geist der Sklaverei stemmt die eiserne Tür hoch
Und weist mit grausigem Grinsen nach der Küste Guineas –

Sobald sich die Gefängnistore öffneten, fühlte der arme Teufel, wie Stanfield schrieb, »mit Grauen sein nahendes Schicksal«. Der mit allen Wassern gewaschene Kaufmann hatte ihm die Kette ums Bein gelegt.

So wurde mit allen erdenklichen Mitteln eine Vielzahl von Menschen auf die Schiffe gelockt. Einige waren betrunken und verschuldet und gezwungen, einen Kerker an Land gegen einen auf See einzutauschen. Darunter waren »rastlose Jünglinge«, Männer »unbedachten Geistes« und Männer, die glaubten, sie könnten den *crimp* überlisten, und sich letzten Endes selbst überlisteten. »Einige wenige«, schrieb Stanfield, »nehmen ihr Leiden freiwillig an«. Einige dieser Männer waren Opfer »falscher Freunde« geworden, einige versuchten sich »unverdienter Unehre« zu entziehen, und andere waren fraglos mit dem Gesetz in Konflikt geraten. Wieder andere hatten ein Unglück irgendeiner Art erlitten und waren »des Grames müde, welchen keine Geduld zu ertragen vermag«. Einige hatten Pech in der Liebe gehabt und waren nun »von hoffnungsloser Leidenschaft zerrissen«. Letzteres illustrierte Stanfield in seinem Gedicht anhand eines Freundes, den er Russel nannte, ein »argloser Geist – sanftester deiner Art / nie zu roher Grausamkeit geneigt«. Die »Winde und ungestümeren Leidenschaften« hatten ihn auf das Sklavenschiff geweht; nun war er auf dem Weg in die Tropen und »erprobt die Hitze der Flammenzone«. Seeleute im Sklavenhandel unterschieden sich nicht von ihren Berufsgenossen in anderen Handelszweigen, nur waren sie vielleicht etwas naiver, heruntergekommener, verzweifelter. Hinweise auf seine eigenen Motive lieferte Stanfield in seinem Gedicht »Written on the Coast of Africa in 1776« (tatsächlich 1775), in dem er seine »unbesonnene Jugend« erwähnt, sein »jugendliches Feuer« und wie »ich mit der Menge ans Ufer eilte«. Dies mochte sich auf Entscheidungen beziehen, durch die er in die Fänge von *crimps* geraten war. Aber gleichzeitig lässt er ein echtes Interesse an Afrika – der »üppigen Landschaft«, der »Schönheit der Natur« – und ein Interesse an »Beobachtung« durchblicken. Er suchte in »diesen wohlbegünstigten Regionen des Tages« »Horte des Geistes« und »Schätze der Weisheit«.[18]

Die *Eagle* hatte eine 32-köpfige Besatzung an Bord und war zum Auslaufen bereit. Freund*innen und Familienmitglieder einiger der Seeleute versammelten sich zum Abschied auf dem Dock. Es sollte ein festlicher Anlass sein, aber wie Stanfield schrieb: »Das gebogene Deck nimmt die scheidende Menge auf / und jedes Angesicht wird von Schatten der Betrübnis verdüstert.« Nicht jeder Matrose hatte Menschen, die ihn verabschiedeten. Diejenigen, die direkt aus dem Gefängnis kamen, hatten keine Gelegenheit gehabt, jemanden wissen zu lassen, wohin sie aufbrachen. Aber selbst diejenigen, die Gelegenheit dazu gehabt hatten, hatten Stanfield zufolge »ihren Freunden [nicht] den geringsten Bericht über ihre Bestimmung zukommen lassen«. Einige von ihnen schämten sich offensichtlich, weil sie eine Guineafahrt machten, und wollten nicht, dass jemand davon erfuhr. Auf jeden Fall war die Zeit des Abschieds gekommen: »Drei Rufe aus voller Brust schallen gen Himmel« – die Abschiedsrufe der Zurückbleibenden – und die Seeleute lassen »drei feurige Antwortrufe« hören, die »weithin widerhallen«.

Nun, da sie auf See waren, wandten die Matrosen ihre Aufmerksamkeit dem Schiff und ihrer Arbeit darauf zu:

Standhaft an seinen Plätzen schafft der gehorsame Haufen,
Stellt die Segel und setzt die Wanten an;
Reißt mit sehniger Kraft an den schlagenden Schoten,
Und gibt der gewaltigen Maschine ihren steten Kurs.

Die »gewaltige Maschine« war nun auf dem Weg an die Goldküste und zur Bucht von Benin, und trotz der Betrügereien und Misshandlungen, die all dies möglich gemacht hatten, war das Schiff in diesem Moment von beeindruckender Schönheit, mit neuen Segeln und frischem Anstrich, mit fliegenden Fahnen und Bannern, die in der Brise flatterten – ein Anblick, der für Stanfield ein tiefersitzendes Übel verbarg:

Seht das Schiff über die glänzenden Wellen dahingleiten,
Wie es sich mit stolz gebauschten Gewändern und zierlichstem Zierat,
Glitzernd vor Wimpeln, trügerisch hübsch bemalt,
Das verborgene Unheil mit breitem Lächeln überdeckend,
Farbenfrisch und prächtig geschmückt
Die Würde eines ehrlichen Gewerbes anmaßt
Und unter seinem unzüchtigen Funkeln
Seine verderbten Absichten und tückischen Schlingen verbirgt.

ROHE HÄRTE

Die Reise begann, wie Stanfield fand, völlig normal: »Die Behandlung der Schiffsleute ist gemäßigt, und der ihnen zugebilligte Proviant hinreichend: Kurz, das Betragen des Kapitäns und der Offiziere scheint dem gleich, was die beständige Praxis in jedem anderen Geschäft ist.« Stanfield war in mehreren Handelszweigen gefahren und daher in der Lage, Vergleiche anzustellen. Aber sobald das Schiff außer Sicht des Festlandes und damit an einem Ort war, an dem »es keine moralische Möglichkeit des Desertierens, oder des Ansuchens um Gerechtigkeit gibt«, nahm er subtile Veränderungen wahr. Der Kapitän und die Offiziere begannen über Auspeitschungen zu sprechen. Niemand wurde tatsächlich ausgepeitscht, weil, wie Stanfield vermutete, das alte Schiff leck war und möglicherweise für Reparaturen Lissabon würde anlaufen müssen. Dies hatte den Effekt, dass die Offiziere sich mäßigten.[19]

Sobald sich herausstellte, dass Reparaturen im Hafen nicht nötig sein würden, und das Schiff sich weit südlich von Lissabon befand, wurde alles anders. Binnen kurzem wurden die Matrosen auf gekürzte Essens- und Wasserration gesetzt. »Ein Quart Wasser in der heißen Zone!«, protestierte Stanfield – und das, während er salzigen Proviant aß und von morgens bis abends schwere körperliche Arbeit verrichtete. Es kam soweit, dass die Matrosen ihre eigenen Schweißtropfen aufleckten. Als Stanfield entdeckte, dass sich über Nacht auf den Hühnergehegen des Schiffes Tau ansammelte, saugte er die Feuchtigkeit jeden Morgen auf, bis sein »köstliches Geheimnis« von anderen entdeckt wurde. Einige der Männer waren so durstig, dass sie ihre gesamte Tagesration Wasser direkt nach der Ausgabe auf einmal tranken und die nächsten vierundzwanzig Stunden in einem Zustand »rasenden Durstes« zubrachten. Der Kapitän hatte derweil Wein, Bier und Wasser im Überfluss.

Ein Grund dafür, dass Wasser so knapp war, war, wie Stanfield erklärte, »dass das Schiff so mit Handelswaren vollgepackt ist, dass Raum für das Notwendige zu einer lediglich nebengeordneten Erwägung wird«. Der Profit hatte – ganz klassisch – Vorrang vor den Menschen. Jede »Ecke und Ritze [des Schiffes] ist vollgestopft mit Handelsartikeln; jeder Einsatz von Arbeit und Erfindungsvermögen ist diesem Zweck untergeordnet; und Leben und Gesundheit der Schiffsleute haben, da sie von keinem Wert sind, nur geringes Gewicht in dieser Berechnung.« Was Stanfield die »habgierige Aufhäufung von Fracht« nannte, führte auch dazu, dass die Matrosen nirgendwo Platz für Hängematten und Bettzeug hatten und gezwungen waren, »hart zu liegen«, das heißt auf Truhen und Tauen zu schlafen. Als sie die Tropen erreichten, begannen sie an Deck zu schlafen, wo sie »der Bösartigkeit des schweren und ungesunden Taus« ausgesetzt waren.

Dann, unweit der Kanarischen Inseln, begannen die Schläge, Folterungen und Auspeitschungen. Stanfield hörte mit an, wie der Kapitän den anderen Offizieren folgende »barbarische Anweisung« gab: »Ihr befindet Euch jetzt auf einem Guineaschiff – kein Seemann darf es wagen, wenn Ihr auch barsch sprechen mögt, Euch eine unverschämte Antwort zu geben – *das* kommt nicht in Betracht; aber wenn sie sich auch nur

ANSCHICKEN, Euch zu missfallen, so schlagt sie nieder.« Bald breitete sich die Gewalt aus »wie ein Pesthauch«. Stanfield berichtete von einem Fall von Grausamkeit gegen den Schiffsböttcher, »ein überaus harmloses, arbeitsames, vortreffliches Geschöpf«. Er gab dem Steuermann eine scherzhafte Antwort und wurde dafür zu Boden geschlagen. Als er versuchte, zur Kapitänskajüte zu kriechen, um sich zu beschweren, wurde er ein zweites, drittes und viertes Mal niedergeschlagen, bis »einige der Matrosen zwischen [ihn und den Steuermann] eilten und ihn eilends davonschafften«. Für den geringsten Fehler bei der Arbeit gab es die Peitsche, und mitunter wurden drei Matrosen gleichzeitig zusammen an die Wanten gebunden. Nach erfolgter Auspeitschung streuten die Offiziere manchmal buchstäblich Salz in die Wunden: Sie rieben Pökel – Salzbrühe – in die tiefen dunkelroten Striemen, die die berüchtigte neunschwänzige Katze hinterlassen hatte. Gewalt wurde ohne Erbarmen und »ohne Angst, sich für Machtmissbrauch verantworten zu müssen«, ausgeübt. Stanfield schrieb über den Fortgang der Reise: »Die dunkle Macht roher Härte / wächst von Stunde zu Stunde.«[20]

DER DÄMON DER GRAUSAMKEIT

Die Ankunft an der afrikanischen Küste brachte eine Reihe weiterer Veränderungen mit sich, die von Stanfield aufgezeichnet wurden: Das Schiff, die Besatzung, der Kapitän und die afrikanischen Gesellschaften, mit denen Handel getrieben wurde, durchliefen einen Wandel. Am Schiff selbst wurden Umbauten vorgenommen: Die Matrosen »bauten ein Haus« auf dem Hauptdeck, bestehend aus einer Strohüberdachung, die sich vom Vordersteven des Schiffes bis fast zum Großmast erstreckte und Schutz gegen die tropische Sonne bieten und gleichzeitig die ständig wachsende Anzahl von Versklavten an Bord an der Flucht hindern sollte. Für die Matrosen bedeutete dieser ›Hausbau‹, dass sie unter sengender Sonne mit nacktem Oberkörper im Wasser des Flussufers stehen mussten, um das Holz und den Bambus für die Überdachung zu fällen und zu schneiden: »Sie sind bis zur Hüfte in Schlamm und Schleim eingetaucht; geplagt von Schlangen, Würmern und giftigem Gewürm; gepeinigt von Moskitos und Tausenden von attackierenden Insekten; ihre Füße rutschen bei jedem Schlag unter ihnen weg, und ihre unerbittlichen Offiziere vergönnen ihnen nicht einen Augenblick der Pause bei dieser mühevollen

Arbeit.« Stanfield glaubte, dass diese Arbeit zu der hohen Sterberate unter den Seeleuten beitrug, aber das Gleiche galt seiner Meinung nach auch für die Überdachung selbst, die – in Verbindung mit den Schotten, die unter Deck gebaut wurden, um die Versklavten separat zu halten – verhinderte, dass ausreichend Luft durch das Schiff zirkulierte, was die Gesundheit aller an Bord angriff.[21]

Der sich verschlechternde Gesundheitszustand der Seeleute veranlasste Stanfields Kapitän zu einer weiteren wichtigen Änderung in der Arbeitsorganisation des Schiffes: An der Goldküste heuerte er Fante als Arbeitskräfte an, die »kräftig, lebhaft, arbeitsam und mutig« und sowohl an das Klima als auch an das Krankheitsumfeld gewöhnt waren. »Viele aus diesem Volk«, schrieb Stanfield, »werden von Kindheit an auf den europäischen Schiffen aufgezogen, welche die Küste anfahren; sie lernen ihre Sprachen, und sind geübt in allen Fertigkeiten der Seemannschaft; und insbesondere allen, welche zu dem Geschäft des *Sklavenhandels* gehören.« Dies war gängige Praxis. Kapitäne stellten Fante-Arbeiter ein, nachdem sie mit deren König und dem englischen Gouverneur in Cape Coast Castle oder einer anderen Faktorei eine schriftliche Vereinbarung getroffen hatten. Stanfield war der Ansicht, dass Regelungen dieser Art ein unverzichtbarer Bestandteil des Sklavenhandels waren: »Wenn die armen Matrosen siech werden, führen diese robusten Eingeborenen, denen jede Gunst gewährt wird, welche der Kapitän ihnen gewähren kann, die Arbeit mit einer Tatkraft und Emsigkeit fort, derer die britischen Seeleute aufgrund ihrer groben Behandlung und kargen Kost unfähig sind.« Von dem Moment an, in dem das Schiff an der afrikanischen Küste ankam, bis zu dem Moment, in dem es ablegte – und mitunter sogar bis zur anderen Seite des Atlantiks – wurde die Arbeit darauf von einem bunt zusammengewürfelten Haufen verrichtet.

Aber der größte Wandel bei der Ankunft an der afrikanischen Küste vollzog sich Stanfield zufolge im Kapitän des Sklavenschiffes selbst. Er drückte es so aus: »Es ist unerklärlich, aber es ist gewiß wahr, dass in dem Augenblick, in welchem ein Guinea-Kapitän diese Küste vor Augen hat, der Dämon der Grausamkeit seine Wohnstätte in ihm zu nehmen scheint.« In seinem Gedicht macht Stanfield auf allegorische Weise die gleiche Feststellung, als er beschreibt, wie der Dämon der Grausamkeit einen Teufel zum Schiff schickt: »Flieg unverzüglich, sagt der nachtgebor'ne Fürst / Dorthin, wo jenes Schiff das Nass durchpflügt.« Der Teufel macht sich auf den Weg

Und richtet seinen stetigen Blick auf den Herrn [den Kapitän];
Eilt wie des Blitzes Zorn niederwärts
Und errichtet seinen blutigen Thron auf seinem Herzen.

Wenn der Kapitän schon auf der Überfahrt unmenschlich zu sein schien, so war er nun geradezu dämonisch. Die Grausamkeit hatte sein Herz komplett in Besitz genommen. Stanfield fehlte es nicht an konkreten Beispielen zur Veranschaulichung dieser Wandlung. Er erwähnte einen Besucher auf seinem eigenen Schiff, einen Guineakapitän, der für seine Brutalität berüchtigt war: Er peitschte seine Besatzungsmitglieder ohne jeden Grund aus; er quälte seinen Schiffsjungen; kurz, seine »ganze Freude war es, Schmerzen zu bereiten«.

IM »STOLZEN BENIN«

Stanfields Pamphlet befasste sich zum größten Teil mit den Erfahrungen des gemeinen Matrosen im Sklavenhandel, aber es enthielt auch Betrachtungen zu Afrika, zu den Händlern und zu den Versklavten, die auf das Schiff gebracht wurden, und in seinem Gedicht weitete er diese Überlegungen beträchtlich aus. Seine Beobachtungen gründeten sich auf seine eigenen Erfahrungen, nicht nur insoweit sie das Leben an Bord betrafen, denn Stanfield hatte acht Monate in einem der Sklavenhandelsposten in Benin zugebracht. Seine fundamentalste Schlussfolgerung stand in scharfem Widerspruch zu der vorherrschenden pro-Sklaverei-Propaganda seiner Zeit über Afrika und seine Bevölkerungen: »Ich habe niemals eine glücklichere Menschenrasse gesehen als die im Königreich BENIN.« Die Menschen dort »befanden sich in Behaglichkeit und Überfluss« und stellten Waren – vor allem Stoffe – in großem Umfang her. Vom Sklavenhandel abgesehen hatte alles in ihrer Gesellschaft »das Gepräge von Freundschaft, Gelassenheit und ursprünglicher Unabhängigkeit«.[22]

Stanfield betrachtete den Sklavenhandel als eine zerstörerische Kraft, und eins der ungewöhnlichsten Merkmale seines Gedichts ist das Bemühen, ihn aus afrikanischer Sicht zu verstehen. Nachdem der Guineafahrer an der afrikanischen Küste angelangt ist, verlagert sich die Perspektive des Dichters vom Schiff auf die »Urwälder« und den Niger, wo die schützende Herrscherin des Kontinents ihr Auge über die Szene schweifen lässt, die sich vor ihr entfaltet. Nun, da die Kette der Versklavung, deren erste Glieder in Liverpool geschmiedet worden waren, Afrika erreicht hatte, fragte Stanfield:

Sagt, könnt ihr noch länger die grausame Hand ertragen,
Die mit räuberischer Begierde das Land ausdünnt?
Könnt ihr Ruhelosen sehen, wie die unbarmherzige Kette
Noch immer die entvölkerte Ebene mit ihren Schrecken überzieht?

Stanfield sah, wie endlose Kriege, Versklavung, die erzwungene Migration über den Atlantik und die weniger erzwungene, aus Angst geborene Migration ins Landesinnere einige Gegenden an der westafrikanischen Küste entvölkert hatten. Die schützende Herrscherin sah zu, wie die Sklavenhändler in »wilden Schwärmen an das blutbefleckte Ufer« strömten und »ihren gesamten Vorrat an Ketten« mit sich schleppten. Die Rollen hatten sich vertauscht. Nun waren die Europäer die Wilden, die mit Ketten in den Händen an Land strömten, um Afrikaner*innen in Fesseln zu legen. Diese Umkehrung setzte voraus, dass Stanfield sich über die doppelte Rolle des Seemanns (und, wie anzunehmen ist, seiner selbst) im Klaren war, der bis zu diesem Punkt in dem Gedicht ein Opfer des Sklavenhandels ist, nun aber zwangsläufig die Rolle des Täters einnimmt. Stanfield spricht freimütig über »das durch europäische Besucher verursachte Elend«. Er beschreibt, wie »*Europas* bleiche Söhne den barbarischen Bug ausrichten / Und ihre Ausrüstung und Werkzeuge des Leidens mitbringen«. Er benennt die »bleichen Räuber«, die »Händler mit Menschenblut« und die »Tyrannen weiß«. Er erwähnt den »traurigen Kauf«: Die »bleichen Händler zahlen *Blutgeld*«. Der Matrose ist an der Tyrannei beteiligt.

Bald schon »fegt Habsucht, die alle zarten Bande zerreißt, / wie eine Sintflut durch das unglückliche Land«. Weiße wie schwarze Händler verschleppen die Afrikaner*innen, reißen sie aus ihren Familien und Gemeinschaften und legen ihnen die Ketten, die Symbole ihrer Gefangenschaft, an:

Unsere Reiche sind, ach! der Verzweiflung anheimgegeben
Und tragen rücklings hingestreckt die sklavischen Fesseln.

Wie war es dazu gekommen, dass sie in Fesseln lagen? Wie waren sie in die »verfluchte Kette« geraten? Stanfield war überzeugt davon, dass die meisten Versklavten, die auf das Schiff gebracht wurden, entführt und mittels »Trug und Gewalt« gefangengenommen worden waren. Dies waren keine ›Kriegsgefangenen‹, wie von den Befürwortern des Sklavenhandels immer behauptet wurde. In Benin stellte er »fortwährend Erkundungen an, hörte aber nie von irgendwelchen Kriegen«. Die Versklavten wurden den Schiffen von Menschen wie den von König Badjeka angeführten ›Joe-men‹ geliefert, einer nomadischen, unabhängigen Gruppe von Plünderern, die »ihre zeitweiligen Hütten dort aufstellten, wo es ihnen für ihre Raubzüge am gelegensten schien«. Sie kauften keine Sklav*innen, verkauften aber zahllose versklavte Menschen an die Sklavenschiffe. Über einen Mann, dem die Verschleppung auf ein Sklavenschiff bevorstand, schrieb der Seemannsdichter: »Der von seinem Tagewerk zurückkehrende Knecht / Fühlt, im Dickicht ergriffen, die Fallstricke des Banditen«.

In dem Bemühen, seinen Leser*innen die menschlichen Auswirkungen des Sklavenhandels in Afrika deutlich vor Augen zu führen, arbeitete Stanfield die Geschichte einer afrikanischen Frau namens Abyeda in sein Gedicht ein, die »allen verwandtschaftlichen Banden entrissen« und per Zwangsmarsch an die Küste auf das Schiff verschleppt wurde. Wir wissen nicht, ob diese Frau real oder fiktiv oder eine Mischung aus beidem war. Auf jeden Fall trug Stanfield mit seiner Schilderung dazu bei, einem Thema zu Aufmerksamkeit und Öffentlichkeit zu verhelfen, das innerhalb der Abolitionsbewegung allmählich an Beachtung gewann: die spezifischen Formen der Misshandlung und des Leidens, denen die versklavten Frauen auf dem Schiff ausgesetzt waren.[23]

Abyeda ist bereits gefangengenommen und auf das Sklavenschiff gebracht worden, als Stanfield uns eine idyllische Schilderung ihrer Lebensgeschichte liefert. Sie ist ein schönes, »glückliches Mädchen«, verliebt in den »jungen *Quam'no*«, der sie vor den »tückischen Weißen« beschützt, die mit Versklavten handeln. An ihrem seit langem geplanten Hochzeitstag wird sie ergriffen:

Mit abscheulichem Geschrei kommen die Plünderer hereingestürzt,
Ergreifen mit räuberischer Gewalt die zitternde Beute;
Und schaffen das unglückliche Mädchen ans Ufer.

Quam'no versucht sie zu retten, wird aber in dem Gefecht getötet. Die niedergeschmetterte Abyeda wird auf das Schiff verschleppt, wo sie (aus Gründen, die Stanfield nicht erwähnt) an den Mast gekettet und ausgepeitscht wird. Bei jedem Peitschenhieb stöhnt sie auf, und die anderen Frauen an Bord, ihre »traurigen Gefährtinnen«, stimmen anteilnehmend ein und werfen die Schmerzenslaute in einer Variante des traditionellen afrikanischen *Call and Response*-Musters mit rhythmischen Rufen zurück. Bald »breitet sich die tödliche Gelbsucht über ihr bleiches Antlitz«, und schließlich kommt das Ende: »Mit krampfhaftem Keuchen stößt sie den letzten Atem aus / Und der grausige Tod legt sich über das unglückliche Ende.« Stanfields Beschreibung lässt vermuten, dass er hier einen Tod – möglicherweise mehrere – beschreibt, den er selber mit angesehen hat.[24]

Der Aufenthalt an der afrikanischen Küste zieht sich hin, und das Elend der Besatzung nimmt zu. Stanfield, der das Schiff für einige Zeit verlassen hatte, fand bei seiner Rückkehr den Zweiten Steuermann »rücklings auf der Arzneikiste liegend« vor; »sein Kopf hing von einem Ende herab, seine Haare fegten über das Deck und waren verklumpt von dem Dreck, welcher sich dort angesammelt hatte.« Er starb kurze Zeit später, ohne dass es jemand bemerkte. Noch schockierender war die Lage auf dem Achterdeck, wo mehrere Besatzungsmitglieder »im letzten Stadium ihrer Krankheit, ohne Trost, ohne Erfrischung, ohne Beistand« ausgestreckt lagen. »Da lagen sie und strengten ihre schwachen Stimmen mit höchst jämmerlichen Rufen nach ein wenig Wasser an, und es war nicht eine Menschenseele dort, welche ihnen die geringste Linderung verschaffte.« Stanfield »verbrachte eine Nacht des Jammers mit ihnen« und kam zu der Überzeugung, dass eine weitere derartige Nacht seinen Tod bedeuten würde. Einer der Männer, die auf diese Weise starben, war möglicherweise sein Freund (»Russel«), der in dem Gedicht unter »fahler Haut«, »fauligen Geschwüren« und »gelähmten Gliedmaßen« zu leiden begann und inmitten von »Dreck und Blut« sein Leben aushauchte. Russels letzte Worte galten seiner geliebten Maria. Sein Leichnam wurde in ein »nasses Grab« gekippt, »sein geehrter Leib auf furchtbare Weise beseitigt«.

Stanfield versuchte auch das einzufangen, was Equiano als das Erstaunen und den Schrecken bezeichnete, die »jeder aufgewühlte Gast« empfand, der oder die seinen Fuß auf das riesige, scheinbar magische Sklavenschiff setzte:

So zerrissen die Brust des Opfers auch ist, sein Erstaunen wächst,
Als er über die gewaltige Maschine geht,
Mit Angst vermischtes Erstaunen erschüttert sein Gemüt
Angesichts des seltsamen Anblicks, für den seine Sprache keine Worte hat.
Denn alles, worauf ringsum sein Blick fällt,
Scheinen ihm Werkzeuge des Leidens zu sein.

Einer nach dem anderen wurden die Gefangenen in dem schwimmenden Kerker »zusammengepresst verstaut«, eingehüllt in den »fauligen Geruch«

und die »tödliche Düsternis« des Unterdecks. Schließlich setzt das Schiff »die vollen Segel, und verlässt die verwüstete Küste«.

DIE MIDDLE PASSAGE

Stanfield und die übrigen Überlebenden der *Eagle* gingen nun an Bord der *True Blue* mit Zielhafen Jamaika, deren Unterdeck mit »gefesselten Leidenden« vollgepackt war. Damit begann die berüchtigte *Middle Passage*, die der Seemannsdichter in ihren »wahren Farben« darzustellen versuchte. Im Verlauf der folgenden Wochen wurde das Schiff zu einer noch grauenvolleren Schreckenskammer. Stanfield leitete seine Schilderung mit den Worten ein: »Dieser gräuliche Teil der Reise war ein einziges fortgesetztes Schauspiel der Barbarei, unablässigen Arbeit, Sterblichkeit und Krankheit. Auspeitschungen waren darin, wie auf der Hinreise, eine der Hauptvergnügungen.«[25]

Kapitän Wilson wurde während der *Middle Passage* krank, aber Stanfield zufolge schien ihn dies nur noch tyrannischer zu machen. In seinem geschwächten Zustand ließ der Monarch der hölzernen Welt sich buchstäblich von der Besatzung herumtragen und hielt dabei »Handelsmesser« griffbereit, um damit nach Menschen zu werfen, die sein Missfallen erregten. Ein Besatzungsmitglied nach dem anderen wurde niedergestreckt. Der neue Zweite Steuermann starb nicht lange, nachdem der Kapitän ihn niedergeschlagen und ihm eine schwere Kopfwunde beigebracht hatte. Der Koch zog den Zorn des Kapitäns auf sich, weil er Fleisch hatte anbrennen lassen, und wurde dafür »höchst gewaltsam mit dem Spieß geschlagen«. Er kroch davon und starb einen oder zwei Tage später.

Die Seeleute mussten auch dann weiterarbeiten, wenn sie krank waren, mitunter mit tödlichen Folgen. Der Bootsmann, der zu krank war, um aufrecht zu stehen, wurde gegen eine der Essenstonnen vom Unterdeck gelehnt und gezwungen, das Schiff zu steuern, wozu er offensichtlich zu schwach war. Er starb wenig später, und sein »Leib wurde, wie es üblich war, über Bord geworfen, ohne jede Bedeckung außer dem Hemd«. Am nächsten Tag »wurde sein Leichnam längsseits neben uns treibend entdeckt und blieb einige Stunden lang in unserer Nähe – es war ein entsetzlicher Anblick und schien uns ein Bild vom Leichnam eines Opfers zu geben, welches den Himmel um Rache für unsere Barbarei anrief!« Ein weiterer kranker Matrose kroch aus seiner Hängematte und brach auf den Grätings zusammen. In seiner Beschreibung dessen, was er am nächsten Morgen vorfand, schrieb Stanfield: »Es schaudert mich bei der bloßen Erinnerung.« Der Mann »war noch am Leben, aber blutüberströmt – die Schweine hatten seine Zehen bis auf die Knochen abgenagt, und sein Körper war von ihnen auf andere Weise verstümmelt worden, welche zu grässlich ist, um darüber zu berichten«.

Die meisten Zerfleischungen wurden allerdings von Menschenhand begangen, und der Kapitän scheint eine besondere Freude daran gehabt zu haben, sie mitanzusehen. Wegen seines geschwächten Zustands ordnete er an, dass jede Person, die ausgepeitscht werden sollte, an seinen Bettpfosten gefesselt wurde, wo er seine Opfer direkt vor sich hatte »und sich an ihren qualvollen Schreien weidete, während ihr Fleisch gnadenlos zerfetzt wurde: Dies war eine häufige und höchst beliebte Form der Bestrafung.« Der Kapitän hatte nun eine größere Auswahl an Opfern, an denen er seine Gewalttätigkeit auslassen konnte, die Besatzung und die Versklavten, die in Stanfields Augen in demselben System des Terrors gefangen waren.

Bleich oder schwarz – die freie oder gefesselte Schar
Fallen ohne Unterschied unter seiner brutalen Hand.
Weder Ehrfurcht vor dem Alter
noch die Anmut des schwachen Geschlechts
Noch Gesetz noch Gefühl halten seinen blutgetränkten Arm auf.

Dies galt sowohl für die Seeleute als auch für die Versklavten: »Das Auspeitschen, diese beliebteste aller Übungen, war sowohl bei den armen Negern als auch bei den Schiffsleuten in ständigem Gebrauch.« Es wurde ungeachtet aller Kriterien von ›Rasse‹, Alter, Geschlecht, Gesetz oder Menschlichkeit angewendet.

Wie viele andere Seeleute auch, war Stanfield der Meinung, dass die Versklavten es in mancher Hinsicht besser hatten als die Besatzung. Zumindest hatte der Kapitän ein wirtschaftliches Interesse daran, sie während der *Middle Passage* zu ernähren und am Leben zu erhalten. Er schrieb: »In Bezug auf die der Gesundheit und Kost zugewendeten Aufmerksamkeit werden den Sklaven aufgrund des Zwecks der Fahrt Bedingungen zugebilligt, welche besser sind als die der Schiffsleute.« Aber er schränkte seine eigene Feststellung schnell mit den Worten ein: »Wenn die launischen und zornmütigen Leidenschaften ihres Generaltyrannen erst einmal aufgewallt waren, konnte ich niemals einen Unterschied in der Grausamkeit ihrer Behandlung erkennen.« Er argumentierte ebenfalls gegen das immer wieder vorgebrachte Standardargument der Sklavereibefürworter, dem zufolge »Eigennutz« den Kapitän dazu veranlassen würde, seine »Fracht« gut zu behandeln. Die »inwendigen Leidenschaften, welche in den innersten Lebensteilen dieses Geschäfts genährt zu werden scheinen, bieten jeglichem Vermögen der Bezähmung Trotz«. Der Dämon der Grausamkeit behielt ein ums andere Mal die Oberhand über rationale Erwägungen.

Das Schiff war nun voll mit seiner »traurigen Fracht«. Stanfield zeichnete ein eindringliches Bild der nachts auf dem Unterdeck zusammengepferchten versklavten Menschen:

Dicht gedrängt in ihrem Elend besudelt die dunstende Menge
In Ketten schwitzend die heiße Behausung.
Mit kunstvoller Sorgfalt in schmerzhafte Reihen zusammengepresst
Liegen sie dampfend und atmen die feuchte Pest ein:
Das nacktgescheuerte Gelenk auf der harten Plattform,
Nass von verdicktem Blut, sprengt schon bald seine schmerzenden Bande;
Sinkt mit marternder Schwere in die unnachgiebige Planke,
Und setzt – oh gräuliche Worte – seine qualvolle Fahrt fort!

Stanfield nahm die Geräusche auf dem Sklavenschiff wahr – das »lange Stöhnen«, das »Ächzen der Betrübnis«, die Rufe und Todesgesänge, die »Schreie des Leids und das Geheul der Verzweiflung!« All dies war hier mitten in der Nacht zu hören. Krankheiten machten einen großen Teil dieser Erfahrung aus: Die Fieberkranken liegen »über das dreckige Deck verstreut« und atmen »verseuchte Luft« inmitten »grüner Ansteckung«. Er bestätigte die Beobachtungen des abolitionistischen Schiffsarztes Alexander Falconbridge mit den Worten, das Sklavenschiff sei »wie ein Schlachthaus. Blut, Dreck, Elend und Krankheit.«

Stanfield schilderte die Reaktionen von einzelnen Versklavten auf diese finstere Realität, die von niedergeschlagener Resignation bis hin zu flammender Empörung reichten:

Seht jenen Elenden an (ein schwermütiger Fall!)
Gram in den Augen, Verzweiflung im Gesicht;
Sein Kamerad – seht – schießt aus Augen voll blutunterlaufenen Hasses
Zornesfeuer auf seine bleichen Tyrannen.

Und er hielt ein weiteres Grauen der *Middle Passage* fest: das allmorgendliche Öffnen der Grätings und den Aufstieg der Versklavten an Deck nach sechzehn Stunden Dunkelheit. Er stellte den Zugang zum Hauptdeck als eine »ekelhafte Höhle« und, noch drastischer, als Maul eines Ungeheuers dar: Vom Unterdeck »stieß der stinkende Schlund krankhaften Dampf aus, / Der heiße Dunst verdichtet sich in einem seitwärtigen Strahl«. In »gefesselten Paaren« kam die »entkräftete Menge« ans Tageslicht. Insbesondere beschrieb er zwei Männer, die »durch die schwärende Kette eng verbunden« waren. Sie mussten von unten hochgetragen werden: Einer lebte noch; der andere war über Nacht gestorben. Man würde ihm die Ketten abnehmen und ihn dann »dem Meer übergeben«; den Leichnam würden die »Ungeheuer des Salzwassers mit wilder Gewalt ergreifen«. Stanfield verstand, dass die Haie Teil des Terrorsystems des Schiffes waren.

Der Tagesablauf begann, und »die weißen Tyrannen bereiten ein freudloses Mahl zu«. Für diejenigen, die sich weigerten zu essen, »folgt ein Streich [Peitschenhieb] dem anderen in maßloser, grausamer Raserei«. Einige Gefangene wurden vom Schmerz der Peitschenhiebe ohnmächtig. Für diejenigen, die ausgepeitscht wurden und sich dennoch weigerten zu essen, wurde das gefürchtete *speculum oris* an Deck gebracht:

Dann: Seht, wie die niederträchtigen Werkzeuge zu diesem abscheulichen Behuf
Unbarmherzig zwischen die zusammengepressten Kiefer gezwängt werden.
Mit barbarischer Kraft weisen die Hebelgeräte
Dem verhassten Essen den ungewollten Weg.

Zwei Frauen, die zu den »stattlichsten Sklavinnen auf dem Schiff« gehörten, griffen angesichts dieser Gewalt zur Rebellion: Sie schlossen sich auf ergreifende Weise in die Arme und »stürzten vom Achterdeck des Schiffes ins Meer«. Während sie ertranken, machten »die anderen Frauen ein höchst bewegendes Geschrei, und viele von ihnen machten sich bereit, ihren Gefährtinnen zu folgen«. Sie wurden sofort unter Deck gesperrt, um einen Massensuizid zu verhindern.

Stanfield erinnerte sich an eine Nacht, in der die Versklavten auf dem Unterdeck bereits »zu einem schmerzhaften Grade zusammengepackt« waren und dann Platz für eine weitere Bootsladung von Gefangenen machen mussten, die an Bord gebracht wurden. Ein »großes Getöse« entstand, als die ohnehin schon überfüllten Unterkünfte noch voller wurden. Im Frauenraum warf eine der neuangekommenem Gefangenen eine der Essenstonnen um. Am nächsten Morgen gab der Kapitän den Befehl, sie auszupeitschen, und ließ sie an seinen Bettpfosten fesseln, »mit ihrem Gesicht nahe dem seinen«. Als der »unwillige Scharfrichter« (Stanfield erwähnt nicht, ob es ein Matrose oder ein Versklavter war) die Frau aus Mitleid nicht so hart auspeitschte, wie der Kapitän es verlangte, wurde er seinerseits gefesselt und einer »heftigen Geißelung« unterzogen. Wenig später wurde die Auspeitschung der Frau fortgesetzt. Stanfield, der nach dem Tod des Arztes dessen Arzneikiste geerbt hatte, obwohl er keine medizinischen Qualifikationen hatte, verband ihre Wunden.

Schließlich erwähnte Stanfield noch einen Vorfall, den er sich weigerte zu beschreiben, bei dem es sich aber um die Vergewaltigung eines kleinen Mädchens durch den Kapitän gehandelt haben muss. Er beschränkte sich darauf, eine Andeutung über etwas zu machen, »das der Kapitän an einer unglücklichen Sklavin im Alter von acht oder neun Jahren verübte«. Obwohl er sich nicht dazu durchringen konnte, das Verbrechen beim Namen zu nennen – »ich kann es nicht in Worte fassen« – betonte er, dass es »zu abscheulich und blutig war, um mit Stillschweigen übergangen zu werden«. Für ihn war diese Tat ein Beispiel für die alltägliche »Unmenschlichkeit und willkürliche Gewalt« des Sklavenhandels.

Während das dunkle Schiff durch die Wellen auf die Plantagen der Karibik zupflügte, wurden immer mehr Matrosen schwach, krank und starben, was bedeutete, dass die Arbeit auf dem Schiff erneut umorganisiert werden musste. Stanfield erklärte: »Indem das Schiffsvolk verging, wurden die wenigen Überlebenden von einer gehäuften Arbeitslast niedergedrückt – und zum Ende der *Middle Passage* hin wurde jeglicher Gedanke daran, die Sklaven in Ketten zu halten, aufgegeben.« Der Kapitän gab den Befehl, einer großen Anzahl der versklavten Männer die Ketten abzunehmen, sie an Deck zu bringen und darin zu unterweisen, das Schiff zu segeln, weil »unter den weißen Männern nicht hinreichend Kraft übrig war, um auch nur mit Erfolg an einem einzigen Tau zu ziehen«. Die Versklavten »zogen und zerrten« nach Anweisung der entkräfteten Seeleute auf dem Deck Taue und Segel. So wurde das Sklavenschiff von Menschen an seinen Bestimmungsort gebracht, die kurze Zeit später dort verkauft werden sollten.

EIN FURCHTBARER SCHREI

Wenn das Schiff seinen Bestimmungshafen in der Neuen Welt erreicht hatte, fand eine weitere Transformation statt: das sogenannte *scramble*, bei dem die Versklavten vom Schiff weg verkauft wurden. Das Hauptdeck wurde wie ein Zelt ringsum mit Segeltuch und geteerten Tüchern abgesperrt und verdunkelt: »Nun sperrt das verhüllende, über das düstere Schiff gezogene Segeltuch / wie ein schurkisches Gewand den Himmel aus.« Die Versklavten waren präsentabel gemacht (die Bärte rasiert, die Haut eingeölt, die Wunden kaschiert) und auf dem Deck aufgestellt worden, aber sie verstanden offensichtlich nicht, was mit ihnen geschehen sollte. Sie tappten buchstäblich im Dunkeln: in Reihen formiert, zitternd, »stumm und beinahe leblos«. Sobald das Signal gegeben wurde, stürmten potenzielle Käufer in einem wilden Durcheinander an Bord und warfen Stricke – die transatlantische Kette – um die Versklavten, die sie kaufen wollten:

Ausgerüstet mit Stricken, und der gottlosen Kette,
Und der gesamten Henkersausstattung der Schmerzen,
Stürzen die furchtbaren Teufel herein und ergreifen
Mit herrischem Ungestüm raubgierig die schaudernde Beute.

Die Versklavten waren angesichts dieses zweiten Verkaufs an Bord des Schiffes zu Tode verängstigt, und so war es auch gedacht. Schreie gellten, Tränen strömten aus »verwundeten Augen«. Einige der von Panik ergriffenen Gefangenen fanden Öffnungen in der Leinwandbespannung und stürzten sich ins Wasser; eine Frau starb vor Angst:

Seht jene von Furcht ergriffene, hinsinkende Menge!
Jene Gruppe, die sich jählings in die Tiefe stürzt!
(Mit dem heftigen Einschlag erlischt die Lebensflamme)
Das fallende Mädchen schreit – erzittert – und verscheidet.

Als nächstes wurden die Versklavten grüppchenweise entladen. Ein kleines Boot nach dem anderen verließ vollgepfercht mit verkauften Gefangenen das Schiff. Stanfield war sich dessen bewusst, dass dies ein weiterer Moment gewaltsamer Trennung war: Hier wurden die Bindungen zerrissen, die die Versklavten während ihres Aufenthalts an der Küste und der *Middle Passage* aufgebaut hatten. Im Kampf gegen die Stricke, mit denen sie auseinandergezogen wurden, versuchten sie sich an Familienmitglieder, Freund*innen und Gefährt*innen zu klammern, aber vergebens. Das Chaos von Schreien und Weinen ebbte nicht ab, im Gegenteil:

Ein furchtbarer Schrei dringt zum erschreckten Himmel,
Als die voneinander getrennten Opfer nach ihren Freunden rufen.
Mit Verwünschungsschreien wilden Grauens
Ruft die rasende Mutter nach dem ihr entrissenen Kind.
Ein allumfassender Tumult wütet;
Zwischen Boot und Schiff schallt der rasende Lärm hin und her.

Ein weiteres Mal wurden die Versklavten »von ihren Verbindungen getrennt«, diesmal von ihren Schiffskamerad*innen. Die Sklavenfahrt endet inmitten des »rasenden Lärmes«, des »wilden Grauens«.[26]

DIE WAHRE AUFKLÄRUNG

James Field Stanfields Darstellung des Sklavenhandels war in vieler Hinsicht detaillierter, grauenhafter und, mit einem Wort, dramatischer als alles, was bis Mai 1788 gedruckt erschienen war. Sein Blick für »gräuliche Szenen« – die glühenden Augen des Mannes, der in Ketten vom Unterdeck heraufgebracht wird, die langen, dreckverklumpten Haare des kranken Steuermanns – verliehen seinen Schilderungen große Eindringlichkeit. Ein Kritiker der *Monthly Review* kommentierte, dass Stanfield in *The Guinea Voyage* »bei jeder winzigen Einzelheit in dieser Erzählung der Grausamkeit verweilt, und uns dazu nötigt, jeden Schmerzensstoß mannigfaltigen Elends mitzuerleben!« Dies war die dramatische Strategie, mit der Stanfield das Sklavenschiff, die Menschen darauf und ihr Leiden lebendig werden ließ.[27]

Stanfield präsentierte das Schiff selbst, den konkreten Schauplatz des Dramas, auf unterschiedliche Weise, je nachdem, welche Funktion es zu einem bestimmten Zeitpunkt der Reise hatte und aus wessen Perspektive es betrachtet wurde. Zuerst war es ein Gebilde von großer Schönheit, dann – für diejenigen, die auf ihm arbeiteten – eine »gewaltige Maschine« und schließlich für die Seeleute und vor allem für die Versklavten ein »schwimmender Kerker«. Fast jede Person darauf war auf die eine oder andere Weise gefangen und einem institutionalisierten System von Schrecken und Tod unterworfen. Die transatlantische Kette umspannte sie alle, unabhängig davon, ob ihr Weg zum Sklavenschiff in Begleitung eines Konstablers im Liverpooler Gefängnis oder in einem Gefangenenzug unter Bewachung von Menschenräubern im Inneren Afrikas begonnen hatte. Aber für die Versklavten war das Schiff natürlich am entsetzlichsten. Für sie war es eine Ansammlung von »Werkzeugen des Leidens« – Fesseln, Hand- und Fußschellen, Halseisen, Schlössern, Ketten, der neunschwänzige Katze, des *speculum oris*. Das Unterdeck war eine »schwimmende Höhle«, die Luke ein rülpsendes, monströses Maul. Das Kerkerschiff fraß seine Gefangenen bei lebendigem Leibe.

Einer der Akteure in Stanfields Drama war der »barmherzige« Sklavenhändler, dessen Habsucht Raubgier, Zerstörung und Mord hervorbrachte. Das Morden war geplant: Er kalkulierte, wie viele Menschen auf der ›Totenliste‹ stehen konnten, ohne dass sein Gewinn zu sehr geschmälert wurde. Als nächstes kam der »menschenfreundliche« Guinea-Kapitän, der Wärter dieses schwimmenden Kerkers. Er war ein Folterer, Vergewaltiger und Mörder, sowohl barbarisch als auch tyrannisch, teuflisch und despotisch und im tiefsten Inneren dämonisch. Er hatte die »dunkle Macht roher Härte«. Die potenziell ehrenwerten und mutigen Schiffsoffiziere waren einerseits Ausübende und andererseits Opfer von Gewalt. Sie starben ohne Versorgung oder Trost. Stanfield war so großzügig, einige von ihnen als »unwillige Werkzeuge« der Barbarei und Grausamkeit zu betrachten.

Der Matrose war in Stanfields Darstellung die fast stereotype fröhliche Teerjacke – unbesonnen, gedankenlos, oft betrunken, aber auch ehrlich, arbeitsam und rechtschaffen. Die einfachen Besatzungsmitglieder, von denen viele gezwungen worden waren, einen Kerker an Land gegen einen auf See einzutauschen, trugen weniger Verantwortung für die Schrecken des Sklavenhandels als ihre Vorgesetzten, aber sie waren ohne Frage daran mitschuldig: als Gefängniswärter, als Herren der grausamen »Werkzeuge des Leidens« und letztlich als »weiße Männer«. Stanfield setzte darauf, dass das lesende Publikum mit dem Seemann sympathisieren würde, dem Beschützer des Königreiches, einem Symbol britischen Stolzes, und spielte – wie Clarkson und andere Abolitionist*innen auch – die ›Rasse‹-und-Nation-Trumpfkarte aus.

Die Afrikaner*innen wurden von Stanfield unterschiedlich porträtiert. Schwarze Sklavenhändler wie die Joe-men wurden wie ihre weißen Pendants auch rundheraus als skrupellose Jäger dargestellt. Die Fante, die auf dem Schiff arbeiteten und eine nicht weniger zentrale Rolle im Sklavenhandel einnahmen, waren stark und mutig, möglicherweise geadelt durch die Würde der Seefahrtsarbeit im Gegensatz zum Menschenraub. Auf Grundlage seiner Erfahrungen in Benin stellte Stanfield die freien Afrikaner*innen als erfüllt von »Freundschaft, Gelassenheit, ursprünglicher Unabhängigkeit« dar. Abyeda war ein »glückliches Mädchen«, bis sie gefangengenommen wurde. Menschen wie diese lebten mehr oder weniger als ›edle Wilde‹ in einem paradiesischen Urzustand, bis die europäischen Barbaren einfielen und alles zu verwüsten und Menschen zu versklaven begannen. Die auf das Schiff transportierte »gefesselte Schar« trat hauptsächlich in einer Opferrolle in Erscheinung, die ab und zu durch Akte des Widerstands durchbrochen wurde. Alles, was sie unter Deck taten, war zu leiden. Das Hauptdeck bot andere Möglichkeiten, wie sich zum Beispiel an mehreren Vorfällen zeigte, bei denen die kollektive Macht der versklavten Frauen aufflammte. Als die Gefangenen schließlich in Jamaika zum Verkauf standen, waren alle verzweifelt, zu Tode verängstigt und apathisch.

Nichts, was Stanfield schreibt, deutet darauf hin, dass er auf seiner Reise tatsächlich afrikanische Menschen kennenlernte (außer vielleicht Abyeda), und es hat auch nicht den Anschein, dass er jemanden zu befreien versuchte. Es scheint, dass er sich sowohl zur Zeit seiner Reise als auch in der Rückschau als machtlos in diesem »schwimmenden Kerker« betrachtete. Er mag Mitgefühl mit einzelnen Menschen gehabt haben, zum Beispiel mit der von Kapitän Wilson ausgepeitschten versklavten Frau, deren Wunden er verband. Er zeigte ohne Frage Mitgefühl, nachdem er das Schiff verlassen hatte, was darauf hindeutet, dass seine Erfahrungen im Sklavenhandel zwar Abscheu in ihm geweckt hatten, dass es aber einer sozialen Bewegung bedurfte, ihn aufzurütteln und zu zielgerichteter Opposition zu animieren. Außerdem widersetzte er sich den vulgären rassistischen Stereotypen seiner Zeit und schrieb über den Sklavenhandel auf eine Weise, die der Rassifizierung entgegenstand: So waren zum Beispiel alle Menschen »von einem Blut«.

Letzten Endes setzte Stanfield darauf, dass die direkte, nicht durch den Intellekt gefilterte Erfahrung des Sklavenschiffes und nicht das abstrakte Wissen über den Sklavenhandel entscheidend für dessen Abschaffung sein würde, und in der Tat trug er dazu bei, dass es so kam. Er schrieb: »Ein einziger *wirklicher* Anblick – eine vollkommen in den Sklavenräumen der Middle Passage zugebrachte MINUTE – würde mehr für die Sache der Menschlichkeit tun als die Feder eines *Robertson* oder die ganze gesammelte Beredsamkeit des britischen Senats.« Die wahre Aufklärung begann nicht mit einem schottischen Philosophen oder einem Parlamentsmitglied, sondern mit der Begegnung eines versklavten Menschen und eines Seemanns inmitten der »Werkzeuge des Leidens« auf der »gewaltigen Maschine«, dem Sklavenschiff.[28]

Anmerkungen

1 Stanfield, James Field: *Observations on a Guinea Voyage, in a Series of Letters Addressed to the Rev. Thomas Clarkson.* James Phillips, London 1788. Ich möchte Pieter van der Merwe vom National Maritime Museum in Greenwich dafür danken, dass er seine eigene hervorragende Forschungsarbeit über die Familie Stanfield mit mir geteilt und mir durchdachte Ratschläge zu einer Vielzahl von Themen gegeben hat. Drei seiner Werke waren mir beim Schreiben dieses Kapitels eine wertvolle Hilfe: »Stanfield, James Field (1749/50–1824)«, *Oxford Dictionary of National Biography.* Oxford University Press, Oxford 2004; »The Life and Theatrical Career of Clarkson Stanfield«. Dissertation, University of Bristol 1979; und »James Field Stanfield (1749/1750–1824): An Essay on Biography«, Vortrag auf der Konferenz zu »Provincial Culture«, Sheffield City Polytechnic 1981 (schriftliche Fassung freundlicherweise vom Autor zur Verfügung gestellt). Die dort präsentierten Informationen finden sich ebenfalls in weniger ausführlicher Form in: van der Merwe, Pieter / Took, R.: *The Spectacular Career of Clarkson Stanfield, 1793–1867; Seaman, Scene-painter, Royal Academician.* Ausstellungskatalog der Sunderland Art Gallery, Tyne and Wear Museums, Newcastle on Tyne 1979.

2 Clarkson und das Londoner Komitee zahlten Stanfield 39,8,9 £ für das Recht, die *Observations on a Guinea Voyage* veröffentlichen zu dürfen. Dies war eine beträchtliche Summe – fast auf den Schilling genauso viel, wie ihm (bei 40 Schilling im Monat und zwanzig Monaten) die Reise selbst eingebracht hatte. Wir wissen weder, wie Stanfield mit den Abolitionist*innen in Kontakt kam, noch, ob sie ihn dazu ermunterten, seine Geschichte zu Papier zu bringen, oder ihm dabei behilflich waren. Das Gedicht, das ebenfalls von dem Komitee herausgegeben wurde, folgte ein Jahr später. Siehe Clarkson, *History*, Bd. 1, S. 498.

3 *Providence Gazette; and Country Journal*, 13. September bis 8. November 1788.

4 Stanfield, James Field: *The Guinea Voyage, A Poem in Three Books.* James Phillips, London 1789. Das Gedicht wurde von abolitionistischen Gruppen in Rhode Island und möglicherweise auch an anderen Orten verkauft. Siehe *Newport Mercury*, 22. Februar 1790, und *Providence Gazette; and Country Journal*, 6. März 1790.

5 Stanfield, J. F.: »Written on the Coast of Africa in the year 1776«, in: *Freemason's Magazine, or General Complete Library* 4 (1795), S. 273–74. Dies war anscheinend der einzige Kommentar zum Sklavenhandel, den Stanfield verfasste, während er selbst darin involviert war. *Observations* und *The Guinea Voyage* entstanden etwa elf bzw. zwölf Jahre später und unter anderen Umständen, nach dem Aufkommen der Abolitionsbewegung, die es möglich machte, anders über den Sklavenhandel zu sprechen. Es hat nicht den Anschein, dass Stanfield auf seiner Reise ein Tagebuch führte, was bedeutet, dass er sich in seinem Bericht ausschließlich auf seine Erinnerung gestützt haben muss – wobei allerdings gesagt werden muss, dass sein Erinnerungsvermögen bei denen, die ihn vom Theater kannten, als »kolossal« galt, und dass er als Schauspieler für seine »erstaunlichen Fähigkeiten hinsichtlich der Schnelligkeit des Einstudierens« (für die Geschwindigkeit, mit der er seine Rollen auswendig lernte) bekannt war. Siehe *Observations*, S. 36; Wilkinson, Tate: *The Wandering Patentee; or, A History of the Yorkshire Theaters.* York 1795, Bd. III, S. 22.

6 Stanfield, *Guinea Voyage*, S. iii. Der Historiker J. R. Oldfield hat geschrieben, dass Stanfield »eindeutig darauf aus war, seine Leser*innen zu schockieren: Einige der Szenen, die er beschreibt, waren selbst nach den Maßstäben des 18. Jahrhunderts extrem drastisch«. Er setzt allerdings hinzu, dass »*Observations*« nicht einfach nur sensationslüstern war, sondern ein wichtiges Licht auf das Wesen des Sklavenhandels warf. Siehe seine Einleitung zu *Observations*, wiederveröffentlicht in: Oldfield, John (Hg.): *The British Transatlantic Slave Trade*. Pickering & Chatto, London 2003, Bd. III: *The Abolitionist Struggle: Opponents of the Slave Trade*, S. 97–136.

7 *Gentleman's Magazine*, Bd. 59 (1789), S. 933. Jahre später, als Stanfields *An Essay on the Study and Composition of Biography* (London 1813) erschien, standen auf der Subskribent*innenliste so herausragende Sklavereigegner wie Thomas Clarkson, James Currie, William Roscoe und Granville Sharp. Siehe S. 345–57.

8 *Observations*, S. 2, 3, 4; *Guinea Voyage*, S. 2. Von den vielen Verfasser*innen von Gedichten über den Sklavenhandel waren Stanfield, Thomas Boulton, Thomas Branagan und Kapitän John Marjoribanks die einzigen, die tatsächlich jemals selbst eine Sklavenfahrt gemacht hatten. Ich bin James G. Basker für seine Erörterungen zu diesem Thema zu Dank verpflichtet. Siehe seine grandiose Gedichtsammlung *Amazing Grace: An Anthology of Poems about Slavery, 1660–1810*. Yale University Press, New Haven 2002, S. 402. Der Liverpooler Edward Rushton machte ebenfalls eine Sklavenfahrt (auf der er eine ansteckende Augenentzündung bekam und sein Augenlicht verlor); er schrieb Gedichte gegen die Sklaverei, aber nicht spezifisch über den Sklavenhandel. Siehe seine *West-Indian Eclogues*, London 1797.

9 »Written on the Coast of Africa«, S. 273; van der Merwe, »James Field Stanfield (1749/1750–1824): An Essay on Biography«, S. 2. Stanfields Enkel Field Stanfield (1844–1905) schrieb in seinen unveröffentlichten Familienerinnerungen: »In diesem Abschnitt vollzog sich ein Wandel in seinen Ansichten, und er brachte seine Bildungslaufbahn zu einem jähen Ende. Die Reaktion war in der Tat so stark, dass sie ihn dazu veranlasste, für eine Weile all seine Studien beiseite zu werfen, ungeachtet der Tatsache, dass er sowohl in den klassischen als auch in den mathematischen Studien weit fortgeschritten war. Er ließ diese hinter sich und begab sich zur See und betätigte sich als Seemann im Sklavenhandel an der Küste von Guinea.« Siehe Field Stanfields unvollendete, im Manuskript vorliegende Erinnerungen an seinen Vater Clarkson Stanfield, fol.1. Ich bedanke mich bei Pieter van der Merwe dafür, dass er mir Einsicht in dieses Dokument gewährt hat, und bei Liam Chambers für seine Überlegungen zu Iren, die während dieser Periode in Frankreich studierten.

10 »Written on the Coast of Africa«, S. 273; Wilkinson, *The Wandering Patentee*, Bd. III, S. 22. Für weitere (z. T. nicht korrekte) biografische Informationen von Zeitgenossen siehe »Notes, James Field Stanfield«, in: *Notes and Queries*, 8. Ser., 60 (1897), S. 301–2; Abschrift von Notizen von John William Bell (1783–1864) auf der Vortitelrückseite des Exemplars der Sunderland Library von *The Guinea Voyage, A Poem in Three Books .... to which are added Observations on a Voyage to the Coast of Africa, in a series of letters to Thomas Clarkson A.M. by James Field Stanfield, formerly a mariner in the African trade*. J. Robertson, Edinburgh 1807. Zwei Personen, die Stanfield kannten, behaupteten, dass er eine Aussage vor dem Unterhaus zum Sklavenhandel gemacht habe, aber weder Pieter van der Merwe noch ich haben Belege dafür finden können. Der Sunderland-Historiker Neil Sinclair hat vor kurzem Belege dafür gefunden, dass

Stanfield an den Anhörungen beteiligt war, allerdings nicht als Zeuge, sondern als Mitarbeiter bei der Veröffentlichung von Material gegen den Sklavenhandel. Siehe das Flugblatt mit dem Titel »Slave Trade«, gezeichnet »J.E.S.« Siehe DV1/60/8/29, Durham County Record Office, Durham, England.

11 Roberts, David: Manuscript Record Book, 1796–1864, fol. 197, Yale Center for British Art, New Haven, Exemplar in der Guildhall Library, zitiert nach van der Merwe, »James Field Stanfield (1749/1750–1824): An Essay on Biography«, S. 1. Für ein von Stanfield verfasstes Lied siehe »Patrick O'Neal, An Irish Song«, in: *Weekly Visitant; Moral, Poetical, Humourous, &c*, 1806, S. 383–84.

12 *Observations*, S. 21, 35, 11. Die Sterberate unter der Besatzung, der Stanfield angehörte, war außerordentlich hoch, allerdings nicht beispiellos.

13 *Observations*, S. 36.

14 Die *Eagle* war fast dreißig Jahre zuvor, 1745, in Galway, Irland, gebaut worden und damit mehr als geeignet dafür, als »schwimmende Faktorei« stillgelegt zu werden.

15 Kapitän John Adams beschrieb »Gatto« als etwa vierzig Meilen landeinwärts gelegene Haupthandelsstadt mit 15.000 Einwohner*innen. Siehe seine *Sketches taken during Ten Voyages to Africa*, S. 29.

16 Kapitän Wilson reichte die Heuerliste am 11. Mai 1776 beim Zollhaus ein. Siehe Board of Trade (BT) 98/36, Liverpool muster rolls, 1776, NA. Stanfield schrieb irrtümlich, dass nur drei der ursprünglichen Besatzungsmitglieder Liverpool wieder erreicht hätten. Mein Dank geht an Christopher Magra für seine Unterstützung bei der Recherche zu dieser Frage. Siehe *Observations*, S. 5, 19, 26. Für mehr Informationen über die Reise der *True Blue* siehe *TSTD* #91985.

17 Die Zitate in diesem Abschnitt stammen aus *Observations*, S. 7, 6, 8, 9, 7 und *Guinea Voyage*, S. 3–4, 5, 8, 6, 4, 5, 6, 7.

18 »*Written on the Coast of Africa*«, S. 273.

19 Die Zitate in diesem Abschnitt stammen aus *Observations*, S. 10, 13, 14, 11, 12, 15 und *Guinea Voyage*, S. 10.

20 Die Beleidigungen und Demütigungen auf der Überfahrt nach Afrika wurden auch in Versform wiedergegeben. Siehe *Guinea Voyage*, S. 23–24.

21 Die Zitate in diesem Abschnitt stammen aus *Observations*, S. 15–16, 17–18, 23; *Guinea Voyage*, S. 19. Für eine weitere Beschreibung von Seeleuten, die bei der Arbeit bis zu den Achseln im Wasser standen, siehe die Aussage von James Arnold, 1789, in *HCSP* 69:128.

22 Die Zitate in diesem Abschnitt stammen aus *Observations*, S. 21, 19, 20, 25; *Guinea Voyage*, S. 15, 13, 33, 14, 17, 30, 31, 17, 18, 26, iv, 3, 23, 19. Hier lässt sich der wahrscheinliche Einfluss des Quäkers Anthony Benezet ausmachen. Für eine hervorragende Darstellung des Lebens und Denkens Benezets siehe Jackson, Maurice: »›Ethiopia shall soon stretch her hands unto God‹: Anthony Benezet and the Atlantic Antislavery Revolution.« Dissertation, Georgetown University 2001.

23 Die Geschichte von Abyeda findet sich in *Guinea Voyage*, S. 29–31. Stanfield bringt Abyeda mit einem bestimmten Ort, dem Formosa-Fluss, in Verbindung, als er schreibt: »Nie hat eine schimmerndere Nymphe / in den tiefen, durchsichtigen Wassern des Formosa gebadet« (»Ne'er did such nymph before her brightness lave / Within Formosa's deep, translucent wave«) (S. 29). Es sollte ebenfalls angemerkt werden, dass Quam'no eine Variante des Akan-/Goldküsten-Namen Quamino ist. Thomas Clarkson schrieb über eine afrikanische Frau, die er »Abeyda« nannte, in einem seiner Briefe an den Comte de Mirabeau, 13. November 1789, Papers of Thomas Clarkson, Huntington Library, San Marino, Kalifornien, fol. 11. Im selben Brief bezeichnet er das Sklavenschiff als »schwimmenden Kerker«, ein Ausdruck, den auch Stanfield benutzt.

24 van der Merwe, »James Field Stanfield (1749/1750–1824): An Essay on Biography«, S. 3.

25 Die Zitate in diesem Abschnitt stammen aus *Observations*, S. 26, 27, 28–29, 30, 31, 32–33, 29; *Guinea Voyage*, S. iv, 19, 26, 21, 27, 28, 34, 16, 24, 32, 22.

26 Die Zitate in diesem Abschnitt stammen aus *Guinea Voyage*, S. 34, 35, vi.

27 *Monthly Review; or, Literary Journal*, Bd. 81 (1789), S. 277–79.

28 *Observations*, S. 30. Stanfield bezieht sich hier auf Parlamentsdebatten über den Sklavenhandel und, wie es scheint, auf den Reverend William Robertson, einen schottischen presbyterianischen Theologen und Historiker, der ein Gegner des Sklavenhandels war.

6. KAPITEL

JOHN NEWTON UND DAS FRIEDENSREICH

Ein Hochseekapitän des 18. Jahrhunderts war, wie John Newton gegen Anfang seiner ersten Fahrt als Kapitän eines Sklavenschiffes in einem Brief an seine Frau Mary schrieb, ein Mann von beinahe unbegrenzter Macht:

> Meine Umstände im Ausland, sogar in Guinea, könnten von vielen, welche zu Hause bleiben, beneidet werden. In meinen kleinen Herrschaftsgebieten regiere ich nicht weniger absolut (Leben und Tod ausgenommen) als irgendein Potentat in Europa. Wenn ich zu einem sage, Komm, so kommt er; wenn ich zu einem anderen sage, Geh, so springt er. Wenn ich jemandem befehle, etwas zu tun, so sind vielleicht drei oder vier begierig darauf, sich an dem Dienst zu beteiligen. Nicht ein Mann auf diesem Schiff darf seine Mahlzeit essen, bis es mir beliebt, ihm die Erlaubnis dazu zu erteilen; ja, niemand wagt vor meinen Ohren zu sagen, es ist 12 oder 8 Uhr, bis ich es für angemessen halte, es zuerst zu sagen. Es wird großes Aufhebens um die Aufwartung gemacht, wenn ich das Schiff verlasse, und streng Wache gehalten, während ich abwesend bin, damit ich nicht etwa unvermutet zurückkomme und nicht in gebührender Form empfangen werde. Und sollte ich bis Mitternacht ausbleiben (was ich aus eben diesem Grund nie ohne Not tue), so darf niemand sich anmaßen, die Augen zu schließen, bis er die Ehre hatte, mich wiederzusehen. Aus der Art und Weise, in der ich von diesen Zeremonien erzähle, wirst du urteilen können, dass ich sie nicht um ihrer selbst willen hoch schätze; aber es sind althergebrachte Bräuche, und es ist erforderlich, sie beizubehalten; denn ohne strenge Disziplin wären die gemeinen Matrosen nicht lenkbar.

Auf dem souveränen Hoheitsgebiet des Schiffes hatten die Kapitäne die Herrschaft über Arbeit, Verpflegung und sogar die Zeitrechnung. Und der Kapitän eines Sklavenschiffes hatte noch mehr Macht als alle anderen, denn er hatte nicht nur Dutzende von gemeinen Matrosen, sondern darüber hinaus Hunderte von afrikanischen Gefangenen zu ›lenken‹.[1]

John Newton ist seit langem der bekannteste Kapitän in der Geschichte des afrikanischen Sklavenhandels. Er machte vier Fahrten zwischen 1748 und 1754, eine als Steuermann und drei als Kapitän, aber seinen Ruhm verdankt er seiner späteren Laufbahn als aktiver, prominenter anglikanischer Geistlicher mit evangelikalen Neigungen, der zahlreiche Hymnen verfasste (darunter das berühmte »Amazing Grace«) und sich schließlich gegen Ende seines Lebens öffentlich von seiner Vergangenheit lossagte und sich für die abolitionistische Sache einsetzte. 1788 schrieb er ein eindringliches Pamphlet über die Schrecken des Sklavenhandels mit dem Titel *Thoughts upon the African Slave Trade*, und 1789 und 1790 sagte er im gleichen Sinne vor Ausschüssen des Unterhauses aus. Er bezeichnete sich als Sünder, dem die Verwerflichkeit seiner früheren Lebensweise klargeworden war.[2]

Newton hinterließ unvergleichlich reichhaltige dokumentarische Aufzeichnungen über seine Beteiligung am Sklavenhandel, zunächst als Seemann, dann als jemand, der selbst ›versklavt‹ worden war, später als Steuermann und schließlich als Kapitän. Er schrieb viel und ausführlich. Wie die meisten Kapitäne führte er Logbücher über seine Fahrten, in denen er im Detail Wind und Wetter und die täglichen Arbeitsabläufe festhielt, aber Newton ging noch weiter. Er war ein passionierter Briefeschreiber: Im Verlauf seiner Sklavenfahrten schrieb er 127 Briefe an Mary und eine Reihe von Briefen an den anglikanischen Geistlichen David Jennings. Während seiner letzten beiden Reisen führte er außerdem ein spirituelles Tagebuch. Später, als kontemplativer christlicher Pfarrer, reflektierte er über sein Leben mit dem Ziel, die angemessenen moralischen Lehren daraus zu ziehen: 1763 verfasste er eine spirituelle Autobiografie in Form einer Serie von Briefen, und in den späten 1780er Jahren schloss er sich der aufstrebenden Abolitionsbewegung an. Newton schrieb wahrscheinlich mehr von den Decks eines Sklavenschiffs aus – und mehr über das, was sich darauf abspielte – als jeder andere Kapitän in den fast vier Jahrhunderten des Sklavenhandels.[3]

John Newton hatte unumschränkte Macht in seiner hölzernen Welt, in seiner Leitung der täglichen Arbeitsabläufe auf dem Sklavenschiff und in seiner Kontrolle über Menschen wie Olaudah Equiano und James Field Stanfield. Er hielt »strenge Zucht« sowohl unter den Seeleuten als auch unter den Versklavten, und diese wiederum widersetzten sich dieser Zucht. Er bediente sich einer Reihe unterschiedlicher oft gewalttätiger Mittel, um seine Herrschaft aufrechtzuerhalten und zu bekräftigen. Kraft seiner Macht und Position erschien dem Kapitän das, was Equiano als Schrecken und Stanfield als Grauen erlebte, schlicht als angemessene Ordnung. Mit seinen sorgfältigen, detaillierten, introspektiven Aufzeichnungen über seine Hoffnungen und Ängste, sein Denken und Handeln und seine vielen gesellschaftlichen Kontakte liefert Newton unvergleichliche Einblicke in das Leben eines Sklavenschiffskapitäns.

VOM REBELLISCHEN SEEMANN ZUM CHRISTLICHEN KAPITÄN

John Newton war in vielerlei Hinsicht dazu prädestiniert, Kapitän zu werden. Sein Vater war ebenfalls Kapitän (in der Mittelmeer-Handelsschifffahrt) und ließ, wie sein Sohn sich erinnerte, in seinem häuslichen Umfeld den gleichen Geist walten wie auf dem Schiff: »Es war stets etwas Unnahbares und Strenges in seiner Manier, das meinen Geist einschüchterte und mutlos machte.« Newton Senior bereitete seinen Sohn schon in jungen Jahren auf das Kommando zur See vor. Der junge Newton wurde, wie es im 18. Jahrhundert hieß, »für die See erzogen«, was bedeutete, dass er im Alter von elf Jahren als Lehrling auf ein Schiff geschickt wurde, um das Handwerk zu lernen, Erfahrungen zu sammeln und sich hochzudienen. Zwischen 1736 und 1742 machte er mehrere Fahrten, und 1743 wurde er auf die *HMS Harwich* zwangsrekrutiert, woraufhin sein Vater dem achtzehnjährigen Jugendlichen eine Beförderung zum Seekadetten verschaffte. Er stand nun im Dienst der Royal Navy, hatte die Protektion eines Kapitäns und schien in der Welt der Seefahrt auf dem Weg nach oben zu sein.[4]

Aber Newton war, wie sich herausstellte, ein wilder und widerspenstiger junger Mann, und sein Weg zur Kapitänskajüte sollte sich als kurvenreich erweisen. In seinem Leben und seiner Arbeit auf See war er, wie er sich später erinnerte, »der Gesellschaft und dem schlechten Beispiel der gemeinen Seeleute ausgesetzt«, deren Aufsässigkeit in Haltung und Handeln er bald übernahm. Er wurde zum Freidenker, zum Rebellen und zu einem Mann ohne moralische Skrupel. Im Rückblick auf diese Zeit erinnerte sich Newton an seine egalitären und antiautoritären Impulse: »Ich war einst so hochmütig, dass ich keine Vorgesetzten anerkannte.«[5]

So kam es, dass Newton, als er von seinem Kapitän mit einer Bootsladung von Seeleuten an Land geschickt wurde, um deren Desertion zu verhindern, stattdessen selbst desertierte. Aber nicht für lange: Er wurde schnell wieder eingefangen, für zwei Tage eingesperrt, auf sein Schiff zurückbracht, in Eisen gelegt und »dann öffentlich ausgezogen und ausgepeitscht.« Außerdem wurde er vom Seekadetten zum gemeinen Matrosen degradiert. Er war nun, wie er schrieb, »meinerseits auf den Stand der Niedersten zurückgesetzt worden und den Schmähungen aller ausgesetzt«. (Er wurde angefeindet, weil er sich in seiner Position als Seekadett allzu arrogant aufgeführt hatte.) Der Kapitän, dem er sich so verächtlich widersetzt hatte, sann auf Rache und plante, den aufsässigen Matrosen für eine fünfjährige Fahrt auf einen Ostindienfahrer zu schicken. Als Newton dies erfuhr, erwog er zunächst, Selbstmord zu begehen, beschloss dann aber, stattdessen den Kapitän zu ermorden. »Ich trachtete ihm in der Tat nach dem Leben«, gestand er später.

Das zufällige Erscheinen eines Sklavenschiffes am Horizont mag dem Kapitän das Leben gerettet haben. Anscheinend hatte der Kapitän dieses Schiffes einige aufrührerische Männer an Bord, die er, was nicht unüblich war, im Austausch gegen einige Navy-Matrosen an das Kriegsschiff loswerden wollte. Newton meldete sich begeistert freiwillig für diesen Austausch, um der drohenden Ostindienfahrt zu entgehen. Der Navy-Kapitän ließ ihn ziehen und machte wahrscheinlich drei Kreuze. So war Newtons Einstieg in den Sklavenhandel das Ergebnis einer Kombination seiner eigenen Aufsässigkeit und der zufälligen Begegnung zweier Schiffe auf See.

Wie es sich traf, kannte der Kapitän des Sklavenschiffes Newtons Vater, aber weder diese Verbindung noch der Neuanfang führten dazu,

John Newton unternahm zwischen 1748 und 1754 vier Reisen, eine als Maat und drei als Kapitän. Später im Leben wurde er evangelischer Geistlicher, schrieb die berühmte Hymne »Amazing Grace«, und erklärte sich schließlich zum entschiedenen Gegner des Menschenhandels, mit dem er einst seinen Lebensunterhalt verdiente.

dass Newton sein Betragen änderte: »Ich hatte ein wenig von jenem unglückseligen Witz, der demjenigen, welcher ihn besitzt, wenige Dienste leistet, außer seine Schwierigkeiten und Feinde zu mehren; und nach der einen oder anderen eingebildeten Beleidigung ersann ich ein Lied, in welchem ich sein Schiff [das des Kapitäns], seine Pläne und ihn persönlich verspottete, und lehrte es sogleich das gesamte Schiffsvolk.« Der Kapitän wäre nicht darüber amüsiert gewesen, dass Newton und seine Teerjackenkameraden Spottlieder auf ihn sangen, aber da er bald darauf starb, war das egal. Nicht egal war, dass der nun zum Kapitän aufgestiegene Erste Steuermann Newton nicht besser leiden konnte als sein Vorgänger, und prompt drohte, ihn bei der erstbesten Gelegenheit wieder an ein Kriegsschiff zu übergeben. Diese Vorstellung entsetzte Newton dermaßen, dass er ein weiteres Mal die Beine in die Hand nahm und unter Zurücklassung all seiner Habseligkeiten vom Schiff desertierte. Er landete auf Plantain, einer Insel an der Mündung des Sherbro-Flusses an der Küste von Sierra Leone.

Dort begann Newton für einen örtlichen weißen Händler zu arbeiten, der als Mittelsmann zwischen afrikanischen Kaufleuten und den Sklavenschiffen fungierte. Aber er geriet in Schwierigkeiten mit seinem neuen Boss und wurde von ihm geschunden und misshandelt. Seine ohnehin schon desolate Lage machte er noch schlimmer, indem er die schwarze Frau des Händlers gegen sich aufbrachte, die dafür sorgte, dass er de facto versklavt wurde: Er wurde angekettet, ausgehungert, geschlagen und verspottet. Weil er fast nackt der tropischen Sonne ausgesetzt war, war sein Körper mit Blasen bedeckt, aber das hielt ihn nicht davon ab, Euklid zu studieren und »mit einem langen Stock Diagramme in den Sand zu zeichnen«. Ein endloses Jahr lang bestand seine einzige Nahrung aus rohen Wurzeln und Essen, das ihm »von Fremden, ja sogar von den Kettensklaven« gegeben wurde, »welche mir heimlich Lebensmittel (denn sie durften es nicht wagen, dabei gesehen zu werden) aus ihrer eigenen mageren Ration brachten«. Würde ihm diese Gutherzigkeit in Erinnerung bleiben? Später beschrieb er sich selbst in Anlehnung an einen Vers aus dem 16. Kapitel des Buches Hesekiel als »Ausgestoßenen, der in meinem Blut lag«. Seine Behandlung, so schrieb er, »brach meine Konstitution und meinen Geist«. Newton sah sich selbst als »Sklaven«, als jemanden, der »auf die niederste Stufe menschlichen Elends niedergedrückt« worden war.[6]

Schließlich gelang es ihm zu entkommen, und er begann für einen anderen Händler am Kittam-Fluss zu arbeiten. Seine Situation verbesserte sich; er wurde ein glücklicher Mensch, vor allem, indem er sich an die afrikanische Kultur anpasste. Er erklärte diesen Wandel folgendermaßen:

> Es gibt einen bezeichnenden Ausdruck, welcher in dieser Gegend häufig verwendet wird, Dass ein solcher weißer Mann schwarz geworden ist. Dies bezeichnet nicht eine Änderung der Hautfarbe, sondern der Sinnesart. Ich habe Mehrere gekannt, die sich nach dem dreißigsten oder vierzigsten Lebensjahr in Afrika niedergelassen und sich in diesem Abschnitt ihres Lebens allmählich in einem solchen Maße an die Gemütsart, Bräuche und Zeremonien, der Eingeborenen angeglichen haben, dass sie dieses Land England vorziehen: Sie haben sich sogar von all den vorgeblichen Zaubern, Schwarzkünsten, Amuletten und Wahrsagereien der geblendeten Neger übertölpeln lassen und haben mehr Vertrauten in solche Dinge als die Verständigeren unter den Eingeborenen. Ein Teil dieses Geistes der Betörung begann mir gefälliger zu werden (mit der Zeit hätte ich ihm vielleicht zur Gänze nachgegeben); ich ging engere Beziehungen mit den Bewohnern ein; und ich hätte als elender, verächtlicher Mensch mein Leben unter ihnen zugebracht und beschlossen, wenn der Herr nicht stets über mich gewacht hätte.

Die »engeren Beziehungen«, die Newton hier erwähnt, bedeuten wahrscheinlich, dass er eine Afrikanerin, möglicherweise mehrere, zur ›Frau‹ nahm. Aber dies war ein vorübergehendes Arrangement. Der weiße Mann, der schwarz geworden war, sollte sich bald wieder zurückverwandeln.

Nachdem er für einen dritten Sklavenhändler zu arbeiten begonnen hatte, tauchte eines Tages im Februar 1747 ein Schiff namens *Greyhound* auf, dessen Kapitän an Land kam und ihm eine überraschende Frage stellte: Hatte irgendjemand in diesem Handelsposten einen Mann namens John Newton gesehen? Wie sich herausstellte, war der Kapitän ein weiterer Freund von Newtons allgegenwärtigem Vater. Newton wollte nicht nach Liverpool zurückkehren – vielleicht aus Angst vor dem unnahbaren, strengen Familienpatriarchen –, aber der Kapitän ließ sich nicht abweisen und griff zu einer List: Newton habe vor kurzem Geld geerbt und müsse nun nach England zurückkehren, um seinen Anspruch darauf geltend zu machen. Dazu war Newton bereit, aber sobald er an Bord des Schiffes war, verfiel er wieder in seine alte Aufsässigkeit, richtete mit großer Freude Unheil an, erfand neue Flüche, machte sich über die »Evangeliums-Geschichte« lustig und weidete sich an seiner eigenen »Unfrömmigkeit und

Gottlosigkeit«. Der Kapitän begann ihn ›Jona‹ zu nennen, den Quell aller Schwierigkeiten auf der Reise.

Während der Überfahrt wurde Newton eines Nachts »durch die Gewalt einer heftigen See, welche über das Deck brach, aus tiefem Schlaf gerissen«. Nass und verblüfft, hörte er von oben den Schrei, dass das Schiff am Sinken sei. Während Newton auf das Hauptdeck kraxelte, wurde einer seiner Schiffskameraden über Bord gespült. Das Meer hatte auf einer Seite die oberen Planken weggerissen, so dass sich reißende Wassermassen in das Schiff ergossen. Die Wucht der Wellen ließ Fässer splittern und spülte Vieh über Bord. Newton und mehrere andere Männer gingen an die Pumpen; andere schöpften mit Kübeln und Eimern Wasser und stopften zur Abdichtung Kleidung und Bettzeug in die lecken Fugen. Glücklicherweise war die Ladung des Schiffes leicht – Bienenwachs und Holz, beides leichter als Wasser – aber das schien in diesem Moment keine Rettung zu bieten. Newton pumpte mit aller Kraft und versuchte seine Kameraden anzufeuern, aber mit steigendem Wasserspiegel wuchs auch die Entmutigung im Laderaum. Nach einigen Stunden ging Newton zum Kapitän und sagte: »Wenn dies nicht genügt, möge der Herr uns gnädig sein«. Diese Äußerung überraschte ihn selbst. Er ging zurück an die Pumpen, wo sich nun alle mit Tauen sicherten, um nicht weggespült zu werden. Nach neun Stunden Knochenarbeit fiel Newton ins Bett, »ungewiss und fast gleichmütig, ob ich wieder aufstehen würde«. Langsam begann er zu beten; der Moment seiner religiösen Bekehrung war gekommen. Wind und Wellen ließen schließlich nach, und Newton sah sein Überleben als »ein unmittelbares und fast wundertätiges Eingreifen göttlicher Macht« an. Die überlebenden Besatzungsmitglieder gingen in Irland an Land und schließlich zurück nach Liverpool, wo Newton ohne Geld, ohne Freunde und ohne Aussicht auf Arbeit ankam, aber mit einem neugewonnen Glauben und dem festen Vorsatz, nie wieder nach Afrika zurückzukehren.[7]

Seine Entschlossenheit sollte bald auf die Probe gestellt werden. Der Kaufmann Joseph Manesty, ein weiterer Freund seines Vaters, bot ihm den Befehl über ein Sklavenschiff an. Newton zögerte, das lukrative Angebot anzunehmen: Er hatte noch nie eine richtige Sklavenfahrt gemacht und glaubte, dass es ihm an Wissen und Erfahrung mangele. Man kam daher überein, dass er eine Fahrt als Steuermann auf der *Brownlow* unter Kapitän Richard Jackson machen würde. Newton führte ein Tagebuch über diese Reise, das aber im Gegensatz zu seinen anderen persönlichen Aufzeichnungen nicht erhalten ist. Aus anderen Zeugnissen lässt sich allerdings entnehmen, dass es eine strapaziöse Erfahrung gewesen sein muss. Als Steuermann bestand seine Hauptaufgabe an der afrikanischen Küste darin, »mit der Barkasse von einem Ort zum anderen zu segeln, um Sklaven zu kaufen«. Während der Regenzeit brachte er fünf oder sechs Tage am Stück in diesem Boot zu, »ohne, wie wir zu sagen pflegen, einen trockenen Faden am Leib, im Schlafen oder Wachen«. Er wurde Zeuge, wie mehrere Matrosen an Land vergiftet wurden, »und in meinem eigenen Boot begrub ich sechs oder sieben Männer mit Fiebern«. Mehr als einmal wurde er von der Gewalt der Brandung aus dem Boot gerissen und »halbtot an Land gebracht (denn ich konnte nicht schwimmen). Andere ertranken. Dann brach ein großer Aufstand der Versklavten auf dem Schiff aus, dem eine beträchtliche Anzahl von Menschen zum Opfer fiel, und viele der Versklavten, 62 von 218 Gefangenen – eine hohe Sterberate von 28,4 Prozent – starben, bevor das Schiff Charleston, South Carolina, erreichte. Newton schien all dies allerdings nicht abzuschrecken: Nachdem die *Brownlow* am 1. Dezember 1749 in Liverpool angelegt hatte, begann er Vorbereitungen dafür zu treffen, das Kommando über Manestys *Duke of Argyle* zu übernehmen, auf der er seine erste Fahrt als Kapitän machen sollte. Er war erst vierundzwanzig Jahre alt, aber er hatte die See in den Adern und darüber hinaus nun auch die schwer erkämpfte Erfahrung im Sklavenhandel.[8]

DIE ERSTE FAHRT, 1750–51

Nachdem er sich mit Mr. Manesty einig geworden war und begonnen hatte, eine Ladung zusammenzustellen, heuerte Newton seine Mannschaft an. Er machte eine Liste mit den Namen der Besatzungsmitglieder, die allerdings nur wenige Informationen über die einzelnen Personen enthielt. Er entwarf jedoch eine Art Kollektivporträt: So schrieb er, dass einige von ihnen wie er selbst »in jungen Jahren dazu erzogen worden seien«, setzte aber hinzu, dass »in jüngster Zeit Menschen mit einem unbescholtenen Leben es für zu unwürdig halten, ihre Kinder auf diese Weise aufzuziehen«. Was bedeutete, dass die meisten seiner Matrosen keine jungen Männer mit respektablem Hintergrund waren, die das Seehandwerk erlernten, um später eine gehobene Position einzunehmen; vielmehr waren sie das, was Newton »den Unrat und Bodensatz der Nation« nannte, die Armen und Besitzlosen. Viele von ihnen waren ehemalige Gefängnisinsassen oder Männer, die sich auf die eine oder andere Art abgesetzt hatten: aus der Armee, der Marine, dem Arbeitsplatz oder dem Elternhaus. Andere waren vom Pech verfolgt und »bereits zugrunde gerichtet durch ein frühzeitiges Laster«, nicht zuletzt durch Alkoholismus. Einige mögen Landratten gewesen sein, die keine Erfahrung auf See hatten. Die wenigsten von ihnen hatte »gute Grundsätze«. Die wenigen Männer aus honorablen Kreisen, die anmusterten, ergriffen – wie Newton mit Bedauern feststellte – schnell die Flucht angesichts der ›verkommenen‹ Gesellschaft, mit der sie auf dem Sklavenschiff Umgang pflegen mussten. Die Aufgabe, einen derart groben Haufen im Zaum zu halten, sollte einen großen Teil der Zeit und Aufmerksamkeit des Kapitäns in Anspruch nehmen.[9]

Newton heuerte neunundzwanzig Männer und Jungen für bestimmte Positionen auf der *Duke of Argyle* an: einen Schiffsarzt, drei Steuerleute, einen Bootsmann, einen Zimmermann, einen Kanonier, einen Böttcher, einen Schneider, einen Proviantmeister und einen Koch, dazu elf Vollmatrosen, drei weniger qualifizierte Leichtmatrosen und drei Jungen als Lehrlinge. Er heuerte auch einen Fiedler an – ohne Frage zur Unterhaltung, aber auch zur Begleitung der erzwungenen Körperübungen der Versklavten, die beschönigend ›Tanzen‹ genannt wurden.

Am 11. August 1750 um 12 Uhr mittags gab Newton den Befehl zum Ablegen, und die *Duke of Argyle* begann ihre Reise von Liverpool an die afrikanische Windward-Küste und von dort aus weiter nach Antigua zu den Westindischen Inseln. Bei dem Schiff handelte es sich um eine Schnau, einen Zweimaster von bescheidener Größe (einhundert Tonnen), mit zehn fest montierten Kanonen und einer recht großen dreißigköpfigen Besatzung. Für das alte Schiff, Baujahr 1729, war dies anscheinend erst die zweite Reise als Guineafahrer. Der Kaufmann und Schiffseigner Manesty hatte Newton mit dem Kauf und Transport einer für das verhältnismäßig kleine Schiff großen Ladung beauftragt: 250 Versklavte, 2,5 pro Tonne. Auf Grundlage dieser Anweisung wird Newton sogleich die nötige Besatzungsgröße kalkuliert haben: Bei dreißig Seeleuten betrug das Zahlenverhältnis zwischen Besatzungsmitgliedern und Versklavten eins zu acht, ein Kräfteverhältnis, das er für günstiger gehalten haben wird als das übliche Verhältnis von eins zu zehn.[10]

Im Verlauf der zehnwöchigen Hinfahrt sollten der Zimmermann, der Kanonier und der Bootsmann an den Kontrollvorrichtungen arbeiten, die nötig waren, um aus der *Duke of Argyle* ein richtiges Sklavenschiff zu machen. Am 25. September notierte Newton: »Zimmermann hat mit dem Aufsetzen der Grätings für den Frauenraum begonnen.« Der Zimmermann markierte auch die Grundrisse für die Räume und begann die Schotten zu bauen, die die Unterkünfte der Männer, Frauen und Jungen voneinander trennen würden. Er zimmerte einen Waschraum für die Frauen in der Nähe der Großrüsten und baute dann in jedem Raum des Unterdecks Plattformen, die auf beiden Seiten des Schiffes 1,80 Meter von der Bordwand ins Innere ragten. Auf Newtons Schiff betrug der Abstand zwischen den Decks etwa 1,50 Meter, was bedeutete, dass die Versklavten auf und unter den Plattformen noch etwa 70 cm Platz hatten. Am 19. November notierte Newton – wahrscheinlich mit einer gewissen Erleichterung, weil schon Versklavte an Bord gebracht worden waren –, dass »der Zimmermann das Barricado fertiggestellt hat«.

Mittlerweile war der Kanonier damit beschäftigt, das Schiff mit ausreichend Feuerkraft auszurüsten. Er füllte Kartuschen für die Lafettenkanonen und Drehbassen. Er reinigte und lud die Handfeuerwaffen und überprüfte jede einzeln, um sicherzustellen, dass sie einwandfrei funktionierten. Einige mussten ausgemustert werden, weil sie, wie Newton klagte, »ganz und gar zu nichts zu gebrauchen [waren], die schlechtesten, welche ich je in meinem Leben gesehen hatte«. Der Bootsmann wiederum brachte die Netze an, die verhindern sollten, dass Versklavte flohen oder sich umbrachten. Am 7. Dezember arbeiteten der Zimmermann und der Kanonier zusammen: »Heute 4 Drehbassen im Barricado montiert, welche wir zusammen mit den 2 Lafettenkanonen auf dem Hauptdeck aufgestellt haben und welche hoffentlich ausreichen werden, die Sklaven von jeglichem Gedanken an einen Aufstand abzuschrecken.« Diese Geschütze wurden höher montiert, damit sie nach unten auf jede Person abgefeuert werden konnten, die es wagte zu rebellieren.[11]

Am 24. Oktober sah Newton sich mit seinem ersten größeren Disziplinarproblem an Bord konfrontiert. Als er von einem Besuch bei Kapitän Ellis auf der *Halifax* zurückkehrte, stellte er fest, dass sich der Bootsmann in seiner Abwesenheit »sehr ungestüm betragen« und mehrere Besatzungsmitglieder malträtiert hatte, was »den Betrieb des Schiffes behindert« hatte. Newton ließ den Mann umgehend »in Eisen« schlagen, »in terrorem [zur Abschreckung], aus Sorge, er könne Unruhe stiften, wenn wir die Sklaven an Bord brachten«. Damit drückte Newton zum ersten Mal die Befürchtung aus, dass sich Widerstand an Bord ausbreiten könnte. Drei Tage später hatte der Bootsmann genug. »Nachdem er sich unterworfen und Besserung gelobt« hatte, ließ Newton ihm die Ketten abnehmen. Dies sollte nur die erste Maßnahme sein, die er ›in terrorem‹ traf.

Eine Woche später musste Newton zu seinem großen Unmut feststellen, dass eine Bootsladung seiner Matrosen nicht wie angewiesen von den Bananeninseln zur *Duke of Argyle* zurückgekehrt war, sondern sich stattdessen an Bord eines französischen Schoners betrunken hatte. Danach waren die Matrosen an Land gegangen, um sich zu prügeln, und waren dort hängen geblieben, weil sie zu bezecht gewesen waren, um gegen die starke Ebbströmung anzurudern. Newton war gezwungen, ihnen eine Bootsladung nüchterner Matrosen hinterherzuschicken. Zur Strafe versetzte er »zweien meiner Herren eine reichliche Ladung Stockprügel und legte einen (William Lees) in Eisen, sowohl für sein Benehmen im Boot als auch für sein höchst widerspenstiges Betragen letzte Nacht, als er sich weigerte, seine Wache anzutreten, und den Bootsmann bedrohte«. Lees schwor unverfroren, er werde nicht weiter unter Newton dienen; eher würde er bis Antigua in Ketten bleiben. Nachdem er drei Tage an Deck festgekettet zugebracht hatte, überlegte er es sich anders, bat den Kapitän um seine Freilassung und versprach besseres Benehmen. Newton willigte ein, aber das Drama um diesen aufsässigen Seemann hatte noch lange kein Ende.

Als die *Duke of Argyle* sich zum Ablegen von den Bananeninseln bereit machte, versuchte Lees zu desertieren, indem er sich an Land versteckte. Newton stöberte ihn schließlich auf – wieder einmal betrunken und angriffslustig – und musste einigen Einheimischen eine Gallone Branntwein dafür bezahlen, dass sie ihn in Eisen legten und auf das Schiff schafften. Als einige Tage später eine Gruppe afrikanischer Händler an Bord kam, erkannte Lees unter ihnen einen der Männer wieder, die mitgeholfen hatten, ihn zu fangen, griff nach einem Zimmermannshammer und schwang ihn mit wilder Gewalt nach dem Kopf des Mannes. Er verfehlte ihn nur knapp und streifte stattdessen seine Brust, und Newton sah sich gezwungen, dem Mann zur Entschuldigung einen bortenbesetzten Hut zu schenken. Er ließ Lees Handschellen anlegen, kette ihn erneut ans Deck und ließ, um kein Risiko einzugehen, zwei seiner aufsässigen Kameraden mit den treffenden Namen Tom Creed und Tom True auf die gleiche Weise festsetzen. Schließlich sollte Newton diese drei und einen weiteren aufrührerischen Seemann, Owen Cavanagh, der HMS *Surprize* übergeben; im Gegenzug übernahm er vier Matrosen von dem Marineschiff.

Bald begann der Kauf von Sklav*innen. Da es an der Windward-Küste keine Festungen gab, in denen eine große Anzahl von Versklavten in Erwartung ankommender Sklavenschiffe festgehalten werden konnte, nutzte Newton sein eigenes Schiff als Faktorei, brachte schwarze Händler an Bord und sandte die Barkasse und die Jolle aus, um ›Fracht‹ an der Küste zu beschaffen. Er brachte schnell in Erfahrung, dass ihm keine einfache Aufgabe bevorstehen würde: Am 23. Oktober traf er sich mit Kapitän Duncan von der *Cornwall*, der mit seinem Schiff bereits seit sechs Monaten vor der Küste lag und erst fünfzig Versklavte hatte kaufen können.

Der hektische, geschäftige Handel nahm seinen Anfang. Boote und Kanus begannen zwischen der *Duke of Argyle* und der Küste hin- und herzufahren. Händler an Land ließen nachts große Feuer brennen, um zu signalisieren, dass sie an Bord kommen wollten. Newton empfing Würdenträger wie den König von Charra und den von einem Aufenthalt in England an die Goldküste zurückgekehrten Prinzen William Ansah Setarakoo, der einen Abend mit dem Kapitän verbrachte. Der Besuch verlief »sehr zu meiner Zufriedenheit«, schrieb Newton, da er »über ein hohes Maß an solidem Verstand und eine Geschliffenheit des Betragens verfügt, welche ich unter Menschen unserer eigenen Hautfarbe hier selten antreffe«. Die meisten seiner Besucher waren Händler mit anglisierten Namen wie Samuel Skinner, »Yellow Will« oder – der wichtigste Mann von allen – der Kaufmann afrikanisch-europäischer Herkunft, Henry Tucker, der ganze Nächte an Bord verbrachte, hofiert wurde und große Mengen von ›Eisenbarren‹ (eine Haupthandelswährung) auf Kredit im Austausch gegen das Versprechen zukünftiger Versklavtenlieferungen erhielt. Einmal, nachdem er Tucker einen großen Teil seiner Handelsware überlassen hatte, beklagte sich Newton: »Es kann eigentlich nicht die Rede davon sein, dass ich ihm Geld leihe, denn vielmehr bin ich ihm zu Dank dafür verpflichtet, dass er es annimmt.« Was Tucker im geschäftlichen Umgang allen anderen voraus hatte, so Newton, war seine Ehrlichkeit. Er schrieb: »Ich halte sie alle ohne Ausnahme für Schurken bis auf ihn.« Newton war klar, dass er in hohem Maße auf diese Männer angewiesen war; er war gezwungen, sie bei guter Laune zu halten, und er hasste es. Am 27. März schrieb er: »Unser langsamer Ankauf und die fortschreitende Jahreszeit zwingen mich, Menschen zu umwerben, deren Verhalten mir mit gutem Grund zuwider und verächtlich ist.« Außerdem war er davon überzeugt, dass ein längerer Aufenthalt an der Küste eine höhere Sterblichkeitsrate bedeutete, und war daher frustriert, wenn er gezwungen war, »Geschäfte zu tätigen (wenn ich denn überhaupt welche tätige), wie es der Laune und Bequemlichkeit der Menschen an Land gefällt, welche selten in Eile sind«. Er fügte einen Ausruf hinzu: »Geduld!«

Der Handel selbst fand in einer angespannten Atmosphäre statt, die Newton selbst als »kriegerischen Frieden« bezeichnete. Er fuhr fort: »Wir handeln unter Waffen; und sie sind mit langen Messern ausgerüstet.« Plünderungen in der Vergangenheit hatten die afrikanischen Händler misstrauisch gemacht; Vergeltungsmaßnahmen waren nicht unüblich und Betrug war auf beiden Seiten an der Tagesordnung. Newton mag überrascht gewesen sein, als er einen schwarzen Händler betrügerischer Geschäftspraktiken bezichtigte und die empörte Antwort erhielt: »Was denn! Glaubt Ihr, ich sei ein weißer Mann?«[12]

Newton begann mit dem Kauf seiner menschlichen Fracht, zunächst mit kritischem Blick, wie von Mr. Manesty angewiesen. Auf Bance Island wurden ihm sieben Menschen vorgeführt, aber er nahm nur drei von ihnen. Eine versklavte Frau, die ihm angeboten wurde, »lehnte ich ab, weil sie langbrüstig war«. Wenig später wies er zwei weitere »Frauen mit gefallenen Brüsten« sowie vier weitere Versklavte zurück, die ihm zu alt waren. Aber ihm wurde schnell klar, dass Kapitän Duncan die Wahrheit gesagt hatte: Das Geschäft war schleppend und die Preise hoch. Zwischen Sierra Leone und Mana weiter im Süden lag kein einziges Sklavenschiff vor Anker, weil »das ganze Land sich im Feuer des Krieges« befand. Dieser Krieg sollte schließlich Versklavte produzieren, aber noch war dies nicht der Fall. Newton war daher gezwungen, Menschen zu kaufen, die er als Ware minderer »Güte« ansah. Am 7. Januar 1751 kaufte er eine Frau, »obgleich sie einen sehr schlechten Mund hatte«. Er begann unter Bedenken, mehr Kinder zu kaufen. Newtons Tagebuchaufzeichnungen enthalten wenige Informationen darüber, unter welchen Umständen diese Menschen versklavt worden waren. Später schrieb er jedoch, einige von ihnen seien Kriegsgefangene gewesen, andere verurteilte Straftäter, wieder andere seien als Versklavte in Afrika geboren und weiterverkauft worden, und einige seien schlicht entführt worden. Er war überzeugt, dass die meisten von ihnen tief aus dem Hinterland der Windward-Küste kamen. Möglicherweise waren ihren Körpern die Spuren der strapaziösen Reise anzusehen.

Anfang März tat sich eine zweifelhafte Gelegenheit auf: Newton wurde eine erstaunlich große Anzahl von Versklavten erster Güte zum Kauf angeboten. Er vermutete sofort – zu Recht – dass es sich hierbei um eine Gruppe von Gefangenen handelte, die vor kurzem rebelliert und ein nicht weit entfernt liegendes französisches Sklavenschiff »vertilgt«, den Kapitän und die Besatzung umgebracht hatten und entkommen waren, dann allerdings von Küstenhändlern erneut gefangengenommen worden waren und nun weiterverkauft wurden. Würde er gewalttätige Rebell*innen an Bord seines eigenen Schiffes nehmen? Würde er aus dem Unglück eines anderen Sklavenkapitäns

Nutzen ziehen? Newton entschied sich dafür. Er kaufte zwei große Partien, darunter »die Rädelsführer der Einnahme des Schiffes«. Es tat ihm »leid, wenn ich darüber nachdenke, dass ich dies dem Unglück eines Anderen verdanke, da sie alle Sklaven des Franzosen sind«. Dennoch sah er sich »gegenwärtig genötigt, mich zu verstellen und wenig verlauten zu lassen«; anderenfalls würde er »ohne jeglichen Nutzen für die Leidtragenden meinen eigenen Geschäften schaden«. Er beschloss, so viele der Versklavten zu nehmen, wie er bekommen konnte. Später erfuhr Newton zu seinem Trost von Henry Tucker, dass der französische Kapitän noch am Leben war; Tucker hatte ihn von örtlichen Entführern freigekauft. Dennoch: Sechs seiner Besatzungsmitglieder waren ermordet und drei gezwungen worden, über Bord zu springen. Newton hatte nun Menschen an Bord, die die Erfahrung eines beinahe geglückten Aufstands gemacht hatten.

Die Aufgabe, die ständig wachsende Anzahl von Versklavten auf dem Schiff zu bewachen, war nun wichtiger denn je, aber das Gleiche galt auch für die täglichen Arbeiten des Einkaufs und Stauens von Proviant, der Versorgung der Versklavten mit Essen und Wasser und der Reinigung ihrer Unterkünfte. Schon am 18. Dezember, kurz nachdem der Kauf von Versklavten begonnen hatte, vermerkte Newton: »Mit nunmehr 12 männlichen Sklaven an Bord [von 36] begann der Tag mit Ketten und Wachen.« Die Versklavten wurden als »Feinde« an Bord gebracht. Newton und seine Besatzung gingen davon aus, dass sie alles in ihrer Macht Stehende tun würden, um zu entkommen und ihre Freiheit wiederzuerlangen. Die männlichen Gefangenen wurden daher zu zweit aneinandergekettet, wie es üblich war, und bewaffnete Wachen patrouillierten regelmäßig über die Decks. Newton führte auch die Maßnahme ein, regelmäßig die Handfeuerwaffen abfeuern zu lassen – oft während der Essenszeit, wenn alle an Deck waren – ausdrücklich zum Zweck der Einschüchterung und Abschreckung. Anschließend wurden die Waffen gereinigt, neu geladen und für die nächste Salve (oder Schlimmeres) vorbereitet. Die Netze wurden repariert, um ein Entkommen zu verhindern, die Oberkante des Barricado wurde mit neuen Stacheln versehen, und die Unterkünfte der Versklavten wurden regelmäßig nach Waffen durchsucht. Am Abend des 6. Mai, schrieb der Kapitän, »fanden die Männer 2 Messer und einen Beutel mit kleinen Steinen im Raum der Männer«. Die männlichen Gefangenen waren mürrisch, und viele von ihnen sollten diese Haltung während der gesamten Reise beibehalten. Die »sengenden Tage und feuchten, nebligen Nächte« waren zunehmend spannungsgeladen.[13]

Newton ließ die Versklavten auf dem Unterdeck einsperren, wo sie einer fast unerträglich »heißen und faulen Luft« ausgesetzt waren. Nachts hatten die Gefangenen Mühe, sich ihren Weg durch die Menge und die Dunkelheit zu den ›Bedürfnis-Kübeln‹ zu bahnen, in die sie sich erleichtern sollten. Wütende Streitereien brachen aus: zwischen aneinandergeketteten Gefangenen, zwischen Menschen, die auf jemanden getreten waren, und der getretenen Person. Manchmal, so schrieb Newton, kippten die Kübel um, was eine ohnehin grauenhafte Situation noch schlimmer machte. Gleichzeitig zogen sich die Versklavten im Laufe der Zeit schwere Schürfwunden zu, sowohl wegen der Ketten als auch deshalb, weil sie aufgrund der ständigen heftigen Bewegungen des Schiffes auf den rohen Planken des Unterdecks umhergeworfen wurden. Es war jederzeit möglich, dass Newton und seine Besatzung, wenn bei gutem Wetter morgens die Grätings angehoben und die Versklavten zum ›Lüften‹, Essen und ›Tanzen‹ auf das Hauptdeck gebracht wurden, einen toten Menschen an einen lebenden gekettet vorfanden. Die Toten wurden über Bord geworfen; die Lebenden wurden an eine lange Kette gefesselt, die durch ihre Eisen gezogen und an Ringbolzen befestigt wurden, die in bestimmten Abständen im Deck verschraubt waren. Hier wurden die Gefangenen zweimal am Tag mit Essen versorgt: Saubohnen, Erbsen und Reis, vermischt mit etwas Salzfleisch.[14]

Newton legte Lebensmittelvorräte für den voraussichtlich langen Aufenthalt an der Küste und die *Middle Passage* an. Bei Gewitter sammelte er Regenwasser in Fässern, und bei jeder sich bietenden Gelegenheit kaufte er noch Wasser dazu. Er kaufte tonnenweise Reis, einen Korb nach dem anderen, vor allem im April, als es so aussah, als ob er die Küste bald verlassen würde. Er ließ den Schiffsofen nach mittschiffs verlegen, um mehr Platz zu schaffen und die Versorgung seiner wachsenden ›Fracht‹ mit Essen zu erleichtern. Er ließ die Besatzung die Unterkünfte der Versklavten putzen und sauberkratzen, um Exkremente und Dreck zu entfernen. Anschließend ließ er das Unterdeck mit »Teer, Tabak und Schwefel« ausräuchern, um die Unterkünfte zu desinfizieren und den Gestank zu neutralisieren.[15]

Wenig später wurde ein neuer Feind an Bord entdeckt: Auf der *Duke of Argyle* wimmelte es von Ratten. Newton schrieb, dass »Ratten, von denen wir ganz und gar überschwemmt sind, großen Schaden [an den Segeln] angerichtet haben«. Er hatte Katzen aus Liverpool mitgebracht, die allerdings gestorben waren, und nun ließen sich weder für Geld noch gute Worte neue auftreiben. Newton ließ seine Männer die beschädigten Segel flicken, stellte jedoch fest, dass die Ratten sie schneller zernagten, als sie repariert werden konnten. Binnen kurzem wurden die Ratten zu einem neuen Schrecken auf dem Schiff: »Wir haben so viele an Bord, dass sie im Begriff sind, alles zu verschlingen.« Die gefräßigen Tiere nagten die Schiffstaue an »und beißen die Leute sogar, wenn sie sie schlafend vorfinden«.

Die Führung seiner unbotmäßigen Besatzung war weiterhin ein Problem für Newton. Will Lapworth, einer der Matrosen, die im Austausch für seine vier Meuterer von der HMS *Surprize* an Bord gekommen waren, brach in die Offizierskajüte ein und zapfte ein Fass Branntwein an, was ihm seitens des Kapitäns einen kurzen Arrest in Eisen und ein »scharfes Dutzend« mit seiner neunschwänzigen Katze eintrug. Außerdem fand Newton heraus, dass sein Dritter Steuermann John Hamilton Erfahrungen unerwarteter Art im Sklavenhandel hatte: Er hatte »auf der letzten Reise irgendwo unterhalb des Cape Mount einen Mann erschossen«. Hamilton war gerade mit einem Boot in eben diese Gegend aufgebrochen, um dort Geschäfte zu machen, und Newton befürchtete Racheakte, etwas, wofür die Einheimischen in dieser Region bekannt waren.

Newton tauschte mit anderen Kapitänen an der Küste Informationen über Seeleute aus. So hörte er beängstigende Neuigkeiten über sein Schwesterschiff, die *Adlington*, die ebenfalls Mr. Manesty gehörte. Deren Barkasse war am Rio Sestos von Afrikaner*innen »vertilgt«, und »der Steuermann und 1 weiterer getötet« worden. Er wandte sich an Kapitän Jasper von der *Prince Henry* mit der Bitte »zu sehen, ob ich irgendwelche Männer bekommen könnte«. (Man bot ihm lediglich eine unerfahrene Landratte bei voller Heuer an, was er ablehnte.) Er erfuhr, dass die Kapitäne Pemberton, Freeman und Wainwright ihre Jollen an desertierende Besatzungen verloren hatten. Er fand es »seltsam, dass 3 aufeinanderfolgende Schiffe alle seeräuberische Mannschaften führten«. Die Frage, ob die Arbeits- und Lebensbedingungen der Seeleute an der Küste etwas mit diesem seltsamen Phänomen zu tun haben könnten, stellte er sich nicht.

Noch besorgniserregender als die Nachrichten über widerständige Versklavte und Seeleute war ihr Gesundheitszustand. Es war allgemein bekannt, dass das tropische Afrika für europäische Menschen tödlich war, was Kaufleute wie Manesty und Kapitäne wie Newton dazu veranlasste, große Besatzungen wie die der *Duke of Argyle* anzuheuern. Aber obwohl bei der Planung der Reise vorzeitiger Tod kaltblütig einkalkuliert war, war Krankheit ein ständiger Quell der Sorge, wie Newton selbst einige Jahre später schreiben sollte. Auf fast jeder Reise nahmen die Anzahl der Seeleute und ihre körperlichen Fähigkeiten in dem Maße ab, in dem die Anzahl der

Versklavten an Bord und damit die mit der Arbeit verbundenen Gefahren zunahmen.

Am 10. Dezember, kurz nachdem die *Duke of Argyle* die Küste erreicht hatte, begannen die ersten Besatzungsmitglieder zu sterben. Edward Lawson verschied an einem Fieber und wurde eilends begraben, »weil er höchst ekelhaft war«. Einen Monat später kehrte eine Gruppe von Matrosen, die mit dem Boot unterwegs gewesen war und Reis, Elfenbein, Rotholz und elf Versklavte gekauft hatte, in extrem schlechter Verfassung zum Schiff zurück. Ein Mann war bereits gestorben und an Land begraben worden; vier weitere waren so krank, dass sie von den Frauen, die sie gerade gekauft hatten, zum Schiff zurückgerudert werden mussten. Einer von ihnen starb wenig später an einem »Nervenfieber«. Mittlerweile erkrankten der Schiffsarzt und mehrere der Versklavten. Newton sicherte sich schnell die Dienste eines Arztes von einem nahegelegenen Guineafahrer, der an Bord kam und tat, was er konnte, nämlich, wie sich herausstellte, gar nichts. Binnen kurzem starb der Erste Steuermann John Bridson an dem »heftigsten Fieber, welches ich je gesehen habe«, so Newton. Die wenigen gesunden Besatzungsmitglieder begruben die Toten, so gut sie konnten.

Am 9. Januar begannnen die Versklavten zu sterben. Als erste starb laut Newton »eine stattliche weibliche Sklavin, Nr. 11«; sie starb an einer »schlafsüchtigen Krankheit, von welcher sie selten genesen«. (Tote Besatzungsmitglieder wurden namentlich genannt und begraben, während bei verstorbenen Afrikaner*innen nur die Nummer genannt wurde, die ihnen zugewiesen wurde, wenn sie an Bord kamen, bis sie als Mahlzeit für die wartenden Haie über die Reling geworfen wurden.) Aus Angst vor einer Epidemie befahl Newton der Besatzung, die Räume sauberzukratzen, das Schiff zwei Stunden lang auszuräuchern und die Decks mit Essig zu schrubben. Aber auf dem Unterdeck wütete der Tod weiter: ein »männlicher Sklave, Nr. 6«, ein Junge, »Nr. 27«, ein Mann, »Nr. 33«. Sie alle starben an einer Ruhr, die »alle unsere Arzneien unwirksam machten«. Während der Aufenthalt an der Küste sich hinzog und die Regenzeit bedrohlich näher rückte, wurde noch ein weiteres Dutzend Menschen krank. Nr. 100, 79 und 92 starben. Letztere, ein Mädchen, schickte Newton an Land zu einem schwarzen Händler, nicht um ihrer Genesung willen, sondern »um das Schiff von einem Ärgernis zu befreien«. Anscheinend hatte sie nicht so still vor sich hingelitten, wie es dem Kapitän genehm gewesen wäre. Die *Duke of Argyle* hatte nun »das melancholische Aussehen eines kranken Schiffes«, und die Lage verschlimmerte sich bald dermaßen, dass Newton sich gezwungen sah, die Gottesdienste ausfallen zu lassen. Doch Anfang Mai hatte sich die Lage stabilisiert. Newton schrieb: »Ich meine wohl, dass meine Geschäfte auf dieser Reise beendet sind.« Zehn Tage später sollte er die Anker lichten und Kurs auf Antigua nehmen, erleichtert, dass der gefährlichste Teil der Reise vorbei war.

Aber schon bald nach Verlassen der afrikanischen Küste mochte Newton seine Entscheidung, die Versklavten zu kaufen, die sich auf dem französischen Sklavenschiff erhoben hatten, bereut haben. Am Abend des 26. Mai reichte ein junger Mann, der »während der ganzen Reise nicht in Ketten gewesen war – anfangs wegen eines großen Geschwürs, danach wegen seines dem Schein nach guten Betragens« –, einen großen Marlspieker durch die Grätings an die versklavten Männer herunter, die ihn dazu benutzten, sich von ihren Ketten zu befreien. Dies ging schnell und leise vor sich, da es »ein Werkzeug war, welches keinen Lärm verursachte«, bis »beinahe 20 von ihnen ihre Fesseln aufgebrochen hatten«. Dennoch dauerte es nicht allzu lange, bis das Vorhaben der Männer entdeckt wurde. Newton schrieb, ein Matrose habe gesehen, wie der junge Mann den Marlspieker nach unten gereicht habe (wobei es ein Rätsel bleibt, warum dies eine Stunde lang nicht gemeldet wurde). Newton ließ alle Aufständischen sofort wieder in Ketten legen. Am nächsten Tag »bestrafte [ich] 6 der Rädelsführer des Aufstands«, aber er erwähnt nicht, worin diese Bestrafung bestand. Es ist anzunehmen, dass sie mit der neunschwänzigen Katze ausgepeitscht und mithilfe der Daumenschrauben gefoltert wurden. Außerdem ließ er den Zimmermann das hintere Schott reparieren, das die Aufständischen unter Deck beschädigt hatten.

Newton betrachtete es als »Gunst der Vorsehung«, dass er und seine Mannschaft überlebt hatten. »Es war eine außerordentlich gut ausgesonnene Verschwörung«, schrieb er, »die uns viel Ungemach und Schaden verursacht hätte, wären sie auch nur eine Stunde länger alleingelassen worden.« Auch was den Zeitpunkt des Aufstandsversuch betraf, hatte er das Gefühl, Glück gehabt zu haben: »Ich habe allen Grund, dankbar zu sein, dass sie keine Anschläge an der Küste versuchten, als oft 7 oder 8 unserer besten Männer zugleich vom Schiff fort waren und die Übrigen beschäftigt.« Ihm war auch klar, dass der Widerstand sich fortsetzen würde. Die Versklavten »sehen immer noch sehr missmutig und mürrisch aus und haben gewiss Unheil im Sinn, wenn sie nur eine Gelegenheit finden könnten, es herauszulassen«. Er hoffte, dass die öffentlichen Bestrafungen (worin auch immer sie bestanden haben mögen) und das Abfeuern von Waffen es ihm und der Besatzung mit

»Gottes Hilfe« ermöglichen würden, »sie nun gänzlich in Schach zu halten«. ›In terrorem‹ war an der Tagesordnung.

Einige Wochen später gab es einen weiteren beängstigenden Vorfall. Wie es schien, hatten einige der versklavten Männer »Mittel gefunden, das Wasser in den Trinkwassertonnen an Deck zu vergiften«. Es war ihnen gelungen, einen der »Fetische ihres Landes« oder »Talismane« – zweifellos mit einem Fluch belegt – in eine Wassertonne zu werfen. Newton glaubte, dies habe den Zweck gehabt, »alle zu töten, die davon tranken«, aber seine anfängliche Angst verwandelte sich in Spott über die abergläubischen Heiden. Er schloss mit den Worten: »Wenn es Gott gefällig ist und sie keine schlimmeren Anschläge gegen uns verüben, als uns zu Tode zu bezaubern, werden sie uns nicht viel schaden, aber es zeigt, dass es ihnen nicht an Absicht mangelt.«

Es sollte noch weitere Todesfälle auf *der Duke of Argyle* geben, sowohl unter den Seeleuten als auch unter den Versklavten, aber das Schiff brachte die *Middle Passage* erfolgreich hinter sich und erreichte am 3. Juli 1751 Antigua. In Newtons Tagebuch findet sich keine Erwähnung des Verkaufs der 146 Menschen, die die Überfahrt in die Karibik überlebt hatten. Er vermerkte in geschäftsmäßigem Ton, dass er eine neue Ladung an Bord genommen und die Heimreise nach Liverpool »sehr voll und schwer bepackt« angetreten habe. Auf der Heimfahrt starb erst sein Freund Dr. Robert Arthur; dann geriet das Schiff in einen Orkan, der die Besatzung zwang, unablässig zu pumpen, um das Untergehen des Schiffes zu verhindern. Am 7. Oktober 1751 erreichte er in Liverpool. Sein Tagebuch endet mit den Worten »Soli Deo Gloria« [Gott allein die Ehre].

Sowohl für den Schiffseigner als auch für den Kapitän war die Reise ein Misserfolg gewesen. Fast ein Viertel von Newtons Besatzungsmitgliedern (sieben von dreißig) und etwa ein Sechstel der Versklavten (28 von 164) waren tot. Wäre Newton in der Lage gewesen, 250 Versklavte an Bord zu nehmen, wie von Mr. Manesty gewünscht, wäre letztere Zahl zweifellos höher gewesen. Ein Sklavenschiff hatte in erster Linie, wie Newton später erklärte, »voll zu sein«. Das war sein Schiff nicht gewesen, und in der Differenz zwischen dem angestrebten und dem tatsächlichen Ladungsumfang lag einer der Hauptgründe dafür, dass die Fahrt nicht profitabel gewesen war. Newtons Karriere als Sklavenschiffskapitän ließ sich holprig an.[16]

DIE ZWEITE FAHRT, 1752–53

Als John Newton sein neues Schiff, die *African*, das erste Mal sah, war es noch im Bau und stand »auf Stapel«, das heißt, auf den Stapelblöcken auf Fisher's Werft in Liverpool. Bei der Feier zum Stapellauf des Schiffes hielt er sich zurück: Er war der Ansicht, dass der Anlass nach einem ernsthafteren Auftreten verlangte. In den Monaten zwischen seiner ersten und seiner zweiten Fahrt hatte Newton sich einer tieferen Religiosität zugewandt; außerdem hatte er begonnen, ein spirituelles Tagebuch zu führen, eine Entscheidung, für die er drei Gründe nannte: »um mir einen tiefen Begriff meiner vormaligen Sünden und Torheiten zu geben«, um »meinen Geist zu erweitern« und um »mein Herz zu stillen, dass es in vollkommenem Frieden & Erbarmen mit dem ganzen Menschengeschlecht sei«. In der Befürchtung, er könne in alte Gewohnheiten zurückgefallen sein, gelobte er, zweimal am Tag zu beten, die Bibel zu studieren, den Sabbattag strikt einzuhalten, anderen ein Vorbild und »ein guter Soldat unter dem Banner Jesu Christi« zu sein. Im Bewusstsein seines früheren Misserfolgs und in der daraus resultierenden Angst vor »Verderben« betete er mit großer Ernsthaftigkeit für den Erfolg der Reise.[17]

Die *African* verließ Liverpool am 30. Juni 1752. Wie die *Duke of Argyle* war auch dieses Schiff eine Schnau von bescheidener Ladekapazität: einhundert Tonnen. Mr. Manesty verdiente offensichtlich trotz Newtons nicht gerade profitabler Fahrt gut am Sklavenhandel. Ein weiteres Mal beauftragte der Schiffseigner den Kapitän, 250 Versklavte an der Windward-Küste (Sierra Leone, Rio Nuñez, Kap Mesurado, Kap Pal) an Bord zu nehmen, diesmal mit der Weisung, sie nach St. Kitts zu bringen. Die Besatzung war etwas kleiner – siebenundzwanzig – aber die Aufgabenverteilung die gleiche. Nur zwei Besatzungsmitglieder der vorhergehenden Fahrt, der Proviantmeister Joseph Fellowes und der Lehrling Robert Cropper, musterten erneut an.[18]

Abgesehen von einem heftigen Unwetter, von dem die *African* am 11. November gebeutelt wurde und in dem mehrere Seeleute vom Blitz getroffen wurden, verlief die Hinfahrt ruhig und ohne Zwischenfälle. Newton scheint seinem Studium der Bibel, des Lateinischen, Französischen, der Klassiker und der Mathematik mehr Aufmerksamkeit gewidmet zu haben als der Führung des Schiffes, was sich als Fehler herausstellen sollte. Er machte regelmäßig ausführliche Einträge in sein spirituelles Tagebuch und teilte seinen Tagesablauf akribisch in Zeiten des religiösen Studiums, der Bewegung und der Ruhe ein. Er war der Ansicht, dass das Leben auf See einem »erwachten Geist« dienlich sei, vor allem dann, wenn man »grobe Unregelmäßigkeiten bei anderen im Zaum halten« könne. Am Donnerstag, dem 13. August, schrieb er, dass er in Sierra Leone angekommen sei, »alle wohlauf, und ohne den geringsten Unfall, & kaum die geringste Unannehmlichkeit auf der Überfahrt«. Er nannte sein Schiff ein »Friedensreich«.[19]

Newton entwickelte bald ein besonderes Interesse daran, die »groben Unregelmäßigkeiten« unter seinen Matrosen einzudämmen, was sich darin ausdrückte, dass er sich mit der Besserung ihres Charakters und der Rettung ihrer Seelen zu befassen begann. Er sinnierte über den »stumpfen unwissenden & allzu oft verhärteten Stand der meisten Seeleute«, ihre Verderbtheit, Gottlosigkeit und Ignoranz und die vielen Gefahren, denen sie ausgesetzt waren, vor allem auf Afrikafahrten. Er stellte fest, dass »gewinnbringende Abenteuer« wie der Sklavenhandel häufig viele Menschen das Leben und die Seele kosteten. Er beschloss, jeden Sonntag zwei obligatorische Andachten abzuhalten und darauf zu bestehen, dass der Tag des Herrn strikt eingehalten wurde. Die Besatzung scheint seine Seelsorge allerdings nicht begrüßt zu haben: Nichts in seinen Schriften deutet darauf hin, dass der fromme Kapitän bei irgendjemandem den geringsten Erfolg verzeichnen konnte.[20]

Die »groben Unregelmäßigkeiten« setzten sich nicht nur fort, sie nahmen zu. Während der Kapitän mit seinen Andachtsübungen beschäftigt war, organisierten einige seiner Leute eine Meuterei. Soviel zur christlichen Brüderlichkeit. Am 15. November informierte der Matrose William Cooney den Kapitän, dass Richard Swain versucht habe, ihn dazu zu überreden, ein sogenanntes *round-robin* zu unterschreiben, ein aufrührerisches Dokument, in dem Seeleute einander Loyalität und Geheimhaltung bei subversiven Unternehmungen schworen – in diesem Fall, wie es scheint, sich des Schiffes zu bemächtigen und als Piraten zu fahren. Newton war hocherstaunt: »Ich wähnte mich sehr sicher vor jeglicher Gefahr dieser Art, da sich alle während der gesamten Reise sehr ruhig betragen haben und ich mich nicht an die geringste Klage oder Beschwerde erinnern kann.« War er zu unbeteiligt gewesen; hatte er dem Gemurre der Mannschaft zu wenig Beachtung geschenkt? Plötzlich waren »die Zeiten heikel«. Newton und die ihm loyalen Besatzungsmitglieder mussten ständig »auf der Hut vor den Sklaven und den *round robin*-Herren« sein. Dass Newton, wie er erklärte, »noch nicht in der Lage [war] herauszufinden, wer in dieser Bande ist und wer nicht«, machte die Situation noch heikler.[21]

Ein zweiter Informant, der Matrose John Sadler, sagte, er habe, während er bei Shebar auf der Barkasse gearbeitet habe, von Weitem mit angehört, wie mehrere Seeleute, darunter Swain und John Forrester, über die Verschwörung gesprochen hätten. Einer von ihnen habe gesagt, dass »jemand dafür zahlen müsse, und der andere, er sei sich sicher, dass das gesamte Schiffsvolk ihn [unterstützen?] würde, wenn er nur das Zeichen dazu gäbe. Bei einer anderen Gelegenheit hörte Sadler Forrester »rundheraus« sagen, dass er »Mr. Welsh, den Arzt, töten oder zumindest nur knapp am Leben lassen würde«. Sadler schloss mit seiner gravierendsten Anschuldigung: Einige Tage zuvor, als er mit der Jolle an Land gewesen sei, habe »Swain versucht, ihn und die anderen zu überreden, sich mit [der Jolle] abzusetzen«.

Was Newton rettete, war, wie er glaubte, der Ausbruch einer Krankheit: »Ich habe Grund zu der Vermutung, dass diese Krankheit, welche wir während der letzten drei Tage [ab dem 12. November] an Bord gehabt haben, einen schwarzen Plan vereitelt hat, als er fast reif zur Ausführung war, und der unerwartete Aufenthalt des Bootes brachte ihn an den Tag.« Forrester und ein weiterer an der Verschwörung beteiligter Matrose, Peter Mackdonald, wurden krank, was die Ausführung des Plans verzögerte, und als Swain – ebenfalls verspätet – mit der Jolle zurückkehrte, hatte Cooney Newton bereits von der Verschwörung erzählt. Sobald Swain zurückkam, ließ der Kapitän ihn in Hand- und Fußschellen legen. Forrester erfuhr die gleiche Behandlung, sobald er gesund genug dafür war. Mackdonald, der »während seiner ganzen Krankheit von Sinnen war und Wahnwitz redete«, drohte das gleiche Schicksal, aber er starb.[22]

Newton war sich unsicher, wie er die Meuterer bestrafen und seine Autorität bei der Besatzung wiederherstellen sollte. Er entschied sich offensichtlich dagegen, Swain und Forrester auspeitschen zu lassen, zum Teil, wie es scheint, aus Sorge, dies könne die Unzufriedenheit unter ihren noch nicht identifizierten Unterstützern auf dem Schiff weiter schüren. So beschloss er, die Meuterer nicht mit Härte zu behandeln, »aber dennoch denke ich nicht, dass es mir freisteht, die Sache stillschweigend fahren zu lassen, damit derlei Unterfangen nicht befördert werden«. Folglich machte er sich nun daran, die Anführer der versuchten Meuterei von seinem Schiff zu bekommen. Er wandte sich an Kapitän Daniel Thomson von der *Earl of Halifax*, der »ein großes, klares Schiff« (d.h. keine Versklavten an Bord) hatte, mit der Bitte, ihm Swain und Forrester abzunehmen und an das erstbeste Kriegsschiff zu übergeben, das ihm begegnen würde. Thomson war nicht begeistert von der Idee, aber schließlich es gelang Newton, ihn zu überreden.[23]

Newton kam zu dem Schluss, dass er durch »ein sichtbares Eingreifen göttlicher Vorsehung« gerettet worden sei, und war der Überzeugung, »über meine Errettung nachsinnen« zu müssen. Er dankte Gott und sprach sogar ein besonderes Gebet, in dem er dafür Dank sagte, dass er vor diesem »Unheil der schwärzesten Art« bewahrt worden war. Es habe, wie er erklärte, als er die Situation schließlich im Griff hatte, die Apokalypse gedroht. Nachdem er Swain und Forrester losgeworden war, schrieb er: »Ich bin sehr froh darüber, sie vom Schiff zu haben, denn obgleich ich sagen muss, dass sie sich in ihrer Haft ruhig betrugen, so konnte ich doch nicht anders, als in beständiger Unruhe zu sein, da ein solches Zeichen der Uneinigkeit unter uns für die Sklaven eine große Ermutigung darstellte, lästig zu werden, und ich mag nicht ausschließen, dass sie sich zusammengetan hätten, wenn es jemals zum Äußersten gekommen wäre.« So konnte ein »schwarzer Plan« zum anderen führen – oder, noch schlimmer, zu einem Plan, der schwarz *und* weiß war.[24]

Kurz nachdem Swain und Forrester die *African* verlassen hatten, stellte Newton fest, dass seine Befürchtungen gerechtfertigt waren. Er war anscheinend selbst unter Deck gegangen und »überraschte 2 von ihnen [den Versklavten], bei dem Versuch, ihre Ketten loszuwerden. Er ordnete umgehend an, die Männerunterkunft zu durchsuchen und mehrere der »Jungen«. zu verhören, die sich auf dem Schiff frei bewegen konnten. Bei den Männern wurden »einige Messer, Steine, Schrot usw. und ein Flachmeißel« gefunden. Nun ließ Newton eine eingehende Untersuchung durchführen. Da er den Verdacht hatte, dass einige der Jungen die Werkzeuge an die Männer weitergegeben hatten, ließ er sie in Ketten legen und begann sie zu foltern, »um sie zu einem vollständigen Geständnis zu nötigen«. Er ließ ihnen Daumenschrauben anlegen, die er »ein wenig« anziehen ließ. Schließlich identifizierte er acht Männer als Kern der Verschwörung und vier Jungen als diejenigen, die ihnen die »Geräte« geliefert hatten. Am nächsten Tag »befragte« er die versklavten Männer, wahrscheinlich unter Einsatz der Daumenschrauben und um einiges härter als »ein wenig«. Er ließ sechs von ihnen bestrafen, wahrscheinlich mit der neunschwänzigen Katze, und »legte 4 von ihnen in Halseisen«, eiserne Vorrichtungen, die Bewegungen aller Art schwierig machten und Liegen fast unmöglich. Nun begann er sich Sorgen zu machen, er könne »knapp an Männern« sein – ihm blieben nur noch zwanzig Besatzungsmitglieder, darunter mehrere junge Lehrlinge, zur Bewachung einer wachsenden Anzahl von Versklavten, darunter vieler Männer – und beschloss, die schwarzen Rädelsführer auf die gleiche Weise loszuwerden wie die weißen: an die *Earl of Halifax*.

Ein weiteres Mal hatte die »göttliche Vorsehung« eingegriffen, und Newton gab seinem Dank in einem Gebet Ausdruck, das er in seinem spirituellen Tagebuch aufzeichnete:

> O meine Seele, lobe den Herrn, deinen stets gnädigen Hüter. Herr gib mir die Gnade, Dich immer barmherzig vor meine Augen zu stellen & zu wissen, dass ich nur in Dir stehe: & mich zu befähigen – angesichts dessen, dass diese Unfälle so häufig & plötzlich sind & ich keinen anderen Grund habe anzunehmen, dass ich immerwährend von ihren Folgen ausgenommen sein werde, als meine lange Erfahrung Deiner vorzüglichen Gunst – mich in beständiger Bereitschaft zu halten, so dass ich, falls Du es dermaleinst für füglich halten solltest, mich vermittelst einer unglücklichen Fügung abzuberufen, bevor ich darauf gefasst bin, im Gange meiner Pflichten angetroffen werden mag & nicht übermäßig verstört sein mag, sondern vermittels der Gnade, welche mich in den Stand setzt, im Glauben den Beistand meines Erlösers zu ergreifen, willens sein werde, getrost meinen Geist in deine barmherzigen Hände zu befehlen & sogleich vom Tod ins ewige Leben überzugehen. Amen.

Mit diesem Gebet erkannte er die Allgegenwart des Todes im Sklavenhandel an. Er bat Gott nicht darum, daran etwas zu ändern – es lag in der Natur des Geschäfts, in dem er tätig war – sondern darum, ihm darin beizustehen, auf die *Ankunft* des Todes vorbereitet zu sein. Hierin bestanden Newtons spirituelle Exerzitien im Gefolge des Sklavenaufstands.

Gegen Ende des Jahres war es Newton gelungen, die Ordnung an Bord und das Vertrauen in sein eigenes Kommando wiederherzustellen. Am 31. Dezember gab er in seinem spirituellen Tagebuch seiner Dankbarkeit für seine Gesundheit und sein »Fröhliches Gemüt« Ausdruck. Am Neujahrstag blickte er prüfend auf seine Vergangenheit zurück und ließ sowohl seine Sünden gegen Gott, die zu zahlreich waren, um einzeln aufgeführt zu werden, als auch seine Segnungen Revue passieren: Gesundheit, Freunde, die Gunst seines Arbeitgebers, seine Frau. Abschließend zählte er die Situationen auf, in denen er errettet worden war. Er »wurde besonders vor unbemerktem Übel bewahrt durch die frühzeitige Entdeckung der Verschwörung, in welche meine Leute sich eingelassen hatten, & danach einer weiteren unter den Sklaven.« Er wollte diese Vorfälle nicht nur niederschreiben, sondern »eingeprägt in meinem Herzen« tragen. Auf diese Weise »können sie stets zur Hand sein, um in Zeiten der Sicherheit meine Dankbarkeit zu erwecken, & meinen Mut und mein Vertrauen zu erhalten, wenn andere Gefahren zu drohen scheinen«. Er war »leichten und zufriedenen Gemütes«, aber er wusste, dass dies nicht von Dauer sein würde: Die Gefahren, die ihn umgaben, waren zu groß.[25]

Am Nachmittag des 31. Januar »verleitete« William Cooney, der Mann, der seine Mitmatrosen denunziert hatte, »eine Sklavin in den Raum hinab und legte sich wie ein Tier zu ihr vor den Augen des gesamten Achterdecks«. Die Frau, die vergewaltigt worden war und die wir nur als Nummer 83 kennen, war schwanger. Newton ließ Cooney in Eisen legen und schrieb in sein Tagebuch: »Ich hoffe, dass dies der erste Vorfall dieser Art an Bord war, und ich bin entschlossen, sie ruhig zu halten, wenn möglich.« Es ist unklar, was er mit »sie ruhig halten« meinte. Meinte er, dass er Vorkommnisse dieser Art totschweigen wollte? Meinte er, dass er Seeleute wie Cooney, die gewohnheitsmäßig sexuelle Gewalt ausübten, ruhigstellen wollte? Oder meinte er, dass er mit lautstarken Protesten der Versklavten rechnete, wenn sie von dem Vorfall erfuhren? Newtons Schlussbemerkung deutet darauf hin, dass seine Sorge dem Zustand seiner Ware galt: »Wenn der Frau etwas zustößt, so werde ich es ihm zurechnen, denn sie war hochschwanger.«

Kurze Zeit später hatte Newton einen seltsamen, verstörenden Traum. Er wurde von einem Skorpion gestochen und bekam von einem Fremden »Öl«, das die Schmerzen lindern sollte. Die unbekannte Person sagte ihm, dass dieser Traum »etwas vorhersage, das in Kürze eintreffen werde«, aber Newton solle keine Angst haben, da er keinen Schaden nehmen werde. Was bedeutete dieser Traum? Wer war der Skorpion, was war der Stachel, und wer war der heilende Helfer? Waren es die Matrosen, die Meuterei und der Denunziant William Cooney? Waren es die Versklavten, der geplante Aufstand und die Jungen, die ihn unter Zwang verraten hatten? Der Kapitän kam zu dem Schluss, dass der Stich von einem reichen schwarzen Sklavenhändler namens Bryan herrührte, der Newton beschuldigt hatte, sich »zu einer seiner Frauen gelegt zu haben, als er an Land war«. Nun wagte Newton es nicht, an Land zu gehen, um Geschäfte zu tätigen, aus Angst, sich »inmitten einer käuflichen, aufgebrachten Rotte wiederzufinden, welche stets Gift bereit hat, wo sie es nicht wagt, sich offener Rachemethoden zu bedienen«. Newton verfasste in Anwesenheit eines anderen Kapitäns, seines Steuermanns und seines Schiffsarztes eine Unschuldserklärung und schickte sie an den Händler an Land. Dann verkaufte er seine Barkasse für vier Tonnen Reis und segelte davon.

Newton hatte achteinhalb lange Monate an der Küste verbracht, um seine menschliche Fracht zu kaufen und an Bord zu bringen. Auch diesmal war sein Schiff von Krankheiten geplagt worden, wobei er allerdings nicht so gewissenhaft wie auf der ersten Reise die Todesfälle registriert hatte. Vielleicht hatte er sich daran gewöhnt; vielleicht wollte er auch keine schriftlichen Aufzeichnungen über die Sterberate hinterlassen, die von seinem Arbeitgeber hätten eingesehen werden können. Auf jeden Fall fand er, dass seine Geschäfte besser gelaufen waren als die der meisten anderen Kapitäne, die zur gleichen Zeit an der Küste vor Anker gelegen hatten, und nun, da die Gesundheit und Stimmung der versklavten Männer sich besserten, schien ihm auch das Glück wieder hold zu sein. Er hatte Monate in »fortdauernder Unruhe über ihre beinahe verzweifelten Versuche, sich gegen uns zu erheben«, zugebracht und gewusst, dass sie, »wenn sie am ruhigsten waren, immer nach Gelegenheiten ausschauten«, und nun stellte er fest, dass sich ihre Haltung, selbst ihre »Stimmungen« zu ändern schienen. Ihm zufolge begannen sie sich »mehr wie Kinder in einer Familie als Sklaven in Eisen und Ketten« zu verhalten und waren »wirklich in allen Stücken ehrerbietiger, gefälliger und bedachtsamer als unsere weißen Leute«. Newton war erfreut, aber nicht erfreut genug, um in seiner Wachsamkeit nachzulassen. Er und seine Mannschaft bewachten die Versklavten weiterhin, »wie Brauch und Vorsicht es anraten«; und er zitierte aus der Bibel, um zu verdeutlichen, wie angreifbar er war: »Wo der HErr nicht die Stadt behütet, so wacht der Wächter umsonst.« Dies, so meinte er, gelte für jedes Schiff, »und es gilt noch merklicher auf einem Guineaschiff«.

Als sich die *African* St. Kitts näherte, wies Newton seine Matrosen an, die menschliche Ware für den Verkauf vorzubereiten: Sie »schoren die Stirnen der Sklaven«. Er befürchtete, dass der Markt schwach sein und eine weitere Fahrt, möglicherweise nach Jamaika oder Virginia, nötig machen würde. Unter Verweis auf seinen langen Aufenthalt an der afrikanischen Küste und die ungewöhnlich lange *Middle Passage* schrieb er am 3. Juni: »Wir haben die männlichen Sklaven schon so lange an Bord, dass ihre Geduld fast erschöpft ist, und ich bin gewiss, dass sie schnell verscheiden würden, wenn wir noch eine Reise machen müssten.« Seine Befürchtungen sollten sich als unbegründet erweisen: Er verkaufte seine gesamte ›Fracht‹ von 167 Männern, Frauen und Kindern in St. Kitts. Nach einer Heimreise ohne besondere Vorkommnisse erreichte Newton am 29. August 1753 Liverpool.

Wieder einmal war Newton hinter den Erwartungen seines Schiffseigners zurückgeblieben, obwohl er mehr Erfolg gehabt hatte als auf der vorhergehenden Reise. Er hatte nur 207 Versklavte an Bord genommen, statt der verlangten 250, und die Sterblichkeitsrate war höher gewesen als auf der ersten Reise. Er hatte 40 Versklavte verloren, 19,3 Prozent der Gesamtzahl. Bei den Matrosen sah es besser aus; nur einer von siebenundzwanzig war gestorben. Aber für Mr. Manesty bedeutete dies keine Einsparung (im Gegensatz zu den vier Deserteuren und den drei von Newton vorzeitig entlassenen Männern, an denen er gespart hatte, weil er ihre Heuer für die Rückreise nach Liverpool nicht zahlen musste). Wieder einmal klagte Newton, dass der Sklavenhandel an der Windward-Küste »so übermäßig« betrieben werde.

DIE DRITTE FAHRT, 1753–54

Nach einem kurzen Aufenthalt von nur acht Wochen verließ Newton Liverpool am 23. Oktober 1753, um seine dritte Reise als Kapitän eines Sklavenschiffes anzutreten. Mr. Manesty behielt ihn in seinen Diensten und gab ihm erneut das Kommando über die *African* für eine weitere Reise an die Windward-Küste und nach St. Kitts. Diesmal heuerte Newton einige Männer mehr an – insgesamt dreißig, wie schon auf seiner ersten Reise – wahrscheinlich eingedenk der Krankheiten und des abgewendeten Aufstands der Versklavten auf der vorhergehenden Reise. Die Arbeitsteilung blieb die gleiche, bis auf eine Ausnahme: Newton heuerte einen Freund an, einen alten Seebär namens Job Lewis, der Pech im Leben gehabt hatte und nun als »Freiwilliger und Kommandeur des Kapitäns« mitfuhr. Vier Besatzungsmitglieder der vorhergehenden Reise musterten erneut an: Der Erste Steuermann Alexander Welsh, der Zweite Steuermann James Billinge und die Lehrlinge Robert Cropper und Jonathan Ireland. Erstere hatten Anreize und Letztere wahrscheinlich keine Wahl. Es ist durchaus aufschlussreich, dass keiner der gemeinen Matrosen erneut anheuerte. Vielleicht lag es an den obligatorischen Gottesdiensten.[26]

Wieder einmal folgte Newton einem geordneten und methodischen Tagesablauf. Er stand früh auf, ging auf Deck auf und ab, las zwei oder drei Kapitel aus der Bibel und aß sein Frühstück. Jeden Sonntag um 11 Uhr hielt er einen Gottesdienst für die Besatzung ab. Um 4 Uhr nachmittags nahm er seinen Tee ein, gefolgt von einer weiteren »Bibelstunde« und einem Spaziergang. Dazwischen ging er seinen Aufgaben nach, wobei seine Aufzeichnungen deutlich erkennen lassen, dass er sich immer weniger für weltliche Angelegenheiten und immer mehr für seine göttliche Berufung interessierte. Er schrieb mehr über sein spirituelles Leben und weniger über die täglichen Abläufe auf dem Schiff. Dennoch blieb er in Bezug auf seine Geschäfte optimistisch. Kurz nach Beginn der Reise schrieb er: »Wir sind alle bei guter Gesundheit und guten Mutes«, und gab seiner Hoffnung auf eine schnelle Überfahrt Ausdruck. Am 3. Dezember 1753 erreichte er ohne größere von Natur oder Menschenhand verursachte Zwischenfälle die afrikanische Küste.

Newton musste einige Male Disziplinierungsmaßnahmen gegen die Besatzung anwenden, aber keiner dieser Anlässe war so schwerwiegend wie die gerade noch verhinderte Meuterei auf der vorhergehenden Fahrt. Am 21. Dezember sah er sich mit einer den Zimmermann betreffenden heiklen Entscheidung konfrontiert: Einerseits war der Mann aufsässig gewesen, hatte sich Befehlen anderer Offiziere widersetzt, wenn Newton nicht an Bord gewesen war, und den Zweiten Steuermann sogar »grob misshandelt«, aber andererseits war er noch nicht mit dem Bau des so sehr notwendigen Barricados fertig. Newton gab ihm zwei Dutzend Hiebe mit der neunschwänzigen Katze, fügte aber hinzu: »Ich konnte es mir nicht leisten, ihn in Eisen zu legen«. Zwei Tage später schrieb er: »Zimmermann an der Arbeit am Barricado«. Im weiteren Verlauf des Aufenthalts an der Küste musste Newton sich auch mit einem Fall von Desertion befassen: Ein Besatzungsmitglied namens Manuel Antonio, ein portugiesischer Seemann, der in Liverpool an Bord gekommen war, setzte sich ab, als das Boot, auf dem er arbeitete, in Cachugo anlegte. Er hatte vorgebracht, er sei grob behandelt worden, aber alle Offiziere schworen (vielleicht nicht unbedingt wahrheitsgemäß), er sei »niemals von jemandem geschlagen worden«. Newton glaubte, der Mann sei desertiert, weil er dabei gesehen worden war, wie er »einige Messer und Tabak aus dem Boot stahl«.[27]

Kurz nach seiner Ankunft an der Küste erfuhr Newton die örtlichen Neuigkeiten: Die *Racehorse* war »vertilgt« worden, die *Adventure* aufgrund eines Aufstands »völlig verloren«, und drei Besatzungsmitglieder der *Greyhound* waren in Kittam getötet worden. Der Handel war schleppend und die »Schändlichkeit« der Händler groß. Newton hatte schnell genug vom »Lärm, der Hitze, dem Rauch und dem Geschäft« des Sklavenhandels. Er geriet mit Job Lewis aneinander, der mit seiner gotteslästerlichen Art seinen eigenen erhofften christlichen Einfluss auf die Mannschaft untergrub. Er scheint sich Sorgen über Angriffe sowohl von innerhalb als auch von außerhalb des Schiffes gemacht zu haben und schloss daher ein Zweckbündnis mit Kapitän Jackson (wahrscheinlich der Kapitän, mit dem er als Steuermann gesegelt war). Darüber hinaus machte er sich zunehmend Sorgen wegen »schmutziger Geldangelegenheiten« – würde diese Reise zu einem weiteren Fehlschlag werden? An seine Frau Mary schrieb er zu seinem eigenen Trost: »Wir mögen vielleicht nicht reich sein – es tut nichts. Wir sind reich an Liebe.« Dies war kein Gedanke, der auf Mr. Manesty Eindruck machen würde.[28]

Newton beschloss ein weiteres Mal, ein Unglück zu seinem Vorteil zu nutzen. Am 30. Dezember kaufte er die *Racehorse*, vermutlich von den Susu, die das Schiff in die Hände bekommen und wahrscheinlich geplündert hatten. Die *Racehorse* war ein kleines Schiff – fünfundvierzig Tonnen – aber sie hatte einen neuen Kupferbeschlag. Newton zahlte die bescheidene Summe von 130 Pfund für das Schiff und setzte seinen Freund Job Lewis als Kapitän ein. Die *Racehorse* musste neu ausgerüstet werden, was etwa drei Wochen in Anspruch nahm. Ein schwerer Rückschlag ereignete sich am 21. Februar, als Kapitän Lewis starb. Newton verteilte seine Kleidung unter den Offizieren und beförderte den Ersten Steuermann Alexander Welsh zum Kapitän. Er hoffte, dass der Kauf der *Racehorse* Mr. Manestys Interessen dienlich sein würde, aber im Grunde war sein Plan eigennützig: Er würde einen Teil seiner Besatzung auf die *Racehorse* versetzen und die afrikanische Küste nach nur vier Monaten mit einer kleinen Ladung von nur siebenundachtzig Versklavten verlassen, womit der gefährliche Aufenthalt an der Küste verkürzt, die Sterblichkeitsrate niedrig gehalten und es der *Racehorse* überlassen bleiben würde, die restlichen Versklavten zu beschaffen.[29]

Am 8. April 1754, dem Tag, nachdem die *African* die afrikanische Küste verlassen hatte, sinnierte Newton über die unter den Kapitänen kursierenden Neuigkeiten und Geschichten und im Weiteren über seine eigene Situation: »Dies war für viele Menschen an der Küste eine unheilbringende Saison. Ich glaube, ich habe noch nie von so vielen Toten, Verlorenen und Zugrundegerichteten in einem Jahr gehört. Aber ich bin bei völliger Gesundheit erhalten worden und habe weder Weiße noch Schwarze Begraben.« (Den Tod von Lewis betrachtete er als einen Todesfall auf einem anderen Schiff und daher nicht als Teil seines Verantwortungsbereichs.) Aber zehn Tage später, noch am Beginn der *Middle Passage*, stellte sich heraus, dass Newton sich zu früh gefreut hatte. Er selbst erkrankte an einem heftigen, kräftezehrenden Fieber. Gequält von innerer Hitze und entzündeten Augen glaubte er, dass er sterben würde. Der Gedanke, »inmitten dieses pfadlosen Ozeans, weit entfernt von jedem Freund« sein Leben auszuhauchen, versetzte ihn in Schrecken, aber er beschloss dennoch, »sich auf die Ewigkeit vorzubereiten«. Er betete und schrieb einen Abschiedsbrief an Mary.

Wie sich jedoch herausstellte, hatte sich Newton nicht mit der »gefährlichsten Art« von Fieber angesteckt, und die Schmerzen und das Delirium, an denen er sowohl Seeleute als auch Versklavte so oft hatte leiden sehen, blieben ihm erspart. Acht bis zehn Tage lang war er kraftlos und krank, und auch nachdem das Fieber abgeklungen war, fühlte er sich fast einen weiteren Monat lang »recht matt und schwach«, selbst nachdem das Schiff am 21. Mai in St. Kitts angekommen war. Einer der Gründe dafür, dass er so lange brauchte, um sich zu erholen, war, wie er glaubte, dass er seinen Vorrat an Essen und Trinken großzügig »unter den kranken Seeleuten verteilt hatte, bevor ich selbst krank wurde«.

Nach einer ereignislosen Rückreise von St. Kitts kam Newton am 7. August 1754 in Liverpool an. Dies war die kürzeste und in vieler Hinsicht auch die einfachste seiner drei Fahrten gewesen. Ob sie jedoch in wirtschaftlicher Hinsicht erfolgreich gewesen war, lässt sich unmöglich sagen. Newton hatte jedenfalls seine Zweifel. Nach drei aufeinanderfolgenden Reisen von zweifelhafter Rentabilität legte er nun einen anderen Erfolgsmaßstab an: Es sei ihm gelungen, wie er stolz verkündete, »eine Afrikafahrt ohne jegliches Unglück« zu machen. In Liverpool zog er von einer Kirche zur anderen, um seinen Dank für die ihm zuteil gewordenen Segnungen auszusprechen, und erwähnte überall, dass er weder Seeleute noch Sklav*innen verloren habe. »Hiervon wurde in der Stadt viel Kenntnis genommen und gesprochen«, erklärte er, »und ich glaube, es ist der erste Fall dieser Art. Für ihn war dies natürlich ein Zeichen »göttlicher Fügung«.[30]

Ob er nun von Zweifel oder von Stolz erfüllt war oder von beidem: Newton wurde ein weiteres Mal von Mr. Manesty in Dienst genommen und erhielt das Kommando über ein neues Sklavenschiff, die *Bee*. Aber zwei Tage, bevor das Schiff in See stechen sollte, nahm Newtons Leben und Karriere eine plötzliche, unerwartete Wendung. Wie er später schrieb: »Es gefiel Gott, mir durch Krankheit Einhalt zu tun.« Newton erlitt einen Schlaganfall, einen »heftigen Anfall, welcher die Gefahr unmittelbaren Todes drohen ließ und mich ungefähr eine Stunde lang jeden Lebenszeichens mit Ausnahme des Atems beraubte.« Auf Anraten seiner Ärzte gab er das Kommando über das Schiff ab und zog sich ganz aus dem Sklavenhandel zurück – allerdings, wie hinzugefügt werden muss, nicht aus freien Stücken. Schließlich nahm er eine Stelle als Zollinspektor des Hafens von Liverpool an. Es sollten Jahre vergehen, bis er ein kritisches Wort über den Sklavenhandel schrieb, und mehr als drei Jahrzehnte, bis er sich dagegen aussprach.

VERLOREN UND GEFUNDEN

John Newton betrachtete seine Rolle als Sklavenschiffskapitän als göttliche Berufung. Er war, wie er schrieb, »im Großen und Ganzen zufrieden damit, als der Bestimmung, welche die Vorsehung für mich bezeichnet hatte«. Ab und zu betete er, »dass es dem Herrn beizeiten gefallen möge, mir eine menschlichere Berufung zuzuweisen und mich, wenn es möglich wäre, in einen Stand zu versetzen, in welchem ich häufigeren Umgang mit seinem Volk und seinen Vorschriften pflegen und der langen Trennungen von daheim ledig sein könnte, welche oft sehr schwer zu ertragen waren«. Aber Newtons Bedenken hinsichtlich der unmenschlichen Arbeit auf dem Sklavenschiff war nur einer der drei Gründe dafür, dass er ein anderes Gewerbe vorgezogen hätte. In einem Brief an David Jennings von der Sierra Leone-Küste vom August 1752 schrieb er, er sei einst verloren gewesen, »ein verderbter, elender Abtrünniger«, sei aber nun, als christlicher Kapitän eines Sklavenschiffes, »gefunden« worden – eine grausame frühe Variante des Textes der berühmten Hymne »Amazing Grace«, die Newton einundzwanzig Jahre später, im Jahr 1773, schreiben sollte.[31]

In Newtons Leben auf dem Sklavenschiff hatte sein christlicher Glaube eine doppelte Funktion. Einerseits diente er als eine Art vorbeugende Abschirmung, die ihn davor bewahrte, sich seine unmenschlichen Handlungen vor Augen zu führen: Er konnte in seiner Kapitänskajüte sitzen und geloben, »meinen Mitgeschöpfen Gutes zu tun«, und gleichzeitig Befehle geben, die für eben diese Mitgeschöpfe Sklaverei und Tod bedeuteten. Andererseits setzte sein christlicher Glaube der auf den Sklavenschiffen so alltäglichen Grausamkeit Grenzen, aber er setzte ihr kein Ende. Newton ermahnte sich, seine eigenen Erfahrungen als malträtierter Seemann auf der *Harwich* und als misshandelter Sklave auf Plantain nicht zu vergessen. Er hielt sich dazu an, nicht mit Grausamkeit gegen die Seeleute vorzugehen, die auf seiner zweiten Fahrt eine Meuterei gegen ihn geplant hatten. In seinem Umgang mit Besatzungsmitgliedern legte er einen gewissen eingeschränkten christlichen Paternalismus an den Tag, aber das Gleiche galt offensichtlich nicht für seinen Umgang mit den Versklavten. Und obwohl Newton wahrscheinlich weniger grausam war als die meisten anderen Sklavenschiffskapitäne des 18. Jahrhunderts, sah er sich dennoch mit einer Meuterei seiner Besatzung und einem Aufstand seiner Gefangenen konfrontiert. Er reagierte mit Ketten, Peitschen und Daumenschrauben – kurz, mit Terror.[32]

Als Newton am 13. Juli 1753 in seiner Kapitänskajüte saß und bei Kerzenschein einen Brief an seine Frau schrieb, blickte er auf sein Leben und vor allem auf seine eigene Versklavung im Jahr 1745 durch einen Händler auf Plantain zurück, wo er »in einem verächtlichen Zustand der Knechtschaft und Krankheit« gelegen hatte. Er hatte es in acht kurzen Jahren weit gebracht. Er war verheiratet, ein Mann von einigem Vermögen und Ansehen und ein stolzer Christ. Er erklärte, dass Gott »mich, wie ich sagen muss, aus Ägyptenland geführt hat, aus der Knechtschaft; von Sklaverei und Hunger an der Küste Afrikas in meine heutige Lage«. Seine Lage sah in eben diesem Moment so aus, dass er eine kleine hölzerne Welt mit siebenundachtzig Männern, Frauen und Kindern teilte, die er über die *Middle Passage* in immer tiefere Knechtschaft führte. Newton mochte aus Ägypten entkommen sein, aber nun arbeitete er für den Pharao. Dies war eine Parallele, die ihm entging.[33]

Anmerkungen

1 Newton, John: *Letters to a Wife, Written during Three Voyages to Africa, from 1750 to 1754*. Erstveröffentlichung London 1793, Neuaufl. New York 1794, S. 61–62.

2 »Amazing Grace«, in: *The Works of the Reverend John Newton, Late Rector of the United Parishes of St. Mary Woolnoth and St. Mary Woolchurch-Haw, Lombard Street, London*. Peter Brown and Thomas Nelson, Edinburgh 1828, S. 538–39; Newton, John: *Thoughts upon the African Slave Trade*. London 1788; Aussage von John Newton, 1789, in *HCSP* 69: 12, 36, 60, 118; 73: 139–51. Für eine Beschreibung von Newtons Leben als Geistlicher siehe Hindmarsh, D. Bruce: *John Newton and the English Evangelical Tradition: Between the Conversions of Wesley and Wilberforce*. Clarendon Press, Oxford 1996. Für eine Geschichte seiner berühmtesten Hymne siehe Turner, Steve: *Amazing Grace: The Story of America's Most Beloved Song*. Ecco Press, New York 2002.

3 Newton, John: *Journal of a Slave Trader, 1750–1754*. Martin, Bernard/Spurrell, Mark (Hg.), Epworth Press, London 1962; Newton: *Letters to a Wife*; John Newton Letter-book (›A Series of Letters from Mr.—— to Dr. J—— [Dr. David Jennings]«, 1750–1760, 920 MD 409, Liverpool Record Office; Newton, John: Tagebücher, 22. Dezember 1751 – 5. Juni 1756, General Manuscripts C0199, Seeley G. Mudd Manuscript Library, Princeton University; Haweis, Thomas: *An Authentic Narrative of Some Remarkable and Interesting Particulars in the Life of Mr. Newton, Communicated, in a Series of Letters to the Rev. Mr. Haweis, Rector of Aldwinkle, Northamptonshire*. Erstveröffentlichung London 1764, Neuaufl. Philadelphia 1783.

4 Die Zitate in diesem Abschnitt stammen aus *An Interesting Narrative*, S. 14, 22, 29, 33, 36–37, 41, 44, 43, 47, 56, 57, 58, 74, 76 und anderen in dem jeweiligen Absatz angegebenen Quellen.

5 John Newton an David Jennings, 29. Oktober 1755; Newton Letter-book, fol. 70.

6 Newton: *Thoughts upon the African Slave Trade*, S. 98.

7 Newton: *Letters to a Wife*, S. 21–22.

8 Newton: *Thoughts upon the African Slave Trade*, S. 101. Ein Besatzungsmitglied und drei oder vier Afrikaner*innen wurden bei dem Aufstand getötet. Siehe Aussage von Newton, *HCSP* 73:144. Für mehr Informationen über diese Reise siehe *TSTD* #90350.

9 Newton an Jennings, 29. August 1752, Newton Letter-book, fol. 28–30. Die Zitate in diesem Abschnitt stammen aus Newton: *Journal of Slave Trader*, S. 2, 9–10, 12–15, 17–22, 24–25, 28–34, 37–38, 40, 42–43, 48–50, 52, 54–56, 59 und anderen in dem jeweiligen Absatz angegebenen Quellen.

10 *TSTD* #90350.

11 Für eine weitere Beschreibung der Bereitmachung der Drehbassen zu den Essenszeiten siehe ›Voyage to Guinea‹ Antego, Bay of Campeachy, Cuba, Barbadoes, &c.« (1714–23), Add. Ms. 39946, fol. 10, BL.

12 Newton: *Thoughts upon the African Slave Trade*, S. 106, 107.

13 Newton: *Letters to a Wife*, S. 29.

14 Newton: *Thoughts upon the African Slave Trade*, S. 110–11; Aussage von John Newton, *HCSP* 69:118, 73:144, 145.

15 Zur Beschaffung von Proviant an der westafrikanischen Küste siehe Behrendt, Stephen D.: Markets, Transaction Cycles, and Profits: Merchant Decision Making in the British Slave Trade«, in: *William and Mary Quarterly*, 3. Ser., 58 (2001), S. 171–204.

16 Newton: *Thoughts upon the African Slave Trade*, S. 110.

17 Newton: *Letters to a Wife*, S. 86; Newton: Tagebücher, Eintrag für den 22.Dezember 1751, fol. 2, 5. Die Zitate in diesem Abschnitt stammen aus Newton: *Journal of a Slave Trader*, S. 65, 69–72, 75–77, 80–81 und anderen in dem jeweiligen Absatz angegebenen Quellen.

18 *TSTD* #90418. Die Arbeit der Besatzungsmitglieder war auf dieser Fahrt im Wesentlichen die gleiche wie auf der vorhergehenden Reise: Der Zimmermann arbeitete an den Schotten, Unterkünften, Plattformen und dem Barricado, der Kanonier an den Handfeuerwaffen und Drehbassen, der Bootsmann an den Netzen; alle anderen taten, was nötig war, um das Schiff zu segeln.

19 ewton: *Letters to a Wife*, S. 77, 71–72; ders.: Tagebücher, Eintrag für den 13. August 1752, fol. 37; *An Authentic Narrative*, S. 85–86.

20 Newton: Tagebücher, Eintrag für den 23. Juli 1752, fol. 23. Etwa um die gleiche Zeit schrieb Newton einen Brief an den anglikanischen Geistlichen David Jennings mit dem Vorschlag, jemand (genau genommen er selbst) könne ein Handbuch religiöser Unterweisung speziell für Seeleute schreiben, das aus einer kurzen, simplen Zusammenstellung von Bibelversen, Gebeten und Predigten bestehen würde, allesamt ausgerichtet auf die »besonderen Versuchungen und Schwächen, welche Reisen im Ausland mit sich bringen. Siehe Newton an Jennings, 29. August 1752, Newton Letter-book, fol. 37.

21 Zu den so genannten *round-robins* siehe Rediker, *Between the Devil and the Deep Blue Sea*, S. 234–35.

22 Newton: Tagebücher, Eintrag für den 19. November 1752, fol. 49–50.

23 Ebd. Für mehr Informationen über die *Earl of Halifax* siehe *TSTD* #77617.

24 Ebd.

25 Newton: Tagebücher, Eintrag für den 11. Dezember 1752, fol. 61, 64.

26 *TSTD* #90419. Die Zitate in diesem Abschnitt stammen aus Newton: *Letters to a Wife*, S. 118–20, 126, 129–30, 143, 149, 188 und anderen in dem jeweiligen Absatz angegebenen Quellen.

27 Newton: *Journal of Slave Trader*, S. 88, 92–93.

28 Ebd., S. 88.

29 Ebd., S. 92–93.

30 Newton: Tagebücher, Eintrag für den 29. August 1753, fol. 88.

31 Newton: *Letters to a Wife*, S. 83–84; *An Authentic Narrative*, S. 95; Newton an Jennings, 29. August 1852, Newton Letter-book, fol. 26; »Amazing Grace«, in: *The Works of the Reverend John Newton*, S. 538–39; Aussage von Newton, *HCSP* 73:151.

32 Newton: Tagebücher, Eintrag für den 8. Dezember 1752, fol. 53.

33 Newton: *Letters to a Wife*, S. 137. S. a. Aussage von Newton, *HCSP* 73:151.

7. KAPITEL

DIE HÖLLE DES KAPITÄNS

Zu Beginn des Jahres 1748 versammelten sich Familienmitglieder, Freunde und Angehörige der Besatzung des kurz vor dem Auslaufen stehenden Sklavenschiffes *Brownlow* an den Docks von Liverpool, um sich von den Männern zu verabschieden – unter ihnen der Erste Steuermann John Newton – die im Begriff waren, an die afrikanische Windward-Küste zu segeln.

Liverpools Sklavenhandel boomte, was für seine Einwohner*innen sowohl Möglichkeiten als auch Gefahren barg. Ein Abschied – *farewell* – war buchstäblich ein Ausdruck der Hoffnung: *fare well*, fahr wohl. Kaufleute und Kapitäne hängten mitunter sonntagmorgens in Kirchen Ankündigungen bevorstehender Reisen auf, in denen sie die jeweilige Gemeinde darum baten, die Namen aller Menschen an Bord zu verlesen und für eine sichere und erfolgreiche Reise zu beten. Allen war klar, dass das Abschiedswinken vom Dock sehr wohl ihr letzter Kontakt mit einem Besatzungsmitglied, vom Kapitän bis zum Schiffsjungen, sein konnte. Der Tod auf See »sah die Person nicht an« und konnte – vor allem im Guinea-Handel – jederzeit zuschlagen, durch Unfall, Krankheit oder Menschenhand. Der Aufbruch zu einer dieser langen und gefahrvollen Reisen war immer emotionsgeladen.[1]

Kapitän Richard Jackson stand auf dem Achterdeck der *Brownlow* und machte nicht den Eindruck, als ob die vorherrschende Stimmung des Anlasses ihm nahegehen würde. Aber er war sich sehr wohl darüber im Klaren, dass in dem Moment, in dem das Schiff von der Pier ablegte, tiefgreifende Veränderungen ihren Anfang nehmen würden. Er und seine Männer nahmen für lange Zeit, für ein Jahr oder länger, Abschied von der Gesellschaft an Land und segelten an Orte, die weitgehend außerhalb der Reichweite gesellschaftlicher Institutionen wie Familie, Kirche, Gemeinschaft und Regierung lagen. »Mit einem angemessenen Ausdruck der Fassung«, wie sich Newton Jahre später erinnerte, und vielleicht mit einem gewissen Maß an Geringschätzung für den religiösen Beiklang der Szene verabschiedete sich Kapitän Jackson von den Menschen am Kai und murmelte vor sich hin: »Jetzt habe ich meine eigene Hölle!«

Dass Kapitäne eine derartige Macht besaßen, lag an der strategischen Position, die sie in der schnell expandierenden, internationalen kapitalistischen Wirtschaft einnahmen. Ihre Macht gründete sich auf die Gepflogenheiten der Seefahrt, aber auch auf die Gesetze und die Sozialgeographie. Der Staat ermächtigte den Kapitän, körperliche Züchtigung anzuwenden, um »Unterordnung und Regelmäßigkeit« unter seiner Besatzung aufrechtzuerhalten, während er die Märkte der Welt miteinander verband. Widerstand gegen seine Autorität konnte vor Gericht als Meuterei oder Aufstand ausgelegt werden, und auf beides stand Tod durch den Strang. Die geografische Isolation des Schiffes, der Umstand, dass es weit entfernt von den herrschenden Institutionen der Gesellschaft war, war sowohl Quell als auch Rechtfertigung der übersteigerten Macht des Kapitäns.[2]

Ein Sklavenschiffskapitän wie Richard Jackson war der mächtigste Vertreter dieses Typs. Wie andere Kapitäne auch, war er in gewisser Hinsicht ein Handwerker, ein hochqualifizierter, erfahrener Herrscher über eine hochkomplexe Maschine. Er besaß technische Kenntnisse über die Funktionsweise des Schiffes, Kenntnisse über die Natur – über Winde, Gezeiten und Strömungen, über Land, Meer und Himmel – und soziale Kenntnisse über den Umgang mit einer Vielzahl von unterschiedlichen Menschen. Er war ein multikultureller Kaufmann, der in weit auseinanderliegenden Märkten tätig war. Er war Dienstherr und Koordinator einer heterogenen und oft widerspenstigen Mannschaft von Lohnarbeitern. Er fungierte als Aufseher, Gefängniswärter und Herr über Versklavte, dessen Aufgabe es war, Hunderte von Gefangenen über ein riesiges Gewässer hinweg von einem Kontinent zum anderen zu transportieren. Ein Kapitän, der all diesen unterschiedlichen Rollen gewachsen sein wollte, musste in der Lage sein, »ein Kommando zu führen« – über sich selbst, das Schiff, Eigentum von immensem Wert, seine Arbeitskräfte und seine Gefangenen.[3]

DER WEG ZUM SCHIFF

»CROW! GEBT AUF EUER AUGE ACHT!«, rief der Liverpooler Kaufmann William Aspinall seinem einäugigen Kapitän Hugh Crow hinterher, als er ihn im Juli 1798 nach Bonny entsandte, um eine große Schiffsladung von Versklavten zu kaufen. Crow hatte bereits fünf Afrikafahrten hinter sich, und vor ihm lag eine lange, erfolgreiche Karriere als Sklavenschiffskapitän: Er sollte fünf weitere Reisen machen, darunter eine der letzten vor der Abschaffung des Sklavenhandels im Jahr 1807. Crow hinterließ eine von Freunden 1830 posthum veröffentlichte Biografie über sein Leben im Sklavenhandel, in der er seinen Weg von seinem Geburtsort zur Kapitänskajüte eines Guineafahrers schilderte.[4]

Er wurde 1765 in Ramsey an der Nordküste der Isle of Man in der Irischen See, etwa 130 Kilometer nordwestlich von Liverpool, geboren und damit innerhalb des Einzugsbereichs der boomenden Hafenstadt. Von klein auf war er auf dem »Steuerbordauge« blind, wollte aber dennoch schon als Junge zur See fahren. Sein Vater war ein angesehener Handwerker, der im Hafen arbeitete. »Da ich in einer Hafenstadt aufgezogen wurde«, schrieb er, »habe ich ganz von selbst eine Neigung zum Seefahrerleben entwickelt.«

Crow wurde von seinem Vater zu einem Bootsbauer in Whitehaven in die Lehre gegeben, wo er für zwei Jahre arbeitete und etwas Bildung erhielt, bevor er im Alter von siebzehn Jahren im Kohlenhandel seine erste Fahrt machte. Bald war er im gesamten Atlantik unterwegs: In den folgenden vier Jahren segelte er unter anderem nach Irland, Barbados, Jamaika, Charleston, Neufundland und Norwegen. Er durch- und überlebte Seekrankheit, Knochenarbeit an der Pumpe, einen Orkan, Misshandlungen durch seine Mitmatrosen, einen Vorfall, bei dem er fast ertrank (doch von seinen Mitmatrosen gerettet wurde) und eine Meuterei (zusammen mit seinen Mitmatrosen) gegen einen betrunkenen und inkompetenten Kapitän. Nach fünf Fahrten hatte Crow seine Lehrzeit beendet. Er war nun Vollmatrose und hielt seinen einäugigen Blick auf seine große Chance gerichtet. Er lernte Navigation, kaufte sich einen Quadranten und begann in der maritimen Hierarchie aufzusteigen.

Crow hegte von Anfang an ein »Vorurteil« gegen den Sklavenhandel – das behauptete er zumindest – ließ sich aber schließlich von dem Angebot verlocken, im Oktober 1790 als Erster Steuermann auf der *Prince* an die Goldküste zu fahren. Nach vier weiteren Afrikafahrten als Steuermann wurde ihm von Aspinall sein erstes Kommando angeboten. Nach sechzehn Jahren auf See, die Hälfte davon im Sklavenhandel, übernahm der dreiunddreißigjährige Crow das Steuer des Dreihundert-Tonnen-Schiffes *Mary*.[5]

Der Werdegang des Kapitäns, den Aspinall 1798 anheuerte, war (im Gegensatz zur Anzahl seiner Augen oder seinem Talent zum Überleben in einer tödlichen Branche) nicht untypisch. Die meisten Kapitäne von Guineafahrern gelangten wie Crow nicht als Ergebnis einer einzigen großen, sondern vieler kleiner Entscheidungen in diese Position. Sie wuchsen in Hafenvierteln auf, wurden »für die See erzogen«, gerieten auf die eine oder andere Weise (nicht unbedingt freiwillig) auf ein Sklavenschiff, überlebten ihre erste Reise, arbeiteten sich nach und nach auf dem Schiff hoch, sammelten Erfahrungen, erarbeiteten sich einen Ruf unter Kapitänen und Kaufleuten und erhielten schließlich das Kommando über ihr eigenes Schiff. Der Historiker Stephen Behrendt hat herausgefunden, dass 80 Prozent der Kapitäne britischer Sklavenschiffe, die zwischen 1785 und 1807 hauptsächlich von Liverpool und Bristol losfuhren, aus gewerbetreibenden Familien stammten. Einige von ihnen waren Söhne von gewöhnlich nicht besonders begüterten Kaufleuten. Einige, wie John Newton, stammten aus Familien von Kauffahrtei-Kapitänen, andere aus Familien von Sklavenschiffskapitänen wie den Familien Noble und Lace in Liverpool oder den D'Wolfs in Rhode Island. Aber die meisten waren wie Crow Söhne von Handwerkern der einen oder anderen Art, die im Hafen arbeiteten. Oft erleichterten ihnen verwandtschaftliche Beziehungen den Weg zur Kapitänskajüte, aber erst, nachdem sie beträchtliche Erfahrungen auf See gesammelt hatten. Im Durchschnitt erhielten Offiziere ihr erstes Kommando über ein Sklaven-

Kapitän Edward Kimber soll ein fünfzehnjähriges Mädchen, das sich weigerte, nackt zu tanzen, zu Tode geprügelt haben. Er wurde vor Gericht gestellt und freigesprochen, nicht weil bewiesen wurde, dass die angebliche Tötung nicht stattgefunden hat, sondern weil die beiden Mitglieder seiner Besatzung, die den Vorfall meldeten, nachweislich einen Groll gegen ihn hegten.

schiff im Alter von dreißig (in Liverpool) und einunddreißig Jahren (in Bristol). Im Sklavenhandel aus Rhode Island sah der Weg zum Schiff ähnlich aus, wobei amerikanische Kapitäne sich allerdings weniger häufig auf diesen Handel spezialisierten. Der Historiker Jay Coughtry hat herausgefunden, dass Kapitäne im Durchschnitt nur 2,2 Afrikafahrten machten, dass aber innerhalb dieser Gruppe fünfzig Kapitäne fünf ›Sklavenfahrten‹ oder mehr unternahmen. Ein Schriftsteller, der mehrere in den britischen Sklavenhandel involvierte Familien kannte, machte die Beobachtung, dass »der Sklavenhandel von dermaßen gefährlichem Wesen ist, dass die meisten Kapitäne der darin tätigen Schiffe sich glücklich schätzen, nach vier Fahrten mit Leben und Gesundheit davongekommen zu sein«. »Glücklich« trifft den Nagel auf den Kopf, denn ein Kapitän, der vier Reisen oder mehr überlebt hatte, hatte aller Wahrscheinlichkeit nach sein Glück gemacht und ein kleines Vermögen angehäuft – weit mehr als alles, was sich die meisten Männer seines ursprünglichen Standes erhoffen konnten. Das Metier, für das sie sich entschieden hatten, war riskant, aber lukrativ.[6]

KAUFMÄNNISCHES KAPITAL

Der Kapitän erhielt sein Kommando von einem Kaufmann oder einer Gruppe von Kaufleuten, die das Schiff besaßen und die Reise finanzierten. Mit seiner Anheuerung wurde er ein Angestellter und Handelsvertreter, der die Verantwortung für beträchtliche Eigentumswerte in einem geschäftlichen Unternehmen trug, das komplex und riskant war, in einer Katastrophe enden konnte und binnen kurzem den Augen und damit der Kontrolle der Investoren entzogen sein würde. Der Liverpooler Kaufmann David Tuohy fasste diese Fakten 1782 in einem Brief an Kapitän Henry Moore von den *Blayds* zusammen: »[Ihr] habt ein großes Kapital unter Euch«, und es »obliegt Euch, in All Eurem Vorgehen sehr achtsam zu sein, & sehr aufmerksam noch im kleinsten Teil Eures Betragens.« Einige Sklavenschiffe hatten einschließlich ihrer Ladung einen Wert von 10.000 bis 12.000 Pfund, etwa 1,6 bis 2 Millionen US-Dollar in heutiger Währung. Die Macht des Kapitäns gründete sich in erster Linie auf seine Beziehung zu seinen Kapitalgebern.[7]

Was die Kapitäne im Gegenzug zu bieten hatten, war Erfahrung, die im Wesentlichen zwei Aspekte hatte. Der allgemeinere Aspekt war Erfahrung zur See – Navigations- und Seefahrtskenntnisse sowie Erfahrung im Führen von Schiffen und Besatzungen. Der spezifischere Aspekt war Erfahrung im

Sklavenhandel selbst. Erstere war unabdingbar, letztere nicht, aber sie war hocherwünscht, denn wie viel die Kaufleute selbst über diese Branche wussten, war sehr unterschiedlich. Einige von ihnen, wie David Tuohy, waren selbst ehemalige Sklavenschiffskapitäne, die genug Kapital angehäuft hatten, um in die Riege der Investoren aufzusteigen. Sie wussten genau, was auf diesen Schiffen vor sich ging, und brachten ihre reichhaltige praktische Erfahrung in die Führung ihrer Geschäfte ein. Aber die meisten im Sklavenhandel tätigen Kaufleute waren noch nie auf einem Guineafahrer gesegelt, waren noch nie in Afrika gewesen, hatten noch nie eine *Middle Passage* erlebt. Sie wussten um das Potenzial und die Risiken des Sklavenhandels und kannten die atlantischen Märkte, in die sie einstiegen, aber man kann davon ausgehen, dass viele von ihnen keine klare Vorstellung davon hatten, was sich tatsächlich auf einem Sklavenschiff abspielte. Die Newporter Kaufleute Jacob Rivera und Aaron Lopez brachten 1772 Kapitän William English gegenüber ihre Unerfahrenheit mit den Worten zum Ausdruck: »Wir haben keine Meinung zum Handel an der Windward-Küste.« Vieles von dem, was man über den Sklavenhandel wissen musste, lehrte nur die Erfahrung. Der Kaufmann Thomas Leyland schrieb an Kapitän Charles Watt, der mit fünf Sklavenfahrten ein Veteran seines Berufsstandes war: »Wir vertrauen Eurer langen Erfahrung im Kongo.« Die meisten Sklavenschiffseigner wollten einen Kapitän am Steuer haben, der erfahren und vertrauenswürdig war, einen »guten Wirtschafter«, der verantwortungsvoll mit dem Eigentum des Kaufmanns umging.[8]

Kaufleute schrieben aufschlussreiche Instruktionsbriefe an die von ihnen angeheuerten Kapitäne, in denen genau festgelegt wurde, wie der Kapitän vorzugehen hatte – wann und wohin er segeln sollte und wie er als bevollmächtigter Vertreter des Kaufmanns dessen Geschäfte zu tätigen hatte. Der Inhalt dieser Briefe variierte beträchtlich, teils aufgrund regional unterschiedlicher Geschäftspraktiken, teils aufgrund der unterschiedlichen Erfahrungen und Persönlichkeiten sowohl der Kaufleute, die diese Briefe verfassten, als auch der Kapitäne, die sie erhielten. Kaufleute, die selbst Sklavenschiffskapitäne gewesen waren, schrieben oft lange, ausführliche Briefe, und das Gleiche galt für Kaufleute, die einem Kapitän mit wenig Erfahrung Anweisungen erteilten. Kaufleute, die einen Kapitän schon einmal in Dienst gestellt hatten und Vertrauen in sein Wissen und Handeln hatten, schrieben kürzere Briefe. Was jedoch über lange Sicht auffällt, ist, wie sehr sich diese Briefe letztlich ähnelten, was auf eine weitgehende Kontinuität in der Organisation und Abwicklung des Sklavenhandels hindeutet.[9]

Häufig wurde in diesen Briefen das notwendige praktische Grundwissen über den Sklavenhandel zusammengefasst, und meistens brachten die Investoren in ihnen darüber hinaus ihre tiefsten Ängste zum Ausdruck. Insbesondere wiederholten sie ein ums andere Mal drei Dinge, die sich als »das gänzliche Verderben & Zugrundegehen Eurer Reise erweisen« konnten: erstens Unfälle, zweitens Meuterei und Aufstände von Seeleuten und Versklavten, und drittens und vor allem eine galoppierende Sterberate. Im Jahr 1803 warnte Thomas Leyland Kapitän Caesar Lawson von der *Enterprize*, »sich vor Aufstand, Meuterei und Feuer« zu hüten. Wie andere Kaufleute auch machte er sich ebenfalls Sorgen über die »hohe Sterblichkeit sowohl unter Schwarzen als auch unter Europäern« im Sklavenhandel.[10]

In den meisten Briefen wurde eine Überfahrt von einem Abfahrtshafen – z. B. Bristol, England oder Bristol, Rhode Island – zu einem oder mehreren Häfen in Afrika, eine *Middle Passage* zu einem Hafen in Nordamerika oder den Westindischen Inseln und eine Route für die Rückreise angegeben. Ab und zu nannte ein Kaufmann einen bestimmten afrikanischen oder europäischen Händler, von dem der Kapitän Versklavte kaufen sollte, zum Beispiel den König von Barra oder ›Old Man Plunkett‹ von der *Royal African Company*. Manchmal gab der Kaufmann die Namen von Agenten an, die den Verkauf der ›Fracht‹ in Jamaika oder Virginia abwickeln würden. Unvorhergesehene Umstände waren Bestandteil der Abmachung: Der Kapitän musste in der Lage sein, auf sich ändernde Marktbedingungen auf beiden Seiten des Atlantiks zu reagieren. Vieles sollte, wie ein Kaufmann es ausdrückte, »Eurer Besonnenheit und Eurem Gutdünken« überlassen bleiben, »so zu handeln, wie Ihr es für notwendig erachtet«.[11]

Kaufleute im Afrikahandel handelten mit einer Vielzahl unterschiedlicher Waren. Sie wiesen ihre Kapitäne an, Textilien, Metallwaren (Messer, Hacken, Messingtöpfe), Gewehre und andere Fertigwaren gegen Elfenbein, sogenannte ›Zähne‹, einzutauschen, unter anderem deshalb, weil, wie ein Kaufmann meinte, »keine Sterblichkeit zu befürchten ist«. Einige hatten es auf Gold (vor allem im frühen 18. Jahrhundert), Rotholz (wegen seines Farbstoffs), Bienenwachs, Palmöl oder Malagueta-Pfefferschoten abgesehen. Ein Kapitän wurde beauftragt, unterschiedliche Artikel zu erstehen, »Kuriositäten« eingeschlossen. Aber die meistgehandelte Ware während des gesamten 18. Jahrhunderts waren ohne Frage Menschen.[12]

Die meisten Kaufleute wiesen ihre Kapitäne an, junge Menschen zu kaufen, und diejenigen, die es nicht ausdrücklich erwähnten, setzten es als gegeben voraus. Humphry Morice wollte Menschen zwischen zwölf und fünfundzwanzig Jahren im Verhältnis von zwei Männern auf eine Frau, was typisch war. Thomas Leyland wollte hauptsächlich Männer, aber in einem anderen Verhältnis: zur Hälfte »Vorzügliche Männliche Neger im Alter von 15 bis 25 Jahren«, drei Achtel Jungen von »10 bis 15« und ein Achtel Frauen von »10 bis 18«, alle »gut gebaut, mit voller Brust, kräftig und ohne körperliche Mängel.« James Laroche wiederum bevorzugte Mädchen zwischen zehn und vierzehn Jahren, »sehr schwarz und hübsch anzusehen«. Ein Angestellter der *South Sea Company* äußerte im Jahr 1717 den gruseligen Wunsch nach »ausschließlich Jungfrauen«. Starke, gesunde junge Menschen hatten die größte Chance, den Aufenthalt an der Küste zu überleben und die darauffolgende »Überfahrt [zu] ertragen«. Umgekehrt wurden Kapitäne mitunter von Kaufleuten angewiesen, »alte Männer oder Frauen mit hängenden Brüsten« und Menschen mit körperlichen Mängeln wie Leistenbruch oder Lahmheit zu meiden.[13]

In den Instruktionen wurde die Heuer der Offiziere festgelegt, nicht aber die der Matrosen, die allesamt simple, normalerweise vom Kapitän ausgehandelte Verträge unterschrieben. Die Bezahlung der Steuerleute, des Schiffsarztes und des Kapitäns selbst war komplexer, weil sie nicht nur die Heuer, sondern auch Provisionen und Nebeneinkünfte umfasste. Ein detailliertes Beispiel für diese Art von Vereinbarung findet sich in einem Brief mit Instruktionen, den eine Gruppe von Kaufleuten 1776 an Kapitän Thomas Baker von der Schnau *Africa* schrieb. Baker würde 5 Pfund im Monat erhalten sowie für je 100 gelieferte und verkaufte Versklavte eine Provision im Wert von vier Versklavten zum durchschnittlichen Verkaufswert. Darüber hinaus würde er sieben ›Privileg‹-Sklaven (*privilege slaves*) erhalten, die er mit dem Kapital der Kaufleute kaufen und zu seinem eigenen Vorteil zum marktüblichen Preis verkaufen würde. Die übrigen Offiziere wurden zusätzlich zu ihrer Heuer (etwa 4 Pfund pro Monat) wie folgt bezahlt: Der Erste Steuermann, Mr. William Rendall, erhielt zwei ›Privileg‹-Sklaven, der Zweite Steuermann, Mr. Peter Birch, einen ›Privileg‹-Sklaven, und Dr. Thomas Stephens erhielt einen ›Privileg‹-Sklaven plus »Kopfgeld«, einen Schilling für jede lebend auf Tobago abgelieferte Afrikaner*in. Letzteres war ein »Anreiz für ihn, bis an den Verkaufsort für sie Sorge zu tragen«.[14] Bakers Schiff sollte Schiffbruch erleiden, bevor es Versklavte an Bord nehmen konnte, aber wenn die Reise wie geplant verlaufen wäre, hätte Baker zwölf Monate lang fünf Pfund im Monat verdient und darüber hinaus den Gegenwert von zehn Versklavten (bei 250 Versklavten mit einem Verkaufswert von je 28 Pfund) sowie weitere sieben Versklavte mit dem gleichen Verkaufswert. Das heißt, dass er mit dieser Fahrt ungefähr 536 Pfund, den Gegenwert von 100.000 US-Dollar in heutiger Währung, verdient hätte. Ein gemeiner Matrose hätte auf demselben Schiff 24 Pfund (4.500 US-Dollar) verdient. Auf einem größeren Schiff – und wahrscheinlich einer längeren Reise – verdiente ein Kapitän zwischen 750 und 1.000 Pfund, wie die Beispiele von Robert Bostock (774 Pfund) im Jahr 1774 oder Richard Chadwick (993 Pfund) früher im Jahr 1754 zeigen.[15] Kapitän James Penny verlor auf einer Fahrt in den Jahren 1783–84 vierzehn Besatzungsmitglieder und 134 Versklavte und verdiente dennoch 1.940 Pfund, mehr als 342.000 US-Dollar in heutiger Währung.[16]

Die Einrichtungen des ›Privilegs‹ (im Deutschen als ›Gratifikation‹ bezeichnet) und des ›Abenteuers‹ (*adventure*, der frachtfreie Transport eines mit eigenem Geld gekauften versklavten Menschen) brachten natürlich weitaus höhere Einkünfte und unterschieden die Offiziere von den gemeinen Matrosen, und genauso war es schließlich auch gedacht.[17] Mit der Lohnvereinbarung wurden die Interessen des Kapitäns (und der hochrangigen Offiziere) an den Erfolg der Reise und damit an den Investor gekoppelt. Mit anderen Worten: Sie alle, allen voran der Kapitän, hatten einen wirtschaftlichen Gewinn von der Reise zu erwarten. Indem die Kaufleute den Kommandanten des Schiffes zum Partner mit Risikobeteiligung machten, unterwarfen sie ihn der strengen Disziplin, die der Eigennutz mit sich brachte. Wie Mathew Strong im Jahr 1771 Kapitän Richard Smyth erklärte: »Es ist so sehr zu Eurem wie zu unserem Vorteil, eine gute & gesunde Fracht mitzubringen.«[18]

Das nächste große Thema war die praktische Durchführung der Reise – die Wartung des Schiffes und die Aufrechterhaltung der auf ihm herrschenden sozialen Ordnung. In dieser Hinsicht erteilten Kaufleute ihren Kapitänen allgemeine Anweisungen darüber, wie das Schiff sauber, instand und funktionsfähig zu halten (»tragt Sorge um den Boden Eures Schiffes«) und mit dem richtigen Proviant auszustatten sei und wie die Besatzung und Versklavten zu versorgen und unter Kontrolle zu halten seien. Üblicherweise wiesen Kaufleute ihre Kapitäne auch an, während des Aufenthalts an der afrikanischen Küste mit anderen in ihren Diensten stehenden Kapitänen zusammenzuarbeiten und so oft wie möglich über den Stand der Dinge Bericht zu erstatten.[19]

Einige Schiffseigner versuchten, die Reise bis in alle Einzelheiten zu kontrollieren. Einer von ihnen war der Liverpooler Kaufmann James Clemens, der in den 1750er Jahren selbst dreimal nach Angola gefahren war und eine ganze Reihe von unumstößlichen Ansichten über die korrekte Durchführung eines solchen Unternehmens hatte. Er schrieb detaillierte

Anweisungen an Kapitän William Speers – selbst ein erfahrener Kapitän – während dessen Vorbereitungen für eine Reise mit der *Ranger* nach Angola und Barbados im Jahr 1767. Clemens verlangte, dass das Schiff auf eine bestimmte Art »gereinigt« und »gesüßt« wurde, damit das Unterdeck trocken und damit gesünder für die Versklavten wurde. Er hatte sehr feste Vorstellungen in Bezug auf Frischluft und Belüftung, und erklärte Speers nicht nur, warum die Barkasse und die Jolle nicht in der Nähe der Grätings liegen durften (damit sie den Luftstrom nicht behinderten), sondern auch, wie man ein »Marsstengen-Steuersegel« dazu benutzte, Wind in die Männerunterkunft unter Deck zu lenken. Clemens wollte, dass die Versklavten sich abends wuschen; sie sollten »einander jeden Morgen mit einem Stück Tuch abreiben, welches die Zirkulation des Blutes befördert & Schwellungen vorbeugt«. Er wollte, dass sie auf eine bestimmte Art und Weise ernährt wurden, weil Versklavte aus Angola »in ihrem eigenen Land an sehr wenig Nahrung gewöhnt« seien und daher nicht zu viel zu essen bekommen durften. Er wollte »stets ein paar Weiße Leute unter Waffen« haben, um Aufruhr zu verhindern – nicht nur, weil Aufstände eine Gefahr darstellten, sondern auch, weil Männer, die einmal einen wenn auch gescheiterten Aufstandsversuch unternommen hatten, »sich nachher grämen und niemals ruhig sind«. Einige von ihnen würden in Schwermut verfallen und dahinsiechen, und deshalb sei es viel besser, es gar nicht erst so weit kommen zu lassen. Clemens riet auch dazu, der Besatzung ab und zu ein wenig Branntwein und Tabak zukommen zu lassen, um »sie (wenn mit Bedacht ausgegeben) sowohl an Euch als auch an das Schiff zu binden«. Er warnte Speers vor offenem Feuer in der Nähe der Fässer mit brennbarem Branntwein: »Lasst nicht zu, dass unter irgendeinem wie auch immer gearteten Vorwand irgendwelche Lichter in den Laderaum gebracht werden, um Branntwein abzuzapfen.« Nach Erteilung all dieser und weiterer Anweisungen gestattete er Speers großzügig, alles Übrige nach eigenem Ermessen zu regeln.[20]

Die Kaufleute fürchteten Unglücksfälle aller Art, in erster Linie Schiffbruch, aber in ihren Instruktionen befassten sie sich vor allem mit Unfällen, die sie für vermeidbar hielten. Feuer stellte auf einem hölzernen Schiff eine besondere Gefahr dar. »Vor allem anderen«, schrieb Thomas Leyland, »seid achtsam mit Feuer; die Vorstellung der Folgen desselben ist in höchstem Maße entsetzlich.« Beim Umgang mit brennenden Kerzen war Vorsicht geboten. David Tuohy schrieb: »Ihr werdet vorsichtig mit Eurem Pulver & Branntwein sein, da mit beidem viele tödliche Unfälle geschehen.« Es kam vor, dass Sklavenschiffe explodierten, entweder versehentlich oder weil sie von aufständischen Gefangenen in die Luft gesprengt wurden.[21]

Möglicher Widerstand von Matrosen oder Versklavten war ein zweiter großer Anlass zur Sorge. Dass Matrosen meuterten, desertierten und lange Finger machten, war bekannt. Kapitänen wurde dringend geraten, ein wachsames Auge auf ihre Ladung, insbesondere auf Rum und Branntwein, zu haben, um sicherzugehen, dass Besatzungsmitglieder sich nicht selbst bedienten. Auch bei der Aufgabenverteilung war Vorsicht geboten, wie James Clemens betonte: »Lasst nicht zu, dass aufrührerische oder beschwerliche betrunkene Männer mit den Booten auf Sklavenfang gehen.« Hinter dieser Anweisung steckte eine zweifache Angst: Wenn Seeleute sich mit der Barkasse oder der Jolle absetzten, verlor der Kapitän nicht nur Arbeitskräfte, sondern auch ein Boot, das für die Beschaffung von Versklavten unerlässlich war. Der dritte Anlass zur Sorge war offene Meuterei, die Übernahme des Schiffes durch die Besatzung – etwas, das im 18. Jahrhundert nicht selten vorkam und ein Quell der Beunruhigung für jeden Kaufmann war.[22]

Was die Versklavten betraf, fürchteten die Kaufleute Selbstmord und vor allem Aufstände. Isaac Hobhouse und seine Miteigner erteilten im Jahr 1725 den Rat, die Versklavten mit Netzen und Ketten in Schach zu halten, »aus Furcht, sie möchten sich erheben oder über Bord springen«. Im Jahr 1730 schrieb Humphry Morice an Kapitän Jeremiah Pearce, dass »es ratsam ist, auf das Schlimmste, das Euch im Verlauf Eurer beabsichtigten Reise begegnen kann, vorbereitet zu sein und insbesondere stets auf der Hut und verteidigungsbereit gegen eine Empörung Eurer Neger zu sein«. Die Eigner mahnten ständig zur Wachsamkeit und zum konsequenten, sichtbaren Einsatz bewaffneter Wachen. Ein Schiffseigner unbekannten Namens aus New England schrieb 1759 an Kapitän William Ellery: »Da Ihr Schusswaffen und Männer habt, bezweifle ich nicht, dass Ihr bei Bedarf guten Gebrauch davon machen werdet.«[23]

Der Erfolg des ganzen Unternehmens stand und fiel mit der Aufrechterhaltung gebührender Disziplin. Die Kaufleute gingen davon aus, dass der Kapitän seine Herrschaft über Besatzung und Versklavte auf angemessene Weise ausüben und dass dies exemplarische Gewalt beinhalten würde, die ein fester Bestandteil des Lebens auf See war. Sie wussten auch, dass Gewalt leicht in Grausamkeit umschlagen und katastrophale Folgen haben konnte, wenn sie Reaktionen wie eine Meuterei der Besatzung oder einen Aufstand der Versklavten auslöste. Die Kaufleute versuchten daher, eine Grenze zwischen Aufrechterhaltung der Ordnung und Misshandlung – oder, wie Hugh

Crow es ausdrückte, zwischen Strenge und Grausamkeit – zu ziehen, indem sie zu Ersterem ermunterten und Letzteres verboten. Humphry Morice pflegte seine Kapitäne anzuweisen: »Seid achtsam und freundlich zu Euren Negern und lasst sie von Euren Offizieren & Schiffsleuten gut behandeln.«[24]

Die Behandlung der Versklavten war eine heikle Angelegenheit, und ein Kaufmann nach dem anderen beschrieb das erhoffte prekäre Gleichgewicht: Behandelt die Sklaven freundlich, aber nicht zu freundlich. Handelt mit »so viel Milde, wie es die Sicherheit zulässt«. Ein Kaufmann setzte hinzu: »Während des Kaufs und der *Middle Passage* werdet Ihr ohne Zweifel erkennen, dass es schicklich ist, die Sklaven mit all der Aufmerksamkeit und Nachsicht zu behandeln, welche die Menschlichkeit gebietet und die Sicherheit zulässt.« Zu einem deutlicheren Eingeständnis der Tatsache, dass Terror bei der Führung eines Sklavenschiffes unerlässlich war, ließen sich die Eigentümer nicht hinreißen. Es war eine Anweisung, die viele Interpretationen zuließ.[25]

Nur ein Kaufmann, Robert Bostock aus Liverpool, scheint jemals gedroht zu haben, einen Kapitän zu bestrafen, falls er die Versklavten misshandelte. Im Jahr 1791, als die Abolitionsbewegung sich bereits in ganz England und rund um den Atlantik verbreitet hatte, schrieb Bostock an Kapitän James Fryer von der *Bess*: »Es ist mein besonderer Wunsch, dass Ihr Sorge tragt, Eure Sklaven mit der größten Menschlichkeit zu behandeln und sie auf keinen Fall zu schlagen noch zuzulassen, dass Eure Offiziere oder Männer sie im Geringsten misshandeln, denn in dem Fall, dass Beweise dafür erbracht werden können, dass Ihr die Sklaven übel behandelt oder von Euren Offizieren übel behandeln lasst etc., verwirkt Ihr Euer Privileg & Eure Provision.« Dies war eine ernste Drohung, denn die Einnahmen aus Provisionen und Privilegien machten den Löwenanteil der Vergütung des Kapitäns aus. Es gibt allerdings keine Belege dafür, dass Bostock oder irgendein anderer Kaufmann jemals einen Kapitän für die Misshandlung von Versklavten bestrafte.[26]

Die bei weitem größte Angst des Kaufmanns betraf die Sterberate. Todesfälle konnten die Folge von Unfällen, Meuterei oder Aufstand sein, aber die häufigste Ursache war der Ausbruch einer Krankheit. Dies war eine ständige Gefahr, von der niemand ausgenommen war, von den Matrosen und Versklavten bis hin zu den Offizieren und dem Kapitän selbst. Die Bristoler Besitzer der Schnau *Africa* schrieben 1774 an Kapitän George Merrick: »Im Falle Eures Verscheidens, welches Gott verhüten möge, soll Euer Steuermann Mr. John Matthews das Kommando über unser Schiff übernehmen & diese unsere Befehle & Anweisungen befolgen und so weiter in Folge.« Zwischen 1801 und 1807 starb etwa jeder siebte Kapitän während der Reise, was bedeutete, dass die Kaufleute im Voraus eine Kommandostruktur mit einem und mitunter zwei Steuerleuten einrichten mussten, die, wenn nötig, den Befehl übernehmen konnten. Diese Fragilität der Macht an Bord mag zu der Gnadenlosigkeit beigetragen haben, mit der sie ausgeübt wurde.[27]

Es war allgemein bekannt, dass Westafrika ein ›Friedhof für Seeleute‹ war, weshalb Kaufleute häufig auf die Notwendigkeit hinwiesen, für ihre Gesundheit zu sorgen. Sie rieten dazu, die Besatzung nüchtern zu halten, weil angenommen wurde, dass Unmäßigkeit in den Tropen zu einem vorzeitigen Tod beitrug. Sie wiesen ihre Adressaten auch an, sich angemessen um die Seeleute zu kümmern, »besonders wenn sie krank und unpässlich sind«, und sie in dem heißen Klima nicht zu misshandeln oder zu hart arbeiten zu lassen. Einige Kaufleute verstanden, dass es einen möglichen Zusammenhang zwischen der Sterberate der Seeleute und der der Versklavten gab: »Wir raten Euch an, für Eure Weißen Leute Sorge zu tragen, denn wenn Eure Besatzungsleute gesund sind, sind sie imstande, sich um die Neger zu kümmern.«[28]

Noch wichtiger war die Gesundheit der Versklavten. Thomas Starke formulierte dies in einem Brief an Kapitän James Westmore im Jahr 1700 mit aller Deutlichkeit: »[D]er ganze Nutzen der Reise liegt darin, dass Ihr Sorge tragt, das Leben der Neger zu erhalten.« Zwei amerikanische Kaufleute, Joseph und Joshua Grafton, drückten sich ähnlich aus: »Von der Gesundheit der Sklaven hängt fast Eure ganze Reise ab.« Eine Gruppe von Kaufleuten ging sogar so weit, dem Kapitän zu sagen, er müsse unbedingt Schafe und Ziegen an Bord halten, um »Hammelbrühe« zubereiten zu können, die die Seeleute kranken Versklavten von Hand einflößen sollten. Im Laufe der Zeit wurde den Kaufleuten immer klarer, dass längere Aufenthalte an der Küste oft mehr Todesfälle bedeuteten. Robert Bostock schrieb 1790 an Kapitän Samuel Gamble, dass kurze Aufenthalte und Überfahrten selten mit einer hohen Sterblichkeitsrate verbunden seien. Einige Kaufleute rieten ihren Kapitänen sogar, die Küste zu verlassen, bevor das Schiff sein volles Fassungsvermögen an Versklavten erreicht hatte, um die Sterblichkeit zu verringern. Eine Gruppe von Investoren aus Bristol schrieb 1774: »Wenn Ihr halb voll mit Sklaven seid, bleibt nicht lange, wenn Ihr die Möglichkeit habt wegzukommen, da das Risiko von Krankheit & Sterblichkeit dort groß wird.«[29]

So sehr die Kaufleute auch versuchten, alle Einzelheiten der Fahrt im Voraus zu planen, sie wussten, dass alles vom Urteilsvermögen und Ermessen des Kapitäns abhing. Wie Joseph und Joshua Grafton im Jahr 1785 schrieben: »Wir überlassen die Durchführung der Reise Eurer Urteilskraft und umsichtigen Führung und hegen keinen Zweifel daran, dass Ihr alle Anstrengungen unternehmen werdet, in allen Fällen unseren Interessen zu dienen.« Dies war zum einen deshalb notwendig, weil die ›Gebräuche‹ der Seefahrt, aus denen der Kapitän seine enormen Machtbefugnisse auf See bezog, die Vereinbarung prägten, und zum anderen deshalb, weil der Afrikahandel unberechenbar war und weit entfernt von europäischen und amerikanischen Häfen stattfand. Die ausgefeiltesten Handelspläne konnten an den Klippen neuer, unvorhergesehener Entwicklungen zerschellen. Der Kaufmann Morice zum Beispiel hatte jahrelang Schiffe nach Whydah geschickt, um Versklavte zu kaufen. Aber dann schrieb Kapitän Snelgrave, dass der König von Dahomey im April 1727 die afrikanischen Händler, die dort tätig gewesen waren, überwältigt und besiegt hatte. Was nun? Oder Snelgrave mochte schreiben, er habe mit einer Meuterei der Besatzung oder einem blutigen Aufstand der Versklavten fertig werden müssen. Was nun? Das würde der Kapitän entscheiden.[30]

»THE GUINEA OUTFIT«

Im Jahr 1768 veröffentlichte der Schiffsarzt Thomas Boulton *The Sailor's Farewell; Or, the Guinea Outfit, a Comedy in Three Acts.* Wahrscheinlich basierte das Stück auf seinen eigenen Erfahrungen [beim Anheuern], denn wenig später, im Juli 1769, sollte er auf dem Sklavenschiff *Delight* von Liverpool zum Cape Mount segeln. Was auch immer Boulton 1768 an dem Unternehmen amüsant gefunden haben mag, war im Dezember 1769 jedenfalls nicht mehr lustig, als er auf dem Großmars seines Schiffes saß und beobachtete, wie sich unter ihm die Versklavten in einem erbitterten Aufstand erhoben und neun seiner Schiffskameraden töteten. Dank des Eingreifens von Kapitän Thomas Fisher von der *Squirrel* überlebte Boulton und verfasste einen Brief über das Ereignis, der am 9. Juli 1770 im *Newport Mercury* abgedruckt wurde. Sein Bericht war buchstäblich ein Dokument einer »Geschichte von oben«.[31]

The Sailor's Farewell war eine andere Form von Geschichte von oben: Hier beleuchtete Boulton aus der Perspektive eines Offiziers die Bemühungen von Kapitänen und Steuerleuten, eine Besatzung für eine Sklavenfahrt zusammenzubekommen. Ein Umstand, auf den Boulton nicht ausführlich genug einging, ist, dass der Kapitän seine Offiziere – vor allem den Ersten und unter Umständen einen Zweiten Steuermann und den Schiffsarzt (wie Boulton selbst) – rekrutierte, bevor er den Rest der Mannschaft anwarb.

Das kleine Offizierskorps bildete die soziale Basis für die Macht des Kapitäns an Bord und war damit von entscheidender Bedeutung. Für diese Positionen brauchte er erfahrene Männer, die die Traditionen der Seefahrt im Allgemeinen und die Gebräuche im Sklavenhandel im Besonderen kannten und respektierten. Er wollte Menschen, denen er vertrauen konnte, und heuerte deshalb oft Männer an, die schon früher mit ihm gesegelt waren und ihre Sache gut gemacht hatten. Die Loyalität der Offiziere untereinander war so wichtig, dass er manchmal Familienmitglieder in Dienst nahm. Wenn diese Offiziere angeworben waren, konnten sie ihm bei der schwierigen Aufgabe helfen, eine Besatzung anzuheuern. Es ist wahrscheinlich, dass Boulton in diesem Fall an der Rekrutierung beteiligt war und das Stück auf seinen Erfahrungen beruhte. Mit seiner Komödie sagte er die Wahrheit über grundlegende Aspekte der Anwerbung für ein tödliches Gewerbe.

Das Stück beginnt mit Kapitän Sharp, dem »Befehlshaber eines Schiffes, das im [Mersey-]Fluss liegt«, und Will Whiff, seinem Steuermann, die auf der Suche nach einer Besatzung sind. Seit acht Tagen liegt die Schnau im Fluss, wettert der Kapitän, »und kein Mann ist zu kriegen«. Whiff hat gute Nachrichten. Er ist seit 5 Uhr morgens unterwegs, um Leute anzuwerben, und hat zwei kräftige Männer aufgetrieben, vielleicht sogar drei: Eine Kneipenwirtin namens Mrs. Cobweb bewirtet auf seine Rechnung drei betrunkene Matrosen. Der Kapitän bestätigt ihm, dass er seine Sache gut gemacht habe, setzt aber hinzu, er müsse »frische Köder auf Eure Haken spießen, und die Angel ein zweites Mal auswerfen«. Abschließend gibt er ihm einen kleinen Rat: »Zeigt einer Teerjacke Flasche, Glas und Salzwasser, und er wird sogleich zur Amphibie.« Grog, des »Seemanns Lebens- und Seelentrunk«, war ein unverzichtbares Requisit bei der Bemannung von Sklavenschiffen.

Boulton zeigt sowohl die freiwillige als auch die erzwungene Rekrutierung und stellt beides – nicht überraschend für einen Offizier – im bestmöglichen Licht dar. Er beschreibt, wie der Kapitän und der Steuermann die Matrosen überreden, an Bord zu kommen: Die Offiziere treffen sich mit ihnen in der Kneipe, sie schmieren ihnen Honig ums Maul, sie singen und trinken Grog mit ihnen. Sie heben ihren seemännischen Hintergrund hervor. Whiff verkündet, er sei »für die See erzogen« und »schon immer ein Freund des Seemanns« gewesen. Dass das Schiff nicht schon ausgelaufen sei, läge einzig und allein daran, dass er und der Kapitän keine Offiziere finden könnten, die menschlich genug seien: »Nein, nein, meine Steuerleute sollen beide Männer sein, welche Menschlichkeit in sich haben.« Für seine »Seemannsbrüder« werde es keine »Rohrstockoffiziere« geben (eine Anspielung auf die Rattanrute des Bootsmanns). Kapitän Sharp sagt: »Ich bin als Seemann aufgezogen worden« und fügt hinzu, er sei ein Gleichmacher, eine ehrliche Haut, kein Freund von Hierarchien oder Privilegien: »Ich bin nicht euer Herr oder euer Kapitän, nichts davon; nennt mich Jack Sharp und einen Seemann, und ich will verdammt sein, wenn ich einen anderen Namen haben will – ich bin das selbe Wesen zu Wasser und zu Land.« Sie sprudeln über vor Versprechungen. Ihr Schiff? »Eine stattlichere Schnau hat niemals die Meere befahren.« Ihr Bestimmungsort ist der »gesündeste Teil der Küste«; die Reise ist kurz, die Heuer gut. Der Kapitän und sein Steuermann machen sogar den Frauen der Matrosen den Hof und versprechen ihnen, dass ihre Männer gut behandelt werden und sicher zurückkehren werden. Eine von ihnen, Moll, kommentiert mit wissender Ironie: »*Aye*, wenn alle Guinea-Kapitäne so sanften Gemütes wären, so würde es ihnen nicht an Männern fehlen, die mit ihnen fahren.«

Der Kapitän und sein Steuermann nehmen Naivlinge und Einfaltspinsel aufs Korn. Als der tolpatschige Bob Bluff fragt, »was für ein Ort ist dieses Guiney?«, antwortet Whiff, es sei ein Ort voller Gold und ohne Arbeit, ähnlich dem legendären Schlaraffenland *Land of Cokaygne* – »nein, nein, du musst dort nichts tun als den Kopf auf das Knie einer zarten, weichen Dirne legen, während sie mit deinen Haaren spielt; und wenn wir so viel Geld haben, wie wir wollen, ziehen wir weiter nach Jamaika und holen uns Mahagoni, um Kisten daraus zu machen, um unser Geld darin aufzubewahren; und aus Flüssen aus Rum, Hügeln aus Zucker und Haufen aus Limonen machen wir Getränke, welche eines Kaiser würdig sind – wer würde nicht nach Guiney fahren wollen.« Die Aussicht auf Geld und afrikanische Frauen war Teil der Masche, und tatsächlich hatten die meisten Sklavenschiffe einige Landratten an Bord, frisch vom Land und arbeitslos, die keine Seefahrtserfahrung und möglicherweise auch keine Ahnung von Guinea hatten.

Die Zwangsrekrutierung beschreibt Boulton am Beispiel von zwei befreundeten Seeleuten, Peter Pipe und Joe Chissel, die auf Betreiben ihrer Vermieterin, der sie Geld schulden, betrunken im Gefängnis landen. Keiner von beiden ist je in Afrika gewesen, aber sie wissen, dass ihre einzige Chance, aus dem Gefängnis freizukommen, darin besteht, bei einem Guineakapitän wie Jack Sharp anzuheuern, der ihre Schulden bezahlt. Pipe erklärt, er für seinen Teil sei dazu bereit. Er schwört, er werde in Afrika mit dem Trinken aufhören und so »trocken wie ein Stockfisch« werden. Chissel hat Bedenken; er glaubt, dass das Sklavenschiff schlimmer wäre als das Gefängnis. Er erzählt die Geschichte des armen Will Wedge, der seinen Sklavenkapitän einen Schuft nannte und dem dafür das linke Auge ausgestochen wurde. Wenig später erscheint Kapitän Sharp auf der Bildfläche und bietet den beiden an, sie auszulösen. Der Ausgang der Szene ist offen, aber es sieht so aus, als ob sie bereit wären, auf den Handel einzugehen. Kurze Zeit später ist die Mannschaft auf der Schnau versammelt, und das Schiff legt mit Kurs auf Afrika ab.

Zwei echte Seeleute, Silas Told und William Butterworth, erklärten mit Nachdruck, dass Kapitäne durchaus nicht »das selbe Wesen zu Wasser und zu Land« seien. Bei der Anwerbung im Hafen waren sie einnehmend und entgegenkommend. Told hatte seine erste Sklavenfahrt auf der *Loyal George* unter Kapitän Timothy Tucker gemacht: »Ich bin fest davon überzeugt, dass es noch nie einen größeren Schurken gegeben hat, obgleich er zu Hause den Charakter und die Gemütsart eines Heiligen annahm.« Butterworth hatte mit Kapitän Jenkin Evans von der *Hudibras* eine ähnliche Erfahrung gemacht: Während der Anwerbung an Land war er »durch und durch huldvoll, höflich und gesittet«, aber sobald er an Bord des Schiffes war, wurde er »mürrisch, übellaunig und tyrannisch«. Er war der »vollendete Heuchler«. Der Kapitän machte eine dramatische Veränderung durch, während er an seiner eigenen Hölle baute.[32]

DESPOT

Bevor der Kapitän seine Besatzung rekrutierte, deren Mitglieder zum Teil in letzter Minute an Bord kamen – nüchtern oder betrunken, mit redlichen oder unredlichen Mitteln angeworben –, arbeitete er mehrere Monate lang mit einem der investierenden Schiffseigner (der als ›Verwalter des Schiffes‹ die gesamte Gruppe von Investoren repräsentierte), akribisch an der Vorbereitung der Reise. Gewöhnlich waren Reparaturen am Schiff erforderlich, was bedeutete, dass der Kapitän es mit einem Heer von Handwerkern zu tun hatte, vom Schiffszimmerer über Kalfaterer, Schreiner, Schmiede, Maurer, Glaser, Mastbauer, Blockmacher und Reepschläger bis hin zu Segelmachern und Taklern, Bootsbauern, Böttchern, und Anstreichern. Letzten Endes war er derjenige, der sichergehen musste, dass alle Arbeiten korrekt durchgeführt worden waren. Dann kamen die Proviantierer: die Schlachter mit Fleisch, die Bäcker mit Zwieback, die Brauer mit Bier. Wasser war unentbehrlich. Der Kapitän vergewisserte sich, dass der Schiffsarzt seine Instrumente und Ausrüstung beisammenhatte, genauso wie der Kanonier die Pistolen, Musketen und kleinen Kanonen, die zur Einschüchterung der Versklavten benötigt wurden. Er kümmerte sich um die Gerätschaften der Gefangenschaft:

die Hand- und Fußschellen, Halseisen und Ketten sowie die neunschwänzige Katze, das *speculum oris* und die Daumenschrauben – unverzichtbare Bestandteile der Ladung, die an Bord gehievt und im Laderaum verstaut wurde. Außerdem musste er für jedes Besatzungsmitglied eine Aufstellung anlegen, in der Vorauszahlungen vermerkt, für die Ehefrau oder ein Familienmitglied bestimmte Heueranteile notiert und im Verlauf der Reise gekaufte Artikel aufgelistet wurden. Mittlerweile machten die Steuerleute und die Besatzung die Segel, Takelage, Taljen und Anker bereit und sorgten dafür, dass das Schiff klar zum Auslaufen war. Von dem Moment an, in dem es in See stach, hatte der Kapitän die völlige Kontrolle über sämtliche Aspekte des Schiffes – nicht nur über seine Technik, Fracht, Lebensmittel- und Wasserversorgung, sondern auch über seine Mikroökonomie und seine soziale Ordnung. Die Welt des Schiffes war sein Reich.[33]

Sobald die Reise begann, machte der Kapitän seine Macht über die Arbeit auf dem Schiff und die Menschen, die sie ausführten, geltend. Er delegierte einen Teil seiner Autorität an die Offiziere, die die Arbeitsabläufe auf dem Schiff beaufsichtigten, aber niemand hatte den geringsten Zweifel daran, wer das Sagen hatte. Er war es auch, der das Allerheiligste der Macht einrichtete und bewohnte: die Kapitänskajüte. Hier schlief er, aß das eigens für ihn zubereitete bessere Essen – gewöhnlich gemeinsam mit dem Schiffsarzt und den Steuerleuten – plante die weitere Reise und führte seine Bücher: das Logbuch, das Register, in dem er über die im Verlauf der Reise verbrauchten und erneuerten Lebensmittel- und Wasservorräte Buch führte, sowie seine Aufzeichnungen über Schulden und Forderungen bei verschiedenen Händlern und die gekaufte und verkaufte Fracht. Niemand betrat seine Kajüte ohne Erlaubnis, und nur die anderen Offiziere durften sich ihr überhaupt nähern. Die Kajüte war auch der Ort, an dem der Kapitän seine Macht über die Körper der versklavten Frauen an Bord geltend machte: Es war üblich, dass ein Kapitän sich ›Ehefrauen‹ oder ›Favoritinnen‹ nahm und sie zwang, sich in seinen Räumen aufzuhalten und ihm sexuell zur Verfügung zu stehen. So nahmen sich zum Beispiel im Jahr 1795 der Kapitän und buchstäblich alle Offiziere der *Charleston* jeweils drei bis vier ›Ehefrauen‹, die sie nach ihrer Ankunft in der Neuen Welt »zu einem guten Preis« verkauften. Was in der Kapitänskajüte vor sich ging, war für die Besatzung immer etwas mysteriös, und so war es auch gedacht. Die meisten Kapitäne kultivierten bewusst eine Haltung, die später als »Kommandoisolierung« bezeichnet werden sollte. Ein zu ungezwungener Umgang mit der Besatzung oder den Versklavten würde seine Autorität schwächen; Distanz, Förmlichkeit und eine strenge Haltung würden sie stärken.[34]

Tatsächlich war es für den Kapitän unumgänglich notwendig, seine Autorität zu etablieren. Dies war teilweise der Seefahrtstradition geschuldet und teilweise war es eine Frage von Erfahrung und Wissen. Jeder Kapitän, der das Handwerk verstand, ein Schiff zu segeln, erwarb sich Respekt, umso mehr, wenn er bereits eine Reise an die afrikanische Küste hinter sich hatte. Ein weiterer Kontrollmechanismus war der Heuervertrag, den der Matrose unterzeichnet und in dem er sich zu Gehorsam verpflichtet hatte. Zuwiderhandlung hatte Heuereinbußen und/oder Bestrafung zur Folge, entweder durch den Kapitän oder durch den Staat. Auf jedem Hochseesegelschiff des 18. Jahrhunderts war die Macht des Kapitäns persönlich, gewalttätig und willkürlich: Er kannte seine Leute gut, und die soziale Welt, über die er herrschte, war klein. Aber Guineaschiffe und ihre Kapitäne waren, wie jeder wusste, von besonderem Schlag. Weil das Sklavenschiff ein Ort brodelnder, explosiver sozialer Spannungen war, gingen Kapitäne oft von Anfang an bis zum Äußersten, um ihre Macht unter Beweis zu stellen. Für die Besatzung begann dieser Prozess oft schon kurz nachdem das Land außer Sicht war.

Viele Sklavenschiffskapitäne pflegten einen Führungsstil an Bord, der sich mit einem Wort zusammenfassen lässt: despotisch. Sie machten sich breit, sie polterten, sie drohten, sie schikanierten. Ein hervorragender Repräsentant dieses Typs war der legendäre Thomas ›Bully‹ Roberts, der zwischen 1750 und 1768 neun Fahrten von Liverpool aus befehligte. Dem Liverpooler Autor ›Dicky Sam‹ zufolge, der 1884 auf Grundlage von Dokumenten und lokalen Überlieferungen eine Geschichte des Liverpooler Sklavenhandels schrieb, war Roberts ein *born bully*, ein geborener Menschenschinder. Es »lag in seiner Natur«. Aber was immer Roberts von Natur aus und Geburt an gewesen sein mag: Der Sklavenhandel verstärkte seine Brutalität. Alle Sklavenhandelskapitäne waren »furchtlos, verwegen und hartherzig.« Das 19. Jahrhundert sollte zur Beschreibung dieses Typus das Wort *bucko* prägen: Ein *bucko*-Kapitän oder -Steuermann war ein harter Antreiber, ein Mann, der in seinen Disziplinierungsmaßnahmen weit über das hinausging, was die Schiffsdisziplin erforderte. Auch dies war Kalkül.[35]

Eine der Hauptmethoden, mit denen der Kapitän seine Macht festigte, bestand darin, entweder die Besatzung als Ganzes oder, was häufiger war, einzelne Besatzungsmitglieder einzuschüchtern. Einige Kapitäne beschlossen schon früh auf der Reise, eine Demonstration roher Macht zu inszenieren: Sie befahlen allen Männern außer den Offizieren, mit ihren Seekisten an Deck zu kommen. Dann zertrümmerten und verbrannten sie die Kisten, gewöhnlich unter dem Vorwand, nach einem gestohlenen Gegenstand zu suchen, aber tatsächlich, um symbolisch ihre Herrschaft über alle Aspekte des Lebens der Seeleute geltend zu machen.[36] Es war auch nicht ungewöhnlich, dass Kapitäne sich ein in der sozialen Ordnung des Schiffes unbedeutendes Besatzungsmitglied herausgriffen, das dann zur allgemeinen Einschüchterung stellvertretend für die ganze Besatzung tyrannisiert wurde. Dies war gewöhnlich ein Schiffsjunge, ein Koch oder ein schwarzer Matrose.[37] Manchmal führte diese Drangsalierung zu Mord (oder Selbstmord), aber gelegentlich endete sie auch mit der brutalen Ermordung des Kapitäns, wie im Fall von Kapitän John Connor, der 1788 von seiner Besatzung umgebracht wurde, da er eine unablässige »barbarische Härte« an den Tag gelegt hatte.[38]

Aber selbst diejenigen, die nicht gezielt schikaniert wurden, waren auf einem Guineaschiff üblicherweise ständiger gewalttätiger Disziplinierung unterworfen. Das wichtigste »Züchtigungswerkzeug« war die neun-

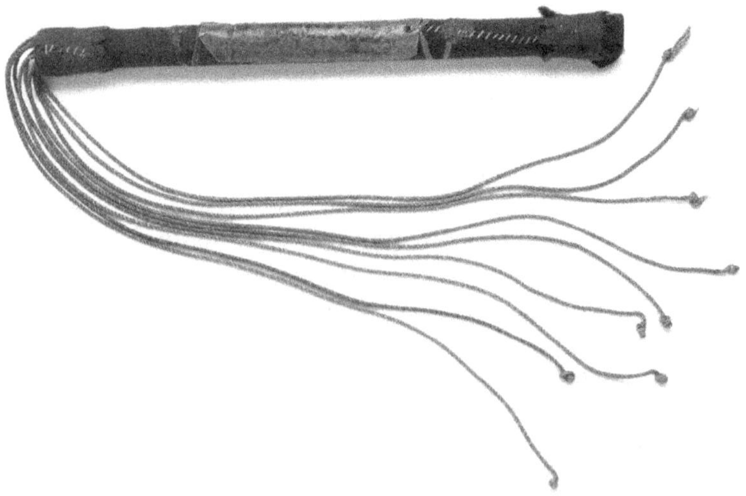

Die »Katze« wurde eingesetzt, um Menschen auf den Decks »in Bewegung zu bringen«, sie unter Deck zu »verstauen« und sie für alle nur erdenklichen Vergehen zu bestrafen, von der Verweigerung des Essens bis hin zum versuchten Aufruhr. Die neun verknoteten Schwänze sollten die Haut zerreißen und den Schmerz der geprügelten Person maximieren.

schwänzige Katze, die schnell zu einem Folterwerkzeug werden konnte. Der Schiffsarzt Alexander Falconbridge beschrieb sie als »einen Griff oder Stiel, welcher aus einem Tau mit einem Umfang von dreieinhalb Zoll [8,9 cm] und einer Länge von etwa achtzehn Zoll [45 cm] besteht, an dessen einem Ende neun aus Logleinen bestehende Enden oder Schwänze befestigt sind, mit drei oder mehr Knoten an jedem Ende.« Die ›Katze‹ wurde bei der täglichen Arbeit und den alltäglichen sozialen Abläufen, bei geringfügigen Vergehen und Disziplinlosigkeit sowie bei dramatisch inszenierten schweren Bestrafungen von Seeleuten wie Versklavten eingesetzt. (Einige Kapitäne ließen nur ungern Seeleute vor den Augen der Gefangenen auspeitschen; andere taten es ganz bewusst und befahlen sogar manchmal einem Versklavten, einen Seemann auszupeitschen.) Einige Offiziere hingen so sehr an ihrer Katze, dass sie sie mit ins Bett nahmen. Die neun ›Schwänze‹ mit ihren jeweils drei Knoten (in die manchmal noch Draht eingeflochten war) dienten dazu, die Haut des Opfers aufzureißen. Aber die Katze war nicht das einzige Disziplinierungsinstrument. Das Schiff war voll von potenziellen Waffen, die für einen Kapitän oder Steuermann jederzeit griffbereit waren: Aalstecher, Messer, Gabeln, Belegnägel, Marlpfrieme und Pumpenbolzen. Kapitäne hatten auch keine Bedenken, meuternde Seeleute in Eisen schlagen und ihnen in Extremfällen Halseisen anlegen zu lassen, eine Bestrafung, die normalerweise den rebellischsten Versklavten vorbehalten war. Der Kapitän bediente sich zur Kontrolle seiner Besatzung einer ganzen Technologie des Terrors.[39]

Einige Kapitäne demonstrierten ihre Macht auf andere Weise und setzten die Besatzung auf dem Weg zur afrikanischen Küste oder während der *Middle Passage* auf ›Kurzration‹. Die Begründung hierfür lautete, dass die Überfahrt bei widrigen Wetterverhältnissen länger dauern und Vorräte schwer zu ersetzen sein konnten und daher sparsam verbraucht werden mussten. Es kam aber auch vor, dass ein Kapitän einfach verkündete, er habe seine Männer nicht angeheuert, um »sie zu mästen«. Die Matrosen hassten dies und glaubten, dass die Kapitäne an ihren Rationen sparten, um Kosten zu senken und damit die Gewinne für sich selbst und die Eigentümer zu erhöhen. Das Essen der Seeleute war ohnehin nicht gut und wurde natürlich im Verlauf der Reise schlechter. Gepökeltes Rindfleisch löste sich auf, und Schiffszwieback war irgendwann so voller Ungeziefer, dass er sich von selbst bewegte. Die Wasserversorgung war ein besonderer Konfliktherd, vor allem dann, wenn das Schiff in den Tropen war. Viele Sklavenschiffskapitäne griffen auf einen skurrilen Brauch zurück, um den Wasserverbrauch niedrig zu halten: Auf den Großmars wurde eine Wassertonne mit einem

Gewehrlauf darin gestellt, durch den getrunken werden musste. Die Seeleute waren gezwungen, für einen einzigen Schluck Wasser bis ganz nach oben zu klettern.[40]

Ein weiterer wichtiger Aspekt der Kontrolle des Kapitäns über die interne Ökonomie des Schiffes gründete sich darauf, dass er während der Reise persönliche Gegenstände wie *slops* (Kleidungsstücke: Kittel, Hosen, Jacken, Mützen) und Messer, Tabak, Branntwein und Rum an die Besatzung verkaufte, gewöhnlich zu überhöhten Preisen. Auch dies sorgte für Unmut unter den Matrosen, weil die hohen Preise einen beträchtlichen Teil ihrer Heuer verschlangen. Am Ende einer langen, gefahrvollen Reise blieb manchen Seeleuten kein Penny ihrer Heuer übrig, und einige machten sogar eine sogenannte ›Bristolreise‹, das heißt, dass sie bei ihrer Rückkehr in den Heimathafen dem Kapitän mehr für unterwegs gekaufte Waren schuldeten, als er ihnen an Heuer schuldig war. Dies wiederum führte zu einer Art Schuldknechtschaft, die zur Folge hatte, dass dem Kapitän reichlich Arbeitskräfte für die nächste Sklavenfahrt zur Verfügung standen.[41]

HÄNDLER

Sobald das Sklavenschiff die afrikanische Küste erreichte, wurde der Kapitän mehr und mehr zu einem Kaufmann: Er begann mit europäischen und afrikanischen Händlern Geschäfte zu machen, Fracht zu kaufen und zu verkaufen. Wissen und Erfahrung waren sowohl im ›Forthandel‹ als auch im ›Bootshandel‹ erforderlich, aber in Letzterem und überhaupt im direkten Handel mit Afrikaner*innen waren sie besonders wertvoll. Sklavenschiffskapitäne, die schon früher in einer bestimmten Region und mit bestimmten Personen Geschäfte gemacht hatten, hatten einen großen Vorteil. Während des gesamten 18. Jahrhunderts konnten Kapitäne fast überall an der Küste Dolmetscher*innen finden, und natürlich sprachen viele afrikanische Händler Pidgin- oder kreolisches Englisch. Aber einem Kapitän, der eine oder mehrere afrikanische Sprachen beherrschte, standen mehr Geschäftsmöglichkeiten offen. Dies war ein Vorteil für diejenigen, die für den Sklavenhandel »erzogen« worden waren und dadurch schon als junge Männer afrikanische Sprachen gelernt hatten. Hugh Crow hatte relativ spät angefangen, aber er machte als Matrose, Steuermann und Kapitän zahlreiche Reisen zur Bucht von Biafra und rühmte sich seiner Igbo-Kenntnisse. Crow scheint aufgrund seiner überschäumenden Persönlichkeit unter den Kaufleuten, mit denen er

Geschäfte machte, besonders populär gewesen zu sein – zumindest war das der Eindruck, den er in seinen Memoiren zu erwecken versuchte.

Sich in Handelsbeziehungen Autorität zu verschaffen, war nicht einfach, und gelegentlich setzten Sklavenschiffskapitäne die überlegene Macht des furchterregenden bewaffneten Schiffes ein, das sie befehligten. In Gegenden, in denen die Guineafahrer in Küstennähe ankern konnten, mochte ein Kapitän einen oder zwei Kanonenschüsse auf ein Dorf abfeuern, mit dem er Handel trieb, um der Bereitschaft der örtlichen Kaufleute ›nachzuhelfen‹, mehr Versklavte auf den Markt zu bringen oder sie zu niedrigeren Preisen anzubieten. Der Seemann Henry Ellison sagte vor dem Parlament aus, dass er in den 1760er Jahren gesehen habe, wie sieben oder acht Sklavenschiffskapitäne synchron »rotglühende Kanonenkugeln« auf eine Handelsstadt am Gambia gefeuert und dabei mehrere Häuser in Brand gesteckt hätten, um Händler dazu zu bringen, ihre Preise zu senken. Im Juni 1793 ereignete sich ein ähnlicher Vorfall in Kamerun, als Kapitän James McGauley mit der Absicht, einem schwarzen Händler unmissverständlich klarzumachen, er dürfe keine Versklavten an andere Schiffe verkaufen, bis er, McGauley, seine eigene Ladung beisammen habe, eine Kanone auf das Kanu des Händlers abfeuern ließ und dabei eine Person tötete. Es muss allerdings betont werden, dass derartige Vorfälle ungewöhnlich waren. Die meisten Kapitäne pflegten ihre Beziehungen zu afrikanischen Händlern, vor allem, wenn sie vorhatten, wiederzukommen. Der Handel beruhte weitgehend auf Vertrauen und Einverständnis.[42]

Zum Auftakt des Handels ließ der Kapitän von seinen Männern einen Teil der vielen teuren Waren, die gegen menschliche Fracht eingetauscht werden würden, vom Unterdeck nach oben bringen. Aus dem Hauptdeck des Schiffes wurde ein Marktplatz, und der Kapitän schlüpfte in die Rolle eines *big man*, der als Gleichrangiger mit einem anderen *big man* – manchmal einem lokalen ›König‹, an den er Abgaben zahlte – Geschäfte machte. Er gab auch *dashee* oder *comey* (Geschenke) sowohl an die höchste politische Führungsperson als auch an kleinere Händler, um sie dazu zu ermuntern, Versklavte zum Schiff zu bringen. Er ließ Essen und Alkohol auftischen und lud oft einige der wichtigeren Kaufleute ein, auf dem Schiff zu übernachten. All dies war Teil eines komplexen, langwierigen Verhandlungsprozesses, der zu dem Ergebnis führte, dass das Unterdeck sich langsam mit versklavten Menschen füllte, die nach den Amerikas transportiert werden würden. Die Tätigkeit des Kapitäns als Handelsagent wird beeindruckend detailliert in einem Dokument dargestellt, das William Jenkins von der *Molly* 1759–60 auf einer Reise nach Bonny verfasste.[43]

Zunächst einmal machte Jenkins eine Aufstellung aller Güter, die die Eigentümer hatten an Bord bringen lassen, bevor das Schiff Bristol verließ, und die nun auf dem Deck der *Molly* zum Verkauf angeboten wurden. Die Ladung bestand aus Schusswaffen und Munition, Textilien, Metall und Metallwaren, Alkohol und anderen Fertigwaren wie Mützen und Perlen (*arrangoes*). Der größte Teil der Ladung bestand aus Musketen (sechshundert), Donnerbüchsen, Feuersteinen und Schießpulver. Dann folgten, in absteigender Reihenfolge ihres Wertes, eine Reihe von in England und Indien hergestellten Stoffen wie *nicanee*, *romaul* und *chello*, Eisenbarren und Kupferstangen, Messer und eiserne Töpfe und einige andere Artikel. Außerdem hatte Kapitän Jenkins »1885 Gallonen Branntwein in Fässern« sowie Flaschen und zahlreiche kleinere Fässer, sogenannte *caggs*, an Bord.[44]

Das Bemerkenswerteste an Jenkins' Aufzeichnungen war, wie sorgfältig er seine Transaktionen mit afrikanischen Kaufleuten festhielt, angefangen mit dem König von Bonny, an den er Handelszölle und Gebühren für Holz und Wasser entrichtete. Jenkins führte jeden einzelnen Händler mit Namen auf. Er gab *dashee* an »Lord York«, »Black Tom«, »Cudjoe«, »Parlement Gentleman«, »Gallows« und fünfundsiebzig andere, die einem von zwei Hauptnetzwerken angehörten, von denen sich eins um den König und das andere um den Großkaufmann John Mendoss gruppierte. Aber von den achtzig Männern, die *dashee* erhielten, lieferten achtundfünfzig der *Molly* nicht eine einzige versklavte Person. Einer der längsten Einträge war, »Der König von Bonny: Trauen«, gefolgt von einer Liste verschiedener Gegenstände, die auf einer späteren Fahrt gegen Versklavte eingetauscht werden sollten. Jenkins hatte ganz offensichtlich die Absicht, langfristige Arbeitsbeziehungen aufzubauen.[45]

Die meisten Transaktionen waren von geringem Umfang: Meistens brachten Händler einen, zwei oder drei Versklavte auf einmal an Bord, wie es in fast allen Gebieten der Guineaküste üblich war. Nur drei Verkäufer lieferten mehr als zwanzig Versklavte, weitere sechs lieferten mehr als zehn, aber auch diese brachten jeweils nur wenige Gefangene auf einmal. Der größte Lieferant war Jemmy Sharp, der siebenmal auf das Schiff kam und 28 Versklavte verkaufte. Vierundzwanzig der Männer, die Versklavte an das Schiff verkauften, hatten *dashee* erhalten, fünfundzwanzig nicht. Aber diejenigen, die *dashee* bekommen hatten, lieferten 216 Versklavte, mehr als drei Viertel der 286 Menschen, die Jenkins schließlich kaufen sollte. Und bis auf fünfzehn kamen alle Händler, die Versklavte verkauften, mehr als einmal und tätigten mehrere Verkäufe; insgesamt wurden 267 der Versklavten (93,3 Prozent der Gesamtzahl) von dieser Gruppe verkauft. Der häufigste Besucher auf der *Molly* war ein Mann namens Tillebo, der elfmal an Bord kam, um Versklavte zu verkaufen. Alles in allem schloss Kapitän Jenkins 160 Transaktionen zum Kauf von Versklavten ab, was es ihm ermöglichte, sein Schiff in nur drei Monaten, schneller als üblich, zu ›besklaven‹. Beim Verlassen der Küste hatte er eine Fracht von 125 Männern, 114 Frauen, 21 Jungen und 26 Mädchen an Bord. Seine Kontakte waren die Investition offensichtlich wert gewesen: Er hatte seine Geschäfte erfolgreich abgeschlossen. Nun, da sich 286 unruhige afrikanische Gefangene an Bord seines Schiffes befanden, erwarteten den Kapitän neue Herausforderungen.

MITKAPITÄN

Die Sklavenschiffskapitäne unterhielten auch untereinander Beziehungen, vor allem während der langen Monate, die sie an der afrikanischen Küste zubrachten, um Versklavte zu kaufen. Hier trafen sie sich wiederholt an unterschiedlichen Verschiffungsorten, speisten zu zweit, zu dritt oder in größeren Gruppen auf ihren jeweiligen Schiffen oder mit afrikanischen Händlern an Land, und durchbrachen so ihre »Kommandoisolierung« und tauschten nützliche Kenntnisse und Informationen aus. William Smith, ein Landvermesser der *Royal African Company*, schrieb, dass die Kapitäne und Offiziere der Sklavenschiffe, die im Jahr 1726 im und um den Gambia-Fluss lagen, »einander täglich besuchen«. Dies war überall der Fall, wo Schiffe zusammentrafen. Obwohl sie miteinander konkurrierten – um eine schnelle und vorteilhafte Abwicklung ihrer Geschäfte, um mit Versklavten angefüllte Laderäume, um eine zügige Überfahrt in die Neue Welt – waren sie sich über ihre gemeinsamen Interessen im Klaren und handelten entsprechend.[46]

John Newton stand in regelmäßigem Austausch mit anderen Kapitänen, besuchte sie periodisch und tauschte nützliche Informationen aller Art mit ihnen aus: über den Zustand des Handels, die Verfügbarkeit und den Preis von Versklavten und Neuigkeiten über Gefahren und Katastrophen. Er bat einen Kapitän, ihm seine meuternden Matrosen und rebellischen Versklavten abzunehmen, einen anderen, ihm seinen Schiffsarzt zu leihen. Er und seine Berufsgenossen ergingen sich in »Sticheleien«, viele davon anscheinend sexueller Natur. Newton wurde von den anderen wegen seiner sklavischen Ergebenheit an eine einzige Frau, seine Ehefrau Mary, geneckt; er hielt ihnen entgegen, dass »einige von ihnen bloße Sklaven von Hunderten« seien

– darunter zweifellos Frauen, die sie an der Küste gekauft hatten. Den Sklavenschiffskapitänen ging das Vokabular ihres Berufszweiges mit vertrauter Leichtigkeit von der Zunge.

Einige der Informationen, die die Kapitäne austauschten, konnten lebenswichtig sein. Sie unterhielten sich wiederholt über Katastrophen – Sklavenschiffe, die von Einheimischen »vertilgt« worden waren, blutige Aufstände, vermisste Seeleute, Explosionen und Schiffbrüche. Kapitän Street vermittelte einen Eindruck von der Bedeutung derartiger Zusammenkünfte, als er 1807 einen Bericht aus Rio Pongas an der Windward-Küste sandte: Er listete dreizehn Sklavenschiffe auf und notierte, wann sie voll mit Versklavten beladen sein und die Küste verlassen würden; er erwähnte, dass ihre Kapitäne Schwierigkeiten hätten, Reis zu kaufen, den sie als Proviant für die Versklavten während der *Middle Passage* brauchten; er beschrieb, wie zwei Schiffe durch eine Gegenflut in einer örtlichen Sklavenhandelsfaktorei beschädigt worden waren. Er erwähnte auch einen Mordversuch und eine Meuterei gegen Kapitän McBride von der *Hind*, die hohe Anzahl von Todesfällen auf diesem Schiff und eine Massenflucht von Seeleuten von der *Byam*.[47]

Hauptsächlich sprachen die Kapitäne bei ihren Treffen über Geschäfte – in erster Linie vielleicht über die Verfügbarkeit und die Preise von Versklavten, aber auch über ihre Beziehungen zu schwarzen Händlern (welchen man vertrauen konnte und welchen nicht) und welche Waren bei diesen Händlern besonders begehrt waren. Unter Umständen teilten sie auch materielle Ressourcen miteinander und liehen einander qualifizierte Arbeitskräfte (einen Zimmermann oder Schiffsarzt), Vorräte (Medikamente), Lebensmittel oder Handelswaren, solange dies nicht zu Lasten der Interessen der Kaufleute und Schiffseigner ging, in deren Diensten sie standen. Das höchste Ansehen bei diesen Zusammenkünften genoss derjenige Kapitän, der die Region am besten kannte. Der Seemann William Butterworth beschrieb einen Brauch, bei dem der »älteste« (d. h. erfahrenste) Kapitän in einer Gruppe die Prozession der versammelten Schiffe den Calabar River hinauf zum Kanuhaus anführte, wo die Geschäfte getätigt wurden.[48]

Kapitäne tauschten auch Erfahrungen und Informationen über Offiziere, Seeleute und Versklavte aus. Hier konnte der Ruf eines aufstrebenden Offiziers gestärkt oder geschädigt werden, denn alle Kapitäne merkten sich sowohl qualifizierte, zuverlässige Männer, die sie auf zukünftigen Reisen würden anheuern wollen, als auch Männer, die sie ablehnen würden. Sie sprachen – und beklagten sich häufig – auch über Schiffsärzte und deren Fähigkeiten. Wenn Todesfälle nicht verhindert werden konnten, wurde schnell dem Arzt die Schuld gegeben, und in einigen Fällen kam es zu ernsthaften Streitigkeiten zwischen Kapitänen und ihren meist gebildeteren und mitunter ›aufgeklärten‹ Ärzten.[49]

Unterhaltungen über Seeleute und Versklavte konzentrierten sich im Allgemeinen auf deren Aufsässigkeit und Gesundheit. Welche Matrosen auf die schwarze Liste gesetzt werden sollten, wurde bei diesen Treffen ebenso erörtert wie die mögliche Versetzung aufrührerischer Seeleute auf nahebei liegende Kriegsschiffe. Die Kapitäne tauschten sich über Bestrafungen aus und klopften sich gegenseitig für innovative Foltermethoden auf die Schulter. Die Gespräche über afrikanische Versklavte hatten einen ähnlichen Tenor – wobei sie allerdings zweifellos mit rassistischen Beleidigungen gespickt waren – und drehten sich um die unterschiedlichen ethnischen Gruppen und ihr Verhalten auf dem Schiff. Die Sklavenschiffskapitäne an der Küste waren durch einen ungeschriebenen Pakt miteinander verbunden: Im Umgang mit ihrer Besatzung und besonders mit ihren Versklavten würden sie einander ungeachtet ihrer Nationalität Beistand leisten, vor allem im Fall eines Aufstands.[50]

Mitunter übte eine Gruppe von Sklavenschiffskapitänen an der afrikanischen Küste auch eine Art von Regierungsgewalt aus. Wenn in einer Angelegenheit etwas unternommen werden musste, die alle Sklavenhändler in einem bestimmten Gebiet betraf, berief jemand eine Versammlung ein, an der die Kapitäne aller in der Nähe liegenden Schiffe teilnahmen. Wie Seeoffiziere, die zur strategischen Planung einer Schlacht zusammenkommen, berieten sich die Kapitäne der Sklavenschiffe untereinander und kamen zu einem gemeinsamen Urteil darüber, wie am besten vorzugehen sei. So konnte zum Beispiel über das Schicksal des Anführers eines gescheiterten Aufstands entschieden werden, was im Jahr 1721 geschah, als William Snelgrave eine achtköpfige Gruppe zu diesem Zweck zusammenrief: Ihr Urteil lautete, alle Schiffe eng aneinander zu manövrieren, alle Versklavten an Deck zu bringen, den Schuldigen hoch in die Luft zu hieven und dort erschießen zu lassen, so dass alle Versammelten die Hinrichtung mit eigenen Augen sehen und diese Lektion des Terrors auf sich wirken lassen konnten. Der auf diese Weise verurteilte versklavte Mann versuchte mit Snelgrave zu diskutieren: Er war überzeugt, dass er wirtschaftlich zu wertvoll war, um hingerichtet zu werden. Er hatte sich geirrt. Snelgrave und die anderen Kapitäne waren fest entschlossen, unmissverständlich klar zu machen, dass dieses Schicksal jede afrikanische Person erwartete, die »einen weißen Mann« tötete. Bei einem anderen Vorfall berief Hugh Crow ein Treffen aller Kapitäne in Bonny ein, um eine Entscheidung darüber zu treffen, was mit einem Steuermann geschehen sollte, der oft betrunken war, die Besatzung zur Meuterei anstachelte und den Kapitän um sein Leben fürchten ließ. Ihr Urteil lautete, er solle seine Kajüte behalten dürfen (er stammte aus einer »respektablen Familie in Liverpool«), aber aus dem Dienst entlassen werden.[51]

Die Kapitäne prahlten auch gerne untereinander mit ihren betrügerischen Geschäftspraktiken: mit Wasser verdünnter Alkohol, falsche Böden in Pulverfässern, Stoffballen, aus denen große Stücke herausgeschnitten waren ... Sie betrogen in Bezug auf »Anzahl, Gewicht und Maß oder Güte dessen, womit sie handeln, auf jede nur mögliche Weise«. Newton erinnerte sich, dass »derjenige, welcher am kundigsten darin war, Betrug zu begehen, als der Geschickteste und Tüchtigste in diesem Geschäft galt«. Dies war die Kunst des Handels. Kurz, was die Kapitäne miteinander verband, war Kameradschaftsgeist, eine Interessengemeinschaft und das Bewusstsein der Zugehörigkeit zu einer gemeinsamen Gruppe. Ihre Zusammenkünfte waren im Kern Treffen eines Vereins begüterter weißer Männer zur gegenseitigen Hilfeleistung.[52]

GEFÄNGNISWÄRTER

Der langsame, langwierige Ankauf von Gefangenen an der westafrikanischen Küste spielte sich in einer Art ›kriegerischem Frieden‹ ab. Die versklavten Menschen brachten sechs Monate oder mehr auf dem Schiff zu, während weitere Gefangene gekauft wurden, und dann weitere sechs bis zehn Wochen während der *Middle Passage*. Einige Kapitäne versuchten, ihre ›Fracht‹ zu vermischen, indem sie Menschen unterschiedlicher afrikanischer Kulturen und Sprachen an Bord nahmen, um ihnen die Kommunikation, Zusammenarbeit und Gegenwehr so schwer wie möglich zu machen, aber dies war schwierig, kostspielig und letzten Endes unpraktisch. Infolge der hohen Konkurrenz im Sklavenhandel und der Art und Weise, wie er auf afrikanischer Seite organisiert war, hatten Kapitäne sehr wenig Einfluss darauf, welche Versklavten ihnen angeboten wurden, und nahmen, was sie kriegen konnten. Während des langen Aufenthalts gingen sowohl der Kapitän als auch jedes einzelne Besatzungsmitglied davon aus, dass die an Bord gebrachten Menschen gegen ihren Willen dort festgehalten wurden und alles in ihrer Macht Stehende tun würden, um ihrer Gefangenschaft zu entkommen. Die Macht des Kapitäns gründete sich in erster Linie auf roher Gewalt.

Der erste Kontakt zwischen dem Kapitän und einer versklavten Person fand normalerweise zum Zeitpunkt der Inspektion und des Kaufs statt, sei es in einem Fort, einer Faktorei, einem Küstendorf oder auf dem Schiff. Hier beurteilte der Kapitän zusammen mit dem Schiffsarzt Alter, Gesundheitszustand und Arbeitsfähigkeit dieser Person gemäß der Kriterien seines Arbeitgebers und ›las‹ ihre ›Landesmarkierungen‹, die jeder westafrikanischen Kulturgruppe eigenen, unverwechselbaren rituellen Narben. Darüber hinaus schrieb er auf Grundlage seiner Erfahrungen jeder Person auf Stereotypen basierende wahrscheinliche Verhaltensweisen zu: Die Igbo, so hieß es unter den Kapitänen, neigten zu Selbstmord und mussten unter Beobachtung gehalten werden; die Coromantee waren rebellisch und mussten angekettet werden; die Angola waren passiv und mussten nicht angekettet werden. Dies ging mit einer Einschätzung der Haltung der jeweiligen Person einher, das heißt mit der Wahrscheinlichkeit, mit der diese Person sich dem Regiment an Bord unterwerfen oder dagegen auflehnen würde. Wenn der Kapitän sich entschied, eine bestimmte Person zu kaufen, bot er den Händlern eine Zusammenstellung verschiedener Waren an und feilschte, bis der Handel abgeschlossen war. Von diesem Moment an war die versklavte Person, ob Mann, Frau, Mädchen oder Junge, für den Kapitän eine Nummer. Die erste gekaufte Person war Nummer 1, und so ging es weiter, bis das Schiff voll und bereit für die Überfahrt nach den Amerikas war.

Das Ausmaß der Beteiligung an den täglichen Abläufen auf dem Schiff variierte von Kapitän zu Kapitän. Wenn sie erst einmal bestimmte Befugnisse delegiert hatten, scheinen sich die meisten distanziert und unnahbar verhalten und sich nur zu bestimmten Zeiten gezeigt zu haben, normalerweise beim Auf- und Abgehen auf dem Achterdeck. Einige von ihnen gingen auf das vordere Hauptdeck zu den versklavten Männern, aber nur gelegentlich und unter strenger Bewachung, und nur wenige scheinen unter wie auch immer gearteten Umständen zu den Versklavten auf dem Unterdeck hinuntergestiegen zu sein. Warum dies so war, fand Kapitän Francis Messervy von der *Ferrers Galley* im Jahr 1721 am eigenen Leib heraus. Seinem Kapitänskollegen William Snelgrave zufolge hatte sich Messervy der »übermäßigen Sorge und zu großen Milde gegenüber den Negern auf seinem Schiff« schuldig gemacht; so half er zum Beispiel bei der Zubereitung und Austeilung ihres Essens. Snelgrave schrieb: »Ich konnte nicht umhin, ihm gegenüber zu bemerken, »Wie unvorsichtig es von ihm war, solches zu tun: Denn obgleich es für einen Befehlshaber zuweilen füglich sei, nach vorn zu gehen und zu beobachten, wie die Dinge gehandhabt werden; so sollte er doch eine geeignete Zeit wählen und eine rechte Anzahl seiner weißen Leute unter Waffen bei sich haben, wenn er gehe; anderen Falles mochten die Sklaven, da er so sehr in ihrer Macht sei, zur Meuterei ermuntert werden.« Offensichtlich missachtete Messervy diesen Rat: Als er wenig später zur Essenszeit zwischen den versklavten Männern umherging, »packten sie ihn und zerschmetterten ihm den Kopf mit den kleinen Kübeln, aus welchen sie ihren gekochten Reis essen«. Dies war der Auftakt zu einem von langer Hand vorbereiteten Aufstand, bei dem achtzig Afrikaner*innen getötet wurden oder starben, entweder durch Erschießen, durch Ertrinken (nachdem sie über Bord gesprungen waren) oder durch Verhungern (infolge von Essensverweigerung im Gefolge des Massakers). Für Snelgrave war die Moral von der Geschichte, dass Kapitäne Vorsicht walten lassen mussten, wenn sie sich persönlich am Tagesablauf der Versklavten beteiligten – nicht zuletzt deshalb, weil die Gefangenen die Hierarchie auf dem Schiff genau beobachteten und immer zuerst die mächtigste Person an Bord attackierten, wenn sich die Gelegenheit bot: »Sie haben stets die oberste Person auf dem Schiff im Visier, welche sie schnell anhand der Achtung erkennen, welche ihr der Rest des Schiffsvolks entgegenbringt.« Es war nicht schwer herauszufinden, wer der wichtigste Mann auf einem Sklavenschiff war.[53]

Kapitän und Besatzung wiederum beobachteten jede neu an Bord gekommene Gruppe von Versklavten genau, um herauszufinden, welche der Gefangenen sich zu sogenannten »Aufsehern« oder »Vertrauenssklaven« eignen mochten.[54] Dies waren Afrikaner*innen, denen der Kapitän und die Offiziere glaubten, vertrauen zu können, und die daher dazu herangezogen werden konnten, bei der Aufrechterhaltung der Ordnung auf dem Schiff zu helfen. Gefangenen, die ihren Entführern wohlgesonnen zu sein schienen, wurde möglicherweise ein Deal angeboten, vor allem dann, wenn sie ein gewisses Maß an Einfluss unter ihren Landsleuten an Bord hatten. So wurden zum Beispiel »Aufseher« ernannt, die »über die anderen herrschen« sollten. Jede Person, die Englisch sprach, konnte unter ihren eigenen Landsleuten und vielleicht auch in anderen Gruppen als Übersetzer*in fungieren. Frauen wurde möglicherweise Arbeit als Köchin angeboten, vielleicht sogar als Köchin für den Kapitän, wobei Letzteres wahrscheinlich auch andere Dienste beinhaltete. Ein afrikanischer Mann fand in dem System der Arbeitsteilung an Bord Arbeit als Schneider. Aber am wichtigsten waren diejenigen, die dabei halfen, die anderen Versklavten zu beaufsichtigen und unter Kontrolle zu halten. Der Kapitän oder der Steuermann mochte Jungen (die sich auf dem Schiff frei bewegen konnten) Belohnungen dafür in

Aussicht stellen, dass sie die Männer bespitzelten und Verschwörungen verrieten.[55]

William Snelgrave erklärte, wie eine versklavte Person dazu eingesetzt werden konnte, zur Aufrechterhaltung der Ordnung auf dem Schiff beizutragen. Eine ältere Frau, die offenbar dem König von Dahomey nahestand und vielleicht sogar eine seiner Ehefrauen war, war in Ungnade gefallen und zum Tode verurteilt worden: Sie wurde auf seinen Befehl mit gefesselten Händen als Beute für die Haie aus einem Kanu geworfen. Irgendwie gelang es ihr, diese Tortur unverletzt zu überleben; sie wurde von Snelgraves Matrosen gerettet und an Bord gebracht. Snelgrave, der fürchtete, dass der König Rache nehmen würde, wenn ihm zu Ohren käme, dass er die Frau gerettet hatte, scheint sie versteckt gehalten zu haben. Die »verständige« Frau, die sich darüber im Klaren war, dass sie aufgrund ihres Alters als Versklavte »nutzlos« war, war Snelgrave dankbar dafür, dass er ihr das Leben gerettet hatte, und tat während der Überfahrt alles, was sie konnte, um sich bei ihm nützlich zu machen. Aufgrund ihres hohen sozialen Status war sie vielen der anderen versklavten Menschen an Bord bekannt und nutzte so ihren Einfluss, um sie davon zu überzeugen, dass die »weißen Leute« nicht so schlecht seien, wie man ihnen gesagt hatte: Sie tröstete die Gefangenen und »beruhigte ihre Gemüter«. Snelgrave schrieb, sie habe besonders unter den »weiblichen *Negern*, die uns wegen des Lärms und Getöses, welches sie machten, immer am lästigsten waren«, großen Einfluss gehabt. Sie »wurden von dieser Frau in einer Ordnung und einem Anstand gehalten, dergleichen ich nie zuvor auf einer Reise erlebt hatte.« Snelgrave gab im Gegenzug seiner Dankbarkeit Ausdruck, indem er für die Frau einen »großmütigen und guten« Herrn fand, Charles Dunbar aus Antigua. Eine solche Vereinnahmungsstrategie konnte dazu beitragen, die Ordnung auf dem Schiff aufrechtzuerhalten.[56]

Eine andere Art von Vereinnahmung oder Abkommen war weniger freiwillig und in mancher Hinsicht nicht von der Vergewaltigung und dem sexuellen Missbrauch der afrikanischen Frauen an Bord zu unterscheiden. Kapitäne, seltener auch Offiziere, nahmen sich ›Favoritinnen‹ unter den versklavten Frauen und verlegten sie vom Unterdeck in die Kapitänskajüte, was mehr Platz, mehr und besseres Essen, mehr Freiheit und vielleicht in einigen Fällen weniger brutale Disziplin bedeutete. Dies scheint bei einer versklavten Frau auf dem Sklavenschoner von John Fox der Fall gewesen zu sein, die von den Afrikaner*innen Amba und vom Kapitän und anderen Europäern Betsey genannt wurde. Thomas Boulton beklagte sich über eine afrikanische Frau, die ihre privilegierte Beziehung zu Kapitän John Tittle (im damaligen

Sprachgebrauch ein ›Mulatte‹) dazu nutzte, Macht auf dem Schiff auszuüben. Er schrieb über »Dizia, eine *afrikanische* Dame«:

Deren rußiger Zauber ihn [den Kapitän] so entzückte,
Dass er sie geradewegs zum zweiten Kapitän ernannte;
So streng war sie in allen Dingen,
Dass sie sogar den Wasserkrug wegschloss;
Und während sie dies hohe Amt bekleidete,
Durfte nicht eine durstige Seele einen Tropfen nippen.[57]

Wenn ein Kapitän genug von seinen aktuellen Favoritinnen hatte, ließ er sie aus ihrem »hohen Amt« entfernen und sah sich direkt vor der Tür seiner Kajüte, die auf vielen Sklavenschiffen an die Frauenunterkunft angrenzte, nach Nachfolgerinnen um.[58]

Kapitäne stellten auch Vergünstigungen für – in ihrem Sinne – gutes Betragen in Aussicht. Hugh Crow ließ 1806 einige versklavte Männer in der Bedienung der Kanonen ausbilden, für den Fall, dass das Schiff von einem französischen Kaperschiff angegriffen wurde. Als Gegenleistung, erklärte er, wurde jeder der Versklavten »mit einer leichten Hose, einem Hemd und einer Mütze versehen«. Sie »waren sehr stolz auf diese Beförderung«, durch die sie mehr Ähnlichkeit mit der Besatzung hatten als die anderen Versklavten. Etliche Kapitäne belohnten die Versklavten für die Arbeit, die sie an Bord verrichteten, indem sie ihnen beispielsweise Tabak oder Branntwein für das Schrubben der Räume auf dem Unterdeck gaben. Andere Belohnungen waren Perlen, zusätzliches Essen oder – für die Männer – das Privileg, keine Ketten tragen zu müssen. Bei einem Aufstand im Jahr 1704 wehrte ein siebzehnjähriger versklavter junger Mann einen für den Kapitän bestimmten Stockhieb eines Rebellen ab, wobei er sich den Arm brach, und wurde dafür bei seiner Ankunft in Virginia mit der Freiheit belohnt. Diese Anreize waren wichtige Instrumente in dem Machtarsenal, mittels dessen der Kapitän die Ordnung auf dem Sklavenschiff aufrechterhielt, aber sie sollten nicht überbewertet werden. Verhältnismäßig wenige Versklavte erhielten Vergünstigungen irgendwelcher Art. Die überwältigende Mehrheit der Gefangenen auf jedem Schiff war brutaler Gewalt und extremem Terror ausgesetzt.[59]

Die Herrschaft auf dem Sklavenschiff gründete sich auf sogenannte exemplarische Bestrafungen und die abschreckende Wirkung, die man sich von ihnen erhoffte. Folglich setzte der Kapitän das Bestrafungsinstrumentarium, mit dem er seine Autorität unter der Besatzung etablierte und aufrechterhielt, noch ungezügelter unter den Versklavten ein. Die neunschwänzige Katze wütete mit voller Gewalt, wann immer die Versklavten an Deck waren, besonders zu den Essenszeiten. Die Steuerleute und der Bootsmann setzten sie ein, um die Gefangenen dazu zu ›ermuntern‹, ihren Befehlen Folge zu leisten – sich schneller zu bewegen, sich geordnet aufzustellen, richtig zu essen. Wer die Nahrung verweigerte, musste mit einer längeren Auspeitschung rechnen, und tatsächlich konnten viele Gefangene nur so zum Essen bewegt werden. Nicht wenige weigerten sich dennoch, woraufhin häufig ein anderes Instrument des Terrors zum Einsatz kam, das *speculum oris*. Auch das Unterdeck selbst konnte zur Unterwerfung rebellischer Gefangener eingesetzt werden, wie ein Passagier eines Sklavenschiffes im Jahr 1768 schrieb: Der »Kapitän duldete mehrere Tage lang nicht eine Menschenseele an Deck, da er beabsichtigte, wie er sagte, ihre Lebensgeister durch Schwitzen zu dämpfen«. Als er sie schließlich wieder auf das Hauptdeck ließ, rebellierten sie, was ihn dazu veranlasste, nach Niederschlagung der Erhebung zu erklären, dass »nicht eine Menschenseele die Sonne zu sehen bekommen solle, bis sie in Barbados ankämen«.[60]

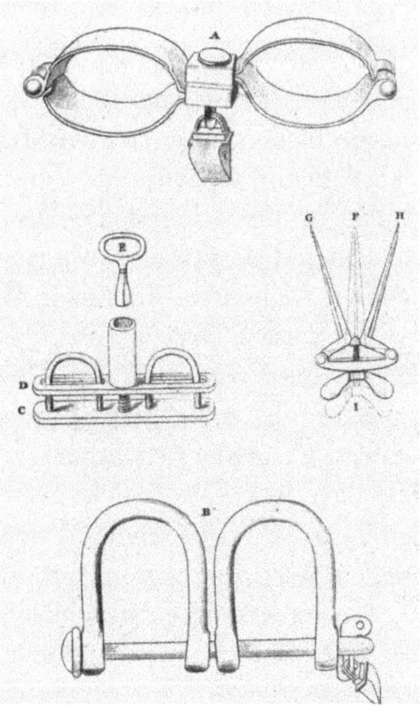

Sklavenschiffe führten routinemäßig Handfesseln für die Handgelenke und Fesseln für die Knöchel der Gefangenen mit sich. Die Kapitäne verwendeten Daumenschrauben (Mitte links), um aufmüpfige Gefangene zu foltern, und das Spekulum oris (Mitte rechts), um Kehlen gewaltsam zu öffnen um diejenigen, die sich weigerten zu essen, zwangszuernähren.

Eine der häufigsten Maßnahmen der Kapitäne nach einem gescheiterten Aufstand bestand darin, die Aufständischen auf dem Hauptdeck auszupeitschen, zu foltern und hinzurichten, um das größtmögliche Grauen zu erzeugen. Dies waren Momente, in denen der Kapitän seine Unnahbarkeit ablegte und seine Macht mit höchstem Einsatz und maximaler Wirkung demonstrierte. Bei diesen öffentlichen exemplarischen Bestrafungen schwang er gewöhnlich selbst die neunschwänzige Katze oder zog die Daumenschrauben an, mit denen die Rebell*innen gefoltert und ihre Landsleute in Schrecken versetzt wurden. Ein weiteres beliebtes Folterinstrument, das ›der Peiniger‹ genannt wurde, war eine große, bis zur Weißglut erhitzte Fleischgabel, mit der rebellischen Gefangenen das Fleisch versengt wurde. Nichts ließ die rohe Macht des Kapitäns so sicher zutage treten wie der Wille der Versklavten, sich ihr zu widersetzen.[61]

DER GRAUSAME GEIST DES GEWERBES

Als Kapitän Richard Jackson bei seiner Abreise murmelte, dass er nun auf der *Brownlow* seine eigene Hölle habe, wies er sich selbst die Rolle des Teufels zu. Viele, die mit ihm segelten, hätten dieser Charakterisierung zugestimmt, einschließlich seines Ersten Steuermanns John Newton, der sich später, als er seine Erinnerungen an Jackson niederschrieb, seinerseits zum Heiligen stilisiert hatte. Aber in Jacksons Bemerkung über die schwimmende Hölle steckte eine wichtige Beobachtung über ihn selbst und die Sklavenschiffskapitäne im Allgemeinen, Newton eingeschlossen: Ihre Macht beruhte zwangsläufig zum Teil darauf, dass sie anderen Grausamkeiten und Leid zufügten, um Herrschaft über sie auszuüben – mit anderen Worten, sie beruhte auf Terror. Das war der Grund dafür, dass die Hölle, ein Ort vorsätzlich zugefügter Qualen, sich so gut als Analogie eignete, und letzten Endes war es auch der Grund dafür, dass es den Abolitionist*innen so leicht fallen sollte, in ihrer Propaganda den Sklavenschiffskapitän zu verteufeln. Nicht alle Befehlshaber von Guineaschiffen waren Teufel, aber in fast allen steckte der Teufel. Das war kein individueller charakterlicher Fehler. Es war eine notwendige Voraussetzung für ihre Arbeit und das umfassendere Wirtschaftssystem, dem sie diente.[62]

Newton erkannte dies schließlich gegen Ende seines Lebens. Er war als Matrose, Steuermann, Kapitän und Passagier auf vielen Sklavenschiffen gefahren; er hatte sich die traditionellen Kenntnisse angeeignet und zahlreiche Kapitäne bei der Arbeit beobachtet. Er beharrte darauf, dass es »einige ehrliche und menschliche Männer« im Sklavenhandel gebe. Er habe »mehrere Befehlshaber von Afrikaschiffen« gekannt, »welche umsichtige, achtbare Männer waren und auf ihren Schiffen die gehörige Disziplin und Regelmäßigkeit bewahrten; aber es gab zu viele von anderem Charakter«. Für diese »zu vielen«, zu denen Jackson gehörte, wurde Brutalität zum bestimmenden Merkmal ihrer Macht, und dies spiegelte sich in der breiteren Kultur ihres Berufsstandes wider.[63]

Newton sah die Grausamkeit in all ihren Farben – hauptsächlich Violett, Blau und Rot in allen Schattierungen. Kapitäne bezichtigten kranke Matrosen der Faulheit und peitschten sie dafür aus, woraufhin sie starben. Kapitäne amüsierten sich während der eintönigen Stunden der langen Reisen damit, Matrosen zu quälen: »Das Hauptobjekt ihres Sinnens und Amusements in ihren Mußestunden scheint es zu sein, wie sie die Matrosen, zumindest diejenigen unter ihnen, an welchen sie ein Missfallen finden, so unglücklich machen können als nur möglich.« Für die Versklavten war der Terror natürlich noch allgegenwärtiger. Weibliche Gefangene wurden von Kapitänen sexuellem Terror unterworfen. Die Männer waren nicht weniger grausamem Terror ausgesetzt, aber die Methoden waren andere. Newton sah »gnadenlose Auspeitschungen, welche andauerten, bis die armen Geschöpfe nicht mehr die Kraft hatten, unter ihrem Elend zu stöhnen, und kaum ein Lebenszeichen blieb«. Er sah, wie Versklavte stunden- und sogar tagelang in Daumenschrauben Qualen litten. Er kannte einen Kapitän, der »mit nicht geringer Aufmerksamkeit studierte, wie man den Tod so peinvoll wie möglich machen könne«.

Newton konnte sich nicht dazu durchringen, für die Leser*innen seines Pamphlets *Thoughts upon the African Slave Trade* oder den Untersuchungsausschuss des Unterhauses, vor dem er aussagte, ein vollständiges Bild des Terrors auf dem Sklavenschiff zu zeichnen. Aber in einem privaten Brief an den Abolitionisten Richard Phillips vom Juli 1788 hielt er sich nicht mit Einzelheiten zurück. Er machte deutlich, dass er mit dem Kapitän, von dem er sprach, selbst gesegelt war; dies muss Richard Jackson gewesen sein, der Höllenkapitän der *Brownlow* in den Jahren 1748–49. Newton »hörte die Einzelheiten über seine Grausamkeiten häufig aus seinem eigenen Munde«. (Man beachte das »häufig« und den Stolz, auf den es schließen lässt.) Nach einem gescheiterten Aufstand verurteilte Jackson die rebellischen Versklavten zum Tode und entschied dann, wie sie bestraft werden sollten. Die erste Gruppe

> zergliederte er; das heißt, er hackte mit einer Axt zuerst ihre Füße ab, dann ihre Beine unterhalb der Knie, dann ihre Schenkel; ebenso ihre Hände, dann ihre Arme unterhalb der Ellenbogen, und dann an den Schultern, bis ihre Körper nur noch wie ein Baumstamm waren, wenn alle Zweige abgeschnitten sind; und schließlich ihre Köpfe. Und während er mit dieser Verrichtung fortfuhr, warf er die dampfenden Glieder und Köpfe in die Masse der zitternden Sklaven, welche auf dem Hauptdeck angekettet waren.

Da dies an Terror noch nicht auszureichen schien, wandte sich Kapitän Jackson nun der Bestrafung der zweiten Gruppe zu:

Um die Stirnen anderer band er ein dünnes weiches geflochtenes Seil, welches die Matrosen einen Zeising nennen, so lose, dass ein kurzer Hebel hineinpasste: Indem er den Hebel fortwährend drehte, zog er den Zeising immer fester an, bis ihnen am Ende die Augen aus den Köpfen traten; und als er sich genug an ihren Qualen geweidet hatte, hieb er ihnen die Köpfe ab.

Es ist nicht klar, ob Newton nur von diesen Bestrafungen gehört oder ob er sie selbst gesehen und vielleicht sogar an ihnen teilgenommen hatte. Seine Schilderung klingt zu lebendig, um auf eine Erzählung aus zweiter Hand schließen zu lassen. Es ist möglich, dass Newton hier einen bestimmten Vorfall auf der *Brownlow* vor Augen hatte, bei dem die Versklavten rebellierten, überwältigt und ganz sicher bestialisch bestraft wurden. Sicherheit ging vor Menschlichkeit. Falls Newton an diesen entsetzlichen Taten beteiligt war – und als Steuermann wird er daran beteiligt gewesen sein, möglicherweise als Henker – dann war dies nicht das einzige Mal, dass er im Rückblick das, was er getan hatte, bequemerweise mit dem verwechselte, wovon er nur gehört zu haben behauptete. In *Thoughts upon the African Slave Trade* schrieb er, dass er die Anwendung der Daumenschrauben »gesehen« habe, »eine furchtbare Maschine, welche, wenn die Schraube von einer unerbittlichen Hand gedreht wird, unerträgliche Qualen verursachen kann«. Im engeren, wörtlichen Sinne war dies die Wahrheit: Newton hatte die Daumenschrauben in der Anwendung »gesehen«, weil er sie selbst angewendet hatte – sogar bei Kindern. Newton schrieb an Mary, er regiere in seinen »kleinen Herrschaftsgebieten ... absolut (Leben und Tod ausgenommen)«. Aber wie Newtons Geschichte über Kapitän Jackson zeigte, schloss die »eigene Hölle« auch die Herrschaft über Leben und Tod ein.

Newton entwickelte eine Theorie darüber, warum Gewalt, Grausamkeit und Terror unabdingbare Bestandteile des Sklavenhandels waren. Er erklärte, dass die meisten, wenn auch nicht alle Kapitäne von Guineafahrern in einem Maße brutal seien – oder, wie er es in seinem christlichen Sprachgebrauch ausdrückte, »verstockten Herzens« – das für Menschen, die keine eigene Erfahrung in diesem Gewerbe hätten, fast unfassbar sei. Er schrieb: »Eine nicht leicht zu begreifende Grausamkeit des Geistes durchtränkt (obschon es, wie ich bemerkt habe, Ausnahmen gibt) diejenigen, welche an Bord eines afrikanischen Sklavenschiffes Macht ausüben, vom Kapitän abwärts. Es ist der Geist des Gewerbes, welcher, wie ein Pesthauch, so allgemein ansteckend ist, dass nur wenige ihm entrinnen.« Gewalt und Leid waren auf den Sklavenschiffen so allgegenwärtig, dass die ›Arbeit‹ selbst – das heißt, die Disziplinierung und Kontrolle der menschlichen ›Fracht‹ – gewöhnlich den unmittelbaren Effekt hatte, »das moralische Empfinden auszulöschen, das Herz jeder milden und menschlichen Neigung zu berauben und es wie Stahl gegen alle Eindrücke des Gefühls zu verhärten«. So produzierte und reproduzierte der Sklavenhandel bei Offizieren wie Besatzung eine hartherzige, gewalttätige moralische Unempfänglichkeit.

Der roheste und gefühlloseste Geist von allen war der des Kapitäns, des Souveräns dieser hölzernen Welt, des Mannes, dessen »Befehlsgewalt absolut« war. Für diejenigen, die ›für den Handel erzogen‹ worden waren, gingen der Erwerb von Wissen und die Verhärtung des Herzens Hand in Hand. Newton schrieb: »Viele der Kapitäne sind in dem Gewerbe aufgewachsen; und durchlaufen die verschiedenen Stufen des Lehrlings, Matrosen und Steuermanns, bevor sie Kapitäne werden, und erwerben sich allmählich zusammen mit ihren Kenntnissen des Handels eine grausame Gemütsart.« Das Erlernen von Brutalität gehörte wesentlich zum Erlernen des Gewerbes, wie Kapitän Bowen auf seiner ersten Sklavenfahrt als Kapitän herausfand, als er versuchte, einen hemmungslos gewalttätigen Steuermann im Zaum zu halten, der »in Liverpool auf ordentliche Weise [in den Menschenhandel] eingeführt worden« war. Bowen erklärte den Mann für »unheilbar«, schaffte ihn sich vom Hals und übernahm nie wieder das Kommando über ein Sklavenschiff. Auch Newton war Teil eines Systems des Terrors, dem sowohl Seeleute als auch Versklavte unterworfen waren und das unbarmherzige Gewalt nicht nur ausübte, sondern verherrlichte.[64]

Zahlreiche andere am Sklavenhandel Beteiligte teilten Newtons Betrachtungsweise. Der Seemann William Butterworth sagte über die Offiziere auf seinem eigenen Schiff: »Der Zyklop mochte ihre verhärteten Herzen geschmiedet haben.« Der Seemann Silas Told, der durch seine Bekehrung zum Christentum in Boston im Jahr 1734 vom Sklavenhandel »errettet« wurde, erkannte, dass der Terror und die Grausamkeit des Kapitäns kein individuelles, sondern ein systemimmanentes Phänomen war. Über sich selbst sagte er mit erstaunlicher Ehrlichkeit: »Ich hätte mich wahrscheinlich (durch die Beförderung in den Rang eines Kapitäns) als ein ebenso hervorragender Barbar erwiesen wie der Ruchloseste unter ihnen.« William Leigh, der 1787–88 als ›Africanus‹ über den Sklavenhandel schrieb, äußerte sich im gleichen Sinne. Nicht das »grausame Betragen einiger weniger Individuen« unter den Kapitänen sei das grundlegende Problem, sondern »die Grausamkeit des Systems im Ganzen«. Das war es, was Richard Jacksons Hölle auf der *Brownlow* im Kern ausmachte.[65]

Anmerkungen

1 John Newton an Richard Phillips, 5. Juli 1788, veröffentlicht in Phillips, Mary: *Memoir of the Life of Richard Phillips*. Seeley and Burnside, London 1841, S. 29–31.

2 Der Ausdruck ›Unterordnung und Regelmäßigkeit‹ wurde von Lord Kenyon in der Sache *Smith v. Goodrich* verwendet, in der ein Steuermann den Kapitän eines Sklavenschiffes wegen eines gewalttätigen Angriffs vor Gericht brachte. Siehe *The Times*, 22. Juni 1792. Für eine vergleichbare juristische Argumentation siehe *Lowden v. Goodrich*, zusammengefasst in *Dunlap's American Daily Advertiser*, 24. Mai 1791. Für eine breiter angelegte Darstellung der Macht des Kapitäns in der Handelsschifffahrt siehe Rediker, *Between the Devil and the Deep Blue Sea*, Kap. 5.

3 Instruktionsbrief von Henry Wafford an Alexander Speers, den Kapitän der Brigg *Nelly*, 28. September 1772, David Tuohy papers, 380 TUO, 4/6, LRO; Kapitän Peter Potter an William Davenport & Co., 22. November 1776, »Ship New Badger's Inward Accots, 1777«, William Davenport Archives, Maritime Archives & Library, MMM, D/DAV/10/1/2. Siehe *TSTD* #92536.

4 *Memoirs of Crow*, Zitate auf S. 67, 13, 2, 29.

5 *TSTD* #83183. Die *Mary*, Crows eigener Erinnerung zufolge sein erstes Schiff, taucht in der *TSTD* nicht auf.

6 Behrendt, Stephen: »The Captains in the British Slave Trade from 1785 to 1807«, in: *Transactions of the Historical Society of Lancashire and Cheshire* 140, 1990, S. 79–140; Coughtry, Jay: *The Notorious Triangle: Rhode Island and the African Slave Trade, 1700–1807*. Temple University Press, Philadelphia 1981, S. 50–53; Africanus: *Remarks on the Slave Trade, and the Slavery of Negroes, in a Series of Letters*. J. Phillips, London, und Chase and Co., Norwich, 1788, S. 50. S. a. Christopher, *Slave Ship Sailors and Their Captive Cargoes*, S. 35–39. Behrendt schreibt, dass die britischen Kapitäne, die mehrere Reisen überlebten, »oft großen Reichtum im Sklavenhandel erwarben«, vor allem, wenn sie zu den 10 Prozent gehörten, die Miteigner ihrer Schiffe waren. Herbert Klein schreibt, dass ein Kapitän mit zwei oder drei Reisen ein »respektables Vermögen« anhäufen konnte; siehe sein Buch *The Atlantic Slave Trade*. Cambridge University Press, Cambridge 1999, S. 83. Für Beispiele von Fällen, in denen Kapitäne Schwierigkeiten mit den Kaufleuten bekamen, in deren Diensten sie standen, siehe Ford, Amelia C. (Hg.): »An Eighteenth Century Letter from a Sea Captain to his Owner«, in: *New England Quarterly* 3, 1930, S. 136–45; Robert Bostock an James Cleveland, 20. Januar 1790, Robert Bostock Letterbooks, 387 MD 54–55, LRO; »William Grice's Statement of Facts«, King's Bench Prison, 2. Juli 1804, »Miscellaneous Tracts, 1804–1863«, 748F13, BL.

7 Instruktionsbrief von David Tuohy (im Auftrag von Ingram & Co.) an den Kapitän der *Blayds*, Henry Moore, 25. Juli 1782, Tuohy papers, 380 TUO, (4/9). Ein weiterer Grund dafür, dass Tuohy zur Achtsamkeit riet, war, dass Moore noch nie in Cape Coast Castle oder Lagos gewesen war. Siehe *TSTD* #80578. Für eine Studie über die Planung und Koordination, die seitens der Kaufleute und Kapitäne im Sklavenhandel erforderlich waren, siehe Behrendt, Stephen D.: »Markets, Transaction Cycles, and Profits: Merchant Decision Making in the British Slave Trade«, in: *William and Mary Quarterly*, 3. Ser., 58 (2001), S. 171–204. Für eine Darstellung der Geschäftsprakti-

ken siehe Morgan, Kenneth: »Remittance Procedures in the Eighteenth-Century British Slave Trade«, in: *Business History Review* 79, 2005, S. 715–49.

8 Jacob Rivera und Aaron Lopez an Kapitän William English, Newport, 27. November 1772, in: Donnan III, S. 264; Thomas Leyland an den Kapitän der *Fortune*, Charles Watt, 23. April 1805, 387 MD 44, Thomas Leyland & Co., Schiffsbücher 1793–1811, LRO. S. a. Samuel Hartley an James Penny, 20. September 1783, *Baillie v. Hartley*, exhibits regarding the Slave Ship Comte du Nord and Slave Trade; schedule, correspondence, accounts, E 219/377, NA.

9 Briefe mit Instruktionen sind für sämtliche hier untersuchten Jahre (1700–1808) und alle wichtigen Sklavenhandelsregionen erhalten: Senegambia, Sierra Leone/die Windward-Küste, die Goldküste, die Buchten von Benin und Biafra sowie Kongo-Angola. Für Beispiele vom Anfang und Ende dieses Zeitraums siehe Thomas Starke an James Westmore, 20. Oktober 1700, in: Donnan IV, S. 76; William Boyd an Kapitän John Connolly, Charleston, 24. Juli 1807, in ebd., S. 568–69. S. a. Humphry Morice an William Snelgrave, 20. Oktober 1722, »Book Containing Orders & Instructions to William Snelgrave Commander of the *Henry* for the Coast of Africa with an Invoice of his Cargoe and Journal of Trade &c. on the said Coast. 2d Voyage. Anno 1721«; Humphry Morice an William Snelgrave, 20. Oktober 1722, »Book Containing Orders & Instructions for William Snelgrave Commander of the *Henry* for the Coast of Africa with an Invoice of his Cargoe and Journal of Trade &c. on the said Coast. 3d Voyage. Anno 1722«; Humphry Morice an William Snelgrave, 22. September 1729, »Book Containing Orders & Instructions for William Snelgrave Commander of the *Katharine Galley* for the Coast of Africa with an Invoice of his Cargoe and Journal of Trade &c. on the said Coast. 5th Voyage. Anno 1729«. Humphry Morice Papers, Bank of England Archives, London.

10 Morice an Clinch, 13. September 1722, Morice Papers; Thomas Leyland an Kapitän Caesar Lawson von der *Enterprize*, 18. Jul 1803, 387 MD 43, Leyland & Co., Schiffsbücher; Instruktionen der Eigner an Kapitän Young, 24. März 1794, Rechnungsbuch des Sklavenschiffs *Enterprize*, DX/1732, MMM. Siehe *TSTD* #81302.

11 Humphry Morice an Edmund Weedon, 25. März 1725, »Book Containing Orders & Instructions for Edmund Weedon Commander of the *Anne Galley* for the Coast of Africa with an Invoice of his Cargoe and Journal of Trade &c. on the said Coast. 4th Voyage. March the 25th: Anno 1722«, Morice Papers; Jonathan Belcher, Peter Pusulton, William Foy, Ebenezer Hough, William Bant und Andrew Janvill an Kapitän William Atkinson, Boston, 28. Dezember 1728, in: Donnan III, S. 38.

12 Isaac Hobhouse, No. Ruddock, Wm. Baker an Kapitän William Barry, Bristol, 7. Oktober 1725, in: Donnan II, S. 329; Joseph und Joshua Grafton an Kapitän ——, 12. November 1785, in: Donnan III, S. 80.

13 Humphry Morice an William Clinch, 13. September 1722, »Book Containing Orders & Instructions for William Clinch Commander of the *Judith Snow* for the Coast of Africa with an Invoice of his Cargoe and Journal of Trade &c. on the said Coast. Voyage 1. Anno 1722«, Morice Papers; Thomas Leyland an Kapitän Charles Kneal von der *Lottery*, 21. Mai 1802, 387 MD 42, Leyland & Co., Schiffsbücher; James Laroche an Kapitän Richard Prankard, Bristol, 29. Januar 1733. Jeffries Collection of Manuscripts, Bd. XIII, Bristol Central Library; Instruktionen der Eigner an Kapitän Wil-

liam Young, 24. März 1794, Rechnungsbuch des Sklavenschiffes *Enterprize*, Eigner Thomas Leyland & Co., Liverpool, DX/1732, MMM; South Sea Company: Minutes of the Committee of Correspondence, 10. Oktober 1717, in: Donnan II, S. 215; Boyd an Connolly, 24. Juli 1807, in: Donnan IV, S. 568.

14 John Chilcot, P. Protheroe, T. Lucas & Son, Jams. Rogers an Kapitän Thos. Baker, Bristol, 1. August 1776, Rechnungsbuch der *Africa*, 1774–1776, BCL. Für eine Beschreibung einer Fahrt der *Africa* siehe Minchinton, W. E.: »Voyage of the Snow Africa«, in: *Mariner's Mirror* 37 (1951), S. 187–96.

15 Behrendt: »Captains in the British Slave Trade«, S. 93; »Sales of 338 Slaves received per the Squirrel Captain Chadwick on the proper Account of William Boats Esq. & Co Owners of Liverpool, Owners«, Case & Southworth Papers, 1754–1761, 380 MD 36, LRO.

16 Ball, Jennings, & Co. an Samuel Hartley, 6. September 1784, *Baillie v. Hartley*, E 219 /377. Diese Summe setzte sich aus 1,221.1.3 Pfund Kommission, 634.19.0 Pfund Privileg und 84 Pfund Heuer zusammen.

17 Der Umgang mit diesem Privileg änderte sich im Laufe der Zeit. Im frühen 18. Jahrhundert suchten der Kapitän und die anderen Offiziere sich ihre Privileg-Sklaven aus (d. h., sie reservierten diejenigen für sich, die die höchsten Preise erzielen würden), aber oft entschieden sie sich um, wenn diese Versklavten starben, damit der Verlust auf das Konto des Eigentümers ging. Um dies zu unterbinden, wiesen Kaufleute die Kapitäne an, sich ›ihre‹ Versklavten an der Küste vor den Augen der anderen Offiziere auszusuchen und zu brandmarken. Aber auch das war keine Lösung, weil in dieser Hinsicht alle Offiziere die gleichen Interessen hatten und sich möglicherweise gegenseitig decken würden. Daher gingen die Kaufleute zu einer anderen Methode über: Sie begannen, einen Privileg-Sklaven nicht als Individuum, sondern als Durchschnittswert aller Versklavter nach deren Verkauf in einem Hafen der Neuen Welt zu definieren. Dies schuf einen Anreiz, sich um alle Versklavten zu kümmern, aber es schuf auch einen Anreiz, die kränksten und schwächsten unter ihnen kurz vor Erreichen des Zielhafens umzubringen, weil sie den Durchschnittswert und damit den Wert des Privilegs gemindert hätten. Siehe auch Christopher, Emma: *Slave Trade Sailors and their Captive Cargoes, 1730–1807.* Cambridge University Press, Cambridge 2006, S. 34–35.

18 Mathew Strong an Kapitän Richard Smyth, 19. Januar 1771, Tuohy papers, 380 TUO (4/4). Es scheint, dass verhältnismäßig wenige Kapitäne Anteile an ihrem Schiff oder ihrer Ladung besaßen. Wir kennen die Investoren und Schiffseigner von 39 der 41 Kapitäne (von 45 Schiffen), die Instruktionsbriefe erhielten, und nur vier von ihnen waren Anteilseigner: Williams Speers war 1767 als »dritter Eigner« der *Ranger* verzeichnet; für dasselbe Jahr war David Tuohy als »vierter Eigner« der *Sally* eingetragen. Thomas Baker und Henry Moore waren für die Jahre 1776 und 1782 als siebter bzw. sechster Eigentümer ihrer jeweiligen Schiffe eingetragen; *TSTD* #91273, #91327, #17886, #80578. S. a. Dresser, Madge: *Slavery Obscured: The Social History of the Slave Trade in an English Provincial Port.* Continuum, London/New York 2001, S. 29; Behrendt: »Captains in the British Slave Trade«, S. 107; Coughtry: *The Notorious Triangle*, S. 49–50.

19 Instruktionen an Kapitän Pollipus Hammond, Newport, 7. Januar 1746, in: Donnan III, S. 138.

20 Instruktionsbrief von James Clemens an Kapitän William Speers von der *Ranger*, 3. Juni 1767, Tuohy papers, (4/2). Für Clemens' Reisen siehe *TSTD* #90408, #90613 und #90684.

21 Leyland an Kneal, 21. Mai 1802, 387 MD 42, Leyland & Co., Schiffsbücher; Henry Wafford an Kapitän Alexander Speers von der Brigg *Nelly*, 28. September 1772, Tuohy papers, 380 TUO (4/6).

22 James Clemens, Folliott Powell, Henry Hardware und Mathew Strong an David Tuohy von der *Sally*, 3. Juni 1767, Tuohy papers, 380 TUO (4/2). Siehe auch Robert Bostock an Kapitän Peter Bowie von der *Jemmy*, 2. Juli 1787, Robert Bostock Letter-books 1779–1790 und 1789–1792, 387 MD 54–55, LRO. Zu Meutereien von Seeleuten siehe Kap. 8.

23 Hobhouse, Ruddock und Baker an Barry, 7. Oktober 1725, in: Donnan II, S. 327–28; Humphry Morice an Jeremiah Pearce, 17. März 1730, »Book Containing Orders & Instructions for Jere[miah] Pearce Commander of the *Judith Snow* for the Coast of Africa with an Invoice of his Cargoe and Journal of Trade &c. on the said Coast. 7th Voyage. Anno 1730«, Morice Papers; ungenannter Eigner an Kapitän William Ellery, 14. Januar 1759, in: Donnan III, S. 69.

24 Humphry Morice an Stephen Bull, 30. Oktober 1722, »Book Containing Orders & Instructions for Stephen Bull Commander of the *Sarah* for the Coast of Africa with an Invoice of his Cargoe and Journal of Trade &c. on the said Coast. 2d Voyage. Anno 1722«, Morice Papers; *Memoirs of Crow*, S. 22.

25 John Chilcott, John Anderson, T. Lucas und James Rogers an Kapitän George Merrick, Bristol, 13. Oktober 1774, Rechnungsbuch der *Africa*, 1774–1776, BCL; Boyd an Connolly, 24. Juli 1807, in: Donnan IV, S. 568.

26 Robert Bostock an Kapitän James Fryer von der *Bess*, o.D. (1791), Bostock Letter-books, 387 MD S. 54–55. Siehe *TSTD* #80502. Ich bin in keinem anderen Instruktionsbrief von Kaufleuten auf eine derartige Androhung gestoßen.

27 Chilcott et al. an Merrick, 13. Oktober 1774, Rechnungsbuch der *Africa*, 1774–1776, BCL; Behrendt, »Crew Mortality in the Transatlantic Slave Trade in the Eighteenth Century«, S. 49–71.

28 Ebd. S. a. Davies, K. G.: »The Living and the Dead: White Mortality in West Africa, 1684–1732«, in: Engerman, Stanley L. / Genovese, Eugene D. (Hg.): *Race and Slavery in the Western Hemisphere: Quantitative Studies*. Princeton University Press, Princeton 1975, S. 83–98.

29 Starke an Westmore, in: Donnan IV, S. 76; Joseph und Joshua Grafton an Kapitän ——, 12. November 1785, in: Donnan III, S. 78–79; Chilcott et al. an Merrick, 13. Oktober 1774, Rechnungsbuch der *Africa*; Robert Bostock an Kapitän Samuel Gamble, 16. November 1790, Bostock Letter-books 387 MD 54–55; Chilcott et al. an Baker, 1. August 1776, Rechnungsbuch der *Africa*.

30 Joseph und Joshua Grafton an Kapitän ——, 12. November 1785, in: Donnan III, S. 80. William Snelgrave an Humphry Morice, Jaqueen, 16. April 1727, Morice Papers.

31 Boulton, Thomas: *The Sailor's Farewell; Or, the Guinea Outfit, a Comedy in Three Acts.* Liverpool 1768; *Newport Mercury*, 9. Juli 1770. Als Boulton später *The Voyage, A Poem in Seven Parts* (Boston 1773) schrieb, hatte er – falls er über die gleiche Reise schrieb – dieses Erlebnis, das für ihn eine schmerzliche Erinnerung gewesen sein muss, aus seinem Gedächtnis gestrichen. Er erwähnte weder die Versklavten noch ihren Aufstand. Siehe *TSTD* #91564.

32 *An Account of the Life*, S. 19; *Three Years Adventures*, S. 6. Einer der wichtigsten Rekrutierungsmechanismen wurde von Boulton nicht erwähnt: der sogenannte *crimp*, ein Arbeitsvermittler (oder ›Heuermaat‹), der mit niederträchtigen Mitteln aller Art versuchte, Seeleute auf Sklavenschiffe zu locken.

33 Eine gute, präzise Darstellung der Vorbereitung eines Sklavenschiffes für eine Reise liefert das Rechnungsbuch der *Africa*, 1774–1776, BCL.

34 Hawkins, Joseph: *A History of a Voyage to the Coast of Africa, and Travels into the Interior of that Country; containing Particular Descriptions of the Climate and Inhabitants, particulars concerning the Slave Trade.* Luther Pratt, 2. Aufl. 1797, Troy, N.Y., S. 150.

35 ›Dicky Sam‹: *Liverpool and Slavery: An Historical Account of the Liverpool-African Slave Trade.* A. Bowker & Son, Liverpool 1884, S. 21–22.

36 Befragung von Mr. Thompson, in: *Substance*, S. 24; Aussage von James Towne, 1791, *HCSP* 82: 27.

37 Siehe z. B. *The Times*, 12. Januar 1808; *Newport Mercury*, 15. Juni 1767; *An Account of the Life*, S. 26; *Enquirer*, 12. September 1806. S. a. die Flugschrift *Unparalleled Cruelty in a Guinea Captain*, gedruckt von H. Forshaw, o. O., o. D. (aber ca. 1805), Holt and Gregson Papers, 942 HOL 10, LRO.

38 *Connecticut Courant*, 10. August 1789. S. a. *American Minerva*, 15. Mai 1794. Für einen Fall eines Sklavenschiffskapitäns, der ein Besatzungsmitglied getreten und mit Fäusten geschlagen hatte, was als »sehr milde« Behandlung bezeichnet wurde, siehe *Macnamera and Worsdale v. Barry*, 26. August 1729, Records of the South Carolina Court of Admiralty, 1716–1732, f. 729, National Archives, Washington, D.C.

39 Anecdote XI (über die *Othello* unter Kapitän James McGauley), in: *Substance*, S. 134; *TSTD* #82978. Für Fälle, bei denen Kapitäne Versklavten befahlen, Matrosen auszupeitschen oder zu misshandeln, siehe *Seamen v. John Ebsworthy* (1738), »Minutes of the Vice-Admiralty Court of Charles Town, South Carolina«, S. 1716–1763, Manuscripts Department, Library of Congress, Washington, D.C.; Barker, Robert: *The Unfortunate Shipwright, or, Cruel Captain, being a Faithful Narrative of the Unparalleled Sufferings of Robert Barker, Late Carpenter on board the Thetis Snow of Bristol; on a Voyage from thence to the Coast of Guinea and Antigua.* Erstveröffentlichung 1760, Neuaufl. London 1775, »gedruckt für den DULDENDEN zu seinem eigenen Nutzen; und von niemand anderem«, S. 26.

40 *Macnamera and Worsdale v. Barry*, South Carolina Admiralty, fol. 713, 729. Zur Verwendung des Gewehrlaufes siehe Aussage von James Towne, 1791, *HCSP* 82:29.

41 Heuerbücher der *Swift* (1775–76), *Dreadnought* (1776), *Dalrymple* (1776), *Hawk* (1780–81 und 1781–82), *Essex* (1783–84 und 1785–86), alle in den William Davenport Archives, D/DAV/3/1–6, MMM. Siehe *TSTD* #91793, #91839, #91988, #81753, #81754, #81311, #81312. Auf der *African Galley* verdiente Kapitän James Westmore mehr mit dem Verkauf von Waren an die Mannschaft (89.1.3 Pfund) als mit seiner Heuer von 6 Pfund im Monat. Siehe »Accompts submitted by the Plaintiff in the Court of Chancery suit Capt. James Westmore, commander, v. Thomas Starke, owner of the slaver ›Affrican Galley‹ concerning expenses incurred by Westmore on a voyage from London to Virginia via St. Thomas' Island, Gulf of Guinea, and back, 20 Apr. 1701–4 Dec. 1702«, Add. Ms. 45123, BL.

42 Aussage von Henry Ellison, 1790, *HCSP* 73:371; Gerichtsmeldung *Tarlton v. McGawley*, *The Times*, 24. Dezember 1793. Für weitere Fälle angedrohter oder ausgeübter Gewalt siehe Kapitän Baillie an die Eigentümer der *Carter*, Bonny, 31. Januar 1757, in: Donnan II, S. 512; Thomas Starke an James Westmore, o. D., in: Donnan IV, S. 80; Aussage von Alexander Falconbridge, 1790, *HCSP* 72:321.

43 »Account Book of the Molly, Snow, Slave Ship, dated 1759–1760« Manuscripts Department, MSS/76/027.0, NMM. Ich habe diese Reise als *TSTD* #17741 identifiziert, obwohl es eine Unstimmigkeit in Bezug auf das Datum gibt. Die *Molly* verließ Bristol am 4. Dezember 1758, verkaufte ihre Gefangenen in Virginia am 15. Juli 1759 und kam am 22. November 1759 wieder in Bristol an, aber das Rechnungsbuch der *Molly* ist auf 1759–60 datiert. (Es kann sich nicht um das Rechnungsbuch der nächsten Reise des Schiffes handeln, die am 4. April 1760 in Bristol begann, weil der Verkauf der Versklavten auf dieser Reise nicht, wie im Rechnungsbuch angegeben, in Virginia stattfand, sondern auf Jamaika.) Ein weiterer Beleg, der meine Identifizierung stützt, ist die Anzahl der abgelieferten Versklavten. Die Datenbank zum Sklavenhandel, die sich auf andere Quellen stützt, gibt an, dass 238 Versklavte von diesem Schiff verkauft wurden, und nimmt im Rückschluss an, dass es mit 292 Versklavten an Bord aufgebrochen war. Das Rechnungsbuch gibt die Anzahl der tatsächlich gekauften Gefangenen als 286 an. Wie es scheint, bezieht sich der Vermerk ›1760‹ auf das Datum der endgültigen Abzeichnung des Rechnungsbuches am 14. April 1760 durch jemanden mit den Initialen PFW, möglicherweise ein Kaufmann oder Buchhalter, aber nicht der Schiffseigentümer, dessen Name Henry Bright war. Für weitere, weniger detaillierte Handelsbücher siehe »Slave Trader‹s Accompt Book, compiled on board the schooner ›Mongovo George‹ of Liverpool, 1785–1787«, Add. Ms. 43841, BL; Plimpton, George A. (Hg.): »The Journal of an African Slaver, 1789 –1792«, in: *Proceedings of the American Antiquarian Society* 39 (1929), S. 379–465.

44 Für eine Analyse der Frage, wie die afrikanische Nachfrage den Sklavenhandel prägte, siehe Richardson, David: »West African Consumption Patterns and their Influence on the Eighteenth-Century Slave Trade«, in: Gemery, Henry A. / Hogendorn, Jan S. (Hg.): *The Uncommon Market: Essays in the Economic History of the Atlantic Slave Trade*. Academic Press, New York 1979, S. 303–30.

45 Für eine Darstellung des Handels im nahegelegenen Old Calabar während dieses Zeitraums siehe Lovejoy, Paul E. / Richardson, David: »Trust, Pawnship, and Atlantic History: The Institutional Foundations of the Old Calabar Slave Trade«, in: *American Historical Review* 104 (1999), S. 333–55. Kapitän Jenkins sollte zwischen 1760 und 1769 noch sechs weitere Fahrten nach Bonny machen. Siehe *TSTD* #17493, #17531,

#17599, #17626, #17635, #17722. Für eine kürzere, aber vergleichbare Liste von Händlern an der Windward-Küste, mit denen Kapitän Paul Cross Geschäfte machte, siehe Trade book, 1773, Paul Cross Papers, 1768–1803, South Caroliniana Library, Columbia.

46 Smith, *A New Voyage to Guinea*, S. 34; [Wells, John]: »Journal of a Voyage to the Coast of Guinea, 1802«, Add. Ms. 3,871, fol. 10, Cambridge University Library; Kapitän Thomas Earle an Mrs. Anne Winstanley, Calabar, 30. August 1751, Earle Family Papers, MMM.

47 *City Gazette and Daily Advertiser*, 10. Dezember 1807. Für die *Hind* und die *Byam* siehe *TSTD* #81862, #80722.

48 *Three Years Adventures*, S. 27.

49 Für Beispiele von Kapitänen, die ihre Schiffsärzte diskreditierten, siehe Viscountess Knutsford (Hg.): *Life and Letters of Zachary Macaulay*. Edward Arnold, London 1900, S. 86; Kapitän Japhet Bird an ?, Montserrat, 24. Februar 1723, in: Donnan II, S. 298; »Barque Eliza's Journal, Robert Hall, Commander, from Liverpool to Cruize 31 Days & then to Africa & to Demarary; mounts 14 Nine & Six Pounders, with 31 Men & boys«, T70 /1220, NA.

50 Aussage von Thomas Trotter, 1790, *HCSP* 73:88–89.

51 Snelgrave, *A New Account*, S. 181–85; *Memoirs of Crow*, S. 148–49.

52 Bruce Mouser schreibt: »Unter den europäischen Kapitänen, die die Küste anliefen, herrschte eine besondere Kameradschaft.« Siehe Mouser (Hg.), *The Log of the* Sandown, S. 78.

53 Snelgrave, *A New Account*, S. 185–91. Robert Norris erklärte 1789 vor einem Parlamentsausschuss, dass er nicht in die Unterkünfte der Versklavten unter Deck gehe, weil dies nicht zu seinen Aufgaben gehöre. Siehe Aussage von Robert Norris, *HCSP* 68:8. Für die Aufzeichnungen eines Kapitäns, der der Stimmung unter den Versklavten höchste Aufmerksamkeit widmete, siehe das Logbuch der Brigg *Ranger*, Captain John Corran, Master, 1789–1790, 387 MD 56, LRO.

54 Aussage von George Malcolm, 1799, *HLSP* 3:219.

55 Aubrey, T.: *The Sea-Surgeon, or the Guinea Man's Vade Mecum. In which is laid down, The Method of curing such Diseases as usually happen Abroad, especially on the Coast of Guinea: with the best way of treating Negroes, both in Health and in Sickness. Written for the Use of young Sea Surgeons*. London 1729, S. 129–30.

56 Snelgrave, *A New Account*, S. 103–6.

57 Whose sooty charms he [the captain] was so wrapt in,
He strait ordain'd her second captain;
So strict was she in ev'ry matter,
She even lock'd the jar of water;
And whil'st in that high station plac'd,
No thirsty soul a drop must taste.

58 *Providence Gazette; and Country Journal*, 27. Dezember 1766; s. a. *An Account of the Life*, S. 26; Aussage von Zachary Macaulay, 1799, *HLSP* 3:339; *Three Years Adventures*, S. 85; Boulton, *The Voyage*, S. 27. Möglicherweise hatte Boulton selbst ein Auge auf Dizia geworfen, denn er schreibt, sie sei es gewesen, die »meinen Seelenfrieden zunichte gemacht« habe.

59 Crow, *Memoirs*, S. 102; Snelgrave, *A New Account*, S. 165–68.

60 *Connecticut Journal*, 1. Januar 1768.

61 *Evening Post*, 16. März 1809.

62 Newton an Phillips, in: Phillips, Mary: *Memoir of the Life of Richard Phillips*, S. 29–31.

63 Dieser Abschnitt basiert auf den in Kap. 6, En. 1–3 aufgeführten Archiv- und Primärquellen.

64 Befragung Kapitän Bowens, in: *Substance*, S. 47. Für einen Kommentar über den Kapitän eines Westindienfahrers, der das Kommando über ein Sklavenschiff übernommen hatte und noch nicht in die dort übliche Brutalität hineinsozialisiert worden war, siehe Befragung von Mr. Thompson, ebd., S. 208–9.

65 *Three Years Adventures*, S. 41; *An Account of the Life*, S. 84; Africanus, *Remarks on the Slave Trade*, S. 47–48.

8. KAPITEL

DIE GEWALTIGE MASCHINE DES SEEMANNS

Die beiden Männer, die an einem frühen, noch dunklen Morgen des Jahres 1775 durch die Straßen des Liverpooler Hafenviertels gingen, lauschten nach dem Klang einer Geige. Einer von ihnen war der Kapitän eines Sklavenschiffes, der andere wahrscheinlich sein Schiffsarzt. Sie »waren auf der Suche nach Matrosen«, die das Schiff zum Cape Mount in Afrika segeln würden, wo sie eine menschliche Fracht an Bord nehmen und zu den amerikanischen Plantagen auf der anderen Seite des Atlantiks transportieren würden. Nach einiger Zeit hörten sie das verräterische Geräusch, fanden das Haus, aus dem es kam, und »schlossen natürlich, dass zu einer solchen Zeit in diesem Hause niemand anderes als Seeleute wach sein konnten«. Sie hatten gefunden, was sie suchten.[1]

Es war kein guter Zeitpunkt, um Männer für den Sklavenhandel anzuwerben, und das wussten sie auch. Die Stimmung in Liverpool brodelte. Die Sklavenhandelskaufleute hatten die Löhne drastisch gekürzt, und schon bald würden Tausende von wütenden Seeleuten auf die Straßen strömen, durch die die beiden Männer jetzt gingen. Nichtsdestotrotz musste eine Mannschaft angeheuert werden, und so traten sie nervös durch die Tür und folgten dem Klang der kratzenden Fiedel. Die erste Person, die sie in der Kneipe vorfanden, war die Wirtin, die schlafend oder ohnmächtig, vielleicht sogar bewusstlos geschlagen, auf einem Stuhl saß, »barhäuptig, mit Augenlidern so schwarz wie Kohle, einer großen Beule in einem Winkel ihrer Stirn, & den Überresten zweier Blutrinnsale aus jedem Nasenloch, welche den unteren Teil ihres Gesichts beschmierten«. In ihrer Nähe lag ein Mann – ihr Ehemann, wie sie vermuteten – neben einem umgekippten Tisch, umgeben von Trinkgefäßen, einem Zinnkrug und einer großen Flasche. Auch er war in schlechter Verfassung. Seine Perücke war hinter den nahen Kamin geworfen worden, er hatte keine Jacke an, in der Hand hielt er eine zerbrochene Pfeife, und die Strümpfe hingen ihm um die Knöchel, wodurch seine blauen, aufgeschürften Schienbeine zu sehen waren. Die beiden Offiziere machten einen Bogen um das Paar und gingen der Musik nach, »wenn man es denn Musik nennen kann«. Über eine Treppe gelangten sie in das obere Stockwerk, »wo uns eine halb geöffnete Tür zum Hineinschauen einlud«.[2]

Was sie dort sahen, waren ein blinder Fiedler und ein einzelner Matrose, der »in Hemd und Hose in der Kammer herumsprang & hüpfte«. Die tanzende Teerjacke bemerkte die Besucher nicht sofort, hielt aber schließlich in einer seiner »Umdrehungen« durch den Raum inne, musterte sie von Kopf bis Fuß, starrte sie finster an und fragte in rauer Seemannssprache, was sie wollten. Der Schiffsarzt erklärte, dass »es gefährlich gewesen wäre, frei zu sprechen« – das heißt, offen zu sagen, dass sie Männer für ein Sklavenschiff rekrutierten – also »deuteten [sie] bescheiden an«, dass sie möglicherweise daran interessiert wären, jemanden für ein Schiff anzuheuern, dessen Bestimmungshafen diskret unerwähnt blieb.

Der Matrose antwortete »mit einer Salve von Flüchen« und hielt den Besuchern ihre Dummheit vor. Es sei klar, sagte er, dass sie sehr wenig über Seeleute wüssten, »wenn sie glaubten, dass er zur See fahren würde, solange er einen Fiedler bezahlen, die ganze Nacht tanzen & am Tag so lange schlafen könne, wie es ihm beliebe«. Nein, er würde nicht zur See fahren, bis wirtschaftliche Notwendigkeit ihn dazu zwänge, und er habe noch fünfzehn Schilling in der Tasche. Er rechnete damit, dass dieses Geld bald ausgegeben sein würde: »Das wird, glaube ich, heute noch verschwinden, aber es tut nichts!« Erst einmal musste getanzt werden.

Der Kapitän und der Schiffsarzt hörten aufmerksam zu, entschieden, dass dies »unwiderlegliche Gründe« seien, und wandten sich zum Gehen. Aber der Matrose rief ihnen nach: »Hört, meine Herren.« Er sagte, »diese H—in [Hündin] dort unten mit den schwarzen Augen hat vor, mich morgen abzuschaffen« – womit er meinte, dass sie ihn hereinlegen würde, um ihn loszuwerden: Sie würde ihn dem Konstabler übergeben, der ihn wegen Schulden ins Gefängnis werfen würde. Dann würde sie das tun, was alle Wirtsleute in Liverpool taten: Sie würde ihn an einen kurz vor dem Auslaufen stehenden Guineafahrer verkaufen und zur Begleichung seiner Schulden die ihm zustehenden zwei oder drei Monate Heuervorauszahlung einstreichen. Wenn die Herren morgen noch einmal vorbeikämen, sagte der Matrose, dann würde er möglicherweise »der Dirne einen Streich spielen« und die Stadt verlassen, bevor sie dazu käme, ihre niederträchtigen Pläne umzusetzen. Er fügte hinzu, er habe »vergessen zu fragen, wohin die Fahrt gehe«, winkte aber gleich darauf ab und sagte, es sei einerlei. Daraufhin wandte er sich wieder seiner Beschäftigung zu und blaffte: »Spiel auf, du blinder alter Lump.«

Dies war die fast schon stereotype fröhliche Teerjacke – ein tanzender, zechender, fluchender Vagabund, der sich nicht um den nächsten Tag scherte. Aber dies war auch ein unabhängiger Geist, der die Autonomie zu schätzen wusste, die ihm das Geld in seinen Taschen verschaffte, und der seine potenziellen Arbeitgeber und andere Angehörige der sogenannten ›besseren‹ Kreise verachtete. Würde er nach Afrika segeln? Vielleicht, er ließ die Möglichkeit offen. Mit kosmopolitischem Fatalismus ließ er durchblicken, dass es keine Rolle spielte, wohin ihn seine Arbeit als Seemann führte. Seine Beweggründe dafür, sich eine Schiffskoje zu suchen, waren durch und durch wirtschaftlicher Natur. Als Proletarier war er auf den Lohn angewiesen. Er würde wieder zur See fahren, wenn seine Taschen leer waren.

Begegnungen dieser Art fanden oft im Kontext zweier unterschiedlicher, aber miteinander verknüpfter Arten von Krieg statt. Die erste Art war der Krieg zwischen Nationen, der im 18. Jahrhundert gang und gäbe war. Tatsächlich befanden sich Großbritannien und seine amerikanischen Kolonien während fast der Hälfte des Zeitraums zwischen 1700 und 1807 im Krieg um Märkte, Handel und imperiale Interessen – im Allgemeinen gegen Frankreich oder Spanien. Im Jahr 1775, als sich die beiden Anwerber mit dem tanzenden Seemann in Liverpool unterhielten, hatten die Kampfhandlungen, die sich zum Amerikanischen Unabhängigkeitskrieg ausweiten sollten, bereits begonnen. Und Großbritannien sollte schon bald militärische Arbeitskräfte im großen Stil mobilisieren.

Diese Mobilisierung sollte zur Verschärfung einer zweiten, älteren und weniger förmlichen Art des Krieges führen, eines Klassenkrieges um die Arbeitskraft des Seemanns, der zwischen königlichen Beamten, Richtern, Kaufleuten, Kapitänen und Offizieren auf der einen Seite und Matrosen auf der anderen ausgetragen wurde. Die erste Gruppe war darum bemüht, genug Seeleute für ihre Kriegs-, Handels- und Kaperschiffe aufzutreiben, und nicht selten bekämpften sich die Mitglieder dieser Gruppe untereinander um das Recht auf die Bemannung ihrer Schiffe, so wie sie gemeinsam gegen den Seemann selbst kämpften. Dabei bedienten sie sich sowohl der Gewalt als auch besonderer Anreize, also Presstrupps und *crimps* ebenso wie höherer Heuer und besserer Arbeitsbedingungen. Innerhalb dieses Krieges um seine Arbeitskraft kämpfte der Seemann für seine Unabhängigkeit und seine eigenen Interessen.

Ob der tanzende Matrose auf dem Sklavenschiff anmusterte, wissen wir nicht; der Schiffsarzt lässt es unerwähnt. Aber wir wissen, dass viele Tausende von Männern wie er auf den Schiffen anheuerten. Jahr um Jahr fanden Kaufleute und Kapitäne auf die eine oder andere Weise genügend Arbeitskräfte, die ihre Dutzende von Schiffen an die Westküste Afrikas segelten. Um 3,5 Millionen Versklavte in die Neue Welt zu verschiffen, müssen sie insgesamt um die 350.000 Besatzungsmitglieder angeheuert haben. Etwa 30 Prozent dieser Männer waren Offiziere und gelernte Fachkräfte, die besondere Vorteile genossen und daher mehr Fahrten machten als gemeine Matrosen. Wenn jeder von ihnen bei drei Reisen dabei war, folgt daraus, dass die Kerngruppe der ausgebildeten Seefahrtsoffiziere etwa 35.000 Männer umfasste. Wenn jeder gemeine Matrose (Lehrlinge und Landratten eingeschlossen) eine oder zwei Reisen – anderthalb im Durchschnitt – unternahm, muss ihre Gesamtzahl etwa 210.000 betragen haben.

Wie war dies möglich? Wie gelang es Kaufleuten und Kapitänen, den Krieg um Arbeitskräfte in der Seefahrt zu gewinnen, oder zumindest oft genug, um ihre wirtschaftlichen Ziele im Sklavenhandel zu erreichen? Wie gelang es ihnen, Tausende von Arbeitern für einen Handelszweig zu finden, in dem die Arbeitsbedingungen so hart waren, die Löhne so armselig, das Essen so schlecht und das Risiko, zu Tode zu kommen (durch Unfall, exzessive Disziplinarmaßnahmen, Versklavtenaufstand oder Krankheit) so groß? Dieses Kapitel untersucht die kollektive Arbeit und Erfahrung von Seeleuten im Sklavenhandel und stellt so das Leben und Schreiben des Seemannsdichters James Field Stanfield in einen größeren Kontext. Es ist eine Geschichte über Krieg, Geld, Klasse, Gewalt, ›Rasse‹ und Tod, die für die Seeleute allesamt mit ihrem schwimmenden Arbeitsplatz verknüpft waren – mit dem, was Stanfield die »gewaltige Maschine« nannte.[3]

VOM HAFEN ZUM SCHIFF

Was das Bemannen der Sklavenschiffe anging, gelangte der Schiffsarzt in seiner Studie über den Kampf um Arbeitskräfte in der Seefahrt zu den gleichen Schlussfolgerungen wie Stanfield. Die »beschwerliche Arbeit des Verschiffens von Menschen«, schrieb er, sei »bei weitem der unangenehmste [Teil] einer unangenehmen Reise«. Die Seeleute mochten den Guineahandel nicht; sie hassten das lange Eingesperrtsein und die »grobe Behandlung« durch ihre Offiziere. Wie der tanzende Mann mit seinen fünfzehn Schilling in der Tasche würden die meisten Matrosen niemals »mit einem Farthing [Viertelpenny] in der Tasche zur See gehen, und nichts als die Notwendigkeit zwingt sie schließlich dazu, besonders nach Guinea«. Erst wenn das Geld ausgegeben war und die Schulden bei einer örtlichen Gastwirtin sich häuften, und wenn sie entweder im Gefängnis oder mit der Aussicht auf Gefängnis konfrontiert waren, würden sie sich auf eine Guineareise einlassen, und auch dann nur »als Preis für ihre Freiheit«. Selbst unter diesen Umständen bedeutete dieser Schritt für die Seeleute eher »einen Wechsel der Gefangenschaft als eine Befreiung von derselben, denn sie werden vom Gefängnis eilig auf das Schiff geschafft, wo sie nicht die geringste Aussicht haben, [an] Land zu gelangen, bis das Schiff die Küste erreicht, und in den meisten Fällen nicht bis zu den Westindischen Inseln.« Der Schiffsarzt, der den Sklavenhandel befürwortete, und der Seemann, der ihn ablehnte, waren sich darin einig, dass der Dienst auf einem Guineafahrer einem Gefängnisaufenthalt gleichkam.[4]

Zahlreiche Seeleute beschrieben, wie sie auf einem Sklavenschiff gelandet waren. Einer derjenigen, die sich freiwillig dafür entschieden, war William Butterworth, der als Junge einen seiner Cousins in der Uniform der Royal Navy gesehen und auf der Stelle beschlossen hatte, was er einmal werden würde: Er würde zur See fahren. 1786 riss er aus und ging nach Liverpool, wo er erst einem *crimp* und dann einem alten Seebär begegnete, der ihn vor dem Sklavenhandel warnte. Da Butterworth keinem seiner Worte etwas entgegensetzen konnte, fragte er mit unschlagbarer Naivität: Wenn »andere ihr Leben und ihr Glück aufs Spiel gesetzt hatten, warum dann nicht ich?« Er heuerte an.[5] Der zweiundzwanzigjährige William Richardson vernarrte sich nach zwanzig Fahrten auf Kohlenschiffen von Shields nach London in »ein stattliches Schiff«, das er in der Themse liegen sah, und musterte an, ohne sich dafür zu interessieren, wohin die Reise gehen sollte.[6] John Richardson wurde von seinem Posten als Seekadett in der Royal Navy entlassen, weil er die Angewohnheit hatte, sich zu betrinken, Krawall zu machen und ins Gefängnis geworfen zu werden. Er tauchte ohne Seekiste oder Kleidung auf einem Sklavenschiff auf und erschwatzte sich einen Platz an Bord.[7]

Andere Seeleute landeten unfreiwillig auf Sklavenschiffen. Silas Told wurde im Alter von vierzehn Jahren auf ein Schiff in die Lehre gegeben. Sein Kapitän nahm ihn auf drei Westindienfahrten mit und übergab ihn dann an Kapitän Timothy Tucker von der *Loyal George*, die nach Guinea fuhr.[8] Thomas Thompson musterte auf einem Schiff an, das angeblich nach Westindien gehen sollte, wurde aber »in betrügerischer Weise nach Afrika gebracht«.[9] Ein anderes Mal geriet er durch Schulden »in die Hände« seiner Wirtsleute, die ihn im Anschluss an einen Gefängnisaufenthalt zwangen, mit einem gewalttätigen Kapitän, den er hasste, auf Guineafahrt zu gehen.[10] Henry Ellison, der selbst zehn Sklavenfahrten mitgemacht hatte, war der Meinung, dass einige Matrosen freiwillig in den Sklavenhandel gingen, aber »der weitaus größte Teil von ihnen geht aus Notwendigkeit«. Einige konnten keine andere Arbeit finden und gingen aus Not, andere, weil sie in Schulden geraten waren und dem Gefängnis entgehen wollten. Ellison hatte viele solche Männer gekannt und bezeichnete sie als »vortreffliche Seeleute«.[11]

Die Seeleute im Sklavenhandel entstammten unterschiedlichen sozialen Hintergründen, von Waisenhäusern und Gefängnissen bis hin zu achtbaren Arbeiterklasse- und sogar Mittelklassefamilien. Aber Seeleute im Allgemeinen waren im Großbritannien und Amerika des 18. Jahrhunderts weithin als eine der ärmsten Berufsgruppen bekannt, und dementsprechend stammten die weitaus meisten aus der ersten Gruppe. John Newton ging so weit, Seeleute im Sklavenhandel als »den Unrat und Bodensatz der Nation« zu bezeichnen, Männer, die den »Zuchthäusern und Militärgefängnissen« entronnen waren. Er fügte hinzu, die meisten von ihnen seien »gemeinhin von klein auf dazu erzogen« worden (wie Told), aber einige seien auch »Jungen, die ihre Eltern oder Meister nicht länger dulden mögen« (wie Butterworth) oder Männer, die »bereits durch ein frühzeitiges Laster zugrunde gerichtet« worden waren (wie Richardson).[12] Hugh Crow stimmte weitgehend mit ihm überein. Die »weißen Sklaven«, die auf seinen Schiffe Dienst taten, seien im Großen und Ganzen der »unterste Bodensatz der Gemeinschaft«: Einige von ihnen waren ehemalige Gefängnisinsassen, andere waren Landratten, die ein paar Brocken Seemannsjargon aufgeschnappt und unter Vortäuschung falscher Tatsachen angemustert hatten, und einige wenige waren auf den Hund gekommene Söhne begüterter Familien.[13] Dem Sklavenhändler James Penny zufolge waren einige der Landratten, die auf Liverpooler Schiffen fuhren, städtische Proletarier, »Müßiggänger aus den Manufakturstädten« wie Manchester.[14]

Befürworter des Sklavenhandels verwiesen auf die große Anzahl von Landratten, die auf den Sklavenschiffen arbeiteten. Einige behaupteten, dass sie die Hälfte oder mehr jeder Besatzung ausmachten.[15] Männer ohne Seefahrtserfahrung tauchten in der Tat in den Heuerlisten der Sklavenschiffe auf, aber in bescheidener Anzahl. William Seaton nahm auf seiner Reise mit der Swift im Jahr 1775 nur zwei mit. Die Hawk hatte auf einer Reise in den Jahren 1780–81, als Großbritannien sich im Krieg befand, die Nachfrage nach Arbeitskräften einen Höchststand erreicht hatte und Landratten am begehrtesten waren, nur drei von ihnen in ihrer einundvierzigköpfigen Besatzung.[16] Männer, die als Landratten anfingen, kletterten mit jeder Reise ein wenig höher in der Hierarchie und wurden erst ›Halbmatrosen‹, dann ›3/4-Matrosen‹, beides bei geringerer Heuer, und schließlich Vollmatrosen.[17]

James Field Stanfield unterschätzte die Anzahl der Seeleute, die aus freier Wahl auf einem Sklavenschiff anmusterten. Freiwilligkeit und Notwendigkeit oder Druck gingen oft Hand in Hand. *Crimps* ›verkauften‹ Seeleute nicht nur an Guineakapitäne, sie lieferten sie ihnen auch – wie im Fall von William Butterworth – mit deren Einwilligung. Thomas Thompson wurde von einem Gastwirt ins Gefängnis geworfen, woraufhin er »sich bereit erklärte«, auf einem Guineafahrer anzuheuern. So war die freie Entscheidung oft von Notwendigkeit diktiert: Ein armer Seemann, der eine Koje auf einem Sklavenschiff ergatterte, bekam in Friedenszeiten vierzig Schilling im Monat und in Kriegszeiten sechzig oder sogar siebzig, in beiden Fällen 20 bis 25 Prozent mehr als in anderen Handelszweigen. Derselbe Seemann erhielt außerdem für die Dauer der Reise eine garantierte Essensration, wenn auch von zweifelhafter Qualität. Viele Kaufleute im Sklavenhandel erlaubten Seeleuten, einen Teil ihrer Heuer ihren Ehefrauen oder Müttern zukommen zu lassen, die sich diese Summe monatlich im Heimathafen auszahlen lassen konnten. Und obwohl dies gewöhnlich verboten war, winkte Männern, die mit etwas Geld in der Tasche auf einem Sklavenschiff anmusterten, die Möglichkeit, privaten Handel zu betreiben: Sie nahmen ein paar örtlich hergestellte Waren wie Messer oder bortenbesetzte Hüte mit, die dann in Afrika gegen wertvollere Güter wie einen Papagei oder ein kleines Stück Elfenbein eingehandelt werden konnten.[18]

Was der Sklavenhandel vor allem bot, war sofort verfügbares Geld – einen Vorschuss von zwei oder drei Monatslöhnen. Dies war der Köder, mit dem Seeleute dazu verlockt wurden, in einem Gewerbe zu arbeiten, das ihnen gegen den Strich ging. Ein gemeiner Matrose konnte 1760 zwischen 4 und 6 Pfund Sterling im Jahr verdienen, zwischen 1.000 und 1.500 US-Dollar in heutiger [2007] Währung. Eine beträchtliche Summe für einen armen Menschen, besonders, wenn die Zeiten hart waren und eine Familie ernährt werden musste. Manchmal ging das Geld auch für einen Zug durch die Gemeinde mit den Kumpels drauf, ein Umstand, auf den der Zolleinnehmer von Liverpool im Jahr 1788 vor dem Parlament hinwies: Da Seeleute eine »gedankenlose Sorte Männer« seien, die nur das Heute und nicht das Morgen kümmere, würde eine Vorauszahlung, »bevor sie ausfahren, den weitaus größten Teil von ihnen [auf] die gefährlichste Reise führen, welche jemals unternommen wurde«. Dies war eine Klischeevorstellung, in der dennoch eine grundlegende Wahrheit steckte: Als Proletarier, die keine anderen Mittel zum Lebensunterhalt hatten, waren sie auf Bargeld angewiesen, auch wenn sie dafür einen hohen Preis zahlen mussten.[19]

Der Sklavenhandel bot Chancen zum sozialen Aufstieg, auch wenn diese, wie die Historikerin Emma Christopher betont hat, begrenzt waren. Wie in jedem Handelszweig konnten sich hier fähige, ehrgeizige Männer die Karriereleiter hocharbeiten, vor allem dann, wenn diejenigen, die über ihnen standen, durch vorzeitigen Tod von der Leiter fielen, was im Guineahandel nicht ungewöhnlich war. Silas Told machte drei Fahrten als Lehrling und stieg dann mit einem Sprung zum Kanonier auf. Henry Ellison begann als Lehrling und arbeitete sich im Verlauf von zehn Fahrten die Ränge hoch, wie er 1790 aussagte: »Kanonier war die höchste [Position], welche ich je hatte – ich hatte nicht die Gelehrsamkeit zum Offizier.« Er war gegen die Barriere gestoßen, die die Armen von denjenigen trennte, die ein gewisses Maß an Bildung mitbrachten, eine unerlässliche Voraussetzung für das Erlernen von Navigation und Buchhaltung.[20]

Seeleute, die im Sklavenhandel arbeiteten, waren ein »bunt zusammengewürfelter Haufen« und stammten von »überall auf der Welt«. Viele von ihnen, möglicherweise die meisten, waren Briten im weiteren Sinne – aus England, Schottland, Wales, Irland oder den britischen Kolonien (oder neuen Nationen) in Übersee. Aber auf den Schiffen diente auch eine beträchtliche Anzahl von anderen Europäern, Afrikanern, Asiaten (vor allem Laskaren, Seeleute aus Indien oder Südostasien) und Angehörigen anderer Nationen. Unter der einunddreißigköpfigen Besatzung der Bruce Grove befanden sich vier Schweden, ein Portugiese, ein ostindischer Laskar und der sprichwörtliche schwarze Koch. Die Musterrolle der *Tartar*, eines amerikanischen Schiffes, verzeichnet eine nur vierzehnköpfige, aber nicht weniger bunt zusammengewürfelte Besatzung, die aus den Küstenstaaten der USA von Massachusetts bis South Carolina sowie aus Dänemark, Frankreich, Preußen, Sizilien und Schweden stammte. Der Böttcher war ein »freier Mann« aus St. Domingue, der jüngst unabhängig gewordenen revolutionären Republik Haiti, und der Koch war in Rio Pongas an der afrikanischen Windward-Küste geboren worden, dem Bestimmungsort des Schiffes.[21]

Wie der Koch der *Tatar* heuerten zahlreiche Männer aus den afrikanischen Küstenregionen auf den Sklavenschiffen an, und viele von ihnen hatten, wie die Fante und die Kru, einen Seefahrtshintergrund. Einige von ihnen waren *grumettos*, die für kurze Zeit auf vor der Küste ankernden Sklavenschiffen arbeiteten. Andere machten transatlantische Überfahrten. Das Heuerbuch der *Hawk*, die 1780–81 unter Kapitän John Smale von Liverpool über die Goldküste nach Cameroons River und von dort aus nach St. Lucia fuhr, listet Ackway, Lancelots Abey, Cudjoe, Quashey, Liverpool und Joe Dick auf, allesamt *fantyemen* – Männer vom Volk der Fante – die Heuer für die Reise erhielten. Vier von ihnen hatten an der afrikanischen Küste einen Heuervorschuss in Gold erhalten. Auch zu Beginn der Reise in europäischen und amerikanischen Häfen musterten freie Seeleute afrikanischer Herkunft auf den Schiffen an, nicht zuletzt deshalb, weil ihnen relativ wenige Arbeitsmöglichkeiten offenstanden und die Seefahrt einer der offensten und zugänglichsten Beschäftigungszweige war. James Field Stanfield mag die Motive dieser Männer nicht verstanden und nicht begriffen haben, welche Verlockung Geld für Seeleute, die ärmer waren als er selbst, darstellte. Was ihn wiederum dazu veranlasste, die Rolle der Wahlfreiheit zu unterschätzen, so eingeschränkt sie aufgrund äußerer Zwänge für so viele auch gewesen sein mag.[22]

DIE KULTUR DES GEMEINEN SEEMANNS

Jeder Seemann, der auf ein Sklavenschiff ging, tat dies innerhalb festgefügter Klassenverhältnisse. Er hatte einen Vertrag mit einem Kaufmann und einem Kapitän unterschrieben, auch wenn diese Unterschrift nur aus einem sorgfältig gezeichneten ›X‹ bestand, und hatte damit für die kommende Reise seine Arbeitskraft im Austausch gegen Geld zugesichert. Während der folgenden zehn bis vierzehn Monate würde er in das soziale Leben auf dem Schiff eingebunden sein: Er würde nach Afrika und Amerika segeln und auf dieser Fahrt unterschiedliche Arbeiten verrichten; er würde unter dem Joch harter Disziplin und einer rigiden Hierarchie leben, essen und schlafen. Er würde Teil der von scharfen Klassengrenzen durchzogenen Miniaturgesellschaft des Schiffes sein.[23]

Aber der Seemann kam nicht notwendigerweise als autonomes Individuum an Bord. In den meisten Fällen kam er bereits als Angehöriger einer stabilen, eigenständigen Kultur, wie Samuel Robinson während seinen beiden Reisen als Schiffsjunge an Bord von Sklavenschiffen zwischen 1800 und 1804 herausfand. Seeleute hatten, wie er entdeckte, ihre eigene Art zu reden (voller Seemannsfloskeln und Metaphern), ihre eigene Art zu gehen (breitbeinig, um auf den rollenden Decks das Gleichgewicht zu halten), ihre eigene Art, die Welt zu sehen und darin zu handeln. All diese Eigenarten waren in ihrer Arbeit begründet, die gefährlich war und Kooperation erforderte. Seeleute waren für ihr Überleben aufeinander angewiesen, und diese grundlegende Tatsache spiegelte sich in ihrer gesellschaftlichen Haltung und ihren Beziehungen untereinander wider. Robinson schrieb, dass sie eine »starke Bindung zu ihren Gefährten und Schiffen« entwickelten. Solidarität war ein unverzichtbarer Bestandteil ihres Berufs, und so lautete denn auch ein beliebter Ausspruch unter Seeleuten one and all: ›einer und alle‹, mit anderen Worten, alle zusammen.

Robinson vermerkte auch, dass die Seeleute eine starke Bindung an ihre Arbeit hatten, da das Seemannsleben für einen Mann mit Unternehmungsgeist das einzig mögliche Leben war. Kulturelle Außenseiter würden und wurden grob behandelt. Seeleute hatten wenig Respekt vor Landratten und eine notorische Verachtung für Soldaten, mit denen sie sich prügelten, wann immer sich ein Anlass bot. Dies sollte schwerwiegende Konsequenzen für Afrikaner haben, insbesondere für Männer aus dem Landesinneren. Lehrlinge, Schiffsjungen und Neulinge wurden auf den Schiffen gewohnheitsmäßig mit Streichen und Schlägen malträtiert, mitunter sogar gequält. Aber im Laufe der Zeit wurden diese Neuankömmlinge in die Welt der Hochseematrosen aufgenommen, teils, indem sie das Handwerk erlernten, und teils durch Initiationsriten: So wurden Neulinge zum Beispiel auf ihrer ersten langen Reise von König Neptun getauft, wenn sie ›die Linie‹, den Wendekreis des Krebses oder den Äquator überquerten. Emma Christopher zufolge schufen die Seeleute »fiktive Verwandtschaftsverhältnisse«, mittels derer sie Arbeitskräfte höchst unterschiedlicher nationaler, kultureller und ethnischer Herkunft in ihre Gruppe integrierten. Der bunt zusammengewürfelte Haufen fand seine Einheit in der gemeinsamen Arbeit: Sie waren *brother tars*, ›Teerjackenbrüder‹.

Das Seemannshandwerk zu erlernen, bedeutete, Gefahren ohne Angst zu begegnen und mit Entbehrungen zu leben. Körperliche und geistige Robustheit nahmen daher, wie Robinson schrieb, in der Kultur der Seeleute einen zentralen Platz ein: »Es war wohlbekannt, dass die Seeleute als Stand von einer fröhlichen, sorglosen Gemütsart sind, geneigt, alles von der heiteren Seite zu nehmen, unwillig, nach Sturzwellen Ausschau zu halten, begierig darauf, unbeirrt Entbehrungen und Ermattung standzuhalten, welche fast jede andere Klasse von Männern abschrecken und lähmen würden, [und] was sie für Behagen erachten, ist nichts als verkleidetes Elend.« Geteilte Leiden und Gefahren schweißten die Seeleute zusammen und führten zur Entstehung einer Ethik gegenseitiger Hilfeleistung. Robinson beschrieb die Seeleute als »freundlich, offenherzig und freigebig«. Dies war nicht nur eine moralische Haltung, sondern eine Überlebensstrategie, die auf der grundlegenden Annahme basierte, dass eine gleiche Verteilung der Lebensrisiken allen zugutekäme: Es war besser, das Wenige zu teilen, was man hatte, und darauf zu hoffen, dass jemand anders ebenfalls mit einem teilen würde, wenn man selbst nichts hatte. Für die *brother tars* würde man alles tun und geben. Die logische Konsequenz dieser Haltung war, wie Robertson schrieb: »Das Verlangen nach Reichtum wird für eine Schlechtigkeit erachtet, welche niemandes würdig ist als des verächtlichsten Elenden.«

Tief in diese Kultur eingebettet war ein Widerstandsgeist, den Robinson in einer Beschreibung der Ausgabe von Fleisch und Brot an die Matrosen bei den Mahlzeiten festhielt. Statt ihre »Dankbarkeit auszudrücken«, wie es seiner Meinung nach angemessen gewesen wäre, »fängt ein jeder an, im Besonderen seine eigenen Augen und Gliedmaßen zu verfluchen, ob er wohl jemals in seinem Leben auf einem solchen verdammten Seelenfänger gewesen sei, und allgemein den Wunsch zu äußern, das Schiff, der Kapitän und die Eigner mögen alle miteinander an einen gewissen Ort fahren, welcher nicht genannt zu werden braucht.« Diese Haltung sollte sich im Verlauf der Reise in unterschiedlichen Formen des Widerstands ausdrücken: als Desertion, Meuterei und Piraterie. Der geballten Macht des Kapitäns setzten die gemeinen Seeleute ihre eigene Macht von unten entgegen. Darüber hinaus übten sie Macht über diejenigen aus, die unter ihnen standen und mit ihrer Anwesenheit die Grenzen der seemännischen Berufskultur markierten.

DIE ARBEIT AUF DEM SCHIFF

Auf der Überfahrt von einem britischen oder amerikanischen Hafen nach Westafrika taten die Seeleute im Großen und Ganzen das, was sie auf den meisten anderen Hochseeschiffen auch taten. Sie wurden in Wachen eingeteilt – Steuerbordwacht und Backbordwacht – wobei auf kleineren Schiffen der Kapitän die eine und der Erste Steuermann die andere Wacht befehligte; auf größeren Schiffen übernahmen die Steuerleute diese Aufgabe. Tagsüber, zwischen acht Uhr morgens und sechs Uhr abends, waren alle an Deck und arbeiteten; danach hatten sie bis zum nächsten Morgen jeweils vier Stunden Wache und vier Stunden frei. Der Steuermann oder der Bootsmann kündigte den Wachwechsel an, indem er die Schiffsglocke läutete oder ein Pfeifensignal gab. Das wenige, was den Matrosen an Freizeit blieb, konnte leicht draufgehen, wenn das Wetter umschlug und alle Mann an Deck mussten, um die Segel zu setzen und den Kurs des Schiffes zu ändern. William Butterworth klagte, dass er sich »während der gesamten Reise nicht ein einziges Mal eines festen Schlafes erfreut« habe.[24]

Jede Wache war in Messen von je fünf oder sechs Matrosen unterteilt, denen einmal wöchentlich vom Steuermann ihre Ration zugeteilt wurde. Im Jahr 1729 schrieb ein Sklavenhandelskaufmann: »Die gewöhnliche Ration, welche Seeleute auf den oben erwähnten Kauffahrteischiffen an der Küste [Afrikas] erhalten, beträgt Fünf Pfund Brot pro Woche für jeden Mann, ein Stück Rindfleisch von einem Gewicht zwischen Vier und Fünf Pfund am Tag, bevor es gesalzen ist, für fünf Männer, mit Erbsen und Mehl, wobei die Ration gemeinhin ein halbes Pint Erbsen & ein halbes Pfund Mehl am Tag beträgt, wenn es in gleicher Weise zugemessen wird.« Diese Ration konnte um Fisch ergänzt werden, wenn es den Matrosen gelang, welchen zu fangen. Grog und mitunter Branntwein waren ebenfalls wichtige Bestandteile der üblichen wöchentlichen Zuteilung und konnten zum Gegenstand heftiger Auseinandersetzungen werden. Manchmal setzte der Kapitän die Männer auf Kurzration, indem er die an jede Messe ausgegebene Menge an Essen und Trinken reduzierte, und dies wurde unweigerlich mit Flüchen quittiert, vor allem dann, wenn sich an der Ration für die Kapitänskajüte nichts änderte, was immer der Fall zu sein schien.[25]

Auf diesem Abschnitt der Reise war die Arbeit des gemeinen Matrosen die gleiche wie auf jedem anderen Schiff: festmachen, reffen und steuern – das heißt, die Fläche der Segel je nach Wetterlage zu vergrößern oder zu verkleinern (oft hoch in der Luft) und das Schiff mit dem Ruder zu steuern (gewöhnlich für jeweils zwei Stunden), alles unter dem Kommando des wachhabenden Steuermanns. Viele Kapitäne schworen, dass sie auf ihrem Schiff keine Faulenzerei dulden würden, und so war jede Arbeitsstunde mit Tätigkeiten ausgefüllt, und sei es auch nur, dass die Decks geschrubbt oder mit Steinen gescheuert wurden. Die Seeleute webten Matten, dicke Gewebe aus gesponnenem Garn oder dünnen Seilen, die dazu benutzt wurden, das stehende Gut (das Tauwerk, das die Masten hielt) gegen Reibung durch andere Taue zu schützen, und machten Platting, eine Art geflochtenes Tauwerk. Wenn das Schiff sich der afrikanischen Küste näherte, gingen sie unter Deck und in den Laderaum, um die zum Tausch bestimmten Handelsgüter hochzuhieven und an Deck zu stauen.

Aber die Arbeit auf Sklavenschiffen hatte einige Besonderheiten. Immerhin waren dies Schiffe, auf denen die Aufstellung bewaffneter Wachen eine Frage von Leben und Tod war, und so überprüfte und reinigte der Kanonier sorgfältig die Handfeuerwaffen. Er kümmerte sich auch um die Donnerbüchsen und Drehbassen, während die Matrosen Munition vorbereiteten, indem sie Kartuschen mit Schrot füllten. Sie waren es auch, die die Netze knüpften, die dazu dienten, die Versklavten an Bord fest- und unwillkommene Händler fernzuhalten. Kapitän William Miller von der *Black Prince* vermerkte 1764 in seinem Logbuch: »Die Männer beschäftigt mit den Netzen und anderen Erfordernissen.« Es gehörte ebenfalls zu ihren Aufgaben, für den Handel bestimmte Kaurimuscheln zu zählen und in Säcke abzufüllen.[26]

Schon bald nach der Ankunft eines Sklavenschiffes an der afrikanischen Küste waren die Seeleute nicht mehr nur Seeleute. Sie taten weiterhin die Arbeit, die auf dem Schiff getan werden musste: Sie warfen die Anker aus und holten sie wieder ein; sie setzten Segel in die eine oder andere Richtung, vor allem dann, wenn der Kapitän eine ›Küstenfahrt‹ im Sinn hatte, bei der er mehrere Orte ansteuerte, um dort Versklavte zu kaufen, wie es an der Windward-Küste üblich war. Auch die Wartung des Schiffes war Aufgabe der Matrosen: Sie putzten, sie flickten die Segel, sie reparierten die Takelage und kümmerten sich um die Vorräte. Gleichzeitig bauten sie, wie von James Field Stanfield beschrieben, ein aus Reet oder einer Persenning bestehendes Dach, das sich über einen Großteil des Schiffsdecks erstreckte und Schutz gegen die tropische Sonne bieten und den Gefangenen, die der Kapitän kaufen würde, die Flucht erschweren sollte. Sobald das eigentliche Kaufen und Verkaufen begann, hatten die Matrosen eine neue Aufgabe: Sie mussten mit der Jolle und der Barkasse zwischen dem Schiff und der Küste und anderen Schiffen hin- und herrudern, mitunter über große Entfernungen hinweg, und Waren, Menschen und Proviant (Yams, Mais, Reis, Wasser) transportieren. Sobald es sich bei den Waren um Menschen handelte – das heißt, sobald der Kapitän anfing, Versklavte zu kaufen – änderte sich die soziale Rolle der Matrosen: Sie wurden auf der Stelle zu Gefängniswärtern und würden es bleiben, bis das Schiff seinen amerikanischen Bestimmungshafen erreichte, das heißt für mindestens sieben bis zehn Monate: fünf bis sieben Monate oder länger an der Küste, zwei bis drei auf der *Middle Passage*.

Sobald Versklavte auf das Schiff gebracht wurden, bekam das Wort ›Wache‹ eine neue Bedeutung. Der Kapitän ließ Wachen aufstellen, die auf dem Hauptdeck postiert wurden und die Versklavten scharf im Auge behielten, wann immer sie sich dort aufhielten. Alle Bewacher waren bewaffnet, einige mit Pistolen, andere mit Musketen, und alle anscheinend mit einem Entermesser mit einer Schlaufe am Griff, die ums Handgelenk gewickelt wurde, damit es nicht von einem aufrührerischen Versklavten weggerissen werden konnte.[27] An diesem Punkt der Reise waren die Hauptsorgen Flucht und Aufstand, beides für die Gefangenen vielversprechender – und damit wahrscheinlicher – solange das Schiff noch vor der Küste lag und sie eine Chance sahen, in ihre Heimatgesellschaft zurückzukehren (obwohl es wahrscheinlich war, dass die Entflohenen auf ihrer langen Heimreise ins Landesinnere ein weiteres Mal gefangengenommen und verkauft werden würden). Die Arbeit des Seemanns diente nun in erster Linie dem Zweck, das neu erworbene menschliche Eigentum seines Kapitäns und Schiffseigners zu bewachen und zu bewahren.

Sobald etwa zehn versklavte Männer an Bord waren, wurden sie und alle weiteren, die an Bord kamen, mit Hand- und Fußschellen gefesselt. Unter Aufsicht des Kapitäns und des Steuermanns sowie des Waffenmeisters oder Kanoniers hämmerten die Seeleute die eisernen Fesseln zusammen, wobei sie jeweils das linke Hand- und Fußgelenk eines Gefangenen an das rechte Hand- und Fußgelenk eines anderen ketteten, so dass sie zu zweit aneinandergefesselt waren. Immer wenn die Männer auf das Hauptdeck gebracht wurden, zogen die Matrosen eine Kette durch ihre Fußfesseln und ketteten sie in Zehnergruppen an einen Ringbolzen. Die Matrosen hatten die Anweisung, die Ketten der Männer regelmäßig – mindestens zweimal am Tag, morgens und abends – sorgfältig zu überprüfen.[28] Die Frauen und Kinder wurden normalerweise nicht gefesselt, solange sie nicht rebellierten. Sobald der provisorisch überdachte Bereich für die Versklavten an Deck abgebaut worden war, bezogen Besatzungsmitglieder Stellung an »Schießscharten« im Barricado, durch die sie ihre Musketen steckten. Zwei Matrosen bezogen Posten an einer erhöht positionierten Vierpfünderkanone, »geladen mit einer Büchse voller Musketenkugeln, um das Hauptdeck damit zu beharken, falls dies nötig sein sollte«.[29]

Während das Schiff sich füllte, überwachten die Matrosen die täglichen Aktivitäten der Gefangenen sowohl auf den Unterdecks als auch auf dem Hauptdeck. Unter Deck halfen sie beim ›Verstauen‹ der Versklavten – das heißt, bei der Zuweisung eines festen Platzes für jede Person, an dem sie sowohl an der Küste als auch während der *Middle Passage* liegen oder sitzen musste, wann immer sie unter Deck war. Der Erste Steuermann und der Bootsmann beaufsichtigten mit der neunschwänzigen Katze in der Hand das ›Verstauen‹ der Männer, der Zweite Steuermann und der Kanonier das der Frauen. Die Matrosen halfen dabei, die Versklavten eng zusammenzupacken, »ihre Arme und Beine anzuordnen, und jedem einen festen Platz vorzuschreiben«. Alle, die nicht »schnell an ihren Platz kamen«, wurden mit der neunschwänzigen Katze angetrieben. George Millar, der 1767 auf der Canterbury eine Fahrt nach Old Calabar machte, erinnerte sich: »Ich war derjenige, der sich um die männlichen Sklaven zu bekümmern hatte, und wenn sie verstaut waren, passte nicht die Spitze eines Stocks zwischen einen und den nächsten.«[30]

Am Tag, wenn die Versklavten auf dem Hauptdeck waren, ging ein Trupp von Seeleuten unter Deck, um ihre Unterkünfte zu putzen. Manchmal wurde diese Arbeit von den Versklavten selbst gemacht, aber häufiger wurde sie von Seeleuten verrichtet, die sie offen hassten. Sie bestand aus verschiedenen Aufgaben, die zum Teil täglich, zum Teil nur von Zeit zu Zeit erledigt werden mussten. Eine der täglichen Aufgaben war das Entleeren der ›Bedürfnis-Kübel‹ für Urin und Kot. Alexander Falconbridge schrieb: »In jedem der Räume stehen drei oder vier große Eimer von Kegelform, welche am unteren Ende einen Durchmesser von ungefähr zwei Fuß [60 cm] und am oberen von nur einem Fuß haben und etwa achtundzwanzig Zoll [71 cm] tief sind; zu welchen die Neger, wenn nötig, Zugang haben.« Außerdem schrubbten die Seeleute das Deck und die Balken mit Sand und anderen Scheuermitteln, um angetrockneten Dreck, Erbrochenes und Schleim zu entfernen. Alle ein bis zwei Wochen wurden die Unterkünfte nach dem Putzen ausgeräuchert. Dazu gab es mehrere Methoden: Kapitän William Littleton ließ die Matrosen »einen rotglühenden loggerhead [eine eiserne Kugel an einem langen Stab zum Erhitzen von Pech] in Essig« tunken und dann die Räume geschlossen halten, damit der Rauch in das Holz eindringen konnte. Der Seemann Samuel Robinson schrieb, auf seinen Schiffen sei das Unterdeck »gewissenhaft sauber« gehalten worden, »zweimal wöchentlich mit Sand gewaschen und geschrubbt, mit Feuerpfannen getrocknet und mit Essig und Tabakrauch geräuchert; während in schicklichen Abständen große Kübel mit geschlossenen Deckeln für die Bedürfnisse aufgestellt werden.«[31]

Ein weiterer bei den Seeleuten verhasster Dienst war die Nachtwache unter Deck bei den versklavten Männern. Nicht alle Kapitäne hielten dies für notwendig; einige begnügten sich damit, die Versklavten unter Deck einsperren zu lassen und bis zum nächsten Morgen sich selbst zu überlassen. Aber auf anderen Schiffen war es Pflicht, und William Butterworth hinterließ eine detaillierte Schilderung dessen, was dies beinhaltete. Im Gefolge eines gescheiterten Aufstands hielt Kapitän Jenkin Evans von der Hudibras »es für notwendig, dass eine Person während der Nacht im Raum der Männer postiert werde«. Butterworth war entsetzt, als er dies hörte, und dachte: »Keine beneidenswerte Lage! Kein erstrebenswerter Posten!« Aber wie das Schicksal (oder der Kapitän) es wollte, wurden er und ein anderer Mann für diese Wache eingeteilt. Butterworth wünschte sich plötzlich, die Versklavten seien »alle in ihren heimatlichen Wäldern« und er selbst »sicher in meiner eigenen Heimatstadt«, und versteckte sich, um dieser Aufgabe zu entgehen. Vergebens: Er wurde gefunden und für vier Stunden unter Deck geschickt. Als er auf seinem Posten ankam, traf er den Mann, den er ablösen sollte, »am oberen Ende der Leiter« an, die vom Unterdeck nach oben führte, »mit den Händen die Grätings umklammernd und mit Tränen in den Augen.« Er hatte panische Angst, genau wie Butterworth selbst, der verzagt nach unten ging und sich so weit entfernt von den Versklavten (in seinen eigenen Worten »in höchst ehrerbietigem Abstand«) hinsetzte wie möglich. Die Zeit verging langsam, während er dem Klirren der Ketten lauschte, mit denen die Coromantee und Igbo, die den Aufstand angeführt hatten, in Zehnergruppen aneinandergekettet waren. Zu seinem Entsetzen musste er bald darauf eine weitere vierstündige Wache übernehmen, während derer er mit Hilfe seiner neunschwänzige Katze – die er als »Beglaubigung der Autorität unter Deck« bezeichnete – einen »alten Missetäter«, der sich ihm genähert hatte und bereits in schweren Ketten lag, an seinen Platz zurücktrieb. Schließlich wurde Butterworth schläfrig, aber er hatte Angst, dass die Gefangenen ihn in Stücke reißen würden, wenn er einnickte. Allmählich begann er mit den versklavten Igbo-Männern in der Nähe der Leiter zu reden, in der Hoffnung, sie zu Verbündeten machen zu können. Als er am nächsten Tag seine Wache antrat, war er zu dem Schluss gekommen, dass diese Taktik seine Sicherheit garantierte. Was er nicht wusste, war, dass bereits ein weiterer Aufstand in Planung war. Wenig später wurden bei zwei der Männer, die von Butterworth ›bewacht‹ worden waren, große Messer gefunden. Offensichtlich war er für zu unwichtig gehalten worden, um angegriffen zu werden.[32]

Eine weitere wichtige Aufgabe der Matrosen beinhaltete die tägliche Durchsuchung der Gefangenen und ihrer Unterkünfte auf scharfkantige Werkzeuge und generell alles, was sich als Waffe benutzen ließ – gegen die Besatzung bei einem Aufstand, gegen die bewaffnete Person selbst bei einem Selbstmordversuch oder gegen andere Gefangene bei einem der häufigen Streits untereinander, die unter den elenden Bedingungen des heißen, überfüllten Unterdecks ausbrachen. Auf manchen Schiffen ging dies so weit, dass potenziellen Aufrührern die Fingernägel kurzgeschnitten wurden, und auf fast allen bedeutete es, dass die versklavten Frauen und Kinder im Auge behalten wurden, die sich freier bewegen konnten und den Männern auf dem Unterdeck zuweilen Werkzeuge durch die Grätings reichten. Die Matrosen wurden auch nach unten geschickt, um bei körperlichen Auseinandersetzungen einzugreifen, die aus Konflikten um Platz oder Hygiene, Krankheiten oder kulturellen Unterschieden erwuchsen. Der Sklavenhändler Robert Norris erklärte – angetan von seiner eigenen Menschlichkeit und ohne erkennbare Ironie – dass diese Vorsichtsmaßnahmen geboten seien, damit »die Starken die Schwachen nicht unterdrücken«.[33]

Jeden Morgen gegen acht, wenn das Wetter es zuließ, bezogen einige Seeleute ihre Stellung an den Waffen, während andere die Versklavten vom Unterdeck heraufholten – die Männer vorderseits des Barricado, die Frauen und Kinder achterseits. Nachdem sie die Männer ans Deck gekettet hatten, assistierten die Matrosen beim allmorgendlichen Waschen von Gesicht und Händen und ließen die Gefangenen dann für die Runde des Schiffsarztes Aufstellung nehmen, der sich Klagen anhörte und die Versklavten auf typische Krankheitssymptome inspizierte. Gegen zehn Uhr begannen die Matrosen mit der Ausgabe der Morgenmahlzeit, zu der es gewöhnlich afrikanisches Essen gab, das je nach Herkunftsregion der Versklavten aus Reis für die Gefangenen aus Senegambia und von der Windward-Küste, Mais für die von der Goldküste und Yams für die aus den Buchten von Benin und Biafra bestand. Dazu bekamen sie einen kleinen Becher Wasser. Nach dem Essen sammelten die Matrosen die Essnäpfe (*crews*) und Löffel ein und begann mit den Vorbereitungen für einen kompletten Abwasch. Um 12 Uhr begannen die Nachmittagsaktivitäten. Von besonderer Bedeutung war dabei etwas, das ›Tanzen‹ genannt wurde.

Sowohl Ärzte als auch Sklavenhändler glaubten, dass körperliche Ertüchtigung dazu beitragen würde, die Versklavten gesund zu erhalten. Folglich wurden die Afrikaner*innen jeden Nachmittag zum Tanzen (und auf vielen Schiffen auch zum Singen) gezwungen. Dies konnte viele unterschiedliche Formen annehmen und reichte von mehr oder weniger freier Bewegung, begleitet von afrikanischen Instrumenten (dies war häufiger bei den Frauen), bis hin zu einem trostlosen, erzwungenen Klirren der Ketten (häufiger bei den Männern). Einige Gefangene weigerten sich ganz und gar, an diesen Übungen teilzunehmen; andere taten es mit deutlichem Widerwillen. Beides zog Hiebe mit der neunschwänzigen Katze nach sich, die vom Steuermann oder vom Bootsmann geschwungen wurde.

Das Gleiche ereignete sich oft bei den Mahlzeiten: Einige Gefangene weigerten sich zu essen, entweder vorsätzlich oder weil sie krank oder deprimiert waren, und wurden mit Gewalt dazu gezwungen. Dazu wurde vorzugsweise die allgegenwärtige Katze benutzt, die sich in den Händen der Offiziere befand. Zahlreiche Beobachter berichteten, dass dies nicht immer funktionierte: Viele Gefangene weigerten sich dennoch zu essen, woraufhin andere Gewaltmittel zum Einsatz kamen, darunter heiße Kohlen und schließlich das *speculum oris*. Matrosen waren fraglos an diesen Folterungen beteiligt, aber sie initiierten sie nicht.

Im Verlauf des Nachmittags wurde den Männern und Frauen Brot und gelegentlich eine Pfeife Tabak und ein Schluck Schnaps angeboten. Auf einigen Schiffen bekamen die Frauen und Mädchen Perlen, mit denen sie Schmuck anfertigen sollten. Die Nachmittagsmahlzeit, die gegen vier Uhr ausgegeben wurde, bestand gewöhnlich aus europäischem Essen: Saubohnen und Erbsen mit Pökelfleisch oder Fisch. Viele Köche machten *dab-a-dab*, eine Mischung aus Reis, etwas Pökelfleisch, Pfeffer und Palmöl. Am Tagesende, irgendwann zwischen vier und sechs Uhr, wurden die Männer wieder unter Deck gebracht und eingeschlossen. Die Frauen und Kinder durften meist länger auf dem Hauptdeck bleiben, bis auch sie für die nächsten zwölf bis vierzehn Stunden in ihre dunklen Unterkünfte gebracht wurden.[34]

Beim ›Tanzen‹ und der Essensausgabe wurde ein Phänomen offensichtlich, das für das Sklavenschiff allgemein galt: Die Hauptmittel der Gewaltanwendung waren den Offizieren vorbehalten. Isaac Wilson erinnerte sich, dass auf seinem Schiff nur der Kapitän und der Schiffsarzt die Versklavten züchtigen durften. Andere bestätigten dies. Alexander Falconbridge sagte, dass nur der Kapitän, der Erste Steuermann und der Schiffsarzt (er selbst) die neunschwänzige Katze benutzen durften. Gemeine Matrosen waren selten im Besitz der Peitsche, und wenn, dann normalerweise nur in zwei Situationen: wenn sie unter Deck gingen und bei den brutalen Vergeltungsmaßnahmen, die auf einen gescheiterten Aufstand folgten.[35]

Die letzte Arbeit des Seemanns an Bord bestand darin, die Versklavten für den Verkauf vorzubereiten, wenn das Schiff sich seinem Bestimmungshafen näherte. Dies war, wie Emma Christopher hervorhebt, ein Produktionsvorgang, mittels dessen der Seemann aus einem gefangenen afrikanischen Menschen eine Handelsware machte. Dazu gehörte, den versklavten Männern etwa zehn Tage vor der Ankunft die Hand- und Fußschellen abzunehmen, damit die wundgeriebenen Stellen heilen konnten, dafür zu sorgen, dass alle Gefangenen sauber waren, den Männern die Bärte (und mitunter die Haare) zu scheren und wunde Stellen mit sogenanntem Höllenstein – Silbernitrat – abzudecken. Graue Haare wurden ausgezupft oder schwarz gefärbt. Zum Schluss rieben die Seeleute die Körper der Afrikaner*innen mit Palmöl ein. Der ganze Vorgang war ein Prozess der Wertschöpfung und -steigerung. Dank der Arbeit der Matrosen würde bald eine ganze Schiffsladung teurer Waren zum Verkauf stehen.[36]

SEELEUTE, VERSKLAVTE UND GEWALT

Der Liverpooler Schriftsteller ›Dicky Sam‹ beschrieb die brutale Realität des Sklavenschiffes folgendermaßen: »Der Kapitän malträtiert die Männer, die Männer peinigen die Sklaven, die Herzen der Sklaven brechen vor Verzweiflung.« In dieser Aussage steckte eine wichtige Wahrheit: Gewalt wurde nach unten weitergegeben, vom Kapitän und den Offizieren über die Matrosen an die Versklavten. Die Matrosen, die oft selbst geschlagen und misshandelt wurden, ließen ihre Misere an den noch elenderen und machtloseren Gefangenen aus, die ihrer Kontrolle und Aufsicht unterstanden. Wie genau dies vor sich ging, hing weitgehend vom jeweiligen Kapitän ab, der enormen Spielraum bei der Führung seines Schiffes hatte. Die disziplinarische Gewalt wurde hauptsächlich vom Kapitän und seinen Offizieren ausgeübt, aber die Matrosen standen an den Frontlinien des sozialen Krieges, der auf dem Schiff ausgetragen wurde. Dies muss betont werden, weil James Field Stanfield in seiner dramatischen Darstellung der Sklavenfahrt dazu neigte, die Trennlinie zwischen Seeleuten und Versklavten zu verwischen.[37]

Die am wenigsten dokumentierte Art der Gewalt auf dem Sklavenschiff war vermutlich gleichzeitig die am weitesten verbreitete: die Grobheit und gelegentliche Brutalität, die den Alltag durchzogen. Der Schiffsarzt der *Young Hero* Dr. Ecroyde Claxton, sagte aus, die Versklavten seien von Kapitän Molineux gut behandelt worden, nicht aber von den Seeleuten. Einmal sei eine Gruppe kranker Versklavter an Deck gebracht und mit einem Segel zugedeckt worden, das bald »mit Blut und Schleim« beschmiert gewesen sei, »welche ohne ihren Willen aus ihnen austraten«. Die Matrosen, die das Segel reinigen mussten, gerieten in heftige Wut und schlugen »unmenschlich« auf sie ein. Dies versetzte die kranken Versklavten in eine derartige Angst, dass sie »zum Kübel krochen und dort saßen und sich abmühten und abmühten«. Dies, so der Arzt, habe zu einem »prolapsus ani [geführt], welcher ganz unmöglich zu heilen war«. Dies war nur einer von Tausenden von Fällen von alltäglichem Terror.[38]

Die brutalsten Gewaltausbrüche von Schiffsbesatzungen fanden im Gefolge gescheiterter Versklavtenaufstände statt. Rädelsführer wurden auf dem Hauptdeck vor den Augen aller Versklavten von Kapitänen und Steuerleuten aufs Grausamste bestraft. Wenn die Offiziere sich müde gepeitscht hatten, gaben sie die neunschwänzige Katze an Matrosen weiter, die weiterpeitschten. Es kam auch vor, dass Matrosen besiegte Rebellen quälten, indem sie ihnen mit den Spitzen ihrer Entermesser in die Haut stachen. In einigen Fällen gehörten auch Hinrichtungen mit entsetzlichen Mitteln zu ihrer Arbeit. So waren die Matrosen nicht nur diejenigen, die dafür sorgten, dass niemand der Gefangenschaft entkam, sie waren auch diejenigen, die mit brutaler Härte die Gefangenen bestraften, die es auch nur versuchten.

Ein weiterer Fall von extremer Gewalt, der deutlich macht, dass die ›Arbeit‹ der Besatzung mitunter blanken Mord beinhaltete, ereignete sich 1781 auf der *Zong*. Kapitän Luke Collingwood war mit einer siebzehnköpfigen Besatzung und einer ›Fracht‹ von 470 dicht zusammengedrängten Versklavten von Westafrika nach Jamaika unterwegs. Bald brach auf dem Schiff

Sowohl die Kapitäne als auch die Ärzte waren der Meinung, dass Bewegung für die Gesundheit der Sklav*innen an Bord des Schiffes unerlässlich sei. Deshalb organisierten sie täglich sogenannte Tänze für die männlichen und weiblichen Gefangenen, die manchmal durch Musik, meistens aber durch den Einsatz von Peitschen begleitet wurden, mit denen die Matrosen links und rechts die Männer in Bewegung versetzten.

eine Krankheit aus: sechzig Afrikaner*innen und sieben Besatzungsmitglieder starben. Collingwood, der eine »Verlustreise« befürchtete, rief die Besatzung zusammen und sagte, »wenn die Sklaven eines natürlichen Todes stürben, sei dies der Verlust der Schiffseigner; aber wenn sie lebend ins Meer geworfen würden, sei es der Verlust der Assekuranten«, die die Reise versichert hatten. Einige Besatzungsmitglieder, darunter der Maat James Kelsal, protestierten, aber Collingwood setzte sich durch, und an diesem Abend warf die Besatzung 54 Versklavte mit gefesselten Händen über Bord. Zwei Tage später wurden weitere 42 Menschen über Bord geworfen, wenig später 26 weitere. Zehn Versklavte, die das grauenhafte Spektakel mit ansahen, begingen Selbstmord, indem sie aus eigenem Antrieb über Bord sprangen, womit sich die Zahl der Toten auf 132 erhöhte. Collingwood machte später geltend, dass Wasserknappheit ihn zu dieser Maßnahme veranlasst habe, aber weder die Besatzung noch die Gefangenen waren auf Kurzration gesetzt worden, und tatsächlich hatte das Schiff bei seiner Ankunft noch 420 Gallonen Wasser an Bord. Der Fall kam vor Gericht, nachdem die Versicherungsgesellschaft den Antrag auf Schadensersatz abgelehnt hatte und daraufhin von den Eignern verklagt worden war. Der Prozess brachte die Brutalität des Sklavenhandels an die Öffentlichkeit und erwies sich als Wendepunkt zu einem Zeitpunkt, als Abolitionist*innen wie Olaudah Equiano und Granville Sharp dabei waren, die Anfänge einer Volksbewegung aufzubauen. Dies war möglicherweise die spektakulärste Gräueltat in der vierhundertjährigen Geschichte des Sklavenhandels, und sie war möglich gewesen, weil Matrosen dem Befehl gefolgt waren, lebende Menschen über Bord zu werfen.[39]

Einen der wichtigsten Aspekte der Gewalt, die von der Besatzung an den Versklavten verübt wurde, sprach Reverend John Newton in seinem 1788 in London veröffentlichten Pamphlet *Thoughts upon the African Slave Trade* an. Er zeichnete ein verstörendes Bild:

> Wenn die Frauen und Mädchen an Bord eines Schiffes gebracht werden, nackt, zitternd, in Todesangst, vielleicht beinahe erschöpft vor Kälte, Müdigkeit und Hunger, sind sie häufig der lüsternen Rohheit weißer Wilder ausgesetzt. Die armen Geschöpfe verstehen die Sprache nicht, welche sie hören, aber die Blicke und Gebärden der Sprechenden sind hinreichend verständlich. In der Vorstellung wird die Beute auf der Stelle aufgeteilt und nur zurückbehalten, bis sich eine Gelegenheit auftut. Wo Widerstand oder Weigerung völlig vergebens wären, wird selbst an das Erlangen einer Einwilligung selten gedacht.

An dieser Stelle brach er ab und erklärte: »Dies ist kein Gegenstand für einen Vortrag«, obwohl die »Gräuel«, die auf den Sklavenschiffen stattfanden, zu dieser Zeit »hier wenig bekannt« waren. Vielleicht hielten er und andere Abolitionisten das Thema für zu heikel für eine öffentliche Diskussion, oder vielleicht scheuten sie auch davor zurück, weil es sich nicht mit ihren Bestrebungen vereinbaren ließ, den britischen Seemann zu einem Opfer des Sklavenhandels und zur Sympathiefigur in der Bevölkerung zu machen. Vor diesem Hintergrund konnte er nicht gut als »weißer Wilder«, als Sexualgewalttäter, als Serienvergewaltiger dargestellt werden. Aber einige Seeleute im Sklavenhandel waren genau das. Es ist gut möglich, dass einige Männer überhaupt nur deshalb auf Sklavenschiffen anmusterten, weil sie auf diese Weise ungehinderten Zugang zu den Körpern afrikanischer Frauen bekamen. Thomas Boulton deutete dies an, als er in *The Sailor's Farewell, or, the Guinea Outfit* seinen rekrutierenden Steuermann in der Unterhaltung mit einem potenziellen Matrosen die »weiche afrikanische Dirne« erwähnen ließ, die ihn erwartete, wenn er anmusterte. Was mochte ein echter Seemann sich vorstellen, wenn er in Rhode Island auf einem Sklavenschiff namens *Free Love* unter Kapitän Wanton (›Zügellos‹) anmusterte?[40]

Die Kaufleute im Sklavenhandel taten ihr Möglichstes, das Thema herunterzuspielen, und betonten, dass die »gute Ordnung« auf ihren Schiffen es nicht zulasse, dass versklavte Frauen von Besatzungsmitgliedern missbraucht wurden. Ein Mitglied des parlamentarischen Untersuchungsausschusses fragte Robert Norris: »Wird dafür Sorge getragen, jeglichen Verkehr zwischen Weißen Männern und den Schwarzen Frauen zu verhindern?« Norris antwortete in knapper Kapitänsmanier: »Gewöhnlich werden vom kommandierenden Offizier Befehle zu diesem Ende erteilt.« Ein Fragesteller, der dem Sklavenhandel offensichtlich wohlwollend gegenüberstand und diese Antwort anscheinend nicht entschieden genug fand, hakte nach, um sicherzugehen, dass alle verstanden hatten, dass sexueller Missbrauch nicht geduldet wurde. Er fragte: »Würde ein britischer Matrose, welcher einer Negerin Gewalt antut, nicht vom Kapitän streng bestraft werden?« Norris antwortete: »Er würde ohne Frage scharf gerügt werden.« John Knox setzte hinzu, dass normalerweise vertraglich festgehalten werde, dass ein Seemann, der sich während der Fahrt nachweislich des »Lasters« schuldig gemacht hatte, einen Monat seiner Heuer verlieren würde.[41]

Die »gute Ordnung«, auf die von den Kaufleuten verwiesen wurde, war nicht unbekannt, aber Newton zufolge (dessen Kenntnisse über den Sklavenhandel aus einer früheren Ära stammten) war sie nicht besonders weit verbreitet. In Bezug auf die Besatzung schrieb er: »An Bord des Schiffes können sie im Zaum gehalten werden, und auf einigen Schiffen geschieht dies auch; aber eine solche Zügelung ist ganz und gar nicht allgemein.« Alles hing vom Kapitän ab, der die Macht hatte, die versklavten Frauen zu schützen, wenn er wollte. Newton kannte mehrere Kapitäne, die das wahrten, was er als ordentliche Disziplin betrachtete, aber es ist wahrscheinlich, dass sie eine Minderheit darstellten: »Auf einigen Schiffen, vielleicht auf den meisten, war die Zügellosigkeit in dieser Beziehung fast grenzenlos.« Wer seine Arbeit ordentlich machte, »konnte in anderer Hinsicht tun, was ihm beliebte«. Reverend William Leigh setzte hinzu, dass auf Guineareisen oft »wahlloser Verkehr« und wilde »Szenen der Ausschweifung« stattfanden. Fragen der Moral, so beklagten beide Geistliche, seien nie gestellt worden.[42]

Fragen der Klassenunterschiede auf dem Schiff wurden allerdings durchaus gestellt. Die meisten Beobachter des Lebens auf dem Sklavenschiff stimmten darin überein, dass die Offiziere uneingeschränkten Zugang zu den versklavten Frauen hatten, die gemeinen Matrosen jedoch nicht. Alexander Falconbridge schrieb, dass es »auf einigen Schiffen den gemeinen Matrosen erlaubt ist, mit denjenigen der schwarzen Frauen Verkehr zu haben, deren Einwilligung sie gewinnen können«. Die Offiziere andererseits »haben die Erlaubnis, nach Belieben unter ihnen ihren Leidenschaften zu frönen, und machen sich zuweilen solch brutaler Exzesse schuldig, dass es die menschliche Natur entwürdigt«. Reverend Leigh bestätigte dies: »Der Kapitän und die Offiziere frönen noch immer ungehemmt ihren Begierden, und die gemeinen Matrosen dürfen sich während der Reise jede Negerin nehmen, deren Einwilligung sie erlangen können.« Keiner der beiden Autoren machte sich die Mühe, darüber nachzudenken, was »Einwilligung« in einer Situation bedeutet haben mag, in der die Frauen keinen Schutz und keine Rechte hatten und – in Newtons Worten – »ohne Einhalt dem gesetzlosen Willen des Ersten, der da kam, ausgeliefert« waren.

Es gibt allerdings verstreute Hinweise darauf, dass einige afrikanische Frauen Beziehungen zu Seeleuten eingingen, die ein gewisses Maß an Einverständnis beinhalteten. Auf Seiten der Frauen mag dahinter die Strategie gesteckt haben, das Beste aus ihrer Situation zu machen, indem sie eine Verbindung mit einem Mann eingingen, die sie vor Angriffen durch andere sexuelle Gewalttäter schützte. Dieser Schutz war umso wirkungsvoller, je höher der Beschützer in der Hierarchie des Schiffes stand. Wenn ein Matrose sich mit einer Frau zusammentat, teilte er anscheinend seine Ration mit ihr, wodurch der Kaufmann und der Kapitän Geld sparten. Leigh erwähnte, dass diese Verbindungen mitunter mit tragischen Szenen endeten, wenn das Schiff seinen amerikanischen Hafen erreicht hatte und der Zeitpunkt des Verkaufs gekommen war. Er sagte, dass »Negerfrauen, wenn sie durch Verkauf von den Matrosen getrennt wurden, welche mit ihnen zusammenlebten«, mitunter versuchten, »sich das Leben zu nehmen, und manchmal, über Bord zu springen, wenn versucht wurde, sie vom Schiff zu zwingen«.[43]

Es gibt keinen Grund zu der Annahme, dass der von John Newton beschriebene Prozess der Verhärtung des Herzens die Matrosen weniger erfasste als den Kapitän – vielleicht sogar mehr, denn die Matrosen hatten täglich engen Kontakt mit den Versklavten, mit denen sie während der Reise zwischen zwei und zehn Monate lang auf engem Raum zusammenlebten. Mehrere Kapitäne erwähnten, dass es notwendig war, ihre Matrosen im Zaum zu halten, das heißt, einen Sozialisierungsprozess aufzuhalten, an dessen Spitze sie selbst standen. William Snelgrave war sich sicher, dass die Ursache der verzweifelten Aufstände der Versklavten »die missbräuchliche Behandlung dieser armen Leute durch die Matrosen [ist], wenn sie an Bord der Schiffe sind, auf welchen sie nach unseren Plantagen geschafft werden«. Der Royal Navy-Kapitän John Samuel Smith sagte im Jahr 1791 aus, dass er Mühe habe, Seeleute aus dem Sklavenhandel in den Dienst des Königs zu pressen, weil sie dermaßen krank und mit Geschwüren übersät seien, dass sie ein Ansteckungsrisiko für die anderen Männer auf seinem Schiff darstellten. Die zwei, die er habe nehmen können, »stellten sich als so grausame, unmenschliche Kerle heraus, dass wir genötigt waren, sie vom Schiff zu entlassen, obgleich sie gute Seeleute waren«.[44]

DIE TOTENLISTE

Vor der westafrikanischen Küste stießen die Seeleute auf ein Barriereriff ungewöhnlicher Art. Es bestand aus Mikroben und verursachte Krankheiten, die die Region zu einem »Grab des weißen Mannes« machten. Die Hälfte aller Europäer*innen, die im 18. Jahrhundert nach Westafrika fuhren, die meisten von ihnen Seeleute, starben innerhalb eines Jahres. Die Hauptursachen für diese hohe Sterblichkeitsrate waren »Fieber« – Malaria und Gelbfieber – die beide durch Moskitos übertragen wurden und sich auf dem Sklavenschiff selbst weiter ausbreiten konnten, weil die Insekten ihre Eier in das stehende Bilgenwasser legten, das sich im Rumpf ansammelte. Weitere Todesursachen waren Ruhr, Pocken, Unfälle, Mord und gelegentlich Skorbut. Die weite Verbreitung von Krankheiten und die fehlende Immunität in Kombination mit den harten Arbeits- und Lebensbedingungen – schwere Arbeit, schlechtes Essen und harsche Disziplin – führten dazu, dass auf den Sklavenschiffen oft im Verhältnis sogar noch mehr Besatzungsmitglieder starben als Versklavte, wenn auch aus anderen Gründen, in einem anderen chronologischen Muster (häufiger an der Küste und zu Beginn der Reise) und je nach afrikanischer Region in unterschiedlichem Maße: Die Goldküste war verhältnismäßig ungefährlich für die Gesundheit, die Buchten von Benin und Biafra tödlich. Eine Untersuchung der Sterblichkeitsrate der Besatzungen von 350 Sklavenschiffen aus Bristol und Liverpool zwischen 1784 und 1790, die von einer Kommission des britischen Unterhauses durchgeführt wurde, kam zu dem Ergebnis, dass 21,6 Prozent der Seeleute starben, eine Zahl, die mit den damaligen Schätzungen von Thomas Clarkson übereinstimmte und sich mit heutigen Forschungsergebnissen deckt. Zwischen 1780 und 1807 starben etwa 20.000 britische Seeleute im Sklavenhandel. Für die Matrosen wie für die afrikanischen Gefangenen war schon das monatelange Leben auf dem Sklavenschiff ein Kampf ums Überleben.[45]

Die Geschichte des Sklavenhandels ist voll von Horrorgeschichten über sterbende Besatzungsmitglieder, über Schiffe, die durch Krankheit und Tod so lahmgelegt waren, dass ihre Fahrt mit einem Fehlschlag, wenn nicht gar mit einer Katastrophe endete. 1721 bezeichnete ein Kapitän seine kranken Besatzungsmitglieder als »wandelnde Gespenster«. Ein anderer Kapitän hinterließ später im selben Jahrhundert in seinem Tagebuch einen Kommentar über das »armselige, abgezehrte Aussehen« seiner Seeleute, das ihn an die »Auferstehung der Toten« erinnerte. In vielen Fällen gab es nur den Tod und keine Auferstehung. Im Jahr 1770 sandte Kapitän David Harrison die Nachricht vom Gambia-Fluss nach Providence, Rhode Island, dass die »ganze Besatzung« der Brigg *Elizabeth* gestorben sei. Die *Elizabeth* lag als Geisterschiff vor der Küste. 1796 verlor Kapitän Cooke aus Baltimore »alle seine Männer außer einem Neger und einem Negerjungen«. Manchmal wurden ganze Seefahrerfamilien dahingerafft. Als Josiah Bowen aus Barrington, Rhode Island, 1801 an der Küste Afrikas starb, stand in der Zeitung, dass sein Vater in den letzten fünf Jahren fünf seiner Söhne auf See verloren habe.[46] Wenn Beobachter die Sklavenschiffe »schwimmende Lazarhäuser« (Leprakolonien) nannten, bezogen sie sich nicht nur auf die Versklavten. Die Schiffe waren voll von Menschen, die an tödlichen Krankheiten aller Art litten.[47]

Bittschriften von Seeleuten oder ihren Familien an die *Society of Merchant Venturers* in Bristol zugunsten von Männern, die fünf Jahre oder länger auf Schiffen der Gesellschaft gefahren waren, zeichnen ein grausiges Bild der Verwundeten und Toten. John Fielding bekam einen »heftigen Skorbut«, der dazu führte, dass er alle Zehen an seinem linken Fuß verlor. Benjamin Williams bekam Geschwüre an den Beinen, sodass das rechte amputiert werden musste. William Victor brach sich beide Beine, als das Zeltgerüst, an dem er arbeitete (das für den Verkauf von Versklavten in Virginia bestimmt war) unter ihm zusammenbrach. John Smith und Cornelius Calahan »wurden von einem Übel ihrer Augen ergriffen, welches zur nämlichen Zeit unter den Sklaven wütete und welches sie ihres Augenlichts beraubte«. Die Invaliden hatten noch Glück. John Grenville starb, nachdem er vom Hauptdeck in den Laderaum gefallen war. Richard Ruth »kam durch ein umgestürztes Kanu an der Küste Afrikas um«; William Davis und sechs andere ertranken offenbar, als ihre Barkasse kenterte. James Harding wurde von afrikanischen Händlern vergiftet und George Hancock bei »einer Empörung der Sklaven« getötet.[48]

Die Lebensbedingungen auf den Schiffen waren so schlecht, dass einige Matrosen Selbstmord begingen, vor allem dann, wenn sie den Quälereien eines Kapitäns oder Steuermanns ausgesetzt waren. Der Koch John Bundy wurde von Kapitän Thomas Tucker so schwer misshandelt – er wurde ausgepeitscht und bei einer Gelegenheit mit einem Messer ins Gesicht gestochen –, dass das Leben des armen Mannes, wie Silas Told schrieb, »zu einer beschwerlichen Last für ihn« wurde. Als er andeutete, dass er sich über Bord werfen werde, versuchten seine Schiffskameraden, ihn davon abzubringen, aber eines Morgens um acht »stürzte er sich ins Meer«. Thomas Jillett, ein fünfzehnjähriger Junge auf der *Bruce Grove*, wurde vom Steuermann misshandelt, erklärte, er sei »seines Lebens müde« und verschwand wenig später über die Bordwand. Das Gleiche tat ein irischer Junge namens Paddy 1762 auf der *Briton*: Nachdem der Steuermann ihm eine schwere Auspeitschung angedroht hatte, weil er den Teekessel nicht rechtzeitig aufgesetzt hatte, sprang er über Bord und ertrank.[49]

Der körperliche Niedergang der Besatzung, der an der afrikanischen Küste begann und sich während der *Middle Passage* fortsetzte, hatte einen buchstäblich tödlichen Widerspruch zur Folge: Genau in dem Zeitraum, in dem immer mehr versklavte Menschen an Bord kamen, wurden die Besatzungsmitglieder kränker, schwächer und starben, was dazu führte, dass zu wenige Arbeitskräfte übrigblieben, um das Schiff zu segeln, die Gefangenen zu bewachen und Aufstände zu verhindern. Ein zeitgenössischer Beobachter, der auf einem Sklavenschiff fuhr, schrieb: »[Wir verbergen] den Tod der Matrosen vor den Negern, indem wir sie des Nachts über Bord werfen, damit keine Versuchung in ihnen aufsteigt, sich gegen uns zu erheben, wenn sie uns so geschwächt sehen durch den Tod von 8, & die meisten der Verbliebenen krank außer mir selbst; wir sind jetzt im Ganzen nur noch 12, welche übrig sind.« Einer der Vorteile des Barricado war, dass die versklavten Männer nicht sehen konnten, wie viele Seeleute auf der anderen Seite noch am Leben und bei der Arbeit waren.[50]

Wenn ein Seemann starb, wurde unter Umständen eine simple Bestattungszeremonie abgehalten. Matrosen waren ›ehrliche Häute‹, die sich nichts aus aufwändigen Ritualen machten. Wenn das Schiff vor der afrikanischen Küste lag, versuchte der Kapitän normalerweise, eine Beerdigung an Land zu ermöglichen (der Sklavenhandelshafen Bonny zum Beispiel hatte einen Friedhof für Seeleute am Flussufer). Auf See wurde der Leichnam in eine Hängematte oder ein altes Stück Segeltuch eingenäht und mit einer Kanonenkugel beschwert, damit er unterging. Aber selbst diese bescheidene Bestattung konnte ihre Tücken haben. Die größte dieser Tücken waren die Haie, die dafür bekannt waren, dass sie einen Leichnam in Stücke rissen, bevor er sinken konnte. So mancher Seemann endete nicht nur in einem anonymen Grab, sondern wurde buchstäblich »eine Beute der Fische«. Es war ein schmähliches Ende.[51]

Diese Männer hinterließen wenig. Der Seemann George Glover starb aus unbekannter Ursache am 13. November 1783 an Bord der *Essex* unter Kapitän Peter Potter. Potter ließ eine Aufstellung seiner wenigen weltlichen Güter anfertigen, die dann nach Seemannsbrauch »am Mast« an seine Schiffskameraden verkauft wurden; der Erlös war für die Witwe oder ein Familienmitglied bestimmt. Glovers wertvollster Besitz war seine Jacke, die für dreizehn Schilling Sixpence verkauft wurde. Darüber hinaus besaß er zwei Hosen, von denen eine »zu nichts taugte«. Zu seinen weiteren Besitztümern gehörten zwei Hemden (eins kariert, eins Flanell), Schuhe, Strümpfe, eine Unterhose, ein Paar Schnallen, eine Tasche und ein wertloser Hut. Eins der Hemden, die Schuhe und den Hut hatte er während der Reise für teures Geld vom Kapitän gekauft. Unterm Strich war alles, was Glover an Bord sein Eigen nannte, weniger als anderthalb Pfund wert, und selbst das ist zu hoch gegriffen, weil die Matrosen immer viel mehr bezahlten, als ein Gegenstand eigentlich wert war, um der Familie des Verstorbenen auszuhelfen. Einige gemeine Matrosen hinterließen bei ihrem Tod etwas mehr als Glover, andere etwas weniger. Ein Mann hinterließ »1 Papagei, den der Böttcher in seiner Obhut hat«.[52] Wenn Schiffe wie die *Essex* nach Liverpool zurückkehrten, fand eine »melancholische Zeremonie« statt. Familie und Freunde der ursprünglichen Besatzung versammelten sich am Dock, wenn das Schiff anlegte, und warteten auf das Verlesen der ›Totenliste‹.[53]

MEUTEREI UND DESERTION

Im Jahr 1749 befahl Kapitän Thomas Sanderson von der an der Goldküste vor Anker liegenden *Antelope* seinen Männern, sich an Deck zu versammeln. Ein Teil der Männer weigerte sich. Wie es scheint, brachten diejenigen, die sein Kommando noch anerkannten, auf einen zweiten Befehl hin die fünf Männer an Deck, die unten geblieben waren. Edward Suttle, Michael Simpson, John Turner, William Perkins und Nicholas Barnes wurden in Eisen gelegt. Sanderson, der die Männer von seinem Schiff bekommen wollte, übergab sie an ein anderes Handelsschiff, das in der Nähe ankerte. Währenddessen brachten sich drei andere Besatzungsmitglieder in den Besitz der Barkasse und desertierten.[54]

Meuterei war nicht Kapitän Sandersons einziges Problem. Er hatte eine beträchtliche Anzahl von Gefangenen unter Deck und hatte nun ein Drittel seiner Besatzung verloren. Deshalb holte er die fünf rebellischen Matrosen zurück an Bord, aber sie weigerten sich erneut zu arbeiten. Dieses Mal bewaffneten sie sich mit Entermessern, um ihre Haltung unmissverständlich klarzumachen. Als Sanderson versuchte, sich durchzusetzen, und den Befehl gab, die Anker zu lichten, »drohte John Turner, er werde den Ersten niederschlagen, welcher eine Handspake ins Ankerspill steckte, um den Anker aufzuhieven«. An diesem Punkt wandte Sanderson sich an einen anderen Sklavenhändler um Hilfe, Kapitän Holmes, der an Bord kam und die Besatzung maßregelte. Die Meuterer drohten, ihn über Bord zu werfen. Sanderson, der nun offensichtlich den Eindruck hatte, sich nicht mehr auf den Gehorsam seiner eigenen Besatzung verlassen zu können, bat einen holländischen Kapitän um Hilfe. Dieser schickte eine Gruppe seiner eigenen Matrosen herüber, die dem Aufruhr ein Ende bereiteten und die Meuterer erneut in Ketten legten.

Sanderson, dem es nach wie vor an Arbeitskräften mangelte, ließ die Männer wieder frei, wahrscheinlich, nachdem er ihnen das Versprechen abgenommen hatte, ihm von nun an Gehorsam zu leisten – ein Versprechen, das sich schnell im Küstennebel auflöste. Diesmal griffen die Matrosen zu

Handspaken und forderten Sanderson auf, »sich zum Gefangenen zu ergeben«. Sie übernahmen das Schiff und stellten die Welt auf den Kopf: Sie legten Sanderson, den Schiffsarzt und einige andere Männer in Ketten, wobei sie ihnen allerdings versicherten, dass sie ihnen nichts antun würden. Später setzten sie den Kapitän und die ihm loyalen Besatzungsmitglieder mit Essen ausgerüstet in ein Boot und schickten sie an Land. Kapitän Joseph Bellamy vom Sklavenschiff *Speedwell* kam seinem Mitkapitän in Not zu Hilfe und nahm die besiegten Seeleute an Bord. Er nahm umgehend die Verfolgung der *Antelope* auf, und schließlich wurden die Meuterer aufs Neue gefangengenommen und ein drittes Mal in Eisen gelegt.

Als Kapitän Sanderson an Bord seines zurückeroberten Schiffes ging, fand er eine große Anzahl leerer Flaschen und – eine Entdeckung, die er noch beunruhigender fand – bereitliegendes Schießpulver vor. (Ob dies dazu dienen sollte, das Schiff zu verteidigen oder in die Luft zu sprengen, erwähnte er nicht.) Er stellte außerdem fest, dass die Meuterer Kisten seiner wertvollen Ladung von »Indienwaren« (Baumwollstoffen) aufgebrochen und den Inhalt »an die Sklavenfrauen an Bord« verteilt hatten. Als jemand die in Ketten liegenden Männer fragte, was sie mit dem Schiff vorgehabt hätten, gab einer von ihnen zur Antwort – vielleicht »Kapitän Turner«, wie er genannt wurde – dass »einige des Schiffsvolks dafür waren, sie nach Brasilien zu segeln, & andere dafür, selbige nach Eustatia zu segeln & sie dort zu veräußern.« Letzteres bezog sich auf die Versklavten unter Deck. Die Meuterei war eine Befreiung, die ihre Grenzen hatte.

Die gerichtliche Zeugenaussage des Schiffsarztgehilfen William Steele brachte die Ursachen der Meuterei ans Tageslicht. Zunächst einmal waren einige Seeleute der Ansicht, Sanderson habe gegen maritime Gebräuche verstoßen, in erster Linie gegen das unantastbare Recht der Seeleute auf Grog. Zwei Matrosen, die sich darüber beschwert hatten, dass Sanderson ihnen keine »Ration Branntweins« gewährte, »wie die Kapitäne anderer Schiffe an der Küste es gemeinhin taten«, beschlossen, die Dinge selbst in die Hand zu nehmen: Sie brachen in eine Vorratskammer ein, fanden genug Alkohol, um ihre Lebensgeister zu stärken, und gerieten in einen betrunkenen Streit mit Kapitän Sanderson. Eine zweite Ursache war »das unbehagliche & unbeständige Leben, welches sie an Bord des Schiffes durch das Betragen des Kapitäns ihnen gegenüber führten«, ein Betragen, das anscheinend Gewalt einschloss. Als Sanderson ankündigte, entlang der Guineaküste weiter nach Osten segeln zu wollen, gab es großes »Gemurre an Deck«. Die Matrosen »sagten, der Kapitän habe sie auf dem vorigen Teil der Reise so übel behandelt, dass es sehr hart für sie sei, genötigt zu werden, windwärts zu gehen, weil sie erwarteten, dass er, wenn sie dies täten, übler missbraucht werden würden, wenn er von den übrigen Schiffen wegkäme« – womit die Schiffe gemeint waren, die in dieser Gegend Handel trieben. In der Isolation würde er noch tyrannischer werden. Eine dritte, spezifischere Ursache (oder vielleicht ein Beispiel für die zweite) war eine Prügelstrafe, die der Kapitän dem Bootsmann verabreicht hatte. Bei diesem Vorfall wagten es mehrere Besatzungsmitglieder zu protestieren und zu sagen, er »solle den alten Mann nicht schlagen (womit der Bootsmann gemeint war, welcher ein sehr alter Mann war)«. Es folgte eine Auseinandersetzung, bei der die Kontrahenten sich gegenseitig anschrien und die Besatzung den Kapitän mit »anstößiger Sprache« bedachte. Diese Konfrontation, die anscheinend in der Nacht vor der ersten Arbeitsniederlegung stattfand, mag der Tropfen gewesen sein, der das Fass zum Überlaufen brachte.[55]

Im Vergleich hatte Kapitän Sanderson noch Glück, dass er mit dem Leben und noch dazu unverletzt davonkam.[56] Kapitän John Wroe wurde 1721 von Meuterern auf der *Endeavour* ausgepeitscht, und andere Kapitäne wurden auf grässliche Weise umgebracht, gewöhnlich aus den gleichen Gründen, die zur Meuterei auf der *Antelope* geführt hatten.[57] Ein Meuterer auf der *Abington* kommentierte 1719 die Arbeitsbedingungen auf dem Schiff mit den Worten: »Verdammt, es wäre besser, gehängt zu werden, als so zu leben.«[58] Die Matrosen der *Buxton* enthaupteten 1734 Kapitän James Beard mit der Axt. Nach getaner Tat seufzte der Seemann Thomas Williams erleichtert: »Der verdammte Hund, endlich hab ich's getan. Ich wünschte, es wäre viel früher getan worden.« Etwas über zwei Jahre später lieferten murrende Seeleute auf der *Pearl Galley* ihrem Kapitän Eustace Hardwicke und anderen einen Nervenkrieg, indem sie fragten, ob sich jemand an das Schicksal von Kapitän Beard erinnere – eine verschleierte Drohung, mit der angedeutet wurde, dass das Gleiche demnächst noch einmal passieren könnte.[59] Auf der *Tewkesbury* schlugen 1737 die »jungen Burschen« unter den Matrosen ihren Kapitän mit einer Axt ins Gesicht und warfen ihn über Bord. Jemand hörte den Meuterer John Kennelly sagen, dass sie jetzt »genug Rum haben müssten«, und John Rearden prahlte, der Kapitän könne nun nicht mehr »ein halbes Dutzend von uns töten«. Die Rebellen wurden gefangengenommen und nach Cape Coast Castle gebracht, wo sie vor Gericht gestellt und abgeurteilt wurden: Zwei wurden zu siebenjähriger Schuldknechtschaft bei Händlern verurteilt und fünf weitere an den wasserseitigen Toren der Festung aufgeknüpft.[60]

Einige Meuterer verlegten sich auf die Piraterie, vor allem in den 1710er und 1720er Jahren, als Seeleute wie »Black Bart« Roberts, die auf Sklavenschiffen gefahren waren, die Meere durchstreiften, Prisen aufbrachten und eine Krise im atlantischen Handelssystem verursachten. Diese Generation von Piraten wurde mittels einer blutigen Kampagne grauenhafter Hinrichtungen und intensivierter Seepatrouillen zerschlagen, aber nichtsdestotrotz stiegen Meuterer an der afrikanischen Küste gelegentlich in die Piraterie ein. Ein Amtsträger des Sklavenhandelshafens Anomabu schrieb in einer Mitteilung an Kaufleute im Jahr 1766, dass »die Küste sehr von Piraten heimgesucht wird, und dass einer im Besonderen ein Schoner ist, kupferbeschlagen, befehligt von einem gewissen Hide, hat vierunddreißig Männer an Bord und ist außerordentlich gut mit Drehbassen und Handfeuerwaffen ausgerüstet«. Das Piratenschiff hatte zwölf bis vierzehn kleine Schiffe aufgebracht und »1200 Sterling an Waren und 50 Unzen Goldstaub an Bord«. Nach einer Meuterei auf der *Black Prince* im Jahr 1769 »hissten [die Seeleute] die schwarze Flagge« und benannten das Schiff in *Liberty* um.[61]

Neben Meuterei und Piraterie bedienten Seeleute sich auch anderer Formen des Widerstands, in erster Linie der Desertion. Wie Emma Christopher gezeigt hat, kam es häufig vor, dass Matrosen an der Küste Afrikas das Weite suchten. Aber die so gewonnene Freiheit war sowohl für die Seeleute als auch für die Versklavten, die den Schiffen entflohen, selten von Dauer, weil sie fast immer von afrikanischen Sklavenhändlern und deren Verbündeten (gegen Entlohnung) gefangengenommen und wieder an die Kapitäne übergeben wurden. Auch die Haie, die in den westafrikanischen Gewässern gemächlich die Schiffe umkreisten, schreckten so manchen Seemann ab, den es zur Desertion drängte, wobei einige allerdings bereit waren, es mit dem einen Ungeheuer aufzunehmen, um dem anderen zu entkommen. Ihre eigenen Überzeugungen waren ein weiterer Faktor, der Seeleute vom Desertieren abhielt: Ein Matrose erklärte vor Gericht, er und seine Kameraden hätten die Absicht gehabt, ihrem Kapitän »in Bonny zu entlaufen«, hätten es dann aber nicht getan, weil es »ein wilder Ort [ist], welcher von Kannibalen bewohnt wird.«[62]

DAS ENDE DER REISE

Für einen Matrosen auf einem Sklavenschiff konnte die Reise auf vier Arten enden: mit dem Tod, mit Widerstand (das heißt, Desertion oder Meuterei, die wiederum auf unterschiedliche Weise enden konnten, von erfolgreicher

Flucht bis hin zum Tod durch den Strang), mit legaler oder illegaler Entlassung im Lieferhafen im Anschluss an die *Middle Passage* oder mit Entlassung im Heimathafen nach der Rückreise.

Am Ende der *Middle Passage* standen viele Kapitäne vor einem Problem. Ein Zweihundert-Tonnen-Schiff, das eine fünfunddreißigköpfige Besatzung benötigt hatte, um 350 versklavte Menschen in Schach zu halten, würde jetzt mit einer Ladung Zucker (oder sogar Ballast) an Bord in den Heimathafen zurückkehren, wofür nur sechzehn Männer gebraucht wurden – vielleicht sogar weniger, wenn der Kapitän, wie es oft der Fall war, sparen wollte. Was sollte mit den von heute auf morgen überflüssigen Besatzungsmitgliedern geschehen? Einige waren gestorben, andere hatten den Kapitän und sein Schiff gründlich satt und waren mit Freuden desertiert, selbst um den Preis beträchtlicher Heuereinbußen. Aber viele Seeleute wollten ihr sauer verdientes Geld behalten und in ihren Heimathafen zurückkehren, nicht zuletzt, um ihre Familie und Gemeinschaft wiederzusehen. So entwickelten die Sklavenschiffskapitäne eine Strategie, um sich dieses Arbeitskräfteüberschusses zu entledigen.[63]

Gegen Ende der *Middle Passage*, wenn die Behandlung der Versklavten allmählich besser wurde (um sie für den Verkauf präsentabel zu machen), begann der Kapitän, die Besatzung oder zumindest einen Teil der Besatzung noch härter ranzunehmen, in der Hoffnung, dass einige Besatzungsmitglieder bei der Ankunft im Hafen desertieren würden. Es wurde gnadenlos drangsaliert. Nicht alle Kapitäne bedienten sich dieser Methode, aber immerhin so viele, dass diese Praxis weithin bekannt war. Kein Geringerer als der ›Seekriegsheld‹ Lord Rodney, Retter des Britischen Empire, »*Ritter des Höchst Ehrenvollen* Ordens *vom Bade,* Admiral of the White und Vizeadmiral von Großbritannien«, sagte 1790 in seiner Aussage vor dem Parlament über Sklavenschiffe in Westindien: »Ich bin der Überzeugung, dass es viele Fälle von strenger Behandlung seitens der Kapitäne dieser Schiffe gegeben hat, um ihre Männer loszuwerden«.[64]

Dies geschah mit voller Absicht, und mitunter wiesen Kaufleute ihre Kapitäne auch ausdrücklich an, überzählige Besatzungsmitglieder vor Ende der Reise loszuwerden. Im Jahr 1784 schrieb Miles Barber an Kapitän James Penny: »Ich wünsche, dass Ihr einige ausländische Seeleute in St. Kitts oder St. Thomas wegschickt, wenn dies zu machen ist, und diejenigen unter Eurem Schiffsvolk entlasst, welche unbotmäßig sind.« Er wusste, dass dies illegal war, deshalb riet er Penny, seine Offiziere zu instruieren, »es nicht zu erwähnen«. Auch wenn Kaufleute es nicht ausdrücklich erwähnten, war es unter Kapitänen gang und gäbe, sich ihrer überschüssigen Seeleute zu entledigen. Im Jahr 1740 schrieb Kapitän Francis Pope an einen Kaufmann aus Rhode Island namens Abraham Redwood: »Ich habe vor, so wenige Männer wie möglich zu behalten, weil dies zu Eurem Vorteil ist.« Wie sogar der Sklaverei-Befürworter Lord Sheffield gezwungen war zuzugeben, machten Einsparungen bei den Arbeitskosten die Reise profitabler. Aber es waren auch andere Erwägungen im Spiel. Angesichts der harten Behandlung der Matrosen und der explosiven Spannungen auf dem Sklavenschiff wollte ein Kapitän möglicherweise seine rebellischen oder »unbotmäßigen« Besatzungsmitglieder loswerden. Was bei diesen Kalkulationen ebenfalls eine Rolle spielte, war der Umstand, dass sich am Ende einer Sklavenfahrt eine beträchtliche Anzahl von Besatzungsmitgliedern, in einigen Fällen mehr als die Hälfte, in einem derart schlechten Gesundheitszustand befand, dass sie nicht mehr arbeiten konnten. Sie litten an Malaria, Ophthalmie (einer Augenkrankheit), ›Guineawürmern‹ (Parasiten, die zu enormer Größe heranwuchsen, gewöhnlich in den Beinen) und verschiedenen Arten von Geschwüren, vor allem *yaws* (Frambösie), einer ansteckenden afrikanischen Hautkrankheit.[65]

Diese Seeleute kamen in einem bejammernswerten Zustand auf den Westindischen Inseln an. Auf Barbados sah der Seemann Henry Ellison »mehrere Guinea-Seeleute in großer Not, welchen es an allem Lebensnotwendigen gebrach, deren Beine in einem geschwürigen Zustand waren und von den Milben aufgefressen wurden und deren Zehen abfaulten, ohne dass irgend eine Person ihnen Hilfe leistete oder sie aufnahm.« Auf Jamaika bot sich ein ähnliches Bild entlang der Docks, wo Matrosen »in einem geschwürigen und hilflosen Zustand auf den Kais und an anderen Orten lagen«. Sie waren »brandig von der Kniescheibe bis zum Knöchel und in einem solchen Zustand, dass kein wie auch immer geartetes Schiff sie annahm«. Einige dieser Männer kannte er persönlich. Sie waren »barbarisch behandelt« und dann um ihre Heuer geprellt worden. Ellison brachte ihnen Essen von seinem eigenen Schiff. Sie wurden je nach Ort ›Kaimeister‹, ›Schutenligger‹ oder – an Orten, an denen es keine Docks gab – ›Strandschnorrer‹ genannt. Manche von ihnen krochen zum Sterben in leere Zuckerfässer auf den Docks.[66]

Diese Matrosen waren das Gegenstück zu den »Ausschusssklaven«, die zu krank waren, um zum vollen Preis verkauft zu werden, allerdings mit einem Unterschied: ›Weiße Männer‹ konnten natürlich nicht verkauft werden. Aber andererseits hatten diese zugrunde gerichteten Seeleute für niemanden irgendeinen Wert, und für die Menschen, für die sie so viele Monate lang gearbeitet hatten, waren sie weniger als wertlos, nämlich von negativem

Wert. Verkaufen konnte man sie nicht, aber man konnte sie ausrangieren und vom Schiff werfen. Auf den Docks fast aller Hafenstädte der Amerikas, in denen Versklavte ausgeschifft wurden, waren arme, kranke Seeleute anzutreffen, die zu Bettlern geworden waren.

Dies wuchs sich zu einem derartigen Problem aus, dass die Obrigkeit in mehreren Kolonien und Hafenstädten bestimmte Maßnahmen ergriff, wobei einige spezielle Hospitäler für Seeleute gründeten. Das Armenhaus von Bridgetown, Barbados, war voll von Sklavenschiffsmatrosen. Auch an den Stränden und in den Häfen von Dominica und Grenada waren sie anzutreffen. Einem Bericht aus Charleston aus dem Jahr 1784 zufolge waren »nicht weniger als sechzig zu afrikanischen Schiffen gehörige Schiffsleute auf diese Stadt abgeladen worden, von welchen die meisten starben und auf Kosten der Stadt beerdigt wurden«. Jamaika erließ bereits 1759 Gesetze zu »verstümmelten« und behinderten Seeleuten (und erneuerte sie über einen langen Zeitraum hinweg). So hieß es im Jahr 1791, dass ein »sehr großer Anteil derer, welche im Spital von Kingston sind, Guineamänner sind«. Das Zurücklassen von »lahmen, geschwürigen und kranken Schiffsleuten« verursachte »so große Beschwerlichkeiten und Kosten für die Bürgerschaft in Kingston«, dass Jamaikas legislative Versammlung ein Gesetz erließ, das Kapitäne dazu verpflichtete, eine Sicherheitsleistung zu entrichten, die verhindern sollte, dass invalide Männer an Land zurückgelassen wurden.[67]

Zwei Seeleute, die selbst ›Kaimeister‹ gewesen waren, haben Schilderungen ihrer verzweifelten Lage hinterlassen. William Butterworth, der sich beim Sturz durch eine Luke das Bein aufgerissen hatte, wurde von seinem Kapitän in Kingston entlassen. Er fühlte sich »in einem fremden Land ausgesetzt, hilflos, schwach, lahm und im Besitz von nur wenig Geld!« James Towne fand sich in einer ähnlichen Situation: »Ich selbst wurde zusammen mit zwei anderen ohne Geld oder Freunde in Charles Town, South Carolina, an Land zurückgelassen. Die beiden starben.«[68]

REVOLTE: LIVERPOOL 1775

Die Matrosen waren gerade damit fertig geworden, die *Derby* für ihre Reise nach Angola und Jamaika aufzutakeln. Einen Monat zuvor hatte Kapitän Luke Mann sie für dreißig Schilling im Monat angeheuert, aber nun, am 25. August, teilte er ihnen mit, dass er ihnen nur zwanzig Schilling zahlen würde, weil aufgrund einer Schwemme arbeitsloser Seeleute im Hafen

»reichlich Männer zu kriegen« seien. Die Entscheidung kam direkt von den Schiffseignern, insbesondere, wie es schien, von einem örtlichen Kaufmann namens Thomas Yates. Die Besatzungsmitglieder der *Derby* zeigten sich wutentbrannt. Sie schnitten auf der Stelle die Takelage ab und ließen sie in einem Gewirr von Tauwerk auf dem Hauptdeck liegen.[69]

Jemand rief die Konstabler, die neun Seeleute festnahmen, dem Richter vorführten und ins Gefängnis warfen. Mittlerweile verbreitete sich die Nachricht von der direkten Aktion und den verhafteten Männern im ganzen Hafengebiet, und bald griffen zwei- oder dreitausend Seeleute (hier gehen die Darstellungen auseinander) zu Handspaken und Knüppeln, der traditionellen Bewaffnung seemännischer Mobs, und zogen zum Old Tower-Gefängnis in der Water Street, um ihre Seemannsbrüder zu befreien. Die Matrosen schlugen Fenster ein und verschafften sich Zugang zur Amtsstube des Gefängnisses, wo sie Dokumente und Akten vernichteten. Die Gefängniswärter gaben sich geschlagen, ließen acht der Matrosen frei und hofften inständig, dass der Alptraum damit ein Ende haben möge. Als die jubelnde Menge die Befreiten davontrug, stellten sie fest, dass sie einen ihrer Kameraden zurückgelassen hatten, also gingen sie noch einmal zurück, fanden den Mann und befreiten ihn, zusammen mit einer Frau, die eingesperrt worden war, weil sie den Aufrührern geholfen hatte. Anschließend zogen die Matrosen bis Mitternacht durch die Docks, wo sie mit ihrem lautstarken Siegesjubel einige der Anwohner in Angst und Schrecken versetzten. Bald machten sie sich daran, so viele Schiffe im Hafen abzutakeln wie nur möglich.[70]

Der Vorfall auf der *Derby* entwickelte sich von einer direkten Aktion am Arbeitsplatz zu einem Streik und schließlich zu einem städtischen Aufstand. Am 26. und 27. August, einem Samstag und Sonntag, war es ruhig, aber jede Nacht schlichen die Seeleute in Reaktion auf die fortgesetzten Versuche von Kaufleuten, ihre Heuer zu kürzen, durch die Docks, schnitten Takelage durch, strichen Segel und legten die Schiffe der dynamischen Hafenstadt lahm. Früh am Montagmorgen gingen Matrosen von Schiff zu Schiff und riefen die Männer dazu auf, sich der Arbeitsniederlegung anzuschließen. Wer sich weigerte, wurde mit Gewalt vom Schiff entfernt, wie der Seemann Thomas Cocket erklärte: Die Matrosen »gingen an Bord all der Schiffe und schafften all die Leute fort«. Der Streik weitete sich aus, und in dem normalerweise so geschäftigen Hafenviertel wurde es ruhig. Später am selben Tag beschlossen die Seeleute bei einem Treffen in ihrem Hauptquartier am North Lady's Walk mit Blick über die Stadt, ihre Lohnbeschwerden den Kaufleuten an der Handelsbörse vorzutragen und Ausgleichszahlungen zu verlangen. Sie waren wütend, aber unbewaffnet, und der Marsch war friedlich. Sie hatten keinerlei Erfolg. Anscheinend drohten einige von ihnen beim Verlassen der Börse, sie würden am nächsten Tag wiederkommen und das Gebäude einreißen. Die Kaufleute, die diese Drohung ernst nahmen und Angst vor einer zweiten, gewalttätigeren Konfrontation hatten, verschlossen und verbarrikadierten die Börse. Darüber hinaus rekrutierten sie militärische Freiwillige, darunter Herren »vornehmen Ranges«, rüsteten sie mit Waffen aus und bezahlten weitere 120 Arbeiter dafür, das Gebäude zu schützen.[71]

Am Dienstag, dem 29. August um die Mittagszeit kehrten die Matrosen in größerer Anzahl und in Kampfstimmung zurück, »schreiend und hohe-he-rufend«. Sie waren nach wie vor bereit zu verhandeln, aber auch diesmal wurde nicht auf ihre Beschwerden eingegangen. Die zunehmend nervösen örtlichen Behörden ließen den Riot Act (das Gesetz zur Aufstandsbekämpfung, das Versammlungen von mehr als 12 Personen verbot) verlesen und forderten die Menge auf, sich zu zerstreuen. Die Seeleute weigerten sich und umzingelten schließlich in drohender Manier die Börse. Einige der Protestierenden fingen an, Stöcke und Ziegelsteine gegen die Fenster zu werfen. Der Seemann John Fisher schlug die Scheiben des imposanten Gebäudes mit einem Rechen ein. Die Situation eskalierte, und eine Person in der Börse – vielleicht der Kaufmann Thomas Radcliffe oder ein Mitglied der Hafenwache namens Thomas Ellis – feuerte auf die Protestierenden. Unter dem Krachen der Schüsse fielen mehrere Seeleute tot zu Boden. Das »Schreien und Stöhnen der Verwundeten«, erinnerte sich ein Beobachter, »war erbärmlich«. Die chaotischen Umstände machten es schwer, die genaue Anzahl der Opfer zu ermitteln. Zwischen zwei und sieben Seeleute wurden getötet; zwischen fünfzehn und vierzig wurden verwundet. Allen war klar, dass die Matrosen nach diesen Schüssen zurückschlagen würden, und so wurden Türen und Fensterläden verrammelt und Pläne zur Selbstverteidigung geschmiedet. Die Reichen versteckten ihre Wertsachen und schickten ihre Kinder aus dem Haus. Der Sklavenhandelskaufmann Thomas Staniforth versteckte sein Silber auf einem Heuboden.[72]

Am Mittwochmorgen gingen eintausend Seeleute auf die Straße, alle mit roten Bändern an den Hüten. Sie brachen in Waffenschmieden und Lagerhäuser ein, nahmen an einem Ort dreihundert Musketen, an einem anderen Schießpulver und an einem dritten Donnerbüchsen und Pistolen mit. Aber selbst diese Waffen schienen ihnen für ihre Zwecke nicht auszureichen, und so requirierten sie Pferde, brachten sie zum Hafen und zogen mit ihnen Schiffskanonen auf einem Karren hügelaufwärts zur Börse.[73] Bald erfüllte das »Klappern von Schwertern und Kanonen« die Kopfsteinpflasterstraßen der Stadt. Massen von Seeleuten marschierten hinter George Oliver her, der die »blutige Fahne« trug, die einem jeden signalisierte, dass die Seeleute Gnade weder gewähren noch annehmen würden. Dies war ein Kampf auf Leben und Tod. Schon am Mittag hatten sie ihre Kanonen an strategischen Orten in der Dale Street und der Castle Street positioniert, so dass sie die Börse von Norden und von Süden aus angreifen konnten. Dann verbrachten sie »den größten Teil des Tages« damit, das Gebäude mit Kanonen- und Gewehrkugeln zu beschießen. »Zielt auf die Gans!«, lautete der Schlachtruf. Dies war der *liver bird*, der aus Stein gehauene Vogel, der den allmächtigen Stadtrat von Liverpool und im weiteren Sinne die Stadt selbst symbolisierte. Die erzürnten Matrosen richteten ihre Kanonen und Musketen auf den Wappenvogel und pulverisierten ihn. Die durch die Schüsse verursachte Erschütterung war so heftig, dass »kaum eine Glasscheibe in der Nachbarschaft heil blieb«. Der unausgesetzte Beschuss hatte eine Art Belagerungszustand und schließlich – einem Berichterstatter zufolge – den Tod von vier weiteren Menschen zur Folge.[74]

Als der Kugelhagel auf das Zentrum von Handel, Privileg und Macht niederging, wurde die Stadt von Angst und Schrecken ergriffen. Kaufleute, »in deren Gesichtern sich die Angst abzeichnete«, standen an Straßenecken und beobachteten die Gefechte. Ein Mann schrieb mit erstaunlicher Aufrichtigkeit: »Es ist wahr ich bin ein Feigling, aber ich glaube, dass dies jeden in Beunruhigung versetzt haben würde.« Die Stadtherren, denen klar wurde, dass sie die Stadt nicht gegen die wutentbrannten Seeleute würden verteidigen können, riefen um Hilfe. Zwei Herren aus guter Familie begaben sich eilends nach Manchester und übermittelten, wenn nicht schnell Militärkräfte einträfen, »würde Liverpool in Asche gelegt und all ihre Einwohner ermordet werden«. Die Übertreibung diente dazu, die Mobilisierung von Lord Pembrokes *Royal Regiment of Dragoons* zu erreichen. Während die Herrschenden ihre Verteidigung organisierten, weiteten die Seeleute ihren Kampf in neue Richtungen aus. Am späten Nachmittag gingen einige von ihnen von Tür zu Tür und ›baten‹ die entsetzten begüterten Bewohner*innen – mitunter mit vorgehaltener Waffe – um Geld für die Beerdigung der Männer, die an der Börse ermordet worden waren. Andere organisierten Trupps, die unter Trommelwirbel und wehenden Fahnen in Formation zu den Häusern einzelner Sklavenhandelskaufleute marschierten. Ein Augenzeuge berichtete, dass sie »unter der Fahne oder Flagge eines Schiffes dorthin marschierten, und eine große Anzahl von Seeleuten Waffen wie Donnerbüchsen, Musketen & andere Gewehre & Waffen mit sich führte«.[75]

Der erste Händler, dem die Matrosen einen Besuch abstatteten, war Thomas Radcliffe, von dem es hieß, dass er am vorhergehenden Tag den ersten Schuss abgefeuert hatte. Er wohnte in Frog Lane in Whitechapel, nordöstlich der Börse. Als die Seeleute ankamen, verschaffte sich eine Gruppe Zutritt zum Haus und begann, Radcliffes Besitztümer auf die Straße zu werfen. Einem Augenzeugen zufolge schleppten sie teure Möbelstücke aus dem Haus und machten sie zu Kleinholz. Sie trugen Schränkchen mit Schubladen voller Kleidungsstücke aus erlesenem Stoff davon, die sie »in Stücke rissen«. Sie zerschlugen Porzellan und zerstörten Pergamentdokumente. Sie warfen »Federbetten, Kissen &c. hinaus, rissen sie auf und zerstreuten die Federn in der Luft«. Sie entdeckten zu ihrer Überraschung, dass der vornehme Herr die Betten der Dienerschaft nicht mit Federn, sondern mit Weizenspreu hatte füllen lassen, ein Affront, den die niederen Stände von Liverpool nicht so bald vergessen würden. Aber nicht alles wurde zerstört: Die Frauen in der Menge (die die ›Huren‹ der Seeleute genannt wurden), nahmen das Eine oder Andere mit.[76]

Als nächstes zogen sie nach Rainford Gardens zum Haus von William James, einem der größten und einflussreichsten Afrikakaufleute, der eine Zeitlang neunundzwanzig Schiffe im Sklavenhandel unterhielt. James bekam im Voraus Wind von den Absichten der Menge und hatte so die Gelegenheit, Wertsachen auf einen Landbesitz schaffen zu lassen und sogar sein Haus gegen den drohenden Angriff zu befestigen, letzteres allerdings ohne Erfolg. Ein Matrose schlug die Fensterläden und eine Scheibe ein und rief der Menge zu: »Dann mal los. Lasst uns das Haus einreißen.« Joseph Black und andere in der Menge richteten ihre Waffen auf das Gebäude für den Fall, dass jemand zu Hause war und auf den Gedanken kam, Widerstand leisten zu wollen. Die Seeleute strömten ins Haus, und die Besitztümer seines Eigentümers – Mobiliar (Betten, Stühle, Schreibtische), Bettzeug, Kleidung, Zinnwaren, Porzellan und Silberlöffel – wanderten in die entgegengesetzte Richtung. Ein weiteres Mal wurden mit Geld verbundene Privilegien missachtet und auf der Straße herumgekegelt. Der Schaden belief sich auf mindestens 1.000 Pfund (177.000 US-Dollar im Jahr 2007). Darüber hinaus machten die Randalierenden zwei Entdeckungen: Die eine war ein mit Wein und Rum bestückter Keller, der sorgsam von der Zerstörung ausgenommen wurde; die andere war ein »kleiner Negerjunge«, der in der Standuhr entdeckt wurde, in der er sich versteckt hatte. Anscheinend war er unverletzt.[77]

Die Häuser von zwei weiteren Kaufleuten wurden angegriffen, nahmen allerdings weniger Schaden: das von Thomas Yates, dem Besitzer der Derby (auf der die ganze Auseinandersetzung angefangen hatte) am Cleveland Square und das von John Simmons am St. Paul's Square. Keiner der vier Kaufleute war zu Hause, als die Matrosen dort auftauchten. Laut dem Kaufmann Thomas Middleton wären sie alle ermordet worden, wenn man sie vorgefunden hätte. Die Seeleute kündigten drohend an, dass »sie beabsichtigten, zu allen Guineahändlern in der Stadt zu gehen«. Sie hatten offensichtlich vor, die »vermessenen Gewalttätigkeiten« fortzusetzen.[78]

Die Zeit war gekommen, alte Rechnungen zu begleichen, und zwar nicht nur mit den Kaufleuten. Der Sklavenschiffskapitän Henry Billinge sagte aus, der Seemann Thomas Pearson habe, »als er eine Frau sagen hörte, Euer Berichterstatter sei ein Guineakapitän«, mit seinem Knüppel auf ihn eingeschlagen. Kapitän Thomas Blundell von der Benin ging beim Anblick des Mobs von Seeleuten »in Richtung Hanover Street, um ihnen auszuweichen«. Kapitän Anthony Taylor von der Ferret tauchte vorübergehend unter, weil er »sich fürchtete, in der Öffentlichkeit zu erscheinen, da die Aufrührer sein Leben bedroht hatten«. Ein schreckerfüllter Beobachter war gezwungen zuzugeben: »[S]ie betrugen sich allen gegenüber sehr wohl, mit Ausnahme derer, gegen welche sie einen Groll hegten.«[79]

Am Donnerstagmorgen signalisierten die Kaufleute Verhandlungsbereitschaft: Sie schickten eine Abordnung zum North Lady's Walk, die den Seeleuten das Angebot unterbreiten sollte, man würde ihnen Arbeit geben, wenn sie ihre Proteste einstellten. Die meisten Seeleute waren allerdings zu diesem Zeitpunkt auf den Beerdigungen ihrer toten Kameraden und konnten den Vorschlag daher nicht einmal überdenken. Es gelang den Abgesandten allerdings, kurz mit George Hill zu sprechen, einem Londoner Seemann, der einer der Anführer des Aufstands war. Hill war anscheinend ein Schiffskanonier; er sprach liebevoll von seiner Kanone, die er »seine alte Frau« nannte. Er hielt nichts von dem Angebot und sagte den Besuchern, dass »er ein Seemann sei und keinen Spaten handhaben könne«. Außerdem war er der Ansicht, er und seine Kameraden seien noch nicht fertig: Er »schwor, er werde nicht zufrieden sein, bis sie die Börse zum Einsturz gebracht hätten, und nichts anderes werde ihn zufriedenstellen«. Sobald seine Kameraden anständig begraben seien, würden sie mit noch größeren Kanonen auf die Börse feuern: »Sie seien entschlossen, keinen Stein auf dem anderen zu lassen.« Nach diesen Worten empfahlen sich die Vertreter der Kaufleute.[80]

Mittlerweile war Lord Pembrokes Regiment von Manchester aus die ganze Nacht im Regen durchmarschiert. Ein gutsituierter Herr, der die Truppen begleitete, beschrieb, was sie vorfanden, als sie am Donnerstagnachmittag gegen vier Uhr in Liverpool eintrafen: Die ›achtbaren‹ Bürger Liverpools lugten hinter ihren Fensterläden hervor und bejubelten ihre Ankunft; die Seeleute hatten sich mittlerweile in Vorbereitung auf die entscheidende Auseinandersetzung versammelt. Sie wurden schnell von der Kavallerie aus ihren Positionen vertrieben und zu einem chaotischen Rückzug gezwungen. Etwa fünfzig Protestierende wurden von den Soldaten zusammengetrieben und ins Gefängnis von Lancaster geworfen. Am Freitagmorgen war der Aufstand vorbei. Die Dragoons wurden später dafür gepriesen, dass sie »die Stadt und die Flotte vor der drohenden Zerstörung bewahrt« hätten. Aber die Matrosen hatten nicht alle Schiffe, Kapitäne und Kaufleute angegriffen. Sie hatten sich auf diejenigen beschränkt, die mit dem Sklavenhandel in Verbindung standen.[81]

DIE RÜCKKEHR DES TANZENDEN SEEMANNS

Schloss sich der tanzende Seemann der Liverpooler Revolte an? Schon vor Beginn der Unruhen hatte er die höheren Kreise verflucht und sich mit seiner Unabhängigkeit gebrüstet. Man kann sich leicht vorstellen, wie er sich mit seinen Seemannsbrüdern zusammentat und gemeinsam mit ihnen seinem unverbrämten Klassenhass Luft machte – mit zerfetzter Takelage, Kanonenschüssen auf die Börse und dem ruinierten, auf der Straße verstreuten Prunk und Protz der verhassten Sklavenhandelskaufleute. Falls er mitmachte, war er an der Entstehung der modernen Praxis des Streiks beteiligt, dessen englischer Name, *strike*, auf diesen historischen Moment zurückgeht und sich der militanten Aktion der Seeleute verdankt, die die Segel ihrer Schiffe ›strichen‹, also einholten. Gleichzeitig wäre er an einem der größten städtischen Aufstände des späten 18. Jahrhunderts im atlantischen Raum beteiligt gewesen – eines der ganz wenigen noch dazu, bei denen die Menge in ihrem Kampf gegen die Machthabenden in Staat und Wirtschaft Kanonen einsetzte.

Oder traf sich der Matrose am Tag nach seinem Tanz zur Fiedel mit dem Kapitän und dem Schiffsarzt und heuerte auf dem Sklavenschiff, der »gewaltigen Maschine«, an? In dem Fall hätte er auf dem Schiff zwei sich überschneidende und miteinander in Konflikt stehende Gemeinschaften vorgefunden, die eine vertikal, die andere horizontal. Erstere war eine unternehmerische Gemeinschaft, die die gesamte Mannschaft von der Spitze bis zum unteren Ende der Arbeitshierarchie umfasste und sich mit der Redewendung »Wir sitzen alle im selben Boot« zusammenfassen ließ. Letztere war eine Klassengemeinschaft, in der er zusammen mit den anderen gemeinen Matrosen dem Kapitän und den Offizieren gegenüberstand (wobei sich die niederen Maate und weniger qualifizierten Handwerker zwischen den Fronten befanden und gewöhnlich mehr der einen oder der anderen Seite zuneigten). Auf der Fahrt vom Heimathafen nach Afrika, auf der der Kapitän seine übersteigerte Disziplinarmacht geltend machte, war die Beziehung zwischen den Offizieren und der Besatzung die wichtigste Verwerfungslinie – der Hauptwiderspruch, der sich durch die Gesellschaft des Schiffes zog.

Wenn das Schiff die afrikanische Küste erreichte und eine große Anzahl von versklavten Menschen an Bord nahm, wurde alles anders. Jetzt wurde der Seemann zum Aufseher über das Zwangstanzen der afrikanischen Gefangenen. Er arbeitete als Gefängniswärter, der Hunderte von afrikanischen Menschen gegen ihren Willen und mit Gewalt auf dem Schiff festhielt. Plötzlich spielte es keine große Rolle mehr, wie er an Bord gekommen war oder wie sehr er den Kapitän gehasst hatte. Im Hafen oder auf der Überfahrt entstandene Konflikte begannen in den Hintergrund zu treten. Jetzt wurde die gesamte Besatzung vom Kapitän bis zum Schiffsjungen von einem sozialen Kitt namens Angst zusammengehalten. Ihr Leben hing nun von gemeinsamer Wachsamkeit und gemeinsamem Handeln ab, von ihrer Zusammenarbeit gegen die ihnen zahlenmäßig überlegene und potenziell explosive Gruppe von Gefangenen in ihrer Mitte. In dem Maße, in dem der Matrose und der Kapitän näher zusammenrückten, wurde die unternehmerische Gemeinschaft stärker und die Klassengemeinschaft schwächer, ohne sich allerdings ganz aufzulösen. Nun wurde das Schiff von einem tiefergehenden Antagonismus beherrscht, der die Einführung eines neuen Disziplinierungsinstruments mit sich brachte, das ›Rasse‹ genannt werden sollte.

Auch der kulturelle oder ethnische Hintergrund des Matrosen machte nun wenig Unterschied, denn auf dem Schiff und an der Küste Afrikas würde er zumindest zeitweise ›weiß‹ werden: Die »gewaltige Maschine« war einer der Orte, an denen ›Rassen‹kategorien und -identitäten geschaffen wurden. Eine übliche Bezeichnung für eine Schiffsbesatzung, die von allen im Sklavenhandel Beschäftigten, ob Afrikaner oder Europäer, benutzt wurde, war ›die weißen Männer‹ oder ›die weißen Leute‹, auch dann, wenn die Besatzung bunt zusammengewürfelt und zum Teil ›farbig‹ und definitiv nicht weiß war. Der Status des Seemanns als ›weißer Mann‹ garantierte ihm, dass er nicht auf dem Sklavenarbeitsmarkt verkauft werden würde, und kennzeichnete ihn als jemanden, der im Interesse des Kaufmanns und seines Kapitals Gewalt- und Disziplinierungsmaßnahmen gegen die Versklavten ausüben konnte. Eine der Lektionen des Sklavenschiffes war, wie William Snelgrave betonte, dass die Versklavten niemals »Unruhe stiften oder sich unterfangen [dürfen], einen weißen Mann zu schlagen«, anderenfalls würden sie »hart bestraft« und vielleicht sogar hingerichtet werden. Aber dieser Status garantierte weder, dass der Seemann nicht selbst zum Ziel von Gewalt und Disziplinierungsmaßnahmen seitens des Kapitäns und der Offiziere wurde, noch garantierte er die Einhaltung irgendwelcher anderer Behandlungsmaßstäbe auf dem Schiff.[82]

Der ursprüngliche, primäre Widerspruch auf dem Schiff, der Widerspruch zwischen Kapitän und Besatzung, wurde an der Küste Afrikas und auf der *Middle Passage* sekundär. Und obwohl die Seeleute nun den »Lohn der Weißheit« zu ernten begannen, klagten sie über ihre neue Situation. Sie beschwerten sich bitter – und, wie betont werden muss, eigennützig und unaufrichtig – dass die Versklavten auf dem Schiff besser behandelt würden als sie selbst. Sie beschwerten sich über ihre Unterbringung: Wenn die afrikanischen Gefangenen an Bord kämen, blieben für sie selbst keine Schlafplätze mehr. Sie beschwerten sich über ihre Gesundheitsversorgung: Ein Matrose vom Sklavenschiff *Albion*, der 1788–89 an der Windward-Küste auf die HMS *Adventure* kam, erklärte, dass der Schiffsarzt des Guineafahrers »die kranken Seeleute vernachlässige, und behauptete, dass er nur dafür bezahlt werde, für die Sklaven Sorge zu tragen«. Am lautstärksten beschwerten sie sich über das Essen: Die Versklavten bekämen besseres Essen als sie selbst. Ihre Rationen seien frischer und reichlicher, aber wenn – so Samuel Robinson – ein Seemann dabei »erwischt wurde, wie er beim Ausgeben des Essens für die Sklaven eine Handvoll davon wegschnappte, so wurde er streng bestraft«. Ein Matrose beklagte sich, dass die Seeleute manchmal »genötigt waren, sich Lebensmittel von den Sklaven zu erbetteln«. Die sogenannten freien Arbeiter würden schlechter behandelt als die Versklavten, an denen sowohl der Kaufmann als auch der Kapitän ein ungleich größeres Interesse hätten, weil sie wertvolles Eigentum darstellten. Die Seeleute fanden auch heraus, dass das ›Privileg der weißen Haut‹, so bescheiden es auch sein mochte, rückgängig gemacht werden konnte – selbst auf der *Middle Passage*, gegen deren Ende sie zu entbehrlichen, überschüssigen Arbeitskräften wurden. Die Matrosen wurden misshandelt, von Bord geworfen und sich selbst überlassen, oft bei schlechter Gesundheit. Die volle Härte des Klassensystems war wiederhergestellt.[83]

Der Matrose war eine dritte Größe zwischen zwei viel größeren und gewichtigeren ›Tänzern‹: dem Kaufmann, seinem Kapital und seiner Klasse auf der einen Seite und der afrikanischen Gefangenen, ihrer Arbeitskraft und ihrer im Entstehen begriffenen Klasse auf der anderen. In seinem Kampf darum, sich diese Zwischenposition zu erhalten und seiner eigenen Ausbeutung in einem gefährlichen Gewerbe Grenzen zu setzen, widersetzte sich der Matrose Lohnkürzungen – wie 1775 in Liverpool –, aber er streikte nicht *gegen* den Sklavenhandel. Er streikte für bessere Löhne *innerhalb* des Sklavenhandels. Hier stieß sein Radikalismus, seine Praxis der Solidarität an eine harte Grenze.[84] Diese widersprüchliche Haltung fand auf betrunkene, möglicherweise wahnsinnige und durch und durch tragische Weise auf einem Sklavenschiff ihren Ausdruck, das 1763 auf dem Rückweg von der Guineaküste in Nordamerika ankam. Ein »Matrose, welcher im Trunk war, zog seine Kleidung aus, und verteilte sie unter den Sklaven; dann nahm er einen Negerjungen in seine Arme, sagte, *Er wolle seinen eigenen Diener haben*, und sprang mit ihm in den Fluss, und beide ertranken«.[85]

Anmerkungen

1 »Anonymous Account of the Society and Trade of the Canary Islands and West Africa, with Observations on the Slave Trade«, (o. D., aber 1779–84), Add. Ms. 59777B, BL. Der Verfasser behandelte Kranke auf dieser Reise, was darauf schließen lässt, dass er Arzt war.

2 Auf Grundlage der Bemerkung des Autors, dass diese Rekrutierung »um den Beginn der jüngsten Unruhen herum« stattfand, läßt sie sich auf den Spätsommer 1775 datieren (und nicht auf April, wie von ihm selbst einige Jahre später angegeben, als er diese Ereignisse niederschrieb). Siehe Rose, R. Barrie: »A Liverpool Sailors' Strike in the Eighteenth Century«, in: *Transactions of the Lancashire and Cheshire Antiquarian Society* 68 (1958), S. 85–92; »Extract of a Letter from Liverpool, September 1, 1775«, in: *Morning Chronicle and London Advertiser*, 5. September 1775, wiederveröffentlicht in: Brooke, Richard: *Liverpool as it was during the Last Quarter of the Eighteenth Century, 1775–1800*. Liverpool 1853, S. 332.

3 Ich möchte an dieser Stelle Emma Christopher meinen Dank aussprechen, auf deren exzellente Studie zum Thema ich für das gesamte Kapitel zurückgegriffen habe: *Slave Ship Sailors and Their Captive Cargoes, 1730–1807*. Cambridge University Press, New York 2005.

4 »Anonymous Account of the Society and Trade of the Canary Islands and West Africa, with Observations on the Slave Trade« (o. D., aber 1779–84), Add. Ms. 59777A, 3–5, BL. Dass Seeleute eine Abneigung gegen den Sklavenhandel hatten, ist eine der Hauptschlussfolgerungen von Christopher, *Slave Trade Sailors*, S. 26–27.

5 *Three Years Adventures*, S. 6–10. Isaac Parker erklärte: »Ich hatte mir in den Kopf gesetzt, nach der Küste von Guinea zu fahren«, und Nicholas Owen setzte hinzu: »Ich war jemand, der ein Verlangen hatte zu sehen, was ich noch nie zuvor gesehen hatte«. Siehe Aussage von Isaac Parker, 1790, *HCSP* 73:137; Owen, *Journal of a Slave-Dealer: A View of Some Remarkable Axedents*, S. 43.

6 Colonel Childers, Spencer (Hg.): *A Mariner of England: An Account of the Career of William Richardson from Cabin Boy in the Merchant Service to Warrant Officer in the Royal Navy [1780 to 1819] as Told by Himself*. Conway Maritime Press, Greenwich 1970, S. 41–42. Zur Reise der *Spy* siehe *TSTD* #83598.

7 Barker, Robert: *The Unfortunate Shipwright & Cruel Captain*. London 1756; Barker: *The Unfortunate Shipwright, or, Cruel Captain*, S. 5–6, 8. Richardson wurde später zum Dritten Steuermann befördert, dann aber wegen Meuterei degradiert. Er starb auf der Reise.

8 *An Account of the Life*, S. 2–3, 10, 19. Siehe *TSTD* #16490. Nicholas Owen ging zur See, nachdem sein verschwenderischer Vater das Familienvermögen durchgebracht hatte. Siehe Owen, *Journal of a Slave-Dealer*, S. 1.

9 Befragung Mr. Thompsons, in: *Substance*, S. 24. Für einen Bericht über eine ganze Besatzung aus Boston, die über den Bestimmungsort eines Sklavenschiffes getäuscht worden war, siehe *Commercial Advertiser*, 24. September 1799.

10 Ebd. Dreizehn der Seeleute auf der *Benson* im Jahr 1787 waren auf dem Schiff, weil sie im Hafen in Schulden geraten waren. Siehe Anecdote X, in: *Substance*, S. 133.

11 Befragung Henry Ellisons, in: *Substance*, S. 38.

12 John Newton Letter-book (»A Series of Letters from Mr.—— to Dr. J—— [Dr. David Jennings]«), 1750–1760, 920 MD 409, LRO. Gewöhnliche Seeleute standen in der britischen Klassenstruktur des 18. Jhdts. weit unten, wie aus der politischen Arithmetik von Gregory King (1688), Joseph Massie (1760) und Patrick Colquhoun (1803) deutlich hervorgeht; siehe Mathias, Peter: »The Social Structure in the Eighteenth Century: A Calculation by Joseph Massie«, in: *Economic History Review*, New Series, 10 (1957), S. 30–45. Zu Seeleuten im britischen Amerika des 18. Jhdts. siehe Smith, Billy G.: »The Vicissitudes of Fortune: The Careers of Laboring Men in Philadelphia, 1750–1800«, in: Innes, Stephen (Hg.): *Work and Labor in Early America*. University of North Carolina Press, Chapel Hill 1988, S. 221–51.

13 *Memoirs of Crow*, S. 169.

14 Aussage von James Penny, 1789, *HCSP* 69:118.

15 [Norris, Robert]: *A Short Account of the African Slave Trade, Collected from Local Knowledge*. Liverpool 1788, S. 14; Aussage von John Knox, 1789, *HCSP* 68:150; Aussage von Thomas King, 1789, ebd., 68:321. Lord Sheffields Schätzung zufolge waren etwa zwei Drittel jeder Besatzung Landratten waren. Siehe seine *Observations on the Project for Abolishing the Slave Trade, and on the Reasonableness of attempting some Practicable Mode of Relieving the Negroes*. Erstveröffentlichung London 1790, 2. Aufl. London 1791, S. 18.

16 »Wage Book for the voyage of the ship *Hawk* from Liverpool to Africa, John Small Master«, 1780–1781, William Davenport Archives, Maritime Archives & Library, D/DAV/3/4, MMM. Siehe *TSTD* #91793, #81753.

17 »Wage Book for the Voyage of the Ship *Essex* from Liverpool to Africa and the West Indies, Captain Peter Potter«, 1783–1784, »Wage Book for the Voyage of the Ship *Essex* from Liverpool to Africa and Dominica, Captain Peter Potter«, 1785–1786, William Davenport Archives, Maritime Archives & Library, D/DAV/3/5, D/DAV/3/6, MMM.

18 Es liegt bisher keine systematische Untersuchung der Heuersätze für Seeleute im Sklavenhandel vor; es handelt sich hier also um eine grobe Skizze des Gesamtbildes. Zu Heuersätzen für Seeleute in allen Handelszweigen im frühen 18. Jhdt. siehe Davis, Ralph: *The Rise of the English Shipping Industry in the Seventeenth and Eighteenth Centuries*. Macmillan, London 1962, S. 135–37; Rediker, *Between the Devil and the Deep Blue Sea*, Appendix C, S. 304–5. Für einen Kommentar, der sich anscheinend auf lukrative Privatgeschäfte von Seeleuten bezog, siehe »Diary and Accounts, Commenda Fort, in Charge of William Brainie, 1714–1718«, in: Donnan II, S. 190.

19 »Answers from the Collector and the Comptroller«, 1788, *HCSP* 69:161. Für Beispiele für Abmachungen, die Seeleute trafen, damit ein Teil ihrer Heuer während ihrer Abwesenheit auf See an ihre Ehefrauen ausgezahlt wurde, siehe »Receipts for wages paid to Ellen Hornby on account of her husband«, 1785–1786, D/DAV/15/5/4, und »Receipts for wages paid to Mary Loundes on behalf of Her husband«, 1786, D/DAV/15/2/13, Miscellaneous Items, William Davenport Archives, Maritime Archives & Library, MMM.

20 *An Account of the Life*, S. 58; Aussage von Henry Ellison, 1790, *HCSP* 73:381–82.

21 [Wells, John]: »Journal of a Voyage to the Coast of Guinea, 1802«, Add. Ms. 3,871, Cambridge University Library, fol. 1; Robinson, Samuel: *A Sailor Boy's Experience aboard a Slave Ship in the Beginning of the Present Century.* Erstveröffentlichung William Naismith, Hamilton, Schottland 1867, Neudruck G.C. Book Publishers Ltd., Wigtown, Schottland 1996, S. 14; Case of the *Tartar*, 1808, Donnan IV, S. 585; Christopher, *Slave Ship Sailors and their Captive Cargoes*, Kap. 2, »The Multiracial Crews of Slave Ships«, S. 52–89. Siehe auch die drei Anhänge »Black Sailors on Liverpool Slave Ships, 1794–1805«, »Black Sailors on Bristol Slave Ships, 1748–1795« und »Black Sailors on Rhode Island Slave Ships, 1803–1807«, S. 231–38.

22 Heuerbuch der *Hawk*, 1780–1781, D/DAV/3/4; *TSTD* #81753. Es scheint, dass Abey dem Zweiten Steuermann Hugh Lancelot gehörte, vielleicht als ›Privileg-Sklave‹. Zu schwarzen Seeleuten siehe Christopher, *Slave Trade Sailors*, S. 57–58, 70–73; Scott III, Julius Sherrard: »The Common Wind: Currents of Afro-American Communication in the Era of the Haitian Revolution«, Dissertation, Duke University 1986; Bolster, W. Jeffrey: *Black Jacks: African American Seamen in the Age of Sail.* Harvard University Press, Cambridge, Mass. 1997.

23 Dieser und die nächsten vier Absätze stützen sich auf Robinson, *A Sailor Boy's Experience*, S. 24, 32–33, und Rediker, *Between the Devil and the Deep Blue Sea*, Kap. 2.

24 Robinson, *A Sailor Boy's Experience*, S. 15; *Three Years Adventures*, S. 24.

25 *Daniel Macnamera and Nicholas Worsdale of the* Snow *William v. Thomas Barry*, 26. August 1729, »Records of the South Carolina Court of Admiralty, 1716–1732«, fol. 745, National Archives, Washington, D.C. Siehe *TSTD* #16546.

26 »A Journal of an Intended Voyage to the Gold Coast in the Black Prince her 8th Commencing the 5th of Septem'r 1764«, BCL; Robinson, *A Sailor Boy's Experience*, S. 39; *TSTD* #17573.

27 Snelgrave, *A New Account*, S. 165–67, 170.

28 Aussage von John Knox, 1789, *HCSP* 68:179.

29 Aussage von William James, 1789, *HCSP* 69:137; Robinson, *A Sailor Boy's Experience*, S. 54–55; »Memorandum of the Mortality of Slaves on Board the ›Othello‹ while on the Coast of Africa and On her Passage to the West Indies«, Rechnungen der *Othello*, 1768–1769, in: Donnan III, S. 235; *TSTD* #36371.

30 Befragung von Mr. James, in: *Substance*, S. 14; Aussagen von Ellison, Noble, Trotter und Millar, alle 1790, *HCSP* 375, 119, 85, 394.

31 Aussage von Ecroyde Claxton, 1791, *HCSP* 82:33; Aussage von William Littleton, 1789, *HCSP* 68:294, 309; Snelgrave, *A New Account*, S. 163–64; Robinson, *A Sailor Boy's Experience*, S. 55.

32 *Three Years Adventures*, S. 113–26. Robert Norris schrieb, auf jedem Schiff seien unter Deck »zwei Weiße Leute, die auf die [männlichen] Neger aufpassen, und Zwei Lichter«. S. a. Aussage von Isaac Wilson, 1790, *HCSP* 72:289. Es wurde auch angemerkt, dass es Seeleuten nachts verboten war, die Frauenunterkunft zu betreten.

33 Reverend John Riland: *Memoirs of a West-India Planter, Published from an Original MS. With a Preface and Additional Details.* Hamilton, Adams & Co., London 1827, S. 60–61.

34 Norris, *HCSP* 68:4–5; Befragung von Mr. Bowen, in: *Substance*, S. 44. Ich habe für diesen Abschnitt die Aussage des Sklavenhändlers und Abgeordneten für Liverpool John Matthews herangezogen, der vor dem Parlament »die Logbuchgeschichte Eines Tages« im Leben der Versklavten auf einem Sklavenschiff präsentierte. Siehe *HCSP* 68:19.

35 Aussage von Alexander Falconbridge, 1790, *HCSP* 72:323; Aussage von James Arnold, 1789, *HCSP* 69:125–26; Aussage von Henry Ellison, 1790, *HCSP* 73:375; Aussage von James Towne, 1791, *HCSP* 82:20.

36 Christopher, *Slave Ship Sailors and Their Captive Cargoes*, Kap. 5; Befragung Ellisons, in: *Substance*, S. 36; *Three Years Adventures*, S. 133.

37 ›Dicky Sam‹, *Liverpool and Slavery*, S. 36.

38 Aussage von Ecroyde Claxton, 1791, *HCSP* 82:33–34.

39 »Documents Related to the Case of the *Zong* of 1783«, REC/19, Manuscripts Department, NMM. Das Gericht urteilte, dass die Versicherung nicht für den durch die Ermordung der Versklavten entstandenen finanziellen Schaden regresspflichtig war. S. a. Baucom, Ian: *Specters of the Atlantic: Finance Capital, Slavery, and the Philosophy of History.* Duke University Press, Durham, N.C. 2005.

40 Boulton, *The Sailor's Farewell*; *TSTD* #36127; Klein, Herbert: »African Women in the Atlantic Slave Trade«, in: Robinson, Claire / Klein, Martin (Hg.): *Women and Slavery in Africa*. University of Wisconsin Press, Madison 1983, S. 29–38.

41 Aussage von Robert Norris, 1789, *HCSP* 68:9, 12; Aussage von John Knox, 1789, *HCSP* 68:171.

42 Für eine Heuerstreitigkeit, bei der das Thema sexueller Ausbeutung zur Sprache kam, siehe *Desbrough v. Christian*, 1720, HCA 24/132, 24/133.

43 Africanus, *Remarks on the Slave Trade, S.* 46; Falconbridge, *An Account of the Slave Trade on the Coast of Africa*, S. 30.

44 Snelgrave, *A New Account*, S. 162; Aussage von John Samuel Smith, 1791, *HCSP* 82:140.

45 Steckel / Jensen, »New Evidence on the Causes of Slave and Crew Mortality in the Atlantic Slave Trade«, S. 57–77; Behrendt, »Crew Mortality in the Transatlantic Slave Trade in the Eighteenth Century«, S. 49–71. Steckel und Jensen schätzen, dass 60 Prozent der Seeleute an Fieberkrankheiten starben; Behrendt beziffert den Prozentsatz mit 80 Prozent höher. Behrendt weist auch darauf hin, dass die Sterblichkeitsrate unter der Besatzung im späten 18. und frühen 19. Jahrhundert zurückging.

46 William Snelgrave an Humphry Morice, 23. Oktober 1727, »Trading Accounts and Personal Papers of Humphry Morice«, 2. Bd., The Humphry Morice Papers, Bank of England Archives, London; Mouser (Hg.), *The Log of the* Sandown, S. 60; *Providence*

Gazette; and Country Journal, 8. Dezember 1770; *Federal Gazette & Baltimore Daily Advertiser*, 12. März 1796; *Courier*, 25. März 1801.

47 Riland, *Memoirs of a West-India Planter*, S. 37; *Three Years Adventures*, S. 40.

48 Petitionen von Seeleuten, 1765–1774, und »Accounts of money for the relief of seamen and those disabled in the Merchant Service« (1747–1787), beide im Society of Merchant Venturers Archive, Bristol Record Office. Die Gesellschaft hatte Handelsbeziehungen in viele Weltgegenden und bot all ihren Seeleuten ungeachtet ihrer Fahrtroute wohltätige Hilfe an. Bei den hier genannten Beispielen handelt es sich um Matrosen im Sklavenhandel, deren gesundheitliche Verfassung anscheinend schlechter war als die von Seeleuten in anderen Handelszweigen. S. a. Press, Jonathan: *The Merchant Seamen of Bristol, 1747–1789*, Bristol 1976.

49 *An Account of the Life*, S. 26; Wells, »Journal of a Voyage«, fol. 19; Befragung Ellisons, in: *Substance*, S. 40.

50 »Voyage to Guinea, Antego, Bay of Campeachy, Cuba, Barbadoes, &c.« (1714–1723), Add. Ms. 39946, BL, fol. 12–13; Robinson, *A Sailor Boy's Experience*, S. 97.

51 Für eine Beschreibung einer Bestattungszeremonie siehe Robinson, *A Sailor Boy's Experience*, S. 92.

52 »Inventory of the Cloths belonging to George Glover taken at his disease [decease] by Thos. Postlethwayt on board the Essex the 12 day of Novr 1783 viz and Sould«, in: »Wage Book for the Voyage of the Ship *Essex* from Liverpool to Africa and the West Indies, Captain Peter Potter«, 1783–1784, William Davenport Archives, Maritime Archives & Library, D/DAV/3/5, MMM. Siehe vergleichbare Listen im Heuerbuch der nächsten Fahrt der *Essex* 1785–86, in D/DAV/3/6. Siehe *TSTD* #81311, #81312.

53 *The Times*, 15. März 1788. Für zwei von einem Schiffsarzt bzw. einem Kapitän geführte Totenlisten siehe Hoskins, James: »List of Mortality of the Ship's Company«, 1792–1793, »Certificates of Slaves Taken Aboard Ships«, 1794, HL/PO/JO/10/7/982, HLRO, Westminster; Peter Potter an William Davenport, 21. Februar 1784, Briefe von Kapitän Peter Potter an William Davenport & Co., 1783–1784, D/DAV/13/1/3, MMM.

54 Dieser Abschnitt stützt sich auf Informationen von Thomas Sanderson und William Steele (1750), HCA 1/58, ff. 1–10. Der Ausgang dieses Meutereiversuchs ist unbekannt, aber es ist nicht unwahrscheinlich, dass die Meuterer hingerichtet wurden. Siehe *TSTD* #17198.

55 Sanderson war einige Jahre zuvor, als er als Steuermann im Sklavenhandel gearbeitet hatte, dafür verklagt worden, dass er einen Matrosen mit einem 5 cm dicken Tau geschlagen hatte. Siehe *Thomas Powell v. Eustace Hardwicke*, 1739, HCA 24/139.

56 Manchmal schickten Meuterer den Kapitän und andere Offiziere an Land, wie es die Männer der *Antelope* getan hatten. Manchmal setzten sie sie auf hoher See in der Barkasse des Schiffes aus (was den fast sicheren Tod bedeutete), und eine beträchtliche Minderheit brachte einen oder mehrere von ihnen kurzerhand um. Die Ausführungen in diesem Abschnitt stützen sich auf 37 Meutereien, die zwischen 1719 und 1802 stattfanden.

57 *American Weekly Mercury*, 7. Dezember 1721. Siehe *TSTD* #75419.

58 Information von John Bicknor, Meeting of the Grand Court of Jamaica, 19. Januar 1720, HCA 137/14, fol. 9. Diese Reise der *Abington* ist nicht in der *TSTD* aufgeführt, aber die folgende Fahrt ist verzeichnet. Siehe *TSTD* #16257.

59 Vernehmung von Thomas Williams (1734), HCA 1/56, fol. 90; *Powell v. Hardwicke* (1738), HCA 24/139. Der erste Bericht über die Meuterei auf der *Buxton* erschien im *American Weekly Mercury* am 26. September 1734. S. a. *Boston News-Letter*, 31. Oktober 1734. S. a. *TSTD* #16758 und (für die *Pearl Galley*) #16870. Für einen Bericht über eine Reihe von Axtmorden auf der *William* aus Bristol im Jahr 1767 siehe *Boston News-Letter and New-England Chronicle*, 10. April 1767. Siehe *TSTD* #17634.

60 Zur *Tewkesbury* siehe *The Tryals of Seven Pyrates, viz. James Sweetland, John Kennelly, John Reardon, James Burdet, William Buckley, Joseph Noble, and Samuel Rhodes, for the Murder of Capt. Edw. Bryan of the Tewksbury of Bristol; and Running Away with the said Ship, November 2, 1737*, Bristol 1738; *Boston Gazette*, 13. März 1738; »Proceedings of a Court of Admiralty held at Cape Coast in Africa the 19th November 1737 for the Trials of James Sweetland and other for Murder & Piracy«, HCA 1/99, fol. 1–4. Es kam auch vor, dass ein Kapitän oder Steuermann von einem Matrosen in einem mehr oder weniger spontanen Racheakt getötet wurde, ohne dass ein Versuch dahinterstand, das Schiff zu übernehmen. Auf der *Lovely Lass* aus Bristol tötete 1792 »[e]in schwarzer Mann, namens Joe oder Cudjo, zusammen mit *John Dickson* und *John Owens*« den Steuermann Robert Millagan. Siehe *The Times*, 8. November 1794.

61 *Maryland Gazette and News Letter*, 16. Oktober 1766, Neudruck in Donnan II, S. 528– 29; *Connecticut Journal*, 17. November 1769; *New London Gazette*, 15. Dezember 1769. Siehe *TSTD* #17691 (*Black Prince*). Für einen Bericht über eine Meuterei, bei der Seeleute ihren Kapitän ermordeten und versuchten, einen Versklavtenaufstand für seinen Tod verantwortlich zu machen, siehe *New-York Gazette*, 11. März 1765.

62 Christopher, *Slave Ship Sailors and Their Captive Cargoes, 1730–1807*, S. 127–32; Befragung James Townes, in: *Substance*, S. 56; Information von Hector McNeal (November 1731), HCA 1/56, fol. 44.

63 Manchmal desertierten Besatzungsmitglieder mit dem Plan, die entgangene Heuer wieder hereinzuholen, indem sie ›*by the run*‹ arbeiteten, d. h. in einem westindischen oder amerikanischen Hafen, in dem Arbeitskräfte knapp waren, auf eine Gelegenheit warteten, für eine wesentlich höhere Heuer auf einem Schiff zurück nach England anzumustern. Siehe Rediker, *Between the Devil and the Deep Blue Sea*, S. 136–38.

64 Aussage von Lord Rodney, 1790, *HCSP* 72:182–83. Für ähnliche Kommentare siehe Aussage von Sir George Young, *HCSP* 69:155; Aussage von Sir George Young, 1790, *HCSP* 73:211–12; Aussage von Thomas Clappeson, 1791, *HCSP* 82:214.

65 Lord Sheffield, *Observations*, S. 18; Kapitän Francis Pope an Abraham Redwood, Antigua, 24. Mai 1740, in: Donnan III, S. 135; Miles Barber an James Penny, 11. März 1784, *Baillie v. Hartley*, exhibits regarding the Slave Ship Comte du Nord and Slave Trade, E 219 /377, NA. S. a. Samuel und William Vernon an Kapitän John Duncan, Newport, 8. April 8 1771: »Wenn Ihr mehr Männer habt, als notwendig ist, und sie zu guten Bedingungen entlassen könnt, ist es am besten, dies zu tun und

alle Unkosten für Euer Schiff zu vermeiden, soweit Ihr könnt.« Siehe Donnan III, S. 248. Für gerichtliche Klagen von Sklavenschiffsmatrosen, die auf den Westindischen Inseln von Bord geworfen wurden, siehe *Soudin v. Demmerez* (1720), HCA 24/133, und *Fernando v. Moore* (1733), HCA 24/138.

66 Befragung Ellisons, in: *Substance*, S. 41; Befragung Townes, in: *Substance*, S. 60. S. a. William James, 1789, *HCSP* 68:139; Aussage von John Ashley Hall, *HCSP* 72:233; Aussage von James Morley, *HCSP* 73:164, 168.

67 Aussage von John Simpson, *HCSP* 82:44 (Barbados); Aussage von Robert Forster, 1791, *HCSP* 82:134 (Dominica, Grenada); *Connecticut Journal*, 22. Dezember 1784 (Charleston); Hercules Ross, 1791, *HCSP* 82:260; Aussage von Mark Cook, 1791, *HCSP* 82:199 (Jamaika).

68 *Three Years Adventures*, S. 137; Aussage von James Towne, *HCSP* 82:30.

69 Die erste Untersuchung über dieses Ereignis (die nützlicherweise die Londoner Zeitungsartikel enthält) findet sich in Brooke, *Liverpool as it was*. Die beste Studie über den Streik ist ein halbes Jahrhundert später nach wie vor Rose, »A Liverpool Sailors' Strike in the Eighteenth Century«, S. 85–92. Die anderen Eigner der *Derby* waren John Yates, Sam Parker und Thomas Dunn. Siehe *TSTD* #92523.

70 Für diesen und den vorhergehenden Absatz habe ich zwei Artikel in Londoner Zeitungen herangezogen: *Gazetteer and New Daily Advertiser*, 4. September 1775, und *Morning Chronicle and London Advertiser*, 4. September 1775. Sowohl Brooke als auch Rose (a. a. O.) wiederholen die in einigen Zeitungsartikeln abgedruckte Fehlinformation, der zufolge Yates der Kapitän der *Derby* und nicht einer ihrer Miteigentümer war. Rose schreibt auch, dass am Morgen des 26. August, einem Samstag, ein Protestmarsch der Seeleute stattgefunden habe, aber die vorliegenden Dokumente deuten mehrheitlich darauf hin, dass dieser Marsch am Montag stattfand.

71 *Gazetteer and New Daily Advertiser*, 4. September 1775.

72 Information von James Waring, 4. September 1775, Records of the County Palantine of Lancaster, PL 27/5, NA; *Morning Chronicle*, 4. September 1775. Die Information über Thomas Staniforth stammt von Brooke, der sie mündlich von dessen Sohn Samuel erhielt; siehe *Liverpool as it was*, S. 339.

73 Die Schätzungen über die Anzahl der von den Seeleuten eingesetzten Kanonen schwanken zwischen zwei und sechs.

74 Information von Richard Downward the Younger, 2. September 1775, PL27/5; *Gazetteer*, 4. und 6. September 1775. Ob es sich bei den Toten um Seeleute handelte oder um Menschen, die versuchten, die Börse zu verteidigen, geht aus der Quelle nicht hervor.

75 Information von William Sefton, 3. September 1775, PL 27/5; *Morning Chronicle*, 8. September 1775; *Gazetteer*, 8. September 1775.

76 *Morning Chronicle*, 8. September 1775 und 11. September 1775; *Gazetteer and New Daily Advertiser*, 6. September 1775. Jahre später sprach Richard Brooke mit einer Person, die »an dem Angriff auf Radcliffes Haus teilgenommen hatte«. Diese Person erzählte ihm von der Entdeckung der Spreu, »welche von den niederen Klassen

danach noch lange Zeit als Schimpfname gegen Mr. Radcliffe gebraucht wurde«. Die Geschichte wurde später von Radcliffes Sohn bestätigt. Siehe Brooke, *Liverpool as it was*, S. 341.

77 *Morning Chronicle*, 4. September 1775, 8. September 1775; *Gazetteer*, 6. September 1775; Information von John Huddleston, 1. September 1775, und Information von John Adams, 2. September 1775, PL 27/5; Brooke, *Liverpool as it was*, S. 341. Williams, Gomer: *History of the Liverpool Privateers and Letters of Marque: With An Account Of The Liverpool Slave Trade, 1744–1812*. London 1897; Neudr. McGill-Queen's University Press, Montreal 2004, S. 557.

78 *Morning Chronicle*, 4. September 1775; *Daily Advertiser*, 5. September 1775; Information von Thomas Middleton, 28. September 1775, PL 27/5; *Chester Chronicle*, 4. September 1775.

79 Information von Thomas Blundell, 2. September 1775; Information von Anthony Taylor, 2. September 1775; Information von Henry Billinge, 27. September 1775, alle in PL 27/5; *Morning Chronicle*, 8. September 1775.

80 Information von Cuthbert Bisbronney, 2. September 1775; Information von William Stanistreet, 2. September 1775.

81 *Morning Chronicle*, 11. September 1775; Council Book of the Corporation, 1775, 2. Bd., S. 717–18, zitiert in Brooke, *Liverpool as it was*, S. 345.

82 Snelgrave, *A New Acccount*, S. 162–63. Siehe Christopher, *Slave-Trade Sailors*, Kap. 6.

83 Aussage von John Simpson, 1791, *HCSP* 82:42; Befragung George Millars, in: *Substance*, S. 3; Aussage von Sir George Young, *HCSP* 73:136; *Three Years Adventures*, S. 41; Robinson, *A Sailor Boy's Experience*, S. 56; Aussage von Richard Story, 1791, *HCSP* 82:13; Befragung Thompsons, in: *Substance*, S. 24. 1701 wurde in einem Gerichtsverfahren vorgebracht, John Babb habe Besatzungsmitgliedern erlaubt, den Versklavten Essen wegzunehmen, woraufhin viele der Gefangenen gestorben seien. Siehe *John Babb v. Bernard Chalkley* (1701), HCA 24/127.

84 Die Heuerkürzung in Liverpool im August 1775 war die zweite innerhalb kurzer Zeit. Noch Mitte Juni 1775 hatten die Matrosen von aus Liverpool fahrenden Sklavenschiffen den üblichen Satz von vierzig Schilling im Monat erhalten. Siehe »Wage Book for the voyage of the ship *Dalrymple* from Dominica to Liverpool, Patrick Fairweather, Master«, 1776, William Davenport Archives, Maritime Archives & Library, D/DAV/3/3, MMM. S. a. *TSTD* #91988.

85 *Newport Mercury*, 18. Juli 1763.

9. KAPITEL

VON GEFANGENEN ZU SCHIFFSKAMERAD*INNEN

Der Mann weigerte sich zu essen. Er war krank und zu einem »bloßen Skelett« abgemagert. Er hatte offenbar beschlossen zu sterben. Kapitän Timothy Tucker war empört und befürchtete wahrscheinlich, dass andere der über zweihundert Gefangenen an Bord seines Schiffes *Loyal George*, das im Jahr 1727 den Atlantik in Richtung Barbados überquerte, seinem Beispiel folgen könnten. Der Kapitän wandte sich zu seinem schwarzen Schiffsjungen Robin und befahl ihm, seine Peitsche zu holen. Hierbei handelte es sich nicht um eine neunschwänzige Katze, sondern eine Pferdepeitsche, die viel größer war. Er fesselte den Mann und peitschte ihn »vom Hals bis zu den Knöcheln, es war nichts zu sehen als blutige Wunden«, schrieb Silas Told, der als Matrosenlehrling an Bord war und den Vorfall Jahre später niederschrieb. Der Mann leistete während der gesamten Tortur keinen Widerstand und sagte kein einziges Wort, was den Kapitän rasend machte, der ihm nun in seiner eigenen Sprache drohte, »er werde ihn *tickeravoo*« – töten – worauf der Mann antwortete, »*Adomma*«, so sei es.[1]

Schließlich entfernte sich Kapitän Tucker, um auf dem Achterdeck sein Abendessen einzunehmen (wobei er, wie Told fand, aß »wie ein Schwein«) und ließ den Mann »in entsetzlichen Qualen« zurück. Nach beendeter Mahlzeit war der Kapitän bereit für die Fortsetzung der Bestrafung. Diesmal befahl er einem anderen Schiffsjungen, John Lad, ihm aus seiner Kajüte zwei geladene Pistolen zu bringen. Daraufhin ging er mit dem Schiffsjungen zu dem namenlosen Hungerstreikenden auf dem Hauptdeck, der mit dem Rücken gegen den Backbord-Schandeckel des Schiffes gelehnt saß. Mit einem »boshaften, giftigen Grinsen« richtete Tucker eine seiner Pistolen auf den Mann und wiederholte, dass er ihn töten werde, wenn er nicht essen würde. Der Mann erwiderte wie zuvor schlicht »*Adomma*«. Der Kapitän hielt ihm den Pistolenlauf an die Stirn und drückte ab. Der Mann »schlug sich sogleich die Hände an den Kopf, die eine hinten, die andere vorn« und starrte dem Kapitän direkt ins Gesicht. Blut strömte aus der Wunde, als werde »ein Fass angestochen«, aber er fiel nicht um. Der wutentbrannte Kapitän fluchte, wandte sich dem Schiffsjungen zu und schrie: »Dies bringt ihn nicht um«, hielt dem Mann die andere Pistole ans Ohr und feuerte erneut. Zur völligen Verblüffung von Told und sicher auch allen anderen Anwesenden »fiel er auch dann nicht nieder!« Schließlich befahl er John Lad, dem Mann ins Herz zu schießen, woraufhin »er dann tot niederfiel«.

In Reaktion auf diesen »ungewöhnlichen Mord« erhoben sich die anderen männlichen Gefangenen in grimmigem Zorn »gegen das Schiffsvolk mit der festen Absicht, uns alle zu erschlagen«. Die Besatzungsmitglieder zogen sich hastig hinter das Barricado zurück, nahmen ihre Stellungen an den Drehbassen ein und beharkten das Hauptdeck mit Schüssen, woraufhin die Aufständischen in alle Richtungen auseinanderstoben. Einige der Männer suchten Deckung unter Deck, andere sprangen über Bord. Sobald die Besatzungsmitglieder die Kontrolle über das Hauptdeck zurückgewonnen hatten, setzten sie die Boote aus, um die Männer aus dem Wasser zu holen, aber angesichts der »Gewalt des Meeres« und der einmütigen Entschlossenheit der Männer, sich zu ertränken, konnten nur einer oder zwei gerettet werden. Eine unbekannte, aber große Anzahl von Gefangenen kam ums Leben. So löste ein individueller Akt des Widerstands eine kollektive Revolte aus: Eine Form des Widerstands brachte eine andere hervor. Die Essensverweigerung hatte erst eine Art Märtyrertum, dann einen Aufstand, und als dieser schließlich fehlschlug, einen kollektiven Suizid zur Folge.[2]

Solcherart Szenen ereigneten sich auf einem Sklavenschiff nach dem anderen. In ihnen verkörperte sich eine grundlegende Dialektik von Disziplin und Widerstand: auf der einen Seite extreme, vom Kapitän ausgehende Gewalt gegen einen einzelnen versklavten Menschen in der Annahme, dass der so erzeugte Terror ihm bei der Aufrechterhaltung seiner Herrschaft über die anderen helfen würde, und auf der anderen extremer Widerstand seitens der Versklavten in Reaktion auf diese Gewalt und diesen Terror – individuell und schließlich kollektiv. Aber diese Reaktion wirft eine Frage auf: Wie gelang es einer multiethnischen Gruppe von mehreren hundert auf einem Sklavenschiff zusammengepferchten afrikanischen Menschen, kollektiv zu handeln? Vom Moment ihrer Ankunft auf dem Schiff an wurden sie einer Sozialisierung unterworfen, die sie in eine neue Ordnung zwang, eine Ordnung, die darauf abzielte, den arbeitenden Körper zu objektivieren, zu disziplinieren und zu individualisieren – durch Gewalt, medizinische Inspektion, Nummerierung, Ankettung, ›Verstauung‹ unter Deck und eine Reihe von regelmäßig wiederholten sozialen Aktivitäten, vom Essen und ›Tanzen‹ bis hin zum Arbeiten. Derweil kommunizierten die Gefangenen untereinander und setzten sich individuell und kollektiv zur Wehr. Das bedeutet, dass auf jedem Schiff dem Prozess des *culture stripping* – der kulturellen Enteignung von oben – ein gegenläufiger Prozess der Schaffung von Kultur von unten gegenüberstand. Im Schatten des Todes schufen die Millionen Menschen, die auf Sklavenschiffen den Atlantik überquerten, neue Lebensweisen: eine neue Sprache, neue Ausdrucksmittel, einen neuen Widerstand und ein neues Gemeinschaftsgefühl. Hier lagen die maritimen Ursprünge von Kulturen, die gleichzeitig afroamerikanisch und panafrikanisch, kreativ und dadurch unzerstörbar waren.[3]

DIE ANKUNFT AUF DEM SCHIFF

Je nachdem, wo das Schiff vor der afrikanischen Küste lag und wie der lokale Sklavenhandel organisiert war, wurden einige der Versklavten vom Schiffsarzt und dem Kapitän (oder Steuermann) bereits untersucht, bevor sie an Bord kamen, und andere dann, wenn sie zum ersten Mal auf dem Hauptdeck des Schiffes standen. Die körperliche Verfassung der Gefangenen war sehr unterschiedlich und hing unter anderem davon ab, auf welche Weise sie versklavt worden waren und wie weit und unter welchen Bedingungen sie gereist waren. Manche waren krank, manche verwundet, manche stark abgemagert. Andere standen noch unter Schock oder begannen bereits in ›Melancholie‹ zu verfallen. Aber sie alle mussten in einem passablen Gesundheitszustand oder zumindest genesungsfähig sein, um von Sklavenhändlern gekauft zu werden.

Der Prozess des *culture stripping*, der die Gefangenen ihrer kulturellen Ausdrucksformen beraubte, begann mit einem buchstäblichen ›stripping‹: dem Verlust der Kleidung unter Androhung von Gewalt sowohl durch die schwarzen als auch durch die weißen Händler. Bald, so hofften die neuen ›Besitzer‹, würde sich dieser Prozess auch auf Namen, Identität und – bis zu einem gewissen Grad – auf ihre Kultur erstrecken. Diverse Kaufleute und Kapitäne gaben als offiziellen Grund dafür an, dass die Gefangenen dazu gezwungen wurden, sich auszuziehen, »um ihre Gesundheit zu erhalten« – das heißt, um das Krankheits- und Ungezieferrisiko zu verringern. Einige der Frauen gingen nach dem Ausziehen sofort in die Hocke, um ihre Genitalien zu verbergen. (Eine unbekannte Anzahl von Kapitänen gab den Frauen ein kleines Stofftuch, das sie um die Hüfte tragen sollten.) Ein Grund, der möglicherweise genauso wichtig war – obwohl er selten erwähnt wurde – war, dass die Kapitäne den Versklavten jede Möglichkeit nehmen wollten, Waffen irgendwelcher Art am Körper zu verbergen.[4]

Psychisch waren die Gefangenen in sehr unterschiedlicher Verfassung. Eine 27-jährige Frau, die anscheinend schon eine hunderte von Kilometern lange Reise an die Küste hinter sich hatte, beäugte die Besatzungsmitglieder des Schiffes mit »dem höchsten Erstaunen«. Sie hatte noch nie weiße Menschen gesehen und platzte fast vor Neugier. Der Sklavenhändler John Matthews beschrieb einen Mann von noch »kühnerer Verfassung«, der »den weißen Mann mit Erstaunen, aber ohne Angst« betrachtete. Er studierte eingehend die Haut des weißen Mannes, dann seine eigene, die Haare des weißen Mannes, dann seine eigenen, »und brach häufig in Gelächter aus angesichts des Gegensatzes und [des] für ihn zweifellos wunderlichen Aussehens des weißen Mannes«. Andererseits erwähnte Matthews auch, dass eine weit größere Anzahl von Gefangenen in rasender Angst an Bord kam, in »einem Zustand gefühlloser Erstarrung«, in dem sie längere Zeit verharrten. Sie glaubten, dass »der weiße Mann ihn entweder als Opfer für seinen Gott kauft oder um ihn als Nahrung zu verschlingen«.[5]

Kannibalismus war eins der Schlagworte, die im Dienst des Krieges, der sich Sklavenhandel nannte, immer wieder ins Feld geführt wurden. Die Europäer hatten den Sklavenhandel und die Sklaverei im Allgemeinen lange mit der Begründung gerechtfertigt, die Afrikaner*innen seien wilde Menschenfresser, die durch Kontakt mit dem ›höher entwickelten‹ Leben und Denken des christlichen Europas zivilisiert werden müssten. Umgekehrt waren viele Afrikaner*innen genauso fest davon überzeugt, dass diese seltsamen blassen Männer in ihren geflügelten Häusern Kannibalen waren, die nur darauf warteten, ihr Fleisch zu essen und ihr Blut zu trinken. Dieser Glaube wurde anscheinend noch dadurch verstärkt, dass einige afrikanische Oberschichtsangehörige sich den Sklavenhandel zunutze machten, um ihre eigenen Sklav*innen unter Kontrolle zu halten: »Die Herren oder Priester präsentieren es ihren Sklaven gegenüber als eine allgemeingültige Wahrheit, dass die Europäer sie töten und essen werden, wenn sie sich ihren jeweiligen Herren gegenüber so schlecht benehmen, wie sie es tun, wodurch die Sklaven in besserer Zucht gehalten werden, und in großer Angst, an die Europäer verkauft zu werden.« Auf jeden Fall kam eine große Anzahl von Menschen (wie Equiano) in der Schreckensvorstellung auf dem Schiff an, sie könnten lebendig gefressen werden. Dieser Glaube war in einigen Regionen Afrikas verbreiteter als in anderen: Menschen aus dem Landesinneren glaubten eher daran als Küstenbewohner*innen, Igbo eher als Akan. Die Furcht davor, gegessen zu werden, sollte sich als ein starkes Motiv für Widerstand aller Art erweisen, vom Hungerstreik über Selbstmord bis hin zum Aufstand.[6]

Die vielleicht berüchtigtsten Symbole der Kontrolle an Bord des Sklavenschiffes waren die Hand- und Fußschellen, Halsringe und Ketten, die eisernen Gerätschaften der Gefangenschaft. Viele der Versklavten waren bereits gefesselt, wenn sie aufs Schiff kamen, vor allem die sogenannten ›starken Männer‹ (körperlich starke Erwachsene), aber der Austausch der afrikanischen Stricke oder Ranken gegen die eisernen Instrumente der Europäer löste besonderes Entsetzen aus. Handfesseln gab es in unterschiedlichen Formen, von Handschellen bis zu runden Zwingen; Fußfesseln (auch *bilboes* genannt) bestanden aus zwei eisernen Metallbügeln, die durch eine gerade Eisenstange miteinander verbunden waren. Ein Ende der Stange war breit und abgeflacht, das andere hatte einen Schlitz mit einem Schloss oder, was verbreiteter war, einem geschmiedeten Ring, durch den eine Kette gezogen werden konnte, wenn zwei Gefangene zusammen an Deck gebracht wurden. Die rebellischsten Versklavten wurden der härtesten Form der Fesselung unterworfen: Sie wurden in Halseisen gelegt, große Eisenringe, die es noch schwerer machten, sich zu bewegen, hinzulegen oder auszuruhen. All dies diente dem Zweck, die Bewegungsfreiheit einzuschränken und möglichem Widerstand zuvorzukommen.

Allgemein galt, dass allen Männern Hand- und Fußketten angelegt wurden und die Frauen und Kinder nicht gefesselt wurden. Aber dies wurde nicht von allen Kapitänen gleich gehandhabt. Einige scheinen die Angehörigen bestimmter afrikanischer Gruppen (Fante, Ibibio) in Ketten gelegt zu haben, andere (Chamba, Angola) aber nicht, weil es für unwahrscheinlich gehalten wurde, dass sie sich erheben würden. Aschanti wurden unter Umständen angekettet, je nachdem, wie und warum sie auf dem Schiff gelandet waren. Mehrere Kapitäne schworen, dass sie auch den Männern die Ketten abnehmen ließen, sobald das Schiff die Küste verlassen hatte, wobei andere, ebenso erfahrene Kapitäne, dies allerdings bezweifelten. Einige Kapitäne benutzten entweder Hand- oder Fußschellen, aber nicht beides. Ein Kapitän sagte, er lasse den Männern die Ketten abnehmen, sobald es den Anschein habe, dass sie sich an Bord des Schiffes mit ihrem Schicksal »ausgesöhnt« hätten. Frauen, die sich als rebellisch erwiesen, wurden ebenfalls ohne Umschweife gefesselt.[7]

Die eisernen Fesseln scheuerten das Fleisch wund. Die kleinste Bewegung konnte Schmerzen verursachen. Der Versuch, sich zu zweit durch die Masse von Menschen auf dem Unterdeck einen Weg zu den ›Bedürfniskübeln‹ zu bahnen, konnte ein qualvolles Unterfangen sein und das erzwungene ›Tanzen‹ auf dem Hauptdeck Folter. In den späten 1780er Jahren schloss der jugendliche John Riland (in England) Freundschaft mit einem alten afrikanischen Mann namens Caesar, dessen Körper von den durch die Ketten verursachten Narben aus seiner Zeit auf dem Sklavenschiff gezeichnet war. Die Haut seiner Knöchel war »zerschrammt und rau«, nicht zuletzt deshalb, weil er an einen Mann gekettet worden war, dessen Sprache er nicht verstand, was es ihnen schwer machte, ihre Bewegungen zu koordinieren. Als sein Partner krank wurde und sich in Krämpfen und Zuckungen wand, wurde die Haut beider Männer von dem Metall aufgerissen. Caesar versicherte Riland, er werde die Erfahrung dieser Ketten niemals vergessen: »Das Eisen drang in unsere Seelen ein!«[8]

In der Frühzeit des Sklavenhandels machten die Europäer ihre Kontrolle über die Körper der Versklavten geltend, indem sie sie brandmarkten und mit diesen meist ins Fleisch der Schulter, der oberen Brustpartie oder des

The Slave Deck of the Albaroz, Prize to the Albatros, 1845 ist eine seltene Augenzeugendarstellung des Unterdecks eines Sklavenschiffs. Es wurde von Leutnant Francis Meynell von der britischen Royal Navy gemalt, nachdem sein Schiff, die *Albatros*, den brasilianischen oder portugiesischen Sklavenhändler gekapert und die dreihundert Sklaven an Bord befreit hatte.

Das Sklavenschiff war ein schwimmendes Gefängnis, auf dem die Gefangenen den Wachen zahlenmäßig zehn zu eins überlegen waren und manchmal in noch höherem Verhältnis; daher waren die männlichen Gefangenen (und rebellische Frauen) gefesselt um ihre Widerstandsfähigkeit zu begrenzen.

Oberschenkels gebrannten Symbolen als europäisches Eigentum auswiesen. Am häufigsten geschah dies, wenn der Käufer ein Vertreter einer mit einem Freibrief ausgestatteten großen Handelskompanie wie der *Royal African Company* oder der *South Sea Company* war. Einige Kaufleute verlangten auch, dass Kapitäne die Privileg-Sklaven brandmarkten, um sie im Fall ihres Todes eindeutig einem Besitzer zuschreiben zu können. Aber die Praxis des Brandmarkens scheint im Laufe der Zeit weniger gebräuchlich geworden zu sein. Ab Beginn des 19. Jahrhunderts wurde sie nur noch selten erwähnt.[9]

Mit der Zeit wurden andere, ›rationalere‹ Methoden entwickelt, Menschen in Eigentum zu verwandeln. Im Verlauf des 18. Jahrhunderts gewann ein Buchhaltungssystem an Bedeutung, das auf allen Schiffen in Gebrauch war und alle Gefangenen auf die kalte Anonymität von Zahlen reduzierte. Jeder gekauften Person wurde eine Nummer zugewiesen. Manchmal bekam sie auch einen neuen Namen, aber das Nummerierungssystem war gründlicher und funktioneller, sowohl für die Kapitäne als auch für die Schiffsärzte, die nun in ihren Log- und Tagebüchern den Tod eines Mannes als ›Nr. 33‹, den eines Jungen als ›Nr. 27‹, den einer Frau als ›Nr. 11‹ und den eines Mädchens als ›Nr. 92‹ verzeichnen konnten. In den offiziellen Unterlagen der Reise war jede versklavte Person ein namenloser Eintrag in ein Buchhaltungssystem. Die Kapitäne zählten die Lebenden, die an Bord kamen; die Schiffsärzte zählten die Toten, die sie über Bord warfen.[10]

ARBEIT

Eine beträchtliche Anzahl der Versklavten arbeitete an Bord, und die Vielzahl von Tätigkeiten, die sie verrichteten, war ein unverzichtbarer Beitrag zur Ökonomie des Schiffes. Größtenteils handelte es sich dabei wahrscheinlich um ›Hausarbeit‹ im weitesten Sinne, also um einen Teil der notwendigen täglichen Reproduktionsarbeit. Viele der Frauen scheinen an der Essenszubereitung beteiligt gewesen zu sein und verrichteten dabei Arbeiten, mit denen sie sicherlich vertraut waren: Sie wuschen Reis, stampften Yamswurzeln und mahlten Mais. Frauen arbeiteten auch als Köchinnen und kochten entweder in der Position der Schiffsköchin oder – in einigen Fällen – zusammen mit dem Schiffskoch das Essen für die Hunderte von Menschen an Bord. Es kam auch vor, dass eine als vertrauenswürdig geltende versklavte Frau das bessere Essen für den Kapitänstisch zubereitete. Andere Afrikaner*innen, Männer und Frauen, säuberten und schrubbten die Decks und scheuerten und desinfizierten die Unterkünfte der Versklavten. Einige fanden eine ökonomische Nische im Waschen und Ausbessern der Kleidung der Besatzung. Häufig wurden sie für diese Arbeit ›bezahlt‹ – mit einem Schluck Brandy, etwas Tabak oder zusätzlichem Essen.[11]

Zu anderen Arbeiten wurden die Versklavten eher in Krisensituationen herangezogen. Wenn ein Schiff in einen Sturm geraten oder leck geschlagen war, wurden afrikanische Männer unter Umständen dazu rekrutiert, an den Pumpen zu arbeiten. Im Jahr 1737 ließ Kapitän John Rawlinson von der *Mary* »den Negern die Ketten abnehmen, um dabei zu helfen, das Schiff leer zu pumpen«. Das gleiche tat Kapitän Charles Harris von der *Charles-Town* 1797. Worüber der Entdeckungsreisende Mungo Park schrieb: »Es wurde daher für notwendig befunden, einigen der tüchtigsten Neger die Ketten abzunehmen und sie zu dieser Arbeit anzustellen; in welcher sie oft über ihre Kräfte hinaus angestrengt wurden.« Ebendiese Kräfte machten möglicherweise den Unterschied zwischen Kentern und dem Erreichen des Hafens aus.[12]

In Kriegszeiten entschlossen sich einige Kapitäne, einen Teil der versklavten Männer für den Fall eines Angriffs durch feindliche Freibeuter im Gebrauch von Messern, Schwertern, Piken, Handfeuerwaffen oder Kanonen auszubilden. Kapitän Edwards von der Schnau *Seaflower* sah sich 1741 mit nur sechs Seeleuten und einem Schiffsjungen, aber 159 Versklavten an Bord einem spanischen Freibeuter gegenüber. Anstatt sich zu ergeben, öffnete er eine Waffenkiste und »gab Flinten, Pistolen und Entermesser in die Hände einiger der Neger«, die »so verwegen nach ihrer Weise kämpften, indem sie schossen, hieben und den Freibeuter mit Feuer bedeckten, als dieser zweimal versuchte, sie zu entern, dass sie durch ihre Tapferkeit Schiff und Ladung retteten«. Wobei diese »Ladung« sie selbst waren! Der Freibeuter musste ohne Beute und ohne großen Schaden angerichtet zu haben »abgieren«. Kapitän Peter Whitfield Branker sagte vor dem Oberhaus aus, dass er auf einer Fahrt im Jahr 1779 während der *Middle Passage* jede Nacht einer großen Anzahl von Versklavten Unterricht erteilt habe: »Ich hatte zum Mindesten Einhundertfünfzig Sklaven, welche die Geschütze, Segel und Handfeuerwaffen bedienten; ich hatte Zweiundzwanzig Seeleute; auf jedem Mars waren zehn Sklaven, welche sich immerwährend dort aufhielten und die Aufgabe hatten, als Marsgasten auf den Schiffen Seiner Majestät die Segel zu setzen.«[13]

Letzteres verweist auf die häufigste von Jungen und Männern verrichtete Arbeit: beim Segeln des Schiffes zu helfen. Auch dies entsprang oft schierer Notwendigkeit. Als 1803–4 zehn Seeleute von der *Mercury* desertierten, wurden ihre »Plätze mit Negersklaven besetzt«. Meistens war allerdings nicht Desertion, sondern Krankheit und Tod der Grund dafür, dass Versklavte als Seeleute arbeiteten. Als 1760 neunzehn der zweiundzwanzig Besatzungsmitglieder der *Thetis* krank wurden, »setzten [wir] Segel mit Hilfe unserer eigenen Sklaven, da es ohne diese nicht möglich gewesen wäre, das Schiff zu segeln«, schrieb der Schiffszimmermann, der selbst allmählich an einem »Übel« der Augen (Ophthalmie) erblindete. Viele Kapitäne erklärten, dass sie ohne die Arbeit der Versklavten ihre Schiffe niemals in den Hafen hätten bringen können.[14]

Afrikanische Jungen arbeiteten auf den Schiffen Seite an Seite mit den Matrosen, und einige von ihnen wurden selbst zu Seeleuten ausgebildet. Einige dieser Jungen waren Privileg-Sklaven des Kapitäns, die eine Ausbildung erhielten, um ihren Marktwert zu steigern. Ein Kapitän behauptete, die Jungen dürften »ins Takelwerk steigen, mit den Matrosen arbeiten, und werden dem Schiffsvolk zugerechnet«. Dies war eine Übertreibung, aber sie enthielt einen wahren Kern, der von anderen bestätigt wurde. Als das Sklavenschiff *Benson* sich in den frühen 1770er Jahren dem Schiff des Steuermanns John Ashley Hall, der *Neptune*, näherte, konnte dieser »nur zwei Weiße Männer in ihren Rahen sehen, welche die Segel beschlugen, die Übrigen waren Schwarze Jungen, Sklaven«. Im Jahr 1805 halfen drei »arbeitende Jungen« namens Tom, Peter und Jack auf der *Eliza* nicht nur dabei, das Schiff zu segeln, sie unterhielten sich auch mit den anderen Gefangenen und gaben das, was sie gehört hatten, an die Besatzung weiter.[15]

AUSEINANDERSETZUNGEN

Gewalt kam eine zentrale Bedeutung auf dem Sklavenschiff zu. Das mit Kanonen bestückte Schiff war schon für sich genommen eine Waffe, die der Kriegsführung und dem Aufbau von Imperien diente, und natürlich waren fast alle Menschen an Bord als Ergebnis der einen oder anderen Form von Gewalt dort gelandet. Darüber hinaus stand hinter beinahe allem, was auf dem Sklavenschiff geschah, die Androhung oder Ausübung von Gewalt. Es ist daher nicht verwunderlich, dass es unter den Afrikaner*innen, die auf den Sklavenschiffen zusammengesperrt waren, zu Auseinandersetzungen kam, vor allem angesichts der Angst, Wut und Frustration, von der sie ohne Frage erfüllt waren. Konflikte unter den Afrikaner*innen erwuchsen in erster Linie aus ihren unmittelbaren Umständen – den brutalen Lebensbedingungen als Versklavte und Gefangene, insbesondere auf dem heißen, überfüllten, stinkenden Unterdeck. Aber es lassen sich auch kulturelle Ursachen für Streitigkeiten an Bord ausmachen.

Die widerwärtigen Zustände auf dem Unterdeck hatten eine endlose Zahl von Auseinandersetzungen zur Folge, besonders nachts, wenn die Gefangenen ohne Bewachung unter Deck eingesperrt waren. Die meisten Streitigkeiten brachen aus, wenn Gefangene versuchten, sich durch die Masse von Körpern einen Weg zu den ›Bedürfniskübeln‹ zu bahnen. In den Männerunterkünften waren die Auseinandersetzungen am heftigsten, nicht nur, weil die Männer mehr dazu neigten aneinander zu geraten, sondern auch, weil sie an Händen und Füßen gefesselt waren, was es ihnen erschwerte, zu den Kübeln zu gelangen. Im Jahr 1790 wurde Dr. Alexander Falconbridge von einem Mitglied des Parlamentsausschusses zur Untersuchung des Sklavenhandels gefragt: »Sind Euch Fälle von Streiten zwischen aneinandergeketteten Sklaven untergekommen?« Er antwortete: »Dies ist, wie ich glaube, auf allen Sklavenschiffen häufig der Fall.« Damit hatte er Recht: Unter den Männern unter Deck gab es »fortwährende Streitigkeiten«.[16]

Jeder Mann, der zum Kübel musste, musste sich mit dem an ihn geketteten Mitgefangenen abstimmen, der möglicherweise nicht gestört werden wollte, und das allein konnte einen Streit auslösen. Selbst wenn dieser einwilligte, bedeutete das, dass zwei Personen sich zusammen einen Weg durch die Masse von zusammengepferchten Menschen bahnen und dabei noch gegen das Rollen des Schiffes ankämpfen mussten. Es war unausweichlich, dass dabei jemand auf eine andere Person trat oder fiel, die »verwirrt durch den Schreck ärgerlich wurde« und nach dem »versehentlichen Missetäter« schlug, woraufhin jemand anderes zurückschlug, um die getroffene Person zu verteidigen. In derartiger Enge konnte ein solcher Zusammenstoß schnell eskalieren, und schon bald hatte sich der Vorfall zu etwas ausgewachsen, was der Seemann William Butterworth als »Schlacht« bezeichnete.[17]

Aber diese Probleme verblassen im Vergleich zu dem, was passierte, wenn das Unterdeck von Krankheiten heimgesucht wurde, vor allem, wenn es sich um Ruhr oder andere Durchfallerkrankungen handelte. Plötzlich konnten die Kranken nicht immer schnell genug die Kübel erreichen oder waren schlichtweg zu schwach, es auch nur zu versuchen, vor allem, wenn der Weg dorthin weit war. Wenn sich die Kranken da, wo sie lagen, »erleichterten«, brach wütender Tumult aus. Dies und die Zustände auf dem schmutzstarrenden Unterdeck im Allgemeinen war eine besondere Tortur für die Westafrikaner*innen, die dafür bekannt waren, dass sie großen Wert auf ihre Hygiene legten. Folglich nahmen die Auseinandersetzungen kein Ende.[18]

Andere Konflikte hatten kulturelle Ursachen, und hier stand jeder Kapitän vor einem Dilemma. Kapitän James Bowen stellte fest, dass aneinandergekettete »Männer verschiedener Völker« häufig »zankten und stritten«. Anstatt ihre Bewegungen aufeinander abzustimmen, würde ein Mann »den anderen hinter sich herziehen«, was zu Streit führte. Einige Kapitäne sagten, sie würden keine Männer aneinanderketten, die keine gemeinsame Sprache hatten, aber dies barg Gefahren. Sollte ein Kapitän Männer aus derselben Gruppe aneinanderketten und damit Zusammenarbeit und Verschwörungen riskieren, oder sollte er Männer unterschiedlicher Nationen aneinanderketten und Streit, Tumult und Verletzungen riskieren? Bowen entschied sich dafür, das Potenzial für Auseinandersetzungen zu verringern – das behauptete er jedenfalls –, aber andere Kapitäne mögen sich anders entschieden haben.[19]

Ein typisches Beispiel aus dem späten 18. Jahrhundert war das Verhältnis zwischen den Fante und den Chamba, beide von der Goldküste. Die Fante, an der Küste lebend, waren seit langem wichtige Partner der Briten im Sklavenhandel, aber dennoch wurden einige von ihnen als Versklavte auf die Schiffe verkauft, wenn sie wegen einer Straftat verurteilt worden waren. Die Chamba (mitunter fälschlich Dunco genannt), eher bäuerliche Leute aus dem Landesinneren, waren überzeugt, dass sie aufgrund der Machenschaften der menschenraubenden Fante auf den Schiffen gelandet waren: »Sie betrachten diese Leute als die Urheber ihres Unglücks«, schrieb ein Sklavenschiffskapitän, »und das vornehmliche Mittel dafür, dass sie aus ihrem Land weggeschafft wurden«. Wenn diese beiden Gruppen auf dem Schiff zusammentrafen, lieferten sie sich erbitterte Kämpfe. Das ging so weit, dass die Chamba, wenn die Fante sich erhoben (was sie häufig taten), »wie um Rache an ihnen zu nehmen, der Schiffsvolk immer dabei halfen, diese Meutereien niederzuschlagen und sie in Unterwerfung zu halten«. Mit anderen Worten, für sie waren die Fante größere Feinde als die europäischen Schiffsbesatzungen; wenn die Fante etwas wollten, wollten die Chamba das Gegenteil.[20]

Manchmal hatten die Kämpfe der Versklavten untereinander schwere Verletzungen, Behinderung oder sogar den Tod zur Folge. So wurde aus dem Jahr 1714 von der *Florida* berichtet, dass die Versklavten bei den Mahlzeiten »sehr geneigt zu raufen, & einander zu beißen [waren], & einige ihrer Bisse sich als tödlich erwiesen«. Etwas in dieser Art muss auf der *Sandown* vorgefallen sein, deren Kapitän Samuel Gamble am 4. April 1794 in sein Logbuch eintrug: »Um 6 Uhr abends Amputierte der Arzt den Finger eines Mannes, welcher abzusterben begonnen hatte, nachdem er von einem anderen Sklaven gebissen worden war. um 5 Uhr nachmittags Schied er aus dem Leben, Nr. 10.« Ein Kapitän, der in New Calabar Geschäfte machte, schrieb über das »grausame und blutige« Temperament der Versklavten, die er dort gekauft hatte. Sie seien »beständig am Streiten, Beißen und Kämpfen, und zuweilen würgten und mordeten sie einander, ohne Gnade, welches mehreren an Bord unseres Schiffes zustieß«. Einige Kapitäne scheinen den Eindruck gehabt zu haben, dass sie sich einen chaotischen, grausigen Krieg aller gegen alle an Bord geholt hatten.[21]

Die meisten Auseinandersetzungen spielten sich auf dem Unterdeck ab, aber gelegentlich brachen sie auch auf dem Hauptdeck aus, zum Beispiel dann, wenn alle an Bord auf Kurzration gesetzt worden waren, weil es nicht möglich gewesen war, in Afrika genug Proviant zu kaufen oder weil die *Middle Passage* ungewöhnlich lange dauerte. Unter solchen Umständen kämpften hungrige Menschen untereinander um Essen, was den Sklavenschiffskapitänen Gelegenheit gab, sich damit zu brüsten, wie menschlich sie die schwachen Gefangenen vor den starken beschützten. Es kam auch vor, dass versklavte Frauen sich um die Perlen stritten, die sie bekommen hatten, um tagsüber auf dem Hauptdeck Schmuck herzustellen. Manchmal provozierten jüngere Gefangene die älteren: »Es ist nicht ungewöhnlich, dass die Sklavenjungen, welche an Bord gebracht werden, die Männer beleidigen, welche ihnen, da sie in Ketten sind, nicht leicht nachsetzen und sie dafür bestrafen können.«[22]

TOD

Krankheit und Tod waren für die Afrikaner*innen ein zentraler Bestandteil des Lebens auf dem Sklavenschiff. Trotz der Bemühungen von Kaufleuten, Kapitänen und Schiffsärzten, die alle ein direktes materielles Interesse an der Gesundheit und dem Überleben ihrer Gefangenen hatten, wurden die Sklavenschiffe von Krankheit und Tod heimgesucht, auch wenn der Prozentsatz der Todesfälle im Laufe des 18. Jahrhunderts zurückging. Einige Gefangene kamen schon in schlechtem Gesundheitszustand auf dem Schiff an, weil sie von mangelhafter Ernährung, dem harten, ungesunden Leben als Versklavte und dem Marsch an die Küste geschwächt waren. Die Gefangenen von der Goldküste scheinen am gesündesten gewesen zu sein, und entsprechend lag ihre Sterblichkeitsrate an Bord der Schiffe unter dem Durchschnitt. Gefangene aus der Bucht von Benin und der Bucht von Biafra starben in deutlich größerer Anzahl. Aber selbst vergleichsweise ›gesunde‹ Reisen, bei denen ›nur‹ fünf bis sieben Prozent der Versklavten starben, waren in vieler Hinsicht traumatisch, denn auf einem Schiff, diesem kleinen, überfüllten Ort ohne jegliche Rückzugsmöglichkeit, war jeder Tod deutlich sichtbar und erschütternd. Von Zeit zu Zeit brachen unkontrollierbare, katastrophale Epidemien aus, was dem Sklavenschiff den Namen ›Lazarhaus zur See‹ und ›schwimmende Bahre‹ einbrachte. Die berühmte Darstellung des Sklavenschiffes *Brooks* ähnelte, wie manche Betrachter*innen kommentiert haben, einem riesigen Sarg, in dem Hunderte von menschlichen Körpern säuberlich nebeneinander angeordnet waren. Endlos drangen dünne, gespenstische Stimmen aus dem Unterdeck herauf: »*Yarra! Yarra!*« (wir sind krank) oder »*Kickeraboo! Kickeraboo!*« (wir sterben).[23]

Ein ›krankes Schiff‹, darin waren sich alle einig, war ein Grauen jenseits alles Vorstellbaren. Die Kranken lagen ohne Bettzeug auf den nackten Planken, so dass sie sich durch die Rollbewegungen des Schiffes Hüften, Ellenbogen und Schultern blutig schürften. Es kam vor, dass ein Mann morgens unter Deck aufwachte und feststellte, dass er an einen Leichnam gekettet war. Die meisten Schiffe hatten nicht genug Platz für ein ›Spital‹, und selbst wenn es eins gab, konnte es schnell aus allen Nähten platzen. Louis Asa-Asa sagte, dass viele Kranke auf seinem Schiff überhaupt keine medizinische Betreuung erhalten hatten. Einige der Gefangenen hätten sie ohnehin nicht gewollt. Kapitän James Fraser schrieb, Afrikaner*innen seien »von Natur abgeneigt, Arzneien einzunehmen«, womit er westliche Arzneien meinte. Die wohl berühmteste Beschreibung eines ›kranken Schiffes‹ stammt von

Dr. Alexander Falconbridge, der über seine Besuche auf einem von Ruhr und Fieber heimgesuchten Unterdeck schrieb: »Das Deck war mit Blut und Schleim bedeckt und ähnelte einem Schlachthaus mehr als allem anderen, womit ich es vergleichen kann, [und] der Gestank und die üble Luft waren gleichfalls unerträglich.«[24]

Tagebücher von Schiffsärzten, die im Zeitraum zwischen 1788 und 1797 entstanden (und dem Oberhaus vorgelegt wurden), geben Aufschluss über die hauptsächlichen Todesursachen, deren Beschreibungen mehr oder weniger präzise, vage oder aufschlussreich waren. An erster Stelle stand die Ruhr (sowohl Bakterien- als auch Amöbenruhr), die zur damaligen Zeit ›Fluss‹ oder ›Blutfluss‹ genannt wurde. Am zweithäufigsten war der unspezifische Eintrag »Fieber«, das von den Ärzten in mehrere Arten unterteilt wurde: »nervöses« oder »hektisches«, »pleuritisches«, »Wechsel-«, »entzündliches«, »Faul-« und »bösartiges« Fieber. Hinter diesen Bezeichnungen steckten unter anderem Malaria (sowohl die tödliche *Plasmodium falciparum*-Variante als auch die kräftezehrenden *P. vivax*- und *P. ovale*-Varianten) und Gelbfieber, wobei viele Westafrikaner*innen allerdings gegen diese Krankheiten teilweise immun waren. Andere tödliche Krankheiten, die zwar weniger häufig waren, aber dennoch jederzeit über ein Schiff hereinbrechen konnten, waren Masern, Pocken und Grippe.[25] Skorbut wurde im Verlauf des 18. Jahrhunderts zunehmend als Vitamin-C-Mangelkrankheit erkannt, schlug aber dennoch hin und wieder mit tödlicher Gewalt auf Schiffen zu, deren Kapitäne sich nicht mit frischem Proviant und Zitrusfrüchten eindecken konnten oder wollten. Eine weitere Todesursache war Dehydrierung, ohnehin eine ständige tödliche Gefahr in den Tropen und umso mehr auf dem höllischen Unterdeck eines Schiffes mit begrenztem Wasservorrat. Zu den selteneren Todesursachen gehörten Depression (»fixe Melancholie«), Infektionen (»kalter Brand«), Schlaganfall (»Schlagfluss«), Herzinfarkt (»Verfall der Muskelverrichtungen des Herzens«) und in geringerem Maße Parasiten (»Würmer«) und Hautkrankheiten (*yaws*, d. h. Frambösie). Weniger präzise in den Tagebüchern genannte Todesursachen waren »Entzündung«, »Krämpfe« und »Delirium«. Und schließlich gab es soziale (im Gegensatz zu medizinischen) Todesursachen: »Rapps« (Schmollen), »sprang über Bord«, »erstickte sich«, »Aufstand«. Auf den meisten Schiffen traten mehrere dieser Übel auf, und auf einigen brachen gleich mehrere der tödlichsten Krankheiten aus. Die *Comte du Nord* wurde 1784 von einer tödlichen Kombination aus Ruhr, Masern und Skorbut getroffen, die eine Zeitlang jeden Tag sechs bis sieben Todesopfer forderte – insgesamt 136 Tote. Aber das letzte Wort über Todesursachen gehört nicht einem Arzt, sondern dem Abolitionisten J. Philmore: Er hielt es für wahrscheinlich, dass einige Menschen an »gebrochenem Herzen« starben.[26]

Wir können nur ahnen, wie sich die Afrikaner*innen dieses endlose verheerende Sterben und das gleichgültige über-die-Reling-Kippen der Toten (oft zu den wartenden Haien) erklärten und welchen Sinn sie ihm beimaßen. Aber wir können uns vielleicht eine Vorstellung von den enormen kulturellen Implikationen dieser Erfahrungen machen, wenn wir uns vor Augen führen, dass in vielen westafrikanischen Gesellschaften geglaubt wurde, dass Krankheit und Tod von böswilligen Geistern verursacht wurden. Ein Beobachter, der die Windward-Küste gut kannte, schrieb, dass der Tod immer für das Werk »eines böswilligen Feindes« gehalten wurde. Nicholas Owen, der viele Jahre in Sierra Leone gelebt hat, schrieb, dass die Afrikaner*innen in dieser Region »glauben, dass es keine Krankheit gibt, welche nicht von einer Hexe oder einem Teufel herrührt«. Man kann sich leicht vorstellen, wer auf dem Sklavenschiff der böswillige Feind war, aber es ist schwer zu sagen, welche Schlüsse die Gefangenen aus dieser Erkenntnis zogen. Dazu kam, dass auf dem Schiff fast sämtliche in Westafrika geltenden kulturellen Vorschriften zum rituellen Umgang mit dem Tod verletzt wurden – wie und mit welchen Beigaben ein Mensch bestattet und auf welche Weise sein oder ihr Geist in die nächste Welt geschickt werden musste. Nicht, dass die multiethnischen afrikanischen Gefangenen sich in dieser Hinsicht notwendigerweise einig gewesen wären; der entscheidende Punkt ist, dass sie durch Versklavung und Gefangenschaft ihrer traditionellen Formen der Trauer und Verarbeitung beraubt wurden. Der Schiffsarzt mochte tun, was er konnte, um die Versklavten am Leben zu erhalten, aber es besteht kein Zweifel daran, dass Krankheit und Tod zentrale Bestandteile des auf dem Sklavenschiff herrschenden Terrors waren.[27]

DER BAU DES TURMS VON BABEL

Westafrika ist linguistisch eine der vielfältigsten Regionen der Welt, und es ist seit langem bekannt, dass die Angehörigen der vielen verschiedenen Bevölkerungsgruppen, die auf die Sklavenschiffe gebracht wurden, Dutzende von Sprachen mitbrachten. Die europäischen und amerikanischen Sklavenhändler waren sich dessen bewusst und sahen sogar einen Vorteil darin. Richard Simson brachte dies in seinem Logbuch aus dem späten 17.

Jahrhundert klar zum Ausdruck: »Das Mittel, welches von denjenigen, welche nach Guinea handeln, angewandt wird, um die Neger ruhig zu halten, ist, solche aus mehreren Landesteilen, mit verschiedenen Sprachen zu wählen; so dass sie gewahr werden, dass sie nicht gemeinschaftlich handeln können, wenn sie nicht imstande sind, sich miteinander zu beraten, und dies können sie nicht tun, insofern sie einander nicht verstehen.« Der Landvermesser für die *Royal African Company* William Smith äußerte den gleichen Gedanken. Die Sprachen der Region Senegambia, schrieb er, seien »so zahlreich und so unterschiedlich, dass die Eingeborenen auf beiden Seiten des Flusses einander nicht verstehen können«. Wenn man einige »von jeder Sorte an Bord« nehme, sei »die Wahrscheinlichkeit, dass sie mit einem Komplott Erfolg haben, nicht höher als die, dass sie den Turm von *Babel* vollenden«. Dies sei, fügte er hinzu, »für die Europäer eine nicht geringe Freude«. Umgekehrt fürchteten die Händler Kooperation und Rebellion, wenn zu viele Menschen auf einem Sklavenschiff »der selben Stadt und Sprache« angehörten.[28]

Es stimmt, dass jedes Sklavenschiff Angehörige mehrerer afrikanischer Kulturen und Sprachen an Bord hatte und dass die Verständigung untereinander für die Versklavten ein Problem sein konnte. Kapitän William Snelgrave war überzeugt, dass die Gefangenen von der Windward-Küste nicht in einen Aufstand auf *Elizabeth* verwickelt gewesen sein konnten, weil sie »kein Wort« der Sprache der von der Goldküste stammenden Organisator*innen des Aufstands verstanden. Ein Extremfall sprachlicher Isolierung trat ein, wenn jemand auf dem Schiff war, mit dem niemand an Bord sich verständigen konnte. Dies kam selten vor, aber wenn es passierte, konnte es, wie Dr. Ecroyde Claxton schilderte, tragische Konsequenzen haben: »Es gab einen Mann, der eine ihnen allen unbekannte Sprache sprach, wodurch seine Umstände wahrlich beklagenswert waren und er immer höchst niedergeschlagen aussah – dies brachte, wie ich glaube, einen Zustand der Tollheit hervor.«[29]

Aber in jüngerer Zeit wird von der Forschung betont, in welchem Maße Westafrikaner*innen (zumindest innerhalb bestimmter größerer Kulturregionen) mehrsprachig waren und sich untereinander verständigen konnten, und so ist die These aufgestellt worden, dass die sprachlichen Trennlinien auf den Sklavenschiffen weniger scharf waren, als bisher angenommen wurde. Es scheint, dass im Zuge des Handels im Laufe der Zeit Mittel und Wege der Verständigung über große Entfernungen hinweg ausgearbeitet wurden, vor allem entlang der Küste und der vielen großen Flüsse und Stromsysteme

Westafrikas, die sich tief ins Innere des Kontinents erstreckten. Eine besonders wichtige Rolle bei der Kommunikation von Afrikaner*innen untereinander spielten dabei Verkehrssprachen, die von einem Beobachter »Seesprachen« genannt wurden.[30]

Einige dieser Seesprachen waren Pidgin-Sprachen, die sich herausgebildet hatten, um Handel über Sprachgrenzen hinweg möglich zu machen. In Westafrika waren auf Englisch und Portugiesisch basierende Pidgins am häufigsten. Andere Sprachen, die demselben Zweck dienten, waren afrikanische Sprachen wie Manding, Fante und Igbo. Kapitän James Rigby zufolge konnten sich die Angehörigen aller Küstenvölker zwischen dem Cape Mount und dem Cape Palmas an der Windward-Küste – eine Entfernung von etwa 400 Kilometern – miteinander verständigen. Thomas Thompson, ein Missionar, der an der Goldküste lebte, schrieb über kleine Sprachzonen »von der Größe eines Kirchspiels«, aber er erwähnte auch die Existenz von »Seefahrtssprachen«, die Menschen über weite Entfernungen, zum Beispiel über die 300 Meilen vom Cape Apollonia bis zum Fluss Volta hinweg, miteinander verbanden. Die Einwohner*innen von Sierra Leone sprachen in den 1790er Jahren eine Lingua Franca, aber sie sprachen auch »Englisch, Französisch, Niederländisch oder Portugiesisch mit leidlicher Geläufigkeit«. Kapitän William McIntosh entdeckte in den 1770er Jahren, dass die aus dem Hinterland des Senegal stammenden Versklavten, die er in Galam kaufte, »die Sprache der Sklaven, welche ich an der Goldküste kaufte, vollständig verstanden«. Beide Gruppen kamen offenbar soweit aus dem Landesinneren, dass sie die Sprache der jeweils anderen verstehen konnten.[31]

Auf den Schiffen kommunizierten Afrikaner*innen auch auf Englisch miteinander, das sie meistens durch die Interaktion mit Seeleuten an Bord gelernt hatten. Dies beinhaltete sowohl das Vokabular normaler Unterhaltungen als auch die Fachsprache der Seefahrt. Letztere war für die Jungen, die mit den Seeleuten zusammenarbeiteten, unentbehrlich. Aber es konnte für fast alle Gefangenen wichtig sein, schnell Englisch zu lernen. Als ein Gefangener von der Windward-Küste namens Cape Mount Jack 1784 auf die *Emilia* verschleppt wurde, »sprach er sehr wenig Englisch«, aber im Laufe der Zeit »lernte er mehr« und nutzte seine Sprachkenntnisse dazu, die Geschichte seiner Entführung zu erzählen. Englisch war eine weitere »Seesprache«, und für die Menschen, die in englischsprachige Kolonien gebracht wurden, sollte sie zunehmend wichtig werden.[32]

Mit den verschiedenen auf dem Schiff gebräuchlichen Sprachen waren die Kommunikationsmöglichkeiten aber durchaus nicht erschöpft. Die Matrosen William Butterworth und Samuel Robinson erinnerten sich beide, wie sie mit Gefangenen mittels »Zeichen und Gebärden« gesprochen hatten, und untereinander verständigten sich Afrikaner*innen natürlich auf die gleiche Weise. Und auf jedem Schiff gab es mehrere wichtige Formen der Ausdruckskultur: Singen und Tanzen (die freiwillige, nicht die erzwungene Art), Trommeln (das ganze hölzerne Schiff war ein einziges riesiges Perkussionsinstrument) und das Erzählen von Geschichten. Beobachter erwähnten das »erstaunliche« und »überraschende« Erinnerungsvermögen der Afrikaner*innen – offensichtlich ein Verweis auf die Kultur mündlicher Überlieferung – und die von Frauen erzählten Geschichten »auf der Grundlage der Fabeln des Äsop« (der selbst afrikanischer Herkunft war). Eine weitere Form der Ausdruckskultur war das Drama, das eine vielschichtige soziale und möglicherweise auch therapeutische Bedeutung hatte und auf dem als Bühne dienenden Hauptdeck des Sklavenschiffes aufgeführt werden konnte. Dr. Thomas Trotter schrieb, dass »einige Jungen auf meinem Schiff« (der berüchtigten *Brooks*) auf einer Fahrt 1783–84 »eine Art von Spiel spielten, welches sie Sklavenfangen oder Buschkampf nannten« und in dem sie die traumatische Erfahrung ihrer Gefangennahme und der ihrer Familien durch Plünderer ausagierten. Trotter fuhr fort: »Ich habe sie all die Manöver, wie zum Beispiel Springen, Ausfallen und sich Zurückziehen, und alle anderen Gebärden verrichten sehen, welche im Buschkampf gebraucht werden.« Als Trotter sich bei den versklavten Frauen auf dem Schiff nach diesem Stück erkundigte, »bekam ich nur heftige Ausbrüche des Grams zur Antwort«. So wurde das Drama der Verschleppung und Versklavung auf dem Schiff nachgespielt, diskutiert, beklagt und zum Bestandteil der Erinnerung gemacht.[33]

DIE KOMMUNIKATION UNTER DECK

Die beste Beschreibung dessen, wie die Kommunikation zwischen den Versklavten unter Deck funktionierte, lieferte der Matrose William Butterworth in einem Bericht über seine Reise auf der *Hudibras* von Liverpool über Old Calabar nach Barbados und Grenada in den Jahren 1786–87. Der Kapitän des Schiffes Jenkin Evans kaufte zunächst 150 Menschen aus, so Butterworth, »vierzehn verschiedenen Stämmen oder Völkern«. Wir wissen nicht, aus wie vielen kulturellen Gruppen sich die Gesamtzahl von 360 Gefangenen zusammensetzte, mit denen das Schiff schließlich die *Middle Passage* antrat, aber wir wissen, dass die Igbo – wie fast immer auf Schiffen, die in dieser Periode Handel in der Bucht von Biafra trieben – die dominierende Gruppe an Bord waren.[34]

Butterworth schilderte anschaulich, wie die Menschen, deren Unterkünfte unter Deck durch Wände voneinander getrennt waren, miteinander kommunizierten. Im Gefolge eines gescheiterten Aufstands, bei dem die versklavten Männer sich erhoben hatten, um »das Schiffsvolk niederzumetzeln und das Schiff in Besitz zu nehmen«, von den Frauen aber nicht unterstützt worden waren, flogen auf dem Schiff wütende Beschuldigungen hin und her. Die Männer, die im vorderen Teil des Unterdecks eingesperrt waren, während über ihren Köpfen bewaffnete Wachen auf den Grätings des Hauptdecks hin und her patrouillierten, riefen den Frauen zu, sie seien Feiglinge und Verräter, »da sie ihnen nicht geholfen hätten, ihre Freiheit wiederzuerlangen«. Die Frauen schrien zurück, dass »sie dächten, die Verschwörung sei entdeckt und ihr Plan vereitelt worden«. Als die Frauen vom Kapitän zur Rede gestellt worden waren, hatten sie bestritten, irgendetwas von der Verschwörung gewusst zu haben, aber dieser mitternächtliche Wortwechsel warf ein anderes Licht auf die Ereignisse. Die Besatzungsmitglieder an Deck hörten die ganze hitzige Auseinandersetzung mit an. Einige von ihnen werden den Austausch verstanden haben – darunter wahrscheinlich Kapitän Evans, der schon mindestens zwei Reisen an die Bucht von Biafra gemacht hatte – und etwaige Verständnislücken wurden von einem afrikanischen Jungen namens Bristol geschlossen, der alle Sprachen der Region verstand und auf dem Schiff als Dolmetscher fungierte.

Unbeirrt von der Frage, was der Kapitän und die Besatzung wissen oder nicht wissen mochten, begannen einige der Männer, einen zweiten Aufstand zu organisieren, wieder gemeinsam mit den Frauen, die entschlossen schienen, sich dieses Mal besser zu schlagen. Der Informationsaustausch fand nun »vermittelst der Jungen« statt, »was es unnötig machte, von den beiden Enden des Schiffes zu schreien«. Die Jungen liefen zwischen den Schotten auf den beiden Seiten ihrer Unterkunft hin und her und übermittelten im Flüsterton Botschaften zwischen den Männern und den Frauen. Ab und zu verstieß jemand mit lautem Reden gegen die Geheimhaltungsregel, insbesondere eine ehrfurchtgebietende Frau, die »Bootsmann Bess« genannt wurde und in Butterworths Augen »eine Amazone in jedem Sinne des Wortes« war. Sie war zur »Oberaufseherin über ihre Landsfrauen« ernannt worden und hatte von Kapitän Evans Seemannskleidung erhalten. Der neue Plan der Rebell*innen bestand darin, die Schotten niederzureißen und sich auf das Hauptdeck vorzukämpfen, woraufhin Bess und die anderen Frauen sich mit den Gerätschaften des Kochs – Messern, Gabeln, einer Axt – bewaffnen und den Aufstand anführen sollten. Die Verschwörung wurde mit Hilfe von Bristol im Keim erstickt, bevor sie in die Tat umgesetzt werden konnte. Die männlichen Rädelsführer wurden ausgepeitscht, und Bootsmann Bess und vier andere Frauen wurden »zum Abkühlen« in ein nasses Segel gewickelt und auf das Deck geworfen.

Butterworth erwähnte auch andere wichtige Kommunikationsmittel, vor allem im Zusammenhang mit den versklavten Frauen, bei denen er postiert war und die er genau beobachtete. Er schrieb über eine namenlose Frau, die von den Versklavten und vor allem von ihren eigenen »Landsfrauen« »allgemein hochgeschätzt« wurde. Sie war »ein Orakel der Gelehrsamkeit« – eine »Rednerin« und »Sängerin«. Eine ihrer Hauptbestrebungen war es, »ihren Schwestern im Exil die Stunden zu erleichtern«. Ihr kultureller Hintergrund ist unbekannt, aber da Butterworth sie nicht verstand, ist es unwahrscheinlich, dass sie Igbo war. Jedenfalls war sie außerordentlich erfolgreich darin, ein multiethnisches Publikum anzusprechen. Ihr vorzeitiger Tod löste bei ihren weiblichen Mitgefangenen lange, lautstarke Trauerbekundungen aus.

Wenn diese Frau sprach oder sang, standen oder saßen die versklavten Frauen auf der *Hudibras* auf dem Achterdeck in Kreisen um sie herum, wobei »die Jüngsten den innersten Kreis ausmachten und so weiter, mehrere umeinander, die Ältesten immer zuäußerst«. Die Sängerin stand oder vielmehr kniete im Zentrum des innersten Kreises und sang »langsame Lieder von pathetischer Art«, die zweifellos den Schmerz der Verschleppung und Versklavung zum Ausdruck brachten. Butterworth schloss aus dem Klang und der Stimmung des Gesangs und den Emotionen, die ihn begleiteten, dass »sie über weit entfernte Freunde sprechen mochten, und über eine Heimat, welche es nicht mehr gibt«. Sie trug auch gesprochene Stücke vor, von denen einige, wie Butterworth glaubte, aus dem Gedächtnis rezitierte Erzählungen waren, vielleicht epische Gedichte. Diese Darbietungen »rührten die Leidenschaften; sie erweckten Freude oder Gram, Vergnügen oder Schmerz, je nach Laune oder Geneigtheit« – was immer die Geschichte und die Umstände erforderten. Die Frauen und Mädchen um sie herum wurden dabei durch das traditionelle afrikanische *Call-and-Response*-Muster eng einbezogen. Sie stimmten als »eine Art Chor, am Ende einzelner Sätze« in den Gesang ein. Es war ein durch und durch gemeinschaftliches Ereignis, und »ein Hauch von Feierlichkeit durchzog das Ganze«. Selbst der junge Engländer, der die Worte nicht verstand, war bewegt: Er bemerkte zu seiner Überraschung, dass er »Tränen unwillkürlichen Mitgefühls vergoss«. Er fand die Zusammenkünfte der Frauen »melancholisch« und nachdenklich stimmend.

Butterworth beschrieb auch, wie Informationen sich schnell und explosionsartig von einem Teil des Unterdecks über das ganze Schiff ausbreiten konnten. Dr. Dickinson, der Schiffsarzt, hatte (möglicherweise im Scherz) zu einer versklavten Frau gesagt, dass sie nach dem Zwischenhalt auf Barbados noch eine lange Reise von zwei Monaten oder mehr vor sich haben würden – und dass im Anschluss an die mörderische, acht Wochen dauernde Atlantiküberquerung. Die Frau, in Rage darüber, dass die Qualen der Seereise noch länger andauern würden, übermittelte sowohl diese Neuigkeit als auch die Wut, mit der sie sie aufgenommen hatte, an die anderen unter Deck eingesperrten Frauen. Plötzlich, schrieb Butterworth, »verbreitete sie sich wie ein Lauffeuer durch das Quartier der Jungen weiter zu dem der Männer, diesem großen Magazin unterdrückter Unzufriedenheit.« Butterworth hörte das »laute Gemurmel, welches nun von unten heraufdrang«, und befürchtete eine »schreckliche Explosion«. Kapitän Evans, dem es nicht anders ging, rief umgehend Dr. Dickinson sowie einen Teil der männlichen und weiblichen Gefangenen vom Unterdeck zu einem groß angekündigten öffentlichen Treffen zusammen. Er erklärte den Versammelten (und damit allen an Bord), dass die Äußerung des Arztes nicht wahr gewesen sei und dass sie bald in Grenada eintreffen würden. Er rügte den Arzt und zwang ihn, sich öffentlich zu entschuldigen – alles, um angesichts des wütenden Gemurmels die soziale Ordnung aufrechtzuerhalten.

SINGEN

Gesang war, wie Butterworths Bericht deutlich machte, Teil der akustischen Kulisse des Sklavenschiffes. Auch die Seeleute musizierten und sangen ab und zu, aber die Afrikaner*innen sangen Tag und Nacht. Manchmal wurden sie zum Singen gezwungen, aber sie sangen auch »aus eigenem Antrieb«. Alle schienen sich daran zu beteiligen. »Die Männer singen die Lieder ihres Landes« über ihre heimatliche Kultur, wie ein ehemaliger Sklavenschiffskapitän erklärte, »und die Jungen tanzen, um sie zu unterhalten«. Allen Schilderungen zufolge, Butterworths eingeschlossen, nahmen die Frauen beim Singen auf dem Sklavenschiff die führende Rolle ein.[35]

Singen war für diese Menschen, die nicht miteinander kommunizieren durften, ein wesentliches Kommunikationsmittel. Das quer über das Hauptdeck verlaufende Barricado mochte Männer und Frauen voneinander trennen, es mochte sogar verhindern, dass sie einander sehen konnten, aber es konnte weder Geräusche blockieren noch die Gefangenen daran hindern, sich gegenseitig zu hören oder miteinander zu unterhalten. Ein Steuermann namens Janverin, der in den späten 1760er und frühen 1770er Jahren vier Fahrten nach Afrika machte, sagte bei einer Befragung: »Sie singen häufig, und die Männer und Frauen antworten einander, aber was der Gegenstand ihrer Lieder ist, weiß [ich] nicht zu sagen.«[36]

Genau das war natürlich der Sinn der Sache: Indem die Gefangenen in afrikanischen Sprachen sangen, kommunizierten sie auf eine Weise miteinander, die viele der europäischen Kapitäne und Besatzungsmitglieder nicht verstanden. Durch Singen ließen sich auch Verwandte, Dorfnachbarn und Landsleute ausfindig machen, und es ließ sich herausfinden, welche kulturellen Gruppen an Bord des Schiffes waren. Für die Gefangenen war es ein Mittel zur Weitergabe wichtiger Informationen: über ihre Lebensbedingungen und ihre Behandlung, über Widerstand und Vorfälle an Bord und darüber, wohin das Schiff fuhr. Singen war ein Mittel zur Schaffung einer gemeinsamen Wissensgrundlage und einer kollektiven Identität.

Aber einige Besatzungsmitglieder verstanden die Sprachen dieser Lieder, oder sie fanden eine Person, die ihnen die Texte entweder sinngemäß oder wörtlich übersetzte. Unter ihnen waren zwei Schiffsärzte, die Ende der 1780er Jahre Afrikafahrten machten, einer nach Gabun, der andere nach Bonny. Beide beschrieben das Zwangssingen, das in Ton und Inhalt sehr unterschiedlich sein konnte. Begleitet vom Rhythmus der afrikanischen Trommeln und dem Knallen der neunschwänzigen Katze mussten die Versklavten bestimmte Texte singen: »*Messe, Messe, Mackaride*«: »Gutes Leben oder gut Essen unter Weißen«. Mit anderen Worten, sie wurden, wie einer der Ärzte sarkastisch kommentierte, gezwungen, »uns dafür zu preisen, dass wir ihnen gestatten, so gut zu leben«. Auf dem anderen Schiff sangen die Versklavten keine Lobes-, sondern Protest- und Klagelieder: »*Madda! Madda! Yiera! Yiera! Bemini! Bemini! Madda! Aufera*!« Dies bedeutete, dass »sie alle krank waren, und bald würden sie vergehen«. Dieser Schiffsarzt setzte hinzu, dass »sie auch Lieder sangen, in welchen sie ihre Furcht, geschlagen zu werden, ausdrückten, und dass es ihnen an Proviant mangele, besonders an ihrem heimatlichen Essen, und dass sie niemals wieder in ihr eigenes Land zurückkehren würden.«[37]

Aber nicht alle Lieder drückten Protest aus. Singen konnte unterschiedlichen Zwecken dienen. Die Versklavten auf der *Anne*, die 1713 vor Old Calabar vor Anker lag, sangen Kapitän William Snelgrave ein Loblied, nachdem er das Kind einer Frau an Bord davor gerettet hatte, von einem örtlichen afrikanischen König geopfert zu werden. Die Gefangenen an Bord der *Hudibras* sangen »Lieder der Freude«, nachdem sie dem Kapitän mit ihrem rebellischen »Murren« eine Entschuldigung und eine Klarstellung der Dauer und des Bestimmungsortes ihrer Reise abgerungen hatten. Wie es scheint, sangen sie bis tief in die Nacht und gaben mit ihren Liedern ihren Hoffnungen in Bezug auf ihr Leben im »Makarahrah-Land« Ausdruck. Der Vizeadmiral der Royal Navy Richard Edwards beschrieb etwas Ähnliches: Auf Sklavenschiffen, die in westindischen Häfen ankamen, »erschienen die Neger gewöhnlich fröhlich und singend – So dass man von der Ankunft eines Guineafahrers durch das Tanzen und Singen der Neger an Bord benachrichtigt wurde«. Darüber, welche Gründe die Gefangenen zur Fröhlichkeit haben mochten, schwieg der Vizeadmiral sich aus.[38]

Fröhliche Lieder scheinen die Ausnahme gewesen zu sein. Wenn die Gefangenen, vor allem die Frauen, nachts auf dem Unterdeck unter sich waren, sangen sie eher »Klagelieder« – so wurden sie jedenfalls von einer ganzen Reihe von Beobachtern genannt. Dies waren traurige, kummervolle Gesänge über Verlust – über Verschleppung, Versklavung, Entfremdung – die oft von gemeinsamem Weinen begleitet waren. John Riland erinnerte sich: »Einige der Frauen pflegten sehr lieblich und in einem klagenden Ton zu singen, wenn sie sich selbst überlassen waren.« Sie sangen davon, dass sie ihren Familien, Freunden und Landsleuten entrissen worden waren; ihre Lieder waren »melancholische Klagen über ihre Verbannung aus ihrem Heimatland«. Thomas Clarkson beschrieb den Gesang von Frauen, die auf dem Hauptdeck eines Guineafahrers an einen Mast gekettet waren und dort allmählich wahnsinnig wurden: »In ihren Liedern sprechen sie ihre verlorenen Verwandten und Freunde an, sie sagen ihrem Land Lebewohl, sie rufen sich die Üppigkeit ihres heimatlichen Bodens und die glücklichen Tage zurück, welche sie dort verbracht haben. Zu anderen Zeiten singen und sprechen sie nicht, sondern sind melancholisch und niedergeschlagen und verströmen ihren Gram in wiederholten Tränenbächen. Zu anderen Zeiten tanzen sie, schreien, werden rasend. Solcherart sind die furchtbaren Szenen, welche man in den gräulichen Höhlen eines Sklavenschiffes mit anzusehen genötigt ist.«[39]

Ein Aspekt dieses Gesangs war die aktive Erinnerung an die eigene Geschichte nach Art der Griots, westafrikanischer Sänger und Dichter. Der Seemann David Henderson hörte Lieder über »die Geschichte ihrer Leiden und das Elend ihrer Lage«. Dr. James Arnold hörte die Frauen über »die

Geschichte ihres Lebens und ihre Trennung von ihren Freunden und ihrem Land« singen. Er setzte hinzu, dass Kapitän Joseph Williams diese Widerstandslieder gut verstanden und »sehr unangenehm« gefunden habe. Er ließ die Frauen auf »schreckliche Weise« dafür auspeitschen, dass sie es wagten, sich mittels Gesangs zu erinnern; oft dauerte es zwei bis drei Wochen, bis ihre Wunden verheilt waren. Der Kampf dieser Frauen für den Erhalt ihrer kollektiven Erinnerung war ihr Versuch, sich in einer Situation, in der ihr gesamtes Sozialgefüge auseinandergebrochen war, ihre historische Identität zu bewahren. Er war ein zentrales Element der aktiven, wachsenden Widerstandskultur an Bord des Schiffes.[40]

WIDERSTAND: ESSENSVERWEIGERUNG

Die gemeinsame Erfahrung der Verschleppung und Versklavung – zu der auch die auf dem Sklavenschiff herrschende gewalttätige, streng kollektive Reglementierung gehörte – schuf unter den afrikanischen Gefangenen ein Potenzial für Gemeinschaft, und soziale Praktiken wie Arbeit, Kommunikation und Singen halfen dabei, dieses Potenzial in die Praxis umzusetzen. Aber für das kollektive Projekt der Schaffung einer Gruppenidentität war nichts wichtiger als Widerstand. Dies war schon für sich genommen eine neue Sprache, eine Sprache der Tat, die gesprochen wurde, wann immer Menschen das Essen verweigerten, über Bord sprangen oder sich im Aufstand erhoben. Die Sprache des Widerstands war eine universelle Sprache, die jede Person unabhängig von ihrem kulturellen Hintergrund verstand, auch wenn sie sich dagegen entschied, sie aktiv zu benutzen. Jeder Akt des Widerstands, ob groß oder klein, war eine Zurückweisung der Versklavung und des sozialen Todes und damit eine Bejahung der Kreativität und einer anderen Zukunft. Jede Verweigerung verband die Menschen enger miteinander in einem gemeinsamen Kampf.[41]

Der atlantische Sklavenhandel war in gewisser Hinsicht ein vierhundert Jahre langer Hungerstreik. Vom Beginn des Menschenhandels zur See im frühen 15. Jahrhundert an bis zu seinem Ende im späten 19. Jahrhundert verweigerten versklavte Afrikaner*innen wieder und wieder das ihnen zugeteilte Essen. Einige Versklavte verfielen bei ihrer Ankunft an Bord in eine »fixe Melancholie«, einen depressiven Zustand, in dem sie auf nichts reagierten, was ihre Entführer sagten oder verlangten, einschließlich des Befehls zu essen. Andere waren krank und nicht in der Lage zu essen, selbst wenn sie es gewollt hätten. Aber selbst für einige der depressiven und kranken Gefangenen – und für eine noch viel größere Anzahl von Versklavten, die weder das eine noch das andere waren – war die Essensverweigerung eine bewusste Entscheidung, die mehrere wichtige Funktionen hatte. Da die vorrangige Verpflichtung des Kapitäns dem Kaufmann gegenüber darin bestand, so viele afrikanische Arbeitskräfte wie möglich lebend und gesund in einem Hafen der Neuen Welt abzuliefern, gefährdete jede Person, die aus welchem Grund auch immer die Nahrung verweigerte, den Profit und untergrub die Autorität. Die Essensverweigerung war also in erster Linie ein Akt des Widerstands, der wiederum weitere Akte des Widerstands nach sich zog. Zum Zweiten war sie eine Verhandlungstaktik: Misshandlung konnte einen Hungerstreik nach sich ziehen. Zum Dritten trug sie dazu bei, eine Widerstandskultur, ein ›Wir-gegen-sie‹ an Bord zu schaffen. Mit einem Hungerstreik wurde unter anderem gesagt: Wir lassen uns nicht zu Eigentum machen; wir lassen uns nicht zu Arbeitskräften machen; wir lassen uns nicht bei lebendigem Leib verschlingen.

Auf John Rilands Schiff, der *Liberty*, verweigerten im Jahr 1801 mehrere der Versklavten das Essen. Der wachhabende Offizier schwor zunächst, er würde sie über Bord werfen, wenn sie nicht essen würden, dann drohte er ihnen mit der neunschwänzigen Katze, was Wirkung zu zeigen schien. Zumindest glaubte er das: »Die Sklaven stellten sich, als wenn sie äßen, indem sie sich ein wenig Reis in den Mund steckten; aber wann immer der Offizier ihnen den Rücken kehrte, warfen sie ihn ins Meer.« Der Seemann James Morley sah ebenfalls mit an, wie Versklavte so taten, als ob sie essen würden, und das Essen im Mund behielten, »bis sie fast erstickten«. Die Offiziere verfluchten sie dafür als »halsstarrige Schwarze H——ne [Hurensöhne]« und versuchten mit Hilfe der neunschwänzigen Katze, der Daumenschrauben, einem »Pillenmesser«, einem Stock (um den Mund zu öffnen) oder einem *speculum oris* oder »Horn«, das Essen die widerstrebenden Kehlen hinunter zu zwingen.[42]

Weil die Nahrungsverweigerung Nachahmer*innen finden konnte – mit desaströsen Folgen – stellte jede Person, die sich weigerte zu essen, eine direkte Herausforderung der Macht des Kapitäns dar. Dies wird auf grausige Weise durch eine Geschichte verdeutlicht, die der Seemann Isaac Parker 1791 in seiner Aussage vor dem Unterhausausschuss zur Untersuchung des Sklavenhandels erzählte. Ein kleines Kind, das 1765 mit seiner Mutter auf der *Black Joke* war, »wurde trotzig und wollte nicht essen« und verweigerte sowohl die Brust als auch die übliche Kost von mit Palmöl vermischtem

Reis. Kapitän Thomas Marshall peitschte das Kind mit der neunschwänzigen Katze aus; von den versklavten Männern, die dies durch die Ritzen des Barricado mit ansahen, war ein »großes Gemurmel« des Protests zu hören. Das Kind weigerte sich weiterhin zu essen. Tag für Tag wurde es vom Kapitän ausgepeitscht, und darüber hinaus ließ er ihm einen fünfundvierzig bis fünfzig Zentimeter langen und zwölf bis dreizehn Pfund schweren Mangostamm an einer Schnur um den Hals binden. »Das letzte Mal, als er das Kind hochnahm und auspeitschte«, sagte Parker, ließ er es »aus seinen Händen« auf das Deck fallen und sagte: »Sei verdammt ... Ich bringe dich zum Essen, oder ich bringe dich um.« Weniger als eine Stunde später starb das Kind. In einem letzten Akt der Grausamkeit befahl der Kapitän der Mutter, den kleinen Körper über Bord zu werfen. Als sie sich weigerte, schlug er sie. Schließlich gehorchte sie, aber sie »schien sehr betrübt, und weinte mehrere Stunden lang«. Nicht einmal der kleinste Rebell, ein neun Monate altes Kind, das die Nahrung verweigerte, konnte an Bord der *Black Joke* geduldet werden.[43]

Was Kapitäne wie Marshall befürchteten – ein Umsichgreifen des Widerstands –, wurde durch einen Fall illustriert, der 1730 vor dem Hohen Gerichtshof der Admiralität verhandelt wurde. James Kettle, Kapitän der *City of London* (im Besitz der South Sea Company), beschuldigte den Seemann Edward Fentiman, den Versklavten gegenüber zu gewalttätig gewesen zu sein. Er hatte eine namentlich nicht genannte versklavte Frau geschlagen, woraufhin sämtliche 377 Gefangenen an Bord die Nahrung verweigert hatten. Dies wiederum brachte Fentiman eine Prügelstrafe von Kettle ein, der dem Gericht erklärte, dass das, was hier geschehen war, auf ein größeres Problem verweise: Es liege in der »Natur und Anlage von Negern & geschieht daher häufig an Bord von Handelsschiffen, dass, wenn einer von ihnen geschlagen oder grob behandelt worden ist, die ganze Gesellschaft von ihnen an Bord es übel aufnimmt & halsstarrig wird und das Essen verweigert und viele von ihnen dadurch dahinschmachten und sterben«.[44]

Dr. T. Aubrey bestätigte Kapitän Kettles Darstellung und ging in seiner Verallgemeinerung noch einen Schritt weiter. In seinem Vademecum für Schiffsärzte im Sklavenhandel führte er aus, dass die gewalttätige Misshandlung der Versklavten oft dazu führe, dass sie sich weigerten zu essen. Wenn sie erst einmal aufgehört hätten, »verlieren sie den Appetit, und werden vielleicht krank, teils durch Fasten, und teils vor Gram, sich so behandelt zu sehen.« Mehr noch, sobald der Entschluss zum Widerstand erst einmal gefasst war, »wird die ganze Kunst des Wundarztes sie nicht am Leben erhalten; weder gütliche noch ungütliche Mittel werden sie zum Essen bringen, weil sie lieber sterben, als hart behandelt zu werden.« Letzteres bezog sich natürlich auf die diversen Gewaltmittel, die eingesetzt wurden, um Menschen zum Essen zu zwingen. Seiner Meinung nach würden sich die Gefangenen gegen diese Mittel sträuben, und sie würden sich letzten Endes gegen ihren festen Willen, jegliche Nahrung zu verweigern, als nutzlos erweisen. Wie Kettle machte auch Aubrey deutlich, dass der Hungerstreik eine Taktik in dem Kampf war, der auf jedem Sklavenschiff tobte.[45]

Der von Silas Told beschriebene Hungerstreik auf der *Loyal George* führte direkt zu einem Aufstand und dann, als dieser fehlschlug, zu einem kollektiven Suizid. Der Prozess des Widerstands konnte auch den umgekehrten Verlauf nehmen: Oft folgten Hungerstreiks auf gescheiterte Aufstände. Im Zuge eines Aufstands der Gefangenen an Bord der *Ferrers Galley* im Jahr 1721 wurden »beinahe achtzig« von ihnen getötet oder ertranken. Die meisten Überlebenden, schrieb Kapitän William Snelgrave, »wurden so halsstarrig, dass mehrere von ihnen Hungers starben, weil sie es hartnäckig verweigerten, Nahrung zu sich zu nehmen«. Nach einem Aufstand auf einem namentlich nicht bekannten Schiff im Bonny River im Jahr 1781 fassten drei der verletzten Anführer »den Entschluss, sich zu Tode zu hungern«. Erst bekamen sie Drohungen, dann Schläge, aber »kein Schrecken zeitigte Wirkung, denn nach ihrem Entschluss nahmen sie nie wieder Nahrung zu sich, und sie starben in Folge davon«. Das Gleiche geschah 1783 im Gefolge von zwei Aufständen auf der *Wasp*: Nach dem ersten Aufstandsversuch, bei dem die weiblichen Gefangenen den Kapitän packten und über Bord zu werfen versuchten, starben zwölf Gefangene infolge ihrer Verletzungen und der Weigerung zu essen. Nach der zweiten, noch größeren Erhebung starben fünfundfünfzig Afrikaner*innen an »Quetschungen, dem Schlucken von Salzwasser, Verdruss über Fehlschlag, und Enthaltung«.[46]

DER SPRUNG ÜBER BORD

Eine möglicherweise noch dramatischere Form des Widerstands als der Hungerstreik bis zum Tod war der Sprung über Bord. Einige Menschen sprangen in der Hoffnung zu entkommen, wenn das Schiff noch in Afrika im Hafen lag; andere zogen das Ertrinken dem Hungertod als Mittel vor, das Leben eines Körpers zu beenden, der für eine Zukunft mörderischer Zwangsarbeit auf einer Plantage der Neuen Welt bestimmt war. Dies war eine weit verbreitete und von den Organisatoren des Sklavenhandels ebenso weithin gefürchtete Form des Widerstands. Kapitäne wurden von Kaufleuten in formellen und informellen Anweisungen davor gewarnt, und die Kapitäne ihrerseits stellten sicher, dass ihre Schiffe mit Netzen umspannt waren. Außerdem ließen sie die männlichen Gefangenen an Ringbolzen ketten, wenn sie auf dem Hauptdeck waren, und sorgten dafür, dass ständig aufmerksame Wachen postiert waren. Wenn es Versklavten dennoch gelang, über Bord zu springen, ließen die Kapitäne auf der Stelle Boote aussetzen, um sie wieder einfangen und an Bord zurückbringen zu lassen.

Da die afrikanischen Frauen sich auf dem Schiff freier bewegen konnten als die Männer, waren sie an dieser Form des Widerstands besonders stark beteiligt. 1714 sprangen vier Frauen, von denen eine »ein Kind im Leib« trug, über Bord, als die *Florida* Old Calabar verließ. Einem Besatzungsmitglied zufolge »zeigten sie uns, wie gut sie schwimmen konnten, & entschlüpften uns«. Die Besatzung nahm sofort die Verfolgung auf, bekam aber nur die schwangere Frau wieder in ihre Gewalt, weil sie »sich nicht so gut bewegen konnte wie die Übrigen«. Im Jahr 1732 stellte Kapitän James Hogg in Anomabu an der Goldküste mitten in der Nacht fest, dass sechs Frauen über Bord gesprungen waren, und später war er sich sicher, dass nur die schnelle Reaktion der Besatzung verhindert hatte, dass die anderen ihnen folgten. Solche waghalsigen Fluchtversuche waren gefährlich, selbst für so geübte Schwimmer*innen wie viele der Versklavten aus den Küstenregionen. Jeder Person, die wieder aus dem Wasser gezogen wurde (und das waren die meisten), drohte eine schwere Bestrafung, in einigen Fällen sogar – zur Abschreckung für andere – der Tod. Selbst wenn es entflohenen Gefangenen gelang, das Ufer zu erreichen, war es sehr wahrscheinlich, dass ihre afrikanischen Kidnapper sie wieder einfangen und auf das Sklavenschiff zurückbringen würden. Und viele der Gewässer in Küstennähe, in die Gefangene zu entkommen versuchten, wimmelten von Haien. Kapitän Hugh Crow erinnerte sich, wie zwei Igbo-Frauen von einem seiner Schiffe ins Wasser sprangen und sofort von Haien zerrissen wurden.[47]

In einigen Fällen war der Sprung über Bord kein geplanter Fluchtversuch, sondern eine spontane Reaktion auf ein bestimmtes Ereignis. Im Jahr 1786 stürzten sich sechs Versklavte angesichts des Anblicks eines ihrer toten Landsleute, dessen Leichnam von einem Schiffsarzt zwecks anatomischer Untersuchung aufgeschnitten worden war, »wütend oder entsetzt ... ins Meer und ertranken sofort«. Einige Jahre zuvor waren vierzig oder fünfzig Menschen nach ihrer Ankunft in Jamaika bei einem sogenannten *scramble* auf dem Schiffsdeck (einer Form des Verkaufs, die bewusst darauf abzielte, die Versklavten in Angst und Schrecken zu versetzen), ins Meer gesprungen. 1737 sprangen hundert Männer von der *Prince of Orange* ins Wasser, nachdem ihnen nach dem Anlegen des Schiffes in St. Kitts die Ketten abgenommen worden waren. Dreiunddreißig von ihnen widersetzten sich den Rettungsversuchen der Seeleute und ertranken. Sie waren »entschlossen zu sterben, und sanken sogleich hinunter«. Kapitän Japhet Bird zufolge war der Grund für diese Massenaktion, dass einer der Landsleute der Versklavten an Bord gekommen war und ihnen »im Scherz« gesagt hatte, die weißen Männer würden sie blenden und essen.[48]

Einer der aufschlussreichsten Aspekte dieser suizidalen Flucht war die Freude, die die Menschen zum Ausdruck brachten, sobald sie ins Wasser gelangt waren. Der Seemann Isaac Wilson erinnerte sich an einen Gefangenen, der ins Meer sprang und »hinabsank, als frohlocke er darüber, entkommen zu sein«. Ein anderer Afrikaner, der wusste, dass die Netze gelockert worden waren, damit die ›Bedürfniskübel‹ auf dem Unterdeck geleert werden konnten, riss sich von einer Gruppe Matrosen los und »warf sich durch die Lücke über Bord«. Als die Matrosen, die ihn verfolgten, ihn schon fast wieder eingefangen hatten, tauchte er unter und kam erst in einigem Abstand wieder hoch, so dass seine Häscher ihn nicht zu fassen bekamen. Dabei machte er, wie der Schiffsarzt berichtete, die ganze Zeit »Zeichen, welche mit Worten zu beschreiben mir unmöglich ist und welche ausdrückten, wie glücklich er war, uns entronnen zu sein«. Schließlich ging er ein weiteres Mal unter, »und wir sahen ihn nicht mehr«. Nach der blutigen Niederschlagung eines Aufstands auf der *Nassau* im Jahr 1742 kommandierte der Kapitän alle verletzten Versklavten an Deck und befahl allen, die so schwer verwundet waren, dass ihre Genesung zweifelhaft schien, »ins Meer zu springen« – was viele von ihnen taten und dabei dem Mann zufolge, der die Reise als Schiffsjunge mitgemacht hatte, »mit anscheinender Heiterkeit« in den Tod gingen. Das gleiche geschah auf der berüchtigten *Zong*: Als Kapitän Luke Collingwood befahl, 122 kranke Gefangene über Bord zu werfen, sprangen weitere zehn Versklavte aus eigenem Antrieb über die Reling.[49]

Hungerstreik und der Sprung über Bord waren nicht die einzigen Mittel der Selbstvernichtung. Einige kranke Gefangene verweigerten Arzneien, weil »sie sterben wollen«. 1788–89 gelang es zwei Frauen an Bord der *Elizabeth*, sich zu erdrosseln. Andere schlitzten sich mit scharfkantigen Werkzeugen, spitzen Gegenständen oder den eigenen Fingernägeln die Kehle auf. Ein Seemann namens Thompson sagte, er habe erlebt, wie »in einem Windsturm alle [unter Deck eingesperrten] Sklaven eines Sinnes leewärts stürzten, um das Schiff umschlagen zu lassen, da sie es vorzogen, eher zu sterben, als in ihrer Lage zu verbleiben, oder in die ausländische Sklaverei zu gehen«.[50]

Die seltenste, aber spektakulärste Form des kollektiven Suizids bestand darin, das ganze Schiff in die Luft zu sprengen. Im Januar 1773 steckten die versklavten Jungen auf der *New Britannia*, die sich relativ frei auf dem Schiff bewegen konnten, den unter Deck eingesperrten Männern Werkzeuge zu, mit denen diese die Schotten aufbrachen und sich Zugang zur Waffenkammer verschafften. Mit den Waffen, die sie dort fanden, kämpften sie über eine Stunde lang gegen die Besatzung, mit erheblichen Verlusten auf beiden Seiten. Als sich abzeichnete, dass ihre Niederlage unausweichlich war, »zündeten sie das Magazin an und sprengten das Schiff in die Luft«, wobei fast alle an Bord – bis zu dreihundert Menschen – getötet wurden. Als Kapitän James Charles im Oktober 1785 erfuhr, dass Gefangene aus Gambia ein niederländisches Sklavenschiff in ihre Gewalt gebracht und den Kapitän und die Besatzung getötet hatten, beschloss er, das Schiff zu verfolgen, nicht zuletzt deshalb, weil die Aufrührer*innen im Fall ihrer Niederlage möglicherweise in seinen Besitz übergehen würden. Nach einer dreistündigen Verfolgungsjagd und einem Gefecht mit unentschiedenem Ausgang meldete sich eine Gruppe seiner eigenen Männer freiwillig dafür, unter Feuerschutz das Schiff der entflohenen Versklavten zu entern. Zehn Matrosen und ein Offizier gingen an Bord und trieben im Anschluss an ein heftiges Scharmützel an Deck »die meuternden Sklaven in den Laderaum«. Im Verlauf des folgenden Gefechts explodierte das Schiff – offenbar von jemandem in die Luft gesprengt – »mit einem furchtbaren Knall, und jede Menschenseele an Bord starb«. Einige der Wrackteile fielen auf das Deck von Kapitän Charles' Schiff, der *Africa*.[51]

Obwohl Selbsttötung sich wie ein blutroter Faden durch die Dokumente des Sklavenhandels zieht, lässt sich schwer sagen, wie häufig sie vorkam. Zur Ermittlung eines Schätzwerts für einen begrenzten Zeitraum lassen sich die Tagebücher heranziehen, die Ärzte auf Sklavenschiffen nach dem Inkrafttreten des Dolben Act oder Sklaventransportgesetzes von 1788 führen mussten. Im Zeitraum von 1788 bis 1797 verzeichneten die Ärzte von sechsundachtzig Schiffen in ihren Tagebüchern die Todesursachen aller Afrikaner*innen unter ihrer Aufsicht, und in diesen wird Suizid recht häufig genannt. Fünfundzwanzig Schiffsärzte vermerkten Todesfälle mit, wie es scheint, selbstmörderischer Absicht: Auf acht Schiffen sprangen eine oder mehrere Personen über Bord; drei Gefangene wurden nach einem Aufstand als »vermisst« (d. h. über Bord verschwunden) aufgeführt; drei Ärzte meldeten nicht näher spezifizierte Selbsttötungen, und weitere zwölf gaben Todesursachen wie »verloren«, »ertrunken«, »Halsstarrigkeit« und »Fehlschlag« an. Fast ein Drittel dieser Schiffe verzeichnete zumindest einen Selbstmord, wobei die tatsächliche Anzahl wahrscheinlich um einiges höher liegt, weil es in dieser Zeit der hitzigen Debatten um die Unmenschlichkeit der Sklavenschiffe im eigenen Interesse der Schiffsärzte lag, Suizide nicht zu melden.[52] Ein weiterer Grund dafür, die Anzahl von Selbsttötungen zu niedrig anzugeben oder zu verschleiern, war das Urteil eines englischen Gerichts unter dem Vorsitz von Richter Mansfield im Frühjahr 1785: Versicherungsgesellschaften seien verpflichtet, für versicherte Versklavte zu zahlen, die bei einem Aufstand umkamen, nicht aber für diejenigen, die infolge von Gram, Essensverweigerung oder Verzweiflung starben. Insbesondere sollte für »alle, welche durch das Springen ins Meer starben, nicht gezahlt werden«.[53]

AUFSTAND

Hunderte von unter Deck zusammengepferchten menschlichen Körpern stellten schon allein physisch eine enorme Energiequelle dar, wie deutlich zu sehen war, wenn ein Sklavenschiff durch kühles, regnerisches Wetter segelte: Von der Masse der heißen Körper auf dem Unterdeck ausströmender Dampf drang durch die Grätings auf das Hauptdeck, auf dem die Besatzung arbeitete. Auf dem Sklavenschiff *Nightingale* sah der Seemann Henry Ellison Ende der 1760er Jahre »Dampf wie aus einem Kessel durch die Grätings kommen«. Nicht selten explodierte dieser menschliche Kessel unter Deck in einem umfassenden Aufstand. Die ganz eigene Art von Krieg, die der Sklavenhandel darstellte, wurde nun offen auf dem Schiff ausgetragen.[54]

Aber ein Aufstand auf einem Sklavenschiff war kein spontaner Ausbruch der Naturgewalten. Er war das Ergebnis zielgerichteter menschlicher Anstrengungen – sorgfältiger Kommunikation, detaillierter Planung und präziser Durchführung. Jeder Aufstand, ob erfolgreich oder nicht, war eine bemerkenswerte Leistung, weil die Organisation des Sklavenschiffes in fast jeder Hinsicht darauf abzielte, ihn zu verhindern: Kaufleute, Kapitäne, Offiziere und Besatzungen dachten an Aufstände, machten sich Sorgen über Aufstände und trafen praktische Vorkehrungen gegen Aufstände. Sie alle gingen davon aus, dass sich die Versklavten in wilder Wut erheben und sie allesamt umbringen würden, wenn man ihnen nur die geringste Gelegenheit dazu lassen würde. Ein Aufstand war zweifellos der schlimmste Alptraum derer, die auf dem Sklavenschiff die Befehlsgewalt innehatten: Eine einzige grelle Explosion konnte Leben und Profite auslöschen.

Kollektives Handeln begann mit der Kommunikation zwischen Menschen, die gemeinsame Probleme ausmachten und zusammen nach gemeinsamen Lösungen suchten. Sie begannen in kleinen Gruppen von wahrscheinlich nur zwei oder drei Personen miteinander zu sprechen und konspirierten (im wörtlichen Sinne des ›zusammen Atmens‹) in der feuchten, stinkenden Luft des Unterdecks – wahrscheinlich nachts, außer Hörweite von Kapitän und Besatzung. Das Unterdeck war gewöhnlich überfüllt, aber selbst die an Händen und Füßen gefesselten Männer hatten oft noch ein gewisses Maß an Bewegungsfreiheit, so dass potenzielle Rebellen sich gegenseitig finden und miteinander reden konnten. Sobald ein Plan ausgearbeitet war, legte die Kerngruppe der Verschwörer*innen möglicherweise einen »*sangaree*« ab, einen »Eid, zueinander zu halten, welcher geleistet wird, indem sie einander einige Tropfen Blutes aussaugen«. Dann bezogen sie andere Gefangene in ihre Pläne ein, wobei sie sich eines gefährlichen Widerspruchs bewusst waren: Je mehr Menschen an der Verschwörung beteiligt waren, desto größer war einerseits die Aussicht auf Erfolg und anderseits die Gefahr des Verrats. Viele beschlossen daher, sich auf eine kleine Gruppe entschlossener Kämpfer*innen zu beschränken, und rechneten darauf, dass andere sich anschließen würden, wenn der Aufstand erst einmal im Gange war. Die meisten Verschwörer*innen gingen vorsichtig vor und warteten auf den passenden Moment zum Zuschlagen.[55]

Alle am Sklavenhandel Beteiligten nahmen zu Recht an, dass die Gruppe, die am ehesten rebellieren würde, die Männer waren, die daher sowohl auf dem Unter- als auch auf dem Hauptdeck fast immer gefesselt und angekettet wurden. Aber auch Frauen und Kinder spielten bei Aufständen eine wichtige Rolle, nicht zuletzt deshalb, weil sie sich freier auf dem Schiff bewegen konnten. Manchmal standen Frauen an der Spitze eines Aufstands, wie zum Beispiel auf der *Wasp* im Jahr 1785, wo sie Kapitän Richard Bowen packten und versuchten, ihn über Bord zu werfen. Sowohl auf der *Unity* (1769–71) als auch auf der *Thomas* (1797) erhoben sich die Gefangenen »vermittels der Frauen«. Bei anderen Gelegenheiten nutzten Frauen ihre Bewegungsfreiheit und ihre Nähe zu den Machthabern an Bord, um Mordanschläge auf Kapitäne und Offiziere zu planen oder Werkzeuge an die Männer weiterzugeben. Die Jungen auf der in Gambia vor Anker liegenden *New Britannia* reichten den Männern unter Deck »einige der Werkzeuge des Zimmermanns, mit welchen sie die unteren Decks aufrissen und Schusswaffen, Perlen und Pulver in ihren Besitz brachten«.[56]

Ein entscheidender Faktor bei jedem Aufstand war die Vorgeschichte und Erfahrung der Beteiligten. Einige der Männer (zum Beispiel die Gola) und möglicherweise einige der Frauen (aus Dahomey) waren Krieger*innen und hatten ihr ganzes Leben damit zugebracht, sich in dem Mut, der Disziplin und den Techniken der Kriegsführung zu üben. Sie waren darin ausgebildet, auf engem Raum zu kämpfen, koordiniert vorzugehen und die Stellung zu halten, statt sich zurückzuziehen. Andere Gefangene besaßen wertvolle Kenntnisse über die Europäer und ihre Gebräuche, selbst über ihre Schiffe. Der Seemann William Butterworth beschrieb Gefangene, »welche, da sie in Calabar und den benachbarten Städten gelebt hatten, die englische Sprache so erlernt hatten, dass sie sie sehr gut sprachen; Männer, welche aufgrund eines Vergehens ihre Freiheit eingebüßt hatten und welche in dem Verlangen, auf Gedeih und Verderb ihre Freiheit wiederzuerlangen, bereits seit einiger Zeit die Saat der Unzufriedenheit in den Gemütern der weniger schuldigen, aber ebenso unglücklichen Sklaven beiderlei Geschlechts gesät hatten«. Diese gewitzten Männer und Frauen aus den Hafenstädten verstanden ihre Entführer auf eine Weise, die anderen nicht zugänglich war, und einige »verstanden« sogar ihre Schiffe. Der afrikanische Seefahrer, der sich mit Hochseesegelschiffen auskannte – ein besonderer Typus des Hafenstadtbewohners – war wahrscheinlich der wertvollste Mitkämpfer bei einem Aufstandsversuch. Die Kru von der Windward-Küste und die Fante von der Goldküste standen im Ruf, sich besonders gut mit europäischen Schiffen und der Kunst des Segelns auszukennen, aber das Gleiche traf auch auf viele anderer Küsten- und Flussbewohner*innen zu. Deshalb galten Gefangene, von denen bekannt war, dass sie von der Küste kamen, bei Sklavenschiffskapitänen als besonders hohes Sicherheitsrisiko.[57]

Dass die Gefangenen der *Thomas*, die im März 1753 im Gambia-Fluss lag, sich mit europäischen Waffen auskannten, war offensichtlich. Alle siebenundachtzig Versklavten »entledigten sich insgeheim ihrer Ketten«, stürmten das Deck und warfen den Ersten Steuermann über Bord. Die erschreckten Seeleute feuerten ihre Pistolen ab und trieben die Rebell*innen wieder unter Deck. Aber einige der Gefangenen bemerkten, dass die Schusswaffen der Besatzung nicht richtig funktionierten, woraufhin sie zu »Holzscheiten und Bretterteilen« griffen und erneut auf das Hauptdeck ausbrachen. Dort kämpften sie gegen die Besatzungsmitglieder – zu dem Zeitpunkt nur acht Personen – und trieben sie auf die Barkasse, auf der sie flüchteten und »die

Sloop im Besitz der Sklaven« zurückließen, die nun plötzlich keine mehr waren. Zwei Sklavenschiffskapitäne, die versuchten, die Sloop zurückzuerobern, wurden in ein heftiges Feuergefecht verwickelt, in dem »die Sklaven von den Drehbassen Gebrauch machten und Handfeuerwaffen in, wie es schien, erfahrener Manier gegen sie verwendeten«. Es war nicht ungewöhnlich, dass Versklavte Schusswaffen einsetzten, vorausgesetzt, sie konnten sich Zugang zu ihnen verschaffen.[58]

Bestimmte kulturelle Gruppen waren weithin für ihren Hang zur Rebellion bekannt. Mehrere Beobachter erwähnten, dass Gefangene aus der Senegambia-Region einen besonderen Hass gegen die Sklaverei hegten und damit eine Gefahr an Bord darstellten. Laut einem Angestellten der *Royal African Company* namens William Smith »verabscheuen die Gambier, welche von Natur sehr träge und faul sind, die Sklaverei, und versuchen alles, so verzweifelt es auch sein mag, um ihre Freiheit zu erlangen«. Die Fante von der Goldküste seien, wie Dr. Thomas Trotter auf Grundlage seiner Erfahrungen aus den 1780er Jahren schrieb, bereit, »jedwedes gefährliche Wagestück zu unternehmen«, Aufstände eingeschlossen. Alexander Falconbridge stimmte ihm zu: Die Gefangenen von der Goldküste seien »sehr kühn und entschlossen, und an Bord der Schiffe finden unter ihnen häufiger Aufstände statt als unter den Negern von irgendeinem anderen Teil der Küste«. Die Ibibio von der Bucht von Biafra, die auch ›Quaws‹ und in Amerika ›Moco‹ genannt wurden, waren Kapitän Hugh Crow zufolge »eine höchst verwegene Menschenrasse«, die im späten 18. Jahrhundert »bei jedem Unfug oder Aufstand unter den Sklaven zuvorderst« waren. Sie töteten viele Besatzungsmitglieder und waren bekannt dafür, dass sie Schiffe in die Luft sprengten. »Die Frauen dieses Stammes«, fügte Crow hinzu, »sind ebenso wild und rachsüchtig wie die Männer«. Tatsächlich galten die Ibibio als so gefährlich, dass Kapitäne darauf achteten, »so wenige wie möglich von ihnen unter ihrer Fracht zu haben«, und wenn sie sie an Bord nahmen, waren sie »stets verpflichtet, für diese Männer auf dem Zwischendeck getrennte Räume bereitzustellen«. Die Ibibio waren die einzige Gruppe, die als so rebellisch galt, dass ihre getrennte Unterbringung für nötig gehalten wurde und Kapitäne sie durch Absonderung von den anderen Gefangenen in Schach zu halten versuchten.[59]

Jede Rekrutierung innerhalb einer bestimmten Untergruppe von Gefangenen – Frauen, Jungen, Angehörige einer bestimmten Kulturgruppe – barg das Risiko der Spaltung. Nicht selten begannen entweder die Männer oder die Frauen einen Aufstand, ohne dass die jeweils andere Gruppe sich ihnen anschloss, was es für die Besatzung natürlich viel einfacher machte, die Erhebung niederzuschlagen. So traten zum Beispiel die Männer nicht in Aktion, als die Frauen auf der *Wasp* 1785 Kapitän Bowen attackierten, und die Frauen schlossen sich 1786 nicht den aufständischen Männern auf der *Hudibras* an. Jungen gaben nicht nur scharfkantige Werkzeuge an die versklavten Männer, sondern unter Umständen auch Informationen über die unter Deck geschmiedeten Pläne an die Besatzung weiter. Und dass bestimmte afrikanische Gruppen zur Rebellion neigten, bedeutete nicht unbedingt, dass ihr militantes Vorgehen bei anderen auf dem Schiff Zustimmung fand. Die Ibibio und die Igbo waren, wie es hieß, »Todfeinde«; die Chamba verachteten die Fante, und mitten in einem Aufstand gegen Ende des Jahres 1752 begannen Igbo- und Coromantee-Aufständische, gegeneinander zu kämpfen. Es ist nicht in jedem Fall klar, ob diese Spaltungen der Vorgeschichte der beteiligten Gruppen, unzureichender Kommunikation und Vorbereitung oder Meinungsverschiedenheiten darüber entsprangen, wie wünschenswert ein Aufstand überhaupt war.[60]

Ein erfolgreicher Aufstand setzte Vertrautheit mit dem Schiff voraus. Folglich flüsterten die Gefangenen miteinander darüber, was sie über den Laderaum, das Unterdeck, das Hauptdeck, die Kapitänskajüte, die Waffenkammer wussten und wie sie auf Grundlage dieser Informationen vorgehen sollten. Sie kamen zu dem Schluss, dass sie drei spezifische Dinge über die Europäer und ihre Technologie wissen mussten, die wiederum mit drei spezifischen Phasen des Aufstands verknüpft waren: wie sie ihre Ketten loswerden konnten, wie sie an Waffen kommen und sie gegen die Besatzung einsetzen konnten, und wie sie im Falle ihres Erfolgs das Schiff segeln konnten. Aufstände hatten die Tendenz, an einer dieser Hürden zu scheitern und niedergeschlagen zu werden.

Die eiserne Technologie der Hand- und Fußschellen und Ketten erfüllte weitgehend ihren Zweck, wie eindeutig durch den Umstand belegt ist, dass sie über Jahrhunderte hinweg sowohl bei Versklavten als auch bei allen anderen Arten von Gefangenen eingesetzt wurde. Ebenso klar belegt ist aber auch, dass die männlichen Gefangenen auf dem Unterdeck ein ums andere Mal Mittel und Wege fanden, sich dieser Ketten zu entledigen. Manchmal saßen die Schellen zu locker, und es gelang den Versklavten unter großer Anstrengung und einem Schmiermittel, sich aus ihnen herauszuwinden. In anderen Fällen benutzten sie Nägel, Metalldorne, Holzspäne oder andere Gegenstände, um ihre Schlösser zu knacken, oder sie bedienten sich scharfer Werkzeuge (z. B. Sägen, Dechsel, Messer, Hämmer, Meißel, Beilen oder Äxten, die ihnen in den meisten Fällen von Jungen oder Frauen heruntergereicht wurden), um ihre Ketten durchzusägen oder zu -hacken. Dies wurde zusätzlich dadurch erschwert, dass Werkzeuge leise benutzt werden mussten, damit der Befreiungsversuch nicht entdeckt wurde. Wenn die Rebell*innen sich erst einmal von ihren Ketten befreit hatten, mussten sie die verstärkten Grätings zum Hauptdeck aufbrechen, die über Nacht immer verschlossen waren. Das morgendliche Öffnen der Grätings war oft die beste Gelegenheit für einen Überraschungsangriff, es sei denn, jemand brachte ein Besatzungsmitglied mit einem Trick, dazu, die Grätings in der Nacht zu öffnen.[61]

Der nächste Schritt bestand darin, die geballte Energie des Unterdecks zu entfesseln. Die Geräusche, die in einer solchen Situation von dort heraufdrangen, wurden von einem zu Tode verängstigten Besatzungsmitglied als »ein ungewöhnlicher Lärm« und »mehrere schreckliche Schreie« beschrieben, die möglicherweise »von einem Seemann, welcher umgebracht wurde«, stammten. Das Kriegsgeschrei der Afrikaner*innen zerriss die morgendliche Stille. Es war wichtig, schnell, unerwartet, hart und heftig zuzuschlagen, weil es die Besatzung dazu bringen mochte, sich in ihrem Schock auf die Barkasse zu flüchten, um dem Aufstand zu entkommen. Mittlerweile entbrannte auf dem Vorderschiff der Nahkampf. Wenn eine beträchtliche Anzahl von Versklavten es geschafft hatte, sich aus ihren Fesseln zu befreien, waren sie gegenüber den Matrosen, die mit ihrer Bewachung betraut waren, zahlenmäßig entschieden im Vorteil. Andererseits hatten die Matrosen Entermesser, und die Aufständischen hatten keine anderen Waffen als die Gegenstände, die sie auf dem Deck vorfanden: Belegnägel, Fassdauben, vielleicht ein oder zwei Ruder. Wenn die Frauen sich mit den Männern abgestimmt hatten, wurde auch im hinteren Teil des Schiffes gekämpft, jenseits des Barricado, wo bessere kampftauglichere Werkzeuge wie Aalstecher und das Beil des Kochs zu finden waren. Die meisten Aufständischen befanden sich in der Situation einer Gruppe von Aufrührer*innen, die um Mitternacht auf ein mondbeschienenes Deck gestürmt waren und, wie ein Anwesender berichtete, »keine Gewehre [hatten], und keine Waffen, außer den losen Gegenständen, die sie auf dem Deck aufsammeln konnten«.[62]

Nun rannten alle Besatzungsmitglieder an Deck, um den Aufstand zu unterdrücken, griffen sich auf dem Weg Pistolen und Musketen, bezogen Stellung hinter dem Barricado und begannen durch die Schießscharten auf die Männer zu feuern. Sie besetzten auch die oben auf dem Barricado postierten Drehbassen, mit denen sie das Deck von oben unter Beschuss nehmen konnten. Dies war ein entscheidender Moment. Um überhaupt eine Chance auf Erfolg zu haben, mussten die Versklavten das Barricado durchbrechen, nicht zuletzt deshalb, um die Waffenkammer erreichen zu können, die sich in der Nähe der Kapitänskajüte am Heck des Schiffes befand (so weit vom Männerbereich entfernt wie nur möglich) und von Besatzungsmitgliedern bewacht wurde. Oft versuchten Aufständische daher, über das zwischen 2,5 und 3,6 Meter hohe und oben mit Stacheln besetzte Barricado zu klettern oder die kleine darin eingelassene Tür zu durchbrechen. Wenn ihnen dies gelang, wenn sie es weiterhin schafften, sich zur Waffenkammer durchzukämpfen und sie aufzubrechen, und wenn sie außerdem mit europäischen Schusswaffen umgehen konnten (was bei vielen afrikanischen Männer mit militärischer Erfahrung der Fall war), dann konnte der Aufstand durchaus ausgehen wie auf dem Schiff *Ann* im Jahr 1750: »Die Neger gelangten zu dem Pulver und den Waffen, und erhoben sich um etwa 3 Uhr morgens gegen die Weißen; und nachdem sie alle sehr verwundet hatten, mit Ausnahme zweier, welche sich versteckt hatten: setzten sie das Schiff ein wenig südlich von Kap Lopez auf Grund und entkamen.«[63]

Während der Kampf weiter tobte, behielten die Rebell*innen ihre weitere Planung im Auge. Was sollten sie zum Beispiel mit der Besatzung machen? In den meisten Fällen war die Antwort nicht weiter schwierig: Sie würden sie umbringen. Diese Entscheidung scheinen die Versklavten auf einem namentlich nicht bekannten Schiff aus Bristol getroffen zu haben, die sich 1732 »erhoben und die ganze Besatzung töteten, und dem Kapitän Kopf, Beine und Arme abschlugen«. Die Frage wurde allerdings durch eine weitere Erwägung kompliziert, nämlich die, ob Afrikaner*innen an Bord waren, die das Schiff segeln konnten. Mangelnde Seefahrtskenntnisse wurden von Europäern immer als eine der besten Garantien gegen Aufstände auf hoher See betrachtet, wie John Atkins 1735 schrieb: »Es wird allgemein angenommen, dass es immer ein Schutz sein wird, dass die *Neger* der Schifffahrt unkundig sind.« Aus diesem Grund ließen Aufständische mitunter mit Absicht einige Besatzungsmitglieder am Leben, die ihnen dabei helfen sollten, das Schiff zu navigieren und nach Afrika zurückzusegeln.[64]

Aufstände auf Sklavenschiffen endeten normalerweise auf eine von drei Arten. Ein Beispiel für den ersten häufigen Ausgang liefern die Vorfälle auf der *Clare Galley* im Jahr 1729: Nur 55 Kilometer vor der Goldküste »erhoben sich [die Versklavten] und machten sich zu Herren des Schießpulvers und der Schusswaffen« und übernahmen die Kontrolle über das Schiff, nachdem der Kapitän und die Besatzung sich auf die Barkasse geflüchtet hatten, um ihrem Zorn zu entgehen. Es ist nicht klar, ob die erfolgreichen Rebell*innen das Schiff zurück segelten oder es einfach in Richtung Küste treiben ließen; auf jeden Fall erreichten sie unweit von Cape Coast Castle das Festland und damit die Freiheit. Ein noch dramatischerer Aufstand fand 1749 vor der Windward-Küste statt. Die Versklavten knackten die Schlösser ihrer Ketten, bewaffneten sich auf dem Deck mit großen Holzscheiten, kämpften zwei Stunden lang gegen die Besatzung und zwangen sie schließlich, sich zurückzuziehen und in der Kapitänskajüte zu verschanzen. Am nächsten Tag, während die Gefangenen das Achterdeck aufrissen, versuchten fünf Besatzungsmitglieder durch einen Sprung über Bord zu flüchten, mussten aber am eigenen Leibe feststellen, dass einige der Afrikaner*innen mit Schusswaffen umgehen konnten: Sie wurden im Wasser erschossen. Die erfolgreichen Aufständischen befahlen dem Rest der Besatzung, sich zu ergeben, und drohten, im Falle ihrer Weigerung die Waffenkammer in die Luft zu sprengen. Das Schiff lief wenig später auf Grund und wurde von den siegreichen Aufständischen geplündert, bevor sie es verließen. Auf dem Schiff hatte man sie zur Nacktheit gezwungen; als sie von Bord gingen, trugen einige von ihnen die Kleidung der Besatzung.[65]

Manchmal hatte ein Aufstand die Vernichtung beider Seiten zur Folge. Das war offenbar an Bord eines ›Geisterschiffes‹ der Fall gewesen, das 1785 von einem anderen Schiff im Atlantik treibend entdeckt wurde. Der namentlich nicht genannte Sklavenschoner war etwa ein Jahr zuvor mit einer Besatzung aus Newport, Rhode Island, in Richtung afrikanische Küste in See gestochen. Jetzt hatte er keine Segel und keine Besatzung mehr und fünfzehn Afrikaner*innen an Bord, die in einem »sehr ausgemergelten und jämmerlichen Zustand« waren. Die Männer, von denen sie gefunden wurden, vermuteten, dass sie »lange auf See gewesen« waren. Sie vermuteten ebenfalls, dass sich die Versklavten an Bord »erhoben und den Kapitän und die Besatzung ermordet hatten« und dass bei oder nach dem Aufstand »viele der Schwarzen gestorben sein müssen«. Vielleicht konnte niemand der Überlebenden das Schiff segeln, so dass sie allmählich verhungerten.[66]

In den weitaus meisten Fällen endete eine Rebellion auf dem Schiff mit einer Niederlage, und dieser Ausgang hatte immer Folter, Qual und Terror zur Folge. An den Anführer*innen wurde zur Abschreckung der anderen ein Exempel statuiert. Je nachdem, welche Szenarien die überhitzte Fantasie eines Sklavenschiffskapitäns zutage förderte, wurden sie ausgepeitscht, mit Stichwaffen traktiert, mit Rasiermessern aufgeschlitzt, gestreckt, systematisch geknüppelt, bis alle Gliedmaßen gebrochen waren, zerstückelt oder geköpft. Durch all diese brutalen Bestrafungen hindurch setzte sich der Krieg fort: Aufständische weigerten sich aufzuschreien, wenn sie ausgepeitscht wurden, oder gingen gelassen in den Tod – etwas, wofür die Coromantee, die »Bestrafung, ja sogar den Tod selbst« verachteten, besonders bekannt waren. Manchmal wurden die Leichenteile der Besiegten zur Erinnerung daran, was mit Versklavten passierte, die es wagten, sich zu erheben, unter den überlebenden Gefangenen auf dem Schiff verteilt. Ein ums andere Mal zeigte sich, dass das Sklavenschiff eine gut organisierte Festung zum Zweck der Beherrschung von Menschen war. Alles an ihm war darauf ausgelegt, es den Gefangenen extrem schwer zu machen, es zu übernehmen und in die Freiheit zu segeln.[67]

Die Hauptursache für Versklavtenaufstände war die Versklavung. Die Afrikaner*innen auf den Schiffen bestätigten dies selbst mit ihren Erklärungen. Der Seemann James Towne, der die wichtigste Handelssprache an der Windward-Küste »fast so gut wie Englisch« beherrschte, erfuhr in seinen Unterhaltungen mit den Versklavten, worüber sie erbost waren. Als er 1791 von einem Parlamentsmitglied gefragt wurde, ob er jemals einen Aufstandsversuch auf einem Sklavenschiff erlebt habe, bejahte er. Daraufhin wurde er gefragt: »Habt Ihr Euch jemals nach den Ursachen solcher Aufstände erkundigt?« Er antwortete: »Das habe ich. Die Gründe, die mir genannt wurden, waren: ›Welches Recht hatten wir, sie zu Sklaven zu machen, und sie aus ihrem eigenen Land fortzuschleppen? Dass sie Frauen und Kinder hätten und bei ihnen sein wollten.‹« Weitere Umstände, die einen Aufstand auf jedem Schiff wahrscheinlicher machten, waren zum Beispiel Ufernähe (und die damit verbundene Sorge, das Schiff nicht mehr steuern zu können, wenn es erst einmal auf hoher See war), laxe Wachsamkeit oder schlechte Gesundheit der Besatzung. Wenn Gefangene bereits in Afrika im Zuge der zunehmenden Überfälle zur Beschaffung von Versklavten Kriegserfahrungen gemacht hatten, erhöhte sich die Wahrscheinlichkeit eines Aufstands ebenfalls.[68]

Der Historiker David Richardson hat gezeigt, dass Aufstände auf Sklavenschiffen materielle Auswirkungen auf den Handel hatten. Sie verursachten Verluste, erhöhten die Transportkosten und wirkten abschreckend auf Investoren, wie der Verfasser eines Artikels im *Boston News-Letter* 1731 feststellte: »Die Negeraufstände und andere Fehlschläge bei den jüngsten Reisen dorthin [an die Goldküste] haben eine große Verminderung unserer kaufmännischen Gewinne verursacht.« Richardson schätzt, dass auf nicht weniger als einem von zehn Schiffen ein Aufstand stattfand, dass bei jedem Aufstand durchschnittlich fünfundzwanzig Menschen starben und dass auf diese Weise insgesamt hunderttausend wertvolle Gefangene umkamen. Aufstände hatten auch andere wirtschaftliche Auswirkungen (höhere Kosten, geringere Nachfrage), die dazu führten, dass sich »die Verschiffung Versklavter [nach Amerika] erheblich verringerte«: Sie verursachten den ›Verlust‹ von sechshunderttausend Menschen im Zeitraum zwischen 1698 und 1807 und einer Million während der gesamten Periode des Sklavenhandels.[69]

Auch auf das lesende Publikum hatten Aufstände einen Effekt: Zeitungen auf beiden Seiten des Atlantiks meldeten eine endlose Reihe von blutigen Versklavtenaufständen. Neben und manchmal innerhalb dieser Berichterstattung gaben Gegner*innen des Sklavenhandels auch den Kämpfen auf dem Unterdeck eine Stimme, indem sie die »verzweifelte Entschlossenheit und den erstaunlichen Heldenmut« der Versklavten hervorhoben. Sie betonten oft, dass die Gefangenen versuchten, sich die »verlorene Freiheit«, ihr natürliches Recht, zurückzuerobern. Als nach 1787 in Großbritannien und den Vereinigten Staaten die öffentliche Debatte über den Sklavenhandel losbrach, führten Abolitionist*innen darüber hinaus wiederholt den Widerstand der Versklavten als Argument gegen all das an, was die in den Sklavenhandel involvierten Interessengruppen über die annehmbaren Bedingungen und die anständige Behandlung an Bord der Schiffe vorbrachten: Wenn die Verhältnisse auf den Sklavenschiffen so waren, wie Kaufleute und Kapitäne sie darstellten, warum würde sich dann jemand zu Tode hungern, über Bord stürzen oder mit wenig Aussicht auf Erfolg auflehnen und wahrscheinlich dabei sterben?[70]

Thomas Clarkson schrieb über die »Szenen glänzenden Heldenmutes, [welche] sich wiederholt in den Laderäumen oder auf den Decks der Sklavenschiffe ereignen«. So großartig und edel waren diese Taten, dass ihre »Urheber oft mit der Herrlichkeit ihrer Taten den gepriesenen Ruf Griechenlands und Roms in den Schatten stellen«. Er fuhr fort:

> Aber wie verschieden ist das Schicksal der einen von dem der anderen. Die Taten der ersteren werden als nichts weiter als niederträchtige Handlungen angesehen, und werden mit Folter oder mit dem Tod bestraft, während diejenigen der letzteren mit öffentlichen Belohnungen geehrt wurden. Überdies werden die Taten der ersteren mit Vorbedacht dem Vergessen anheimgegeben, damit, wenn möglich, keine Spur davon gefunden werde, während diejenigen der letzteren mit Vorbedacht als Beispiel für künftige Zeiten niedergeschrieben wurden.[71]

Clarkson hatte Recht, was das Heldentum, die Folter, den Tod und die endlose Verherrlichung der Geschichte Griechenlands und Roms betraf, aber er irrte sich in Bezug auf das Vermächtnis der Rebell*innen. Die größte Wirkung hatten Aufstände wahrscheinlich auf die Versklavten an Bord der Schiffe selbst, unabhängig davon, in welchem Maße sie direkt an ihnen beteiligt waren. Die Menschen, die sich weigerten, ihre Versklavung hinzunehmen, begannen einen Kampf, der mehrere hundert Jahre andauern sollte. Sie sollten als Märtyrer*innen in die Überlieferungen und Kultur und das lange Gedächtnis der Menschen auf den Unterdecks, den Kais und den Sklavenplantagen eingehen. Die Erinnerung an sie sollte lebendig bleiben und ihr Kampf sollte weitergehen.[72]

HEIMKEHR NACH GUINEA

Die Erfahrung des Todes und der Impuls, sich auf jede nur erdenkliche Weise zu widersetzen, waren mit einem in Westafrika weit verbreiteten spirituellen Glauben verknüpft. Vom Beginn des 18. Jahrhunderts bis zur Abschaffung des Sklavenhandels scheinen die meisten Gefangenen geglaubt zu haben, dass sie nach dem Tod in ihre Heimat zurückkehren würden, was es ihnen ermöglichte »mit einer wahrhaft ganz ihnen eigenen Tapferkeit und Gleichgültigkeit in den Tod zu gehen«. Dieser Glaube scheint besonders bei den Bevölkerungen an der Bucht von Biafra stark ausgeprägt gewesen zu sein, aber er existierte auch bei den Bevölkerungen von Senegambia, der Windward-Küste und der Goldküste. Und er blieb noch lange nach der *Middle Passage* bestehen: Bei Menschen afrikanischer Herkunft in Nordamerika und auf den Westindischen Inseln waren Beerdigungen oft von Freude, ja sogar von Verzückung begleitet, weil die verstorbene Person »nach Guinea heimkehrte«.[73]

Anfang des 18. Jahrhunderts schrieb ein anonymer Beobachter über die Menschen, die auf seinem Schiff starben: »Sie sind des Glaubens, dass sie, wenn sie sterben, in ihr eigenes Land gehen werden, was dazu führte, dass einige von ihnen sich weigerten, ihren Proviant zu essen, in dem Bestreben, sich abzuzehren, als die schnellste Art und Weise, in ihre Heimat zurückzukehren.« Eine Frau aus Old Calabar, die sich in den 1760er Jahren an Bord eines Sklavenschiffes zu Tode hungerte, sagte am Abend vor ihrem Tod zu anderen gefangenen Frauen, dass »sie zu ihren Freunden gehe«. Gegen Ende des 18. Jahrhunderts schrieb Joseph Hawkins, dass die Ibau nach dem Tod »in ihr eigenes Land zurückkehren müssen und immerfort frei von Kummer oder Schmerzen sein werden«. Die Abolitionist*innen wussten von dem

Glauben an Seelenwanderung. Thomas Clarkson erklärte: »Es ist ein bei den Afrikanern durchgehend gehegter Glaube, dass sie, sobald der Tod sie aus den Händen ihrer Unterdrücker befreit hat, sofort zu ihrem heimatlichen Boden zurückgeweht werden, wo sie aufs Neue existieren und sich am Anblick ihrer geliebten Landsleute weiden und ihr ganzes neues Dasein inmitten von Szenen der Ruhe und Freude verbringen werden: und diese Vorstellung hat eine so mächtige Wirkung auf sie, dass sie sie häufig zu dem äußersten Schritt treibt, ihrem Leben ein Ende zu setzen.« Wenn jemand starb, sagten die anderen Afrikaner*innen, er sei *»zu seinem glücklichen Land gegangen«*.[74]

Einem europäischen Beobachter zufolge, der mit mehreren Gefangenen auf seinem Schiff sprach, war dieser Glaube bei den meisten von ihnen »so wenig verfeinert, dass er es ihnen gestattete, das selbe Land in den selben Körpern zu bewohnen«. Einige, so berichtete er, glaubten sogar, sie würden wieder zu ihrem alten Leben zurückkehren und sogar in ihren »alten Wohnstätten« wohnen. Andere (die er als die »intelligenteren« Afrikaner*innen bezeichnete) glaubten, sie würden zu »einem Teil dieses gewaltigen Kontinents zurückkehren, welcher ihnen im Leben unbekannt bleiben muss«. In einem »afrikanischen Paradies« würden sie alle Freuden und Genüsse des Lebens ohne seine Ängste genießen. Die islamischen Versklavten auf den Sklavenschiffen sprachen über das »Gesetz ... welches das Erbe aller wahren Muselmänner sein soll!« Aber sie scheinen unterschiedlicher Meinung darüber gewesen zu sein, wer sie ins Jenseits begleiten würde: ob sie »blauäugige Jungfrauen« oder »ihre alten Frauen mit sich nehmen« würden. Der Mann, der diese Geschichten zusammentrug, betrachtete sein anthropologisches Unterfangen als unergiebig: »Ihre Meinung zu diesem Gegenstand muss jedoch als so dunkel und unverständlich betrachtet werden, dass sie schwerlich unsere Aufmerksamkeit verdient.«[75]

Die im Sklavenhandel tätigen Kaufleute und Kapitäne sahen dies anders. Sie widmeten diesem Glauben große Aufmerksamkeit, sowohl im Denken als auch im Handeln. Sie ließen nicht nur die Netze spannen, mit denen Suizide verhindert werden sollten, und hielten die Instrumente zur Zwangsernährung bereit, sie griffen auch zu vorsätzlichem Terror. Da viele Afrikaner*innen glaubten, dass sie in ihrem eigenen Körper in ihr Heimatland zurückkehren würden, terrorisierten Kapitäne ›präventiv‹ den Leichnam und alle, die ihn sahen. Ein Kapitän ließ alle Versklavten auf das Hauptdeck bringen und zusehen, wie der Zimmermann dem ersten verstorbenen Versklavten den Kopf abschlug. Dann ließ er den Leichnam über Bord werfen und »gab ihnen zu verstehen, dass sie, wenn sie entschlossen seien, in ihr eigenes Land zurückzukehren, ohne ihre Köpfe zurückkehren würden«. Er wiederholte dieses grausige Ritual bei jedem weiteren Todesfall. Kapitän William Snelgrave hatte die gleiche Idee. Nachdem er einen Mann enthauptet hatte, der hingerichtet worden war, weil er einen Aufstand angeführt hatte, erklärte er: »Letzteres wurde getan, um unseren Negern zu zeigen, dass alle, welche sich so vergehen, auf die nämliche Weise behandelt werden, Denn viele der Schwarzen glauben, dass sie, wenn sie hingerichtet und nicht zergliedert werden, in ihr eigenes Land zurückkehren werden, nachdem sie über Bord geworfen wurden.« Hugh Crow wusste, dass dieser Glaube oft zur »völligen Vernichtung des Missetäters« führte. Zu der langen Liste der Rollen, die der Sklavenschiffskapitän in der schnellwachsenden kapitalistischen atlantischen Ökonomie innehatte, muss eine weitere hinzugefügt werden: Terrorist.[76]

Diese Entschlossenheit zur »Heimkehr nach Guinea« legt auch den Schluss nahe, dass das Ziel eines Aufstands nicht immer die Eroberung des Schiffes war. In vielen Fällen war es vielmehr, wie Thomas Clarkson darlegte, kollektiver Suizid: Oft würden die Gefangenen »beschließen, sich gegen die Besatzung zu erheben, in der Hoffnung, auf diese Weise den Tod zu finden, welchen sie sich ersehnt haben, und gleichzeitig der Hoffnung frönend, dass sie ihn auf Kosten des Lebens einiger ihrer Unterdrücker finden werden«. Unter dem Aspekt dieser Zielsetzung muss eine viel größere Zahl von Aufständen aus der Perspektive derer, die sie initiierten, als erfolgreich betrachtet werden. Mit dem Tod und der spirituellen Rückkehr in die Heimat machten die Rebell*innen ihre Verschleppung, ihre Versklavung und ihr Exil rückgängig.[77]

NEUE BINDUNGEN

Mit der gewaltsamen Verschleppung und Versklavung wurde das Gefüge von Verwandtschaftsbeziehungen zerstört, über die das Leben fast aller auf die Sklavenschiffe verschleppten Menschen organisiert war. So tiefgreifend, einschneidend und verwirrend dies auch war, die Versklavten nahmen es nicht passiv hin. Sie taten alles in ihrer Macht Stehende, um die ihnen verbleibenden verwandtschaftlichen Bindungen zu bewahren, und nahmen das nicht weniger wichtige Projekt in Angriff, neue aufzubauen – spätestens auf dem Schiff, aber auch schon vorher, in den *coffles*, ›Sklavenverliesen‹, Faktoreien und Forts auf dem Weg dorthin. Olaudah Equiano entwickelte neue

Beziehungen zu seinen »Landsleuten«, ein Wort, das sich auf andere Igbo oder auf alle Afrikaner*innen beziehen konnte, die mit ihm zusammen auf dem Schiff waren. Was Anthropolog*innen als »fiktive Verwandtschaftsverhältnisse« bezeichnet haben, war eigentlich eine endlose Reihe von auf dem Unterdeck des Sklavenschiffes ständig neu geschaffenen Hilfsgemeinschaften. Die Menschen, die durch diese neuen Beziehungen miteinander verbunden waren, nannten sich gegenseitig »Schiffskamerad*innen«.

Was als Erstes hervorgehoben werden muss, ist, dass ›reale‹ Verwandtschaftsbeziehungen auf den Sklavenschiffen gang und gäbe waren. Wie ein Beobachter nach dem anderen erwähnte, stellten Ehefrauen und Ehemänner, Eltern und Kinder, Geschwister und enge wie entfernte Familienmitglieder fest, dass sie auf demselben Schiff gelandet waren. Dies war deshalb nicht ungewöhnlich, weil eine der am weitesten verbreiteten Methoden zur Beschaffung von Versklavten in Afrika das *grand pillage* war: die ›große Plünderung‹ von mitten in der Nacht in Brand gesteckten Dörfern, bei der Familien, selbst Clans und manchmal ganze Gemeinschaften von marodierenden feindlichen Kriegern zusammengetrieben, an die Küste verschleppt und oft als ›Kriegsgefangene‹ zusammen verkauft wurden. John Thornton schreibt: »Es konnte vorkommen, dass ein ganzes Sklavenschiff mit Menschen voll war, die nicht nur derselben Kultur angehörten, sondern zusammen aufgewachsen waren.«[78]

Er kam regelmäßig vor, dass sich an Bord der Guineafahrer Verwandte wiederbegegneten. Ein Igbo-Mann, ein *Embrenché*, »nach seiner höheren Klasse benannt« (wie Equianos Vater), traf auf dem Hauptdeck seines Schiffes eine Frau, die ihm ähnlich von »Angesicht und Farbe« war: seine Schwester. Die Geschwister standen »in Schweigen und Erstaunen«, sahen sich mit der größten Zuneigung an und »warfen sich einander in die Arme«. Auf einem anderen Sklavenschiff entdeckte ein »höchst gewandtes und verständiges« fünfzehnjähriges Mädchen nach drei Monaten, dass ein »Mädchen mit ähnlichen Gesichtszügen«, ihre achtjährige Schwester, auf das gleiche Schiff verschleppt worden war. »Sogleich umarmten sie einander und gingen unter Deck.« Es kam immer wieder vor, dass »Verwandte an Bord [des gleichen Schiffes] gebracht werden, wie beispielsweise Brüder und Schwestern, Ehefrauen und Ehemänner, und dies zu verschiedenen Zeiten«. Brüder aßen zusammen, Schwestern ebenfalls, aber da Männer und Frauen getrennt waren, war es für viele Verwandte nicht einfach, miteinander Kontakt zu halten. Nachrichten zwischen Eheleuten zum Beispiel »wurden von den Jungen, welche auf den Decks umherrannten, zwischen ihnen hin- und hergetragen«.[79]

In einem allmählichen Prozess, dessen Einzelheiten wir den erhaltenen Dokumenten nicht entnehmen können, begann sich der Verwandtschaftsbegriff auszuweiten und nicht mehr nur unmittelbare Familienangehörige zu umfassen, sondern auch Menschen, die zusammen aßen und arbeiteten, Freund*innen, Landsleute und schließlich das gesamte Unterdeck. Wie John Matthews schrieb, war der integrative Charakter vieler westafrikanischer Kulturen für diesen Prozess von zentraler Bedeutung: Die Menschen in Sierra Leone würden mit außerordentlicher »Leichtigkeit neue Verbindungen eingehen«. Kapitän James Bowen beschrieb diesen Aufbau neuer Bindungen unter den Versklavten. Auf seinem Schiff habe es »viele Verwandte« unter den Afrikaner*innen gegeben, und dies waren, wie er deutlich machte, keine traditionellen Verwandtschaftsbeziehungen, sondern erst vor kurzem entstandene Bindungen. Dies waren Menschen, »welche eine solche Anhänglichkeit aneinander entdeckt hatten, dass sie unzertrennlich wurden und während der Reise das Essen miteinander teilten und auf derselben Planke schliefen«. Kurz gesagt, sie hatten Gewalt, Terror und harte Bedingungen, aber auch Widerstand, Gemeinschaft und schließlich das Überleben auf dem Unterdeck des Sklavenschiffes zusammen erlebt. Sie waren »neue Verbindungen« eingegangen: Sie waren Schiffskamerad*innen geworden.[80]

Dr. Thomas Winterbottom erläuterte die große Tragweite dieses Begriffs. Winterbottom arbeitete Anfang der 1790er Jahre als Arzt in der Kolonie Sierra Leone und beobachtete die Zusammenhänge zwischen Verwandtschaftsverhältnissen in Afrika, auf dem Schiff und in der Neuen Welt. Er schrieb, dass ab einem bestimmten Alter »den Namen der Männer als Zeichen des Respekts der Titel pa oder Vater vorangestellt wird« und der »Titel ma oder Mutter ebenso den Namen der Frauen beigefügt wird«. Dies, fügte er hinzu, werde »auch unter den Sklaven in Westindien ausgeübt«. Dann erläuterte er die Rolle des Schiffes als Verbindungsglied: »Es ist der Erwähnung wert, dass diese unglückseligen Menschen, welche auf demselben Schiff nach Westindien gebracht wurden, hernach für immer eine starke, empfindsame Zuneigung füreinander bewahren: für sie ist der Begriff *Schiffskamerad* fast gleichbedeutend mit Bruder oder Schwester, insofern es selten vorkommt, dass eheliche Verbindungen zwischen ihnen stattfinden.« Dieses Phänomen war in allen atlantischen Kolonien weit verbreitet: In den niederländischen Kolonien nannten sich Menschen, die auf dem selben Schiff gewesen waren, gegenseitig *sibbi* oder *sippi*; im portugiesischen Brasilien war das Wort für Verwandte, deren Beziehung auf das Schiff zurückging, *malungo*; im Kreolisch der französischen Karibik war es *bâtiment*. Und von Virginia über Barbados bis nach Jamaika und darüber hinaus war es *shipmate*, ›Schiffskamerad*in‹. Später sollten diese Verwandtschaftsbeziehungen auf die nächste Generation ausgeweitet werden, wenn Menschen, die auf demselben Schiff gesegelt waren, ihren Kindern beibrachten, ihre ehemaligen Schiffskamerad*innen ›Onkel‹ oder ›Tante‹ zu nennen. Der Seemann William Butterworth kommentierte in Bezug auf die Veränderungen in den sozialen Beziehungen auf seinem eigenen Schiff im Verlauf der *Middle Passage*, wie »sehr sich die Dinge in einigen wenigen Wochen des Segelns geändert« hätten.[81]

Wie stark solche Bindungen waren, zeigte sich an der extremen Angst und dem Schmerz von Schiffskamerad*innen, wenn sie am Ende der Reise verkauft und voneinander getrennt wurden. Zum Teil war diese Aufgewühltheit natürlich die Angst vor dem unbekannten neuen Leben auf der Plantage, aber zum Teil war sie eine Reaktion auf den Verlust dessen, was unter großem Leid und voller verzweifelter Hoffnung an Bord des Schiffes aufgebaut worden war. Bei den Anhörungen zum Sklavenhandel, die zwischen 1788 und 1792 im britischen Unterhaus stattfanden, stellte ein Abgeordneter dem Schiffsarzt Alexander Falconbridge und dem Seemann Henry Ellison die gleiche Frage: »Ist Euch jemals untergekommen, dass die Sklaven auf Eurem Schiff außerordentlich kummervoll schienen, wenn sie in Westindien verkauft wurden?« Beide bejahten dies und waren sich darin einig, dass »sie darüber betrübt zu sein schienen, voneinander getrennt zu werden«. Falconbridge hatte vier solcher Verkäufe miterlebt, der langgediente Ellison zehn. Insgesamt waren mehr als viertausend Afrikaner*innen vor ihren Augen von den Schiffen verkauft worden. Ihre Aussagen bezogen sie sich nicht nur auf ›offizielle‹ Verwandte, die ohnehin nur eine kleine Minderheit ausmachten, sondern allgemein auf Gruppen von Versklavten, die auf demselben Schiff gewesen waren und nun »betrübt [waren], voneinander getrennt zu werden«.[82]

Andere vertieften diese Beobachtung. Dr. Thomas Trotter schrieb, dass die Menschen auf seinem Schiff »mit dem ganzen Ausdruck der Betrübnis nach ihren Freunden riefen, da man sie voneinander trennte«. Er fügte hinzu, dass »bei dieser Gelegenheit einige Ehemänner und Ehefrauen voneinander getrennt wurden«, merkte aber auch an, dass es »viele andere Beziehungen von unterschiedlichem Grade der Verwandtschaft« gab – mit anderen Worten, von engsten Familienangehörigen über entferntere Verwandte, Dorfnachbar*innen und Landsleute bis hin zu Schiffskamerad*innen. Kapitän Bowen versuchte bei einer der als *scramble* bezeichneten Auktionen (bei denen potenzielle Käufer versuchten, sich so schnell wie möglich die Versklavten zu sichern, die sie kaufen wollten) dafür zu sorgen, dass Gefangene, die »durch Blutsverwandtschaft oder Anhänglichkeit miteinander verbunden« waren, zusammen verkauft wurden, aber es gelang ihm nicht. Unter »Geschrei und Bangigkeit« und sogar Ohnmachtsanfällen wurden Menschen voneinander getrennt, die aneinanderhingen und sich wahrscheinlich, wie der Kapitän annahm, nie wiedersehen würden. Bei einem dieser Verkäufe wurden drei Mädchen »aus demselben Land«, deren Schiff 1804 in Charleston, South Carolina anlegte, voneinander getrennt. Dies löste bei einem der Mädchen »die durchdringendste Angst« aus; sie war »überwältigt von Entsetzen und Furcht angesichts der Trennung von ihren beiden Freundinnen«.[83] Diese wiederum »sahen sie sehnlich an, und sie diese. Zuletzt warfen sie sich einander in die Arme und brachen in die erbärmlichsten Ausrufe aus. Sie klammerten sich aneinander und schluchzten und schrien und benetzten einander mit ihren Tränen.« Schließlich wurden sie auseinandergerissen, woraufhin eins der Mädchen »eine Perlenkette mit einem Amulett daran von ihrem Hals nahm, küsste und ihrer Freundin um den Hals legte«.

Ein weiteres Beispiel für eine an Bord des Schiffes entstehende Gemeinschaft wurde von Thomas King erwähnt, einem altgedienten Sklavenschiffskapitän, der zwischen 1766 und 1780 neun Guineafahrten unternahm. Kapitän King hatte mehrmals miterlebt, wie »religiöse Priester« bestimmter Gruppen, die als Gefangene an Bord gebracht worden waren, begannen, ihre Mitgefangenen zum Aufstand anzustacheln. Diese spirituellen Führer bewegten andere dazu, »solche Angriffe zu unternehmen mit der Aussicht, das Schiff an irgendeine Küste zu bringen, wo sie ihre eigene kleine Gemeinschaft bilden würden«. Hier auf dem Schiff begann sich eine neue Gemeinschaft herauszubilden. Ihre Entstehung begann, als die beiden Afrikaner*innen ›Adam‹ und ›Eva‹ an Bord gebracht wurden, und sie sollte sich in Plantagengemeinschaften, den *Maroon*-Gemeinschaften geflohener Versklavter, kirchlichen und städtischen Gemeinschaften fortsetzen. Hier war eine Alchemie am Werk, die unter dem enormen Druck des Widerstands aus Ketten gemeinschaftliche Bande machte. Das mysteriöse Sklavenschiff war zu einem Ort des kreativen Widerstands für die Menschen geworden, die nun herausfanden, dass sie ›Schwarze‹ waren, *black folks*. In einem dialektischen Prozess von überwältigender Kraft brachte die unter Leid und Tod entstandene Gemeinschaft des Sklavenschiffes selbstbewusste, widerstandsfähige, lebensbejahende afroamerikanische und panafrikanische Kulturen hervor.[84]

Anmerkungen

1 *An Account of the Life*, S. 22–24. Für die Reise der *Loyal George* siehe *TSTD* #16490.

2 Piersen, William D.: »White Cannibals, Black Martyrs: Fear, Depression, and Religious Faith as Causes of Suicide Among New Slaves«, in: *Journal of Negro History* 62 (1977), S. 147–59.

3 Mintz / Price, *The Birth of African-American Culture*; Gomez, *Exchanging Our Country Marks*; Smallwood, *Saltwater Slavery.*

4 Aussage von George Millar, 1790, *HCSP* 73:394; Aussage von William Littleton, 1789, *HCSP* 68:299; Robinson, *A Sailor Boy's Experience*, S. 55; Atkins, *A Voyage to Guinea*, S. 180.

5 *Three Years Adventures,* S. 84; Matthews, *A Voyage to the River Sierra Leone*, S. 151–52.

6 Aussage von Thomas Poplett, 1789, *HCSP* 69:26; Robinson, *A Sailor Boy's Experience*, S. 78; Aussage von Thomas King, 1789, *HCSP* 68:333; Snelgrave, *A New Account*, S. 171–72; *Three Years Adventures*, S. 95–96, 125; Aussage von James Fraser, 1790, *HCSP* 71:34. S. a. Rice, Alan J.: *Radical Narratives of the Black Atlantic.* Continuum, London 2003, S. 120–46.

7 Snelgrave, *A New Account*, S. 163; Aussage von Fraser, 1790, *HCSP* 71:34.

8 Riland, *Memoirs of a West-India Planter*, S. 20– 24; Aussage von Ecroyde Claxton, 1791, *HCSP* 82:34. Der Sklavenhändler John Fountain sagte 1789 aus: »Es hängt davon ab, von welchem Volk sie sind. – Duncoes werden nie in Ketten gelegt – sie machen eine große Anzahl der Sklaven aus. – Fantees werden immer in Ketten gelegt – die Ashantees und andere Völker je nachdem, wie es notwendig ist, und dem Vergehen gemäß, welches sie begangen haben.« See *HCSP* 69:269.

9 Terry, Roderick: »Some Old Papers Relating to the Newport Slave Trade«, in: Newport Historical Society, *Bulletin* 62 (1927), S. 23.

10 »Medical Log of Slaver the ›Lord Stanley', 1792«, Christopher Bowes, MS. 129. d.27., Royal College of Surgeons, London. Zum Reduzieren von Menschen auf Nummern siehe Smallwood, *Saltwater Slavery*, S. 178.

11 Schiffstagebuch der *Mary*, 1795–96, in: Donnan III, 375. S. a. *Three Years Adventures*, S. 39; *Memoirs of Crow*, S. 38, 40; Aussage von Fraser, 1790, *HCSP* 71:45; Aussage von Alexander Falconbridge, 1790, *HCSP* 72:294.

12 *Boston Weekly News-Letter*, 1. September 1737; *Boston Gazette*, 22. November 1762; Park, *Travels into the Interior of Africa*, S. 305.

13 *Pennsylvania Gazette*, 30. Juli 1741; *Royal Georgia Gazette*, 14. Juni 1781; Aussage von Peter Whitfield Branker, *HLSP* 3:190. S. a. die Aussagen der Kapitäne Richard Pearson und John Olderman, in ebd., 121, 151. Für weitere Beispiele für Situationen, in denen Versklavte gegen Freibeuter kämpften, siehe *Boston Weekly News-Letter*, 31. Juli 1760; *Massachusetts Spy: Or, the Worcester Gazette*, 4. April 1798; *Commercial Advertiser*, 19. Juli 1805; *American Mercury*, 2. Oktober 1806; Aussage von James Penny, 1789, *HCSP* 69:117; *Memoirs of Crow*, S. 102.

14 *Enquirer*, 26. September 1804; Barker, *The Unfortunate Shipwright, or, Cruel Captain*, S. 20; Aussage von John Olderman, *HLSP* 3:150; Kapitän James Penny an Miles Barber, 24. Juli 1784, *Baillie v. Hartley*, exhibits regarding the Slave Ship Comte du Nord and Slave Trade; schedule, correspondence, accounts, E 219/377, NA; Newport Mercury, 18. November 1765.

15 »Barque Eliza's Journal, Robert Hall, Commander, from Liverpool to Cruize 31 Days & then to Africa & to Demarary; mounts 14 Nine & Six Pounders, with 31 Men & boys«, Royal African Company Records, T70/1220, NA; Aussage von Peter Whitfield Branker, *HLSP* 2:119; Aussage von John Ashley Hall, *HCSP* 72:233, S. 273.

16 Aussage von Falconbridge, 1790, *HCSP* 72:303; Aussage von Fraser, 1790, *HCSP* 71:28.

17 *Three Years Adventures*, S. 116–17; Aussage von John Ashley Hall, 1790, *HCSP* 72:230.

18 Falconbridge, *An Account of the Slave Trade*, S. 26.

19 Aussage von James Bowen, 1789, *HCSP* 69:125; Aussage von John Knox, 1789, *HCSP* 68:158.

20 Adams, *Sketches taken during Ten Voyages to Africa*, S. 9.

21 »Voyage to Guinea, Antego, Bay of Campeachy, Cuba, Barbadoes, &c.« (1714– 1723), Add. Ms. 39946, fol. 9–10, BL; Mouser (Hg.), *The Log of the* Sandown, S. 103; »The Slave Trade at Calabar, 1700–1705«, in: Donnan II, S. 15; Information von James Towne, in: Substance, S. 236.

22 Falconbridge, *An Account of the Slave Trade*, S. 28; Vernehmung von Rice Harris (1733), HCA 1/56, fol. 73–74; Aussage von James Arnold, 1789, *HCSP* 69:126.

23 Aubrey, *The Sea-Surgeon, or the Guinea Man's Vade Mecum*, S. 129–32; Atkins, *A Voyage to Guinea*, S. 60; Aussage von Trotter, 1790, *HCSP* 73: 84–85. Eine außerordentlich aufschlussreiche Untersuchung der vielen Bedeutungen des Todes im ›Black Atlantic‹ liefert Brown, Vincent: *The Reaper's Garden: Death and Power in the World of Atlantic Slavery.* Harvard University Press, Cambridge, Mass. 2010. Grundlegendes Hintergrundwissen findet sich in Kiple, Kenneth F.: *The Caribbean Slave: A Biological History.* Cambridge University Press, Cambridge 1984, S. 1–75. Eine nützliche Zusammenfassung der umfangreichen Forschung zur Sterblichkeit im Sklavenhandel bietet Klein, *The Atlantic Slave Trade*, S. 130–42.

24 Aussage von Fraser, 1790, *HCSP* 71:58; Falconbridge, *An Account of the Slave Trade*, S. 32; Aussage von Falconbridge, 1790, *HCSP* 72:303.

25 »Extracts of such Journals of the Surgeons employed in Ships trading to the Coast of Africa, since the first of August 1788, as have been transmitted to the Custom House in London, and which relate to the State of the Slaves during the Time they were on Board the Ships«, Slave Trade Papers, 3. Mai 1792, HL/PO/JO/10/7/920; »Log-books, etc. of slave ships, 1791–7«, Main Papers, 17.–19. Juni 1799, HL/PO/JO/10/7/1104; »Certificates of Slaves Taken Aboard Ships«, 1794, HL/PO/JO/10/7/982, alle im HLRO. Es sollte angemerkt werden, dass nicht alle Schiffsärzte die Todesursache aufführten; diese Archive enthalten also mehr als die hier ausgewerteten 86 Logbücher.

Einige (allerdings nicht alle) von ihnen bilden die empirische Grundlage für die Studie von Steckel / Jensen, »New Evidence on the Causes of Slave and Crew Mortality in the Atlantic Slave Trade«, S. 57–77.

26 Trotter, *Observations on the Scurvy*, S. 14; Kapitän James Penny an Miles Barber, 1. Juli 1784, *Baillie v. Hartley*, E 219/377, NA; Case of the *Mermaid*, 10. Juli 1739, in: Donnan III, S. 51–52; Philmore, J.: *Two Dialogues on the Man-Trade*. J. Waugh, London 1760, S. 34–35; Friedenberg, Zachary B.: *Medicine Under Sail*. Naval Institute Press, Annapolis, Md. 2002. Für das medizinische Logbuch eines Schiffsarztes, Christopher Bowes, der im Jahr 1792 die kranken Versklavten auf der *Lord Stanley* versorgte, siehe »Medical Log of Slaver the ›Lord Stanley‹, 1792«. Bowes behandelte 33 Menschen – 24 Männer, drei »Mann-Jungen«, drei Frauen und drei Mädchen – gegen eine Reihe von Beschwerden: Durchfall, Ruhr, Fieber, Schmerzen (Bauch, Brust, Knie, Knöchel, Kopf). Sechzehn von ihnen (von 392 Gefangenen an Bord) starben, drei an der Küste und 13 während der *Middle Passage*. Das Schiff hatte eine vergleichsweise niedrige Sterblichkeitsrate von etwas über 4 Prozent. Siehe *TSTD* #82365.

27 »Anonymous Account«, Add. Ms. 59777B, fol. 39v; Owen, *Journal of a Slave-Dealer: A View of Some Remarkable Axedents*, S. 90; Winterbottom, *An Account of the Native Africans*, Bd. 1, S. 236. S. a. Atkins, *A Voyage to Guinea*, S. 79, 101; Matthews, *A Voyage to the River Sierra Leone*, S. 123; Curtin, Philip: »Epidemiology and the Slave Trade«, in: *Political Science Quarterly* 83 (1968), S. 190–216; Kiple, Kenneth / Higgins, Brian: »Mortality Caused by Dehydration during the Middle Passage«, in: *The Atlantic Slave Trade: Effects on Economies, Societies, and Peoples in Africa, the Americas, and Europe*. Inikori, Joseph / Engerman, Stanley (Hg.). Duke University Press, Durham, N.C. 1992, S. 322–31; Sheridan, Richard B.: »The Guinea Surgeons on the Middle Passage: The Provision of Medical Services in the British Slave Trade«, in: *International Journal of African Historical Studies* 14 (1981), S. 601–25; Fett, Sharla: *Working Cures: Healing, Health, and Power on Southern Slave Plantations*. University of North Carolina Press, Chapel Hill 2002.

28 »Richard Simsons Voyage to the Straits of Magellan & S. Seas in the Year 1689«, Sloane 86, BL, fol. 57; Smith, *A New Voyage to Guinea*, S. 28; Snelgrave, *A New Account*, S. 187–88; Atkins, *A Voyage to Guinea*, S. 72. John Adams benutzte in seiner Diskussion der Vielfalt westafrikanischer Sprachen ebenfalls die Analogie des Turms von Babel. Siehe Adams, *Sketches taken during Ten Voyages to Africa*, S. 64. S. a. Thornton, *Africa and Africans*, S. 19–20, 183–205.

29 Snelgrave, *A New Account*, S. 177–80; Aussage von Claxton, *HCSP* 82:36; Aussage von Fraser, *HCSP* 71:13; Aussage von Falconbridge, *HCSP* 69:48.

30 [Thompson, Thomas]: *Memoirs of an English Missionary to the Coast of Guinea*. London 1788, S. 28–29.

31 Aussage von James Rigby, 1799, *HSLP* 3:88; [Thompson], *Memoirs*, S. 28–29; Aussage von William McIntosh, 1789, *HCSP* 68:194; Winterbottom, *An Account of the Native Africans*, Bd. 1, S. 11; Thornton, *Africa and Africans*, Kap. 7. S. a. Uya, Okon Edet: »The Middle Passage and Personality Change Among Diaspora Africans«, in: *Global Dimensions of the African Diaspora*. Harris, Joseph E. (Hg.). Howard University Press, Washington, D.C., 2. Aufl. 1993, S. 87.

32 Falconbridge, *HCSP* 72:294; Linebaugh, Peter: »All the Atlantic Mountains Shook«, in: *Labour/Le Travailleur* 19 (1982), S. 87–121.

33 Robinson, *A Sailor Boy's Experience*, S. 78; *Three Years Adventures*, S. 136. S. a. Aussage von Olderman, *HLSP* 3:175; Matthews, *A Voyage to the River Sierra Leone*, S. 99; Aussage von Trotter, *HCSP* 73:84.

34 *Three Years Adventures*, S. 111–12, 120, 93–94.

35 Aussage von Robert Norris, 1789, *HCSP* 68:7.

36 Befragung von Mr. Janverin, in: *Substance*, S. 249.

37 Aussage von Arnold, *HCSP* 69:126; Aussage von Claxton, *HCSP* 82:36.

38 Snelgrave, *A New Account*, Einleitung; *Three Years Adventures*, S. 131–32; Aussage von Robert Heatley, 1789, *HCSP* 69:123.

39 Riland, *Memoirs of a West-India Planter*, S. 58–59; Thomas Clarkson an den Comte de Mirabeau, 8. November 1789, fol. 1–2, Papers of Thomas Clarkson, Huntington Library, San Marino, Kalifornien. S. a. Falconbridge, *An Account of the Slave Trade*, S. 30; Aussage von Falconbridge, 1790, *HCSP* 72:307; Aussage von Ellison, *HCSP* 73:376; Aussage von James Towne, 1791, *HCSP* 82:22; Aussage von Claxton, *HCSP* 82:36.

40 Aussage von David Henderson, 1789, *HCSP* 69:139; Aussage von Arnold, *HCSP* 69:127.

41 Bly, Antonio T.: »Crossing the Lake of Fire: Slave Resistance During the Middle Passage, 1720–1842«, in: *Journal of Negro History* 83 (1998), S. 178–86; Rathbone, Richard: »Resistance to Enslavement in West Africa«, in: *De la traite a l'esclavage: actes du colloque international sur la traite des noirs.* Daget, Serge (Hg.), Centre de Recherche sur l'Histoire du Monde Atlantique, Nantes 1988, S. 173–84.

42 Riland, *Memoirs of a West-India Planter*, S. 52; Aussage von James Morley, 1790, *HCSP* 73:160–61.

43 Aussage von Isaac Parker, 1790, *HCSP* 73:124–25, 130; *TSTD* #91135.

44 *Edward Fentiman v. James Kettle* (1730), HCA 24/136; *TSTD* #76618. Für eine weitere Schilderung, aus der hervorgeht, dass Versklavte das Essen verweigerten, wenn sie misshandelt wurden, siehe Aussage von James Towne, 1791, *HCSP* 82:21. Ein Beispiel für einen kollektiven – und erfolgreichen – Hungerstreik von Versklavten zur Unterstützung eines afrikanischen Übersetzers auf ihrem Schiff, der misshandelt worden war, findet sich in »The Deposition of John Dawson, Mate of the Snow *Rainbow*«, 1758, in: Donnan IV, S. 371–72.

45 Aubrey, *The Sea-Surgeon*, S. 128. Für eine weitere Meinungsäußerung, der zufolge es unmöglich war, den Willen der Versklavten mit Gewalt zu brechen, siehe Befragung von Janverin, in: *Substance*, S. 249.

46 Snelgrave, *A New Account*, S. 190; »Anecdote IX« (Autor ungenannt), in: *Substance*, S. 315–16; *Jones v. Small*, Law Report, *The Times*, 1. Juli 1785.

47 »Voyage to Guinea«, Add. Ms. 39946, fol. 8, *TSTD* #75489; *Memoirs of Crow*, S. 44; James Hogg an Humphry Morice, 6. März 1732, Humphry Morice Papers, Bank of England Archives, London.

48 *Connecticut Journal*, 2. Februar 1786; Aussage von Falconbridge, 1790, *HCSP* 72:307–8; »Extract from a Letter on Board the Prince of Orange«, 7. April 1737, in: *Boston News-Letter*, 15. September 1737.

49 Aussage von Isaac Wilson, 1790, *HCSP* 72:281; Aussage von Claxton, *HCSP* 82:35–36; *Pennsylvania Gazette*, 21. Mai 1788 (Artikel von Gandy, aber nicht namentlich gekennzeichnet). Clarkson wiederholte seine Geschichte in einem Brief an Mirabeau, 9. Dezember 1789, Papers of Clarkson, Huntington Library. Zur *Zong* siehe Granville Sharp an die Lords Commissioners der Admiralität, London, 2. Juli 1783, »Documents Related to the Case of the Zong of 1783«, Manuscripts Department, REC/19, f. 96, NMM.

50 Aussagen von Wilson und Falconbridge, beide in *HCSP* 72:279, 300; Log of the Brig *Ranger*, Captain John Corran, Master, 1789–1790, 387 MD 56, LRO; [Wells, John]: »Journal of a Voyage to the Coast of Guinea, 1802«, Add. Ms. 3,871, fol. 15, Cambridge University Library; Aussage von Mr. Thompson, in: *Substance*, S. 207.

51 »Extract of a letter to Mr. Thomas Gatherer, in Lombard Street; dated Fort-James, River Gambia, April 12, 1773«, in: *Newport Mercury*, 27. Dezember 1773; *Independent Journal*, 29. April 1786. Für einen Bericht über eine ähnliche Explosion auf einem französischen Sklavenschiff siehe *Newport Mercury*, 3. März 1792. Für weitere Fälle von Massensuizid nach gescheiterten Aufständen siehe *Newport Mercury*, 25. November 1765; *Connecticut Journal*, 1. Januar 1768; »The Log of the Unity, 1769–1771«, Earle Family Papers, D/EARLE/1/4, MMM; *Providence Gazette; and Country Journal*, 10. September 1791.

52 Siehe Belege in En 25.

53 Für die Gerichtsentscheidung siehe *Jones v. Small*, Law Report, The Times, 1. Juli 1785. Wie andere Formen des Widerstands auch fand der Sprung über Bord seinen Weg vom Atlantik zurück in die Metropolen, wo die Entscheidung, eher zu sterben, als in ehrloser Sklaverei zu leben, von Schriftsteller*innen in Gedichten verewigt wurde. In einem bekannten abolitionistischen Gedicht, »The Negroe's Complaint«, das von den Liverpooler Patriziern William Roscoe und Dr. James Currie gemeinsam, aber anonym verfasst wurde, heißt es über den afrikanischen Protagonisten Maratan: »Tomorrow the white-man in vain / Shall proudly account me his slave! / My shackles, I plunge in the main – / And rush to the realms of the brave.« (»Morgen wird mich der weiße Mann vergebens / Stolz für seinen Sklaven erachten! / Ich werde meine Fesseln ins Meer werfen – / Und in die Gefilde der Tapferen eilen.«) Siehe Dr. James Currie an Admiral Sir Graham Moore, 16. März 1788, 920 CUR 106, Papers of Dr. James Currie, LRO. Das Gedicht erschien ursprünglich in der *World* und wurde später in den USA wiederveröffentlicht. Siehe die *Federal Gazette, and Philadelphia Evening Post*, 8. April 1790. Roscoe bedient sich des gleichen narrativen Mittels in *The Wrongs of Africa*, London 1788. Siehe Basker, James G.: *Amazing Grace: An Anthology of Poems About Slavery, 1660–1810*. Yale University Press, New Haven, Conn. 2002.

54 Aussage von Ellison, *HCSP* 73:374. Der klassische Aufsatz zu diesem Thema ist Greene, Lorenzo: »Mutiny on the Slave Ships«, in: *Phylon* 5 (1944), S. 346–54. S.

a. den wertvollen Beitrag von Taylor, Eric Robert: *If We Must Die: Shipboard Insurrections in the Era of the Atlantic Slave Trade.* Louisiana State University Press, Baton Rouge 2006.

55 Aussage von Arnold, *HCSP* 69:130. Snelgrave (*A New Account*, S. 167) war überrascht, als er erfuhr, dass ein Aufstand auf der *Eagle Galley* im Jahr 1704 von nicht mehr als zwanzig Männern begonnen worden war. Mitunter waren es sogar noch weniger. Manchmal verkalkulierten sich die Rebell*innen auch, und es stellte sich heraus, dass keine weiteren Gefangenen sich einem bereits begonnenen Aufstand anschlossen.

56 *The Times*, 1. Juli 1785; »Log of the *Unity*«, Earle Family Papers, D/EARLE/1/4; *Connecticut Journal*, 2. Februar 1786; Aussage von Robert Hume, 1799, *HLSP* 3:110; Aussage von Trotter, *HCSP* 73:87; Atkins, *A Voyage to Guinea*, S. 72–73. Zu Jungen siehe »Extract of a letter to Mr. Thomas Gatherer, April 12, 1773«, in: *Newport Mercury*, 27. Dezember 1773. S. a. Uya, »The Middle Passage and Personality Change«, S. 91.

57 *Three Years Adventures*, S. 96; Snelgrave, *A New Account*, S. 77; Aussage von Fountain, *HCSP* 68:273; Thornton, *Warfare in Atlantic Africa*, S. 140.

58 *Pennsylvania Gazette*, 16. Mai 1754. Für weitere Fälle von Aufständen, bei denen die Versklavten europäische Waffen benutzten, siehe Lieutenant Governor Thomas Handasyd an das Board of Trade and Plantations, aus Jamaika, 5. Oktober 1703, in: Donnan II, S. 4; *Boston News-Letter*, 6. Mai 1731 (auch *Boston Gazette*, 26. April 1731); *Bath Journal*, 18. Dezember 1749; *Boston Gazette*, 4. Oktober 1756; *Pennsylvania Gazette*, 31. Mai 1764; *New London Gazette*, 18. Dezember 1772; *Newport Mercury*, 27. Dezember 1773; William Fairfield an Rebecca Fairfield, Cayenne, 23. April 1789, in: Donnan III, S. 83; *Providence Gazette; and Country Journal*, 10. September 1791; *Massachusetts Spy: Or, the Worcester Gazette*, 4. April 1798; *Federal Gazette & Baltimore Daily Advertiser*, 30. Juli 1800; *Newburyport Herald*, 22. März 1808. Inikori schätzt, dass zwischen 1750 und 1807 jährlich zwischen 150.000 und 200.000 Schusswaffen nach Westafrika importiert wurden; Richards beziffert die Anzahl auf 283.000 bis 394.000. Siehe Inikori, »The Import of Firearms into West Africa 1750–1807«, S. 348, und Richards, »The Import of Firearms into West Africa in the Eighteenth Century«, S. 43–44.

59 Smith, *A New Voyage to Guinea*, S. 28. Zu den Coromantee siehe Trotter, *Observations on the Scurvy*, S. 23; Falconbridge, *An Account of the Slave Trade*, S. 70. S. a. Snelgrave, *A New Account*, S. 168–69, 177–78. Zu den Ibibio siehe *Memoirs of Crow*, S. 98–99, 200–1. David Richardson hat die These aufgestellt, dass die Versklavten aus der Senegambia-Region (sowie die aus Sierra Leone und von der Windward-Küste) am rebellischsten waren, dicht gefolgt von den Gefangenen von der Goldküste. Siehe seinen Aufsatz »Shipboard Revolts, African Authority, and the Atlantic Slave Trade«, in: *William and Mary Quarterly*, 3. Ser., 58 (2001), S. 76–77.

60 *Felix Farley's Bristol Journal*, 24. März 1753.

61 Smallwood, *Saltwater Slavery*, S. 123.

62 *Newburyport Herald*, 4. Dezember 1801.

63 *Boston Post Boy*, 13. August 1750.

64 *Pennsylvania Gazette*, 9. November 1732; Atkins, *A Voyage to Guinea*, S. 175–76; s. a. *Three Years Adventures*, S. 103.

65 *Boston News-Letter*, 18. September 1729; *TSTD* #77058; *Bath Journal*, 18. Dezember 1749; *TSTD* #90233.

66 *American Mercury*, 31. Januar 1785.

67 Aussage von Ellison, *HCSP* 73:375; Snelgrave, *A New Account*, S. 167, 173; »Anecdote I« (Autor ungenannt), in: *Substance*, S. 311; Aussage von Arnold, *HCSP* 69:134.

68 Aussage von Towne, 1791, *HCSP* 82:21; Richardson, »Shipboard Revolts«, S. 82–90.

69 *Boston News-Letter*, 9. September 1731; Richardson, »Shipboard Revolts«, S. 74–75.

70 Clarkson, *An Essay on the Slavery and Commerce of the Human Species*, S. 88–89.

71 *Newburyport Herald*, 4. Dezember 1801; Clarkson an Mirabeau, 9. Dezember 1789, fol. 1–2, Papers of Clarkson, Huntington Library.

72 Piersen, »White Cannibals, Black Martyrs«, S. 147–59.

73 »Anonymous Account«, Add. Ms. 59777B, fol. 40–41v; Aussage von John Douglas, 1791, *HCSP* 82:125; Mullin, Michael: *Africa in America: Slave Acculturation and Resistance in the American South and British Caribbean, 1736–1831*. University of Illinois Press, Urbana und Chicago 1992, S. 66–69; Smallwood, *Saltwater Slavery*, S. 147. Siehe auch die interessanten Beobachtungen von Elisabeth Isichei in »Transformations: Enslavement and the Middle Passage in African American Memory« in ihrem Buch *Voices of the Poor in Africa*. University of Rochester Press, Rochester, N.Y. 2002, S. 77–85.

74 »Voyage to Guinea«, Add. Ms. 39946, fol. 9–10; Aussage von Millar, *HCSP* 73:394; Hawkins, *A History of a Voyage to the Coast of Africa*, S. 108; Clarkson, *An Essay on the Slavery and Commerce of the Human Species*, S. 143–44. Für weitere Verweise auf diesen Glauben siehe *The Times*, 2. Februar 1790; Atkins, *A Voyage to Guinea*, S. 175–76.

75 »Anonymous Account«, Add. Ms. 59777B, fol. 40–41v.

76 Aussage von Claxton, 1791, *HCSP* 82:35; Snelgrave, *A New Account*, S. 183–84; *Memoirs of Crow*, S. 26. Snelgrave setzte hinzu, dass weder der Mann, der hingerichtet wurde, noch irgendeiner der anderen Coromantee (von der Goldküste) an eine Rückkehr nach dem Tod glaubten, dass aber »viele aus anderen Ländern, welche ich an Bord hatte, diesen Glauben hatten«.

77 Clarkson an Mirabeau, 9. Dezember 1789, fol. 1, Papers of Clarkson, Huntington Library.

78 Thornton, *Africa and Africans*, S. 195.

79 *Three Years Adventures*, S. 80–82; Aussage von William James, *HCSP* 69:49; Aussage von Wilson, *HCSP* 72:281–82; Aussage von Arnold, *HCSP* 69, 50, 137–38; Aussage von Trotter, *HCSP* 73:97, 99–100. Für einen Bericht über eine Frau, die beim Verlas-

sen eines Sklavenschiffes ihren Ehemann wiederfand, von dem sie zwei Jahre zuvor gewaltsam getrennt worden war, siehe *The Sun*, 18. November 1805.

80 Matthews, *A Voyage to the River Sierra Leone*, S. 153; Befragung Bowens, in: *Substance*, S. 230. Siehe auch John Thorntons Kommentar über die in Westafrika weit verbreitete kulturelle Fähigkeit, ›Ausländer*innen‹ einzubeziehen: *Africa and Africans*, S. 218.

81 Winterbottom, *An Account of the Native Africans*, Bd. 1, S. 212; *Three Years Adventures*, S. 126. Winterbottom schildert auch eine Situation, die ein Freund von ihm auf Jamaika erlebt hatte, der eines späten Abends einem afrikanischen Mann auf dem Heimweg begegnete, der »eine Kiste auf dem Kopf trug«. Diese Kiste enthielt »das Herz eines *Schiffskameraden*, welches er zu einem einige Meilen entfernten Landgut trug, auf dem eine Anzahl der Freunde des Verschiedenen lebten, dass sie darüber *weinen* möchten. Er sagte, er habe bereits am vorhergehenden Abend über dem Leichnam geweint, als sie ihn in die Erde gesenkt hätten, und nun wolle er sich seinen weiter entfernt lebenden Freunden in der gleichen Zeremonie anschließen« (Bd. 1, S.212– 13). S. a. Uya, »The Middle Passage and Personality Change«, S. 93. Ich danke meinen Kolleg*innen Jerome Branche und Shelome Gooden für die wertvollen Diskussionen zu diesem Thema.

82 Aussage von Falconbridge, *HCSP* 72:308; Aussage von Ellison, *HCSP* 73:381.

83 Aussage von Trotter, *HCSP* 73:88; Befragung Bowens, in: *Substance*, S. 230; »Extract of a letter from Charleston to the Editor of the Repertory, dated March 8th«, in: *Massachusetts Spy, or Worcester Gazette*, 4. April 1804. Der Autor glaubte, die drei Mädchen könnten Schwestern gewesen sein, scheint aber schließlich zu dem Schluss gekommen zu sein, dass sie »Freundinnen« waren.

84 Aussage von Thomas King, 1789, *HCSP* 68:333; Aussage von Arnold, *HCSP* 69:50. Für »Adam und Eva« siehe Mouser (Hg.), *The Log of the* Sandown, S. 64; *An Account of the Life*, S. 29. S. a. Diene, Doudou (Hg.): *From Chains to Bonds: The Slave Trade Revisited*. Berghahn, Oxford 2001.

10. KAPITEL

DIE LANGE REISE DES SKLAVENSCHIFFES BROOKS

Bis zu den späten 1780er Jahren hatten Tausende von Sklavenschiffen den Atlantik überquert, Millionen von Gefangenen zu den Plantagen der Neuen Welt transportiert und zur Entstehung einer mächtigen kapitalistischen atlantischen Ökonomie beigetragen. 1788–89 wurden sie alle plötzlich sozusagen in die Häfen zurückgerufen: Die Abolitionist*innen waren zu dem Schluss gekommen, dass das, was auf diesen Schiffen geschah, moralisch nicht zu rechtfertigen war und dass die auf ihnen herrschenden gewalttätigen Zustände in ihren Heimathäfen (London, Liverpool und Bristol in England, Boston, New York und Philadelphia in den USA) bekannt gemacht werden müssten. Vor diesem Hintergrund begannen die Gegner*innen des Sklavenhandels eine intensive Kampagne mit dem Ziel, das Sklavenschiff für das lesende Publikum der Großstädte real vorstellbar werden zu lassen – das heißt, diese Schiffe, die so lange außerhalb der Grenzen der bürgerlichen Gesellschaft operiert hatten, dem prüfenden Auge der Öffentlichkeit auszusetzen und, wie sie hofften, einer neuen politischen Kontrolle zu unterwerfen.[1]

Die Abolitionist*innen bedienten sich unterschiedlicher Methoden, um das Sklavenschiff real vorstellbar werden zu lassen – Broschüren, Reden, Vorträge, Gedichte – aber das wahrscheinlich wirkungsvollste Mittel war die bildliche Darstellung. Wie sich zeigen sollte, gehören die von den Abolitionist*innen produzierten Abbildungen des Sklavenschiffes zu dem effektivsten Propagandamaterial, das je von einer sozialen Bewegung entwickelt wurde. Die bekannteste dieser Darstellungen war und ist die von William Elford gezeichnete und im November 1788 vom Plymouth-Zweig der *Society for Effecting the Abolition of the Slave Trade* veröffentlichte Abbildung des Sklavenschiffes *Brooks*. Die *Brooks* sollte in den darauffolgenden Jahren rund um den Atlantik viele weitere Male gezeichnet und veröffentlicht werden. Es wurde im Verlauf des 18. und 19. Jahrhundert zum Sinnbild sowohl der

Brutalität des atlantischen Sklavenhandels als auch der vielfältigen Kämpfe gegen ihn. Thomas Clarkson erklärte in seiner Geschichte der Abolitionsbewegung, die Abbildung habe »einen augenblicklichen Eindruck des Grauens auf alle, die es sahen«, gemacht. Sie habe den Betrachter*innen »einen viel besseren Begriff von den Schrecken des Transports [der Afrikaner*innen] gegeben, als sie sonst hätten haben können, und in hohem Grade dazu beigetragen, ... die Öffentlichkeit zugunsten unserer Sache einzunehmen«.[2]

Die Veröffentlichung der Abbildung der *Brooks* war Teil einer umfassenderen Strategie mit dem Ziel, die Menschen in Großbritannien und Amerika und generell überall, wo Sklavenhandel betrieben wurde, aufzuklären, wachzurütteln und zum Handeln zu bewegen. Der radikale Aktivist Thomas Cooper aus Manchester beschrieb diesen Ansatz 1787 folgendermaßen: »Jedermann verurteilt diesen Handel im Allgemeinen; aber es bedarf der Darstellung besonderer Beispiele für die Ungeheuerlichkeit dieses Gewerbes, um diejenigen, welche der [abolitionistischen] Sache insgesamt wohlgesonnen sind, dazu zu bewegen, in dieser Angelegenheit tätig zu werden.« Für den Aufbau einer Bewegung gegen den Sklavenhandel mussten die Informationen darüber konkret und fassbar sein und eine menschliche Dimension haben. Nicht nur durfte dabei nicht übertrieben werden, es musste eine »Erzählung über Qualen sein, welche nicht übertrieben werden können; welche sich auf Millionen unserer Mitgeschöpfe erstrecken«, Qualen, die »durch Gesetze, welche Habsucht und Unterdrückung beschlossen und durchgesetzt haben, nicht gelindert, sondern vermehrt und gerechtfertigt« wurden. Es seien, so schloss er, »*besondere* Nöte, und ihre Begleitumstände, welche geeignet sind, Mitgefühl zu wecken« und Menschen zum Handeln zu motivieren. Damit formulierte Cooper die Prinzipien, die einem Großteil der erfolgreichen Arbeit der Abolitionsbewegung zugrunde liegen sollten.[3]

Die *Brooks* repräsentierte das Elend und die Ungeheuerlichkeit des Sklavenhandels vollständiger und anschaulicher als alles andere, was die Abolitionist*innen zutage fördern sollten. Das Ergebnis ihrer Kampagne war die weite Verbreitung eines visuellen Dokuments, das das Sklavenschiff als einen Ort der Gewalt, Grausamkeit, unmenschlicher Lebensbedingungen und schauderhaften Sterbens darstellte. Das Bild zeigte in grauenvollen, konkreten Einzelheiten, dass das Sklavenschiff selbst ein Ort der Barbarei war, ein riesiges, komplexes, technologisch ausgeklügeltes Folterinstrument. Mit ihrer öffentlichen Anklage demonstrierten die Abolitionist*innen, dass das Schiff, das Millionen von Afrikaner*innen in die Sklaverei transportiert hatte, noch etwas anderes in sich trug: den Keim seiner eigenen Zerstörung.[4]

WARUM DIE BROOKS?

Die Reise der *Brooks* in die negative Berühmtheit begann mit einer einfachen Notiz, geschrieben von einem gewissen Kapitän Parrey von der Royal Navy, der nach Liverpool entsandt worden war, um die Tonnage und Innenmaße mehrerer Sklavenschiffe zu dokumentieren. Er schrieb: »Schiff Brooks – Tragfähigkeit 297 Tonen umfasst in ihren verschiedenen Quartieren für die Neger 4178 Quadratfuß, was die Hälfte der Zahl zulässt, welche sie mit sich führte (609). 5 Fuß 6 Zoll Länge & 18 Zoll Breite, & die andere Hälfte 5 Fuß Länge & 13 Zoll Breite, oder 6 Fuß 10 Zoll für jede Person an Bord.« Parrey hatte sechsundzwanzig Schiffe inspiziert und neun davon vermessen; drei von ihnen waren größer als die *Brooks* gewesen und fünf kleiner. Als die Fläche jedes dieser Schiffe durch die Anzahl der auf ihrer jüngsten Reise beförderten Versklavten geteilt wurde, ergab sich, dass die *Brooks* am zweitwenigsten Platz pro versklavte Person hatte. In jeder anderen Hinsicht schien sie ein mehr oder weniger typisches Schiff zu sein.[5]

Die *Brooks* wurde Bestandteil der abolitionistischen Propaganda, nachdem die Abolitionskomitees von Plymouth und London Zugang zu Parreys Abmessungsliste erhalten hatten. Wahrscheinlich durch Premierminister William Pitt, den Mann, der Parrey nach Liverpool geschickt hatte. Im Text des ursprünglichen Flugblattes lieferte Elford einen Teil der Begründung dafür, gerade dieses Schiff abzubilden, indem er die *Brooks* als »ein kapitales Schiff« bezeichnete. Das Londoner Komitee, das das Plymouther Flugblatt anscheinend abgesegnet hatte, hielt es laut Clarkson für notwendig, »ein im Sklavenhandel tätiges Schiff mit seinen wahren Abmessungen auszuwählen, wenn sie eine ehrliche Darstellung von der Art des Transports geben wollten«. Vor diesem Hintergrund hatte die *Brooks* drei Vorzüge: Sie war zufällig das erste Schiff auf Kapitän Parreys Liste und damit nach dem Zufallsprinzip ausgewählt worden, sie ließ »keine Klagen der Übertreibung« seitens der Abschaffungsgegner*innen zu, und sie war »ein in dem Gewerbe wohlbekanntes Schiff«.[6]

Die *Brooks* war 1781 gebaut und nach dem Liverpooler Sklavenhändler Joseph Brooks Jr. benannt worden, der sie in Auftrag gegeben hatte und ihr erster Eigner gewesen war. Für einen Guineafahrer war sie mit 297 Tonnen selbst nach damaligen Maßstäben ein großes Schiff (der Durchschnitt lag bei etwa 200 Tonnen). Sie war, wie Kapitän Parrey in seinem Bericht schrieb, »für den [Sklaven-]Handel« gebaut worden, wie man den vierzehn in die Bordwand eingelassenen Luken oder Luftpforten entnehmen konnte, die das Unterdeck belüften sollten, in dem die Versklavten verstaut werden würden. (Für andere Arten von ›Fracht‹, außer vielleicht für Sträflinge und Vieh, war keine derartige Belüftung notwendig.) Die *Brooks* hatte eine lange Karriere als Sklavenschiff: Im Verlauf eines knappen Vierteljahrhunderts wurde sie auf zehn erfolgreichen Fahrten eingesetzt. Ihre Kapitäne kauften insgesamt schätzungsweise 5.163 Afrikaner*innen, von denen 4.559 lebend die Zielhäfen erreichten. Damit erreichte die Sterberate auf dem Schiff 11,7 Prozent. Über die gesamten vier Jahrhunderte des Sklavenhandels gerechnet lag sie nah am Durchschnitt (12,1 Prozent), fiel aber bezogen auf ihre eigene Zeit hoch aus, da die durchschnittliche Sterberate unter den Versklavten auf britischen Schiffen zwischen 1775 und 1800 bei 7,95 Prozent lag. Vor dem Inkrafttreten des Dolben Acts beförderte die *Brooks* sehr viel mehr Versklavte pro Fahrt, als in den diversen grafischen Darstellungen gezeigt wurde: 666 in den Jahren 1781–83, 638 in den Jahren 1783–84, die unglaubliche Anzahl von 740 in den Jahren 1785–86, und 609 in den Jahren 1786–87, auf ihrer letzten Reise vor der Inspektion durch Kapitän Parrey.[7]

DIE ERSTE ABBILDUNG: PLYMOUTH

Oben auf dem von Elford und dem Plymouth-Komitee entworfenen großen Flugblatt befand sich die Abbildung der *Brooks*, in der 294 afrikanische Menschen dicht gedrängt und säuberlich nebeneinander angeordnet über vier separate Unterkünfte verteilt lagen, die von links (dem Heck des Schiffes) nach rechts mit »Mädchenraum«, »Frauenraum«, »Jungenraum« und »Männerraum« beschriftet waren. Jede einzelne Person war in deutlichen Umrissen, nur mit einem Lendenschurz bekleidet, gezeichnet worden. Die Männer trugen Fußschellen. Das Blatt maß 50 mal 75 Zentimeter, und das Schiff nahm weniger als ein Viertel davon ein. Direkt unter dem Bild stand die Überschrift »Plan des Unterdecks eines AFRIKANISCHEN SCHIFFES mit NEGERN im Verhältnis von nur Einem auf eine Tonne«. In der Mitte der Bildunterschrift befand sich eine weitere Zeichnung, die einen von einem Oval eingerahmten versklavten Mann in Ketten zeigte, der mit flehend erhobenen Händen fragte: »Bin ich nicht ein Mensch und ein Bruder?« Links des Ovals waren Handschellen zu sehen, rechts eine neunschwänzige Katze. Dies war eine frühe Verwendung des Motivs, das später zum Hauptemblem der Abolitionsgesellschaft werden sollte.[8]

Unter dem Bild und der Überschrift stand ein zwei Spalten (acht Absätze) langer erläuternder Text, der die übrigen drei Viertel des Flugblattes einnahm und folgendermaßen begann: »Die obige Tafel stellt das Unterdeck eines Afrikaschiffes mit einer Tragfähigkeit von 297 Tonnen dar, mit den darin gestauten Sklaven, im Verhältnis von nicht ganz einem auf eine Tonne.« Im nächsten Absatz wird die Platzaufteilung beschrieben: Die Männer hatten pro Person 1,80 Meter mal 40 Zentimeter Platz, die Jungen 1,50 Meter mal 35 Zentimeter, die Frauen 1,75 Meter mal 40 Zentimeter und die Mädchen 1,20 Meter mal 35 Zentimeter. Der Abstand zwischen den Decks betrug etwa 1,70 Meter. Darauf folgte eine kurze Beschreibung der Lebensbedingungen auf dem Schiff: wie die Männer aneinandergekettet wurden, wie die Versklavten zum Essen an Deck gebracht wurden. Dann wird kurz der jüngst verabschiedete Dolben Act erwähnt, der die zulässige Höchstzahl von Versklavten an Bord an die Tonnage des Schiffes koppelte, und danach wendet sich der Text wieder dem Thema der Verstauung der Gefangenen und dann den »tausend anderen Leiden« zu, die sie durchleben: die gewaltsame Trennung von Familie und Heimat, die »unablässige harte Arbeit der Sklaverei, ohne Entlohnung, und ohne Hoffnung« und schließlich der vorzeitige Tod.

Im darauffolgenden Absatz wird klargestellt, dass die laufende Abolitionskampagne sich nur auf den Sklavenhandel und nicht, wie von einigen Seiten fälschlich behauptet werde, auf die Emanzipation der Versklavten beziehe, die eine Verletzung des »Privateigentums« darstellen würde. Die Beendigung des Sklavenhandels würde ganz im Gegenteil dazu führen, dass die Menschen, die sich bereits in Sklaverei befanden, besser behandelt würden: »So wird denn der Wert des Privateigentums nicht nur keine Verminderung erfahren, sondern durch die Abschaffung des Handels sehr erfreulich gesteigert werden.«

In einem kurzen vorletzten Absatz wird ein von Befürworter*innen des Sklavenhandels vorgebrachtes Argument widerlegt, demzufolge »seine Unterdrückung ein wichtiges Ziehhaus für Seeleute vernichten und eine höchst beträchtliche Quelle kommerziellen Gewinns zerstören wird«. Wie Thomas Clarksons jüngste Recherchen gezeigt hatten, war der Sklavenhandel kein »Ziehhaus« für Seeleute, sondern eher ein Friedhof. Darüber hinaus war er eine unsichere, störungsanfällige Branche und damit für Kaufleute ein gefährlicher und mitunter ruinöser Investitionsbereich.

Der Text schloss mit einem Aufruf zum Handeln. Er erwähnte die laufende parlamentarische Untersuchung zum Sklavenhandel und forderte die Bevölkerung dazu auf, »vorzutreten« und relevante Informationen zur Verfügung zu stellen, die »das notwendige Licht auf diesen Gegenstand werfen« würden, womit vermutlich das dunkle Unterdeck der *Brooks* und anderer Sklavenschiffe gemeint war. Den Abschluss bildete ein Hinweis darauf, wie viel diese noch in ihren Anfängen steckende soziale Bewegung würde bewirken können: »Die Leute täten gut daran zu bedenken, dass der Einzelne nicht oft in den Stand gerät, die Gelegenheit zu haben, eine so wichtige moralische und religiöse Pflicht zu erfüllen wie diejenige, einer Praxis ein Ende zu bereiten, welche ohne Übertreibung als eines der größten heute auf Erden bestehenden Übel bezeichnet werden mag.« Das Plymouth-Komitee beschloss, »von einer Platte, welche die Art und Weise vorstellt, in der Sklaven an Bord der Afrikaschiffe gestaut werden, 1500 Exemplare, mit Anmerkungen darauf, abzuziehen und umsonst zu verteilen«.[9]

DIE OZEANÜBERQUERUNG: PHILADELPHIA UND NEW YORK

In den frühesten in Philadelphia und New York gedruckten Versionen des *Brooks*-Flugblattes wurden Bild und Text der Vorlage aus Plymouth übernommen. Die erste dieser Versionen wurde im Mai 1789 von Mathew Carey veröffentlicht, zuerst in *American Museum* und dann als Flugblatt in einer Auflage von 2.500 Exemplaren. Carey änderte die Anordnung von Bild und Text: Er platzierte die Abbildung der *Brooks* oben auf der im Querformat bedruckten Seite, setzte die ursprüngliche Bildunterschrift darüber und »Bemerkungen zum Sklavenhandel« darunter, und verkleinerte das Ganze auf etwa dreiunddreißig mal vierzig Zentimeter, wahrscheinlich, weil es in einer Zeitschrift veröffentlicht wurde. Der New Yorker Drucker Samuel Wood kombinierte den Text aus Philadelphia mit dem Layout aus Plymouth. Seine Version des Flugblattes war mit etwa 48 mal 60 Zentimetern größer als die von Carey, allerdings kleiner als das Original aus Plymouth.[10]

Die amerikanischen Drucker nahmen drei wesentliche Änderungen an dem Text vor – zwei Zusätze und eine Streichung – durch die ihre Fassung des Flugblattes sich erstens deutlich vom Original absetzte und zweitens radikaler wurde. Carey entfernte das Bild des knienden versklavten Mannes und strich den ganzen Absatz, in dem dargelegt wurde, dass die Kampagne gegen den Sklavenhandel nicht auf die Emanzipation der Versklavten abziele und nicht nur keine Verringerung, sondern sogar eine Vermehrung des Privateigentums nach sich ziehen würde. Dann fügte er am Anfang des Textes

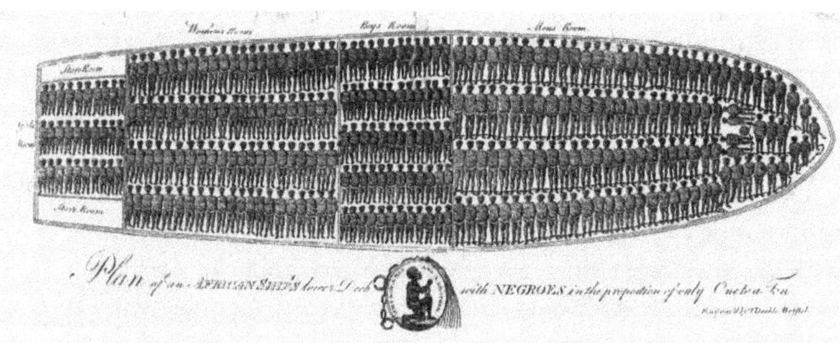

THE above Plate repreſents the lower deck of an African Ship of 297 tons burthen, with the Slaves ſtowed on it, in the proportion of not quite one to a ton.

In the Men's apartment, the ſpace allowed to each is ſix feet in length, by ſixteen inches in breadth.—The Boys are each allowed five feet by fourteen inches.—The Women, five feet ten inches, by ſixteen inches; and the Girls, four feet by one foot each.—The perpendicular height between the Decks, is five feet eight inches.

The Men are faſtened together two and two, by handcuffs on their wriſts, and by irons rivetted on their legs.—They are brought up on the main deck every day, about eight o'clock, and as each pair aſcend, a ſtrong chain, faſtened by ring-bolts to the deck, is paſſed through their Shackles; a precaution abſolutely neceſſary to prevent inſurrections.—In this ſtate, if the weather is favourable, they are permitted to remain about one-third part of the twenty four hours, and during this interval they are fed, and their apartment below is cleaned; but when the weather is bad, even theſe indulgences cannot be granted them, and they are only permitted to come up in ſmall companies, of about ten at a time, to be fed, where after remaining a quarter of an hour, each meſs is obliged to give place to the next in rotation.

It may perhaps be conceived, from the crowded ſtate in which the Slaves appear in the Plate, that an unuſual and exaggerated inſtance has been produced; this, however, is ſo far from being the caſe, that no ſhip, if her intended cargo can be procured, ever carries a leſs number than one to a ton, and the uſual practice has been to carry nearly double that number: The Bill which was paſſed during the laſt Seſſion of Parliament, only reſtricts the carriage, to five Slaves for three tons; and the Brooks, of Liverpool, a capital ſhip; from which the above ſketch was proportioned, did, in one voyage, actually carry 609 Slaves, which is more than double the number that appear in the plate.——The mode of ſtowing them was as follows—Platforms, or wide ſhelves were erected, between the decks, extending ſo far from the ſides towards the middle of the veſſel, as to be capable of containing four additional rows of Slaves, by which means the perpendicular height between each tier, after allowing for the beams and platforms, was reduced to two feet ſix inches; ſo that they could not even ſit in an erect poſture; beſides which, in the Men's apartment, inſtead of four rows, five were ſtowed, by placing the heads of one between the thighs of another.—All the horrors of this ſituation are ſtill multiplied in the ſmaller veſſels.—The Kitty, of 137 tons, had only one foot ten inches, and the Venus, of 146 tons, only one foot nine inches perpendicular height above each layer.

The above mode of carrying the Slaves, however, is only one, among a thouſand other miſeries, which thoſe unhappy and devoted creatures ſuffer from this diſgraceful Traffick of the Human Species; which in every part of its progreſs, exhibits ſcenes that ſtrike us with horror and indignation.—If we regard the firſt ſtage of it on the Continent of Africa, we find that a hundred thouſand Slaves are annually produced there for exportation, the greateſt part of whom conſiſts of innocent perſons, torn from their deareſt friends and connections, ſometimes by force, and ſometimes by treachery. Of theſe, experience has ſhewn, that five and forty thouſand periſh, either in the dreadful mode of conveyance before deſcribed, or within two years after their arrival at the plantations, before they are ſeaſoned to the climate.—Thoſe who unhappily ſurvive theſe hardſhips, are deſtined like beaſts of burthen, to exhauſt their lives in the unremitting labours of a Slavery, without recompence, and without hope.

The *Inhumanity* of this Trade, indeed, is ſo notorious, and ſo univerſally admitted, that even the advocates for the continuance of it, have reſted all their arguments on the political inexpediency of its abolition; and in order to ſtrengthen a weak cauſe, have either maliciouſly or ignorantly confounded together the emancipation of the negroes already in Slavery, with the abolition of the Trade; and thus many well-meaning people have become enemies to the cauſe, by the apprehenſions that private property will be materially injured by the ſucceſs of it.—To ſuch, it becomes a neceſſary information, that liberating the Slaves forms no part of the preſent ſyſtem; and ſo far will the prohibition of a future trade be from injuring private property, that the value of every Slave will be very conſiderably increaſed, from the moment that event takes place, and a more kind and tender treatment will immediately be inſured to them by their Maſters, from the neceſſity every Planter will then be under to keep up his ſtock, by natural means; a practice which ſome humane inhabitants of the Iſlands have purſued with the greateſt ſucceſs, and upon whoſe eſtates no new Negroes have been purchaſed for a number of years, the death vacancies having been ſupplied by young ones, born and bred in their own Plantations.—Thus then the value of private property will not only ſuffer no diminution, but will be very conſiderably inhanced by the abolition of the Trade.—It now only remains to ſee how the Public and the Slave Merchants will be affected by it.

It is ſaid by the well-wiſhers to this Trade, that the ſuppreſſion of it will deſtroy a great nurſery for ſeamen, and annihilate a very conſiderable ſource of commercial profit—In anſwer to theſe objections, Mr. Clarkſon, in his admirable treatiſe on the impolicy of the Trade, lays down two poſitions, which he has proved from the moſt inconteſtible authority.—Firſt, that ſo far from being a Nurſery, it has been conſtantly and regularly a Grave for our Seamen; for that in this Traffick only, more Men periſh in ONE Year, than in all the other Trades of Great-Britain, in TWO Years: And, ſecondly, that the balance of the trade, from its extreme precariouſneſs and uncertainty, is ſo notoriouſly againſt the Merchants, that if all the veſſels, employed in it were the property of one Man, he would infallibly, at the end of their voyages, find himſelf a loſer.

As then the *Cruelty* and *Inhumanity* of this Trade muſt be univerſally admitted and lamented, and as the policy or impolicy of its abolition is a queſtion which the wiſdom of the Legiſlature muſt ultimately decide upon, and which it can only be enabled to form a juſt eſtimate of, by the moſt thorough inveſtigation of all its relations and dependencies; it becomes the indiſpenſible duty of every friend to humanity, however his ſpeculations may have led him to conclude on the political tendency of the meaſure, to ſtand forward, and to aſſiſt the Committees, either by producing ſuch facts as he may himſelf be acquainted with, or by ſubſcribing, to enable them to procure and tranſmit to the Legiſlature, ſuch evidence as will tend to throw the neceſſary lights on the ſubject.—And people would do well to conſider that it does not often fall to the lot of individuals, to have an opportunity of performing ſo important a moral and religious duty, as that of endeavouring to put an end to a practice, which may, without exaggeration, be ſtiled one of the greateſt evils at this day exiſting upon the earth.

By the Plymouth Committee,

W. Elford, Chairman.

Die *Brooks*, Originalausgabe aus Plymouth, reproduziert in Bristol.

einen neuen Absatz ein, der deutlich machte, dass es sich um eine Veröffentlichung der »Pennsylvania-Gesellschaft zur Beförderung der ABSCHAFFUNG der Sklaverei« handelte. Das Flugblatt richtete sich nun gegen die Sklaverei selbst.

Der neue Absatz zielte auch darauf ab, die Identifikation der Betrachter*in mit den »unglückseligen Afrikanern« auf der *Brooks* zu stärken: »Hier wird unserem Auge einer der entsetzlichsten Anblicke dargeboten – eine Anzahl menschlicher Wesen, eng aneinander gepackt, fast wie Heringe in einer Tonne, und beinahe auf einen Zustand des Lebendig-begraben-Seins herabgemindert, mit eben genug Luft, um ein Maß an Leben zu erhalten, welches ausreicht, sie aller Schrecken ihrer Lage gewahr sein zu lassen.« Transatlantikreisen waren ohnehin schon hart genug, wie Carey von seiner eigenen erzwungenen Auswanderung von Irland nach Philadelphia im Jahr 1784 wusste, aber die auf diesem Bild dargestellten »verlorenen Elenden« durchlitten unendlich Schlimmeres: eng zusammengepfercht, nicht imstande, sich hinzusetzen oder umzudrehen, Seekrankheit und Krankheiten aller Art ausgesetzt. Carey kommentierte die Abbildung des Schiffes: »Wir können uns nicht erinnern, je eine eindrücklichere Darstellung der Barbarei des Sklavenhandels gesehen zu haben.«[11]

EINE »VERBESSERTE« ABBILDUNG: LONDON

In *The History of the Rise, Progress, and Accomplishment of the Abolition of the African Slave-Trade by the British Parliament* (1808) schrieb Thomas Clarkson über die Abbildung der *Brooks*: »Das Komitee in Plymouth hatte die Idee als Erstes vorgeschlagen; aber das in London hatte sie nun verbessert.« Die Verbesserung bestand in einschneidenden Veränderungen und Erweiterungen sowohl der Illustration als auch des Textes, präsentiert in einem Flugblatt, das nun die präzisere Überschrift »Plan und Durchschnitte eines Sklavenschiffes« trug, aus der schließlich der bekanntere Titel »Beschreibung eines Sklavenschiffes« werden sollte. Alle in London vorgenommenen Veränderungen ließen ein tieferes, praktischeres Verständnis des Aussehens und der Funktionsweise eines Sklavenschiffes erkennen – sprich, Clarksons eigene Kenntnisse der Materie, der wahrscheinlich die Erstellung der Zeichnungen beaufsichtigt und mit Sicherheit den neuen Text geschrieben hatte. In Clarksons Herangehensweise an die *Brooks* zeigte sich ein in jeder Hinsicht empirischer, wissenschaftlicher Ansatz: Sein erklärtes Ziel war Objektivität, eine Darlegung der »Fakten« über das Sklavenschiff, die »von denen, welche darin verwickelt sind«, nicht angefochten werden konnte.[12]

Anstelle der einen Ansicht des Unterdecks der *Brooks*, die das Plymouth-Komitee veröffentlicht hatte, zeigte das neue Flugblatt nun sieben unterschiedliche Ansichten: einen Längsschnitt des gesamten Schiffes, zwei Draufsichten des Unterdecks, von denen eine die Anordnung der Versklavten auf den Deckplanken und eine weitere ihre Unterbringung auf den Plattformen 76 Zentimeter darüber zeigte, außerdem zwei ähnliche Ansichten des Halbdecks achtern sowie zwei Querschnitte, die die vertikale Anordnung der Decks und der Plattformen zeigten. Der Text unter den Zeichnungen war nun doppelt so lang: vier Spalten mit 2.400 Wörtern statt der ursprünglichen zwei Spalten mit 1.200 Wörtern. Das Blatt selbst war nach wie vor großformatig – etwa fünfzig-mal-einundsiebzig Zentimeter – und die Ansichten des Schiffes nahmen mehr Platz darauf ein, etwa zwei Drittel der Seite. Die *Brooks* hatte nun 482 Männer, Frauen, Jungen und Mädchen an Bord, so viele, wie der Dolben Act zuließ. Jede Person war sorgfältig in der für sie vorgesehenen Unterkunft verstaut.[13]

In den neuen Abbildungen der *Brooks* drückte sich ein historischer Moment der Transformation aus. Im Verlauf des späten 18. und frühen 19. Jahrhunderts wandelte sich der Schiffbau in England von einem Handwerk zu einer modernen Industrie. Die geheimnisvollen Kenntnisse und Künste des Schiffbauers wurden von Menschen hinterfragt und ›verbessert‹, die den neuen Gesetzen der Wissenschaft folgten. Der Kulturkritiker Marcus Wood hat darauf hingewiesen, dass der Längsaufriss und die Schnittzeichnungen der *Brooks*, die das Londoner Komitee veröffentlichte, im ›aufgeklärten‹ Stil gehalten waren. Diese Art der Zeichnung wurde beispielsweise mit der etwa zur gleichen Zeit gegründeten *Society for the Improvement of Naval Architecture* assoziiert, die den Zweck verfolgte, zum Wohl der Allgemeinheit die internationale Zusammenarbeit auf dem Gebiet der neuen Wissenschaft des Schiffbaus zu organisieren.[14]

Der empirische, wissenschaftliche Ansatz schlug sich auch in dem erweiterten Text nieder, dessen gesamte erste Hälfte nun den praktischen Aspekten des Verstauens menschlicher Körper auf der *Brooks* gewidmet war. Kapitän Parreys Bericht über das Schiff wurde präzise und im Detail wiedergegeben: Der Text enthielt seine fünfundzwanzig Längen-, Breiten- und Höhenangaben für die sieben Schnittansichten, die Tonnage (offiziell 297 Tonnen, gemessen 320), die Anzahl der zuletzt beschäftigten Seeleute (45) und die Anzahl der zuletzt beförderten Versklavten (609), aufgeschlüsselt nach Kategorien: Männer (351), Frauen (127), Jungen (90) und Mädchen (41). Es wird angegeben, wie viel Platz einer Person jeder Kategorie zur Verfügung stand, die Höchstzahl der Menschen berechnet, die in jedem Bereich des Schiffes verstaut werden konnten, und ein Vergleich der hypothetischen mit den realen Zahlen angestellt. Es folgt eine eingehende Erörterung der Deckshöhe und der »Kopffreiheit«, in der gezeigt wird, dass sich durch die Balken (Setzweger) und die Plattformen der vertikale Raum auf 76 Zentimeter reduzierte – nicht genug Platz für einen Erwachsenen, sich hinzusetzen. Es wird darauf hingewiesen, dass die schematische Zeichnung das bloße Minimum an zusammengepferchten Körpern zeigt, weil sie nur 482 anstatt der 609 tatsächlich von der *Brooks* transportierten Versklavten abbildet und darüber hinaus die in jedem Bereich vorhandenen »Fäkalkübel« und die »Stützen, welche die Plattformen und Decks tragen«, nicht mit einkalkuliert. Den Beobachtungen Parreys und verschiedener Liverpooler Delegierter zufolge, die vor dem Unterhaus aussagten, zeigte sie auch mehr Platz pro

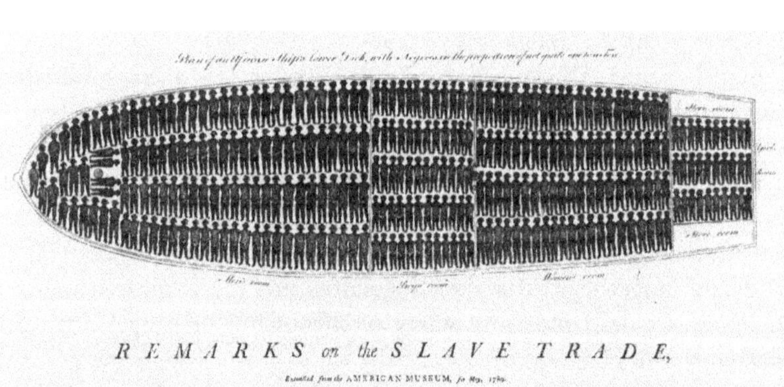

REMARKS on the SLAVE TRADE,

Extracted from the AMERICAN MUSEUM, for May, 1789.

And published by order of the Pennsylvania society for promoting the ABOLITION of slavery, &c.

Die *Brooks*, Ausgabe Philadelphia.

versklavter Person, als ihnen in der Praxis zur Verfügung stand, und stellte damit eine visuelle Untertreibung dar.[15]

Im zweiten Teil verlässt der Londoner Text das Thema der sozialen Raumaufteilung des Schiffes (und der spezifischen Erörterung der *Brooks*) und wendet sich den Erfahrungen der Versklavten an Bord der Schiffe zu. Die Leser*innen werden aufgefordert, sich mit den Leiden »unserer Mitgeschöpfe« zu identifizieren, die von dem rollenden Schiff hin- und hergeworfen und vom Scheuern der Ketten und rohen Planken blau und blutig geschürft wurden. Es werden kurze Beschreibungen der täglichen Abläufe (Essen, »Luft schöpfen«, »Tanzen«) und von Krankheit und Tod geliefert. Anhand statistischer Daten und des Augenzeugenberichts von Dr. Alexander Falconbridge wird die Sterblichkeitsrate erörtert. Letzterer liefert eine eindringliche Beschreibung der grauenhaften Lebensbedingungen unter Deck, vor allem bei Krankheitsausbrüchen, in deren Gefolge die Schiffsdecks wie ein »Schlachthaus« aussahen. »Es liegt nicht in der Macht der menschlichen Vorstellungskraft«, schrieb Falconbridge, »sich schrecklichere oder widerwärtigere Umstände auszumalen.«[16]

Der letzte Absatz war den Lebensbedingungen der einfachen Seeleute gewidmet. Sie hatten auf den überfüllten Sklavenschiffen keinen Platz für Bettzeug, sie mussten die üblen Ausdünstungen ertragen, die von den Unterdecks heraufdrangen, und eine große Anzahl von ihnen wurde krank und starb. Damit war der Sklavenhandel nicht etwa ein »Ziehhaus«, sondern »beständig und regelmäßig ein Grab für unsere Seeleute«. Der Absatz über den Schutz des »Privateigentums« fehlte in dem Londoner Text (wie auch in den in Philadelphia und New York veröffentlichten Versionen), aber der Schlusssatz mit dem dringenden Appell an die Leser*innen, sich aktiv für die Abschaffung des verabscheuungswürdigen Sklavenhandels einzusetzen, wurde beibehalten.[17]

»ERSTRANGIGE KENNTNISSE ÜBER DIE SEEFAHRT«

Im Juni 1787, weniger als einen Monat nach der Gründung des Londoner Abolitionskomitees, wurde Clarkson und seinen Mitstreiter*innen klar, dass sie sich in einer verzwickten Situation befanden: Sie waren entschlossen, den Sklavenhandel abzuschaffen, wussten aber nicht viel darüber. Clarkson hatte in Cambridge eine Magisterarbeit über die Sklaverei geschrieben, aber sein Quellenmaterial war begrenzt gewesen und reichte weder dazu aus, die

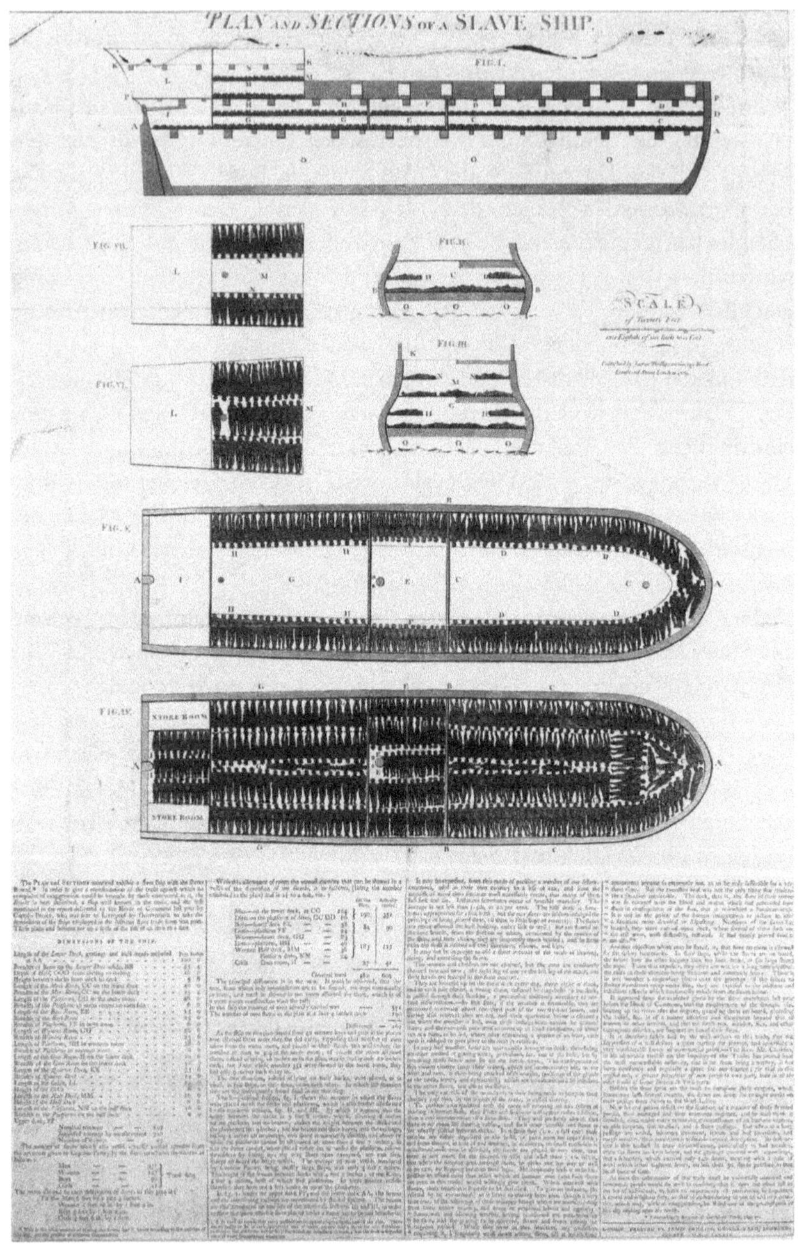

Die *Brooks*, Ausgabe London.

Öffentlichkeit noch die Mitglieder des Parlaments mit Informationsmaterial zu versorgen, dessen Anhörungen (über die bereits gemunkelt wurde) »ohne Zeugnisse nicht fortschreiten konnten«. Am 12. Juni beschloss das Komitee, dass Clarkson eine Reise nach Bristol, Liverpool und anderen Orten machen würde, um dort »Informationen über den Gegenstand des Sklavenhandels [zu] sammeln«.[18]

Clarkson entwickelte eine Strategie, um an Informationen zu kommen: Er würde sich als Historiker, genauer gesagt, als Sozialhistoriker betätigen. Er würde die Kaufmannshallen und Zollhäuser von Bristol und Liverpool aufsuchen, dort aufbewahrte historische Dokumente wie zum Beispiel Schiffsheuerlisten durchforsten und auf dieser Grundlage Sterberaten berechnen. Er würde die Namen von zwanzigtausend Seeleuten zusammentragen, um herauszufinden, was aus ihnen geworden war. Er würde Dokumente zusammentragen – beispielsweise sogenannte ›Vertragsartikel‹, gedruckte oder ungedruckte Lohnverträge –, anhand derer er die Arbeitsbedingungen in der Seefahrt untersuchen würde. Und vor allem würde er in den Hafenvierteln nach Menschen suchen, die sich von ihm interviewen lassen würden. Sein Ansatz gründete sich auf *oral history*, mündlich erfragte Geschichte, die unerwarteterweise »Geschichte von unten« werden sollte.

Clarkson begann seine Rundreise durch die Hafenviertel am 25. Juni 1787, wobei er zuerst nach Bristol fuhr. Bei seiner Ankunft packte ihn vorübergehend die Verzweiflung, als ihm klar wurde, mit was für Gegnern er es zu tun hatte. Er fürchtete die Macht der reichen, eigennützigen Menschen, denen er sich, wie er wusste, würde entgegenstellen müssen. Er rechnete damit, bei seinen Recherchen angefeindet und verfolgt zu werden. Er ging sogar so weit, sich zu fragen, »ob ich jemals lebendig dort herauskommen« werde. Einige seiner Mitstreiter*innen in London scheinen sich die gleiche Frage gestellt zu haben: In den Wochen nach seiner Abreise schrieben sie an ihre Freunde in Bristol mit der Frage, ob Clarkson noch unter den Lebenden sei.[19]

Zunächst wandte sich Clarkson an Quäker und andere Unterstützer*innen der Bewegung, die sich während seines Aufenthalts um ihn kümmerten. Aber die Menschen, mit denen er eigentlich sprechen wollte, waren glaubwürdige, »respektable« Zeugen, Kaufleute und Kapitäne, die den Sklavenhandel aus erster Hand kannten. Aber sobald diese Leute erfuhren, was er herauszufinden versuchte, machten sie einen Bogen um ihn. Wenn er ihnen auf der Straße begegnete, wechselten sie die Straßenseite, so als ob er, wie Clarkson sich erinnerte, »ein Wolf, oder Tiger, oder ein anderes gefährliches Raubtier gewesen wäre«. Mehr noch, Schiffseigner und Kaufleute untersagten ihren Angestellten, mit ihm zu sprechen. Bald war Clarkson »genötigt, jegliche Hoffnung aufzugeben, Zeugnisse von dieser Seite zu erhalten«. Er war nun gezwungen, sich an die einzigen anderen Menschen zu wenden, die praktische Erfahrungen und Kenntnisse in diesem Gewerbe hatten: einfache Seeleute.[20]

In einem persönlichen Tagebuch hielt Clarkson seine ersten Begegnungen mit Seeleuten im Sklavenhandel fest. Als er am 3. Juli den Avon überquerte, sah er »ein Boot, auf dessen Heck Afrika gemalt stand«. Clarkson grüßte die Matrosen und fragte sie, ob sie zur Besatzung des Guineafahrers *Afrika* gehörten, was sie bejahten. Dann fragte er sie, ob sie wegen der hohen Sterberate unter Seeleuten keine Angst hätten, nach Afrika zu fahren. Die Antworten enthüllten einen kosmopolitischen Fatalismus. Ein Mann erklärte: »Wenn es mein Los ist, in Afrika zu sterben, nun, dann muss ich's, und wenn nicht, nun, dann werde ich auch nicht sterben, wenn ich dorthin fahre. Und wenn es mein Los ist, am Leben zu bleiben, nun, dann kann ich ebenso gut dort leben als anderswo.« Dann wandte sich die Unterhaltung einem Sklavenschiff namens *Brothers* zu, das in Kingroad zum Auslaufen bereit vor Anker lag. Die Abreise verzögerte sich, weil Kapitän Hewlett, »ein grausamer Schurke«, Schwierigkeiten hatte, eine Besatzung zusammenzubekommen. Eine große Gruppe hatte angemustert, einen ersten Eindruck vom Temperament ihres neuen Befehlshabers gewonnen und war auf der Stelle desertiert. Clarkson notierte diese Informationen. Er hätte auch hinzufügen können, dass sein eigener Lernprozess in eine neue Phase eingetreten war.[21]

Als Clarkson später an die Bedeutung dieser Begegnung zurückdachte, schrieb er:

> Ich kann nicht beschreiben, was ich empfand, als ich diese armen Teufel sah, welche zur Afrika gehörten. Es waren sieben an der Zahl – alle jung, etwa 22 oder 23, und sehr stark – sie alle waren *Matrosen*; und nach meinem Dafürhalten die prächtigsten Kerle, welche ich je gesehen hatte – ich bin sicher, dass niemand beschreiben kann, wie mir zumute war, als mir in den Sinn kam, dass einige von ihnen hingegeben [d. h. verdammt] waren und, welchen Mutes sie jetzt auch sein mochten, ihre Heimat nie wiedersehen würden. Ich dachte auch darüber nach, wie sehr der Ruhm der britischen Flagge durch die Vernichtung solch nobler Gesellen herabgemindert wurde, welche so stark, zäh und kühn und gleichzeitig so lebhaften Mutes zu sein schienen, dass sie uns in den Stand setzten, der Marine unserer Feinde, der Franzosen, Trotz zu bieten.

Von nun an würde Clarkson mit einem Anflug von Homoerotik und einem von diesen »Säulen des Staates« in Wallung gebrachten Nationalgefühl die Seeleute und ihre Erfahrungen in den Mittelpunkt der Abolitionsbewegung stellen. Mehr und mehr sollte er sich auf das Beweismaterial und die Informationen stützen, die sie ihm lieferten – auf das Licht, mit dem sie das Unterdeck des Sklavenschiffes erhellen konnten.

Bald darauf fand Clarkson seinen ersten Informanten, John Dean, einen schwarzen Seemann, dessen narbenzerfurchter Rücken die grauenhaften Spuren der Folter trug, die er als Matrose an Bord eines Sklavenschiffes durchlitten hatte. Er schloss Bekanntschaft mit einem irischen Kneipenwirt namens Thompson, der ihm zwischen Mitternacht und 3 Uhr morgens Marsh Street und die Seemannskneipen zeigte, die voller »Musik, Tanz, Tumult, Trunkenheit und gottlosem Fluchen« waren. Er traf lahme, blinde, fiebernde und mit Geschwüren bedeckte Seeleute. Er erfuhr von der Ermordung William Lines' durch den Ersten Steuermann der *Thomas*. Er machte Besatzungsmitglieder des Schiffes ausfindig und trug genug Beweismaterial zusammen, um zu erreichen, dass der Steuermann verhaftet und vor das Bürgermeistergericht gestellt wurde, wo Clarkson von den anwesenden »Sklaven-Kaufleuten« nichts als »rohe Blicke« erntete. Derlei offene Feindseligkeit verschreckte die Sklavereigegner*innen aus Bristols bürgerlicher Mittelschicht, die »Angst hatten, offen vorzutreten«. Die Matrosen andererseits kamen in Scharen zu dem Abolitionisten, um ihm ihre »verschiedenen barbarischen Begebenheiten« zu schildern. Clarkson hatte endlich die Menschen gefunden, »welche mit dem Grauen des Sklavenhandels persönlich vertraut waren«.[22]

Clarkson erfuhr von einem Mann namens Thomas, der auf dem gerade eingelaufenen Sklavenschiff *Alfred* gefahren und von dessen Kapitän Edward Robe schwer verletzt worden war. Nach langem Suchen fand er Thomas in einem Gasthaus. Der Mann war in schlechter Verfassung. Seine Beine und sein Oberkörper waren in Flanell gewickelt, der seinen Wunden Linderung verschaffen sollte. Er war im Fieberwahn und begriff nicht, wer Clarkson war. Die Anwesenheit des Fremden machte ihn ängstlich und unruhig. War er ein Anwalt? Wie Clarkson schrieb, fragte er wiederholt, »ob ich in der Absicht gekommen sei, Kapitän Robes Partei zu nehmen«. War er gekommen, um ihn umzubringen? Clarkson »antwortete Nein, [und sagte], dass ich gekommen sei, um seine [Partei] zu nehmen und Kapitän Robe zu bestrafen.« Dies ging Thomas nicht in den Kopf – vielleicht wegen seines zerrütteten Zustands oder vielleicht, weil er sich nicht vorstellen konnte, dass ein Herr aus gutem Hause sich auf seine Seite stellte. Da es sich als unmöglich herausstellte, ihn zu befragen, rekonstruierte Clarkson die Ereignisse, so gut er konnte, anhand der Erzählungen seiner Schiffskameraden. Robe hatte Thomas so oft verprügelt, dass dieser versucht hatte, sich durch einen Sprung in von Haien wimmelndes Wasser das Leben zu nehmen. Nachdem seine Kameraden ihn gerettet hatten, wurde er vom Kapitän ans Deck gekettet, wo er weiter geprügelt wurde. Thomas starb kurz nach Clarksons Besuch, aber das Bild des geschundenen, geistig umnachteten Schiffsarztgehilfen verfolgte Clarkson »Tag und Nacht«. Begegnungen wie diese entfachten »ein Feuer der Empörung in mir«.[23]

Liverpool, die Heimatstadt von Joseph Brooks Jr. und der *Brooks*, sollte sich als ein noch härteres Pflaster erweisen, wie es von einer Hafenstadt, die viermal so viele Sklavenschiffe zählte wie Bristol, nicht anders zu erwarten war. Als bekannt wurde, dass ein Mann, der sich zum Ziel gesetzt hatte, den Sklavenhandel abzuschaffen und damit die »Herrlichkeit« der Stadt zu zerstören, eingetroffen war und jeden Abend beim Essen in den King's Arms angetroffen werden konnte, kamen Neugierige – hauptsächlich Sklavenhändler und Kapitäne – um ihn sich anzusehen und sich mit ihm zu unterhalten. Sie verwickelten Clarkson in lebhafte Diskussionen, die schnell in Beleidigungen und Drohungen abglitten. Clarkson war froh, den Abolitionisten Dr. Alexander Falconbridge an seiner Seite zu haben, »einen athletischen, entschlossen aussehenden Mann«, der an vier Sklavenfahrten beteiligt gewesen war und den Argumenten in mehr als nur einer Hinsicht Nachdruck verleihen konnte. Wenn Clarkson nachts das Haus verließ, war Falconbridge dabei, immer »wohlbewaffnet«. Clarkson erhielt anonyme Briefe, in denen mit Mord gedroht wurde, falls er nicht auf der Stelle die Stadt verließ. Nicht nur weigerte er sich zu gehen, er weigerte sich auch, die Unterkunft zu wechseln, da dies »eine unmännliche Angst vor meinen Besuchern« verraten und ein schlechtes Licht auf die abolitionistische Sache werfen würde.[24]

Die meisten im Sklavenhandel tätigen Kaufleute und Kapitäne in Liverpool begannen nun, Clarkson zu meiden, und diejenigen, die ihn nicht mieden, legten es darauf an, ihn umzubringen. Eines stürmischen Nachmittags versuchte ein Trupp von acht oder neun Männern (von denen er zwei oder drei in den King's Arms gesehen hatte) ihn von einem Molenkopf zu werfen. Clarkson ließ sich nicht abschrecken; ganz im Gegenteil, er war entschlossener denn je. Bald hatte er – so glaubte er jedenfalls – genug Beweismaterial gesammelt, um den Kaufmann, den Kapitän und den Steuermann, die für die Ermordung eines Seemanns namens Peter Green verantwortlich waren, vor Gericht zu bringen, aber seine Freund*innen in Liverpool gerieten bei der bloßen Vorstellung in Panik und schworen, dass er »in Stücke gerissen, und das Haus, in welchem ich logierte, niedergebrannt« werden würde. Der Abolitionist Dr. James Currie kritisierte Clarkson dafür, dass er den Aussagen der »niedersten Klasse von Seeleuten« denen unbescholtener Bürger den Vorzug gab. Das Problem war, dass »respektable« Sklavereigegner*innen wie Currie in Angst und Schrecken vor den mächtigen Sklavenhandelskaufleuten lebten und davor zurückschreckten, sich öffentlich zu äußern. Das Gleiche war in Bristol der Fall gewesen.[25]

Mittlerweile hatte die Neuigkeit von Clarksons Anwesenheit und seinem Vorhaben im Hafenviertel die Runde gemacht, und Seeleute tauchten in Zweier- oder Dreiergrüppchen in den King's Arms auf, um ihm ihre Geschichten brutaler Misshandlung zu erzählen. Clarkson schrieb: »Niemand sonst kam in meine Nähe, um mir Informationen über den Handel zuzutragen, aber diese [Seeleute] waren immer eifrig bereit, mit mir zu sprechen und mir ihre Beschwerden vorzubringen, und wenn es auch nur in der Hoffnung war, Entschädigung erhalten zu können.« Letzten Endes half Clarkson den Seeleuten, neun Fälle in Bristol und Liverpool zur Anklage zu bringen. Keiner dieser Fälle kam vor den Richter, aber in jedem von ihnen gelang es Clarkson, eine finanzielle Entschädigung für die misshandelten Seeleute oder ihre Familien zu erwirken. Diese kleinen Erfolge waren dadurch möglich, indem er neunzehn Zeugen, alles Seeleute, auf eigene Kosten unterhielt, um sicherzugehen, dass das für eine Verurteilung notwendige »Beweismaterial« bei Bedarf zur Hand war und nicht auf einem Schiff auf dem Atlantik. Die gegen Seeleute ausgeübte Gewalt ließ ihn zu dem Schluss kommen, dass der Sklavenhandel »von Anfang bis Ende ein einziges System der Barbarei« war.[26]

In einer Passage, in der er von sich selbst in der dritten Person sprach, fasste Clarkson seine Erfahrungen mit den Matrosen in Bristol und Liverpool folgendermaßen zusammen: »An eine gewisse, in keiner Weise mit dem Recht in Verbindung stehende Person wurden innerhalb von drei Monaten nicht weniger als dreiundsechzig Gesuche gerichtet, Entschädigung für Seeleute zu erlangen, welche die Wut der Offiziere auf ihren jeweiligen Schiffen zu spüren bekommen hatten.« Bis auf zwei hatten sie alle auf Sklavenschiffen gearbeitet. Clarkson war nicht nur von den Geschichten berührt, die ihm erzählt wurden, sondern auch von der körperlichen Verfassung derer, die sie erzählten. Im Vorwort zu seinem Pamphlet *An Essay on the Impolicy of the Slave Trade* schrieb er über das Beweismaterial, das er von John Dean und den anderen Seeleuten erhalten hatte: »Mir sind auch *sichtbare Erweise* vorgekommen, insofern der Anblick ihrer verstümmelten Körper als Beweis zugelassen wird.«[27]

Fast alles, was Clarkson in den darauffolgenden Jahren im Rahmen der Abolitionsbewegung tun sollte, war von seinen Begegnungen mit diesen Matrosen geprägt. Was er über sie und von ihnen gelernt hatte, nahm breiten Raum sowohl in *An Essay on the Impolicy of the African Slave Trade* (veröffentlicht im Juli 1788) als auch in *An Essay on the Comparative Efficiency of Regulation or Abolition as applied to the Slave Trade* (erschienen im April 1789) ein. Aber die vielleicht wichtigste Veröffentlichung zu diesem Thema war eine Sammlung von zweiundzwanzig seiner Gespräche mit Seeleuten mit dem Titel *The Substance of the Evidence of Sundry Persons on the Slave-Trade Collected in the Course of a Tour Made in the Autumn of the Year 1788*, die im April 1789 veröffentlicht wurde, genau zur selben Zeit, als das Londoner Komitee die Veröffentlichung von »Plan und Durchschnitte eines Sklavenschiffes« vorbereitete. Beide Publikationen wurden im Vorfeld der Abstimmung über den Sklavenhandel, die am 11. Mai stattfinden sollte, an alle Parlamentsmitglieder verteilt. Sechzehn der befragten Personen hatten im Sklavenhandel gearbeitet, die übrigen sechs hatten ihn aus der Nähe gesehen, die meisten von ihnen bei Afrika-Einsätzen im Dienst der Royal Navy. Die Hälfte der Männer, die auf Sklavenschiffen gefahren waren, stand in der Schiffshierarchie ganz unten; sie waren ›Fockmastmänner‹ (gemeine Matrosen) oder ›Jungen‹ (Lehrlinge) gewesen. Zwei von ihnen waren Kapitäne im Sklavenhandel

Thomas Clarkson reiste 1787 nach Bristol und Liverpool, um Beweise gegen den Sklavenhandel zu sammeln. Als die Sklavenhändler und Kapitäne von seinen Absichten erfuhren, weigerten sie sich, mit ihm zu sprechen. Er wandte sich an abtrünnige Seeleute, viele von ihnen Opfer des Sklavenhandels, die ihn in verstörenden Details darüber aufklärten, wie ein Sklavenschiff tatsächlich funktionierte.

gewesen; sechs waren Steuerleute oder ausgebildete Handwerker, von denen drei allerdings unten angefangen und sich hochgedient hatten.[28]

Ein Vergleich der Befragungen der Seeleute mit der Abbildung der *Brooks* und ihrem Begleittext ist aufschlussreich: Hier waren in allen düsteren Einzelheiten die Informationen zu finden, für die das Londoner Komitee Clarkson im Juni 1787 auf Recherche geschickt hatte. Ein Matrose nach dem anderen beschrieb die Anordnung der Decks auf den Sklavenschiffen – den Laderaum, das Unterdeck, das Hauptdeck – und schilderte ihm, wie die versklavten Männer aneinandergekettet wurden, wie die Versklavten unter Deck verstaut wurden, wie sie mit Essen versorgt, bewacht und zur Körperertüchtigung zum ›Tanzen‹ gezwungen wurden, und wie sowohl Versklavte als auch Seeleute Krankheiten und einer hohen Todesrate zum Opfer fielen. Die Matrosen erzählten Clarkson, dass der Sklavenhandel nicht, wie seine Befürworter steif und fest behaupteten, ein »Ziehhaus« für Seeleute war, sondern ein Friedhof. Es ist von enormer Bedeutung, dass sich fast jede in dem Begleittext zur Abbildung der *Brooks* aufgeführte Information auch in den Gesprächen mit den Seeleuten findet, die Clarkson in der Zeit unmittelbar vor der Konzipierung, Veröffentlichung und Verbreitung des Flugblattes führte.[29]

Es lag eine gewisse grausame Ironie darin, dass der Matrose zur Sympathiefigur der wachsenden Abolitionsbewegung wurde: Denn viele der Gräuel des Sklavenhandels wurden von Matrosen verübt. Clarkson und die Mitglieder des Londoner Komitees betonten durchaus auch die Leiden der »Unrecht leidenden Afrikaner«, aber es waren nicht *ihre* Geschichten über das Sklavenschiff und die *Middle Passage,* die sie zusammentrugen, obwohl dies in London, Liverpool und Bristol zu jener Zeit nicht schwierig gewesen wäre. Dabei war die Erfahrung der Versklavten die fundamentalste Geschichte von unten (sogar im wörtlichen Sinne: von unterdecks), und es scheint, dass Olaudah Equiano sowohl die Ausklammerung dieser Geschichte als auch die daraus resultierende Notwendigkeit, den Afrikaner*innen eine Stimme zu geben, sehr gut verstanden hatte, als er 1789 seine einflussreiche Autobiografie *The Interesting Narrative of the Life of Olaudah Equiano, or Gustavus Vassa, the African* veröffentlichte. Indem Clarkson und seine Mitstreiter*innen den Schwerpunkt ihrer Kampagne auf das erbärmliche Leben der Seeleute legten, setzten sie darauf, dass ein Appell, der sich auf ›Rasse‹ und Nation gründete, bei der britischen Regierung und Öffentlichkeit auf Resonanz stoßen würde. Aber sie gingen ein beträchtliches Risiko ein: Dass sie sich auf die Aussagen niederer Matrosen stützten, wurde von den gehobenen Klassen mit giftigem Spott und Hohn quittiert. Einem Beobachter der

Anhörungen im Unterhaus im März 1790 zufolge brach »die ganze Kommission in Gelächter aus«, als der Seemann Isaac Parker vorgestellt wurde, und die Befürworter des Sklavenhandels verspotteten William Wilberforce, den Anführer der Abolitionisten im Parlament, mit den Worten: »Werdet Ihr Eure Schiffslieger, Schiffsfeger und Deckscheuerer unseren Admirälen und Männern von Ehre entgegenstellen? Es ist wirklich höchste Zeit, dass Ihr Eure Beweislegung beschließt!« Parker ließ sich nicht beirren und schilderte in kurzen, einfachen Sätzen unter anderem, wie Kapitän Thomas Marshall auf der *Black Joke* im Jahr 1764 das versklavte Kind, das nicht essen wollte, ausgepeitscht und gefoltert und damit ermordet hatte. Wie Dutzende von anderen Seeleuten auch trat Parker den Mächtigen entgegen und sagte ihnen die Wahrheit ins Gesicht. Mit seiner detaillierten Aussage prangerte er den Sklavenhandel auf eine Weise an, die mit abstrakter moralischer Verurteilung nie möglich gewesen wäre.[30]

Thomas Clarkson war ein junger, etwas naiver, in Cambridge ausgebildeter Geistlicher aus der Mittelschicht, der sich mit dem auf den Schiffen und in den Sklavenhandelshäfen tobenden Klassenkampf unmittelbar konfrontiert sah und sich ihm furchtlos auf der Seite der Matrosen anschloss. Dies verschaffte ihm Glaubwürdigkeit unter den Seeleuten und Informationen, die für die Abolitionsbewegung von unschätzbarem Wert waren. Er fand die Deserteure, die Krüppel, die Rebellen, die Männer, die ausgestiegen waren und die, die sich schuldig fühlten – kurz, die Renegaten, die den Sklavenhandel von innen kannten und schockierende Geschichten darüber zu erzählen wussten. Clarkson sollte diese Geschichten dazu nutzen, den Sklavenhandel, der für die meisten Menschen eine abstrakte, weit entfernte Angelegenheit war, zu etwas Konkretem, Menschlichem, Unmittelbarem zu machen. Damit wurde die *Brooks* zum Ausgangspunkt eines von vielen Triumphen des radikalen investigativen Journalismus, den Clarkson in den Hafenvierteln betrieb. Er hatte der Bewegung »erstrangige Kenntnisse über die Seefahrt« zugänglich gemacht und damit eine enorme, weitreichende agitatorische Wirkung erzielt. Eine bahnbrechende Leistung.[31]

DIE BROOKS IN DER ÖFFENTLICHEN DEBATTE

Zwischen 1788 und 1792 wurde zwischen Gegner*innen und Befürworter*innen des Sklavenhandels eine heftige Debatte ausgefochten, in der die Sklavenschiffe im Allgemeinen und die *Brooks* im Besonderen eine zentrale

Rolle spielten. Clarksons Recherchen unter den Seeleuten machten eine neuartige Verbreitung proletarischer Erfahrung möglich: die Umwandlung einer Form von Wissen und Erfahrung in andere Formen. Er brachte die Seeleute im Sklavenhandel erst mit den Parlamentsabgeordneten, die eine Untersuchung des Menschenhandels durchführten, und dann mit dem lesenden Publikum der Großstädte in Kontakt, das begierig auf Informationen über entsetzliche Geschehnisse war, die sich größtenteils jenseits der Grenzen seines eigenen Erfahrungshorizonts abspielten. Mit seiner Veröffentlichung der Erfahrungsgeschichten der Seeleute ebnete Clarkson den Weg für die Verbreitung dieser Geschichten in anderen mündlichen und schriftlichen Formen: in Reden (William Wilberforce), Vorträgen (Samuel Taylor Coleridge), Gedichten (Robert Southey, Hannah More), Predigten (Joseph Priestley), Illustrationen (Isaac Cruikshank), Zeugenaussagen, Tabellen, Artikeln, Pamphleten und Büchern auf beiden Seiten des Atlantiks. Wie fast alle Ergebnisse seiner Nachforschungen fanden auch die Abbildung des Sklavenschiffes und die Beschreibung der realen Verhältnisse darauf weite Verbreitung. Die Zeichnung der *Brooks* wurde vervielfältigt und in Tausenden von Exemplaren in Paris, Edinburgh und Glasgow und jenseits des Atlantiks in Philadelphia, New York und Charleston, in Newport und Providence, Rhode Island, in Umlauf gebracht – wo in Zeitungen zu lesen war, dass eine »Anzahl gefälliger, betrüblicher Kupferstichdarstellungen der Leiden unserer Mitmenschen auf einem Sklavenschiff« käuflich zu erwerben sei. Die *Brooks* wurde zu einem der bedeutsamsten Bilder des Zeitalters, das bei Petitionskampagnen an öffentlichen Orten angeschlagen wurde und in Wohn- und Wirtshäusern rund um den Atlantik hing.[32]

William Wilberforce fand eine denkwürdige Formulierung, als er über das Sklavenschiff sagte: »So viel Elend auf so engem Raum zusammengepresst ist mehr, als die menschliche Einbildungskraft sich je zuvor vorgestellt hatte.« Diese Worte signalisierten, dass hier eine strategische Entscheidung für ein Thema und eine Zielsetzung getroffen worden war. Ein Abolitionist nach dem anderen attackierte die Grauen des Sklavenschiffes: die Schläge, die gleichgültige Grausamkeit, die Tyrannei des Kapitäns, die Krankheiten, die Todesfälle, kurz, all das, was Clarkson bei seinem Aufenthalt unter den Seeleuten herausgefunden hatte. Der Sklavenhandel hatte so lange überlebt, weil er fernab der Metropolen betrieben worden war, und seine Gegner*innen waren nun fest entschlossen, ihn auf unübersehbare Weise in all seiner stinkenden, brutalen Realität der heimischen Öffentlichkeit vor Augen zu führen.[33]

Die Männer, die diese Attacken abzuwehren versuchten – wie die offiziellen Delegierten aus Liverpool, die bei den parlamentarischen Anhörungen aussagten – präsentierten das Sklavenschiff heroisch als eine sichere, moderne, hygienische Technologie. Robert Norris, ehemals Kapitän und inzwischen Kaufmann im Sklavenhandel, erklärte vor dem Geheimen Staatsrat und der parlamentarischen Kommission, die Versklavten hätten saubere, mit Weihrauch und Kalk gereinigte Unterkünfte, gutes Essen, reichlich Musik, Gesang und Tanz und sogar Luxusgüter: Tabak und Schnaps und die Frauen, Perlen. Die Gefangenen schliefen auf »sauberen Brettern«, die gesünder seien als »Betten oder Hängematten«. Kapitän Norris habe sogar, wie er sagte, seine eigene Matratze für ein nacktes Brett aufgegeben! Die dichte Stauung sei kein Problem, weil die Versklavten »aus freiem Willen so nah beieinander liegen«. Es sei ihnen sogar lieber, sich »dicht zusammenzudrängen«. Über ihren Köpfen befänden sich »luftige Grätings«, und »rund um die Seiten des Schiffes [seien] eine Reihe von Luftpforten, um einen freien Umlauf frischer Luft zuzulassen«. Norris tat sein Möglichstes, die Angriffe gegen das Sklavenschiff zu entkräften, aber gegen das horrende Beweismaterial, das die abolitionistischen Zeugen vorbrachten, nahmen sich seine Schilderungen absurd aus, was Wilberforce dazu veranlasste, ihn in seiner berühmten Rede vom 12. Mai 1789 seinerseits zu verspotten: Norris' Beschreibung der duftenden Räume, des guten Essens und der Vergnügungen an Bord klänge so, als ob »das Ganze in Wahrheit eine Szene der Lustbarkeit und Zerstreuung sei«. Hatten diese Afrikaner*innen wirklich »Freude an ihrer Gefangenschaft«?[34]

Die Befürworter*innen des Sklavenhandels waren dabei, in der Debatte um die Sklavenschiffe den Kürzeren zu ziehen, und das wussten sie auch. Darauf gab es zwei klare Hinweise: Der erste war die Eile, mit der sie Teile des Vokabulars ihrer Gegner*innen übernahmen und begannen, sich der Sprache der »Menschlichkeit« zu bedienen: Der Kauf versklavter Menschen war eigentlich ein Akt der Menschlichkeit, weil nicht gekaufte Versklavte von ihren wilden afrikanischen Entführern für gewöhnlich abgeschlachtet würden. Englische Sklavenschiffe retteten Leben! Noch verräterischer waren die Anzeichen für einen strategischen Rückzug. Angesichts des nicht abreißenden Stroms vernichtender Beweise für das Grauen, das auf den Sklavenschiffen herrschte, räumten die Vertreter der Sklavenhandelsbefürworter ein, dass »Missbräuche« vorkämen, und begannen in dem Versuch, die völlige Abschaffung des Sklavenhandels zu verhindern, für seine Regulierung zu plädieren. Dann griffen sie eilends auf ihr altes wirtschaftliches Lieblingsargument zurück: Der Menschenhandel mochte seine bedauerlichen Aspekte haben, aber der Sklavenhandel, überhaupt der gesamte Sklavereikomplex im englischsprachigen atlantischen Raum, sei den nationalen und imperialen wirtschaftlichen Interessen Großbritanniens enorm förderlich. Kaufleute, Produzenten und Arbeiter aus Liverpool, Bristol, London und Manchester argumentierten in ihren Petitionen, dass der Afrikahandel für Handel, Gewerbe und Beschäftigung unverzichtbar sei. Diesen Handel zu zerschlagen oder – was für viele Menschen eine noch beängstigendere Vorstellung war – dem Erzrivalen Frankreich zu überlassen, war undenkbar. Die effektivste Verteidigung der Sklavenhandelsunterstützer*innen gegen die abolitionistischen Angriffe auf das Sklavenschiff bestand während der gesamten Debatte darin, das Thema zu wechseln.[35]

Das Bild des Sklavenschiffes im Allgemeinen und der *Brooks* im Besonderen begann in der parlamentarischen Debatte breiten Raum einzunehmen. Sir William Dolben, ein gemäßigter Parlamentarier, der die Universität Oxford repräsentierte, ging an Bord eines Sklavenschiffes, das in der Themse vor Anker lag, und die Erfahrung veränderte sein Leben: Plötzlich konnte er sich das Schicksal dieser zusammengepferchten »armen, unglückseligen Elenden« vorstellen und stellte sich an die Spitze einer Kampagne mit dem Ziel, die Überfüllung der Sklavenschiffe zu reduzieren. Als der für gewöhnlich eloquente Charles James Fox im April 1791 vor dem Unterhaus sprach, ergriff ihn beim Thema der *Middle Passage* die Sprachlosigkeit, und er verwies seine Kollegen Abgeordneten »auf den gedruckten Durchschnitt des Sklavenschiffes; in welchem das Auge sehen kann, was die Zunge zu beschreiben verfehlen muss«. Wenig später hatte Lord Windham ebenfalls Mühe, die durch den Sklavenhandel verursachten Leiden in Worte zu fassen. »Der [dargestellte] Schnitt durch das Sklavenschiff machte jedoch die Unzulänglichkeit der Sprache wett und beseitigte jegliche Notwendigkeit eines Disputes zu diesem Gegenstand.«[36]

Die *Brooks* hinterließ auch im revolutionären Paris einen nachhaltigen Eindruck, wo Clarkson 1789 sechs Monate zubrachte, um Organisationsarbeit für die abolitionistische Sache zu leisten, und jede Gelegenheit nutzte, die Abbildung weiterzuverbreiten. Er berichtete, dass der Bischof von Chartres, nachdem er das Bild des Sklavenschiffes gesehen hatte, erklärt habe, dass es nun »nichts [am Sklavenhandel] gebe, dass so barbarisch sei, dass man es nicht willig glauben könne«. Als der Erzbischof von Aix es sah, war er »so von Grauen erfüllt, dass er kaum sprechen konnte«. Der Comte de Mirabeau, der große Redner der Französischen Revolution, war von dem Bild fasziniert und beauftragte sofort einen Kunsthandwerker, ihm ein Modell aus Holz mit »kleinen hölzernen Männern und Frauen« anzufertigen, »welche schwarz bemalt waren und die an den ihnen zugewiesenen Plätzen verstauten Sklaven darstellten«. Er stellte das knapp einen Meter lange Modell in sein Speisezimmer und plante, es bei einer Rede gegen den Sklavenhandel vor der Nationalversammlung einzusetzen. Als König Ludwig XVI. den Generaldirektor und Staatsminister Jacques Necker bat, ihm Material zu beschaffen, mit dem er sich über den plötzlich umstrittenen Handel mit menschlichen Körpern informieren könne, brachte sein Berater ihm Clarksons Essay *The Impolicy of the Slave Trade* sowie »Beispiele der Handwerksstücke der Afrikaner«, entschied sich aber dagegen, ihm den Plan des Sklavenschiffes zu zeigen: Er »glaubte, es würde Seine Majestät zu sehr angreifen, da er zu der Zeit unpässlich war«.[37]

In der breiteren öffentlichen Debatte beschränkten sich die radikalen Abolitionist*innen nicht nur darauf, die Leiden der versklavten Afrikaner*innen publik zu machen, sie berichteten auch im Einzelnen über individuelle und kollektive Akte des Widerstands der Versklavten gegen ihre Lebensbedingungen auf den Sklavenschiffen. Sie verteidigten das Recht der Versklavten, zu rebellieren und sich die gestohlene ›Freiheit‹ zurückzuerobern. Clarkson ging sogar so weit, die Haitianische Revolution zu verteidigen: Er argumentierte, dass die Versklavten, die sich dort selbst befreit hatten, »danach trachteten, die unveräußerlichen Menschenrechte für sich zu behaupten«. Die Möglichkeit und Realität eines Aufstands tauchte auch in dem Begleittext zur Abbildung der *Brooks* auf: In den in Plymouth, Philadelphia und New York gedruckten Flugblättern wurde sie einmal, in der Londoner Version zweimal erwähnt. Die Abolitionist*innen erweiterten ihre

The Dying Negro illustrierte ein Gedicht, das 1773 von John Bicknell und Thomas Day geschrieben wurde, nachdem die Autoren einen Londoner Zeitungsartikel über einen Selbstmord auf See gelesen hatten. Es illustriert, wie der Widerstand der Versklavten vom Sklavenschiff zurück in die Metropole gelangte und den sich entwickelnden Anti-Sklaverei-Diskurs beeinflusste.

visuelle Propaganda um die Abbildung eines Versklavtenaufstands auf See: Spätere Versionen des Flugblattes mit der Schnittansicht der *Brooks* enthielten eine Illustration mit dem Titel »Darstellung eines Aufstands an Bord eines Sklavenschiffes«, die in Carl Bernard Wadstroms *An Essay on Colonization, particularly applied to the Western coast of Africa ... in Two Parts* (London 1794) erschienen war und eine Schiffsbesatzung zeigte, die hinter einem Barricado verschanzt auf rebellische Versklavte feuerte.[38]

EINE NEUE DEBATTE

Die *Brooks* gewann in der Debatte noch weiter an Bedeutung, als 1790 im Parlament ein neues Drama um das Schiff in den Mittelpunkt des nationalen Interesses rückte. Bei den parlamentarischen Anhörungen sagten Dr. Thomas Trotter und Kapitän Clement Noble aus, die 1783–84 zusammen auf der *Brooks* gesegelt waren. Der Arzt, ein junger Mann und ehemaliger Schiffsarzt der Royal Navy, war nach dem Ende des Amerikanischen Unabhängigkeitskrieges aus dem Militärdienst entlassen worden und hatte auf dem Sklavenschiff angemustert. Er war so entsetzt über das, was er dort erlebte, dass er zum Sklavereigegner wurde.[39] Der Kapitän seinerseits hatte neun Afrikafahrten gemacht, zwei als Steuermann und sieben als Kapitän, vier davon auf der *Brooks*, bevor der Plan und die Schnittzeichnungen seines Schiffes veröffentlicht worden waren. Er hatte Erfolg im Leben gehabt, war Schiffseigner und Kaufmann geworden und war ein vehementer Verteidiger des Sklavenhandels.[40]

Wie um die visuelle Darstellung der *Brooks* verbal um Einzelheiten zu ergänzen, erklärte Trotter vor dem Ausschuss, die Zustände unter Deck seien katastrophal. Die Versklavten würden jeden Morgen vom Ersten Steuermann an ihren Plätzen verstaut und »nach Löffelart, wie die Fachbezeichnung lautet, zusammengeschlossen«. Jede Person, die nicht an ihrem vorgesehenen Platz sei, werde mittels der Gewalt der neunschwänzigen Katze dorthin zurückgetrieben. Das Ergebnis war eine Masse von Menschen, die so dicht zusammengepfercht waren, dass Trotter, der jeden Tag unter Deck ging, nicht »unter ihnen herumgehen konnte, ohne auf sie zu treten«. Darüber hinaus hatte die klaustrophobische Enge zur Folge, dass die Versklavten um Luft rangen und in ständiger »Erstickungsangst« lebten. Er glaubte, dass einige von ihnen erstickten. Trotter erwähnte auch das ›Tanzen‹, das auf der *Brooks* stattfand. Den Gefangenen, die in Ketten lagen, »wurde befohlen, aufzustehen und sich zu bewegen, so gut es ihnen möglich war«. Wer sich widersetzte, »wurde mit Hieben der Katze dazu gezwungen«, aber viele widersetzten sich weiterhin und »weigerten sich, es zu tun, selbst wenn diese Form der Bestrafung in einem schweren Grade angewendet wurde«.[41]

Als nächstes wurde Kapitän Noble befragt. Als er – zweifellos von jemandem, der die Zeichnung der *Brooks* gesehen hatte – gefragt wurde, wie viel Platz jedem einzelnen Versklavten zur Verfügung stehe, antwortete er: »Ich weiß nicht, wie viel es ist; ich habe es nie gemessen, oder eine Berechnung darüber angestellt, wie viel Platz sie hatten; sie hatten immer reichlich Platz, sich niederzulegen, und wenn sie dreimal so viel Platz gehabt hätten, so hätten sie doch alle eng aneinandergepresst gelegen; das tun sie immer, bevor der Raum auch nur halb voll ist.« Die Bedingungen auf dem Unterdeck seien gut, sagte er aus, und das wisse er selbstverständlich, weil er im Gegensatz zu manchen anderen Kapitänen häufig nach unten gehe. Er räumte ein, dass einige der Versklavten anfangs niedergeschlagen seien, wenn sie an Bord kämen, »aber sie erholen sich im Allgemeinen schnell davon, und sind im Allgemeinen sehr frohen Mutes an Bord der Schiffe«. In direktem Widerspruch zu Trotter fügte er hinzu, dass die versklavten Männer »sehr gerne tanzten«. Einige seien mürrisch und müssten möglicherweise vom Steuermann »zum Tanzen überredet« werden. Wenn Überredung nicht half, »ließ man sie tun, was ihnen beliebte«.[42]

Zum Thema der Autorität sagte Trotter aus, dass die Seeleute, wie die afrikanischen Gefangenen auch, von einem Tyrannen unterdrückt würden, »dessen Wesensart dem Handel ganz und gar angemessen war«. Einmal hatte Trotter mit angehört, wie Kapitän Noble vor einer Gruppe von Kapitänen mit einer Bestrafung prahlte, die er sich auf einer früheren Reise für einen Seemann ausgedacht hatte. Der Kapitän hatte auf eigene Rechnung ein Dutzend kleiner, exotischer afrikanischer Vögel transportiert, die er auf den Westindischen Inseln verkaufen wollte. Die Vögel starben, und der Kapitän verdächtigte einen aufsässigen schwarzen Matrosen aus Philadelphia, sie getötet zu haben. Er befahl, den Mann auszupeitschen und anschließend für zwölf Tage an einen der Masten zu ketten und ihm während dieser Zeit nichts anderes zu essen zu geben als einmal am Tag einen der winzigen (zwischen spatzen- und drosselgroßen) toten Vögel. Noble erzählte diese Parabel auf die Macht mit »einem Maß an Triumph und Genugtuung, welches einem indianischen Skalpierer Unehre gemacht hätte«. Als er mit seiner Geschichte fertig war, wurde er von seinen Mitkapitänen bejubelt – sie »priesen seine Erfindungsgabe angesichts der Neuartigkeit der Bestrafung«.

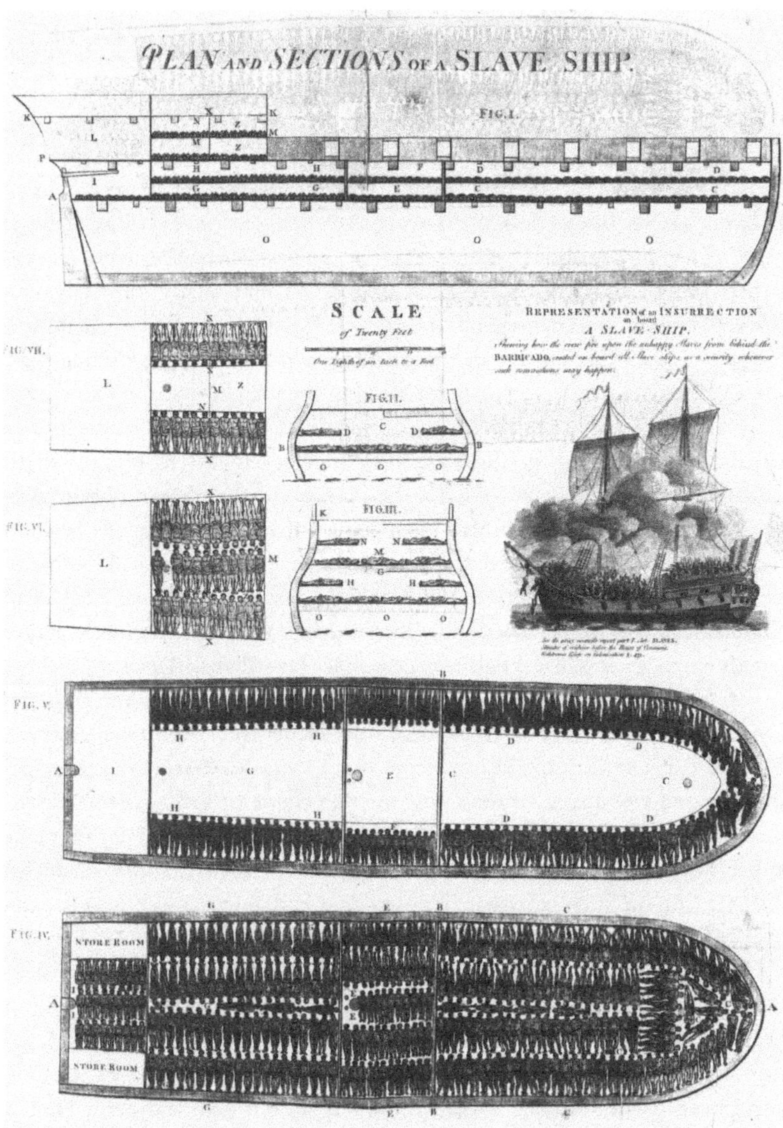

Die *Brooks*, mit der Darstellung des Aufstands, Bildmitte, rechts.

Trotter war über diesen »mutwilligen Akt der Barbarei« entsetzt gewesen. Er fügte hinzu, dass auf der Reise, die er selbst mitgemacht hatte, mehrere Seeleute »unbarmherzig ausgepeitscht« worden seien und dass Nobles Härte fast zu einer Meuterei geführt habe.[43]

Im Gegenzug präsentierte Kapitän Noble sich als vernünftigen und humanen Menschen, auf dessen Schiffen Zufriedenheit herrschte. Er behandle seine Besatzung und Gefangenen gut, die Sterberate unter seinem Kommando sei infolgedessen minimal. Auf der Reise mit Trotter habe er nur drei Männer verloren – einer sei an Pocken gestorben, einer eines »natürlichen Todes« und einer ertrunken. Er sagte, er habe achtundfünfzig Versklavte verloren, und deutete an, dass dies möglicherweise darauf zurückzuführen sei, dass Dr. Trotter »seine Pflichten sehr nachlässig« versehen habe und »viel zu viel Zeit in schmucker Kleidung zugebracht« habe. (War Trotter ein Dandy?) Noble behauptete, dass keiner seiner Versklavten jemals infolge einer »Zurechtweisung« gestorben sei. Er erinnerte sich, einen Seemann disziplinarisch bestraft zu haben, »weil er die Sklaven misshandelte und mir selbst gegenüber sehr unverschämt war – ich glaube, dass dies das einzige Mal auf dieser Reise war, dass einer der Matrosen ausgepeitscht wurde«. Überhaupt sei er ein so guter und gütiger Befehlshaber, dass seine Männer nach dem Ende einer Reise immer wieder bei ihm anheuern wollten. »Ich habe kaum jemals einen gegenteiligen Fall erlebt«, erklärte er selbstzufrieden.[44]

Zu Kapitän Nobles Pech wurde Trotters Darstellung des Verhältnisses zwischen Kapitän und Besatzung durch die Heuerlisten der *Brooks* gestützt: Bei drei Fahrten als Kapitän musterten nur 13 von 162 Männern erneut bei ihm an, und von diesen 13 waren die meisten entweder Offiziere (die besondere Vorteile genossen), Familienmitglieder des Kapitäns oder Lehrlinge, die keine Wahl hatten. Man könnte großzügigerweise sagen, Nobles Gedächtnis hätte ihn im Stich gelassen, als er vor dem Parlamentsausschuss aussagte, aber zutreffender wäre es zu sagen, dass er log.[45]

Mit seiner Aussage erweckte Trotter einige der gesichtslosen, auf dem Rücken liegenden Figuren in der Abbildung zum Leben und ging damit über die schematische Darstellung der *Brooks* hinaus. Wie Clarkson vor ihm bediente er sich des Mittels der *oral history*: Er hatte, wie er vor dem parlamentarischen Ausschuss zu Protokoll gab, mit den Männern, Frauen und Kindern gesprochen, die an Bord gebracht wurden – mit einigen auf Englisch, mit anderen in Zeichensprache (mit »Gebärden und Bewegung«, wie er es ausdrückte) und mit wieder anderen per Dolmetscher*in. Er führte aus: »Es kamen wenige Sklaven an Bord, welche ich nicht danach fragte, warum sie versklavt worden waren?« Trotter stieß auf der *Brooks* auf zwei ethnische Hauptgruppen, die, wie es sich traf, in Afrika eine lange Geschichte der Feindschaft miteinander verband: Fante von der Küste und

Im Gegensatz zu den auf dem Rücken liegenden, geordneten Körpern der afrikanischen Gefangenen auf der berühmten Grafik des Sklavenschiffs Brooks zeigt diese Darstellung eines Sklavenaufstands das genaue Gegenteil: Widerstand und Unordnung. Die Besatzungsmitglieder haben sich hinter die Barrikade zurückgezogen und feuern mit ihren Musketen auf die Aufständischen, von denen einige über Bord springen.

eine Gruppe, die er »Duncos« nannte, die aber tatsächlich Chamba aus dem Landesinneren waren (›Dunco‹ war ein Fante-Wort für ›Dummkopf‹). Anders als Kapitän Noble, der die schwarzen Händler drängte, »ihm mit allen Mitteln Sklaven zu beschaffen«, nie daran zweifelte, dass sie das Recht hatten, diese Menschen zu verkaufen, und nie danach fragte, wie sie zu Sklav*innen geworden waren, fragte Trotter die Gefangenen, wie sie auf dem Schiff gelandet waren. Er fand heraus, dass die meisten gekidnappt worden waren, aber fälschlich als »Kriegsgefangene« bezeichnet wurden. So erfuhr er auch, welche Verzweiflung die Trennung von Familie und Heimat in ihnen auslöste: Nachts hörte Trotter die Versklavten oft »ein heulendes, melancholisches Geräusch« von sich geben, »etwas, das äußersten Gram ausdrückte«. Er bat eine Frau, die als Übersetzerin fungierte, die Quelle dieses Geräusches ausfindig zu machen. Sie berichtete, dass dies unwillkürliche Schreie seien, die Menschen ausstießen, wenn sie aus Träumen erwachten, in denen sie wieder zu Hause bei ihren Lieben waren, und feststellten, dass sie sich immer noch unter Deck auf dem grauenhaften Schiff befanden.[46]

Der Bericht des Schiffarztes über die Zustände auf der *Brooks* deckte sich mit dem anderthalb Jahre zuvor veröffentlichten Begleittext der Abolitionist*innen zu der Abbildung des Schiffes. In beiden Darstellungen waren die Hauptthemen die Behandlung der Seeleute und – was noch wichtiger war – die der Versklavten: wie sie aneinandergekettet und auf engstem Raum zusammengepfercht wurden, wie sie reglementiert wurden, wie sie überlebten oder auch nicht. Die Parallelen sind kein Zufall. Als Trotter im Mai 1790 seine Aussage vor dem Untersuchungsausschuss des Unterhauses machte, hatte die Abolitionsbewegung den öffentlichen Diskurs über den Sklavenhandel bereits bestimmend geprägt, indem sie ein Bewusstsein für diese Themen geschaffen hatte. Die Ironie des Schicksals hatte dafür gesorgt, dass die Abbildung der *Brooks* die öffentlichen Aussagen darüber beeinflusste, was tatsächlich auf der *Brooks* vor sich gegangen war. Zum Zeitpunkt der Anhörungen hatten Thomas Clarkson und seine Mitstreiter*innen »Plan und Durchschnitte eines Sklavenschiffes« bereits allen Parlamentariern zukommen lassen und darüber hinaus zusammen mit William Wilberforce und anderen Abgeordneten auf Grundlage der Informationen, die sie bereits hatten, einen Katalog von Fragen an Trotter, Noble und viele andere Zeugen entwickelt – über die Verstauung der Gefangenen, den ihnen zustehenden Platz, die täglichen sozialen Abläufe und die Behandlung sowohl der Seeleute als auch der Versklavten.

DIE WIRKUNG

Clarkson war fest davon überzeugt, dass die Abbildung der *Brooks* ihre Wirkungskraft in erster Linie dem Umstand verdankte, dass sie es dem Betrachter ermöglichte, sich mit den »Unrecht leidenden Afrikanern« auf dem Unterdeck des Schiffes zu identifizieren und mit ihnen mitzufühlen. Das Flugblatt war »dazu bestimmt, dem Betrachter eine Vorstellung vom Leiden der Afrikaner während der *Middle Passage* zu vermitteln, und dies auf so vertraute Weise, dass er sofort seiner Meinung über das dort erfahrene Elend würde Ausdruck geben können«. Mit anderen Worten, das Bild würde den Betrachter wachrütteln und dazu bewegen, sich an der Debatte um den Sklavenhandel zu beteiligen (wie Thomas Cooper es gehofft hatte), und zwar mit einem neuen, menschlicheren Verständnis dessen, worum es tatsächlich ging. Mit seiner Darstellung der Schrecken des Transports appelliere das Bild an die Emotionen und würde sich ins Gedächtnis der oder des Betrachtenden brennen: »Es brachte Tränen des Mitgefühls mit den Leidenden hervor, und es verankerte ihr Leiden in seinem Herzen.« Auf diese Weise wurde das Bild zu »einer Sprache, welche zu gleicher Zeit verständlich und unwiderstehlich war«. Damit nahm Clarkson Beobachtungen moderner Wissenschaftler*innen über das »ikonografische Vokabular« und die »visuelle Identität« der Abolitionsbewegung vorweg.[47]

Clarksons Einschätzung der Wirkung des Flugblattes war ohne Frage zutreffend. Schließlich hatte er es selbst verteilt und mit vielen Menschen darüber gesprochen. Weil er das Bild als Mittel zur Organisation einsetzte, war er darauf angewiesen zu verstehen, welchen Effekt es auf die Menschen hatte und wie er die Gefühle und Einsichten, die es weckte, nutzen konnte. Damit verdient er als Interpret der Bedeutung der *Brooks* einen Ehrenplatz. Dennoch: So unbestreitbar dieses Verdienst auch ist, Clarkson lieferte keine vollständige Erklärung der Wirkungskraft des Bildes. Denn es hatte noch eine weitere Dimension, die Clarkson sehr wohl verstand, über die er aber selten sprach.

Der ursprüngliche Titel des vom Plymouth-Komitee veröffentlichten Drucks lautete »Plan des Unterdecks eines AFRIKANISCHEN SCHIFFES mit NEGERN im Verhältnis von nur Einem auf eine Tonne«. Der Verweis auf das Verhältnis, d. h. die Anzahl von Menschen pro Tonne Ladekapazität, bezog sich spezifisch auf die Debatte um den Dolben Act, auch *Slave Carrying Bill* (Sklaventransportgesetz) genannt, das im Juli 1788, vier Monate vor der Entstehung der Zeichnung der *Brooks*, die königliche Zustimmung erhalten hatte. Diese Debatte drehte sich um die Rentabilität des Sklavenhandels. Die Abbildung der *Brooks* und ihr Begleittext müssen nicht nur neben die Gespräche mit Seeleuten gestellt werden, die in *Substance of the Evidence* gesammelt und veröffentlicht wurden, sondern auch neben *An Essay on the Comparative Efficiency of Regulation or Abolition as applied to the Slave Trade*, das Pamphlet, an dem Clarkson zum Zeitpunkt der Erstveröffentlichung der Abbildung des Sklavenschiffes arbeitete.

Clarkson leitete seine Flugschrift mit Erklärungen ein, die die Liverpooler Vertreter der Sklavenhandelsinteressen 1788 vor dem Unterhaus abgegeben hatten. Mr. Piggot, »Advokat der Kaufleute von Liverpool«, sagte aus, dass »ein Mensch auf eine Tonne ... praktisch die Abschaffung des Handels bewirken wird«. Die übrigen Delegierten sangen im Chor denselben Refrain: Robert Norris gab zu Protokoll, dass es bei eins zu eins »keinen Gewinn geben« werde. Alexander Dalziel machte geltend, dass der Sklavenhandel sich ohnehin schon im Niedergang befinde und dass jede Beschränkung der Anzahl der transportierten Versklavten »dies befördern« würde. James Penny vertrat die Ansicht, dass alles unter zwei Versklavten pro Tonne es unmöglich machen würde, »den Handel mit Gewinn fortzusetzen«; anderthalb zu eins oder eins zu eins würde einer Abschaffung gleichkommen. John Tarleton erklärte, er sei »*von den Liverpooler Kaufleuten bevollmächtigt worden* zu sagen, dass *weniger als zwei Sklaven auf eine Tonne* (und dies stimmt vollkommen mit meiner Meinung überein) den *afrikanischen Sklavenhandel* gänzlich beendigen würde«. John Matthews präsentierte eine genauere Berechnung: Er überschlug den Gewinn bzw. Verlust für ein 100-Tonnen-Schiff bei einem Verhältnis von zweieinhalb zu eins (plus 761,5,6 £), zwei zu eins (plus 180,3,6 £), anderthalb zu eins (minus 206,19,9 £) und eins zu eins (minus 590,1,0 £). Mit anderen Worten, die Liverpooler Delegierten hatten sich einer Regulierung widersetzt und mit der Verabschiedung des Dolben Act – der das Verhältnis von Versklavten zu Ladekapazität in Tonnen für die ersten zweihundert Tonnen auf fünf zu drei und darüber hinaus auf eins zu eins festsetzte – eine Teilniederlage erlitten. Aber schon bald beschlossen sie, mit dem Strom zu schwimmen, den sie ohnehin nicht aufhalten konnten, und willigten in begrenzte Reform- und Regulierungsmaßnahmen ein, um eine komplette Abschaffung des Sklavenhandels abzuwenden.

Die Abbildung der *Brooks* war nicht nur eine Kritik am Sklavenhandel, sondern ebenso sehr eine Kritik an dem angeblich humaneren regulierten Sklavenhandel. Die schematische Zeichnung zeigte nicht die 609 Versklavten, die das Schiff zuletzt von Afrika nach Amerika transportiert hatte, sondern die geringere, ›zivilisiertere‹ Anzahl von 482. Genau wie Clarksons Pamphlet machte sie deutlich, dass selbst der regulierte Sklavenhandel etwas Entsetzliches war. Viele Menschen, schrieb Clarkson, warfen einen Blick auf den Druck und »betrachteten die Regulierung selbst als vollkommene Barbarei«.[48]

Das Konzept der ›Barbarei‹ ist ein Schlüssel zum Verständnis der verborgenen Bedeutung der *Brooks*. Mathew Carey nannte das Bild »eine eindrucksvolle Darstellung der Barbarei des Sklavenhandels«. Der Bischof von Chartres sagte, dass angesichts der Abbildung der *Brooks* alle Geschichten über die Barbarei des Sklavenhandels glaubwürdig seien. Viele dieser Geschichten stammten von Seeleuten, die ihre eigene Behandlung als barbarisch bezeichneten. Es waren ihre Schilderungen, die Clarkson zu dem Schluss brachten, dass der Handel mit Menschen von Anfang bis Ende barbarisch war. Einzig und allein seine Abschaffung konnte »den Quell der Barbarei« im Sklavenhandel »für immer vernichten«. Wer waren die Urheber dieser gewalttätigen, grausamen Barbarei? Oder, um die Frage anders zu formulieren, wer hatte sich dieses grauenvolle Schiff ausgedacht? Wer hatte es entworfen? Wer war auf den Gedanken gekommen, Menschen auf diese Weise zu verstauen? Die *Brooks* löste nicht nur »Tränen des Mitgefühls« aus, sondern auch einen moralischen Schock.[49]

In dem Maße, in dem diese Fragen an Durchschlagskraft gewannen, wandelte sich die Darstellung der *Brooks*. Die Vignette des flehenden versklavten Mannes – das Emblem der *Society for Effecting the Abolition of the Slave Trade* – verschwand aus dem Plymouther Flugblatt, der Bezug auf »Mitgeschöpfe« wurde aus dem Begleittext gestrichen, der Text selbst und sogar die Überschriften wurden gekürzt und schließlich ganz entfernt, und viele Menschen hätten nun beim Anblick der *Brooks* nicht gewusst, dass sie abolitionistische Propaganda vor sich hatten. Sie hätten angenommen, dass die Zeichnung von einem Schiffbauer im Dienst eines Sklavenhandelskaufmanns stammte. Diese Uneindeutigkeit war für die Abolitionsbewegung von großem Nutzen, weil sie es ihr ermöglichte, ihre Feinde zu dämonisieren. Denn wer waren die eigentlichen Barbaren? Ganz sicher nicht die Afrikaner*innen und auch nicht die Seeleute, die trotz ihrer praktischen Branchenkenntnisse eher Sekundäropfer des Sklavenhandels zu sein schienen.

Wie Clarkson immer wieder von Seeleuten hörte, war die Person, die praktisch für die Gewalt, Grausamkeit, Folter und Verbreitung von Angst und Schrecken verantwortlich war, der Kapitän. In *An Essay on Comparative Efficiency* nannte Clarkson den Sklavenschiffskapitän »das niederträchtigste

Individuum auf Erden«. Kapitän Clement Noble mochte behaupten, dass er nicht wisse, wie viel Platz es auf seinem eigenen Schiff gab, und dass er »nie gemessen, oder eine Berechnung darüber angestellt« habe, wie viel Platz den Versklavten zur Verfügung stand, aber er wusste durchaus – wie der schematischen Zeichnung der *Brooks* eindeutig zu entnehmen war – wie man Hunderte von menschlichen Körpern auf engstem Raum verstaute. Das Ergebnis war weniger akkurat als in der bildlichen Darstellung, und Noble mochte seine Arbeit eher auf Grundlage eigener Erfahrung als auf Grundlage wissenschaftlicher Erkenntnisse verrichten, aber er verrichtete sie, und zwar mit Gewalt und Gewinn. Für Thomas Trotter war dies »Barbarei«.[50]

Über dem Kapitän stand ein noch größerer, noch gewalttätigerer Barbar: Dies war sein Arbeitgeber, der Kaufmann, mit dem Clarkson sich einen Kampf auf Leben und Tod lieferte. Mit seinem *Essay on the Comparative Efficiency* richtete er sich an die gesamte Öffentlichkeit mit Ausnahme der »Sklavenhändler«, die immerhin versucht hatten, ihn umzubringen. Der Sklavenhandelskaufmann war der verborgene Drahtzieher hinter der *Brooks*, der Schöpfer dieses Folterwerkzeugs. Er war es, der das Schiff ersonnen hatte und bauen ließ, er war für den Entwurf seiner sozialen Ordnung verantwortlich, er war derjenige, der den Handel organisierte und von der Barbarei profitierte.[51]

Die vom Kaufmann ausgeübte Gewalt hatte zwei Komponenten, eine praktische und eine konzeptionelle. Beide waren unabdingbar für das Funktionieren des Sklavenschiffes als einer Maschine, die die Ware »Versklavte*r« für einen globalen Arbeitsmarkt produzierte. Die Gewalt der Versklavung und die Gewalt der Abstraktion entwickelten sich gemeinsam und verstärkten sich gegenseitig. In dem Maße, in dem mehr und mehr menschliche Körper gefangengenommen, versklavt, verschifft und ausgebeutet wurden, lernten die Kaufleute, den kurz- und langfristigen Bedarf an Arbeitskräften abzuschätzen und den transnationalen Fluss von Arbeitskraft auf und durch die Sklavenschiffe, Plantagen und Märkte in das gesamte System des atlantischen Kapitalismus zu kalkulieren und zu regulieren.[52]

Das Geniale an der Abbildung der *Brooks* war, dass sie beide Formen der Gewalt illustrierte – und kritisierte – und beiden etwas ominös Industrielles verlieh. Das Bild hatte etwas an sich, das ein schottischer Abolitionist als »rigorose Ökonomie« bezeichnete, in der »von einem Ende des Schiffes bis zum anderen kein Ort, welcher auch nur eine einzige Person zu fassen vermag, unbesetzt bleibt«. Das Bild suggerierte eine sorgfältig konzipierte Massenproduktion menschlicher Körper und die vorsätzliche, systematische

Vernichtung individueller Identität. Es zeigte die Gewalt und den Terror des Schiffes und fing gleichzeitig die brutale Logik und den kalten, rationalen Charakter des Kaufmannsgewerbes ein – einen Prozess, der menschliche Wesen auf Eigentum reduzierte, Arbeitskraft zu einer Sache, einer Ware, machte und bei dem ethische Erwägungen keine Rolle mehr spielten. In der turbulenten Ära des Übergangs von einer moralischen hin zu einer politischen Konzeption der Wirtschaft repräsentierte die *Brooks* das alptraumhafte Ergebnis dieser Entwicklung. Hier war das unverhüllte Grauen des neuen, modernen Wirtschaftssystems, der Kapitalismus ohne Lendenschurz, wie Walter Rodney es ausdrückte. Nicht umsonst wurde die *Brooks* »ein kapitales Schiff« genannt. Sie selbst war konzentriertes Kapital, eine Manifestation dessen, wie die Welt in der kapitalistischen Vorstellung war und sein sollte und wie mit ihr umgegangen wurde.[53]

Die gewaltsame Reduzierung menschlicher Wesen auf Eigentum brachte nicht nur den sozialen, sondern auch den physischen Tod mit sich, der auf dem Sklavenschiff ebenfalls produziert wurde – auch wenn Kaufleute und Kapitäne darum bemüht waren, sowohl ihre Versklavten als auch ihre Matrosen am Leben zu erhalten, erstere, um sie in den Amerikas verkaufen zu können, und letztere um ihrer Arbeitskraft und der Sicherheit der Reise willen. Dennoch war der Tod ein Faktor, der in die soziale Planung jeder einzelnen Reise mit einbezogen wurde. Versklavte und Seeleute würden sterben, aber das waren schlicht neutrale empirische Fakten des Geschäftslebens. Militärstrategen sollten solche Todesfälle später als ›Kollateralschaden‹ bezeichnen; für die Kaufleute und Kapitäne der Epoche waren sie einfach ›Schwund‹ an Fracht und Arbeitskraft. Wissenschaftler*innen haben darauf hingewiesen, dass die *Brooks* nicht von ungefähr die Form eines Sarges hatte.[54]

Die radikalsten Abolitionist*innen sahen diese Todesfälle als Mord an. 122 Menschen lebendig vom Hauptdeck der *Zong* über Bord zu werfen, war eindeutig Mord und wurde von Abolitionist*innen wie Olaudah Equiano und Granville Sharp als solcher angeprangert. Aber was war mit den Menschen, die nach einem gescheiterten Versuch, sich die Freiheit zu erkämpfen, zu Tode gepeitscht wurden? Was war mit denen, die einfach deshalb starben, weil ihre Lebensumstände tödlich waren? Vielleicht war dies ›sozialer Mord‹. Zahlreiche Kritiker*innen des Sklavenhandels von Ottobah Cugoano bis J. Philmore hatten keinen Zweifel: Der Sklavenhandel war kalkulierter Mord. Auf jeder Reise trafen Kaufleute und Kapitäne wie Joseph Brooks Jr. und Kapitän Clement Noble konkrete Entscheidungen zu Fragen dieser Art und stellten »teuflische Kalkulationen« über Gewalt, Terror und Tod an. Mit den

»Plänen und Durchschnitten eines Sklavenschiffes«, der *Brooks*, wurde ihre mörderische Logik und ihre Praxis des Tötens mittels »kalkulierter Inches« ans Licht der Öffentlichkeit gebracht.[55]

DER LETZTE HAFEN

Mit der Abbildung der *Brooks* und allen anderen ihnen zur Verfügung stehenden Agitations- und Überzeugungsmitteln erzwangen die Abolitionist*innen in Großbritannien und Amerika schließlich eine nationale Auseinandersetzung mit dem Sklavenhandel. Dieser Prozess entfaltete sich auf beiden Seiten des Atlantiks auf unterschiedliche Weise, fiel aber etwa in den gleichen Zeitraum, zwischen 1787 und 1808. Er beinhaltete eine ausgedehnte transatlantische Zusammenarbeit und Abstimmung der Aktivist*innen in Bezug auf Mittel und Ziele und führte in beiden Fällen zu einer formellen Abschaffung des Sklavenhandels. Schiffe wie die *Brooks* durften von nun an nicht mehr legal von britischen oder amerikanischen Häfen aus, Versklavte in Afrika beschaffen und zu den Plantagengesellschaften der Amerikas transportieren.

Knapp fünf Jahre intensiver Aufklärungs- und Propagandaarbeit gipfelten am 2. April 1792 in einer Parlamentsdebatte, die die ganze Nacht andauerte und in der einige der wortgewaltigsten Reden gehalten wurden, die je in diesen Hallen gehört worden waren. Das Ergebnis war ein von dem cleveren, pragmatischen Schotten Henry Dundas vorgeschlagener Kompromiss, der darin bestand, den Sklavenhandel »schrittweise« abzuschaffen. Nur kurze Zeit später veränderte sich der internationale Kontext der Abolitionsbemühungen: Die Revolutionen in Frankreich und St.-Domingue traten in eine neue, explosive Phase ein, und in England entwickelte sich ein innenpolitischer Radikalismus, der die herrschenden Eliten ihrerseits in Angst und Schrecken versetzte. Das vom Unterhaus verabschiedete Gesetz zur schrittweisen Abschaffung des Sklavenhandels stieß im Oberhaus auf anhaltenden Widerstand. Als im Februar 1793 ein Krieg mit Frankreich ausbrach, überschatteten nationale und imperiale Belange alles andere und drängten die Abolitionist*innen und ihre Sache für Jahre in den Hintergrund. Clarkson, der dem Zusammenbruch nahe war, zog sich 1794 aus dem öffentlichen Leben zurück. Trotzdem konnte die Sache weiterhin kleine Siege verzeichnen, so zum Beispiel die *Slave Carrying Bill* von 1799, ein Gesetz, das die erstmals mit dem Dolben Act von 1788 eingeführten Beschränkungen ausweitete. Im Jahr 1806 begann die abolitionistische Bewegung wieder aufzuleben, und in diesem Jahr verabschiedete das Parlament die *Foreign Slave Trade Bill* (Gesetz über den Handel mit ausländischen Sklaven), das den britischen Sklavenhandel in die spanischen und niederländischen Kolonien der Neuen Welt verbot. Dies bereitete den Weg für die formelle Abschaffung des Sklavenhandels, die am 1. Mai 1807 verkündet wurde.[56]

In den Vereinigten Staaten, wo das zentrale Problem nicht der Transport durch Kaufleute, sondern die Einfuhr und der Kauf durch Plantagenbesitzer war, nahm der Prozess der Abolition einen anderen Verlauf. Hier führten in den 1770er Jahren, während die amerikanische Unabhängigkeitsbewegung eine Ideologie der Freiheit entwickelte, Quäker*innen wie Anthony Benezet einen Kampf gegen den Sklavenhandel. Der Kontinentalkongress von 1774 beschloss die Einstellung des Imports britischer Waren, einschließlich versklavter Menschen. Die Abolitionist*innen fanden unerwartete Verbündete in den Sklavenbesitzern der Chesapeake-Region, Männern wie Thomas Jefferson und James Madison, deren Versklavte sich selbst ›reproduzierten‹, was den Import per Sklavenschiff nicht nur überflüssig, sondern schlicht unwirtschaftlich machte. Es dauerte nicht lange, bis Jefferson in einem frühen Entwurf der Unabhängigkeitserklärung König Georg III. scharf für seine fortgesetzte Beteiligung am Sklavenhandel angriff, doch die Patrioten aus South Carolina und Georgia, deren Hunger nach versklavten Arbeitskräften unersättlich war, nahmen an der Passage Anstoß. Bei den Verfassungsdebatten von 1787 wurde ein Kompromiss erzielt: Artikel I, Abschnitt 9 erlaubte die Fortführung des Sklavenhandels bis 1808. Aber die Abolitionist*innen arbeiteten auf Bundesstaatsebene weiter und erreichten in den Jahren 1788–89 den Erlass von Gesetzen, die den Sklavenhandel in New York, Massachusetts, Rhode Island, Pennsylvania, Connecticut und Delaware einschränkten. Gleichzeitig weiteten sie ihre Zusammenarbeit mit Aktivist*innen in England aus und begannen 1790, Petitionen an den Kongress zu richten. 1791 brach die Revolution in St.-Domingue aus, was die verängstigten amerikanischen Sklavenbesitzer dazu veranlasste, ihre Häfen für Sklavenschiffe zu schließen. Nach langem politischem Ringen wurde am 2. März 1807 ein Abolutionsgesetz verabschiedet, das am 1. Januar 1808 in Kraft trat. Das Gesetz war weitgehend zahnlos, was bedeutete, dass der illegale Sklavenhandel noch jahrzehntelang weiterging, und dennoch war es ein Sieg.[57]

Durch all diese Stürme hindurch – erbitterte Debatten, welterschütternde Revolutionen in Frankreich und Haiti, innenpolitische Umwälzungen und ihre Gegenbewegungen in Großbritannien, Amerika und rund um den Atlantik – segelte die *Brooks* weiter. Das Schiff machte noch sieben weitere von Terror durchzogene Afrikafahrten, alle von seinem Heimathafen Liverpool aus, die 1791, 1792, 1796, 1797, 1799, 1800 und im Mai 1804 begannen. Seine letzte Reise führte es mit einer 54-köpfigen Besatzung unter Kapitän William Murdock an die Küste von Kongo und Angola, wo 322 Gefangene an Bord genommen wurden. Nach der *Middle Passage* (bei der »nur« zwei Afrikaner*innen und zwei Seeleute starben) und der Ankunft im Südatlantik lief die *Brooks* Montevideo am Rio de la Plata an, wo sie 320 Seelen ausspie. Das Schiff, das Geschichte geschrieben hatte, hatte seine letzte Fahrt gemacht. Für ein Sklavenschiff war es alt, und nach 23 Jahren, von denen es einen Großteil in tropischen Gewässern unterwegs gewesen war, war sein Rumpf ohne Frage am Faulen. Es wurde für seeuntüchtig erklärt und vermutlich noch im selben Jahr abgewrackt. Nur drei Jahre später wurde der gesamte Handel eingestellt. Das Schiff, das sowohl im Sklavenhandel als auch im Kampf dagegen eine so bedeutende Rolle gespielt hatte, rottete weit weg von den Blicken der Kaufleute und Abolitionist*innen still vor sich hin. Aber das Bild der *Brooks* segelte noch jahrzehntelang weiter um den Atlantik, eine Verkörperung der Grauen des Sklavenhandels und ein Werkzeug im Kampf gegen die Sklaverei.[58]

Anmerkungen

1 In den Jahren 1788 und 1789 wurden 197 Sklavenfahrten von britischen und 19 von amerikanischen Häfen aus unternommen. Daten der *TSTD* entnommen.

2 Clarkson, *History*, Bd. II, S. 111.

3 Cooper, Thomas, Esq.: *Letters on the Slave Trade: First Published in Wheeler's Manchester Chronicle and since re-printed with Additions and Alterations.* Manchester 1787, S. 3–5. Für eine eindrückliche neue Darstellung der Ursprünge und frühen Geschichte der Bewegung siehe Brown, Christopher: *Moral Capital: Foundations of British Abolitionism.* University of North Carolina Press, Chapel Hill 2006.

4 Hervorragende Arbeiten zum Bild des Sklavenschiffes aus jüngerer Zeit sind unter anderem: Oldfield, J. R.: *Popular Politics and British Anti-Slavery: The Mobilisation of Public Opinion against the Slave Trade, 1787–1807.* Frank Cass & Co., London 1998, S. 99–100, 163–66; Lapsansky, Philip: »Graphic Discord: Abolitionist and Antiabolitionist Images«, in: *The Abolitionist Sisterhood: Women's Political Culture in Antebellum America.* Yellin Fagan, Jean / Van Horne, John C. (Hg.). Cornell University Press, Ithaca und London 1994, S. 201–30; Finley, Cheryl: »Committed to Memory: The Slave-Ship Icon and the Black-Atlantic Imagination«, in: *Chicago Art Journal* (1999), S. 2–21; Wood, Marcus: »Imagining the Unspeakable and Speaking the Unimaginable: The ›Description‹ of the Slave Ship *Brooks* and the Visual Interpretation of the Middle Passage«, in: *Lumen: Selected Proceedings from the Canadian Society for Eighteenth-Century Studies.* Quinsey, Katherine / Didicher, Nicole E. / Skakoon, Walter S. (Hg.). Academic Printing and Publishing, Edmonton 1997, S. 211–45; und Wood, Marcus: *Blind Memory: Visual Representation of Slavery in England and America, 1780–1865.* Manchester University Press, Manchester und New York 2000, S. 14–77.

5 »Admeasurement of the Ships at Liverpool from Captain Parrey's Account«, o. D. (1788), Liverpool Papers, Add. Ms. 38416, fol. 209, BL; »Dimensions of the following Ships in the Port of Liverpool, employed in the African Slave Trade«, *HCSP* 67.

6 *Plan of an AFRICAN SHIP'S Lower Deck with NEGROES in the proportion of only One to a Ton.* Plymouth 1788. Die Reproduktion von T. Deeble aus Bristol (17562/1, BRO) scheint mit dem Flugblatt aus Plymouth identisch zu sein. Siehe auch *Plan and Sections of a Slave Ship.* James Phillips, London 1789; Clarkson, *History*, S. 111. Es sollte angemerkt werden, dass die Entsendung von Parrey nach Liverpool von vornherein einen abolitionistischen Hintergrund hatte. Pitt war ein Gegner des Sklavenhandels, und sein eigenes Motiv dafür, die Abmessungen der Sklavenschiffe dokumentieren zu lassen, bestand darin, den Abolitionist*innen und ihren Verbündeten im Unterhaus die Gelegenheit zu geben, eventuelle »unrichtige Darstellungen zu entdecken«, die die Vertreter der Liverpooler Sklavereibefürworter bei den von König Georg III. zu Beginn des Jahres 1788 angeordneten Anhörungen zum Sklavenhandel möglicherweise vorbringen würden. Siehe Clarkson, *History*, Bd. I, S. 535–36; Treffen 22. April 1788, Protokoll des Abolition Committee, Add. Ms. 21255, BL.

7 »Dimensions of the following Ships in the Port of Liverpool«, *HCSP* 67. Informationen zu den Fahrten der *Brooks* finden sich in *TSTD* #80663–80673.

8 *Plan of an AFRICAN SHIP'S Lower Deck.*

9 Oldfield merkt an, dass Elford ein Freund von Pitt war. Siehe *Popular Politics and British Anti-Slavery*, S. 99.

10 *Plan of an African Ship's Lower Deck, with Negroes in the proportion of not quite one to a Ton.* Mathew Carey, Philadelphia 1789; *Plan of an African Ship's Lower Deck, with Negroes in the proportion of not quite one to a Ton.* Samuel Wood, New York, o. D.

11 Philip Lapsansky schreibt: »Die berühmte Darstellung von 1789 des Querschnitts eines Sklavenschiffes, vollgepackt mit liegenden schwarzen Körpern in Ketten, die jeden verfügbaren Zentimeter des Schiffes einnehmen, wurde im Verlauf der Ära der amerikanischen Sklaverei unzählige Male nachgedruckt.« Varianten dieser Abbildung erschienen z. B. in der erweiterten Ausgabe von Charles Crawfords Pamphlet *Observations on Negro Slavery*, Philadelphia 1790; Thomas Branagan: *The Penitential Tyrant*. New York 1807; den diversen Auflagen von Clarksons *History* sowie drei Auflagen von Samuel Woods Pamphlet *Mirror of Misery*, 1807, 1811, 1814. Siehe Lapsansky, »Graphic Discord«, S. 204.

12 Clarkson, *History*, S. 111; *Plan and Sections of a Slave Ship.*

13 Die von Kapitän Parrey genannte Zahl – 609 – war die Anzahl von Gefangenen, die das Schiff vor der Verabschiedung des Dolben Act transportiert hatte.

14 Siehe Wood, *Blind Memory*, S. 29–32. Für Publikationen der Society for the Improvement of Naval Architecture siehe Kap. 2, En 32. Zu Veränderungen in der Schiffbauindustrie siehe Linebaugh, Peter: *The London Hanged: Crime and Civil Society in the Eighteenth Century*. Allen Lane, London 1991, Kap. 11.

15 Der Kaufmann und ehemalige Sklavenschiffskapitän James Penny sagte im Jun 1788 aus, es stehe »eine durchschnittliche Breite von Vierzehn Inches« [35 cm] für die Erwachsenen und zwölf Inches [30 cm] für Jungen und Mädchen zur Verfügung. Aussage von James Penny, 13. und 16. Juni 1788, *HCSP* 68:39.

16 Das Zitat stammt aus dem Pamphlet von Falconbridge, *An Account of the Slave Trade on the Coast of Africa*, das kurz zuvor vom Londoner Komitee veröffentlicht worden war.

17 Es gibt Hinweise auf eine Auseinandersetzung zwischen den Komitees in Plymouth und London über die Abbildung des Schiffes, aber worüber genau, ist unklar. William Elford machte eine Bemerkung über die »Beanstandungen zu dem von uns veröffentlichten Plan des Sklavendecks« seitens des Londoner Komitees, auf die er mit »groben« Worten reagiert habe, für die er sich später entschuldigte. Siehe William Elford an James Phillips, 18. März 1789, Thompson-Clarkson MSS, Bd. II, S. 93, Friends House Library, London.

18 Treffen 12. Juni 1787, Protokoll des Abolition Committee, Add. Ms. 21254.

19 Clarkson, *History*, Bd. I, S. 293–94, 367. Die meisten Zitate im Rest dieses Abschnitts stammen aus dieser zweibändigen Geschichte.

20 Ebd., Bd. I, S. 322, 344, 364.

21 Clarkson's Journal of his Trip to the West Country, 25. Juni – 25. Juli 1787, in: Correspondence and Papers of Thomas Clarkson, St. John's College Library, Cambridge University. Siehe *TSTD* #17982 (*Africa*), #17985 (*Brothers*).

22 Clarkson, *History*, Bd. I, S. 316, 323, 330, 359, 361, 365. Viele Seeleute hatten Angst vor den Sklavenhandelskaufleuten und wollten nicht vor dem Parlament aussagen.

23 Clarkson's Journal of his Trip to the West Country; Clarkson, Thomas: *An Essay on the Impolicy of the African Slave Trade*. London 1788, S. 44–45; Clarkson, *History*, Bd. I, S. 301, 310–18.

24 Clarkson, *History*, Bd. I, S. 385–88, 409. Clarkson nahm sich später ein zweites Zimmer außerhalb der King's Arms, in dem er schreiben und Seeleute befragen konnte.

25 Clarkson, *History*, Bd. I, S. 407, 410; Gibson Wilson, Ellen: *Thomas Clarkson: A Biography*. St. Martin's Press, New York 1990, S. 35.

26 Clarkson, *History*, Bd. I, S. 392, 395, 300, 408, 438.

27 Clarkson, *An Essay on the Impolicy of the African Slave Trade*,S. iii.

28 Es muss angemerkt werden, dass Clarkson eine zweite, im August 1788 beginnende Reise machte, um Aussagen von Seeleuten zusammenzutragen, und dass die Interviews in *Substance* Material enthalten, das in anderen Hafenstädten als Bristol und Liverpool gesammelt worden war.

29 Clarkson, *History*, Bd. I, S. 329; *Sherborne Mercury*, 8. Dezember 1788 und 1. Februar 1790, zitiert nach Oldfield, *Popular Politics and British Anti-Slavery*, S. 100. Oldfield schreibt, es sei »keineswegs klar, wer für den ursprünglichen Entwurf« der Abbildung des Sklavenschiffes verantwortlich gewesen war (S. 182). Aber Clarkson war sicher führend daran beteiligt. Er war im November 1788 in Plymouth gewesen und schrieb später: »Ich legte den Grundstein für ein weiteres Komitee« – wozu sicher auch seine Recherchen über das Sklavenschiff und seine Befragungen der Seeleute gehörten, die in dem Text des Plymouth-Flugblattes mit dem Bild der *Brooks* zitiert wurden. Er machte auch einen ehemaligen Matrosen namens William Dove ausfindig und interviewte ihn, einen Seemann, der aus Liverpool gefahren war, aber nun als Böttcher in Plymouth lebte. Clarkson ermunterte die Mitglieder des Plymouth-Komitees, selbst derartige Recherchen anzustellen, was sie auch taten. Als von Abolitionsgegnern später behauptet wurde, Clarkson habe die im Sklavenhandel verübten Misshandlungen und Grausamkeiten übertrieben, stützte sich William Elford in seiner Widerlegung dieser Anschuldigungen auf örtliche Recherchen: »[D]er gesamte Gehalt der umfassenden Zeugnisse, welche sie aufgrund ihrer Stellung zu diesem Gegenstand sammeln konnten, bestätigt und stützt Mr. Clarksons Berichte auf höchst zuverlässige und ausführliche Weise.« Zwei ihrer Informanten, die beide in der Lokalzeitung, dem *Sherborne Mercury*, erwähnt wurden, waren die Kapitäne der Royal Navy James Brown und Thomas Bell. Beiden wurde für die »sehr wichtigen Auskünfte, welche sie uns bereits mitgeteilt haben, und für das Angebot weiterer Auskünfte in der Zukunft« gedankt. Clarkson interviewte Bell, einen »für die See erzogenen« Seemann, und sah im Zuge der Vorbereitung von *The Substance of the Evidence* für die Veröffentlichung im Jahr 1789 einige seiner persönlichen Unterlagen ein. Bell hatte ihm von den auf dem Sklavenschiff *Nelly* gegen Seeleute wie Versklavte verübten Grausamkeiten erzählt, einschließlich einer grauenvollen Schilderung dessen, wie die Schweine an Bord das Fleisch aus den Körpern toter wie lebender Versklavter rissen.

30 »Extract of a letter received from England«, in: *Pennsylvania Gazette*, 13. April 1791; Aussage von Isaac Parker, 1791, *HCSP* 73:123–39.

31 Clarkson, Thomas: *An Essay on the Comparative Efficiency of Regulation or Abolition as applied to the Slave Trade.* James Phillips, London 1789, S. 32.

32 *Newport Mercury*, 22. Februar 1790, *Providence Gazette; and Country Journal*, 6. März 1790. Für die anteilnehmende Reaktion eines Pastors in South Carolina auf die Abbildung der *Brooks* und eine prophetische Bemerkung, der zufolge »dieser Staat der letzte sein wird, welcher sich in die Ausmerzung eines so unmenschlichen Handels fügen wird«, siehe *Dunlap's American Daily Advertiser*, 2. Februar 1792. S. a. Drescher, Seymour: *Capitalism and Anti-Slavery: British Mobilization in Comparative Perspective.* Oxford University Press, New York 1987, S. 24.

33 William Wilberforces Rede vor dem Unterhaus »On the Horrors of the Slave Trade«, 12. Mai 1789, in: *The Parliamentary History of England, From the Norman Conquest in 1066 to the year 1803.*Cobbett, William (Hg.). T. Curson Hansard, London 1806–20, S. 28 (1789–91). S. a. Drescher, Seymour: »People and Parliament: The Rhetoric of the British Slave Trade«, in: *Journal of Interdisciplinary History* 20 (1990), S. 561–80.

34 Aussage von Robert Norris, *HCSP* 73:4–5, 8, 10; 69:203.

35 Anstey, *The Atlantic Slave Trade and Abolition,* S. 293; Drescher, *Capitalism and Anti-Slavery*, S. 20; Thomas, Hugh: *The Slave Trade: The Story of the African Slave Trade, 1440–1870.* Simon and Schuster, New York 1999, S. 513–15; Hochschild, *Bury the Chains*, S. 153–58.

36 *Parliamentary Register*, London 1788, Bd. 23, S. 606–7; Fox und Windham zitiert nach Clarkson, *History*, Bd. 1, S. 111, 187, Bd. 2, S. 326, 457. S. a. LoGerfo, James W.: »Sir William Dolben and the ›Cause of Humanity‹«, in: *Eighteenth-Century Studies* 6 (1973), S. 431–51. Der Dolben Act wurde 1789 erneuert und um neue Artikel zum Schutz von Seeleuten erweitert, 1794 and 1797 revidiert und 1799 schließlich dauerhaft in Kraft gesetzt.

37 Clarkson, *History*, S. 151–55; Clarkson's Journal of his Visit to France, 1789, Thomas Clarkson Collection, Robert W. Woodruff Library, Atlanta University Center, Atlanta. Einige Jahre später, im Juni 1814, überreichte Clarkson auf einem Kongress in Calais dem russischen Zaren Alexander I. ein Exemplar der Abbildung des Sklavenschiffes. Der Zar erklärte, er sei auf der Überfahrt zu dem Treffen extrem seekrank gewesen, aber die Zeichnung der *Brooks* habe ihn »kränker gemacht als die See«. Siehe Wilson, *Thomas Clarkson*, S. 125.

38 Thomas Clarkson an den Comte de Mirabeau, 9. Dezember 1789, Papers of Thomas Clarkson, Huntington Library, San Marino, Kalifornien. S. a. Clarkson, Thomas: *The True State of the Case, respecting the Insurrection at St. Domingo.* Ipswich 1792, S. 8.

39 Aussage von Thomas Trotter, 1790, *HCSP* 73:81–101. Trotter machte seine Erfahrungen auf dem Sklavenschiff auch auf andere Weise öffentlich: 1785, noch vor dem Aufstieg der Abolitionsbewegung, hatte er ein Pamphlet veröffentlicht, in dem er die Erfahrungen der Seeleute und der versklavten Afrikaner*innen miteinander verglich. Siehe seine *Observations on the Scurvy, with a Review of the Theories lately advanced on*

that Disease; and the Theories of Dr. Milman refuted from Practice. London 1785, Philadelphia 1793.

40 Aussage von Clement Noble, 1790, *HCSP* 73:109–21. Die Nobles waren eine prominente Familie im Sklavenhandel. William Noble – wahrscheinlich Clements Vater oder Onkel – hatte auf einer Fahrt 1769–70 die *Corsican Hero* befehligt; angesichts dessen, dass Clement später selbst den Befehl über dieses Schiff übernahm, ist es fast sicher, dass er auf dieser Fahrt ebenfalls (als Steuermann) an Bord war. Einige Jahre später sollte er dem Beispiel seines Vaters oder Onkels folgend seine eigenen Verwandten – wahrscheinlich seine Söhne – auf die *Brooks* bringen. Aus den Heuerlisten geht hervor, dass Joseph Noble auf einer Reise 1783–84 mit ihm segelte und dass er und ein gewisser William Noble 1784–85 auf dem Schiff fuhren. Einige Jahre später scheint Joseph sein eigenes Kommando bekommen zu haben: 1790 wird er als Kapitän der *Abigail* auf einer Fahrt von Liverpool an die Goldküste genannt. 1792 war ein James Noble Kapitän des Sklavenschiffes *Tamazin* mit Heimathafen Liverpool. Anscheinend gab Kapitän Noble der Ältere einen Teil seines Wissens- und Erfahrungsschatzes über den Sklavenhandel mittels eines von ihm geführten ›Handelsbuches‹ weiter. Siehe »A Muster Roll for the Brooks, Clement Noble, from Africa and Jamaica«, Port of Liverpool, 6. Oktober 1784, Board of Trade 98/44, NA; »A Muster Roll for the Brooks, Clement Noble, from Africa and Jamaica«, Port of Liverpool, 29. April 1786, BT 98/46; Instruktionsbrief von Mathew Strong an Kapitän Richard Smyth von der *Corsican Hero*, 19. Januar 1771, 380 TUO 4/4, David Tuohy papers, LRO (für das Handelsbuch). Für die Fahrten von William, Joseph und James siehe *TSTD* #90589, #90655, #80008, #83702.

41 Trotter, *Observations on the Scurvy*, S. 19–20; Aussage von Trotter, *HCSP* 85, 87. 42. Ebd., S. 119, 117, 120.

42 Ebd., S. 119, 117, 120.

43 Aussage von Trotter, *HCSP* 88–89. Noble war sich sicher, dass dieser »höchst lästige, ungestüme Mann« ihn habe umbringen wollen. Er mag Recht gehabt haben. Siehe Aussage von Noble, *HCSP* 113.

44 Aussage von Noble, *HCSP* 110, 112.

45 Noble befehligte 162 Männer; 118 von ihnen segelten auf den ersten beiden Fahrten mit ihm, von denen allerdings 11 starben, womit 107 übrigblieben, die eine weitere Fahrt mit ihm hätten machen können. Diejenigen, die auf der ersten Reise (1781–83) mit ihm segelten, hatten zweimal die Gelegenheit, wieder bei ihm anzumustern, woraus sich eine Gesamtzahl von 168 Gelegenheiten ergibt. Aber nur 13 Namen tauchen mehr als einmal in den Heuerlisten auf, und selbst diese bescheidene Anzahl vermittelt einen übertriebenen Eindruck von der Beständigkeit der Besatzung. Zwei der Männer (John Davis und John Shaw) waren anscheinend Steuerleute; Joseph Noble war wahrscheinlich der Sohn des Kapitäns, und vier weitere scheinen Jungen gewesen zu sein, die von ihren Eltern in die Lehre gegeben worden waren. Von den restlichen sechs Männern hatten drei derart häufige Namen – John Jones, Edward Jones und John Smith – dass sich nicht mit Sicherheit sagen lässt, dass es sich auf jeder Reise um die gleiche Person handelte. Damit bleiben drei Seeleute übrig, von denen wir sicher sein können, dass sie ein zweites Mal bei Kapitän Noble anmusterten: Peter Cummins und Robert Hartshorn segelten sowohl auf der zweiten als auch auf der dritten

Reise mit ihm, und der dritte, Pat Clarke, war auf der ersten und dann wieder auf der zweiten Reise dabei, auf der er sich allerdings anscheinend eines Besseren besann und in Kingston, Jamaika desertierte. Siehe Aussage von Noble, *HCSP* 112; »A Muster Roll for the Brooks, Clement Noble, from Africa and Jamaica«, Port of Liverpool, 15. April 1783, Board of Trade 98/43; »A Muster Roll for the Brooks«, 6. Oktober 1784, BT 98/44; »A Muster Roll for the Brooks«, 29. April 1786, BT 98/46.

46 Adams, *Sketches taken during Ten Voyages to Africa*, S. 9.

47 Clarkson, *History*, Bd. II, S. 187; Lapsansky, »Graphic Discord«, S. 202; Oldfield, *Popular Politics and British Anti-Slavery*, S. 163.

48 Clarkson, *History*, Bd. II, S. 115. Im späten 18. Jhdt. stand hinter Begriffen wie ›wild‹, ›barbarisch‹ und ›zivilisiert‹ eine ganze Theorie von gesellschaftlicher Entwicklung und Fortschritt – eine Stadientheorie der Geschichte, in der die europäische Zivilisation ganz oben stand und das höchste Stadium menschlicher Evolution darstellte. Bezichtigungen der ›Wildheit‹ und ›Barbarei‹ hatten eine lange Geschichte als Waffen der Europäer beim Aufbau ihrer Imperien und der weltweiten Unterwerfung anderer Völker. Innerhalb dieses Grundverständnisses galt Handel als Quell der Tugend und Mittel zur Zivilisierung der nicht-europäischen Welt. Je mehr andere Weltgegenden mit Europa Handel trieben, umso weniger ›wild‹ und ›barbarisch‹ – und umso mehr wie Europa – würden sie werden. Siehe Gould, Philip: *Barbaric Traffic: Commerce and Antislavery in the Eighteenth-Century Atlantic World.* Harvard University Press, Cambridge, Mass. 2003.

49 Clarkson, *An Essay on the Comparative Efficiency*, S. 58.

50 Ebd., S. 48.

51 John Wesley hatte diesen Punkt 1774 in einer Passage ausgeführt, in der er sich direkt an den im Sklavenhandel tätigen Kaufmann wandte: »Ihr seid es, die den afrikanischen Schurken dazu anstiften, seine Landsleute zu verkaufen; und zu diesem Zwecke unzählige Männer, Frauen und Kinder zu stehlen, zu rauben und zu ermorden: Indem Ihr den englischen Schurken in den Stand setzt, ihn dafür zu bezahlen, solches zu tun; dem Ihr zu viel für seine abscheuliche Arbeit bezahlt. Es ist Euer Geld, das der Ursprung von all Diesem ist, das ihm die Macht gibt fortzufahren: So dass alles, was er oder der Afrikaner in dieser Sache tun, Euer Tun und Handeln ist. Und seid Ihr ganz mit Eurem Gewissen ausgesöhnt? Tadelt es Euch niemals? Hat Gold vollständig eure Augen blind und Euer Herz stumpf gemacht?« Siehe seine *Thoughts upon Slavery.* London 1774, Neudr. Philadelphia 1778, S. 52.

52 Christopher, Emma: *Slave Trade Sailors and their Captive Cargoes, 1730–1807.* Cambridge University Press, Cambridge 2006, S. 164–68.

53 Dieses Zitat erschien zusammen mit der Abbildung der *Brooks* und einem Kommentar in *Address to the Inhabitants of Glasgow, Paisley, and the Neighbourhood, concerning the African Slave Trade, by a Society in Glasgow.* Glasgow 1790, S. 8. Marcus Wood schreibt: »Der Entwurf hat eine entsetzliche Präzision an sich.« Siehe sein Buch *Blind Memory*, S. 29. S. a. Oldfield, *Popular Politics and British Anti-Slavery*, S. 165; Thompson, E. P.: »The Moral Economy of the English Crowd in the Eighteenth Century«, in: *Past and Present* 50 (1971), S. 76–136.

54 Finley, »Committed to Memory«, S. 16; Wood, »Imagining the Unspeakable«, S. 216–17.

55 Der Ausdruck »teuflische Kalkulationen« stammt von Clarkson. Siehe *History*, Bd. II, S. 556. Die Formulierung »kalkulierte Inches« ist William Roscoes Gedicht »The Wrongs of Africa« entnommen, London 1788. S. a. Cugoano, Ottobah : *Thoughts and Sentiments on the Evil of Slavery*. Erstveröffentlichung London 1787, Neudr. Penguin, London 1999, S. 46, 85; Philmore, *Two Dialogues on the Man-Trade*, S. 36, 37, 41.

56 Anstey, *The Atlantic Slave Trade and Abolition*, S. 293, 315, 375–76, 398, 412.

57 DuBois, W. E. B.: *The Suppression of the African Slave-Trade in the United States of America, 1638–1870*. Erstveröffentlichung 1896; Dover Publications, Inc., Mineola, N.Y. 1970, S. 41, 43–45, 48, 51, 52, 56, 60–62, 68, 73, 85–86, 104, 108–9.

58 *TSTD* #80673.

EPILOG

ENDLOSE ÜBERFAHRT

Kapitän James D'Wolf, ein Mitglied der mächtigsten Familie von Sklavenhandelskaufleuten in Neuengland, hatte 142 Coromantee-Gefangene an Bord seines recht kleinen Zweimasters namens *Polly* genommen und 121 von ihnen lebend in Havanna, Kuba, abgeliefert. Doch kaum war er von seiner Sklavenfahrt an die Goldküste nach Newport, Rhode Island, zurückgekehrt, erschien am 15. Juni 1791 eines seiner Besatzungsmitglieder, der Matrose John Cranston, vor einer Grand Jury des Bundes, um eine Aussage über »eine Negerfrau« zu machen, die »lebend über Bord des besagten Schiffes geworfen worden war«. Hatte Kapitän D'Wolf einen Mord begangen?[1] Die Frau war, wie Cranston aussagte,

> krank geworden, was wir für Pocken hielten. Der Kapitän befahl, sie auf den Großmars zu bringen, aus Angst, sie könne die anderen anstecken. Dort blieb sie zwei Tage lang. In der Nacht (nach den 2 Tagen) wurde um 4 Uhr die Wache geschlagen danach rief Kapitän Wolf uns alle nach achtern – & sagte – wenn wir die Sklavin hierbehalten – wird sie die anderen anstecken – und [ich] werde den größten Teil meiner Sklaven verlieren. Dann fragte er, ob wir willig seien, sie über Bord zu werfen. Wir gaben zur Antwort nein. Wir seien nicht bereit, dergleichen zu tun. Darauf kletterte er selbst die Wanten hoch und sagte sie muss über Bord gehen & sie wird über Bord gehen – und befahl einem gewissen Thos. Gorton mit ihm hochzugehen – der ging – dann band er sie an einem Stuhl fest & band ihr eine Maske um Augen & Mund & es war eine Talje an den Schlingen um den Stuhl herum eingehakt, als wir sie auf der Backbordseite des Schiffes herunterließen.

Kapitän D'Wolf hatte nicht nur Angst, sein menschliches Eigentum zu verlieren, er hatte anscheinend auch Angst, die kranke Frau anzufassen, weshalb er sie in einem Stuhl auf das Deck herabließ. An diesem Punkt kam ein anderer Seemann dazu, Henry Clannen, um ihm dabei zu helfen, sie über Bord zu hieven und ins Wasser fallen zu lassen. Während der Kapitän mit den Vorkehrungen für die Ermordung der Frau beschäftigt war, gingen Cranston und andere Matrosen »geradewegs davon & ließen sie allein«.[2]

Etwa zwei Minuten, bevor die Frau auf das Hauptdeck heruntergelassen wurde, hatte Cranston sie noch lebend auf dem Großmars, hoch oben auf dem Großmast, gesehen.

> **F:** Habt Ihr sie nicht sprechen oder irgendwelche Geräusche machen hören, als sie über Bord geworfen wurde – oder habt Ihr sie sich sträuben sehen?
> **A:** Nein – eine Maske wurde um ihren Mund & ihre Augen gebunden, so dass sie dies nicht konnte, & das wurde getan, um sie daran zu hindern, irgendwelche Geräusche zu machen, dass die anderen Sklaven sie nicht hören konnten & sich erheben mochten.
> **F:** Erinnert Ihr Euch, den Kapitän irgendetwas sagen zu hören, nachdem die Szene beendet war?
> **A:** Alles, was er sagte, war, dass ihm um den Verlust eines so guten Stuhles leid war.
> …
> **F:** Hat irgendjemand versucht, ihn daran zu hindern, sie [über] Bord zu werfen?
> **A:** Nein. Nicht darüber hinaus, als ihm zu sagen, dass sie nichts damit zu tun haben wollten.

Cranston schloss mit den Worten, dass weder er noch der Rest der Besatzung Angst vor den Pocken hätten und dass sie sich der Krankheit sogar aussetzen wollten, um dagegen immun zu werden.[3]

Der Skandal beschäftigte über den Hafen hinaus die gesamte Region. Nicht weniger als fünf Zeitungen berichteten über den Vorfall, der zu einem öffentlichen Aufruhr führte und seinen Höhepunkt erreichte, als Kapitän James D'Wolf Anfang Juli vor der Grand Jury des Mordes angeklagt wurde.[4]

Aber der mit allen Wassern gewaschene Kapitän D'Wolf war seinen Besatzungsmitgliedern, den Abolitionist*innen und den Behörden einen Schritt voraus. Er hatte die Anklage kommen sehen und Newport eilends für eine weitere Reise an die Goldküste verlassen. Er wollte warten, bis sich die Aufregung gelegt hatte. Im Oktober 1794 – mehr als drei Jahre nach dem Vorfall – veranlasste er zwei andere Besatzungsmitglieder der *Polly*, Isaac Stockman und Henry Clannen, eidesstattliche Erklärungen abzugeben, aber nicht auf

Rhode Island, sondern auf Sint Eustatius, einem Sklavenhandelshafen der Westindischen Inseln.[5]

Stockmans und Clannens Aussagen stimmten in den meisten Punkten mit Cranstons Schilderung des Vorfalls überein, sie betonten jedoch, dass sie keine andere Wahl gehabt hätten: Die Frau habe eine Gefahr dargestellt. Wenn mehrere Besatzungsmitglieder krank geworden und gestorben wären, hätte der Rest die große Ladung von renitenten Coromantee-Gefangenen, die »eine für Aufstände berühmte Nation« seien, nicht unter Kontrolle halten können. Diese potenziell tödliche Situation habe sie »gezwungen, zu dieser unangenehmen Alternative zu greifen, da sie die einzige war, welche in dieser Lage die nötige Abhilfe gewährte«.[6]

In jedem Fall hatte D'Wolf sich die besagte »Lage« seiner Besatzung größtenteils selbst zuzuschreiben. Es war seine Entscheidung als Schiffseigner und Kapitän gewesen, seine Profite zu maximieren, indem er mit einer kleinen Besatzung und ohne Schiffsarzt fuhr. Es war seine Entscheidung gewesen, Angehörige »einer für Aufstände berühmten Nation« zu kaufen. Er war derjenige gewesen, der eine Versicherungspolice unterschrieben hatte, die ihn nur beim Tod von mehr als 20 Prozent der Versklavten entschädigen würde, wodurch ein materieller Anreiz geschaffen wurde, den Mord an einer Person zu begehen, um das Leben vieler anderer zu erhalten und auf diese Weise den Profit zu sichern.[7]

Für andere Aspekte der Situation war D'Wolf eindeutig *nicht* selbst verantwortlich gewesen, und diese Aspekte waren Anzeichen dafür, dass das Zeitalter des Sklavenschiffes als einer organisierenden Institution des atlantischen Kapitalismus dem Ende entgegenging. Eine der Kraftlinien, die zu diesem Ende beitrugen, hatte ihren Ursprung an der Goldküste: Der Kapitän und die Besatzung der *Polly* fürchteten die gefangenen Coromantee, weil die Coromantee eine lange Aufstandsgeschichte sowohl auf Sklavenschiffen als auch in den Sklavengesellschaften der Neuen Welt hatten. (Eine Generation zuvor standen sie an der Spitze von Tackys Revolte in Jamaika, einem der Versklavtenaufstände mit dem höchsten Blutzoll im atlantischen Raum.) Eine weitere Kraftlinie zog sich von den abolitionistischen Kreisen in Großbritannien und Amerika zum Sklavenschiff: Nach dem Vorfall auf der *Zong* im Jahr 1781, bei dem Kapitän Luke Collingwood seiner Besatzung befohlen hatte, 122 Gefangene über Bord zu werfen, erhoben Gegner*innen des Sklavenhandels lautstark den Vorwurf des Mordes und gaben nachdrücklich ihrer Meinung Ausdruck, dass Sklavenschiffskapitäne nicht das Recht hätten, afrikanische Gefangene ungestraft zu töten. John Cranstons mutige Aussage vor der Grand Jury (in der Hochzeit der Abolitionsbewegung zwischen 1788 und 1792) deutet darauf hin, dass die Ideen der Bewegung sich auch unter Seeleuten auszubreiten begannen, den Menschen, von denen die Existenz des Sklavenhandels abhing. Hier, auf der *Polly* und in dem Gerichtssaal auf Rhode Island 1790–91, entstanden die Anfänge eines Bündnisses, das dem Sklavenhandel schließlich ein Ende bereiten sollte: Rebellische Afrikaner*innen und oppositionelle Seeleute zogen mit Antisklaverei-Aktivist*innen aus der großstädtischen Mittelschicht an einem Strang. Sie schlossen sich zusammen, um das atlantische Kraftfeld zu verändern und der Macht des Sklavenschiffskapitäns Grenzen zu setzen.[8]

Noch waren sie nicht stark genug: Kapitän D'Wolf entkam der Verurteilung wegen Mordes. Die Aussagen von Stockman und Clannen trugen dazu ebenso bei wie das Urteil eines Richters auf St. Thomas, der D'Wolf im April 1795 vom Vorwurf des Mordes freisprach – im Anschluss an eine Anhörung, bei der niemand anwesend war, der gegen ihn hätte aussagen können. Eine nicht weniger große Rolle spielte die immense Macht seiner Familie: Man kann davon ausgehen, dass mehrere seiner Familienmitglieder hinter den Kulissen tätig gewesen waren. Nach der Erhebung der Mordanklage durch die Grand Jury scheint der Marshal von Bristol, Rhode Island (Einwohnerzahl: 1.406), jahrelang große Schwierigkeiten gehabt zu haben, James D'Wolf – ein prominentes Mitglied einer hochangesehenen Familie, die im Blickpunkt der Öffentlichkeit stand – ausfindig zu machen, um ihn zu verhaften. Es ist anzunehmen, dass er sich nicht besonders bemühte, und nach fünf Jahren gab er vollends auf. Die Anklage in den USA wurde offiziell nie fallengelassen, aber die Sache selbst war vom Tisch. Der mächtige D'Wolf-Clan hatte gewonnen.[9]

Die Schicksale der drei Hauptakteure des Dramas illustrieren die unterschiedlichen Erfahrungswelten, die im Sklavenhandel nebeneinander existierten. Die Spur John Cranstons verliert sich in den Hafenvierteln. Die versklavte Frau, deren Name für immer unbekannt bleiben wird, ertrank. Ohne Zweifel versuchte sie sich von den Stricken freizukämpfen, mit denen sie an den Stuhl gefesselt war, an dem Kapitän D'Wolf so hing. Ihre Coromantee-Schiffskamerad*innen wurden Anfang 1791 in Havanna, Kuba, an Land gebracht. Es ist wahrscheinlich, dass sie bis ans Ende ihres zu kurzen Lebens Zuckerrohr anbauten – eine blutige Ware, wie die Abolitionist*innen nicht müde wurden zu betonen. Einige dieser Gefangenen landeten möglicherweise auf einer der drei Plantagen, die Kapitän D'Wolf später auf der Insel kaufen sollte. Ihre Tradition des Widerstands werden sie fortgesetzt haben.[10]

Kapitän James D'Wolfs Geschäfte florierten im Herzen der Finsternis: Er häufte immensen Reichtum im Sklavenhandel an. Er finanzierte weitere fünfundzwanzig profitable Sklavenfahrten als Haupt- oder alleiniger Schiffseigner und Kaufmann und investierte in zahlreiche andere Reisen, gewöhnlich in Partnerschaft mit seinem Bruder John. Er wurde nicht nur das reichste Mitglied der hochgestellten Familie D'Wolf, sondern auch der reichste Mann des Staates Rhode Island, wenn nicht gar der gesamten Region. Mit seinem Reichtum – den ein Abolitionist anklagend als »Gewinn der Unterdrückung« bezeichnete – ließ er Mount Hope bauen, eins der prächtigsten Herrenhäuser in Neuengland. Und er wurde schließlich zum US-Senator gewählt.[11]

EIN WEITERER BLICK AUF DAS »GRANDIOSESTE DRAMA«

Wie sah die Bilanz des Sklavenschiffes aus, als Großbritannien und die Vereinigten Staaten 1807/08 den Sklavenhandel abschafften? Es hatte neun Millionen Menschen aus Afrika in die Neue Welt transportiert; weitere drei Millionen sollten folgen. Allein auf britischen und amerikanischen Sklavenschiffen wurden im Verlauf des langen 18. Jahrhunderts drei Millionen Menschen verschifft. Die Anzahl der Versklavten, die dieser Handel das Leben gekostet hatte, war erschütternd: Rund fünf Millionen Menschen starben in Afrika, auf den Schiffen und im ersten Jahr ihrer Zwangsarbeit in der Neuen Welt. Zwischen 1700 und 1808 kamen etwa 500.000 Gefangene auf dem Weg zu den Schiffen um, weitere 400.000 an Bord und etwa eine weitere Viertelmillion kurz nach dem Anlegen. Zum Zeitpunkt der Abschaffung des Sklavenhandels arbeiteten rund 3,3 Millionen Versklavte für amerikanische, britische, dänische, niederländische, französische, portugiesische und spanische Besitzer*innen im atlantischen ›Plantagenkomplex‹ – ungefähr 1,2 Millionen von ihnen in den USA und weitere 700.000 in den britischen Karibikkolonien. Ihr Produktionsausstoß war enorm. Allein im Jahr 1807 importierte Großbritannien 135 Millionen Kilo Zucker und mehr als 17 Millionen Liter Rum für den Inlandsverbrauch, sämtlich von Versklavten produziert, sowie 7,4 Millionen Kilo Tabak und 33 Millionen Kilo Baumwolle, ebenfalls fast vollständig von Versklavten hergestellt. 1810 produzierte die versklavte Bevölkerung der USA 42 Millionen Kilo Baumwolle und mehr als die Hälfte der in diesem Jahr geernteten 38 Millionen Kilo Tabak; sie selbst war als »Handelsware« 316 Millionen Dollar wert. Nach einer Schätzung von Robin Blackburn hatte die aus Versklavtenarbeit stammende Produktion in der Neuen Welt die Versklavten bis 1800 »2.500.000.000 Stunden harter Arbeit gekostet«, und wurde für eine Gesamtsumme verkauft, »die nicht weit unter 35.000.000 Pfund gelegen haben dürfte«, was 3,3 Milliarden Dollar im Jahr 2007 entspricht.[12]

Der Sklavenhandel war, wie W. E. B. DuBois schrieb, das »grandioseste Drama der letzten tausend Jahre der Menschheitsgeschichte ... der Transport von zehn Millionen Menschen aus der dunklen Schönheit ihres Mutterkontinents in das neu entdeckte Eldorado des Westens. Sie stiegen hinab in die Hölle«, einen Ort der Qual und des Leidens. Ganz sicher galt dies für die ermordete, maskierte Frau und für ihre Coromantee-Schiffskamerad*innen, die wie Millionen anderer Menschen ihrer Heimat entrissen, über den Atlantik transportiert und gezwungen wurden, in diesem »Eldorado« zu arbeiten, um Reichtum für andere zu schaffen. DuBois bezog sich natürlich auf die gesamte Erfahrung der Sklaverei, aber er wusste sehr wohl, dass das Sklavenschiff ein ganz eigener Kreis der Hölle war. Kapitäne wie James D'Wolf und Richard Jackson wussten dies ebenfalls – Männer, die aus ihrem Schiff eine schwimmende Hölle machten und Terror ausübten, um alle an Bord unter ihrer Kontrolle zu halten, Matrosen wie Versklavte – oder, wie ein Kapitän es ausdrückte, »weiße Sklaven« und »schwarze Sklaven«: Seiner Ansicht nach gab es »nicht den Hauch eines Unterschieds zwischen ihnen außer ihrer jeweiligen Hautfarbe«. Die Instrumente zur Aufrechterhaltung dieses Terrors waren Masken, Stühle und Takel, die neunschwänzige Katze, die Daumenschrauben, das *speculum oris*, Entermesser, Pistolen, Schwenkkanonen und Haie. Das Schiff selbst war in vielerlei Hinsicht eine teuflische Maschine, ein einziges riesiges Folterinstrument.[13]

Aber wie DuBois – und D'Wolf – sehr wohl wussten, umfasste das Drama sehr viel mehr als das, was auf dem Schiff vor sich ging. Das Sklavenschiff war ein zentrales Element in dem schnell wachsenden atlantischen System von Kapital und Arbeit. Es verband freie, unfreie und mehr oder weniger freie Arbeitskräfte in kapitalistischen und nichtkapitalistischen Gesellschaften auf mehreren Kontinenten miteinander. Die Reise des Sklavenschiffes begann in den Hafenstädten Großbritanniens und Amerikas, wo Kaufleute ihr Kapital zusammenlegten, ein Schiff kauften oder bauen ließen und eine transnationale Kette von Menschen und Ereignissen in Gang setzten. In den

Heimathäfen der Schiffe waren diese Menschen unter anderem Investoren, Bankiers, Angestellte und Versicherer. Staatsvertreter – von Zollbeamten über die Handelskammer bis hin zu gesetzgebenden Körperschaften – waren in kleinerem oder größerem Umfang in regulierender Funktion beteiligt. Für die Produktion der teuren, breit gefächerten Ladung, die die Handelskapitalisten an der afrikanischen Küste handeln wollten, wurden Hersteller *innen und Arbeitskräfte in Großbritannien, Amerika, Europa, der Karibik und Indien benötigt, die Textilien, Metallwaren, Schusswaffen, Rum und andere Waren lieferten. Für den Bau des Schiffes zog der Handelskapitalist einen Schiffbauer und eine Armee von Handwerkern, von Holzarbeitern bis zu Segelmachern, heran. Breitschultrige Hafenarbeiter verstauten die Fracht im Laderaum des Schiffes, das dann von einem Kapitän und einer Besatzung über den Atlantik gesegelt wurde.

An der afrikanischen Küste fungierte der Kapitän als Repräsentant des Handelskapitals, indem er Geschäfte mit anderen Kaufleuten tätigte, von denen einige Europäer waren – die Betreiber der Forts und Faktoreien – die Mehrheit aber Afrikaner*innen, die den Handel kontrollierten und (je nach Region) ihre eigenen Amtsträger, Zwischenhändler und lokalen und staatlichen Kontrollorgane hatten. Wie ihre britischen und amerikanischen Pendants auch koordinierten afrikanische Kaufleute in ihren eigenen Einflusssphären unterschiedliche Arten von Arbeitskräften: Produzent*innen von ›nicht-menschlicher‹ Ware, Menschenfänger (Armeen, Plünderer und Kidnapper, die Operationen zur Beschaffung von Versklavten in unterschiedlicher Größenordnung betrieben) und schließlich Kanufahrer und andere Arbeitskräfte am und auf dem Wasser, die direkt mit den Kapitänen und Besatzungen der Sklavenschiffe zusammenarbeiteten, um die menschliche und nicht-menschliche Fracht an Bord der Schiffe zu befördern. Eine beträchtliche Anzahl von Afrikanern sollte für kürzere oder längere Zeit als Besatzungsmitglied auf einem Sklavenschiff arbeiten.

Nach beendeter *Middle Passage* und der Ankunft des Sklavenschiffes in einem amerikanischen Hafen nutzten die gleichen britischen und amerikanischen Handelskapitalisten eine weitere Gruppe von Kontakten, um ihre menschliche Fracht gewinnbringend zu verkaufen. Die Kaufleute auf der Empfängerseite übernahmen unter Aufsicht von Kolonialbeamten die Durchführung der Verkaufstransaktionen und brachten den Sklavenschiffskapitän und die Besatzung über örtliche schwarze und weiße Hafenarbeiter mit den arbeitskräftehungrigen Pflanzern zusammen, die die Versklavten kaufen würden. Nach beendetem Verkauf erwarb der Kapitän häufig (im

Idealfall) von örtlichen Plantagen stammende, von Versklavten produzierte Güter, die dann als Fracht für die Heimfahrt auf das Schiff verladen wurden. So nutzten die Kaufleute das Sklavenschiff dazu, mittels dieses ausgedehnten Netzwerks einen Atlantik-umspannenden kapitalistischen Primärkreislauf zu schaffen und zu koordinieren, der für die einen lukrativ war, für die anderen aber Tod und Terror bedeutete.

Das Sklavenschiff hatte nicht nur Millionen von Menschen in die Sklaverei befördert, sondern hatte sie auch darauf vorbereitet. Im engeren Sinne beinhaltete dies unter anderem die von der Besatzung vorgenommene Vorbereitung der Gefangenen für den Verkauf: das Rasieren und Schneiden der Haare der Männer, das Auftragen von Silbernitrat zum Abdecken von Wunden, das Schwarzfärben grauer Haare und das Einreiben der Haut mit Palmöl. Es beinhaltete aber auch die Unterwerfung der Gefangenen unter das gewalttätige Regime der Versklavung. Die Versklavten waren der grenzenlosen Macht und Schreckensherrschaft sowohl des ›weißen Herrn‹ als auch der seiner ›Aufseher‹, des Steuermanns, Bootsmanns oder Matrosen, ausgesetzt. Sie waren der Gewalt ausgesetzt, die nötig war, um eine soziale Ordnung aufrechtzuhalten, in der sie ihren Entführern zahlenmäßig um das Zehnfache oder mehr überlegen waren. Sie aßen gemeinsam und lebten in extremer Kasernierung. Die entmenschlichende Knochenarbeit der Plantagen lag noch vor ihnen, aber viele von ihnen leisteten schon jetzt schwere Arbeit: von Hausarbeit bis zu erzwungener Sexarbeit, von der Arbeit an den Pumpen bis zum Setzen der Segel. Es muss auch betont werden, dass die Erfahrung des Sklavenschiffes die Gefangenen nicht nur auf die Sklaverei, sondern auch auf den Widerstand gegen die Sklaverei vorbereitete. Sie entwickelten neue Strategien des Überlebens und der gegenseitigen Hilfe, neue Formen der Kommunikation und Solidarität innerhalb großer multiethnischer Gruppen. Sie eigneten sich neues Wissen an: über das Schiff, über die ›weißen Männer‹, über einander, ihre Schiffskamerad*innen. Hier, auf dem Schiff – und das war vielleicht das Wichtigste – lagen die Anfänge einer Kultur des Widerstands, der subversiven Praktiken des Verhandelns und des Aufstands.

AUSSÖHNUNG VON UNTEN

Als John Cranston seine Aussage vor der Grand Jury in Rhode Island machte, sah die Situation vieler seiner ›Seemannsbrüder‹ – der Menschen, mit deren Hilfe Kapitän D'Wolf und seine Klasse ihre Vermögen angehäuft hatten – nach dem Ende einer Sklavenreise anders aus. Die Männer, die ›Kaimeister‹, ›Schutenligger‹ und ›Strandschnorrer‹ genannt wurden – kranke, abgewrackte Seeleute, die von ihren Kapitänen von den Sklavenschiffen geworfen worden waren – waren in den Docks und Häfen fast aller amerikanischen Hafenstädte anzutreffen, von Chesapeake bis Charleston, von Kingston, Jamaika, bis nach Bridgetown, Barbados. Sie hatten keine Arbeit, weil niemand sie aus Angst vor Ansteckung anheuern wollte. Sie hatten kein Geld, weil sie um ihre Heuer geprellt worden waren. Sie hatten kein Essen und keine Unterkunft, weil sie kein Geld hatten. Sie streiften in den Hafenvierteln herum und schliefen unter Balkonen, unter den Frachtkränen, mit denen die Schiffe be- und entladen wurden, in unverschlossenen Schuppen, in leeren Zuckerfässern – überall, wo sie Schutz vor den Elementen finden konnten.

Diese Männer boten einen entsetzlichen Anblick. Einige von ihnen hatten blutendes Zahnfleisch, Blutergüsse und Flecken, die Anzeichen von Skorbut. Einige hatten brennende, eiternde Geschwüre, die von Guineawürmern verursacht wurden, die bis zu 1,20 Meter lang werden konnten und sich unter der Haut der Unterschenkel und Füße einnisteten. Einige litten unter dem Zittern und den Schweißausbrüchen, die mit Malaria einhergingen. Manche hatten grotesk geschwollene Gliedmaßen und faulende Zehen. Einige waren blind, Opfer eines parasitären Fadenwurms (*Onchocerca volvulus*), der von Kriebelmücken in schnell fließenden westafrikanischen Flüssen verbreitet wurde. Einige sahen (dank ihrer Kapitäne) abgezehrt und geprügelt aus. Sie hatten ein »kadaverhaftes Aussehen«, und tatsächlich waren viele von ihnen dem Tode nahe. Die kräftigeren unter ihnen »erbettelt[en] sich einen Bissen Lebensmittel von anderen Seeleuten«. Ein weitgereister Kapitän bezeichnete sie als »die erbärmlichsten Geschöpfe, welchen ich je in meinem Leben in irgendeinem Lande begegnet bin«. Diese ›Ausschuss‹-Seeleute des Sklavenhandels waren auf Almosen angewiesen. Einige ihrer gesünderen ›Seemannsbrüder‹ brachten ihnen Essen und versuchten, sich um sie zu kümmern, aber ihre eigenen Mittel waren begrenzt.[14]

Weitere Hilfe kam von möglicherweise unerwarteter Seite. Ein Offizier der Royal Navy namens Mr. Thompson berichtete, dass einige dieser bejammernswerten Matrosen starben, aber »anderer haben sich die Neger erbarmt, und sie in ihre Hütten getragen, wo er sie oft so krank gesehen hat, dass sie beinahe an der Schwelle des Todes standen«. Andere Beobachter waren an anderen Orten auf das gleiche Phänomen gestoßen. »Einige von ihnen«, erklärte Mr. James, »werden aus Erbarmen von den Negerfrauen aufgenommen und mit der Zeit kuriert.« Der Seemann Henry Ellison sagte, dass die Kaimeister Schwierigkeiten hätten, ein trockenes Plätzchen zu finden, »außer, dass dann und wann ein Neger so gütig war, sie in seine Hütte aufzunehmen«. Die Menschen, von denen sie aufgenommen wurden, werden genau gewusst haben, mit wem sie es zu tun hatten; sie müssen die spezifisch westafrikanischen Krankheiten erkannt haben, an denen sie litten, und wussten vielleicht auch, wie sie zu behandeln waren. Es ist wahrscheinlich, dass einige von ihnen die Matrosen persönlich kannten.[15]

Die helfende Anteilnahme endete nicht mit der Bereitstellung von Essen, Obdach und Pflege; sie erstreckte sich bis ins Jenseits. Wenn diese Matrosen starben – »in größtem Elend, an Hunger und Krankheit« – wurden sie, wie Mr. James berichtete, »aus Wohltätigkeit von eben diesen Leuten beerdigt«. In Kingston hatte Ellison gesehen, wie »Neger ihre Leichname nach Spring Path trugen, um sie zu begraben«. Ein Marineoffizier namens Ninian Jeffreys, der »an einem Negerfeiertag in Spring Path, welches der Friedhof der Neger ist, teilnahm, hat oft gesehen, wie die Leichname dieser Kaimeister dorthin gebracht und an einem angrenzenden Ort begraben wurden«.[16]

Was steckte hinter dieser Anteilnahme und Wohltätigkeit? Ist es möglich, dass diejenigen, die das Sklavenschiff als Gefangene überlebt hatten, genau wussten, wie entsetzlich die Erfahrung für alle Menschen an Bord gewesen war, und dass dieses Wissen sie dazu befähigte, Mitgefühl und Mitleid denen gegenüber zu zeigen, die ihre Gefängniswärter gewesen waren? War es möglich, dass der Begriff ›Schiffskamerad‹ umfassend und weitherzig genug war, es den Unterdrückten zu ermöglichen, genau denjenigen gegenüber Menschlichkeit an den Tag zu legen, die auf dem Sklavenschiff über sie geherrscht hatten?[17]

BESTANDSAUFNAHME: ZAHLEN UND MENSCHEN

Zum Abschluss noch einmal eine persönliche Bemerkung. Ich habe mich aus drei Gründen dafür entschieden, dieses Buch mit der Geschichte über Kapitän James D'Wolf, den Seemann John Cranston und die maskierte afrikanische Frau unbekannten Namens zu beenden. Erstens kommen alle drei zentralen Akteure des »grandiosesten Dramas« darin vor. Darüber hinaus ist es nur angemessen, das Buch da enden zu lassen, wo es anfing: mit dem erbitterten Kampf einer afrikanischen Frau, deren Namen wir nicht kennen. Zum Zweiten fasst sie die Realität des Terrors an Bord des Sklavenschiffes zusammen und vermittelt gleichzeitig einen Eindruck von den versammelten Kräften, die ihm schließlich ein Ende bereiten sollten. Zum Dritten illustriert sie eine Tatsache, die betont werden muss: Was die Dramen auf den Decks der Sklavenschiffe möglich machte – man könnte sogar sagen, strukturierte – waren das Kapital und die Macht von Menschen, die sich weit weg von diesen Schiffen befanden. Die auf den Sklavenschiffen stattfindenden Dramen, deren handelnde Personen Kapitäne, Seeleute und afrikanische Gefangene waren, waren Teil eines viel größeren Dramas: des Aufstiegs des Kapitalismus und seiner Ausbreitung rund um die Welt.

James D'Wolf war insofern eine ungewöhnliche Figur, als er sich im Sklavenhandel selbst die Hände schmutzig – vielleicht sollte man besser sagen, blutig – machte. Die Hände, die die maskierte Frau über Bord warfen, sollten später am Kaufmannstisch Gewinne zählen und schließlich daran mitwirken, im US-Senat Gesetze auszuarbeiten. In dieser Hinsicht war D'Wolf sicherlich ungewöhnlich, wenn auch nicht einzigartig: Die Menschen, die am meisten vom Sklavenschiff profitierten, waren normalerweise sowohl physisch als auch psychisch weit entfernt von seinen Qualen und Leiden, seinem Gestank und Tod. Kaufleute, Regierungsbeamte und die herrschende Klasse im Allgemeinen waren die Nutznießer der enormen Gewinne und Privilegien, die das Sklavenschiff und das System, dem es diente, hervorbrachten. D'Wolf sollte schon bald einer dieser Nutznießer sein. Anscheinend machte er nur noch eine weitere Sklavenfahrt (um sich nach dem Mord den Behörden zu entziehen) und kletterte dann die ökonomischen Leiter hinauf, indem er vom Sklavenschiffskapitän zum gesellschaftlich angeseheneren Sklavenhandelskaufmann aufstieg. Die meisten Kaufleute schotteten sich wie Humphry Morice und Henry Laurens gegen die menschlichen Auswirkungen ihrer Investitionen ab: Sie betrachteten das Sklavenschiff abstrakt als eine nützliche Sache und reduzierten alles Weitere auf Gewinn- und Verlustrechnungen und Zahlenkolonnen in ihren Rechnungsbüchern.

Wie eine wachsende Anzahl von Menschen überall auf der Welt bin auch ich davon überzeugt, dass die Zeit für eine andere Form der Bilanzierung gekommen ist. Was schulden die Nachkommen von D'Wolf, Morice und Laurens – ihre Familien, ihre Klasse, ihre Regierung und die Gesellschaften, an deren Aufbau sie beteiligt waren – den Nachkommen der versklavten Menschen, die von ihnen in die Sklaverei gezwungen wurden? Es ist eine komplexe Frage, aber um der Gerechtigkeit willen, muss sie gestellt – und beantwortet – werden, wenn das Erbe der Sklaverei jemals überwunden werden soll. Ohne Gerechtigkeit kann es keine Aussöhnung geben.

Die Frage ist beileibe nicht neu. Der Sklavenhandelskapitän Hugh Crow schrieb in seinen Memoiren, die im Gefolge der Abschaffung des Sklavenhandels veröffentlicht wurden, dass es Möglichkeiten gebe, »Afrika irgendeine Entschädigung für das Unrecht zu leisten, welches England ihr möglicherweise angetan hat«. Was er im Sinn hatte, war Philanthropie und das, was später als ›legitimer Handel‹ mit Afrika bezeichnet werden sollte – das heißt, Handel mit anderen ›Waren‹ als Menschen. Die Menschen, die er und andere Kapitäne nach den Amerikas transportiert hatten, kamen in diesen Überlegungen nicht vor. Aber selbst der ehemalige Sklavenschiffskapitän räumte ein, dass es irgendeine Form der Entschädigung für dieses monströse historische Unrecht geben müsse. Dies gilt natürlich nicht nur für den Sklavenhandel, sondern für die gesamte Erfahrung der Sklaverei.[18]

Großbritannien und die USA haben im Laufe der letzten Generation erhebliche Fortschritte bei der Anerkennung der Tatsache gemacht, dass der Sklavenhandel und die Sklaverei wichtige Teile ihrer Geschichte sind. Das ist vor allem auf die in den 1960er und 1970er Jahren auf beiden Seiten des Atlantiks entstandenen sozialen Bewegungen für ›Rassen‹- und Klassengerechtigkeit zurückzuführen, die neue, alternative Geschichten und neue Debatten um ihre Bedeutung einforderten. Angeregt von diesen Bewegungen haben Wissenschaftler*innen, Lehrer*innen, Journalist*innen, Museumsfachleute und andere große Teile afrikanischer und afroamerikanischer Vergangenheit ans Licht geholt und damit neues Wissen und ein öffentliches Bewusstsein geschaffen. Dennoch würde ich sagen, dass in keinem dieser beiden Länder bisher eine ernsthafte Aufarbeitung der düsteren, gewalttätigsten Seite dieser Geschichte stattgefunden hat, was möglicherweise einer der Gründe dafür ist, dass diese Düsternis und Gewalt bis heute fortbestehen. Gewalt und Terror spielten eine zentrale Rolle in der Herausbildung der atlantischen Ökonomie und ihrer diversen Arbeitssysteme im 17. und 18. Jahrhundert. Selbst die besten historischen Darstellungen zum Sklavenhandel und zur Sklaverei haben die Tendenz, die Gewalt und den Terror, die das Zentrum ihres Themas ausmachen, herunterzuspielen, wenn nicht gar zu beschönigen.[19]

Die meisten Geschichten über die *Middle Passage* und den Sklavenhandel im Allgemeinen haben bisher einen bestimmten Aspekt ihres Themas in den Brennpunkt gestellt. Viele Historiker*innen haben sich – dem Beispiel der Abolitionist*innen des 18. Jahrhunderts folgend, aber misstrauisch gegenüber ihrer Propaganda und Sensationslust – auf die Sterberate während der *Middle Passage* konzentriert, die zum Inbegriff der Schrecken des Sklavenhandels geworden ist. Wie viele Menschen genau auf diese Weise transportiert wurden und wie viele von ihnen unterwegs starben, wurde damit zu Schlüsselfragen, die untersucht und diskutiert werden mussten – meiner Meinung nach zu Recht, aber dieser Ansatz ist begrenzt. Eins meiner Hauptanliegen in diesem Buch ist es, den Blickwinkel zu erweitern, indem ich den Tod als einen Aspekt des Terrors behandle und mit Nachdruck darauf bestehe, dass dieser Terror – ein zutiefst menschliches Drama, das sich auf einem Schiff nach dem anderen entfaltete – das bestimmende Merkmal der Hölle des Sklavenschiffes war. Wie viele Menschen starben, lässt sich mittels abstrakter (man könnte auch sagen blutleerer) Statistiken beantworten, nicht aber, wie es einigen wenigen Menschen gelang, Terror zu erzeugen, und wie die Vielen, die ihm ausgesetzt waren, ihn erlebten und sich ihm widersetzten.

Mit der Verlagerung des Schwerpunkts auf den Terror wird die Frage der Entschädigung nicht einfacher zu beantworten, und ohnehin steht es der Historiker*in nicht zu, dies zu tun. Der Wert der ausbeuterischen, unbezahlten Arbeit kann möglicherweise berechnet werden und sollte es auch, denn allen Menschen in Vergangenheit und Gegenwart steht der volle, gerechte Gegenwert ihrer Arbeit zu. Meiner Meinung nach sind Reparationen angebracht, aber Gerechtigkeit lässt sich nicht auf monetäre Berechnungen reduzieren, wenn die Lösungsvorschläge nicht derselben Logik unterliegen sollen, die den Sklavenhandel überhaupt erst hervorgebracht hat. Und was wäre überhaupt der Preis des Terrors? Der Preis des vorzeitigen Todes von Millionen? Terror und Tod sind wesentliche Bestandteile des Rassismus, vor allem dann, wenn er mit Klassenunterdrückung verbunden ist, und sie bestehen bis heute fort.[20]

Letzten Endes komme ich zu dem Schluss, dass diese Fragen von einer sozialen Bewegung für Gerechtigkeit unter Führung der Nachkommen derjenigen entschieden werden müssen, die am meisten unter dem Erbe des Sklavenhandels, der Sklaverei und dem Rassismus, den sie hervorgebracht haben, gelitten haben – in einem umfassenderen Kampf gemeinsam mit Verbündeten für ein Ende der Gewalt und des Terrors, die von Anfang an eine zentrale Rolle beim Aufstieg und dem Fortbestehen des Kapitalismus gespielt haben. Das ist der Grund dafür, dass ich mich entschieden habe, dieses Buch mit den Berichten der Seeleute über die versklavten Menschen zu beschließen, die sich in karibischen Häfen um kranke und sterbende Matrosen kümmerten. Sie hatten das großherzigste, inklusivste Menschenbild, dem ich im Zuge meiner Recherchen zu diesem Buch begegnet bin. Dass diese großzügige Hilfe von Menschen kam, denen es selbst an Essen, Unterkunft, Gesundheit wie an Ritual- und Bestattungsorten mangelte, schien die Möglichkeit einer anderen Zukunft in Aussicht zu stellen. Mit diesem Vorbild vor Augen und viel harter Arbeit ist diese Zukunft vielleicht immer noch möglich. So könnte die lange, von Gewalt erfüllte Überfahrt des Sklavenschiffes endlich ein Ende haben, und das »grandioseste Drama« könnte eine völlig neue Bedeutung bekommen.

Anmerkungen

1 »John Cranston's testimony to the Grand Jury, June 15, 1791«, Newport Historical Society, Newport, Rhode Island, Box 43, Folder 24. Alle folgenden Zitate von Cranston und dem Sprecher der Grand Jury sind diesem Dokument entnommen. Weitere Informationen über die *Polly* finden sich in *TSTD* #36560. Der *Litchfield Monitor* berichtete am 8. Juni 1791, dass Caleb Gardiner, ein weiterer führender Sklavenhändler, ebenfalls Anteilseigner des Schiffes war. Die Zahl der ursprünglich an Bord genommenen Gefangenen, 142, wird in der eidesstattlichen Aussage von Isaac Stockman und Henry Clannen genannt, abgegeben vor Joannes Runnels, dem Gouverneur der Insel Sint Eustatius, 2. Oktober 1794, Rhode Island Historical Society, Newport, Rhode Island.

2 Eine »junge Dame«, die im *American Mercury* vom 6. Juni 1791 über den Vorfall auf der *Polly* schrieb, stellte die Möglichkeit zur Diskussion, dass Cranston seine Anschuldigung gegen D'Wolf aus Rache für »grobe Behandlung« auf dem Schiff vorgebracht haben könnte. Das ist aus zwei Gründen unwahrscheinlich: Erstens hätte Cranston in diesem Fall eine andere Anklage gegen D'Wolf vorgebracht und ihn wahrscheinlich wegen übermäßiger Gewalt, nicht gezahlter Heuer oder unterschlagenen Proviants verklagt, Anklagen, die ihm einen persönlichen Vorteil hätten einbringen können. Das zweite Argument wiegt schwerer: Wenn Cranston einen Groll gegen den Kapitän gehegt hätte, hätten Stockman und Clannen dies zweifellos in ihrer eigenen Erklärung erwähnt, was sie nicht taten.

3 Cranston setzte hinzu, dass die Frau »ungefähr mittleren Alters« gewesen sei und auf dem Großmars mit Essen versorgt worden sei. Er sagte, er wisse nicht, ob sie wieder gesund geworden wäre, wenn sie nicht über Bord geworfen worden wäre.

4 Die »junge Dame« schrieb an ihren Bruder und nahm den Fall zum Anlass, ihm wegen seiner eigenen Beteiligung am Sklavenhandel Vorhaltungen zu machen, ohne sich allerdings grundsätzlich dagegen auszusprechen. Ein zweiter Briefschreiber machte keine Angaben zu sich selbst und gab keine Meinung über den Fall ab. Ein dritter, ein »Gentleman aus Rhode Island«, war eindeutig ein Abolitionist. Alle drei hatten die gleiche Geschichte gehört, wobei zwei von ihnen allerdings Kapitän D'Wolf nicht namentlich nannten und der dritte ihn ›Kapitän Wolf‹ nannte. Obwohl zwei dieser Briefe veröffentlicht wurden, bevor Cranston von der Grand Jury befragt wurde, wird in allen dreien der gleiche Hergang geschildert: Die versklavte Frau erkrankte an Pocken; Kapitän D'Wolf forderte Besatzungsmitglieder auf, ihm dabei zu helfen, sie über Bord zu werfen (in zweien der drei Briefe heißt es ausdrücklich, er habe es »befohlen«); diese hätten sich geweigert, und der Kapitän habe es schließlich selbst getan. Siehe »Extract of a letter from a young Lady, Rhode Island, to her Brother, in this State, date May 24, 1791«, in: *American Mercury*, 6. Juni 1791; »Extract of a letter from Newport (Rhode-Island) dated the 5th month 9th, 1791«, in: *Litchfield Monitor*, 8. Juni 1791; »Extract of a letter from a gentleman in Rhode-Island«, in: *Connecticut Courant*, 18. Juli 1791.

5 Der »Gentleman«-Abolitionist schien am meisten über den Fall zu wissen und war möglicherweise daran beteiligt, Cranston vor die Grand Jury zu bringen. Er schrieb, Kapitän D'Wolf habe vor Zeugen über die kranke Frau gesagt: »Zur Hölle mit ihr, sie muss über Bord gehen.« Er fügte hinzu, dass »beide Steuerleute« während der Reise gestorben seien – womit er möglicherweise andeuten wollte, dass sich eine Krank-

heit an Bord ausbreitete – dass »die Leute« (womit er mehrere Besatzungsmitglieder meinte, nicht nur Cranston) die grauenhafte Tat gemeldet hätten, was einen öffentlichen Aufschrei zur Folge gehabt habe, und dass die Behörden beeidigte Erklärungen eingeholt hätten. Siehe *Connecticut Courant*, 18. Juli 1791. Für die Fahrt, mit der D'Wolf sich der Justiz entzog, ob auf der *Polly* oder einem anderen im Besitz seiner Familie befindlichen Schiff, gibt es keinen *TSTD*-Eintrag, in dem er als Kapitän aufgeführt wird. Es ist möglich, dass er mit einem anderen Familienmitglied segelte.

6 Eidesstattliche Aussage von Isaac Stockman und Henry Clannen, 1794. Laut der *TSTD* hatte das Schiff eine zwölfköpfige Besatzung, aber Stockman und Clannen zufolge waren es fünfzehn. Es sollte auch angemerkt werden, dass Cranston nichts dabei zu gewinnen und alles zu verlieren hatte, dass er sich einem mächtigen Mann wie D'Wolf entgegenstellte, wohingegen Stockman und Clannen nichts zu verlieren und alles zu gewinnen hatten. Es ist nicht auszuschließen, dass sie für ihre Aussagen bezahlt wurden: Es kam häufig vor, dass Seeleute von Kapitänen bestochen wurden, um bei Anklagen wegen Fehlverhaltens zu deren Gunsten auszusagen. Man sollte nicht vergessen, dass Clannen Cranston zufolge an dem Mord beteiligt gewesen war. Darüber hinaus deutet der Zeitpunkt ihrer eidesstattlichen Aussage – mehr als drei Jahre nach dem Vorfall – darauf hin, dass Kapitän D'Wolf hier seine Hand im Spiel gehabt hatte.

7 Howe, George: *Mount Hope; A New England Chronicle.* Viking Press, New York 1959, S. 105, 106.

8 Innerhalb der umfassenderen Geschichte des Sklavenhandels war dies ein höchst ungewöhnlicher Vorfall. Soweit sich aus den erhaltenen Unterlagen schließen lässt, kam es nicht oft vor, dass Gefangene lebend über Bord geworfen wurden. Die Gründe hierfür waren nicht moralischer, sondern hauptsächlich wirtschaftlicher Natur. Darüber hinaus fragten Kapitäne ihre Besatzungsmitglieder nicht oft nach ihrer Meinung, und diese wiederum widersetzten sich nicht oft den Wünschen ihrer Befehlshaber. Letzteres konnte eine Anklage wegen Befehlsverweigerung – worauf Auspeitschen stand – oder sogar wegen Meuterei nach sich ziehen, worauf die Todesstrafe stand. Eine Reise, die sich mit der der *Polly* vergleichen lässt, untersucht Mitra Sharafi in »The Slave Ship Manuscripts of Captain Joseph B. Cook: A Narrative Reconstruction of the Brig Nancy's Voyage of 1793«, in: *Slavery and Abolition* 24 (2003), S. 71–100.

9 Isaac Manchester, der die Anklage gegen D'Wolf auf St. Thomas erhob, war selbst nicht auf der *Polly* gewesen, als der Vorfall sich ereignete, aber er hatte »davon gehört«. Es ist kein Zufall, dass Manchester fünf Monate nach dem Richterspruch zugunsten von D'Wolf zum Kapitän eines Sklavenschiffes namens *Sally* aus Bristol, Rhode Island, ernannt wurde, das der Familie D'Wolf gehörte. Manchester sollte dreieinhalb Jahre lang (für drei Reisen) im Dienst der Familie bleiben und dann selbst Eigentümer eines Sklavenschiffes und schließlich selbständiger Sklavenhandelskaufmann werden. Siehe Rufus King Papers, Box 6, Folder 2, New-York Historical Society; *TSTD* #36616, #36668, #36680.

10 *No Rum! – No Sugar! or, The Voice of Blood, being Half an Hour's Conversation, between a Negro and an English Gentleman, shewing the Horrible Nature of the Slave-Trade, and Pointing Out an Easy and Effectual Method of Terminating It, by an Act of the People.* London 1792.

11 Howe, *Mount Hope*, S. 130–31.

12 Boody Schumpeter, Elizabeth (Hg.): *English Overseas Trade Statistics, 1697–1808*. Clarendon Press, Oxford 1960, S. 60–62; Carter, Susan B. (Hg.): *Historical Statistics of the United States: Earliest Times to the Present*. Cambridge University Press, New York 2006; Blackburn, *The Making of New World Slavery*, S. 581. Dieser Absatz stützt sich auf Drescher, Seymour: *Econocide: British Slavery in the Era of Abolition*. University of Pittsburgh Press, Pittsburgh 1977. Siehe seine Schätzung, der zufolge 92,3 Prozent der zwischen 1801 und 1805 importierten Baumwolle mit Hilfe von Sklavenarbeit produziert worden war (S. 86).

13 *Memoirs of Crow*, S. 22, 32.

14 Drei Zitate: Aussage von Thomas Wilson, 1790, *HCSP* 73:12; Befragung von Mr. James, in: *Substance* 17; Aussage von Captain John Ashley Hall, 1790, *HCSP* 72:233. Für allgemeinere Informationen siehe Aussage von James Morley, 1790, *HCSP* 73:164, 168; Aussage von Thomas Bolton Thompson, 1790, *HCSP* 73:173; Aussage von Ninian Jeffreys, 1790, *HCSP* 73:240; Aussage von James Towne, 1791, *HCSP* 82:30; Aussage von John Simpson, 1791, *HCSP* 82:44; Aussage von Dr. Harrison, 1791, *HCSP* 82:53; Aussage von Robert Forster, 1791, *HCSP* 82:133–34; Aussage von Mark Cook, 1791, *HCSP* 82:199; Aussage von Hercules Ross, 1791, *HCSP* 82:260.

15 Befragung Thompsons, in: *Substance*, S. 25; Befragung von Mr. James, in: *Substance*, S. 17; Befragung Ellisons, in: *Substance*, S. 41. Offenbar erfuhr Thomas Clarkson im Zuge seiner Gespräche mit Seeleuten in den Jahren 1787–88 von diesen von Krankheiten geplagten, bettelarmen Matrosen und der uneigennützigen Hilfe der Versklavten. Danach stellten er und andere Abolitionist*innen anscheinend Matrosen und Menschen in anderen Seefahrtsberufen gezielt Fragen zu diesem Thema und sammelten auf diese Weise Zeugenaussagen von 23 Personen dazu für die parlamentarischen Anhörungen und für *Substance of the Evidence*.

16 Befragung von Mr. James, in: *Substance*, S. 17; Befragung Ellisons, in: *Substance*, S. 41; Befragung von Jeffreys, in: *Substance*, S. 92. Für Beispiele dafür, wie ein Kapitän und ein Besatzungsmitglied das Konzept des ›Schiffskameraden‹ (in Bezug auf versklavte Afrikaner*innen) verwendeten, siehe *Memoirs of Crow*, S. 159, 129; *Three Years Adventures*, S. 144, 425–27. Zu den engen Beziehungen zwischen Versklavten und Seeleuten im Sklavenhandel in der »herrenlosen Karibik« der späten 1780er und 1790er Jahre, als die Sache des Abolitionismus hohe Wellen schlug, siehe Scott III, »The Common Wind«, S. 134–46.

17 Bisher haben historische Karibik-Archäolog*innen keine Belege dafür finden können, dass europäische Seeleute auf afrikanischen Friedhöfen begraben wurden, aber Roderick Ebanks, der führende Forscher auf diesem Gebiet für Jamaika, hält dies für wahrscheinlich: »Auf Grundlage dessen, was ich über versklavte Personen weiß, wäre das, was Sie schildern, nicht ungewöhnlich« (persönliche Mitteilung an den Autor, 31. Juli 2006). Die Ergebnisse zukünftiger Ausgrabungen auf städtischen Friedhöfen werden wahrscheinlich zur Klärung dieser Frage beitragen können.

18 *Memoirs of Crow*, S. 291.

19 Die zentrale Rolle von Gewalt und Terror wurde bereits diskutiert in: Linebaugh / Rediker, *The Many-Headed Hydra*.

20 Meine Sichtweise zu diesem Thema ist beeinflusst von Gilroy, Paul: *The Black Atlantic: Modernity and Double Consciousness*. Harvard University Press, Cambridge 1993, und Gilmore, Ruth: *Golden Gulag: Prisons, Surplus, Crisis, and Opposition in Globalizing California*. University of California Press, Berkeley 2006.

DANKSAGUNG

Ich hätte dieses Buch nicht ohne meine Familie, Freunde, Kolleg*innen und eine große Anzahl von hilfsbereiten Unbekannten schreiben können. Ich danke den Mitarbeiter*innen des National Maritime Museum in Greenwich, des Bristol Record Office (insbesondere Pat Denney, der Archivarin der Society of Merchant Venturers), der Universitätsbibliothek Bristol, des Bristol City Museum, des Merseyside Maritime Museum (insbesondere Tony Tibbles und Dawn Littler), des Liverpool Record Office, der St. John's College Library und der Cambridge University Library, der National Archives, des House of Lords Record Office, des Royal College of Surgeons, der Friends House Library, der Bristol (RI) Historical Society, der Newport (RI) Historical Society, der John Carter Brown Library, der Providence Public Library, der Baker Library, der Harvard Business School, der New-York Historical Society, der Seeley G. Mudd Manuscript Library an der Princeton University, der Robert W. Woodruff Library des Atlanta University Center, der Charleston County Public Library, des Avery Research Center and Special Collections, der Addlestone Library am College of Charleston, der South Carolina Library und der South Carolina Historical Society. Ebenfalls dankbar bin ich den wunderbaren Mitarbeiter*innen meiner eigenen Bibliothek, der Hillman Library an der University of Pittsburgh, insbesondere Phil Wilkin, der mir bei der Beschaffung von wesentlichem Forschungsmaterial behilflich war.

Ich danke dem National Endowment of the Humanities und dem American Council of Learned Societies für ihre Forschungsstipendien. Meine Forschung wurde außerdem auf vielfältige und großzügige Weise von der University of Pittsburgh unterstützt: durch das Center for Latin American Studies, das Center for West European Studies, das University Center for International Studies, den Central Research Development Fund, das George Klinzing and Provost‘s Office of Research sowie von Dekan N. John Cooper und der Faculty of Arts and Sciences. Ich hatte das Glück, vor einer großen Anzahl von interessierten, engagierten Zuhörer*innen über dieses Projekt sprechen zu können. Mein Dank geht an die Moderator*innen dieser Veranstaltungen und an alle, die an ihnen teilgenommen und ihre Meinung geäußert haben: Eric Cheyfitz (Cornell University), Karen Kupperman, Sinclair Thomson und Michael Gomez (New York University), Madge Dresser (University of the West of England), Peter Way (Bowling Green State University), Andrew Wells und Ben Maddison (University of Wollongong), Cassandra Pybus vom Center for the Study of Colonialism and Its Aftermath (University of Tasmania), Rick Halpern (University of Toronto), Pearl Robinson (Tufts University), William Keach (Brown University), Simon Lewis (College of Charleston), Modhumita Roy (Marxist Literary Group), Phyllis Hunter (University of North Carolina-Greensboro) sowie Kirk Savage vom Department of History of Art and Architecture und Alejandro de la Fuente vom Department of History (University of Pittsburgh). Ich habe außerdem von den Überlegungen und Anregungen der Kolleg*innen profitiert, die im Juli 2005 auf der von Cassandra Pybus, Emma Christopher und Terri-Ann White organisierten Konferenz „Middle Passages: The Oceanic Voyage as Social Process" zusammenkamen.

Ich habe die letzten dreißig Jahre in maritimen Archiven gearbeitet, und es dauerte lange, bis mir der Gedanke kam, dass es möglich sein könnte, eine Geschichte des Sklavenschiffes zu schreiben, und noch länger, bis ich bereit war, mich dieser Herausforderung zu stellen. Die Idee entstand Ende der 1990er Jahre, als ich Gefangene im Todestrakt in Pennsylvania besuchte und mich für die Abschaffung der Todesstrafe einsetzte – eines modernen Systems des Schreckens. Mein Dank geht an die vielen Menschen, denen ich in diesem langen, noch immer andauernden Kampf begegnet bin: Unsere gemeinsame Arbeit hat auf diesen Seiten auf unzählige Weise ihren tiefen, subtilen Niederschlag gefunden. Eine wesentliche Erfahrung, die zu meiner Entscheidung beitrug, dieses Buch zu schreiben, war meine Begegnung mit einer Vielzahl von talentierten Wissenschaftler*innen in dem Sawyer-Seminar „Redress in Social Thought, Law, and Literature" an der University of California-Irvine im Jahr 2003. Besonders wertvoll für mich war damals wie heute der Austausch mit Saidiya Hartman, der Autorin des starken und beeindruckenden Buches *Lose Your Mother: A Journey Along the Atlantic Slave Route.*

Viele meiner Kolleg*innen und Student*innen an der University of Pittsburgh haben mir auf zahllose Weise geholfen. Joseph Adjaye ist seit langem eine unschätzbare Quelle von Wissen und Weisheit über die Geschichte Afrikas. Stefan Wheelock hat mich dazu ermuntert, über die Technologie der Versklavung nachzudenken, und Jerome Branche hat mir geholfen, das Konzept der ‚Schiffskamerad*in' zu verstehen. Seymour Drescher und Rebecca Shumway haben einzelne Kapitel gelesen und mir ihre wertvolle Expertise zur Verfügung gestellt. Patrick Manning war ein Muster an wissenschaftlicher und freundschaftlicher Großzügigkeit: Er hat mich zu Beginn des Projekts angespornt, mir in der Mitte mit Rat und Hilfe zur Seite gestanden und mich am Ende auf unterschiedlichste Weise praktisch unterstützt. Rob Ruck hat die Höhen und Tiefen der Entstehung dieses Buches und vieles andere mit mir geteilt, nicht zuletzt so manche Basketballsaison der Pitts. Diese und andere Menschen – Alejandro de la Fuente, Lara Putnam, Bill Chase, Reid Andrews und die Teilnehmer*innen des Working-Class History-Seminars – haben dazu beigetragen, dass ich mich an der

Historischen Fakultät und der University of Pittsburgh seit vielen Jahren zufrieden und zuhause fühle.
Ich hatte während des gesamten Projekts ausgezeichnete Forschungsassistenz. Drei meiner ehemaligen Student*innen, Heather Looney, Ian Hartman und Matt Maeder, haben herausragende Arbeit geleistet, nicht nur, indem sie Primärquellen zusammentrugen, sondern auch, indem sie das, was sie fanden, einer kritischen, eingehenden Prüfung unterzogen. Meine ehemaligen und derzeitigen Doktorand*innen haben meine Arbeit durchgängig mit Enthusiasmus, Hilfe und Anregungen bereichert: Mein Dank geht an Isaac Curtis, John Donoghue, Niklas Frykman, Gabriele Gottlieb, Forrest Hylton, Maurice Jackson, Eric Kimball, Christopher Magra, Michael McCoy, Craig Marin, Scott Smith, Karsten Voss und Cornell Womack. Mein besonderer Dank gilt Niklas, Gabriele, Chris und Forrest, die mir bei der Recherche geholfen haben, und meinem Sohn Zeke Rediker, der mir sowohl bei den Recherchen als auch in seinem eigenen Interessengebiet, der Geschichte Afrikas, behilflich war.

Ganz besonderen Dank schulde ich Peter Linebaugh, dessen langjährige Freundschaft und Zusammenarbeit bei der Ausarbeitung dieses Projekts für mich von zentraler Bedeutung waren. Der auf Afrika und den Schwarzen Atlantik spezialisierte namhafte Wissenschaftler und Aktivist Michael West hat das Projekt von Anfang bis Ende mit seinem warmen Zuspruch begleitet. Der großartige Seekünstler und Schriftsteller William Gilkerson leistete beim zweiten Kapitel Seemannshilfe. George Burgess, der Koordinator des Museumsbetriebs und Direktor des Florida Program for Shark Research am Florida Museum of Natural History und des Department of Ichthyology (University of Florida) half mir, die Geschichte und das Verhalten von Haien zu verstehen, und Pieter van der Merwe vom National Maritime Museum (Greenwich) gewährte mir großzügige Unterstützung beim fünften Kapitel zu James Field Stanfield. David Eltis war so freundlich, mir die neuesten Zahlen aus der aktualisierten Datenbank *Trans-Atlantic Slave Trade: A Database on CD-ROM* zur Verfügung zu stellen. Roderick Ebanks teilte sein Wissen über historische Archäologie in Jamaika mit mir. Mein Dank geht an sie alle.

Fünf erstklassige Historiker*innen haben das ganze Manuskript gelesen und mit ihrem enormen Wissen bereichert. Mein besonders herzlicher Dank geht an Cassandra Pybus, eine talentierte Autorin und Historikerin, die mir half, neue Möglichkeiten zu sehen, sowie an Emma Christopher, deren bahnbrechende Studie über Seeleute im Sklavenhandel dazu beigetragen hat, mein eigenes Buch möglich zu machen, und an Robin Blackburn, dessen synthetische, umfassende vergleichende Studien über die atlantische Sklaverei beispielgebend für mich waren.

Ira Berlin, der die Erfahrung der Sklaverei in der Neuen Welt auf brillante Weise theoretisch neu gefasst hat, machte die für ihn typischen klarsichtigen, nüchternen Vorschläge. Kenneth Morgan, dessen eigene Studie über den britischen Sklavenhandel neue Forschungsstandards gesetzt hat, hat mir mit seiner außerordentlichen Quellenkenntnis und seinen zahlreichen ausführlichen Kommentaren auf vielfältige Weise geholfen. Ich danke ihnen allen für ihre Vorschläge und Kommentare – einschließlich derer, die ich aus Sturheit nicht angenommen habe. Meine Agentin Sandy Dijkstra hat mir dabei geholfen, mich in das Projekt hineinzudenken und die richtigen Verlage auf beiden Seiten des Atlantiks zu finden. Maureen Sugden besorgte das kompetente Lektorat. Meinen Dank an Eleanor Birne bei John Murray und an meine exzellenten Herausgeberinnen bei Viking Penguin USA, Wendy Wolf und Ellen Garrison, die mich während des gesamten Projekts begleitet, herausgefordert und unterstützt haben, besonders, als es zum Ende hin schwierig wurde.

Und schließlich gilt mein Dank meiner Familie. Meine Frau, Wendy Goldman, hat mehr als alle anderen gelesen, diskutiert, argumentiert und mit ihrer Hilfe zum Gelingen des Projekts beigetragen. Dieses Buch ist ihr und meinen Kindern Zeke und Eva Rediker gewidmet.

ABBKÜRZUNGEN

An Account of the Life	Told, Silas: *An Account of the Life, and Dealings of God with Silas Told, Late Preacher of the Gospel wherein is set forth The wonderful Display of Divine Providence towards him when at Sea; His various Sufferings abroad; Together with Many Instances of the Sovereign Grace of GOD, in the Conversion of several Malefactors under Sentence of Death, who were greatly blessed by his Ministry.* London, Gilbert and Plummer 1785.
BL	British Library, London.
BCL	Bristol Central Library, Bristol, England.
BRO	Bristol Record Office, Bristol, England.
Clarkson, History	Clarkson, Thomas: *The History of the Rise, Progress, and Accomplishment of the Abolition of the African Slave-Trade by the British Parliament.* London 1808, Bd. 1–2.
Donnan II	Donnan, Elizabeth (Hg.): *Documents Illustrative of the History of the Slave Trade to America. Washington, D.C.*, Carnegie Institution of Washington 1931, Bd. II: *The Eighteenth Century.*
Donnan III	Donnan, Elizabeth (Hg.): *Documents Illustrative of the History of the Slave Trade to America. Washington, D.C.*, Carnegie Institution of Washington 1932, Bd. III: *New England and the Middle Colonies.*
Donnan IV	Donnan, Elizabeth (Hg.): *Documents Illustrative of the History of the Slave Trade to America. Washington, D.C.*, Carnegie Institution of Washington 1935, Bd. IV: *The Border Colonies and Southern Colonies.*
HCA	High Court of Admiralty.
HCSP	Lambert, Sheila (Hg.): *House of Commons Sessional Papers of the Eighteenth Century*, in: Scholarly Resources, Bd. 67–73, 82, Wilmington, Del. 1975.

HLRO	House of Lords Record Office, Westminster.
HLSP	Torrington, F. William (Hg.): *House of Lords Sessional Papers.* Session 1798–1799, Bd. 2–3. Oceana Publications, Dobbs Ferry, N.Y. 1974.
LRO	Liverpool Record Office, Liverpool.
Memoirs of Crow	*Memoirs of the Late Captain Hugh Crow of Liverpool. Comprising a Narrative of his Life together with Descriptive Sketches of the Western Coast of Africa, particularly in Bonny, the Manners and Customs of the Inhabitants, the Production of the Soil, and the Trade of the Country, to which are added Anecdotes and Observations illustrative of the Negro Character, chiefly compiled from his own Manuscripts: with Authentic Additions from Recent Voyages and Approved Authors.* Longman, Rees, Orme, Brown, and Green, London 1830; Neudr. Frank Cass & Co. Ltd., London 1970.
MMM	Merseyside Maritime Museum, Liverpool.
NA	National Archives of the United Kingdom, Kew Gardens, London.
NMM	National Maritime Museum, Greenwich.
Substance	[Clarkson, Thomas (Hg.)]: *The Substance of the Evidence of Sundry Persons on the Slave-Trade Collected in the Course of a Tour Made in the Autumn of the Year 1788.* London 1789.
PL	Records of the County Palantine of Lancaster.
Three Years	Butterworth, William [Henry Schroder]: *Three Years Adventures of a Minor, Adventures in England, Africa, and the West Indies, South Carolina and Georgia.* Edward Barnes, Leeds 1822.
TSTD	Eltis, David / Behrendt, Stephen D. / Klein, Herbert S.: *The Trans-Atlantic Slave Trade: A Database on CD-ROM.* Cambridge University Press, Cambridge 1999.

ILLUSTRATIONEN: QUELLEN UND NACHWEISE

Seite 1: Ausschnitt aus »Representation of an Insurrection aboard a Slave-Ship«, in Carl B. Wadström, *An Essay on Colonization, particularly applied to the Western coast of Africa … in Two Parts* (London, 1794), mit freundlicher Genehmigung der Library Company of Philadelphia.

Seite 2: Transatlantischer Dreieckshandel 17.–19. Jahrhundert, aus: Politik und Zeitgeschichte »Sklaverei«, www.unesco.org »The Slave Route«.

Alle weiteren Karten von: Jeffrey L. Word

Seite 42: »*Kapitän* Bartho. Roberts *with two Ships, Viz. the Royal Fortune and Ranger, takes in sail in Whydah Road on the Coast of Guiney, Jan. 11th, 1721/2,*« in Captain Charles Johnson, *A General History of the Pyrates, from their first Rise and Settlement in the Island of Providence, to the Present Time* (London, 1724), Darlington Library, University of Pittsburgh.

Seite 57: »Seine Exzellenz Henry Laurens, Präsident des Kongresses und bevollmächtigter Minister für Friedensverhandlungen mit Grt. Britain«, nach einer Zeichnung von Pierre Eugène du Simitière, in *Portraits of generals, ministers, magistrates, members of Congress, and others, who have rendered themselves illustrious in the revolution of the United States of North America* (London: R. Wilkinson and J. Debrett, 1783), mit freundlicher Genehmigung der Library of Congress.

Seite 81: Nicholas Pocock (1749–1821), »Wapping, Bristol«, um 1760, © Bristol's City Museum & Art Gallery.

Seite 91

oben: William Jackson, Liverpooler Sklavenschiff, ca. 1780, © National Museums Liverpool, Merseyside Maritime Museum.

unten links: William Falconer, *Universal Dictionary of the Marine* (orig. publ. 1768, republ. London, 1815), mit freundlicher Genehmigung von Mystic Seaport, G.W. Blunt Library.

unten Mitte: ebd.

unten rechts: ebd.

Seite 98: »Transport des Nègres dans le Colonies«, Lithographie von Pretexat Oursel, mit freundlicher Genehmigung des Musée d'Histoire de la Ville et du Pays Malouin, Saint Malo, Frankreich.

Seite 115: Ausschnitt aus Emmanuel Bowen, *A New & Accurate Map of Negroland and the Adjacent Countries; also Upper Guinea, shewing the principal European settlements, & distinguishing wch. belong to England, Denmark, Holland &c. Die Seeküste & einige der Flüsse, die aus Vermessungen & den besten modernen Karten und Seekarten gezeichnet, & durch astron. Observns* (London, 1747), Sammlung des Autors.

Seite 119: Job Ben Solomon, *Gentleman's Magazine 20* (1750), Darlington Library, University of Pittsburgh.
Seite 126: Ausschnitt aus »The Prospect of the English Castle, at Anamabou«, in Barbot, »A Description of the Coasts«, Sammlung des Autors.
Seite 127: Ausschnitt aus »Negro's Cannoes, carrying slaves, on board of Ships, att Manfroe« in Jean Barbot, »A Description of the Coasts of North and South Guinea; and of Ethiopia Inferior, vulgarly Angola: being a New and Accurate Account of the Western Maritime Countries of Africa,« in Awnsham Churchill and John Churchill, comp, *A Collection of Voyages and Travels, some now first printed from Original Manuscripts, others now first published in English* (London, 1732), Bd. 5, Sammlung des Autors.
Seite 130: »Prozession zum Tempel der Großen Schlange bei der Krönung des Königs«, in Thomas Astley, *A New General Collection of Travels and Voyages, Consisting of the most esteemed Relations, which have hitherto Published in any Language* (London, 1742–1747), Bd. 3, Sammlung des Autors. Ursprünglich veröffentlicht in Jean Baptiste Labat, *Voyage du Chevalier des Marchais en Guinee ... fait en 172l, 1726, & 1727* (Amsterdam, 1731).
Seite 138: »The City of Loango«, in Astley, Hrsg., *A New General Collection of Travels and Voyages*, Bd. 3, Sammlung des Autors. Ursprünglich veröffentlicht in D. O. Dapper, *Description de l'Afrique ... Traduite du Flamand* (Amsterdam,1686; 1. Aufl., 1668).
Seite: 141: Thomas Clarkson, *Letters on the slave-trade, and the state of the natives in those parts of Africa, ... contiguous to Fort St. Louis and Goree* (London, 1791), mit freundlicher Genehmigung der Library Company of Philadelphia.
Seite 147: »Marché aux Nègres«, von Laurent Deroy, nach einer Zeichnung von Johann Moritz Rugendas, mit freundlicher Genehmigung der New York Public Library.
Seite 158: Porträt von Olaudah Equiano, *The Interesting Narrative of the Life of Olaudah Equiano, or Gustavas Vassa, the African. Written by Himself* (London, 1790), Library of Congress.
Seite 188: Porträt von James Field Stanfield von Martin Archer Shee, undatiert, mit freundlicher Genehmigung des Sunderland Museum and Winter Gardens (Tyne and Wear Museum).
Seite 220: Porträt von John Newton von John Russell, 1788, mit freundlicher Genehmigung des John Newton Project (www.johnnewton.org) und der World Mission Society.
Seite 256: Isaac Cruikshank, »The Abolition of the Slave Trade, Or the inhumanity of dealers in human flesh exemplified in Captn. Kimber's treatment of a young Negro girl of 15 for her virjen modesty«, 1792, Library of Congress, British Cartoon Collection.
Seite 272: Neunschwänzige Katze, © Nationales Schifffahrtsmuseum.
Seite 285: Thomas Clarkson, *The History of the Rise, Progress, and Accomplishment of the Abolition of the African Slave-Trade by the British Parliament* (London, 1808), Bd. 1, Hillman Library, University of Pittsburgh.

Seite 318: »(Traversée) Danse de Nègres«, Amédée Grehan, Hrsg., *La France Maritime* (Paris, 1837), mit freundlicher Genehmigung der Haverford College Library.
Seite 356: Leutnant Francis Meynell, »Sklavendeck der Albaroz, Preis der Albatross, 1845«, National Maritime Museum.
Seite 357: Sklavenschiffsfesseln, um 1780, Sammlung des Autors.
Seite 413: *Plan des Unterdecks eines afrikanischen Schiffes, mit Negern im Verhältnis von nicht ganz einer Tonne* (orig. publ. Plymouth, 1788; republ. Bristol, 1789), mit freundlicher Genehmigung des Bristol Record Office.
Seite 416: *Plan des Unterdecks eines afrikanischen Schiffes, mit Negern im Verhältnis von nicht ganz einer Tonne* (Philadelphia: Mathew Carey, 1789), mit freundlicher Genehmigung der Library Company of Philadelphia.
Seite 418: *Plan und Schnitte eines Sklavenschiffs* (London: James Phillips, 1789), mit freundlicher Genehmigung des Peabody-Essex Museums.
Seite 424: Porträt von Thomas Clarkson von Charles Turner nach einem Gemälde von Alfred Edward Chalon, mit freundlicher Genehmigung von Donald A. Heald Rare Books.
Seite 430: *Der sterbende Neger*, Stich von James Neagle, Frontispiz für Thomas Day, *The Dying Negro: A Poem* (London, 1793), mit freundlicher Genehmigung der Library Company of Philadelphia.
Seite 433: »Plan and Sections of a Slave Ship«, Wadström, *Essay on Colonization*, mit freundlicher Genehmigung der Library Company of Philadelphia.
Seite 435: »Representation of an Insurrection aboard a Slave-Ship«, in Carl B. Wadström, *An Essay on Colonization, particularly applied to the Western coast of Africa … in Two Parts* (London, 1794), mit freundlicher Genehmigung der Library Company of Philadelphia.

Peter Linebaugh und Marcus Rediker, die preisgekrönten amerikanischen Historiker, beleuchten in ihrem international gefeierten Standardwerk die Ursprünge und den atemberaubenden Aufstieg des frühen globalen Kapitalismus im Gebiet des englisch dominierten Atlantiks vom Ende des 16. bis zum Beginn des 19. Jahrhunderts, ohne den die Welt, wie sie heute ist, nicht zu verstehen ist.

Linebaugh | Rediker
Die vielköpfige Hydra
Die verborgene Geschichte
des revolutionären Atlantiks

ISBN 978-3-86241-489-5

In seiner einzigartigen politischen Ökologie des Hungers legt Mike Davis die Hintergründe zwischen Weltklima und Weltökonomie im imperialistischen Zeitalter frei, die zur »Geburt der Dritten Welt« führten und bis heute nachwirken.

Auszeichnung mit dem »World History Association Book Award« 2002

Mike Davis
Die Geburt der Dritten Welt
Hungerkatastrophen und Massenvernichtung im imperialistischen Zeitalter

ISBN 978-3-935936-43-9